韓國史研究叢書 106

불교와 국가

김광식 지음

국학자료원

이 도서의 국립중앙도서관 출판시도서목록(CIP)은 서지정보유
통지원시스템 홈페이지(http://seoji.nl.go.kr)와 국가자료공동목
록시스템(http://www.nl.go.kr/kolisnet)에서 이용하실 수 있습니
다. (CIP제어번호: CIP2013002511)

머 리 말

불교의 이념은 上求菩提하고, 下化衆生하는 종교로 널리 알려져 있다. 즉 법[진리]을 구하면서도 동시에 중생[불교도, 대중, 민중]을 구제, 교화하는 것이 불교의 정체성이다.

불교는 인간 사회 속에 살아있는 종교이다. 이는 불교가 사회 공동체를 대표하는 민족, 국가와 불가분의 관계임을 말해준다. 그러므로 불교 활동은 불교사이면서도 사회사, 문화사, 사상사, 민족사, 국가사의 성격을 지니고 있다.

한편 불교는 불교의 존립, 전법을 위해 불교가 존재하고 있는 국토에 불교의 이상을 구현하는 노력을 기울여왔다. 즉 佛國土, 佛國淨土를 만들기 위한 행보가 초기불교부터 지금까지 줄기차게 내려왔다. 그래서 중생을 구제하고, 불국토를 만들기 위해 노력하는 이상적인 인간을 菩薩로 설정하였고, 그 이념을 大乘佛教로 지칭하였다. 이런 전통과 이념하에서 불교는 공동체의 구성원(개인, 국민)을 보호할 뿐만 아니라 공동체(민족, 국가)를 수호하기 위한 행보를 걸어왔다. 이런 한국불교의 전통은 불교가 삼국시대에 전래된 이래 1,700여 년간 지속되어 왔다. 그런 역사 속에서 護國佛教, 國家佛教의 성격을 띄게 되었다. 그러나 불교와 국가 간의 역사적 전개는 간단하지 않았다. 그 전개에는 우호, 융합, 외호, 배척, 대립, 저항 등 다양한 노선이 교차되었던 것이다.

그런데 이와 같은 전통을 갖고 있던 한국불교는 근대기에 접어들면서 새로운 과제에 직면하였다. 그는 일제의 국권의 강탈로 인해 불교가 존립하는 공간(국가, 민족)의 상실과 일본불교의 유입으로 야기된 불교전통의 변질이었다. 그리고 산중불교에서 도회지 불교로 나오면서 불교 근대화를 추진하였지만 불교노선은 혼미 그 자체이었다. 또한 제국주의의 후원을 받으면서 유입된 개신교의 등장도 불교로서는 간단한 문제가 아니었다.

이런 현실에 직면한 불교인들은 불교의 재건 및 혁신을 기하면서 국가와 민족을 회복, 보존시키기 위해 활동하였다. 이를 民族佛敎라 부를 수 있다. 그 기간에 일부 불교도들은 '친일' 행적을 보였지만 3 · 1운동 참여, 의용승군 조직, 승려독립선언서 배포, 군자금 제공, 만당 결사 등으로 대표되는 불교의 민족운동은 다양한 형태로 전개되었다. 또한 일제[국가권력]의 식민지불교에 저항한 선학원 및 대각교 중심의 전통불교 수호 활동도 치열하였다. 이런 활동을 전개한 불교인들은 민족의식, 항일의식을 지니고 민족운동의 최일선에 섰으며, 자기가 소속된 사찰에서 불교 근대화를 추진하면서 한국불교 정체성을 지키기 위한 활동을 하였다.

이 같은 불교활동은 1945년 8 · 15해방을 맞이하면서는 질적인 변화를 맞이하였다. 우선, 일제 식민지 불교의 청산을 기하면서 불교 정체성을 재정비하였다. 그리고 기독교 · 천주교와 경쟁을 하면서 불교 노선을 고민하였다. 그러나 해방공간의 미군정, 제1공화국의 종교정책하에서의 그 활동은 많은 한계를 노정하였다.

그리고 1950~1970년대 정치노선의 보수화, 산업화라는 사회 변동에 즈음하여서는 시대변화에 맞는 불교 노선을 고민하였다. 이런 배경에서 나온 이념이 수행불교, 정화불교, 호국불교, 민족불교 등이었다. 또한 1980년대에는 국가권력으로부터 불교의 탄압을 상징하는 10 · 27法難 극복이라는 자각 및 사회 민주화의 영향이라는 흐름하에서 불교는 질적으로 변화하였다. 이때부터 불교계에서는 불교내부의 모순을 개혁하면서 사회 민주화에 동참하기 위한 노선으로서 민중불교, 대중불교, 참여불교, 개혁불교, NGO불교가 표방되었다. 이렇듯이 불교 정체성이 다양해지고 변질되면서 국가권력과의 대립, 저항관계가 표면화되었다. 이런 행보는 한국불교사에서 특이한 사례이다.

이와 같은 근현대 공간에서 불교와 국가 사이에 전개된 역사적 내용은 이중성, 다면성을 갖는 것이다. 요컨대 불교의 존립, 성쇠에 있어서 국가권력과의 관계는 중요한 관건이다.

본 저술은 한국 근현대 공간에서 '佛敎와 國家' 간의 상관성을 고민한 필자의 학문적 보고서이다. 필자는 위에서 밝힌 불교의 활동, 즉 불교의 고뇌, 의식, 이념, 행보, 흐름, 운동 등을 역사적인 맥락에서 개별 논문으로 정리하였다. 필자의 이 작업이 이 분야 연구에 디딤돌이 되기를 기대한다.

본 저술이 나오기까지 후원과 배려를 해주신 범어사 능가스님, 만해마을 오현스님, 동국대 보광스님, 진관사 계호스님을 비롯한 전국 각처의 스님들에게 감사를 표한다. 그리고 이 연구의 일부를 진행할 수 있도록 연구비를 제공한 한국연구재단, 또한 연구 활동을 배려해주신 동국대 불교학술원의 전자불전문화콘텐츠연구소에게도 심심한 사의를 피력한다.

추후에도 한눈 팔지 않고, 오직 근현대 불교 연구의 개척이라는 화두를 안고, 불교현장을 찾을 것을 강호제현의 님들에게 약속을 드리면서 글을 맺는다.

2013년 1월 목멱산의 연구실에서
김광식

목 차

1부─불교의 항일의식

2부－불교의 민족의식

3부 - 불교와 국가권력의 대응

4부─10 · 27법난의 사회사

1부
불교의 항일의식

법정사 항일운동의 불교사적 의의

1. 서언

지금으로부터 90년 전인 1918년 10월 7일, 제주도 서귀포 중문지역에서 700여 명의 대중은 일제를 처단, 구축하려는 항일 무장투쟁을 전개하였다. 이 항쟁은 서귀포시 중문지역의 법정악에 위치한 법정사에 시작되었으며, 항쟁에 참여한 대중에는 승려, 불교신자, 지역 주민(농민, 선도교도 등) 등이 포함되어 있었다. 법정사 항일운동은 일제하 제주도의 항일운동을 대표하면서, 1919년 3월 1일의 3·1민족운동이 발발하기 이전의 1910년대 국내 최대의 항일투쟁의 위상을 점하고 있었다. 나아가 항쟁에 참여한 대중 66명은 일제에 의해 구속되었는데, 그중 31명에게는 실형이, 2명은 재판 이전에 고문으로 사망, 15명은 벌금형, 18명은 불기소처분되었다. 그리고 핵심 주도자들이 4~10년이라는 높은 구형량을 받았다는 점에서 3·1운동의 민족대표의 형량과 비교해 보아도 항쟁의 의의를 새롭게 바라볼 수 있는 대목이다.

한편, 그 항쟁이 법정사라는 사찰을 거점으로 전개되었으며, 법정사에 거주하는 혹은 법정사와 연고가 있는 승려가 주도세력이었다는 점에서 불교사적인 측면에서는 간과할 수 없는 불교 민족운동이었다. 그럼에도 불구하고 지금껏 이 항쟁에 대한 불교사적인 관점하에서의 이해, 해석은 미진하였다. 이는 지금껏 이 항쟁에 관련된 자료의 부족, 이 운동에 대한 초기 연구자들의 과도한 해석, 연구 기반의 미약 등이 어우러진 불균형적인 학문적 산물에서 나온 것이다. 그러나 최근 새로운 자료발굴의 성과가 가시화되었고, 불교적인 시각에서 법정사 항쟁을 다룬 주목할 논고가 나오기 시작하였다. 이에 본고찰에서는 법정사 항일운동을 불교의 관점에서 지금껏 논의, 발굴, 재해석되었던 것을 총체적으로 집약, 정리하려고 한다.

물론 이러한 입장의 글을 작성할 수 있는 것은 최근 10여 년 전부터 집중적으로 수행된 법정사 항쟁에 대한 광범위한 자료수집과[1) 역사, 지방사, 인류학, 사회학, 법학 등 다양한 분야의 학자들의 왕성한 연구 성과에 힘입은 결과이다.[2) 그러나 비판적인 관점하에서 최근의 연구를 개괄

---

1) 그는 형사 사건부, 수형인 명부, 정구용 판결문, 강창규 가출옥 서류, 증언(후손, 주민) 등이다.
2) 법정사 항쟁에 대한 중요 연구를 제시하면 다음과 같다.
   김봉옥, 「법정사 항일운동의 재조명」, 『제주도사연구』 4, 1995.
   임혜봉, 「제주도 법정사 승려들의 항일무장투쟁」, 『일제하 불교계의 항일운동』, 민족사, 2001.
   안후상, 「무오년 제주 법정사 항일항쟁 연구」, 『종교학연구』 15, 1996.
   박찬식, 「1918년 중문지역의 항일운동」, 『제주도』 99, 1996.
   _____, 「법정사 항일운동의 역사적 성격」, 『제주도연구』 22, 2002.
   윤봉택, 「무오 법정사 항일운동의 역사적 의의」, 『서귀포문화』 6, 2002.
   김정인, 「법정사 항일투쟁의 민족운동사적 위상」, 『제주도연구』 22, 2002.
   김창민, 「법정사 항일운동 가담자와 운동의 성격」, 『제주도연구』 22, 2002.
   _____, 「법정사 항일운동과 지역주민의 참여」, 『제주도연구』 25, 2004.
   조성윤, 「무오년 제주도의 종교상황과 법정사 항일운동」, 『제주도연구』 22, 2002.
   정긍식, 「법정사 항일운동에 대한 법적 고찰」, 『법사학연구』 32, 2005.
   김광식, 「법정사 항일운동의 재인식」, 『한국독립운동사연구』 25, 2005.
   _____, 「법정사 항일운동의 연구, 회고와 전망」, 『정토학연구』 11, 2008.

하면 미시적인 접근, 편향적 이해가 주류를 이루었다는 것이다. 이제는 미시적인 접근에서 벗어나 거시적, 개괄적인 정리가 필요한 시점이 되었다고 본다. 그리하여 불교사, 지방사, 민족운동사, 종교운동사 등의 관점에서 법정사 항쟁의 연구 초기 단계를 마무리하는 정리, 해설이 요청된다. 본고찰은 바로 이 같은 전제와 배경에서 출발한 것임을 밝힌다. 물론 추후에도 미시적인 접근, 지속적인 자료수집 등이 필요함은 당연하다. 그렇지만 법정사 항쟁의 성역화 사업도 일단락이 되어가는 시점에서[3] 총체적, 거시적인 정리는 현실적인 측면에서도 탄력성을 받을 수 있는 것이다.

이에 필자는 본고찰에서 법정사 항쟁을 불교사적인 측면을 고려하면서도 사실 규명의 기본틀인 6하원칙의 관점에서 총체적인 정리를 시도하고자 한다. 그리고 법정사 항쟁에 나타나는 불교적인 측면에서의 이념, 불교사상을 추출하고자 한다. 그 연후에는 법정사 항쟁을 한국 근대 불교사, 불교 민족운동사에서의 위상을 전망할 수 있는 관점을 살펴보려고 한다. 미진한 점은 지속적인 자료수집 및 연구로 보완할 예정이거니와 선학제현의 질정을 바라는 바이다.

한금순, 「1918년 제주 법정사 항일운동의 성격」, 『대각사상』 9, 2006.
_____, 「1918년 제주 법정사 항일운동에 대한 새로운 인식」, 『정토학연구』 10, 2007.
오 성, 「근대 제주불교의 태동과 관음사 창건」, 『대각사상』 9, 2006.
3) 서귀포시 주관으로 부지정비, 위패 봉안소 및 부대시설, 상징탑 건립 등 성역화 사업이 마무리 되었다. 그리고 매년 10월 초에는 무오 법정사 항일항쟁 기념식 및 문화예술제가 서귀포시 천제연광장 일대에서 개최되고 있다.

2. 법정사 항쟁의 개괄

1) 언제 ; 시점, 기간

법정사의 항일운동은 1918년 10월 7일 법정사와 중문지역에서 전개되었다. 그러나 운동의 구체적인 양상을 보면 항쟁이 발발하기 수개월 전부터 법정사의 승려들은 운동을 구체적으로 준비하였다. 이 정황을 전하는 관련 자료를 제시하겠다.

> 나(필자주, 정구용)는 1918년 음 4월부터 9월까지는 법정사에 머물렀는데 그때 나와 함께 있던 자는 장임호 외 6명 등으로, 김연일은 기회 있을 때마다 우리들에게 제주도에 있는 일본인 관리 및 일본인을 몰아내지 않으면 안된다고 말했었다(정구용 판결문).[4]

즉, 항쟁의 참여자였던 정구용은 1918년 5월부터 대일투쟁의 최고 책임자였던 법정사 주지인 김연일으로부터 항쟁에 나서겠다는 의사를 접하였다는 것이다. 이는 1918년 5월부터 항쟁준비가 본격화되었음을 의미한다.[5] 그리하여 항쟁의 조직체계 구성, 무기 구입 등을 다각도로 준비하였던 김연일은 1918년 9월에 접어들면서는 항쟁의 당위성과 명분, 추진방침 등을 법정사 신도들에게 공표하였던 것이다.

> 왜놈이 우리 조선을 병합하였을 뿐만 아니라 병합 후에도 관리는 물론 상인 등에 이르기까지 우리 동포를 학대하고 있다. 불원 佛務皇帝가 출연

---

4) 정구용 판결문은 1923년 6월 29일, 대구 복심법원 형사 제1부에서 생산된 것으로 국가기록원 소장 문서이다.
5) 다른 기록에는 음력 6, 7월경부터 운동을 준비하였다는 내용도 있다. 그러나 이는 운동을 구체적으로 의논, 준비하고 있는 상황이기에 운동의 시작은 5월경부터 보는 것이 타당할 것이다.

하여 국권을 회복하게 될 것이니 우선 제일로 제주도에 사는 일본인 관리를 죽이고 상인들을 도외로 구축하여야 한다(고등경찰요사).

김연일의 이러한 발언은 당시 그 항쟁에 참가한 양남구의 신문조서에서 확인된다.

그해 음력 8월 15일 법정사에 참배한 남녀 30명쯤이 모여 있었다. 김연일은 모두에게 이번에 불무황제가 이 세상에 나타나 조선불교를 멀리 포교하고 또한 조선을 잘 통치해서 옛날의 독립국으로 만드는데 진력하기로 했음으로 모든 사람은 불무황제의 명에 따르지 않으면 안된다고 하느지라 우리들은 모두가 찬성했다(정구용 판결문).

즉 김연일은 자신이 주지로 있는 법정사에서 1919년 9월 19일(음, 8월 15일)에 개최된 우란분재 행사에서 대일항쟁을 선언하였다. 요컨대 1918년 5월부터 9월까지는 운동의 준비 기간이었던 것이다. 항쟁을 공표한 그 직후 김연일을 비롯한 항쟁의 주체세력들은 더욱 치밀하게 항쟁을 준비하였다. 격문 작성, 화승총과 곤봉 준비, 깃발 제작 등의 작업이 포함되었음은 물론이었다. 그리고 항쟁의 전위대로 활용할 대중들의 참가, 동원 문제도 검토하였을 것이다. 마침내 운동의 추진 주체들은 1918년 10월 4일(음력, 8월 그믐), 법정사 인근 마을의 이장 앞으로 보내는 격문을 발송하였다. 그는 거사일로 예정된 10월 7일(음력 9월 3일) 새벽 4시에 법정사 인근 하원리로 집결하여 서귀포지역 일제 기관을 습격하는 거사를 개시하고, 10월 8일에는 제주향으로 나아가 일제를 처단하여 구축하라는 내용의 통보였다. 10월 5일과 6일(음력 9월 2일)에는 거사의 핵심 전위세력으로 활동한 청년 33명을 법정사로 소집시켰다. 김연일은 여기에서 자신의 항쟁에 대한 다짐을 다시 한번 피력했다.

절에 가니 남자 30명이 모여 있었는데 김연일은 그들을 향해 자신은 불무황제이다. 지금부터 조선 정치를 개량하려고 하는데 우선 그 수단으로 일본인 관리를 이 섬으로부터 추방하지 않으면 안되므로 여러분은 나의 명령에 의하여 부락 인민들에게 명을 전하고 인민들을 끌어 모아 우선 중문리의 순사주재소를 습격, 일본관리를 추방토록 하라고 명령함으로 나는(필자주, 정구용) 그에 따라 법정사로부터 내려가 각 부락으로 인민을 끌어 모으면서 중문리의 주재소로 가 그곳에 방화, 파괴토록 했는데 (정구용 판결문)

동년 10월 5일부터 이튿날인 6일에 걸쳐 불교신자 등이 右 법정사의 집회에 모여 온종일 예불을 드리는 정례일임을 이용하여, 김연일은 "하늘에 계신 옥황상제의 말씀에 근거하여 조선전토에 불교를 퍼트리고, 善政을 펴기 위해 義軍을 일으켜 제주도에서 내지인 관리들을 섬 밖으로 쫓아내려 한다. 따라서 여러분들은 협력하여 원조해 주어야 마땅하다"는 취지의 말을 설파하였다. 이튿날 7일 미명에 피고 김연일 강민수 김용충은 同寺에 머무르고 前記한 김연일의 지령의 부서에 따라 長旗를 携하고 同寺를 내려가 쏜살같이 서귀포를 습격하였다(강창규 가출옥 서류).[6]

이렇듯이 거사를 전개하기 전의 이틀 동안, 대일항쟁의 결의를 다진 항쟁의 전위세력들은 운명적으로 다가온 10월 7일 새벽, 중문지역을 향해 떠났다. 그들은 항쟁의 선봉대장인 강창규, 박주석, 장임호와 함께 선봉에 섰던 장정 33명이었다. 이들은 중문(좌면)의 도순리, 영남리, 강정리 일대에서 지역주민을 항쟁의 대오에 합류시켰다. 드디어 항쟁의 참가자는 수백 명에 달하였다. 항쟁의 대오는 중문의 주재소를 불태우고, 주재소에 갇혀 있었던 주민 13명을 구출하고, 길가에서는 일본인을 구타하기도 하였다. 그러나 항쟁의 소식을 듣고 달려온 일제 경찰의 강력한

6) 이 자료는 1928년 12월 12일 목포 형무소에서 생산된 것인데, 제주불교사연구회의 한금순이 소장하고 있다. 필자는 한금순 논문에 나온 것과 한금순이 제공한 자료를 이용하였다.

진압, 반격으로 항쟁의 대오는 흩어지게 되었다.

이 같은 항쟁의 개요에서 필자는 항쟁은 1918년 5월부터 준비되었으며, 9월부터는 더욱 진전된 차원에서 항쟁의 선언, 조직 구성, 항쟁에 필요한 물자 조달 등이 전개되었다고 본다.

2) 어디에서 ; 장소

여기에서는 항쟁이 왜? 법정사와 중문지역에서 전개되었는가를 정리하고자 한다. 이 문제는 어찌 보면 질문으로 성립될 수 없는 것이다. 본 고찰의 제목이 법정사 항쟁이라고 하였기에, 당연히 법정사에서 대일투쟁이 준비되었으며, 앞서 살펴본 바와 같이 항쟁의 전개가 법정사에서 시작되어 중문지역으로 확대되었기 때문이다. 그러므로 항쟁의 장소가 어디이었는가라는 점은 우문일 수도 있다.

그러나 대일 무장투쟁이 법정사에서 어떤 연유로 시작되었는가에 대한 궁금증은 간단하게 설명될 수는 없다. 그는 당시 근대 제주불교의 초기 정황, 관음사와 법정사와의 관련성, 법정사에 있었던 승려들의 성향 등이 복합적으로 뒤엉켜 있었기 때문이다. 해서 여기에서는 법정사에서 대일 무장 항쟁이 전개되었던 연유의 배경과 성격을 중점적으로 살펴보고자 한다.

한편 법정사의 역사에서 제주불교를 대표하는 관음사와의 관련을 배제할 수 없다. 그는 1908년에 관음사를 창건한 봉려관이 법정사도 창건하였기 때문이다.

제쥬도 아미산 관음사(蛾眉山 觀音寺)라는 절은 봉려관(蓬慮觀)이라는
녀승이 자기 한 사람의 힘으로 창죠한 절인바, 그 뒤에 안도월(安道月)을
쥬지로 삼어 전도에 종사하던중, 신도의 수효가 수백명에 이루엇슴으로

근쟈에 그 절의 규모를 확댱하기 위하야 법당을 새로히 짓기로 하얏고 또 이왕에는 법정산 법돌사(法井山 法乭寺)라는 절도 건설하얏더라[7]

즉 관음사를 창건한 봉려관은 안도월을 주지로 삼으면서 불교의 포교에 진력하자, 관음사는 성장하여 사찰을 확장케 되었다. 이런 과정에서 법정사가 창건되었다는 것이다. 즉 법정사는 관음사의 직접적인 영향력 아래에 있었던 것이다. 그런데 관음사와 법정사의 창건 및 운영은 봉려관 개인의 노력만으로 구현된 것은 아니었다. 그 전후사정은 아래의 기록에서 찾을 수 있다.

이 관음사는 봉려관이라는 비구니가 창건하였는데…… 이때 문득 한 노스님이 나타나 「저 산천단으로 내려가거라」 하므로 다시 발심해서 산천단으로 내려왔다. 운대사(雲大師)라는 이상한 스님이 계셨는데, 「오래 기다렸더니 이제야 본다」 하시며 가사(袈裟) 한 벌을 내어 주었다. 다시 다음해(1909)에 마을에서 구재(鳩財)하야 초암(草庵) 여러 칸을 지었다. 또 다시 다음해(1910)에 영봉(靈峰)화상과 안도월(安道月) 처사 등이 바다를 건너 제주에 들어오면서 용화사(龍華寺)의 불상과 각 탱화 등을 모시고 와서 반가이 맞이하여 봉안하였다. 다음해(1911) 9월에 법정암(法井庵)을 창건하였다. 그리하였으나 도민은 계속 내쫓으려 하였는데, 다음해(1912) 4월에 돌을 던지는 폭행에도 상처가 없는 기적으로 인하여 드디어 복종하게 되니 여기다 관음사를 이룩하게 된 것이라 함이 이 절의 창건 삽화이다.[8]

공(필자주, 김석윤)은 본디 세상을 초탈하는 불교를 좋아하였다. 대구에서 돌아온 후 여승 봉려관과 함께 색수수(塞水藪, 새미털)에 불사(佛舍)를 창건하였다. 남주(南州)의 사찰들은 이 곳에서 시작되었다. 또 법정(法井)에 도량을 세웠는데, 모두 시사(施舍)가 있었다.[9]

7) 「제주도 아미산 봉려관의 기적, 꿈갓흔 기괴한 이야기」, 『매일신보』 1918.3.2.
8) 이은상, 「두륜산인관음사사적기」, 『탐라기행』, 1937.

위의 글에 나타나듯이 봉려관의 사업에는 雲大師, 영봉, 안도월 등이 개재되었다. 제주 근대불교의 초기 상황을 연구한 오성은 운대사를 김석윤으로 비정하고 있다.10) 그리고 영봉과 안도월은 김석윤이 통영 용화사에서 알게 된 승려로, 김석윤의 소개 및 추천으로 제주도로 건너와 관음사에 머물게 되었다. 이중 안도월은 관음사 초대 주지 소임을 맡기도 하였다.

그런데 김석윤은 1909년 관음사 서무를 보다가, 1911년에는 관음사 해월학원 교사를11) 역임하였다.12) 김석윤은 해월학원 교사를 하면서, 산남 법정악에 있었던 법정사를 1911년에 창건하는데 깊숙이 관여하게 되었다.13) 여기에서 우리는 법정사의 창건, 운영, 성격 등에 김석윤이라는 승려가 관련됨을 주목할 수 있는 것이다. 오성은 김석윤이 법정사를 창건하였다고 보고 있지만, 그에 대한 결정적인 문헌 기록은 없다. 그럼에도 불구하고 법정사에 김석윤의 영향력이 적지 않았음은 수용할 수 있거니와 여기에서 김석윤에 대한 구체적인 행적을 파악할 필요가 요청된다.

김석윤은 1877년 제주도 오라리에서 출생하였다. 그는 유년시절에는 서당에서 한문과 불경을 배우다, 불법에 심취하여 1894년 그의 나이 18세 때에 전주 위봉사에서 출가하였다. 그는 그곳에서 불교를 배우다가, 대흥사에서도 교학을 배웠다. 그런데 그는 1898년 제주도로 귀향하여 광양서재에서 교사로 활동할 때에 방성칠 난(1898)과 이재수 난(1901)을 목격하였다. 이에 그는 제주도에서 벌어진 반봉건, 반외세 투쟁을 지

---

9) 김석익, 「亡兄石惶道人行錄」, 『근대제주불교사자료집』, 제주불교사연구회, 1937.
10) 오성, 앞의 논문, 2007, 9쪽 참조.
11) 관음사가 해월학원을 왜, 건립하였는지 그리고 언제 세웠는지는 알 수 없다. 이 점은 추후 탐구할 내용이다.
12) 제주불교사연구회, 앞의 책, 2002, 215쪽.
13) 오성은 김석윤이 "법정사를 창건하게 된다"고 서술하였다. 그런데 그에 대한 구체적인 역할과 성격은 기술하지 않았다. 즉 창건의 근거를 제시하지 않았다.

켜보고서는 통영 용화사로 떠나 불교를 더욱 공부하였다. 마침내 그는 국권이 상실되어가는 지경을 참지 못하고 1909년 제주에서 제주의병을 일으키게 되었다. 이 의병항쟁에는 기우만, 기삼연, 고상훈 등과 상의한 김석윤이 개입되었는데, 격문까지 작성되어 전 제주지역에 발송되었다. 이 같은 제주의병은 국권수호를 위해 제주민들이 죽음으로써 일제에 항쟁하려는 의미를 담고 있었다. 그러나 제주의병은 일제에게 간파당해 거사 단계에서 실패로 돌아갔다. 그 결과 김석윤은 체포되어 내란죄로 기소되어, 일제에게 10년 유배형을 선고받았다. 그러나 김석윤은 제주 유지들의 노력과 증거불충분으로 풀려나게 되었다.14) 풀려난 김석윤은 통영 용화사에서 참선 수행을 하다가, 그곳에서 만난 영봉, 안도월과 함께 1910년에는 제주도로 건너와 관음사에 머물게 되었다.

바로 이때 김석윤은 관음사 서무를 보면서 관음사 발전에 기여하고, 나아가서는 관음사 해월학원의 교사를 역임하면서 법정사 창건에도 깊숙이 관여하였던 것이다. 그런데 김석윤 그는 왜 관음사 서무를 지속적으로 보지 않고, 해월학원 교사로 갔으며, 결과적으로 관음사를 떠났는가? 그에 대한 문헌적인 자료는 없지만 필자가 추정하건대 김석윤과 봉려관 사이에 이질성이 있었지 않았나 한다. 필자의 상상력으로 논지를 전개한다면 김석윤은 민족의식, 일제에 대한 저항의식이 있었다면 봉려관은 순수한 불교발전 및 진흥에 유의한 것이 아닌가 한다. 그래서 김석윤은 관음사를 떠나 관음사가 연관되는 해월학원으로15) 활동처를 옮긴 것으로 보인다.

그런데 김석윤이 관음사 서무를 볼 때, 관음사에는 김석윤의 도반이면서 사형사제 관계였던 강창규도 머물러 있었다. 강창규는 김석윤과 같이

---

14) 이 내용은 앞의 오성의 논문을 참조한 것임.
15) 해월학원에 대한 개요, 성격 등은 밝혀지지 않았다.

제주 오라리 출신으로 1892년 전주 죽림사에서 출가하고, 1893년에는 죽림사에서 김석윤의 은사인 박만하에게 수계를 받았다. 이후 그는 하동 칠불암에서 참선 수행, 건봉사에서 강원교육을 마치고 제주도로 귀향하였다.[16] 제주도에서는 관음사에서 포교활동을 하던 김석윤과 함께 관음사에 머물렀다.[17]

한편 강창규가 관음사에 머물 무렵, 관음사 전각 공사에 참여한 대상자로 처사 방동화가 있었다. 그는 제주 중문면 대포리 출신으로 법정사 창건에 관여하였는데, 그 이후 관음사에 와서도 처사로 관음사 불사에 참여하였다.[18] 그가 법정사와 관음사의 불사에 참여한 것은 하원의 한문 사숙에서 한문과 불교를 김석윤에게 배운 것이 작용한 것으로 보인다. 그는 관음사에서 일을 하는 중 강창규에게 영향을 받아 1913년 기림사에서 출가하였다. 방동화가 기림사로 가게 된 것은 강창규, 김석윤의 은사인 박만하가 당시에는 기림사에 있었기 때문이다.[19] 방동화는 대승사로 가서 강원 교육을 받고서는 제주도로 귀향하였다.[20] 그런데 방동화는 기림사에 머물 때에 기림사에 있었던 김연일의 사상 및 인품에 매료되었다.[21] 이에 방동화는 김연일이 제주도 관음사에서 대중강연을 할 수 있도록 주선, 배려하였다. 김연일의 관음사를 비롯한 제주도에서의 대중

---

[16] 제주불교사연구회, 앞의 책, 2002, 230~231쪽.
[17] 그런데 그가 관음사에 온 시점, 떠난 시점 등에 대해서는 기록이 없어 단정을 못한다.
[18] 그의 자제인 방진주의 증언이다.
[19] 방동화의 승적부에 의하면 그의 은사 및 사미계사는 이도하, 비구계사가 박만하로 나온다.
[20] 방동화의 귀향시점은 자세히 알 수 없다. 그런데 그의 승적부에 전하는 수학 내용에는 그는 대승사 강원에서 1913년 5월부터 1920년까지 사미과, 초등과, 중등과, 수의과를 졸업하였다고 기재되어 있다. 졸업한 시점은 법정사 항쟁의 참여, 도피, 구속이라는 정황에서 볼 때 신뢰하기는 어렵다. 그런데 한금순은 그의 제주도 귀향 시점을 1914년으로 보았다. 이는 김연일과 함께 왔을 가능성에서 나온 것이라고 이해된다.
[21] 그는 당시 한소식을 하였다는 말을 들을 정도로 불법에 정통하였고, 법문에 능하였다고 한다. 방진주 증언.

강연은 큰 반향이 있었던 것으로 전하고 있다.[22] 이에 관음사의 강창규는 김연일이 제주도를 떠나지 않고 제주도에서 불법 전파에 일익을 담당해 줄 것을 요청하게 되었다.[23] 강창규의 제안을 받은 김연일은 결단을 내려 제주도에 머물게 되었던 것이다.[24]

이런 배경하에 1913년 후반 경,[25] 관음사에는 강창규, 김연일이 머물게 되었다. 그런데 앞서 언급하였지만 관음사의 창건주인 봉려관은 불교의 포교에는 관심이 지대하였지만, 항일의식, 민족의식과는 일정한 거리가 있었다고 이해된다.[26] 이에 관음사의 중심인물인 봉려관과 관음사의 외부에서 유입된 강창규, 김연일과는 체질적으로 동화될 수 없었을 것으로 보인다. 더욱이 김연일이 대중강연에 능하였을 뿐만 아니라, 그는 동학농민운동 및 의병운동의 경험이 있는 대상이었던 점을[27] 고려하면 더욱 그러하다. 이런 전후사정을 고려하면, 법정사 항쟁을 연구하였던 임혜봉이 연구 수행을 하면서 1994년 무렵 법정사에 주석하였던 비구니 법의에게 들은 정황은 유익한 정보를 제공한다.

---

22) 방진주의 증언.

23) 그래서 강창규는 자신의 딸을 김연일의 부인으로 삼게 하였다고, 방동화의 자제인 방진주는 증언하였다.

24) 그런데 김연일은 그 무렵에는 주로 관음사 제주포교당 성격을 갖고 곳(현재 제주은행 자리)에 머물며 포교활동을 하였다. 당시로서는 관음사가 오지이었기에 일반 대중이 많이 모일 수 있는 제주읍내에 머문 것이다. 이상은 방진주 증언에 의지한 설명이다.

25) 이 시점도 정확하지 않다. 필자의 추정이다. 1914년으로도 볼 수 있다.

26) 이는 그가 법정사 항쟁을 비롯한 민족운동에 관여되었다는 기록, 증언이 부재한 것에서 그렇게 이해하였다.
    봉려관은 제주 화북출신으로 집안의 재정이 넉넉하였으나, 심신이 건강치 못한 것(우울증)을 극복하기 위한 목적에서 기도를 하다가, 출가하였다고 한다(방진주 증언). 이는 봉려관의 출가 동기를 말하는 것인데, 이러한 그의 체질은 자연 민족의식, 민족운동과는 거리가 있는 성격으로 볼 수 있는 대목이다.

27) 김연일의 손자 김갑출의 증언.

현재 법정사에 주석하고 있는 법의(法義)비구니의 증언에 의하면 김연일, 강창규, 방동화 스님은 형제의 의(義)를 맺은 돈독한 사이였다고 한다. 김연일을 비롯한 영일군 출신의 스님들과 방동화스님은 경주 기림사에서 같이 공부한 도반들이었다. 방동화 스님은 1913년 기림사에서 우전 도하(宇典 度河)스님을 은사(恩師)로 득도한 후 1918년 봄 제주도로 돌아와 법정사의 김연일 스님 일행에 합류하였다. 김연일, 강창규, 방동화 스님의 나이가 당시 각각 48세, 40세, 32세인 것을 감안하면 이들은 결의형제하고 김연일의 지도에 의해 항일결사를 조직하였던 것으로 보인다.

이들은 처음에는 제주시 관음사 인근 산천단(山川壇)에서 결사를 하였으나 보안유지를 위해 산간벽지에 자리잡은 제주도 좌면 도순리에 있는 법정사로 들어가 항일거사 성취를 위한 백일기도를 했다고 한다.[28]

이러한 비구니(법의)의 증언을 정리한 혜봉의 서술은 지금껏 필자가 서술한 대강의 흐름에 부합된다. 제주도, 관음사에 머물게 되었던 김연일, 강창규, 방동화는[29] 1913년 후반 경[30] 관음사 인근 한라산 정상 근처의 산천단에서 결사를 하였다는 것이다. 결사 내용은 단정할 수는 없다. 불법을 위한 다짐, 국권회복을 위한 맹세 정도가 아니었을까 한다. 그러나 자신들의 결의 내용에 대한 보안유지를 위해 깊숙한 산간벽지에 있었던 법정사로 들어가게 되었다는 것이다.

그러나 관음사에서 법정사로 들어가게 된 연유를 단순히 '보안유지'로만 볼 수는 없을 것이다. 이는 필자가 주장하는 관음사와 법정사와의 이질적인 문화, 정서로 설명할 수 있을 것이다. 다시 말하자면 불법의 천양의식 뿐만 아니라, 민족의식이 충만하였던 김연일, 강창규 일행과 봉려

---

28) 임혜봉, 앞의 책 참조.
29) 방동화는 그 무렵 대승사 강원에서 수학을 하였지만, 방학을 이용하여 제주도로 온 것으로 볼 수 있다.
30) 이는 필자의 추정이다. 그 시점을 법정사 항쟁의 시작과 관련하여 1918년 초로 볼 수 있지만, 김연일이 관음사에서 법정사로 이전한 내용을 고려하여 이렇게 추정하는 것이 순리에 맞다고 본다. 그 시점을 1914년으로도 볼 여지는 있다.

관, 안도월 일행과는 상호 거북한 입장이었을 것이다. 더욱이 김연일, 강창규의 뒤에는 항일의병 활동을 주도하였던 김석윤이 일제로부터 감시를 당하는 현실이었음을 고려하면 더욱 그러하다. 이런 논리하에서 억측을 더욱 해 본다면 김연일, 강창규는 김석윤의 개입하에 법정사로 이주케 되었을 가능성이 있다. 법정사 창건에 깊숙이 개입하였던 김석윤이었기에, 김연일 일행의 법정사 이전, 김연일의 법정자 주지 취임도 자연스럽게 수용되었던 것으로[31] 보고자 한다. 김연일이 법정사 주지에 취임하자, 과거 그가 기림사 시절에 인연이 있었던 승려, 불교신자들이 자연스럽게 법정사로 옮겨 오게 되었다. 김연일이 법정사에 머물기 시작하던 1914년에 김석윤, 강창규의 은사인 박만하가 관음사 주지로 1914년부터 활동하였음도 이 같은 구도에서 설명할 수 있다고 본다.[32]

지금까지 살펴 바와 같이 법정사 항쟁이 일어나기 5년 전인 1914년부터, 법정사에는 김연일, 강창규 일행이 머물게 되었다. 이들의 공동 주석은 불법의 홍포와 민족의식의 분출이라는 측면에서 법정사 성격을 자리매김 할 수 있는 결정적인 계기로 작용하였다. 나아가 법정사의 그 같은 정체성은 방성칠 난, 이재수 난, 제주의병 등에서 표출된 반봉건, 반제국주의 이념이 법정사라는 사찰의 공간에서 이식, 재편되었음을 의미하는 것이었다. 그리고 거기에는 제주의 민족의식 뿐만 아니라 김연일로 상징되는 국내의 민족의식도 부가되는 정황이었음을 간과해서는 안 된다. 바로 이 같은 정서, 배경, 이념이 법정사 항쟁이 일어나기 이전에 법정사에 충만하였던 것이다. 그래서 치열한 대일, 무장투쟁이 법정사에서 일어날 수 있는 가능성이 존재하였다고 본다.

그리고 법정사 인근의 지역은 화전민들이 집단적으로 생존을 유지하

---

31) 제주도 출신이 아닌, 외지인을 주지에 취임하도록 할 수 있음은 간단한 것이 아니다. 김석윤의 강한 영향력이 작용하였던 점으로 보여진다.
32) 박만하는 관음사 조사전에 창건주인 봉려관, 초대 주지인 안도월과 함께 봉안되었다.

였던 지역이었고, 남학이라는 신흥종교를 통해서 후천개벽을 강조하는 사상적 세례를 경험한 농민들이 많았을 가능성이 지적되었음을[33] 유의해야 한다. 이 같은 지역 정서와 법정사의 정체성이 결합하여 대격변 발생의 가능성이 농후한 지역이었음을 추정할 수 있다. 요컨대 법정사 일대에서는 항쟁이 일어날 소지가 다분하였던 것이다.

3) 누가 ; 주체 및 참여자

법정사 항일투쟁에 누가 참여하였는가를 조명하는 것이 여기에서의 초점이다. 이에 대해서는 본고찰의 서두에서도 밝혔고, 기존의 연구에서도 누차 강조되었던 내용이다. 때문에 약간은 진부하고, 너무나도 기본적인 내용이라 굳이 조명할 연유가 없을 것으로도 볼 수 있다. 그러나 이 문제는 항쟁의 성격, 주체를 밝히는 차원에서는 매우 중요하다. 참가자는 기본적으로 승려, 불교신도, 지역주민(농민, 선도교도) 등이다. 그런데 여기에서는 운동의 성격이 일제하 및 연구가 본격화 되기 이전에는 보천교도의 란으로 소묘되었던 저간의 상황과 이런 연구 경향을 극복하려는 일련의 연구로 인해 이 주제는 간과할 수 없는 것이다. 요컨대 지역주민은 농민이 대부분이었겠지만, 그 농민들의 종교적 성향이 불교도인가, 보천교도(선도교도)인가, 아니면 종교성과 무관한 순수한 농민이었는가이다.

이런 정황에 접근하기 위해서 우선 당시 상황을 전하는 관련기록들을 살펴보면서, 그 본질에 다가가도록 하겠다.

전라남도 제주도 도순리 한라산 서남쪽 기슭 법정사의 주지 김연일은

---

33) 조성윤, 앞의 논문, 2002, 29쪽.

일찍부터 제국 정부의 조선 통치에 대해 불평을 품어 대정 7년 음력 6, 7
월경부터 수명의 同志와 의논하여 佛教徒 및 農民을 모아 작당을 하고 폭
행, 위협으로 도내에 거주하는 일본인 관리를 섬 밖으로 내쫓음으로써 제
국정부의 통치에 반대하는 기세를 보일 것을 꾀해, 그 절에 모여드는 信
徒들에게 그 취지를 전달, 가담토록 하던 바(정구용 판결문)

일제가 작성한 이 판결문에는 항쟁의 최고 책임자인 김연일이 주도한
무장투쟁에 동조한 대상자들이 불교도 및 농민이라고 명쾌하게 기재되어
있다. 여기에서 불교도라면 승려와 재가신도를 말하는 것이다. 재가신도
임은 위의 판결문에서도 법정사에 모여드는 신도라고 나왔기에 재론의 여
지가 없다. 그렇지만 참가한 지역주민 700여 명(혹은 400여 명) 전체가 불
교신도는 아니었을 것이다. 그 중에는 불교신도도 있었겠지만, 무교 혹은
기타 종교를 신봉하는 대상자도 있을 것이다. 기타 종교에는 이른바 仙道
教徒가 해당이 되는 것이다.

필자는 이런 문제에 대하여 기왕의 연구에서 운동의 주체세력의 이해
를 운동 참가자들의 성향(역할, 참가동기, 일제에 피체 및 구형량)에 의
거 분석을 시도한 바가 있다.[34] 그 개요를 재정리하여 요약하자면 참가
자를 주동세력, 동참세력, 참가세력, 단순 참가자 등으로 구분했다.

주동세력은 법정사 항쟁의 모의, 준비, 주도적인 진행을 주체적으로
담당한 대상자로 보았다. 동참세력은 이 운동의 초기의 기획 단계에서는
배제되었지만 운동의 준비단계에서부터 동참하고 운동의 전개에 깊숙
이 관여한 대상자로 보았다. 참가세력은 운동의 초기의 모의 및 준비 단
계에는 관여되지 않았지만 운동이 전개되었던 초기 과정에 적극 참여
한[35] 당사자들을 지칭한다. 그밖에 단순 가담자는 항쟁의 전개 시(10월

---

34) 졸고, 「법정사 항일운동의 재인식」, 『민족불교의 이상과 현실』, 도피안사, 2007,
19~29쪽.
35) 적극적, 자발적으로 참여한 불교신도, 농민 등이라고 볼 수 있다.

7일)에 일제 타도라는 목적에 부응한 일반 대중들과 강제적 권유에 의해 혹은 마지못하여 참가한 대상자를 말한다. 이러한 주동, 동참, 적극 가담자,[36] 단순 가담자라는 구분은 운동의 시간적인 흐름에서도 구별된다. 필자가 이해한 내용을 간략히 제시하면 다음과 같다.[37]

주도세력 : 김연일(법정사주지, 총지휘), 강창규(선봉대장, 승려),
　　　　　방동화(좌대장, 승려), 강민수(우대장, 법정사승려),
　　　　　정구용(격문작성, 법정사승려), 장임호(모사, 법정사거주)
　　　　　양남구(중군대장, 불교신도), 김상만(후군대장, 법정사거주),
　　　　　이종창(선봉좌익장), 최태유(선봉집사, 승려),
　　　　　김봉화(선봉집사, 승려),[38] 김용충(법정사 거주),
　　　　　김인수(법정사 거주, 항쟁후 출가)[39]
동참세력 : 박주석(모사, 선도교 수령, 박처사), 선봉대원 33명[40]
　　　　　선도교도(강봉환, 김무석, 조계성 등)[41]

---

36) 필자는 예전 논고에서는 참가세력이라고 하였지만, 본고에서는 단순 가담자와 대비하여 적극 가담자로 표현을 바꾸었다.

37) 필자의 의견과 한금순이 제시한 법정사 항일운동 조직도를 참고하였다. 한금순, 앞의 논문, 2006, 317쪽.

38) 김봉화는 승려로, 취조중 옥사하였는데, 김명돈(승려)의 동생이란 점은 박찬식이 그의 연구 논문에서 밝혔다. 그렇지만 박찬식은 김봉화, 김명돈의 연고 사찰을 언급치 않았다.

39) 강민수, 정구용, 김용충, 김인수 등 4명은 경북 영일군 출신으로 김연일이 1914년 제주도로 들어올 때에 함께 온 대상자들이다.

40) 한금순은 그 대상자로 김명돈, 김상언, 조계성, 김무석, 김기수, 오병윤, 이승빈, 고용석, 김두삼, 문남규, 문남은, 최신일, 이달생, 김성수, 이윤평 등 15명을 제시하였다. 위의 한금순 자료. 그리고 선봉대원을 34명으로 칭하는 기록도 있다. 한편 선봉대원 33명에는 주도세력과 겹치는 경우도 있었을 것이다.
　　또한 필자가 관심을 갖는 대상자는 김상언이다. 그는 징역 6년을 구형받은 당사자로서 항쟁에서 상당한 역할을 한 승려로 추정되지만, 현재 그의 연고사찰 등에 대해서는 밝혀진 것이 소략하다. 임혜봉은 그를 제주도 출신 승려로 보았다.

41) 김창민은 법정사 항쟁을 불교와 선도교 인사들이 중심이 되었고, 중문지역 주민들이 광범위하게 참가한 항일운동이라고 보았다. 김창민, 앞의 논문(2004)의 맺음말

적극 가담자 : 촌락에서 적극 참여한 대상자(불교신도 및 농민)
단순 가담자 : 일반 주민, 지역 농민, 화전민 등 수백여 명

위와 같이 대별한 내용을 내용 별로 간략히 정리하겠다. 우선 주도세력은 법정사에 거주하는 승려 및 불교도들이라고 볼 수 있다. 그러나 주도세력의 일부 대상자는 법정사에 거주하지 않았던 승려와 불교도도 찾을 수 있다. 이들 주도세력은 대부분 항쟁의 최고 책임자인 김연일과 불가분의 관계를 갖고 있음은 지금까지의 연구에서 이미 밝혀진 바와 같다. 즉 김연일의 출신지인 경북 영일, 기림사 등지에서 김연일과 함께 제주도로 건너와서 법정사의 불교 활동에 관여한 대상자이다. 때문에 이들은 김연일의 항일 투쟁에 자연스럽게 참여한 것이라 하겠다. 항쟁 당시 법정사에 장기간 머물지 않은 강창규와 방동화는 1914년부터 깊은 연고를 가졌고, 김연일이 법정사에 올 수 있도록 배려한 인물이라는 점에서 항쟁에 주도자로 참가한 것은 당연한 행보이다.[42] 그밖에 일부 불교신도와 주석 사찰이 밝혀지지 않은 승려도[43] 있는데, 이들은 김연일의 항일 의지에 동조한 결과로 참여한 것이다.[44]

___

참조. 이는 불교와 선도교를 대등하게 본 것인데, 이는 필자가 불교는 주체, 선도교는 합류(동참)하였다고 이해한 불교 중심적인 시각과는 일정한 차별성을 갖고 있는 것이다.

42) 방동화는 항쟁이 일어나기 100일 전부터 법정사에서 제석기도를 올렸는데, 이는 승려 및 불교신도를 규합하기 위한 목적이었다고 한다. 방진주 증언.

43) 한금순은 최태유를 육지에서 내려왔고, 강창규와 위봉사에서의 인연으로 제주도로 온 것으로 이해하였다. 아마 이점으로 항쟁에 강창규와 함께 참여하였을 것이다. 김봉화에 대해서는 단정적으로 말할 실정이 아니다.

44) 법정사 항쟁 기념사업회의 유족들은 1994년 이 운동을 새롭게 조명해 달라는 요지의 「청원서」에서 운동의 주모자가 김연일이며 12명의 승려가 주동되어 많은 佛徒가 참여하였다고 강조했다. 방진주는 그 33명 전부를 승려라고 주장한다. 이는 방동화에게서 들은 정황인바, 이로써 승려는 아니더라도 대부분은 불교도일 가능성은 매우 높다고 본다. 한편 임혜봉은 『일제하 불교계의 항일운동』, 82쪽에서 승려를 13명이라고 하였다. 그는 그 대상자를 김연일, 강창규, 방동화, 김봉화, 김상언, 장림

다음은 동참세력의 문제이다. 이 분야가 가장 논란이 많은 내용이 있다. 우선 선봉대원인 33명은 동참세력으로 보는 것이 당연하다. 그렇지만 여기에서는 현재 그 전체 33명의 대상자가 누구인지를 문헌에 근거해서는 알 수가 없다.[45] 추정하건대 이 명단에는 전술한 동참세력의 일부 대상자도 포함되었을 것이다. 그래서 여기에서는 주도세력에 포함되지 않은 대상자는 당연히 동참세력으로 볼 수 있다는 선에서 필자의 의견을 정리한다.

다음으로 박주석(박명수)과 선도교 문제를 정리하고자 한다. 지금껏 법정사 항쟁에는 어떠한 형태로 선도교도가 참여하였음은 일부 연구자를 제외하고는 대부분의 연구자들이 동의하고 있다.[46] 그런데 이에 대한 해석의 중심에 선도교 수령으로 나오는 박주석이 자리잡고 있다. 한편 최근 새롭게 발굴한 자료와 증언에는 그가 불교적인 성격의 연고자라는 내용이 있다. 즉 박주석은 수형인 명부(광주지방법원 제주지청)에 이명으로 '處士'로 나온다는 점이다. 나아가서 항쟁의 이전과 당시, 그리고 항쟁 이후에도 박주석을 박처사로 불렀다는 것이다.[47] 그렇다면 박처사가

로, 김상만, 정구룡, 김인수, 김용충, 강민수, 강수오, 최문수 등을 그렇게 보았다. 그런데 이들은 당시에는 불교도임은 분명하지만 전원이 승려이지는 않았다. 항쟁 후 출가한 경우도 있었다.

45) 김연일의 손자인 김갑출은 김연일 유품 중에 서명포에 33명의 이름이 서명된 사발통문 형식의 천이 있었으나 분실하였다고 한다.

46) 그러나 오성, 한금순은 그에 대한 직접적인 서술을 하지 않았다. 다만 한금순은 박주석을 기존 선도교 수령에서 불교적인 인물이라는 새로운 해석을 내놓았지만, 박주석을 제외한 여타 보천교도의 대상자가 있는 지에 대해서는 구체적인 해석을 피하였다. 그리고 법정사 항쟁 유족회의 청원서에서는 박주석만 보천교도라는 이해를 하였다.

47) 박주석의 외손자인 이태수는 박주석이 금강산 사찰에서 불법과 병법을 배워, 그를 의병진에 제공하였다고 증언하였다. 그리고 그는 1950년대 후반 중문, 한림지역에 거주하였던 주민 중에서 박주석을 아는 사람들이 박주석을 박처사로 기억하는 증언을 청취하였다고 회고하였다. 「제주 항일운동 주역은 불교인」, 『제주불교』 2005.3.4.

우선하는 이름이 아닌가 한다. 그렇다면 추후에는 박주석을 박처사로 지칭해야 하는 문제도 검토할 수 있다고 본다.

　박주석의 종교성 논란, 이에 대한 필자의 의견은 다음과 같다. 그는 일단은 문헌사료를 충실하게 신뢰해야 한다는 것이다. 사료 해석은 자유이지만, 그렇게 표현되었던 것에는 그럴만한 연유가 있다는 것이다. 그렇지만 필자는 박주석은 제주도로 건너오기 이전에는 불교적인 인물임이 분명하다고 본다. 이는 그를 달리 표현한 이명인 '朴處士'는 누구도 부인할 수 없는 불교적인 내용에서 나온 것이다.[48] 최근 박주석의 외손자인 이태수를 면담한 한금순은 이태수의 다음과 같은 증언을 바탕으로 박주석의 불교적인 인물임을 확고하게 강조하였다. 그러면 여기에서 이태수의 진술을 참고하자.[49]

　　　외할아버지 고향은 경북 안동이다. 열네 살에 진주로 양자를 갔다. 그런데 양자든 집에서 재산 때문에 양어머니와 양 누나가 학대를 했다. 견디다 못해서 밤에 집을 나섰다. 수십리 길을 가다가 금강산으로 들어 갔다고 한다. 할아버지 법명이 명(明자) 수(洙)자이다. (중략)
　　　할아버지의 이명인 명수는 법명이다. 어머니가 할아버지 얘기를 해주

　　이는 당시 사람들이 박주석을 박처사라고 불렀음을 의미하는 것이다. 그의 본명은 박주석이었지만 일반 사람들이 그를 박처사로 불렀기에 그 호칭이 최우선적인 이름으로 고려할 수도 있는 것이다.
48) 처사는 일반적으로 사찰에서 일하는 남자, 혹은 사찰에 출입하는 재가의 불교 지식인을 지칭한다.
　　필자가 연구한 고려중기 운문사에서 일어난 난 즉 김사미난의 주모자는 김사미였다. 김사미는 단순한 이름이 아니고 사찰, 불교와 연관이 된 호칭이다. 沙彌는 정식 승려가 아닌 대상인데, 그중 20~50세 경의 남자가 재가에서 생활하면서 사찰 일을 보는(소작농민, 사찰 청소, 사찰 재산 수호 등) 대상자를 칭한다. 그래서 그런 경우를 이름만의 사미라고 하여 名字沙彌라고 한다. 요컨대 박처사는 김사미의 경우와 동질적인 것이다. 이에 대해서는 졸고, 「운문사와 김사미란」, 『한국학보』 54, 일지사, 1989 참조, 이 논고는 졸저, 『고려무인정권과 불교계』, 민족사, 1995에 수록하였다.
49) 이는 한금순이 그의 논문, 2007, 451~453쪽에서 소개한 그 진술을 재인용한 것이다.

면서 삼수, 삼봉이 누군지 모르겠다고 하였다. 할아버지의 명수하고 태수
하고 삼수 중 둘이다. 어머니는 문태수 청년이 할아버지 제자라고 했다.
문태수 장군이 돌아가시고 나서 할아버지는 며칠간 밥도 안드시고 눈물
흘리면서 누워 계셨다고 한다. 내가 찾아 보니까 문태수 청년은 호남의병
대장 문태수이다. 문태수는 1904년에 금강산 박처사에게 병서를 받았다.
문태수는 원래 이름이 태서이다. 의병 활동을 하면서 태수라는 이름을 사
용했다. 박처사는 공훈록에 안동에서 의병을 하고 돌아가신 것으로 되어
있다. 할아버지의 이명 박처사가 바로 문태수 장군에게 병서를 건네 준 안
동에서 의병활동을 한 이분이라고 생각한다.

박주석 외손자, 이태수의 증언은[50] 기존 박주석에 대한 이해를 정면
부정하는 것이다. 필자는 이태수의 증언, 그를 소개하여 해석한 한금순
의 해석을 신뢰한다.[51] 이런 이력이 있었기에 김연일은 제주도로 건너와
있었던 박주석에게 항쟁에 대한 자문을 하고, 박주석에게 항쟁의 실질적
인 추진을 맡겼던 것이라 하겠다. 이 정황은 아래의 기록에서 확인이 된다.

　　내가(필자주, 박주석) 다른 피고 등과 함께 제주도 좌면 중문리 주재소
　　를 습격하고 폭행을 한 사실은 틀림이 없으며 1918년 음 6월말께 피고 방

---

50) 시흥에 거주하는 강창규의 외손(2005년 현재 69세)은 『제주불교』와의 인터뷰에서
　　외할아버지인 박주석은 선도교와 전혀 상관없고, 14세 때 금강산 사찰로 스님을 따
　　라 들어간 후 불법과 병법을 배웠다는 것을 어머니로부터 들었고, 금강산 사찰에서
　　수학한 후 의병항쟁에 뛰어 들어 활동하면서 박처사라고 불렸다는 증언을 외할아버
　　지가 활동하던 안동, 진주에서 확보하였으며, 호남의병장인 문태수(본명, 태현)가
　　외할아버지로부터 태수라는 법명을 받은 것으로 알고 있으며, 50년대 후반 중문과
　　한림읍 금악 등지에서 외할아버지(박주석)를 기억하는 노인들이 일관되게 박처사
　　로 기억하는 증언을 청취하였다는 것이다. 이상은 『제주불교』 2005.3.4, 「제주 항일
　　운동 주역은 불교인, 법정사 항쟁 박주석 절에서 수학, —'박처사' 증언 나와」의 보도
　　를 요약한 것임.
51) 한금순은 전북 향토문화연구회에서 발행한 『전북 의병사』하권의 문태서 의병대에
　　서 1904년 2월 문태서(문태수)는 금강산에 은거하고 있었던 박처사를 찾아가 유격
　　술, 총포 사격술을 배웠다는 내용을 그 보강 자료로 삼았다.

동선이 자택에 와서 법정사에 와 달라고 함으로 음 8월 4일 그 절에 가자 거기엔 피고 김연일, 강민수, 장임호, 김용충, 김인수 등이 함께 있어 그 들로부터 이번 폭동의 상담을 받았다. 법정사에서 앞의 각 피고들은 나를 선생이라고 불렀는데 김연일은 내게 대해, 자기는 김해김씨의 후예이며 제주도에 있는 일본인 전부를 몰아내고 이어 육지에 나가 불교를 넓히고 싶은 바 그 수행에 조력해 달라고 말했다. 법정사를 출발함에 즈음해서는 김연일 등과 함께 의논한 후에 우선 서귀포 중문리를 습격하고 제주성내로 나가기로 하여 그 연도의 각 구장 등으로부터 민적부를 제출하도록 하여 이에 따라 각 마을의 장정을 징발, 그 세력을 증대시켜 일본인 관리를 도외로 추방할 계획을 세웠다(정구용 판결문).

위의 정구용 판결문에서 나오듯 그는 법정사에 초청을 받아가서, 항쟁에 대한 실질적인 '상담'을 해 주었다. 그리고 그는 투쟁에 기꺼이 참여하여 항쟁의 전개를 김연일과 함께 상의하고, 항쟁 대오의 일선에 서서 항쟁을 진두지휘하였다. 여기에서 주목할 것은 그는 법정사 항쟁의 주체들의 제안을 적극적으로 수용하였다는 것이다. 이런 적극성은 그가 제주도에 오기 이전의 충만된 민족의식, 항쟁의 경험이 충분함에서 나온 것이라 하겠다. 이는 그의 외손자의 증언을 신뢰시킬 수 있는 요건이다.

그런데 문제는 항쟁 그 당시 박주석 그가 선도교 수령이었는가이다. 아니면 그를 전한 『고등경찰요사』가 편찬될 즈음의 상황인가이다. 그 내용에서 김연일이 항쟁 4년 전부터 일제를 몰아내라고 발언하였다는 표현이 나온 것을 보면 당시 상황을 묘사한 것으로 보여진다. 그러면 여기에서 1934년에 간행된 『고등경찰요사』에서 김연일과 박주석이 결합된 요인으로 서술한 것을 살펴보자.

　　原因은 선도교에 대한 경찰의 단속이 엄중함으로부터 김연일은 사전에 친교가 있는 同地 선도교 수령 박명수와 미리 짜고 일을 꾸미기에 이르렀다.

이 기록에는 당시 박명수 즉 박주석은 선도교 수령이었고,[52] 항쟁 이전에 김연일과 '친교'가 있었다는 단서가 나온다. 그러나 '친교'의 내용이나 성격은 단언키 어렵다. 추정하건대 김연일이 선도교에 대한 일정한 관심이 있었을 가능성이 있으며,[53] 당시 선도교가 일제로부터 집회에 대한 단속이 엄중하게 당함을 파악하고, 선도교측 인물들의 일제에 대한 저항의식을 항쟁에 활용키 위한 목적에서 박주석을 항쟁에 끌어 들인 것이 아닌가 한다. 다시 말하자면 박주석은 운동의 기획 후반부인 1918년 9월경에[54] 동참하였다. 즉 항쟁의 준비가 진행되었던 막바지 무렵에 동참한 것이 분명한 사실이었다.

그러나 박주석은 육지에 있을 적에는 처사였고, 불교적인 인물이 분명하였지만 제주도로 온[55] 이후, 1918년 당시에는 선도교도로 전환되었음을 수용할 수 있는 것이다. 이런 입장에서 박주석 이외에도 수 명의[56] 선

---

52) 수형인 명부에 그는 '無職'으로 기재되었다. 법정사에 거주하는 승려 및 불교도들도 무직으로 기재된 것을 보면 그도 단순한 농민은 아닌 것으로 일제가 본 산물이다. 그러나 항쟁 직후의 문건인 형사사건부에는 그도 농민으로 기재되었다. 이는 항쟁 직후에는 농민으로 기재하였지만, 항쟁이 어느 정도 지난 시점의 문건(1901~1944년 수형인 명부)에 무직으로 기재되었음은 그의 성격을 파악하여 그렇게 표기한 것으로 보인다.

53) 이 점은 강창규 가출옥 관계서류에 첨부된 제1심 판결문(1919.2.4)에서도 나온다. 즉 "그는 법정사 주지 김연일이 근래에 선도교 교지를 믿었는데, 경찰의 선도교 단속에 불만을 품고" 云云이다. 한금순, 앞의 논문, 2006, 313쪽 참조.

54) 음력으로는 8월 4일에 법정사에 가서, 항쟁에 대한 상담을 해주고 항쟁에 참여하기 시작하였다.

55) 그 시점은 알 수 없다.

56) 현재는 3~4명 정도이지만, 기록과 증언이 부재하여 더 이상은 단언하지 못한다. 안후상은 앞의 논문, 1996, 169쪽에서 구속, 수감되지는 않았던 보천교도인 강상백을 소개하였다. 즉, 강상백이 배후에서 사건을 주도한 것이 그의 비문에 나온다고 소개하였다.

최근 김창민은 「법정사 항일운동과 지역주민의 참여」에서 하원 지역은 항일운동 당시 선도교세가 매우 컸다고 언급하면서, 마을에서 행세하는 사람은 대부분 선도교도라고 주민들의 증언을 통해 주장했다. 그들은 양풍과 왜색에 비판적인 의식을

도교도가 항쟁의 동참세력의 일원으로 나왔던 것으로 본다. 김창민이 현지 하원마을에 대한 현지 연구를 통해 항쟁에 선도교도의 역할이 매우 큰 것이라는 요지의 논고를[57] 발표한 것도 유의해야 한다. 그렇지만 김연일과 박주석의 결합은 단순히 박주석의 개인투쟁 경험을 빌리는 정도이면서도, 일제에 핍박을 받는 선도교도를 항쟁에 유입시키려는 의미를 동시에 갖는 것이 아닌가[58] 한다. 더욱이 승려이면서 선도교에 관심을 가졌던 김연일과 불교적 가치관을 가졌던 처사이었지만 선도교도가 되었던 박주석 간에는 사상적, 민족의식 차원에서 공통적인 측면이 많았기에, 이들의 대일항쟁의 전개는 자연스러운 것으로 볼 수 있는 것이다. 여기에서 유의할 것은 제주도에서 부정적인 관점으로 있어 왔던 선도교(보천교)에 대한 인식을 법정사 항쟁에 직접 연결하면 곤란하다는 것이다. 1930년대의 보천교 행적과 법정사 항쟁기의 선도교와는 큰 차별성이 있다는 것이다. 필자의 입장은 법정사 항쟁기의 선도교는 민족 주체의식을 강조하고 억압받는 민중의 대변자 역할을 하면서, 민족 고유의 전통사상을 표방한[59] 성격이 개재되었다는 것이다.[60] 이런 성격이 있었기에 김

갖고 있었는데, 월평 마을에서도 유력한 인사들이 선도교에 적극 가담하였다고 소개하였다. 그리고 그는 월평 마을의 주민이었던 김봉록, 강성진, 김봉인 등은 열렬한 선도교도로서 법정사 항쟁에도 적극 가담하였으나 검찰에 송치되지 않았다고 하였다. 이 같은 기술은 선도교도에 대한 우호성, 민족의식 집단임을 강조하는 것이다.

57) 위의 김창민 논고. 그러나 그는 이 항쟁을 선도교의 항일운동이라는 성격 규정은 할 수 없다고 보았다. 선도교도가 많은 참여를 한 것은 외세와 일제에 저항하는 선도교의 메시지에 호응한 것으로 판단하였다.

58) 박찬식은 「1918년 중문지역의 항일운동」에서(85쪽) 불교와 선도교 양 집단의 연결로 이해하였다. 지금껏 박찬식, 조성윤, 김정인, 안후상 등은 선도교의 참여를 당연한 것으로 보았다. 그러나 세부적인 이해가 갈릴 정도로 그에 대한 천착은 하지 않았다.

59) 유불선을 종합한 성격으로 일반적으로 말한다.

60) 김홍철, 「일제하 증산교단의 수난과 그 대응」, 『일제하 증산종단의 민족운동』, 증산종단연합회, 1997, 165쪽. 증산교, 보천교의 민족의식에 대해서는 노길명, 「일제하 증산교운동」, 『숭산 박길진박사 고희기념 한국근대종교사상사』, 원광대출판국, 1984; 「초기 증산종단의 민족의식과 민족운동」, 『일제하 증산종단의 민족운동』, 증

연일도 선도교에 관심을 가졌고, 육지에서는 불교적 노선을 갔던 박주석 (박처사)도 선도교로의 사상적 전환을 한 것이 아닌가 한다.

그러나 김연일과 박주석의 결합을 집단적 연결로 보기에는 약간의 무리가 따른다. 선도교의 합류는 사실이지만, 그는 불교의 주체적인 주도 하에 선도교도가 동참하는 정도로 보아야 된다는 것이 필자의 의견이다. 이는 주체세력의 분포, 거사 진행의 장소, 거사를 선언하였던 정황, 거사를 선언하였던 당일에 참가한 대상자들을 일제가 불교신도들이라고 기록한 점에서 그렇다고 본다. 만약 조직적, 집단적 연결이었다면 선도교 참여, 활동에 대한 정황, 기록은 지금보다 더욱 많았을 것이기 때문이다. 지금껏 이에 대해서는 선도교도의 참가 부인,[61] 혹은 선도교도의 역할 및 참여를 지나치게 과대하게 볼 수는 없었다는 논점도[62] 있었다. 여기에서 선도교[普天敎]의 개입을 보여주는 일제측 기록과 후대의 잡지를 살펴보자.

> 차경석은 김형렬에 맞서 선도교라는 교파를 만들고 각지에 전해져서 신도확장에만 종사했다. 대정 7년, 국권회복의 미명 아래 차경석 및 경북 영일출신 김연일 등이 서로 모의해 동년 9월 19일, 우란분회에 즈음하여 제주도 법정사에서 교도 30명을 소집 "倭奴는 우리 조선을 병합시켰을 뿐만 아니라 병합후에 관리는 물론 상인에 이르기까지 우리 동포를 학대해 酷遇시켜, 실로 왜노는 우리 조선 민족의 仇敵되어, 머지 않아 제주도 내 거주하는 관리를 완전히 살해한 후 상인을 驅逐시켜야 한다"며 설득 10월 4일 밤부터 다음날 5일에 걸쳐 김연일은 그 配下를 도내 각지에 보내 신도 33명을 법정사에 소집하고 스스로 불무황제라 칭했다. 그리고 위와 같은 목적을 결행해야 한다고 선언하고, 그 방법을 협의해 대오를

산종단연합회, 1997 참조.
61) 한금순은 제주도 여러 지역에서 선도교단이 조직적으로 참여한 것이라고 분석하기에는 좀 무리가 있다고 보았다.
62) 이는 그간의 필자의 견해이었다.

정리한 후, 부근 각 면, 이장에게 일본 관리를 소멸하고 국권을 회복해야 하므로서 다시 장정을 거느리고 참가하라, 따르기를 꺼리는 자는 군율에 따라 엄벌에 처한다는 의미의 격문을 배포하고, 6일 밤부터 제주성 내로 향해 행동을 개시하였다. 도중에 전선을 절단하고 또 내지인 의사 외 조선인 2명을 부상시키고, 다음날 7일, 중문리에 도착하여 경찰관 주재소를 습격해 방화, 전소시켰다. 이어 폭도 38명을 검거할 수 있었고, 차경석, 김연일 등 간부는 신도들로부터 거둬들인 수만원을 가지고 그 소재를 감추니, 지금 그것을 알 수가 없다(1918년 11월 27일, 경무국 고등경찰 비밀문서, 제36610호 태을교도 검거에 관한 건).[63]

제주도는 원래가 邪敎가 많은 곳으로 대정 2년 경부터 강증산을 교조로 한 보천교, 미륵교, 동화교, 대세교와 최제우를 교조로 한 동학계의 수운교 등이 들어와서, 대정 8년에 김연일이란 자가 그들 사교도를 규합하여 가지고 자칭 불무○○(佛武○○)라 하는 제주도 대정면 산방산(濟州道 大靜面 山房山)에서 ○○식(○○式)을 거행한 후, 약 3백명의 민중을 선동하여 중문 경찰관 주재소를 습격하고, 불을 질러 태워버린 사건이 발생하는 등 그들 사교도는 여전히 불온한 행위를 반복하고 있음으로[64]

이 두 기록은 위에서 필자가 운동의 개요를 정리한 것과 그 내용이 흡사하다. 다만 박주석 대신에 선도교 최고 책임자인 차경석이 등장한 것뿐이다. 박주석을 비롯한 선도교도의 행위를 차경석으로 등치시켰던 것이 아닌가 한다. 그런데 위의 내용에서는 항쟁의 주도, 전개는 어디까지나 김연일이었음이 분명하게 나온다. 이를 미루어 보면 필자가 일관적으로 주장하는 법정사와 김연일의 주체, 주도하에 항쟁은 전개되었고 박주석과 선도교도는 동참하는 선에서 합류한 것으로 볼 수 있는 것이다. 선

63) 김정명 편, 『명치백년사 총서, 조선독립운동 제1권(민족주의운동 편) 분책』, 1967, 247쪽.
64) 『조광』(1938.10), 185쪽; 『매일신보』 1938.8.13, 「한라산을 근거지로 총후에 암약한 사교」에도 유사한 내용(김연일이 사교를 규합하여)이 있다.

도교도 참여하였지만 그는 김연일에게 '규합'된 것으로 보아야[65] 한다는 것이다. 그렇다고 해서 필자는 선도교에 대한 부정적 인식은 없거니와, 역사적 사실을 객관적, 문헌에 근거하여 보자는 실사구시적인 입장임을 밝힌다. 선도교도가 참여한 것은 사실이지만 그는 불교도인 주체세력이 기획, 전개하는 항쟁에 미약하게 참여한 것으로 보아야 한다는 것이다. 그래서 일제는 선도교도에 의심을 두고 조사를 하였지만 혐의를 찾지 못하였던 것이다.[66] 만약 조직적으로, 주체세력으로, 많은 선도교도가 참여하였다면 그에 대한 정황은 어떠한 형태, 기록으로, 구전으로 전하여졌을 것이다. 현재 전하는 내용을 종합해 볼 때 선도교도는 참가하기는 하였으되, 미약한 형태로 동참한 정도로 마무리 하는 것이 타당하다고 본다.

다음 적극 가담자와 단순 가담자를 살펴 보겠다. 그러나 이에 대한 구체적인 정황이 없어 논리적인 서술은 어려운 형편이다. 필자가 단순하게 보건대 적극 가담자는 불교신도와 김연일 및 법정사 항쟁의 당위성에 동

---

65) 안후상은 앞의 논고, 182쪽에서 이를 "민족의식이 강한 육지의 몇몇 승려들이 보천교운동을 이용한 듯하다"고 표현했다. 『사상월보』 2–5(1932.8)의 6~14쪽에서도 김연일이 국권을 회복하고자 선도교도를 '선동'하여 대일항쟁을 벌인 것으로 요약하였다. 이러한 정황은 항쟁이 마무리 된 후의 종합적인 해석이기에 신뢰할 수 있다고 필자는 본다.

66) 항쟁 직후, 일제는 선도교도(보천교도)를 항쟁에 관련 있는 대상으로 의심하고 조사를 하였다. 즉 『증산교사』 60쪽에서 일본 경찰은 이 사건이 '보천교도의 所爲라고 혐의하여 엄중하게 조사하던 중 云云, 그리고 『동아일보』 1921년 4월 40일자 보도기사에서 '무오년 11월에 전남 제주에서 그 교도를 검거하기 시작하여' 云云이 그것이다. 또한 『동아일보』 1922년 2월 24일 보도기사에서는 "그때는 총독부에서 집회의 자유를 허락하지 아니하던 때라 그와 같이 많은 교도가 모이는 것을 정치운동의 음모로 인정하고, 무오년 11월에 전라남도 제주에서 그 교도들을 검거하시 시작하여 목포에까지 검거의 손이 미치었으나 결국 모두 방면되었고"라 하였다.
그리고 필자가 보천교, 증산교를 연구하는 학자들의 관련 논문을 본 결과, 1918년 법정사 항쟁을 선도교 혹은 보천교에 직접적으로 연결시킨 내용은 찾을 수 없었다. 다만, 일제가 보천교와 연관이 있는가 하여 교도들을 검거했다는 정도에 머물렀다는 것이다. 이는 앞의 김홍철 논문, 170쪽에 단적으로 나온다.

의하여 항쟁에 참가한 대상자들로 보면 무방할 것으로 본다. 필자는 이들을 일제 강점, 경제 침탈에 피해를 보았던 농민들이었다고 본다. 이들이 적극 참여한 것은 10월 7일 항쟁의 대중들이 주재소에서 농민 13명을 구출한 것을 주의 깊게 보면, 이해할 수 있다고 본다. 지금껏 연구자들은 이 13명에 대한 문제를 크게 주목하지 않았다. 그러나 필자는 이 구출자에 대한 성격을 강조하려고 한다. 이들이 주재소에 수감되었음은 일제에 대한 저항이 있었음을 말해주는 것이다. 추측하건대 그 13명은 일제의 가혹한 납세에 대한 거부, 혹은 일제 식민지 체제에 강력 반발한 대상자로 보아야 한다. 그래서 지역 주민들 중에서 적극 참여자가 나온 것은 구금된 13명이 겪었던 고통, 심정을 자신도 겪었음을 은연중 반영하는 것이다. 정구용 판결문에서는 일제측 입장에서 강제성의 징발만을 강조하였지만, 그 반대의 경우 자발적인 동참 농민인 적극 가담자도 적지 않았을 것이다. 그렇기 때문에 항쟁의 대오가 300~400여 명, 혹은 700여 명이라는 숫자가 나올 수 있는 것이다. 이런 정황의 배경이 있었기에 김연일을 비롯한 항쟁의 주동세력이 거사, 무장 항쟁을 결단할 수 있었다고 본다. 이런 사정이 있었기에 항쟁의 준비단계에서도 일체의 비밀이 새어 나가지 않았고,[67] 항쟁 주동자들이 일제의 감시를 피해 수년간 법정사 외곽의 지역에서 숨어 지낼 수 있었을 것이다.

그리고 단순 참가자는 항쟁의 대오가 민적부를 활용하여 준 강제적으로 무장대오에 합류케 하였던 농민, 지역주민들이 아니었는가 한다. 항쟁의 대오가 공포를 쏘면서 위협하고, 참가하지 않으면 목숨이 위태롭다고 여기고 참여한 대상자들이라고 보고자 한다.

지금까지 살펴본 바와 같이 법정사 항쟁은 불교계의 승려, 신도들을 기본 축으로 하는 항쟁의 주체세력이 주도하였지만 불교를 신앙하였던

---

67) 이는 사찰과 신도 간에 끈끈한 결속력이 있었음을 예증한다.

농민들, 그리고 박주석으로 상징되는 선도교도로서의 농민이 동참세력으로 운동의 중추를 점하고 있었다.[68] 그밖에 적극 참가자들은 법정사인근의 산간지역에서 화전을 하던 농민, 마을에서 소외된 주변부의 중산간 지역에 거주한 비정착 화전민,[69] 불교신도들이었으며 단순참가자들은 준 강제적, 비자발적으로 대오에 편입된 대상자이었다.

4) 무엇을 ; 항쟁의 목적

이제, 여기에서는 법정사 항쟁의 근본 목적이 어디에 있었는가를 정리하고자 한다. 이는 조금만 유의해서 보면, 일제의 격퇴 및 구축임을 알수 있다. 다른 말로 표현하자면 민족운동, 항일운동, 독립운동이었다. 이같은 개념, 성격은 지금까지의 대부분의 연구자들이 동의하였다. 필자도이 같은 지금까지의 견해, 연구를 수용한다. 다만 그 연관 내용을 다시한번 살핌으로써 지금까지 간과되었던 내용, 대상이 있는가를 찾아 보려고 한다.

우선 항일운동의 관점은 다양한 자료에서 천착이 된다. 그는 대부분제주도에서 일제의 구축을 통한 국권회복 즉, 항일 독립운동이었다.

> 수괴 김연일은 경북 영일군 출신이면서, 4년 전 승려로서 제주도 좌면법정사에 거주하면서, 언제나 교도에 대하여 반일 사상을 계속 고취시키고자 했다. 대정 7년 9월 19일 구 우란분때 법정사에 모이게 한 교도 30명에 대해, 왜노는 우리 조선을 병탄할 뿐만 아니라, 병합 후에는 관리는

---

68) 필자의 의견은 불교 중심적인 주도를 강조하는 입장이다. 선도교는 박주석을 비롯한 수명만이 참가한 것으로 현재 기록에 전하고 있는 형편이다. 특히 법정사가 민족의식이 충만한 사찰이라는 정체성과 거사를 실질적으로 추진, 준비, 전개한 주체세력의 대부분이 불교 인사라는 점이다.

69) 김창민, 앞의 논문, 2002, 47쪽.

물론 상인에 이르기까지 우리 동포를 학대한다. 우선 제일로 제주도에 살고 있는 내지인 관리를 죽이고 상인을 도외로 내쫓아야 한다고 말하고 (고등경찰요사)

전라남도 제주도 도순리 한라산 서남쪽 기슭 법정사의 주지 김연일은 일찍부터 제국정부의 조선통치에 대해 불평을 품어 대정 7년 음력 6, 7월 경부터 수명의 동지와 의논하여 불교도 및 농민을 모아 작당하고 폭행, 위협으로 도내에 거주하는 일본인 관리를 섬 밖으로 내쫓음으로써 제국 정부의 통치에 반대하는 기세를 보일 것을 꾀해 그 절에 모여드는 신도들에게 그 취지를 전달, 가담토록 독촉하던 바(정구용 판결문)

김연일은 기회가 있을 때마다 우리들에게 제주도에 있는 일본인 관리 및 일본인을 몰아내지 않으면 안된다고 말했다(정구용 판결문).

이 기록들에서 필자는 법정사 항쟁이 항일 독립운동이었음을 거듭 확인할 수 있었다. 그리고 여기에는 필자는 김연일의 항일 구국의지가 우연적, 돌발적인 것이 아님을 느낄 수 있다. 즉 법정사에 거주한 이래 '언제나' 반일 사상을 고취하였다거나, '일찍부터' 일제의 조선 통치에 불평을 품었다는 것, '기회가 있을 때마다' 일제 구축을 발언하였다는 것에서 그를 짐작케 한다. 이러한 내용은 김연일에 주도된 법정사 항쟁이 상당히 오랜 기간 동안 기획, 준비된 것을 알 수 있게 한다.

그런데 당시 관련 기록을 보면 그 내용에는 항일 독립운동과 함께 김연일의 발언에서 불교의 포교에 대한 강렬한 열망이 적출된다. 이를 어떻게 볼 것인가의 문제가 곤혹스럽다. 우선 그 내용을 보자.

검사의 양남구에 대한 신문조서 중, 나는 1918년 음 2월께부터 불교도가 되었는데 그해 8월 15일 법정사에 참배한 남녀 30명쯤이 모여 있었다. 김연일은 모두에게 이번에 불무황제가 이 세상에 나타나 조선불교를 널리 포교하고 또한 조선을 잘 통치해서 옛날의 독립국으로 만드는데 진력하기로 했음으로 모든 사람은 불무황제의 명에 따르지 않으면 안된다고 하는지라 우리들은 찬성했다(정구용 판결문).

김연일은 하늘에 계신 옥황상제의 말씀에 근거하여 조선전도에 불교를 퍼트리고, 선정을 펴기 위해 의군을 일으켜, 제주도에서 내지인 관리들을 섬 밖으로 내쫓으려 한다(강창규 가출옥 관계서류).

이 같이 김연일은 항쟁에 참여한 불교신도, 농민들이 중심이 된 대중 즉 자신을 지지하는 대중들에게 일제 구축, 국권회복과 동시에 불교의 전파를 대등하게 강조하였다. 왜 그랬을까? 필자는 이는 그를 지지하였던 대중, 그리고 그가 동원(참여)시키려는 대중의 상당수가 불교신도였다는 점에서 찾아야 한다고 본다. 그래야만 대중의 결집을 공고히 하고, 불교의 보호 및 발전까지도 가져올 수 있는 항쟁임을 홍보함에 있어서 유리하였을 것이다. 그런데 자신이 그렇게 나설 수 있었던 것은 단순한 부처님 말씀에 의거한 것이 아니라 불무황제, 옥황상제로 표현되는 구원주, 메시아가 후원, 유도하는 계시에서 찾고 있다. 이는 정구용이 작성하여 촌락에 배포한 격문에도 나온다.

우리 조선은 일본에 탈취당해 괴로워 하고 있다. 이제야 옥황상제 성덕주인이 나와 이들 조선 인민을 구제토록 명을 받았다(정구용 판결문).

정구용은 모두를 향해 김연일이 황제가 되어 일본인을 추방하여 선정을 베풀 것인데, 김연일은 상제의 가호가 있으므로 반드시 목적을 용이하게 수행할 수 있으며 신체 생명에 위험이 없으니 모두 협력하라고 말했다(정구용 판결문).

이렇듯이 김연일과 정구용은 옥황상제, 상제가 나타나 항쟁을 단행하라는 주문을 받았으며, 그 상제가 다름 아닌 김연일임을 은연중 유포하였다. 이러한 정황을 보건대 법정사 항쟁은 단순한 항일운동이라기보다는 종교운동의 성격을 강하게 갖고 있다고 하겠다. 종교운동이라 함은 종교의 목적을 달성하고, 종교적인 방법 및 성격이 관철되는 것이라 하겠다. 이 같은 종교 변혁운동에는 메시아, 구원주의, 개벽 등의 개념이 등장한다.70) 이런 사상은 불교의 미륵사상에서도71) 나타나고, 선도교에서는 민족주의적인 측면과 일제 패망 및 개벽사상이 혼재되어 있었다.

그래서 국권회복을 위한 항일운동과 종교적 메시아의 도래, 후원이라는 종교운동이 결합되었기에 법정사 항쟁은 더욱 더 탄력을 받았다고 보고자 한다. 요컨대 법정사 항쟁에는 항일 민족운동이라는 목적의 저변에 종교 변혁운동도 위치하였던 것이다.

5) 어떻게 ; 항쟁의 방법

법정사 항쟁은 주지하는 바와 같이 무장 항쟁으로 전개되었다. 즉 타협적, 온건한 항쟁이 아니었다. 그렇다면 운동의 주체들은 왜 그 같은 무장 항쟁을 선택하였는가? 그리고 운동에 자발적으로 동참한 대중들도 무력적인 방법을 큰 저항 없이 수용하였는가? 이에 대한 궁금증을 해소하려는 것이 여기에서의 초점이다.

김연일을 비롯한 운동의 핵심 주체들은 상당수가 승려였다. 승려라는 성직자가 정상적, 평온한 사회에서 무력을 통한 문제 해결을 하는 경우는 흔치 않다. 성직자들은 무력을 통한 시비, 갈등이 전개될 때에는 오히

---

70) 그 대표적인 것이 천년왕국사상, 이상사회의 도래, 미륵불 및 정도령, 진인과 같은 구세주의 등장이라 하겠다.

71) 불무황제의 하생이 그 정황이다. 이에 대해서는 고은의 「미륵과 민중」, 『한국근대 민중종교사상』, 학민사, 1988이 참고된다.

려 평화적, 대화의 방법으로 문제 해결을 하는 것이 보통의 경우이다. 그런데 법정사의 경우에는 그 반대로 무장 투쟁을 당연시 하고, 일본인 관리와 일본상인을 무장투쟁의 방법을 통해 제주도에서 내쫓아야 한다고 혹은 죽여야 한다고 홍보하였다. 실제 항쟁의 전개 시에는 일본인을 살상하기도 하였다. 이는 선도교 수령으로 묘사된 박주석의 경우도 이 범주에 포함되어 있었다.

이는 두 가지의 내용으로 설명이 가능하다. 우선 첫째는 김연일, 박주석은 제주도에 들어오기 이전에 항일, 무장투쟁의 경험이 있었던 대상자들이었다. 즉 그들은 동학농민전쟁, 의병전쟁을 경험한 당사자였다. 때문에 그들은 무장투쟁의 방법을 당연시 한 체질의 소유자이었다. 그들은 무장투쟁에 대한 방법, 전개 요령, 작전 등에 대해서 능한 사람이었던 측면을 간과할 수는 없다. 다음 둘째는 김연일, 강창규, 박주석, 방동화 등은 일제 당국에 대한 본질, 속성을 잘 알고 있었다고 보인다. 즉 일제 식민통치의 잔학상, 1910년대 무단통치의 속성을 익히 알고 있었기에 운동의 주도세력은 일제와는 대화, 타협 등 온건한 방법은 소용이 없다는 것을 체득하였을 것이다. 그래서 그들은 일제와는 일체의 대화 없이 바로, 무장투쟁을 기획, 준비, 전개하였다고 보인다.

이런 바탕을 갖고 있었던 그들이었기에 그들이 무장 항쟁을 선택한 것은 당연한 것이었다. 그리하여 제주도에서 일본인 관리, 일본인 상인 등을 제주도에서 내쫓고 제주도 행정 중심처인 제주읍내의 향청으로 진주하여 제주도의 행정, 치안의 권한을 장악하고 그 여세를 몰아 육지에서의 항일 독립운동을 전개할 수 있는 토대를 마련하려고 한 것이었다.

6) 왜 ; 배경, 요인

그러면, 왜 하필이면 1918년에 항쟁이 일어났는가? 달리 말하자면 항쟁은 일어날 수밖에 없었는가? 이에 대한 설명이 요청된다. 종교인의 정체성은 해당 종교 교리 및 사상을 자신의 삶으로 수용하고, 나아가서는 일반 사회에서도 구현하려는 것이 최우선의 과제이다. 그런데 이런 입장에 설 경우 그를 가능하게 하고, 추진할 수 있도록 의도한 종교 조직 및 시설물의 보호, 유지, 확대가 그 다음으로 중요한 문제이다.

여기에서 다음과 같은 질문이 요청된다. 법정사 항쟁의 주체세력들은 항쟁을 전개하지 않으면 안 될 절박한 사정이 있었는가. 일제와의 무장투쟁을 전개하지 않으면 불교 및 선도교가 존립할 수 없을 정도로 강력한 일제의 압박은 있었는가, 있었다면 그 내용은 어떠하였는가에 대해서 의문을 갖지 않을 수 없다. 그러나 이런 정황에 대한 기록은 전하지 않는다. 현전하는 여러 기록들에서는 국권회복 및 불교 포교의 지향, 불무황제의 메시지 등이 있었다고 나온다. 그러나 이런 내용은 어찌 보면 부차적인 것이다. 항쟁에 불을 붙인 결정적인 요인, 단서는 무엇이었을까? 이에 대한 설명이 지금까지의 연구에서는 미흡하였다. 운동의 주체세력들은 300~700명의 대중이 단결해서 일제를 제주도에서 구축할 수 있었다고 정말로 판단하였는가. 육지에서 일제의 경찰, 군인들이 거사의 소식을 듣고 달려올 것이라는 판단은 안하였는가?

필자는 이에 대해서 다음과 같은 생각을 갖고 있다. 즉 김연일, 박주석, 강창규 등 민족의식, 항일의식에 투철한 그들은 평소, 제주도로 건너오기 이전부터 일제에 국권이 강탈당한 것에 강한 불만을 갖고 있었다. 그런 저항의식은 뚜렷하고, 분명한 것이어서 어떤 좌절, 압박이 있었다해도 위축될 정도는 아니었을 것이다. 그런데 그들이 활동하고 있는 제주도의 종교공간에서 일제의 수탈, 만행 등이 자행되는 것을 목격함에 이르러서는 그들이 갖고 있는 민족의식, 저항의식에 불을 붙일 수 있는 화약과 같은 촉진제가 있었을 것이다. 그렇다면 그 촉진 역할을 하였던 요인, 결정적인 단서는 무엇이었는가? 이에 대해서도 문헌기록이 부재하다.

그러나 여러 정황을 보건대 그는 1918년 당시 제주도내의 사회 경제적 상황을 거론하지 않을 수 없다. 1918년은 일제가 한국의 농촌(농지)을 장악할 수 있도록 결정적 계기를 준 조선토지조사사업이 마무리 되었던 시점이었다. 이 사업을 통해 농민들은 관습적으로 인정받고 보호받던 농토에서의 권리를 박탈당하였다. 그래서 농민들은 농지로부터 이탈되고, 삶의 기반을 빼앗겨서 유랑의 길, 이민의 길을 가야만 했다. 이런 상황은 제주도에서도 일반화되었을 것이다. 이런 시대적인 배경, 농민의 분노가 항쟁의 저변에 있었을 것이다. 항쟁에 참여한 농민, 법정사 주위의 농민들은 기존 촌락에서 소외된 주변부 농민이면서, 동시에 유농형 화전민이었음은 경제 피탈에 대한 가능성을 더욱 높여주는 것이다. 조선 후기에는 화전민에게는 조세가 부여되지 않았다. 그러나 구한말에 접어들면서 화전민에게도 세금을 부과하기 시작하였다. 그러자 화전농들은 세금을 내지 않기 위해 정착형에서 유랑형으로 전환하기 시작했다. 그런데 만약 이런 화전민들에게 일제가 세금을 강요하고, 세금납부를 하지 못한 대상자를 구금한다면 그는 생존을 박탈하는 것임은 자명한 것이다.

이런 배경하에서 그 화전민, 몰락농민들이 법정사의 불교신도일 경우에는 그는 법정사로서는 간단한 문제가 아니다. 산간 중턱에 위치한 법정사의 정황으로 추정하건대 법정사에 왕래하는 신도의 대부분은 농민, 화전민의 가능성이 농후하다. 이렇듯 법정사를 유지하는 토대로서의 신도, 법정사 종교활동의 가장 중요한 대상 인물들이 일제에게 강한 압박,

구속을 받는다면 법정사로서는 좌시할 수 없는 도전이었다. 더욱이 법정사 승려들의 속성, 그리고 법정사 정체성이 민족의식, 저항의식이 충만한 공간인 점을 고려하면 일제의 그 같은 조처는 불에 기름을 붓는 정황이었을 것이다. 앞선 자료에 나오는 항쟁의 대오가 주재소에 갇혀 있던 농민 13명을 구출하였다는 내용은 이런 구도하에서 시사하는 바가 적지 않다. 동시에 집회 활동 자체를 규제당하였던 선도교도가 법정사를 왕래하였고, 박주석과 김연일이 친근한 연고를 상정하면 법정사와 일제와의 대격돌은 피할 수 없었을 것이다. 그리고 당시 법정사 일대의 농민 700여 명이 동참하였다 함은 일제의 경제침탈이 모든 농민들이 보편적으로 인정할 정도로 악랄하였음을 예증하는 것이라 하겠다. 그렇기 때문에 법정사가 주도한 대일 항쟁의 비밀이 지켜지고, 항쟁의 선두에 섰던 주체세력들의 운동 참가 권유에[72] 많은 농민들이 참가할 수 있었을 것이다. 당시 농민들도 일제와 무력으로 맞서면 죽임까지 당할 수 있을 것을 예측하는 것이 상식이었겠지만, 수백 명이 짧은 시간에 무장 대오에 합류하였음은 피탈자, 빼앗긴 자로서의 분노가 그 만큼 상당하였음을 말해주는 것이다. 그리하여 법정사라는 종교 공간에서 생활하던 항쟁 주체세력들이 전개하는 무장 항쟁에 자연스럽게 가담하였을 것이다.

그래서 필자는 이 같은 배경하에서 일제의 경제침탈, 종교 기반을 위축케 하는 억압, 집회의 규제라는 조건이 맞물려서 나온 당시 현실을 무력항쟁으로 일거에 해결하기 위한 것이 법정사 항쟁이었다고 본다. 나아가서 항쟁의 외연을 넓히고, 그 기회를 활용하여 일제를 근본적으로 구축하는 대일 무장 항쟁을 제주도 차원으로 확대하여 전개한 것으로 보고자 한다.

마침내 이런 요인, 배경으로 법정사 항쟁은 가시화 되어, 제주도 차원

---

72) 물론 일부에서는 강압, 강제적인 동원이 있었다.

으로 전개되었다. 그리고 거기에는 경제침탈, 종교 조직체 수호의 의미에서 한발 더 나아가 해당 종교인(불교신도, 선도교도 등)을 생존적인 측면에서 지켜야 하는 인권의 문제가 자리잡았던 것이다. 더욱이 그 압박자가 일제라는 야만적, 비인도적, 나라를 강탈한 제국주의일 경우에는 저절로 보편적 민족운동으로 전이되는 것이다.

3. 법정사 항쟁의 성격 및 의의

본장에서는 법정사 항일운동이 갖고 있는 성격 및 역사적 의의를 불교사적인 측면에서 조망을 하고자 한다. 지금껏 이 운동에 갖고 있는 성격 및 의의에 대해서는 일반사 및 지방사의 관점에서는 적지 않은 검토가 있었다. 그러나 불교적인 관점에서는 이렇다 할 접근이 미약하였다고 본다. 그렇지만, 기왕에 검토된 관점들도 적극 고려하면서 한국 불교사 차원의 시각에서 정리해보고자 한다. 필자의 생각을 대별하여 정리하면 다음과 같다.

첫째, 법정사 항일운동은 근대 불교사에서 최대의 항일 무장투쟁이었다. 근대 불교사에서 지금껏 불교가 관련된 최대 민족운동은[73] 3·1운동에 참여를 지칭하였다. 승려였던 한용운, 백용성의 민족대표(33인) 참여, 3·1독립선언서에 공약3장 추가, 각처의 사찰에서 만세운동 전개 등이 그것이었다. 그리고 불교계는 3·1운동의 참가에서 나타난 각성으로 자주적인 종단설립운동, 사찰령 철폐운동 등을 전개하였다. 나아가서는 상해 임시정부에 승려들의 참가, 일제와의 투쟁을 다짐한 항일의용승군

---

73) 졸고, 「일제하 불교계 독립운동의 전개와 성격」, 『새불교운동의 전개』, 도피안사, 2002; 졸고, 「불교의 민족운동」, 『종교계의 독립운동』, 독립기념관 한국독립운동사 연구소, 2008.

제 조직체 시도, 승려 독립선언서의 제작 및 배포 등이 이어졌다. 이는 모두 3·1운동의 영향에서 비롯된 것이다. 그러나 이들은 대부분 평화적, 온건한 투쟁이었으며, 일부는 준비 단계에서 좌절되기도 하였다. 그렇지만 법정사 항쟁은 처절한 무장 항쟁을 전개하였다는 점에서 여타의 불교 독립운동과는 그 성격이 다른 것이었다. 수백 명이라는 동참대중, 총과 곤봉 등 무장을 하였다는 점, 전쟁을 방불케 하는 무장 조직체를 구성하였다는 점, 대일항쟁을 불교적인 관점에서 제시하였다는 점은 여타의 운동에서는 찾을 수 없는 특이한 성격을 갖고 있는 것이다. 때문에 법정사 항쟁은 불교계 최대의 항일 무장투쟁의 위상을 담보한다.

둘째, 법정사 항쟁은 현실 변혁운동의 성격을 갖고 있었는데, 이런 사례가 근대 불교에서 적용된 경우는 유일하다. 한국 고대, 중세기 불교사에서 불교와 연관된 변혁운동은 김사미란, 최충헌정권에게 도전한 승려 세력 등등 왕왕 있어 왔지만 근대 불교사에서 불교와 연관된 변혁운동은 법정사가 유일하지 않은가 한다. 한용운의 영향을 받은 불교청년들이 온건하게, 제도권 불교 내에서 불교 대중화를 지향하고, 식민지 불교에 저항을 한 경우로서 1930년대의 卍黨은[74] 있었다. 그러나 만당은 항일 비밀 결사체였지만 제도권 불교를 개혁하려는 종교적 성격에 머물러 있었고, 일제의 감시로 인해 조직이 노출될 것을 우려해, 그리고 내분으로 인해 스스로 퇴진하였다. 그리고 그들은 일제 말기에 가서는 상당수가 변질된 노선으로 경도되었다. 요컨대 법정사 항쟁은 종교를 통한 변혁운동의 성격을 갖는다.

셋째, 법정사 항쟁에는 한국불교의 주된 사상적 흐름인 大乘佛敎, 菩薩思想이 흐르고 있었다. 한국 불교의 사상적 정체성을 대변하는 것은 대승불교인데, 대승불교는 중생을 구제하고, 세상을 구원하여, 현재의

---

74) 졸고, 「조선불교청년총동맹과 만당」, 『한국근대불교사연구』, 민족사, 1996.

세상을 불국토로 만들려는 불법의 발현이었다.[75] 다시 말하자면 대승불교는 상구보리, 하화중생의 이념을 구현하는 불교이다. 여기에서 하화중생은 자비보살행을 통한 중생구제이다. 自利利他, 同體大悲, 不二的 인식을 수반하는 대승불교는 곧 중생, 중생이 살고 있는 사회, 중생의 삶의 터전인 민족과 국가를 위한 불교 및 승려들의 결단이자 행보이다.

그렇지만 근대 불교사의 경우 승려가 항일 독립운동에 나선 일부의 경우를 제외하고는 대승불교의 정신을 구현한 경우는 많지 않았다. 佛敎社會化를 고뇌한 흐름은 분명 존재하였지만, 당시 승려들 대부분은 대승불교를 구현하는 것에 대해서는 깊은 고민이 없었다. 일부 수좌계열들은 불조혜명의 계승, 한국불교 전통의 계승, 선불교 전통 수호 등에만 유의하였다. 즉 자신의 정체성을 정비, 유지하기에도 급급한 실정이었다. 그렇지만 법정사 항쟁에는 대승불교, 보살사상이 실질적으로 실천되었다. 바로 여기에서 법정사 항쟁이 갖는 불교사적인 측면의 위상을 새롭게 볼 수 있는 것이다.

넷째, 법정사 항쟁에는 민족불교론의 이념이 구현되어 있었다. 필자는 민족불교론을 기왕의 한국불교의 전통으로 지칭된 호국불교를 계승하면서, 동시에 대승불교가 근대라는 공간에서 발현된 이념으로 보고 있다. 그러면서 민족불교론은 근대불교가 갖고 있는 특성의 하나이면서 동시에 근대불교가 지향한 노선으로 보고 있다.[76] 필자가 생각하는 민족불교론은 불교의 보편성(교리, 사상)을 띠고, 근대불교에 부여된 사명(민족운동, 독립운동)을 구현하며 한국불교의 전통을 계승하려는 논리, 이념, 실천으로 보고 있다. 그래서 민족불교론은 불교의 교리 및 사상을 벗어나지

---

75) 이봉순, 『보살사상 성립사 연구』, 불광출판부, 1998; 안성두, 「대승불교의 이념과 보살사상의 특징」, 『대승불교의 보살』, 씨아이알, 2008.

76) 이에 대해서는 졸고, 「대한승려연합회 선언서와 민족불교론」, 『민족불교의 이상과 현실』, 도피안사, 2007 참조.

않고, 대승불교의 근대적 변용을 실천하며, 한국불교의 역사와 전통을 이으려는 근대 불교도들의 정체성 재정비의 산물로 주장한 바가 있다.[77] 이런 전제하에 법정사 항쟁에는 민족불교론이 관통하고 있었다고 본다.

다섯째, 법정사 항쟁에는 한국 민족운동의 이념과 정신이 구현되었다고 본다. 그 단적인 예가 민족운동을 상징하는 3·1운동의 정신이 법정사 항쟁에 나온다는 것이다. 3·1운동은 1919년 3·1운동은 거족적인 민족운동으로서 남녀노소, 직업, 종교를 떠난 민족 전체가 인류의 보편적인 가치인 자유, 평등을 구현하기 위한 항일 민족운동이었다. 이 같은 3·1운동을 추진하였던 3·1정신은 민족운동의 전형으로 현재까지 살아 있다고 볼 수 있다. 그런데 그 3·1정신이 3·1운동이 일어나기 몇 달 전에 제주도, 법정사, 중문지역에서 이미 前史의 성격을 갖고 예비적으로 구체화 되었던 것이다. 법정사에서는 민족의 독립을 위해, 우리 민족의 자유와 평등을 위해 승려, 신도, 선도교 간부, 선도교도, 농민, 화전민, 촌락민 등이 모두 일체가 되어 일제와 투쟁하였던 것이다. 바로 이것이 3·1정신이었다.

지금껏 필자가 고려하고 있는 법정사 항일운동에 대하여 불교적인 관점에서 바라볼 수 있는 성격 및 의의를 제시하였다. 추후에는 이 같은 내용을 사상 및 문화의 관점에서 지속적으로 탐구해야 할 것이다.

4. 결어

본고찰의 맺는말은 법정사 항쟁에 대한 추후의 연구 전망, 혹은 연구에 필요한 제언 등을 피력하는 것으로 대하고자 한다. 필자의 이 의견 개

---

77) 위의 책, 83쪽.

진이 수용, 검토되길 기대한다.

첫째, 법정사 항쟁의 연구는 이제 1단계를 마감, 정리하는 수준에 다달은 것으로 보인다. 그래서 지금까지의 연구 성과, 한계, 미진한 점 등을 종합하여 성찰하는 자리, 계기가 더욱 수준 높은 차원에서 이루어지길 기대한다.

둘째, 법정사 항쟁에 대한 문헌자료집을 발간해야 한다고 본다. 지금까지 발굴, 정리된 것만 해도 책으로 묶을 수 있는 정도는 충분하다. 자료집이 간행되어야 더욱 다양한 학자들이 참여할 수 있는 계기를 제공할수 있다.

셋째, 항쟁에 연관된 구술사 자료집을 만들 수 있는 증언 청취에 박차를 가해야 한다. 항쟁에 대한 유족, 동리 주민, 후손 등 다양한 사람들에게서 증언을 듣고, 그를 정리 분석하여 연구자료의 확대를 시도해야 한다.

넷째, 제주도 내에서 관련 기관, 유족회 등이 상의하여 연구를 주도할수 있는 상설 조직체를 구성, 발족시켜야 한다. 지금까지는 중문 청년회의소, 기념사업회, 서귀포 시청, 제주 보훈지청, 제주학회 등 다양한 연고처에서 주관, 진행을 하였다. 그러다 보니 산발적으로 진행되었고, 연구 주제의 일관성 미비, 연구자의 협소성 등을 야기하였다.

다섯째, 연구를 이제 보다 넓은 시야로 이끌어 내야 한다고 본다. 이를테면 비교사 관점도 채택할 수 있다. 나아가서는 제주도사, 한국불교사에서의 자리매김을 시도하고 문화, 생활 등의 미시사, 문화사와 같은 새로운 관점 개발이 요망된다고 본다.

지금까지 필자가 생각하는 연구 환경의 진작, 연구 무대의 개선, 자료집 발간의 긴급성 등을 제시하였다. 이런 제안이 신중하게 검토, 수용되길 기대한다. 필자의 지적이 이 분야 연구와 후학들의 연구에 참고가 된다면 다행이라 하겠다.

대한민국 임시정부와 불교의 민족운동

1. 서언

　대한민국 임시정부는 1919년 4월, 중국 상해에서 출범하였다. 대한민국 임시정부는 1945년 8월 해방되는 그날까지 적지 않은 한계를 갖고 있었지만 한국 독립운동의 중심으로 활동하였다. 현전하는 자료와 증언을 종합하여 살펴볼 경우, 불교계의 승려도 임정에 참여하여, 구국 독립운동에 동참하였다.

　그럼에도 불구하고 지금껏 임시정부에서의 불교계 활동은 독립운동에 참여한 개별적인 승려들의 삶을 소묘하는 과정에서 간헐적으로만 서술되었다. 즉 일제하 불교계 독립운동사에서[1] 임정과의 관련성 연구는 심화되지 않았다. 그러나 불교도가 임정에서 활동한 전체적인 개요, 내용, 성격 등은 불교 독립운동사, 불교 민족운동사, 혹은 불교인의 사회참여 등의 관점에서는 결코 간과할 수 없는 주제이다. 이는 호국불교, 민족불교라는 한국불교 정체성을 논의함에서도 중요한 사실이다.

---

1) 김광식, 「일제하 불교계 독립운동의 전개와 성격」, 『새불교운동의 전개』, 도피안사, 2003.

이런 전제하에서 본고에서는 임시정부와 연관하여 불교계가 독립운동을 전개한 내용을 우선적으로 유형별로 살펴보고자 한다. 그 연후에는 그에 나타난 성격을 추출하고자 한다. 여기에서 말하는 성격은 주로 호국불교 및 민족불교와 관련하여 살피고자 한다. 지금껏 호국불교, 민족불교에 대해서는 추상적으로, 개념적으로 검토되었지만 구체적인 사실을 갖고 그 개념을 정리한 경우는 희박하였던 것이다.

그렇지만 본 고찰은 다음과 같은 측면에서 일정한 문제점을 안고 있다. 첫 번째는 관련 자료를 집대성 하지 못하였다는 것이다. 이는 독립운동에 참여한 불교인들의 관련 기록, 회고 및 증언을 적극적으로 남기지 않았음에서 기인한다. 또한 지금까지 나온 독립운동사 관련 자료에서 임시정부 관련 자료를 철저하게 분석하지 못한 필자의 한계도 당연히 지적될 수 있을 것이다. 둘째는 임시정부와 관련된 불교의 민족운동에서 1919~1921년의 대상만을 서술하였기에 전체의 개요라는 측면에서는 미진하다. 셋째는 호국불교, 민족불교의 개념과 관련하여 1919년 3·1운동 이전과 이후의 자료를 풍부하게 수집하지 못하였다는 것이다. 그러다 보니 각 그 이념에 대한 불교인들의 시대별의 인식도 세밀하게 비교하지 못하였다.

그럼에도 불구하고 필자는 가용할 수 있는 자료를 갖고, 그 전체적인 개요 및 성격을 추출하고자 한다. 그리고 이를 전제로 '임정과 불교'가 갖고 있는 역사성에 의미를 부여하고자 한다. 필자의 이 같은 연구가 불교 독립운동사, 한국불교 정체성 탐구에 일정한 도움이 되기를 기대한다.

2. 임시정부에서 불교 활동의 매개

불교계가 임정에서 활동하게 된 것에는 대략 이원적인 접촉에 의해서 구현되었다. 그는 3·1운동 당시 만해 한용운의 영향을 받아 추진된 중앙학림 계열과 지암 이종욱에 의한 그것이었다. 우선 전자의 내용을 전하는 기록에 의거한 개요를 제시하겠다.[2] 1919년 3월 1일, 전날인 2월 28일 한용운의 집인 유심사에서 3·1운동의 준비, 운동의 진행, 수행해야 할 일을 당부 받은 중앙학림 학인들은 인근에 있는 범어사 포교당에서 자신들이 수행할 일을 협의하였다. 여기에서 불교계 중앙본부(전국불교도 독립운동 본부)의 설정(총참모 신상완, 참모 백성욱과 박민오), 선언서 배포, 시위운동 준비, 지방 파견원 결정, 정보수집과 연락 계획, 동지규합, 운동자금 모집, 해외대표 파견, 지방운동 기획 등이 그것이었다. 여기에서 본 고찰과 주목되는 것은 해외대표 파견이었다. 즉 3·1운동 직전에 이미 전 불교계를 대표하여 해외의 독립운동에 참가하도록 대표를 선정하여 파견하는 문제를 논의하였던 것이다. 이런 논의를 거치고, 중앙 및 전국적인 연고지에서 만세운동을 마친 학인들은 3월 중순 경 중앙으로 상경하여 모임을 가졌다.

> 3월 중순경 지방에 派遣되었던 同志들은 혹은 檢擧되고 혹은 上京하였다. 또한 지방에서 파견된 새 동지들도 서울로 雲集되었었다. 申尙琓씨 자택을 本部로 삼고 同志의 집합은 빈번하였다. 일방으로 지방운동의 정보를 종합하여 연락 지도하는 동시에 다소의 資金도 준비되었음으로 海外와의 연락을 신상완, 白性郁 양씨가 중심이 되어 획책하였다. 4월 하순에 이르자 上海에 우리 臨時政府가 성립되었다는 정보를 듣고 신상완, 백성욱, 金大鎔, 金法麟 四人이 안동현의 이륭양행의 알선으로 상해로 밀행하였다.

2) 김법린, 「3·1운동과 불교」, 『신생』 창간호(1946.3), 15~20쪽.

佛租界 하비로에 있던 임시정부를 拜訪하고 제 要人을 拜謁하고 마침
安島山선생이 미국으로부터 돌아왔음으로 그 열열한 애국 강연을 拜聽
하였다. 北滿으로부터 오신 李東輝선생도 배알하여 많은 격려를 받았다.
新韓靑年黨에서 발간하든 獨立新聞도 애독하였다. 申 白 兩氏의 영도하
에 정부의 國內派遣員으로 佛敎界의 運動을 指導키로 결정하고 5월 중순
경 귀국하였다.[3]

　그 결과, 위의 내용에 전하듯이 학인들은 신상완의 자택에서 신상완,
백성욱의 중심하에서 해외 운동에 동참을 논의하였다. 그들은 4월 하순,
중국 상해에서 임시정부가 수립되었다는 소식을 듣고 신상완, 백성욱,
김대용, 김법린 4인이 상해로 밀행하였던 것이다. 상해에 도착한 그들은
임시정부를 찾아가 여러 독립지사를 만나고 특히 안창호, 이동휘에게 감
명을 받았다. 학인들은 임정의 국내파견원으로 귀국하여 불교계 독립운
동을 지도하기로 결정하고 5월 중순에 귀국하였다. 귀국한 그들은 그때
부터 다양한 활동을 하면서, 임정과 연결되고, 임정에 재차 들어가면서
독립운동의 일선에 서게 되었다.

　그런데 학인들의 이와 같은 임정과 접촉, 연대, 유대를 통한 활동은 3·1
운동 직후부터 중앙 불교계 독립운동의 중심 역할을 하였던 백초월[4]과
연결되어서 전개되었다. 이를 전하는 아래의 기록에서는 그를 다음과 같
이 전하고 있다.

　　白初月은 僧侶로 있는 몸인데 불구하고, 항상 불온사상을 품고 國權回
　　復을 몽상하여 은근히 그 때가 오기를 기다리던 중, 금년 봄 騷擾 발발한

---

3) 위의 자료, 18쪽.
4) 백초월에 대해서는 아래의 논고가 참고된다.
　김광식, 「백초월의 삶과 독립운동」, 『불교학보』 39, 2003.
　＿＿＿, 「백초월의 항일운동과 진관사」, 『한국독립운동사연구』 36, 2010.
　＿＿＿, 「백초월의 항일운동과 일심교」, 『정토학연구』 16, 2011.

이래 해외동포는 조국의 부흥을 위하여 혹은 러시아, 또는 중국 영토에서 독립군을 일으키고, 또 중국 상해 臨時政府를 조직하는 등 오직 독립운동에 활약하고 있으며, 鮮內에 있어서도 예수교 및 천도교들은 매우 이에 원조를 하고 있으나, 다만 佛教徒만은 이에 무관심하고 있음을 크게 유감지사로 생각하여, 금년 4월 경성에 들어와 시내 각처에 잠재하면서 우선 불온문서를 간행하여 인심을 교란시킬 계획으로 韓國民團本部라는 단체를 경성 中央學林 내에 설치하여 스스로 民團 部長이 되어 자금과 부원 모집에 분주하였으며[5]

즉 백초월은 1919년 4월부터 불교 독립운동을 하기 위해 지리산에서 서울로 잠입하였다. 그는 서울에 韓國 民團本部라는 단체를 중앙학림 내에 설치하고, 자신이 그 책임자가 되어서 그 자금과 부원들을 모집하는데에 분주하였다고 한다. 더욱이 백초월은 상해 임정에도 6명의 부원을 보냈다고 전하는데,[6] 이런 정황은 중앙학림 학인들의 움직임과 직결되는 것이라고 보인다. 이 민단본부는 3·1운동 직전에 중앙학림의 학인들이 조직하였다는 '全國佛教徒 獨立運動 總參謀本部', '全佛教 獨立運動本部'라고 나온[7] 것이 변신한 것으로 보이는데, 백초월과 중앙학림의 학인들이 결합되어 전국 불교계를 통할하면서 불교 독립운동을 추진하는 조직체이었다.

지금껏 살핀 바와 같이 3·1운동 직후 3·1운동에 적극 참여하였던 중앙학림 계통의 학인들은 상해 임시정부에 연결되어 독립운동을 추진하게 되었다. 그 국내 조직체는 불교 독립운동본부가 변신한 민단본부이었으며, 그 중심에는 백초월과 신상완이 자리 잡고 있었다. 그런데 이 같

---

5) 김정명, 『조선독립운동』제1권 분책, 219~220쪽. 1919년 12월 5일자 「독립운동 자금 모집자 검거의 건」 자료 참조.
6) 위의 자료와 같음.
7) 김상호, 「3·1운동에서 8·15광복까지 숨어 있던 이야기 ; 한국불교 항일투쟁 회고록」 『대한불교』 1964.8.23.

은 계통 이외에도 임정과 연결되었던 대상이 있었다. 그는 월정사 출신 항일 승려인 이종욱이었다.[8] 이종욱은 1919년 당시 중앙학림의 학인이 아니다. 그는 중앙학림의 전신인 명진학교를 1906년에 입학한 중견승려 이었다. 월정사 강원의 강사 및 총무 소임을 하던 이종욱은 3 · 1운동이 일어나자, 서울 파고다공원에서의 만세운동에 참여했다.[9] 그는 3 · 1운 동 직후에는 매국 오적을 처단하는 27결사대에 참여하였다가, 그 이후 에는 한성 임시정부에 불교계 대표로 참가하였다.[10] 그는 구암사 출신의 강백인 박한영과 한성 임시정부에 참여하였으나, 일제의 탄압으로 구체 적인 활동을 하지 못하자 1919년 4월, 상해로 망명하였다. 이종욱은 그 를 따르던 항일 승려인 용창은, 송세호와 함께 상해로 갔다. 그리고 대동 단을 기반으로 활동한 정남용도 있었다. 이들은 상해 임정을 기반, 연결 고리로 하여 군자금 모금, 대동단, 청년외교단 등 다양한 활동을 하였던 것이다. 요컨대 이종욱은 앞서 살핀 중앙학림 계통과는 별개로 임정에 연결되었다.

3. 임시정부에서의 불교 활동의 내용과 개요

임시정부를 배경으로, 연결되어 불교계가 추진한 독립운동은 다양하 게 전개되었다. 여기에서는 그 내용을 유형적으로 정리하여 제시하겠다.

---

8) 박희승, 「일제강점기 상해임시정부와 이종욱의 항일운동 연구」, 『대각사상』 5, 2002.
   이현희, 「대한민국 임시정부와 이종욱」, 『대각사상』 10, 2007.
   박희승, 『조계종의 산파, 지암 이종욱』, 조계종출판사, 2011.
9) 이종욱, 「3 · 1운동의 회고」, 『동아일보』 1958.3.1. 그가 만세운동에 참여한 동기는
   알 수 없다.
10) 고정휴, 「세칭 한성정부의 조직주체와 선포경위에 대한 검토」, 『한국사연구』 97,
   1997, 179쪽.

1) 임정 요인으로 참여, 국내 특파원 활동

승려로서 임정요인에 참여한 대상자는 이종욱, 송세호, 신상완이었다. 이종욱과 연결된 송세호는 임정 초기부터 강원도 대표로서 임정의 의정원 의원과 재무위원으로 피선되었다.[11] 1919년 5월경, 상해에 온 이종욱은 그해 7월부터 내무부 특파원으로 활동하게 되었다. 이종욱은 그 이후에는 더욱 다양한 지역의 특파원으로 국내 파견되었다. 그는 함경도, 경기, 경성 등의 특파원을 거쳐 1919년 12월에는 내무부 참사로 취임하였다.[12] 특파원 파견은 내무부 소관이었던 정황에서 볼 때, 이종욱이 다양한 지역에 특파원으로 파견된 것은 그가 내무부를 근거로 독립운동을 하였음을 파악할 수 있는 것이다. 임정의 특파원 파견은 안창호, 이동녕에 의해서 추진되었다. 이동녕이 이종욱을 파견하면서 "나는 기독교신자이나 지암은 불교도로서 나라위한 애국적 임무 수행에 종교적 분류가 무슨 다른 의미의 구분이 있겠습니까?"라고 말하면서 이종욱을 신임하였다는 것에서[13] 종교를 초월한 임정의 독립운동을 이해할 수 있다.

이종욱은 국내 특파원 임무를 수행하면서 연통제 실시의 기초를 다졌다. 연통제는 주지하는 바와 같이 임정과 국내와의 가교 역할을 하는 매개체이었다. 연통제를 통하여 비밀 정보, 자료, 자금 등이 연결되었다. 때문에 임정 초기에서의 연통제는 임정을 존재케 하는 기반이었다. 이런 일에 승려가 개입, 활동하였다 함은 불교의 역할이 간단치 않음을 말하는 것이다. 이종욱이 동지인 송세호에게 다음과 같이 말한 것에서 그 이면의 정황을 알 수 있다.

---

11) 국사편찬위원회, 『한국독립운동사』 제3권, 1967, 16~17쪽.
12) 위의 박희승, 『대각사상』 논고, 230쪽.
13) 위의 이현희, 『대각사상』 논고, 474쪽.

조선독립운동의 목적을 달성키 위하여 상해 가정부(임정)가 조선 내 각 종 비밀단체와 연락하고 또 경성의 본부, 지방의 지부를 설립하여 互相 氣脈을 통하고 상하이로부터 송치된 불온서(애국결의서 등)의 授受配의 任에 當케 하기 可한 임무를 同行하기 위하여 聯通制에 해당되는 자를 시행하기 可한 先히 京城에 聯通本部를 設置할 必要가 有하다고 설명하고[14]

임정에서의 연통제는 안창호에 의해서 검토, 추진되었는데 안창호는 이종욱을 다음과 같이 평가하였다.

나중에 한 말이어니와, 이 연통제만은 수령들의 흥미를 끌어서 많이 진전되었으니, 이종욱사(李鍾郁師) 같은 이는 국내에 잠입하여 경기 이남에 연통제를 실시하다가 중형을 받은 공로자였다.[15]

즉 안창호는 이종욱을 절대 신임하였다.[16] 그러나 특파원 제도가 1920년 2월에 중단되자, 지방 선전부 선전대원으로, 그 후에는 공채 모집위원으로 활동을 하다가 1920년 3월 29일에는 임시의정원 강원도 의원으로 선임되었다.[17] 임정에서 특파원으로 활동한 승려는 이종욱 이외에도 신상완도 있었다. 그는 1919년 8월경, 안창호로부터 강원도특파원 및 내무부 위원으로 임명한다는 사령장을 받고 국내로 들어왔고,[18] 임정의 내무부 위원으로 활동하였다.[19]

경기도 승려로 佛教上의 修養도 상당히 지니고 있고, 僧侶界에는 세력

---

14) 조선총독부, 『조선병합10년사 – 조선독립문제의 진상』, 444쪽.
15) 도산 안창호, 『이광수전집』 13권, 신원문화사, 1991, 125쪽.
16) 이종욱이 안창호에게 제안하여 1919년 10월 17일, 서울에 연통제 임시 총판부가 설치되었다.
17) 국가보훈처, 『독립유공자 공훈록』 5권, 1988, 746쪽.
18) 한동민, 「일제강점기 신상완의 독립운동」, 『대각사상』 13, 2010, 150쪽.
19) 위의 논고, 171쪽.

이 있어 그 代表者로서 상해에 왔다. 항상 조선의 僧服을 입고 다닌다.[20]

이와 같은 일제 비밀첩보의 기록에 의하면 신상완은 임정을 배경으로 전개된 불교 독립운동의 주역이었음을 알 수 있다.[21]

항일 승려들이 특파원, 임정요인으로 활동하였음은 독립운동의 최일선에서 활약하였음을 말해준다. 특파원은 특수정보원으로서 국내와의 연결고리이다. 이들은 항일성, 독립운동의 치열성, 임정의 신임 등이 있어야 가능했다. 이런 특파원에 승려들이 활동하였음에서 항일 불교의 선명성을 이해할 수 있다.

2) 독립사료의 제공

임정에서는 독립운동의 타당성을 수립하기 위하여 사료집을 발간하였다. 이런 사료집을 펴내기 위해서는 관련 자료가 절대로 요청되었다. 1919년 6월경, 국내에 있었던 승려들에게 임정에서 관련자료를 수집하여 임정으로 보내라는 명령이 내렸다. 이런 소식을 접한 김법린은 만주에서 국내로 잠입하여 갑신정변 이후부터 1910년 국망까지의 기간에서 사료를 수집하였다. 이때 해인사의 승려 임환경을 비롯한 7~8명의 승려도 작업에 참가하였다. 그 결과 황성신문, 대한매일신보 등의 신문 기사와 여타 기록을 초록하였다. 그리고 이 자료를 포장하여, 승려 신분을 속이고, 노동자로 위장하여 신의주를 거쳐 임정과의 비밀루투인 이륭양행에 전달하였다.

이런 배경에서 1919년 9월 23일, 『한일관계사료집』이 상해에서 발간

---

20) 기밀 42호(19203.15), 한동민 위의 논고, 168쪽에서 재인용.
21) 한동민은 이종욱은 독립운동의 일반에 주력하였고, 신상완은 주로 불교계 관련 일을 독점적으로 수행하였다고 보았다.

되었다. 이 책은 임정 국무원내에 임시사료편찬회를 구성하고, 위원 8명, 조역 22명을 두어 7월 2일부터 작업한 산물이다. 안창호를 총재로 하고 이광수를 주임으로 한 이 사업에[22] 불교계가 어떤 과정으로 사료수집을 부탁받았는지는 구체적으로 전하지 않는다. 그런데 이 사료집의 2책에 들어있는 내용중에서 불교에 대한 실상은 상세하다. 이 책의 7장은 종교 탄압 부분인데. 그중에서 「총독정치의 對佛敎策」은 사찰령을 중심으로 한 일제 불교정책의 문제점을 지적하였다.[23] 이렇듯이 불교정책의 모순을 지적한 뒤에서 '금강산 승려 신상완'이 기고한 「일본이 한국불교에 대한 압박」이라는 글이 게재되어 있다. 신상완의 그 논설의 내용은 다음과 같다.

1. 大韓僧侶의 세력
2. 西山大師와 僧侶의 愛國熱
3. 獨立에 대한 僧侶의 覺悟
4. 倭僧의 野心 실패
5. 불교를 弄活코저 하는 總督의 정책
6. 賣國黨과 總督府의 암중활약
7. 住持 選擧의 구속과 간섭
8. 寺刹階級과 本末寺의 관계
9. 寺刹令

이렇게 신상완의 논설이 그 사료집에 수록된 것도 의미가 있지만, 당시 일제의 불교정책을 구체적, 객관적으로 비판 분석하였다는 것은 의미가 있다. 이 논설이 일제 불교정책을 본격적으로 비판한 글이라 볼 수 있

---

22) 「사료편찬 종료」, 『독립신문』 1919.9.30.
23) 그는 사찰 창건 금지로 불교발전 억압, 사찰 소유 토지와 건물 등의 재산을 총독부가 감독, 30개 본산으로 관리하여 승려의 단결권 침해, 주지선정 방식을 일본식으로 시행 등이었다.

다. 신상완은 승려세력의 잠재력에 주목을 하였다. 사찰의 토지와 삼림, 소작인 30만, 100만의 신도 등을 주목하였던 것이다. 그리고 의승군의 애국정신도 거론하였는데, 이는 한국불교의 '호국불교' 전통에 대한 재인식이라 하겠다. 이런 것을 강조한 것은 요컨대 불교계가 갖고 있는 독립운동에 대한 정서, 의지, 능력을 피력한 것과 무관하지 않다. 그렇기 때문에 당시 일제는 불교를 분열시키고, 탄압하였다는 논리가 입증된다. 신상완이 이런 글을 기고한 것에는 편찬부에 불교를 이해하는 인물이 있었거나, 신상완과 우호적인 인물이 있었음을 말해주는 것이다.

다시 말하자면 임정의 공식적인 저술에 불교의 현실, 문제점, 불교 독립운동의 능력, 호국불교의 전통 등이 반영되었다는 것은 결코 간과할 수 없는 것이다.

3) 『혁신공보』 발행

임정의 설립을 계기로 불교계가 수행한 활동 중의 하나가 『혁신공보』라는 비밀신문을 제작, 배포하였다는 것이다.

임정을 다녀온 직후, 학인승려들은 해외 독립운동의 소식을 국내에 신속히 전하는 비밀신문을 제작, 배포하기로 결정하였다. 그래서 이들은 박민오, 김봉신은 서울에서 간행의 책임을 맡고, 김법린과 김대용은 만주 안동현에 주재하면서 각종 정보, 자료를 국내에 제공, 전달하는 역할을 맡았다. 또한 상해 임정에 있었던 신상완, 백성욱은 신문 및 정보를 안동현에 있는 동지에게 제공하였다. 이렇게 상해 임정-만주 안동현-서울(제작)-지방 배포[24]라는 일련의 체계가 성립되었던 것이다. 김법린은 이렇게 배포된 『혁신공보』는 국내 독립운동계에 환희와 격려를 주

---

24) 김상호와 김상헌이 담당하였다고 한다.

었다고 회고했다. 이상과 같은 내용은 김법린, 김상호의 회고에서 찾을
수 있다.

> 귀국후 김상호, 김상헌, 박민오, 김봉신 등의 제 동지에게 상해의 사정
> 을 보고하고 해외소식을 신속히 국내에 전달키 위하여「혁신공보」라는
> 비밀신문을 간행키로 결정하였다. 경성은 물론이오 지방에까지 배포망
> 을 조직하였다.
> 박민오, 김봉신 양 동지는 경성에서 간행의 책임을 맡고 김법린, 김대
> 용 양인은 안동현에 주재하야 육도구에서 미곡상으로 가장하야 상해에
> 있는 신, 백 양 동지가 보내주는 신문 급 정보를 전달키로 하고 김상호,
> 김상헌 양인은 지방으로 가서 활동하기로 하였다. 등사판을 이곳 저곳 짊
> 어지고 다니면서 간행한 이 보도기관은 해외 소식에 궁금한 국내 혁명운
> 동계에 환희와 격려를 주었다.25)

> 이와 같은 독립만세 운동에서 김법린 김상헌 박민오 필자 등은 보다
> 적극적인 투쟁과 동시에 투쟁의 저력을 기를 필요성을 느낀 바 있어「혁
> 신공보」를 발행하는 한편 (중략)
> 따라서 국내외 동지 간의 긴밀한 연락을「통신운동」으로 기획하여 김
> 대용 김법린 김상헌 필자 등은 안동현 육도구 동광상점에 연락처를 두고
> 상해와 국내 간의 비밀통신 활동을 하였다.26)

그런데 이와 같은『혁신공보』발행은 중앙학림 출신의 승려들 단독으
로 추진되지는 않았다. 그는 국내 불교계의 독립운동을 진두지휘한 백초
월과도 연계되었다. 백초월은 민단본부라고 지칭된 책임자이었기에, 요
컨대『혁신공보』발간은 불교 독립운동이라는 구도와 조직 속에서 전개
되었다는 것이다.

---

25) 김법린, 「3·1운동과 불교」, 『신생』 창간호(1946.3), 18쪽.
26) 김상호, 「3·1운동에서 8·15광복까지 숨어 있던 이야기」, 『대한불교』 1964.8.23.

불온 문서를 간행하여 인심을 교란시킬 목적으로 韓國民團本部라는
단체를 경성 중앙학림 내에 설치하여 스스로 民團部長이 되어 자금과 부
원의 모집에 분주하였으며, 또 금년 7월 이후 스스로 社長이라는 명목으
로 자금을 투자하여, 前記 金在雲 집필하에 朴允 등과 함께 革新公報라는
비밀출판물을 간행 배포하였으며[27)

> 그래서 11월 10일 박노영, 김봉신 두 동지를 혁신공보 대표로 선정하고
> 각 동지들이 여비를 거둬 모아서 상해로 파견하였다. 남은 동지들은 국내
> 에서의 자금 조달을 위하여 혁신공보 창간 당시부터 자금 지원을 하여준
> 해인사 주지 백초월스님과 힘을 합하여 동지들을 각처로 파견하였다.[28)

위의 기록에서 주목되는 것은 『혁신공보』를 발간하던 학인 승려(박민
오, 김봉신), 즉 특파원 일행이 임시정부를 방문하였다는 것이다.[29) 임정
을 방문하여 임정 고위 지사를 면담하였는데, 그 중에는 단재 신채호와
이광수도 포함되었다. 이들은 상해 및 임정에서 발간되는 신문과 잡지를
국내로 밀송하였다.

그런데 불교계가 담당한 이 『혁신공보』의 개요, 실체 등에 대해서는
분석할 여지가 많다. 즉 『혁신공보』가 불교계가 단독으로 간행한 것인
지, 언제부터 언제까지 발간되었는지, 그 예산의 조달은 어떠하였는지,
그 내용은 어떤지 등등 보완 설명이 요청되는 것이 많다. 그 당시 『매일
신보』 보도에[30) 의하면 혁신공보는 중앙학교 출신 학생과 중앙학림의
학인들의 참여가 나타난다. 이 정황은 통도사 출신 승려로 중앙학교의
출신인 박민오가[31) 그 연결 고리가 된 것이 아닌가 한다.

---

27) 「고경 제34551호 - 독립운동자금 모집자 검거의 건(1919.12.5)」, 『독립운동사사료
 집』 9, 1970, 431~432쪽.
28) 김상옥 나석주 기념사업회, 『김상옥 나석주 항일실록』, 삼경당, 1986, 49쪽.
29) 「임시정부 각원 급 명사방문기」, 「대세의 화운」, 『혁신공보』 50호 1919.12.25.
30) 「유기원의 혁신공보 압수」, 『매일신보』 1919.11.30.
31) 『중앙100년사』, 213쪽. 朴珉悟는 후일 朴魯英으로 개명을 하고 미국유학을 떠났다.

『혁신공보』와 불교계와의 종합적인 고찰이 절대 요청되거니와, 여기에서는 임시정부와 연결된 불교 독립운동의 일환이었음만 확인한다.

4) 독립자금 지원과 불교계 대표 파견

불교계가 임시정부와 관련해서 간과하지 않아야 할 것은 독립자금(군자금) 지원이다. 지금껏 이에 대해서는 많은 증언, 구전이 있어왔다. 그러나 그에 대한 내용, 액수, 전달 방법 등등에 대한 종합적인 연구 정리가 거의 부재하였다. 여기에서 그를 모두 담당할 수는 없지만 그에 대한 중요성은 환기시키고자 한다.

우선 임시정부에 불교계의 재원이 운동 차원으로 시작되었음을 증언한 김상호의 회고를 주목하자.

> 그리고 여기 특기하고 싶은 것은 臨政에 보낸 軍資金의 모금 사건이다. 수차에 걸쳐 상해를 다녀온 신상완 등 우리 代表들은 임정의 貧困相을 뼈저리게 보고 왔다. 아무리 나라를 잃은 亡命政府이긴 하지만 그렇게 가난한 속에서 어떻게 소기의 항쟁을 할 수 있겠는가? 우리는 만난을 무릅쓰고 군자금의 모금운동에 나섰다. (중략)
> 우리 얼은 살아 있고 얼이 있는한 내 나라를 찾기 위한 운동과 항쟁에 필요한 軍資金 募金은 위험하나 가능하다는 確信을 가졌다.[32]

임시정부에 대한 재정적 지원을 '軍資金 募金運動'으로 불렀다는 것이다. 즉 단순한 지원이 아니고, 독립운동 차원에서의 운동이었다. 이런 인식하에 불교계에서는 그를 적극 추진하였다고 보인다. 그러나 임정에 제공된 자금의 모금을 담당한 인물, 루트, 액수 등등에 대해서는 세부적

「재미조선유학생생의 순회 강연」, 『동아일보』 1923.4.17.
32) 위의 김상호 회고.

인 정황을 파악하기가 대단히 어렵다. 우선 여기에서는 그 대강의 흐름을 파악하기 위한 관련 자료를 우선 제시한다.

> 그리하여 1차로 1919년 10월 필자와 김상헌 김석두 및 범어사 원로인 이담해 오성월 김경산 중견인 오리산 등이 밀의한 끝에 거액의 군자금을 辦財에서 변출키로 정하고 필자가 상해에 특파되어 헌납하였다. (중략)
> 이어서 1920년 2월 상해에서 돌아온 필자와 김상헌은 숙의 끝에 전국적인 모금운동을 전개키로 하여 운동을 전개중 체포된 신상완과 김상헌은 5년의 옥고를 다시 겪게 되고 우리들의 계획은 일단 좌절하였다.[33]

김상호 회고에 의하면 1919년 10월부터 1920년 사이에 집중적으로 모금운동이 전개되었고, 모금된 자금은 임정에 제공되었음을 알 수 있다. 그런데 불교계의 군자금 모금운동은 임정의 지원의 성격은 당연한 것이지만, 그 내면에는 임정에서의 불교계 위상을 고양시키려는 의도도 개재되어 있었다. 아래의 기록은 임정의 불교활동 중추 역할을 한 신상완에 대한 일제측 기록이다.

> (1919년) 3월 7일 경 그 스승인 경기도 수원군 용주사 주지 강대련으로부터 여비 백원을 얻어 상해로 달아났으나 당시 상해에 있어서의 승려세력이 희미하고 부진하므로 다액의 운동자금을 얻어 불교도의 세력을 확장하려고 그후 상해에 도항한 백성욱과 相携하여 歸鮮하기로 하고 4월 중순 同地를 출발하여 동 중순 경성에 歸來하여 동지 이종욱(이강공 사건 관계자), 김상헌, 김법윤, 김봉신, 박민오 등과 자금 조달에 노력하였지만 목적을 달성하지 못했다. 다시 상해로 가서 7월 중순 백초월 및 김봉신으로부터 금 2천원을 송금을 얻어 이를 당시 임시정부 내무총장 안창호에게 교부하고 (중략)
> 경성으로 귀래했는데 9월 말일에 이르러서도 선언서가[34] 도착하지

---

33) 위의 김상호 회고.

않아서 상해를 향해 출발했다. 同地 도착 후 박민오, 김봉신이 선내에서
모금한 운동자금 2천원을 수령했다.[35]

이 기록에 의하면 신상완은 상해에서의 승려세력이 희미하고 부진한
것을 타개하기 위해, 불교도 세력을 확장하기 위한 방책으로 운동자금의
모금을 추진하였다는 것이다. 그래서 그는 이종욱, 김상헌, 김봉신, 박민
오, 백초월 등이 모금한 자금을 임정에 제공하였던 것이다. 그런데 이런
모금활동은 조직적으로 전개되었을 것인데, 그 주체는 민단본부(불교 독
립운동본부)이었던 것으로 보인다. 민단의 책임자이었던 백초월의 일제
측 기록에서 그를 확인할 수 있다.

> (백초월은) 금년 4월 경성에 들어와 시내 각처에 잠재하면서 우선 불
> 온문서를 간행하여 인심을 교란시킬 계획으로 韓國民團本部라는 단체를
> 경성 中央學林 내에 설치하여 스스로 民團 部長이 되어 자금과 부원 모집
> 에 분주하였으며 (중략)
> 鮮內에 있는 청년들로 하여금 독립군 및 그 정부에 가입시키려는 계획
> 하에 이의 자금을 얻기 위하여, 8월 경성에서 전기 전라남도 천은사 주지
> 하용화에 대하여 조만간에 독립을 함으로써 독립군 또는 假政府에 금전
> 을 기부하여 두지 않으면 독립이 되었을 때는 불교는 全滅하게 된다고 협
> 박하여 2백원을 출금하게 하고, 또 10월 7일에는 전기 李道昕을 시켜 하
> 용화가 주지인 천은사에 가게 하여 書面을 보이고, 자금을 각출하여 줄것
> 을 권유하여 결국 河龍河(華)로부터 일금 3백원과 동인의 손을 거쳐 화엄
> 사 총무 이인월로부터 일금 5백원을 출금하게 하였다. (중략)
> 또, 전라남도 제3부에서 수사한 결과에 의하면 그후 10월 15일 다시

---

34) 이 선언서는 1919년 10월 31일을 기해 임시정부에서 기획한 제2의 만세운동 당시
　　에 살포할 예정의 선언서가 아닌가 한다.
35) 이는 1920년 5월 6일 고등경찰 1254호의 「不逞僧侶 檢擧의 件」으로 김정명의 『조
　　선독립운동』 제1권 분책, 민족주의운동편에 실린 것을 국사편찬위원회에서 번역한
　　자료이다.

중앙학교 학생 朴鶴珪라는 자를 백초월의 심부름꾼(使者)으로 칭하여 전기 화엄사에 보내어 승려 金榮列에 대하여, 자기는 상해에 도항하고 있으나 이번 동지자 12명과 함께 상해 가정부의 명을 받고 선내에 들어와 군자금 모집에 활약하고 있으며 그밖의 동지들은 현재 충청도의 부호를 권유하고 있으며 자기는 이로부터 경상남도 하동군 쌍계사에 가서 권유하여야겠다고 말하며 출발하였으나 11월 7일 중앙학교 학생 李善薰이라는 자로부터 김영열 앞으로 온 통신에 의하면 박학규로부터 화엄사내의 소식을 들었다. 동 인에게 교부하여야 할 일금 50원을 잠시 두고 봐라 云云, 또 백초월은 체포되었다고 써 있는 것을 보면 박, 이 양인은 경성에 잠복하고 있는 것 같아 현재 수배중이다.[36]

이상과 같은 백초월의 독립운동, 군자금 모금 활동을 보면 불교계의 모금 운동은 전국적이었음을 알 수 있었다. 그 모금 주체는 민단본부, 상해에서 온 승려, 학승 등 다양한 인물들이 동원되어 추진되었음을 알 수 있다. 그리고 이런 모금활동에 대부분의 사찰, 승려들은 도움을 상당히 주었다고 보인다. 그 실례로 통도사 주지 김구하의 사례를 제시한다. 김구하의 군자금 관련 내용은 1952년에 그가 통도사 주지와 소임자들에게 낸 진정서에 나온다. 그가 군자금으로 제공한 내용을 자필로 남겨 놓았다. 그를 보면 다음과 같다.[37]

일금 5,000원 안창호 국무총리 상해서 送人 持去
일금 2,000원 백최승(초월) 경성서 혁신공보사장 時 持去
일금 3,000원 이종욱 군자금 蒐集 送人 持去
일금 1,000원 정인섭 독립운동 즉접 持去 溫泉
일금 500원　 오리산 상해 去時 범어사와 공동 보조

36) 김정명 편,『조선독립운동』제1권 분책(민족주의운동 편), 1919.12.5, 219~220쪽;「독립운동 자금 모집자 검거의 건」,『독립운동사자료집』9권(임정) 자료집, 431~433쪽.
37) 정광호,「통도사 회의록철」,『한국불교최근백년사편년』, 인하대출판부, 1999, 242쪽.

일금 500원   장재륜 독립운동 卽接 持去 東來
일금 500원   신정혼 독립운동 卽接 持去 通度
일금 300원   김포광 상해 去時 路費로 給 京城
일금 100원   정탁 독립운동 參如時 持去 通度
일금 100원   양만우 同時 觀光持去

이상과 같은 내용은 당시 시가액으로 13,000원인데, 이는 상당한 거
액이다. 이러한 김구하의 지원의 내용과 성격을 분석한 연구 고찰에[38]
의하면 모두 신뢰할 수 있는 것이다 김구하의 사례는 그 단편적인 내용
에 불과하다.

이런 사례는 더욱 다양한 형태로 있었을 것이다. 그러나 현전하는 자
료는 제한적인데, 이런 자료를 찾아내야 할 것이다.

지금까지 살핀 불교계 독립운동의 정황, 기반하에서 임시정부에 불교
계 대표가 파견되었던 것이다. 그 정황을 전하는 백성욱과 김상호의 증
언 기록을 제시한다.

> 이러한 항일투쟁을 적극화 하고 항구적으로 김법린, 김상헌, 김상호
> 등은 「혁신공보」를 발행하여 독립정신을 더욱 고취하는 한편 全國佛敎
> 徒獨立 운동 본부를 두어 투쟁을 더욱 체계있게 조직화하였다. 그리고 국
> 내 독립운동 상황을 보고하고 긴밀한 상호 유대의 길을 마련하기 위하여
> 상해 임시정부에 신상완과 나를 파견키로 하였다. 신상완과 나는 전국의
> 투쟁 상황을 돌아보고 4월초순 임시정부를 찾았다. 당시 우리는 임정이
> 4천여 명의 조직을 갖고 있었지만 감투싸움 등으로 적지 않은 실망을 느
> 껴야만 되었다. 게다가 자금 부족으로 소기의 항쟁을 할 수 없는 형편이
> 었다. 그 뒤 佛敎徒獨立 투쟁본부에선 나라를 잃은 망명정부의 투쟁에 소
> 요되는 군자금 모금운동을 갖은 위험을 무릅쓰고 벌렸다.[39]

38) 한동민, 「일제 강점기 통도사 주지 김구하와 독립운동 자금 지원」, 『대각사상』 15,
    2011, 31~43쪽.

> 신상완씨의 指令에 의하야 敎界의 耆德중 대표자를 상해 임정에 派遣
> 키로 되어 김상헌, 김상호 양 同志가 東西로 분주한 결과 8월 중순인가 金
> 包光講伯 을 密派하였다. 隨員으로 김상헌씨가 동행하였는가 한다. 諸山
> 의 耆德僉位는 이 대표 파견과 운동 자금의 조달에 갸륵한 숨은 정성을
> 다하셨다.[40]

그 결과로 金包光 강백이 불교 대표로 상해 임정에 파견되었다는 것
이다. 여기에서 신상완의 지령이라 함은 임정에서 활동하고 있었던 신상
완이 그런 지령은 곧 임정의 동의를 거친 것임을 뜻한다고 보겠다. 임정
의 동의는 불교에서의 많은 자금 지원을 통한 신뢰가 있었다는 예증이
다. 신상완의 연락을 받은 한국 민단본부에서는 논의를 거쳐 김포광이
선정되었다.

> 이러는 한편으로 상해 臨時政府에 佛敎代表의 파견이 요청되었다. 동
> 本部에서는 신상완, 김봉신, 김상헌, 필자 등이 모여 파견할 대표 金包光
> 講伯을 선발하여 八月 초순 特派하였다.[41]

이렇듯이 불교대표로 김포광이 파견되었음은 불교 독립운동의 위상
이 간단치 않았음을 말해주는 것이다.[42] 그래서 불교계의 위상은 임정이
범어사 원로인 이담해, 오성월, 김경산을 임정 고문으로 추대한[43] 것에
서도 찾을 수 있다.

---

39) 백성욱, 「동국 60년 회상기 : 3 · 1운동과 중앙학림」, 『동대신문』 1966.6.20.
40) 위의 김법린 회고 글, 19쪽.
41) 위의 김상호 회고.
42) 그런데 김포광이 상해 임정에 가서 수행하였던 일 등에 대한 내용은 알 수 없다. 이
    점은 추가적인 자료수집, 분석이 요청된다.
43) 김상호가 그 임명장을 갖고 귀국하였다고 한다. 위의 김상호 회고.

5) 임정과 연계된 만주 독립군에 참여

불교계의 임정과 연계된 활동은 만주지역 독립군과 연계되어 나타났다. 3·1운동 직후, 3·1운동에 가담한 학승들은 임정뿐만 아니라 만주지역 독립군에도 참가하였다.

> 또 조국광복을 위한 무력을 기르는 동포들이 설립한 만주의 군관학교에는 박달준, 강재호, 박영희, 김봉율을 파견하여 臨戰의 실력을 기르도록 하였다.[44]

이렇듯이 만주 독립군에 파견된 학승들은 국내 불교 독립운동의 책임자역인 백초월과 연결된 것이다. 백초월의 행적을 전하는 일제측 기록에 다음과 같이 나온다.

> 조선인 청년에게 여비를 급여하여 11명을 길림성 독립군에게, 6명을 상해 가정부에 보냈다고 말하고 있으나 그의 주소 성명은 일체 입을 열지 않고 있다.[45]

그런데 이의 내용은 지금껏 임시정부와 관련이 적극적으로 조명되지 못하였다.[46] 필자는 최근 이에 대한 자료를 입수하였는데, 그는 만주 독립군 부대에서 활약한 박달준의 자필 이력서이다. 그 이력서에는 박달준은 자신이 3·1운동 당시 해인사를 배경으로 만세운동을 전개하다가,

---

44) 위의 김상호, 「한국불교 항일투쟁 회고록」.
45) 위의 일제 비밀 첩보문 「독립운동 자금 모집가 검거의 건」, 『조선독립운동』 제1권 분책.
46) 백초월은 그의 근거 사찰인 진관사에서 수계법회를 통하여 조성된 자금을 상해 및 만주로 가는 학승들에게 군자금으로 제공하였다는 증언이 있다. 졸고, 「백초월의 항일운동과 진관사」, 59쪽.

신흥무관학교에 참가한 사정을 다음과 같이 회고하였다.

서울 連絡이 有하여 朴達俊 金奉律 李昶旭 李德珍 金成秀(靑山里戰 戰死) 李宗仁 孫德炳 金陽午 等은 上京하여 臨政府의 指示로 靑年들은 앞으로 軍事訓鍊을 必受토록 되어 滿洲 유하현 삼원보 소재 臨政 第一軍政署에 到着 同地 新興武官學校에 入學하다. 1920년 3월 1일까지 高等 軍事敎育을 受하고[47]

요컨대 임시정부의 지시로 학승들이 만주지역 독립군부대인 신흥무관학교에 입학하였다는 것이다. 신흥무관학교에 입학한 학승들은 1년의 훈련을 받고 교관으로 활동하다가, 청산리전투에 참여하였다.

신흥무관학교는 신흥강습소라는 이름으로 유하현 추가가에서 1911년 6월경 설립되었다. 그러나 1912년 6월에는 유하현 합니하에 교사를 신축하여 이전하면서, 중학교과정(3년)과 군사과(1년)를 두어 본격적인 군사교육에 임하였다. 1919년 3·1운동이 일어나자 신흥무관학교에 많은 지원자들이 찾아왔다. 그런데 당시 서간도지역에서는 3·1운동이 일어나자 한족회, 군정부를 1919년 4월경에 새롭게 출범시켰다. 이 무렵 상해 임정에서는 군정부, 한족회에 대해여 단독행동을 하지 말고, 상해 임정을 중심으로 단결하자고 요구하면서 상해 임시의정원에 대표를 파견하라고 요청하였다.[48] 이에 군정부, 한족회도 단결에는 동의하였다. 마침내 1919년 9월경이 한족회와 상해 임정과 타협안이[49] 합의되었고, 그해 11월 17일 임정 국무회의를 통과하였다. 이로써 군정부는 서로군정서로 변경되고, 상해 임정 산하에서 무장투쟁을 하는 역할을 하였다.

---

47) 「박달준이력서」, 독립기념관 소장 자료(1–001553–000).
48) 서중석, 『신흥무관학교와 망명자들』, 역사비평사, 2000, 162쪽.
49) 그는 "임정은 상해에 두고, 무장 독립군의 소재지는 만주가 적합하므로, 독립군을 지휘할 군정부는 만주에 둔다"이었다.

바로 이 무렵에 신흥무관학교는 기존의 합니하에서 교통이 편리하고 한국인이 많이 거주하는 삼원포, 고산자 부근으로 이전하였다. 그 때 신흥무관학교의 분교에서는 3개월간의 속성 군사훈련을 시키는 교육과정을 두기도 하였다.

항일 승려들이 입교한 것은 바로 삼원포 시절이었다. 그러나 입교 시점은 정확하지 않다. 추정하건대 1919년 4~5월경이 아닌가 한다. 항일 승려들은 1년 과정의 군사과를 수료한 것으로 보인다. 군사과를 수료한 항일 승려들은 교관으로 활동하기도[50] 하고, 청산리전투에 참가하는 등 다양한 활동을 하였다.

그러나 일제의 반격, 중과부적 등으로 인해 항일 승려들은 국내로 잠입하여 군자금 모금, 선전활동에 나섰다. 그들 중 일부는 체포되기도 하였다.

> 부득이 국내에 잠입하여 경북지구 각 寺院에 다녀서 地下運動을 전개
> 하고 경성에서 密히 각종 宣傳文을 살포하다가 朴一氏와 倭警에 逮捕되
> 여 1년간 징역형을 西大門監獄에서 當하였음.[51]

박달준, 김장윤, 김봉율, 신상완 등의 활동은 당시 『동아일보』, 『독립신문』 등에[52] 보도되기도 하였다. 이때 함께 활동한 박영희(응송)의 활동도 해방 이후 불교계 신문에 보도되었다.[53] 여기에서 그들의 활동 전

---

50) 위의 서중석 책, 202~203쪽. 박영희(대흥사)는 1919년 8월, 대한군정서의 교관이었다.

51) 위의 박달준 이력서.

52) 「獨立資金을 募集하던 金大治外 四氏」, 『독립신문』 1920.6.10; 「寺刹로 다니며 軍資請求」, 『동아일보』 1921.3.4; 「종로서에 검거 僧侶軍資員」, 『동아일보』 1927.10. 15; 「독립유공자 봉률스님 생애 재조명」, 『법보신문』 1996.8.21.

53) 「조선민중은 노예의 삶을 거부했다, 박영희 회고」, 『불교신문』 1989.3.1. 박영희는 중앙학림 시절에는 朴鶴珪이었다. 「휘보, 수업식」, 『조선불교총보』 3호(1917.5).

모를 소개할 여지는 없지만 일단은 이 분야에 대해서 연구가 요청된다는 점만 환기한다.

6) 승려독립선언서 발표 및 의용승군제 추진

임시정부를 기반으로, 그 연계를 갖고 추진한 불교 독립운동의 정수는 승려독립선언서 발표 및 의용승군제 추진이다. 지금껏 이에 대한 역사는 일부 학자들의 연구 논문에 나왔지만 독립운동사 통사 및 일반 대중화까지는 미치지 못하였다. 필자는 수년 전 이에 대한 논문을 발표하였는데,[54] 그 논고를 요약하면서 그 역사적 의의, 영향 등을 정리하고자 한다.

1919년 11월 15일, 중국 상해에서는 대한승려연합회의 선언서가 발표되었다. 이는 전장에서 살펴보았지만 3·1운동 당시 서울 및 전국의 각 사찰에서 만세운동을 전개하였던 승려들이 상해 임정으로 망명하여 3·1운동의 정신을 계승하고, 독립운동을 지속하려는 흐름에서 나온 것이다. 그런데 선언서의 전문은 전하지만 그 선언서 준비 과정, 작성자, 서명자, 배포 등등에 대한 내용은 전하지 않지만, 필자는 이전의 글에서 그에 대한 개요를 정리하였다. 그래서 여기에서는 선언서가 갖는 의미를 중심으로 정리하고자 한다.

우선 선언서 전문을 제시하거니와, 이를 통해 그 실마리를 찾고자 한다. 선언서는 한글(국한문), 한문, 영문의 3개 국어로 별도 기술되었고 활판 인쇄로 작성되었다.[55] 선언서는 '大韓僧侶聯合會宣言書'라는 제목이

임혜봉, 『일제하 불교계의 항일운동』 민족사, 2001, 392~397쪽.

54) 김광식, 「대한승려연합회선언서와 민족불교론」, 『민족불교의 이상과 현실』, 도피안사, 2007.

55) 한문은 '宣言書'로 영문은 'The Maneifesto of the Korean Buddhist'로 되어 있다. 영문에는 대표자 법명도 영어로 기재되어 있다.

쓰인 별지와 '宣言書'라는 주제로 된 본 내용의 선언서로 작성되어 있다. 그러면 먼저 한글로 된 선언서 전문을 제시한다.

「宣言書」

韓土의 數千 僧侶는 二千萬 同胞 及 世界에 對하야 絶對로 韓土에 在한 日本의 統治를 排斥하고 大韓民國의 獨立을 主張함을 玆에 宣言하노라.

平等과 慈悲는 不法의 宗旨니 무릇 此에 違反하는 者는 佛法의 敵이라. 그러하거늘 日本은 表面 佛法을 崇한다 稱하면서 前世紀의 遺物인 侵略 主義 軍國主義에 耽溺하야 자조 無名의 師를 起하야 人類의 平和를 騷亂 하며 한갓 그 强暴함만 恃하고 敎化의 恩을 受한 隣國을 侵하야 그 國을 滅하며 그 自由를 奪하며 그 民을 虐하야 二千萬 生靈의 冤聲이 嗷嗷하며 特히 今年 三月 一日 以來로 大韓民族은 極히 平和로운 手段으로 極히 正 當한 要求를 叫號할새 日本은 도로혀 더욱 暴虐을 肆行하야 數萬의 無辜 한 男女를 虐殺하니 日本의 罪惡이 斯에 極한지라 我等은 이믜 더 沈黙하 고 더 傍觀할 수 업도다.

일즉 全民族 代表 三十三人이 獨立宣言을 發表할새 我 佛徒中에서도 韓龍雲 白龍城 兩 僧侶 – 此에 參加하였고 그 後에도 我 佛徒中에서 身과 財를 獻하야 獨立運動에 奔走한 者 – 多하거니와 日本은 一向 前過를 懺 悔하는 樣이 無할 뿐더러 或은 警官을 增加하고 軍隊를 增派하야 더욱 抑 壓政策을 取하고 一邊 不正한 手段으로 賊子輩를 驅使하야 一日이라도 그 惡과 二千萬 生靈의 苦惱를 더 깊게 하려 하니 이제 我等은 더 忍見할 수 없도다. 不義가 義를 厭하고 蒼生이 塗炭에 苦할 때에 劍을 仗하고 起 함은 我 歷代 古祖 諸德의 遺風이라. 하물며 身이 大韓의 國民으로 生한 我等이리오.

願컨대 佛法이 韓土에 入한지 于今 二千年에 李朝에 至하여 多少의 壓 迫을 受함이 有하였다 하더라도 其他의 歷代 國家는 모다 此를 擁護하야 그 發達의 隆盛함이 世界佛敎史上에 冠絶하였나니 彼 日本人을 佛陀의 慈悲 中에 引導한 者도 實로 我 大韓佛敎라. 壬辰倭亂 其他 危急의 時에 여러 祖師와 佛徒가 身을 犧牲하야 國家를 擁護함은 歷史에 昭詳한 바이 어니와 이는 다만 國民으로 國家에 對한 義務를 盡할 뿐이라. 國家와 佛

敎의 깊고 오랜 因緣을 因함이니라. 日本이 强暴하고 그 詭譎한 手段으로 써 韓國을 合倂한 以來로 韓國의 歷史와 民族的 傳統 及 文化를 전혀 無視 하고 各 方面에 對하야 日本化 政策 及 壓迫政策으로써 韓族을 全滅하려 할세 我 佛徒도 그 毒手의 犧牲이 되여 强制의 日本化와 苛酷한 法令의 束 縛下에 二千年來 韓土의 國家의 保護로 누리던 自由를 失하고 未幾에 特 有한 我 歷代 祖師의 遺風이 湮滅하야 榮光잇던 大韓佛敎는 滅絶의 慘境 에 陷하려 하도다.

이에 我等은 起하엿노라. 大韓의 國民으로서 大韓國家의 自由와 獨立 을 完成하기 爲하야 二千年來 榮光스러운 歷史를 가진 大韓佛敎를 日本 化와 滅絶에 救하기 爲하야 我 七千의 大韓 僧尼는 結束하고 起하엿노니 矢死報國의 이 發願과 重義輕生의 이 意氣를 뉘 막으며 무엇이 막으리오. 한번 結束하고 奮起한 我等은 大願을 成就하기까지 오직 前進하고 血戰 할뿐인뎌.

大韓民國 元年 十一月 十五日

大韓僧侶聯合會

代表者 吳卍光 李法印 金鷲山

姜楓潭 崔鯨波 朴法林

安湖山 吳東一 池擎山

鄭雲峯 輩相祐 金東昊

이상과 같은 승려선언서는 불교 독립운동사, 임정에서의 불교 활동에 있어서 중요한 사실이었다. 선언서의 집필자가 누구인가에 대해서는 현 재 백초월, 신상완, 이종욱 등 다양한 학설이 존재하고 있다.[56] 그리고 선언서 말미에 나오는 승려연합회의 대표자는 가명으로 되어 있기에 현 재 그 일부 인물만 추정할 수 있다.

---

56) 그 개요는 다음과 같다. 백초월 설은 김광식, 김순석이 주장하였고 신상완설은 한동 민이다. 그리고 박희승은 이종욱을 중심으로 한 상해지역 불교인들의 공동 저작으 로 보고 있다.

그리고 일제는 선언서 제작, 배포 및 의용승군제에 대하여 자세한 비밀 보고를 하였는데, 여기에서 상세한 내용을 파악할 수 있다. 이 선언서가 어떤 배경으로 나왔는가를 전하는 일제 측 기록을[57) 보자.

不逞僧侶 檢擧의 件

客年 3월 지나 상해로 달아나 同地 임시정부에 투신한 승려 이종욱, 백성욱 등이 함께 조선불교도를 대표하여 독립운동에 분주하고 있다. 승려 申尙玩은 최근 몰래 來鮮하여 전도의 승려를 규합하여 의용승군이라는 비밀결사를 형성하고 또 독립운동 자금의 모집 및 유력한 승려를 상해로 誘出하려고 기획한 사실을 탐지하고 4월 6일 경성 종로경찰서에서 이를 체포하여 공범자와 함께 형사 追訴에 회부했다. 사건의 개요는 다음과 같다. (중략)

범죄사실 개요

신상완 및 김상헌은 불교측대표라 하고 손병희 등 33명의 독립선언서 서명자의 한 사람인 승려 한용운과 결탁하고 김봉신, 김법윤, 김대용, 백성욱 등과 함께 시내 각학교 생도 대표자와 연락하여 중앙학교 생도에게 독립사상을 고취하고 1919년 3월 1일 경성에 있어서의 소요할 때에는 동학교 생도들을 지도한 자인데 관헌의 수사가 엄중하여 신변이 위급하므로 3월 7일 경 그의 스승인 경기도 수원군 용주사 주지 강대련으로부터 여비 백원을 얻어 상해로 달아났으나 당시 상해에 있어서의 승려의 세력이 희미하고 부진하므로 다액의 운동자금을 얻어 불교도의 세력을 확장하려고 그 후 상해에 도항한 동지 백성욱과 相携하여 歸鮮하기로 하고 4월 상순 同地를 출발하여 동 중순 경성에 귀래하여 동지 이종욱(이강공 사건 관계자), 김상헌, 김법윤, 김봉신, 박민오 등과 자금조달에 노력하였지만 목적을 달성치 못했다. 다시 상해로 가서 7월 중순 백초월 및 김봉신으로부터 금 2천원의 송금을 얻어 이를 당시의 임시정부 내무총장 안

57) 이는 1920년 5월 6일 고등경찰 1254호의 「不逞僧侶 檢擧의 件」으로 김정명의 『조선독립운동』 제1권 분책, 민족주의운동편에 실린 것을 국사편찬위원회에서 번역한 자료이다.

창호에게 교부하고 그후 이종욱, 김법윤, 김상헌 등과 회합하여 상해에서 僧侶의 團體를 조직하기로 결정하고 이 목적을 달성하기 위하여는 승려 중의 유력자인 경상남도 합천군 해인사의 주지인 이회광을 유출하여 승려를 收攬할 필요가 있다고 하여 7월 중순 경 백성욱을 渡鮮케 했는데 8월중순에 이르러서도 하등의 소식이 없으므로 신상완은 안창호로부터 이회광에 대한 권유장과 申을 강원도 특파원 및 내무부 위원에 임명한다는 취지의 辭令을 받고 8월 하순 歸鮮하여 이회광에 대해 상해의 도항을 권유했지만 동인은 태도를 애매히 하고 거취를 결정하지 못하므로 경성에 와서 백초월로부터 운동자금 및 여비라 하고 금 3백원을 수령하였으나 (중략)

경성으로 귀래했는데 9월 말일에 이르러서도 선언서가[58] 도착하지 않아서 상해를 향해 출발했다. 同地 도착후 박민오, 김봉신이 선내에서 모금한 운동자금 2천원을 수령했다. (중략)

신상완은 상해에 귀래한 후 이종욱, 백성욱, 김법윤 등과 협의한 후 승려의 단결을 도모하려고 별지 譯文과 같은 宣言書 및 臨時義勇僧軍制라는 것을 작성하였는데 이의 목적을 달성하기 위하여는 유력한 승려를 상해에 유출하고 또 鮮內 사찰에 機密部라는 것을 두어 승려 간의 기밀 교통기관으로 하여 점차 僧林의 결합을 견고하게 할 필요를 느끼고 안창호의 찬동을 얻어 동인으로부터 各寺앞으로 보내는 回章을[59] 휴대하고 본년(1920) 2월 19일 경 상해를 출발 천진, 봉천을 경유하여 동 25일 경 入京하여

이상과 같이 일제가 상해 임시정부 및 국내를 오가며 독립운동의 최일선에 있었던 신상완을 체포하면서 파악한 내용에는 선언서를 제작하게 된 전후사정이 다수 전한다. 그를 요약하면 다음과 같다. 우선, 3·1운동 직후인 1919년 4~7월경 상해 임시정부에는 3·1운동에 참여하였다가 일제의 체포를 피하고 독립운동을 지속하기 위해 모인 다수의 승려들이

---

58) 이 선언서는 본고찰의 대상인 승려독립선언서가 아니다. 1919년 10월 1일을 기해 임시정부에서 기획한 제2의 만세운동 당시에 살포할 예정의 선언서이다.

59) 이는 諸山僉賢이라는 제목의 안창호 편지로 불교계에서 독립운동을 도와 달라는 내용이었다.

있었다. 그런데 이들은 대부분 한용운에게 영향 받은[60] 중앙학림 출신의 학승들이었다.[61] 둘째, 이들은 임시정부에서의 불교의 세력이 부진한 것을 극복하기 위해 승려 단체를 만들고 동시에 국내의 유력한 승려를 상해로 망명시키려고 하였으나 여의치 않았다. 셋째, 1919년 10월경 상해 임시정부에 모인 항일 승려들은 승려의 단결, 불교의 독립운동을 조직화하기 위하여 선언서 및 임시의용승군제를 작성하였는데 여기에는 임시정부, 안창호의 동의가 있었던 것이다.

그러므로 이상과 같은 내용에서 필자는 대한승려연합회의 선언서는 1919년 10~11월경 임정에 망명한 항일 승려들의 협의, 주도에 의해서 작성되었다고 본다.[62] 때문에 대한승려연합회는 불교의 독립운동을 본격화하기 위해 내세운 임의 단체라 하겠다.

한편 임시정부 내무총장이었던 안창호의 1920년 일기에는 신상완이 의용승군제를 만들기 위해 안창호의 동의, 지시를 받았다는 내용이 전한다. 우선 그 일기를 보자.

> 1월 21일 신상완군이 내방하여 국내에 在한 僧侶로 하여금 軍隊를 編制하자 하며, 또 승려 白性基로 하여금 정부의 직원이 되게 하자 하는 고로 俱히 동의를 表하다.
> 1월 24일 신상완군이 내방하여 승려의용대 편제안을 示하고 可否를 問하기로 동의를 표한 후에 軍務部에 가서 차를 批准하라고 권하다.
> 2월 18일 신상완군이 래방왈 금일 내지로 향하여 출발한다 함으로 입국하여 진행할 방침을 문한 즉 君曰 一은 전국 주유하며 선전할 것이요 二는 불교청년으로 의용대를 조직할 것이라고 하며 余를 향하여 불교청

---

60) 김법린, 「3 · 1운동과 불교」,『신천지』1 · 2, 1946.
61) 이종욱은 중앙학림 출신은 아니지만, 명진학교 출신이기에 이들과 선후배 사이라는 동질감이 있었다고 보인다.
62) 한동민은 의용승군제는 신상완의 주도한 것이라고 이해하였다. 위의 한동민「일제강점기 신상완의 독립운동」논고, 170쪽.

년회에 고문을 허락하고 또 동회 회장에게 수서함을 간망한다 함으로 이
에 허락하고 수함이다.[63]

　　이 기록을 유의하면 곧 선언서는 1919년 11월 15일자로 제작, 배포하
였고 1920년 1월 하순 경에 승려의용대, 의용승군이 조직되었다. 그 작
성의 중심에는 신상완이 있었고, 임시정부의 개입, 조율이 있었다. 그러
나 의용승군의 추진은 국내에서 전개하였기에 국내 불교 독립운동의 중
앙단체인 민단 및 민단 부원들에 의해 전개되었다. 그 중심에는 민단부
장이면서, 연장자이면서 학식이 높았던 백초월이 주동인물로 보인다.[64]
최근 진관사에서 발견된 태극기와 다수의 독립운동 자료를 분석한 신용
하는 연통제의 불교계의 중앙 연락본부를 진관사로 주장하였다.[65] 나아
가서는 연통제 불교계 중앙 연락본부 책임자는 백초월이고, 상해 임정과
의 연락 담당은 신상완이라고 하였다. 이를 신뢰한다면 승려선언서, 의
용승군 조직 및 추진의 중심은 백초월이라고 이해된다.

　　임시의용승군 憲制는 국내에 있는 승려들을 승군으로 편제하기 위한
조직이었다. 그 대강의 내용을 보면[66] 總領部를 정점으로 하고, 총령부
산하에는 秘書局, 參謀局, 軍務局, 軍需局, 司令局으로 분장되어 있다.
총령부는 대한승려연합회장을 總長으로 하는 승군의 최고본부로, 임시
정부와 승군과의 연락기관으로, 임시정부 작전계획을 협의 · 실행하는
것으로 기관 성격을 규정하였다. 그리고 전국에 산재한 승군을 지휘하기
위하여 사령국 내에 각 도와 군에 산하 기관을[67] 두도록 하였다. 또한 승

---

63) 도산기념사업회, 『안도산전서』중, 1990, 224~228쪽.
64) 백초월은 민단부원인 정병헌, 신상완, 백성욱으로 하여금 상해 임정의 재정 지원을
　　타개하기 위한 군자금 모금활동을 하였다는 일제 측 비밀 문건이 있다.
65) 신용하, 「진관사에서 발굴된 독립운동사에서의 가치」, 『한국독립운동과 진관사』,
　　진관사, 2009, 19쪽.
66) 김정명, 『조선독립운동』제1권, 분책, 401~402쪽.

려연합회에 가입한 승군은 기밀 엄수, 黨務의 비밀 누설 방지, 의무금[68] 제출 등을 信條로 정하였다.

이렇듯이 상해 임시정부와 국내 불교계 독립운동의 총본부였던 민단 본부를 배경으로 1919년 11월부터 1920년 4월경에 가시화된 대한승려 연합회 선언서와 임시의용승군 헌제는 당시 불교계 독립운동의 상징적 존재였다. 그 선언서에 나온 불교 독립운동의 이념을 실천하기 위하여 국내의 전 사찰 및 승려를 의용승군이라는 비밀결사체로 조직화시켜 일 제에 정면으로 항쟁하려고 기획한 것이었다. 현재 기록의 부재로 승려연 합회의 대표자로 서명한 12명의 대상자를 확인할 형편은 아니다. 그 12 명의 이름이 대부분 가명으로 씌어졌고, 그 일부만 추정할 뿐이다.[69]

그리고 의용승군제는 실제 집행 단계까지 이르렀다. 상해에서 불교 대 표격으로 독립운동을 하였던 이종욱과 신상완은 의용승군의 추진을 위 한 機密部라는 비밀연락 기관을 통도사, 해인사, 범어사, 석왕사에 두기 로 정하였다. 그리고 이는 국내로 귀국한 신상완에 의해 추진되었던바, 그는 임시의용승군 헌제 및 선언서를 석왕사, 해인사, 통도사에 발송하 였다. 나아가서는 조선 본산급 사찰 30개 중 15개 사찰을 택하여 기밀부 를 설치하고 상해 임시정부와 연결을 도모하였으나 1920년 4월 6일 일 제에 피체되었다.

지금까지 살펴본 바에 의하면 1919년 11월 15일에 제작, 배포된 대한 승려연합회 선언서는 3·1운동 직후 국내 및 상해를 포괄하였던 불교 독 립운동의 핵심이었다. 당시 그 선언서 작성을 주도하였던 항일 승려들은

---

67) 그는 道隊, 郡隊, 山隊 등이다.
68) 그 액수는 정하지 않았다.
69) 『대한불교』(1970.3.8)에서는 그 대상자들에 대하여 당시 생존한 승려들에게 자문 한 결과, 오만광은 오성월(범어사 주지), 이법인은 이회광(해인사 주지), 김취산은 김구하(통도사주지), 지경산은 김경산(범어사 고승)이라고 확인하였다.

선언서에서 구현한 불교 독립운동의 이념을 실천하기 위하여 의용승군제 및 기밀부를 조직하여 전 사찰 및 승려들을 승군 및 항일 불교의 대열로 추동하기 위해 분투하였다. 여기에서 3·1운동 이후 항일 불교의 정수, 상징인 대한승려연합회의 선언서의 내용과 이념은 무엇이었는가의 문제가 대두된다. 선언서에 나타난 이념을 다음과 같이 요약하고자 한다.

첫째, 한국에 있는 7천 승려는 일본통치 배척, 대한민국 독립의 당위성을 국내외 동포와 세계에 대하여 천명하였다. 이는 당시 불교가 식민지 현실을 완전 부인하고, 독립항쟁에 나선다는 사명감을 공개적으로 언명한 것이라는 점에서 주목된다.

둘째, 불교의 근본 이념을 평등과 자비라고 전제하면서, 일제는 불법에 어긋난 적으로 단정하였다. 일본이 표면으로만 불법을 숭상하고, 침략주의와 군국주의에 경도되어, 평화를 교란하고, 은혜를 배반하였으며, 평화적인 3·1운동을 무력으로 진압한 것 등을 그 실례로 지적하였다.

셋째, 불교계는 선언서를 발표하기 이전에도 민족대표로 참가한 사실, 심신을 바쳐 독립운동에 뛰어든 불교도가 다수였음을 개진하였다. 이는 선언서가 바로 그러한 불교 독립운동을 계승하는 것임을 밝힌 것이다.

넷째, 일본의 야만적인 식민통치를 중단케 하려는 것은 도탄에 빠진 중생들의 고통을 좌시하지 않았던 역대 조사들의 유풍임을 자각하였다.

다섯째, 불교는 역대 국가에서 보호받고, 발달해 왔기에 국가와 불교는 깊은 인연 즉 국가불교임을 재인식하였다. 그러므로 불교가 독립항쟁에 나서는 것은 국민된 도리라고 하였다.

여섯째, 한국을 침략한 일본은 한국의 역사, 문화, 전통을 무시하는 일본화 정책 및 법령으로 한국민족을 전멸시키고자 하였다. 그 결과 불교도 그에 희생이 되었다고 인식하였다. 이에 불교의 자유를 잃어 버리고, 역대조사의 유풍이 사라져 결과적으로 불교의 근원, 생명이 멸절되었다는 것이다.

이에 이상과 같은 연유에서 불교는 일본과 싸울 수밖에 없음을 천명하였다. 나라의 자유와 독립을 완성하고, 동시에 불교의 일본화 및 멸절의 구렁텅이에서 구하기 위하여 7천 승려들은 결속하고, 일어섰고, 죽음을 불사하여 나라에 보답하겠다는 발원과 의기로써 피로써 싸우겠다는 선언을 하였던 것이다.

선언서에서 불교가 일본과 혈전하겠다는 요인을 다시 축약하면 다음과 같다. 불법의 측면에서 일본은 敵이며, 일본의 일본화 정책 및 사찰령으로 불교는 자유와 전통이 상실되었다는 것이 그 첫째 요인이다. 다음으로는 역대조사의 유풍으로 표현된 대승불교 전통의 실천이었다. 이는 국가와 불교와의 깊은 인연으로 표현한 즉 국가를 옹호한 전통의 구현이다. 필자는 이 부분을 가장 주목하고자 한다. 즉 선언서에서 "身이 대한의 국민으로 生한 我等, 다만 국민으로 국가에 대한 의무를 盡할 뿐, 이때 我等은 起하였노라 대한의 국민으로써" 등에 나타난 국민의식이다. 이는 국가 공동체 일원임을 분명하게 자각하고, 그 일원으로서의 책임을 다하겠다는 근대적인 시민의식, 민족의식의 뚜렷한 발로이다. 조선후기, 개항기에 간헐적으로 보이는 중세적, 소외적, 산중불교의 분위기는 전혀 찾을 수 없다. 새롭게 도래한 근대사회의 주역, 근대 민족국가의 당당한 구성원으로서 국가를 파멸시킨, 불법에 반한 행동을 자행한 일본과 항쟁하겠다는 자기 정체성을 극명하게 표출한 선언이다. 이러한 내용이 선언서에 반영된 것은 3 · 1운동의 정신(자유, 평화, 자립, 자존), 임시정부의 이념(민주공화정)의 영향을 받았을 것이다. 그러나 그 저변에는 불교인들의 자각, 자주의식이 있었음을 배제할 수 없다. 자각, 자주의식을 다른 말로 표현하면 불교의 민족의식이라 하겠다. 그래서 필자는 선언서에 나타난 불교 독립운동의 이념은 '민족불교'로 보고자 한다.

선언서에 나타난 이념을 민족불교론으로 볼 경우, 이는 구한말 지성계에서 한국불교의 특색을 救世主義, 國家主義로 본 것과 밀접한 연관을 갖는다. 이는 단재 신채호가 『대한매일신보』에 기고한 글에[70] 나온 한국불교에 대한 정체성을 피력한 것이다. 신채호는 그 이후에도 한국불교 특색을 국가주의 불교정신으로 보고 그를 강조하였다. 그런데 당시 상해 임정에 있었던 항일 승려들이 신채호에게 영향을 받았을 가능성을 고려한다면, 신채호의 국가주의 불교정신이 의용승군제에 투영되었을 여지를 제공한다.[71] 이와 같은 정황에서 필자는 선언서, 의용승군제가 민족불교론의 구현이고, 그는 신채호로 대표되는 지성인들이 한국불교의 정체성 및 불교 사회화의 노선으로 피력한 한국불교의 구세주의 및 국가주의를 실천한 것이라고 본다. 나라가 패망하고, 민족이 멸실될 지경에서 그 이전 한국불교의 전통을 계승, 구현하였던 것이다.

불교가 임정을 배경으로 전개하였던 독립운동은 그 밖에도 다양한 형태로 전개되었다. 항일 승려들은 임정과 연계된 혹은 임정을 외호하는 단체에 참여하면서 항일활동에 나섰다. 대한민국청년외교단은 1919년 5월초 나라의 패망이 외교력 부재에 있다고 보고, 외교 역량을 키우기 위해 결성된 단체이었다.[72] 이 단체에 송세호는 해외지부 담당으로, 이종욱은 외교특파원으로 활동하였다. 이종욱과 송세호는 국내 독립운동

---

70) 「遍告僧侶 同胞」, 『대한매일신보』 1908.12.13.
71) 김주현, 「신채호의 『신대한』 발행과 독립운동」, 『한국독립운동사연구』 36집, 2010. 의용승군 추진은 국내 불교 독립운동의 중앙단체인 민단 및 민단 부원들에 의해 추진되었다. 그 중심에는 민단부장이면서, 가장 연장자이고, 학식이 높았던 백초월이 주동인물로 보인다. 위의 김주현 논고, 83~87쪽 참조. 김주현은 신채호가 1919년 이전에 호국불교, 국가주의적 불교에 대한 글을 서술하였다고 제시하면서 이를 주장했다. 나아가 그는 승려선언서에 "불교도의 독립운동에 적극 참여를 주장해 온 백초월의 국가주의적 불교정신, 그리고 단재의 호국불교론 등이 잘 접합되었다"고 서술하였다. 이 같은 김주현의 주장은 승려독립선언서, 의용승군제의 실무 작업을 한 신상완 일행이 신채호에게 영향(사상, 논설)받았을 가능성을 거론하였다는 점에서 다각적인 측면에서의 연구를 촉발케 한 것이다.
72) 장석흥, 「대한민국청년회교단 연구」, 『한국독립운동사연구』 2, 1988, 291쪽.

단체인 大同團에도[73] 관여하였다. 당시 임정은 국내의 고위관료를 상해로 망명시켜 임정의 위상을 고양시키기로 결정하였다. 그래서 이종욱은 대동단과 상의하여 고종의 아들인 이강과 구한말 대신 출신인 김가진을 망명키로 정하고, 실행에 옮겼다. 그 결과 김가진은 성공적으로 망명하였으나, 이강은 망명 도중 신의주에서 발각되어 상해행은 무산되었다. 이런 활동을 한 대동단에는 건봉사 출신인 항일 승려인 정남용이 주역으로 있었다. 항일 승려들의 독립운동은 철원애국단의 임시정부 후원 활동, 그리고 1919년 10월 서울에서 전개된 제2차 독립선언의 추진과 전개에도 신상완, 이종욱이 참가하는 것으로도 나타났다. 이 같은 활동은 불교인들이 3 · 1운동에 참여한 불교인들의 민족의식 고양, 임정을 배경으로 전개된 치열한 독립운동의 구도에서 나온 것이었다.

4. 결어

지금까지 대한민국 임시정부를 배경으로 전개된 불교 독립운동의 내용 및 성격을 정리하였다. 이제 맺는말은 앞서 살핀 내용에서의 의의, 본고에서 다루지 못한 미진한 점 등을 제시하는 것으로 대하고자 한다.

우선 본고찰에서 살핀 내용의 역사적 의의를 개진하고자 한다. 첫째, 3 · 1운동에 참여한 불교의 민족운동의 지속이라는 점이다. 이로써 불교는 항일 민족운동의 대열에 가담하였음이 분명하였다. 둘째, 불교는 민족운동의 참여를 통해 민족 공동체 구성원으로서 책임을 다하였고, 대승불교의 이념인 하화중생을 실천하였음을 확인할 수 있었다. 이는

---

73) 신복룡, 『대동단실기』, 양영각, 1982; 장석흥, 「조선민족대동단 연구」, 『한국독립운동사연구』 3, 1989.

민족고민, 민족사의 지향에 당당하게 참여하였음을 말하는 것이다. 셋째, 구한말 지식인들이 한국불교의 이념으로 제시한 구세주의, 국가주의를 변용하여 실천한 것을 대변하였다. 이로써 근대 불교는 한국불교의 전통을 계승, 구현하였음을 말할 수 있다. 넷째, 불교의 보편적인 이념이 근대적 이념인 자유, 평등과 동질적이었음이 역사적으로 분명함을 알 수 있게 하였다. 이로써 한국불교의 세계성, 동아시아사의 보편성을 갖게 되었다.[74]

이제부터는 본 고찰의 문제점, 한계 등을 제시하고자 한다. 본 고찰에서 한계는 첫째, 3·1운동에서의 불교 활동과 임시정부에서의 활동을 치밀하게 정리하지 못한 것이다. 임정에서의 불교 활동은 3·1운동의 구도, 여파에서 나온 것이다. 그런데 본 고찰에서는 일부 자료, 증언에 의지하여 그 흐름, 내용, 다양성 등을 정치하게 다루지를 못하였다. 둘째, 임시정부에서의 불교 활동을 정리하면서 주로 1919년과 1920년의 것만 다루었다. 임시정부는 1945년 해방되는 그날까지 존속, 활동하였는데 본고찰에서는 임정 초기의 내용만을 대상화 하였다. 셋째, 임시정부와 연결된 만주지역 군관학교, 독립운동 단체에서 불교인들의 활동을 다루지 못하였다. 넷째, 국내 사찰, 승려는 임시정부 및 만주지역 독립단체에 많은 군자금을 제공하였다. 이런 점과 관련하여 더욱 폭 넓게 자료수집, 증언 청취 등을 통하여 풍부한 관련 역사를 서술해야 함에도 불구하고 그렇게 하지 못했다. 그밖에도 많은 문제점이 있을 것임을 자인한다.

이제부터는 본고찰을 통하여 생각할 여지를 개진하고자 한다. 즉 본 고찰에서 드러난 내용에서 근대불교사의 본질, 한국불교 정체성 등등에 대한 것을 찾을 수 있다. 이런 점은 학술적인 분석, 토론 등이 요청되는 것이다.

---

74) 3·1운동, 임정에서 항일 활동에 나선 백성욱, 김법린이 독일, 프랑스로 유학을 가서 불교를 공부한 것도 이 점과 무관할 수는 없다. 즉 특수에서 보편으로, 한국적 관점에서 세계사적인 불교를 연구하고 그를 한국불교에 적용하려던 것이다.

첫째, 한국불교 정체성, 개념으로 널리 활용된 호국불교와의 연관이다. 요컨대 임정과 연관하여 전개된 불교 독립운동을 호국불교의 범주 안에서 말을 할 수 있는가이다. 광의의 호국불교로 임시정부와 연계하여 전개된 활동으로 볼 수 있다.

둘째, 임정에서의 활동을 놓고 민족불교라는 개념으로 바라볼 수 있는가이다. 필자는 수년 전에 이런 입론을 피력한 바가 있다. 그렇다면 호국불교와 민족불교의 상관성은 어떻게 이해를 해야 할 것인가의 문제이다.

셋째, 구한말, 국운이 침탈되기 직전과 1910년대에서 불교 외부의 지식인들이 한국불교의 정체성을 피력한 것에 대한 해석의 문제이다. 그 대표적인 지식인이었던 신채호는 구세주의, 국가주의를 한국불교의 특성으로 이해하였다. 그렇다면 신채호 이외의 인물들은 불교에 대한 입장을 밝힌 것이 있는가를 찾아내야 할 것이다. 그리고 신채호의 입론이 불교계에 영향을 주었던 것도 고려해야 할 것이다.

넷째, 3·1운동과 임정 그리고 만주지역 등등의 현장에서 독립운동에 참여한 승려들은 한국불교의 정체성을 어떻게 인식하였는가의 문제이다. 실제 그들의 생각은 어떠하였는가이다.[75]

다섯째, 임정을 배경으로 나온 승려 독립선언서를 당시 승려들은 어떻게 인식하였는가이다. 당시 승가, 불교도, 신도들은 이 선언서를 어느 정도 알고 있었을까? 그리고 선언서에 나온 이념, 지향을 동의하였는가 등등에 대한 관심이 적지 않다.

지금껏 본 고찰에서 논란되는 것, 토론할 주제, 한국불교 정체성 및 이념의 차원에서 제기할 수 있는 문제들을 제시하여 보았다. 추후에는 이런 주제를 놓고 심도 깊은 학술적 접근이 나오기를 기대한다.

---

75) 김광식, 「한용운 민족의식의 연원」, 『한국선학』 31, 2012.

백초월의 항일운동과 진관사

1. 서언

2009년 5월 26일, 서울 은평구 진관외동에 위치한 진관사에서는 만세 시위 자료인 태극기를 비롯한 6종 17점의[1] 일제하 독립운동의 진수를 보여주는 귀중한 독립운동 자료가 발견되었다. 이 자료는 진관사 경내의 칠성각(서울시 문화재 33호)을 해체, 복원하는 과정에서 나온 것인데, 칠성각의 벽속에 보자기로 싸여진 채로 비장되어 있었다. 자료들은 1919년 3·1운동 직후 중국 상해 및 국내 독립운동의 현장에서 생산된 자료들이었는데, 진관사 칠성각의 벽속에 90여 년간이나 감추어져 있었던 것이다. 진관사는 자료 발굴 후, 각 분야의 전문가를 초청하여 자문을 받았다. 그리고 그 자문을 토대로 2009년 8월 10일에는 기자회견을 개최하여 자료발굴 경위, 자료의 내용과 성격 등을 소상하게 밝혔다. 이에 진관사에서 발굴된 독립운동의 자료의 내용과 성격은 언론을 통하여 널리 보도되었다.

---

1) 그 자료는 태극기 1점, 『신대한』 3점, 『독립신문』 2종 4점, 『조선독립신문』 5점, 『자유신종보』 3점, 『경고문』 1점 등이다.

필자는 진관사에서 자료가 발굴되었다는 소식을 접하고, 그 자료들은 항일 승려인 白初月과 연관되었음을 즉각적으로 판단하였다. 그러나 백초월과 진관사의 관련은 문헌자료상으로 뚜렷하지 않아 그 상관성을 이해하는 것은 필자로서도 간단하지 않았다. 이런 상관성에서 유의할 점은 3·1운동 직후 대한민국 임시정부가 위치한 상해지역에서 생산된 항일운동의 자료와 국내 비밀결사단체에서 제작한 독립운동 자료를 어떤 연고로 진관사의 칠성각에 숨겨 놓았을까 하는 점이다. 그리고 진관사 경내에서도 비교적 외진 전각인 칠성각에 자료들을 보자기로 싸서, 벽을 뜯고, 긴박하게 숨겼던 사연은 무엇이었을까에 대해서 강한 호기심이 생기는 것은 당연하다. 그리하여 필자는 백초월에 대한 논문을 자료발굴 이전에 쓴 연구자로서, 기자회견 이전에 그 자료들을 열람하고, 백초월의 제자로 지금까지 살아있는 금봉노스님(1919년생, 현재 91세)을[2] 면담한 직후에는 자료를 숨겨놓은 당사자는 백초월임을 거듭하여 확신하였다. 이에 기자회견장에 배포된 보도자료에서도 그 주인공은 항일 승려 백초월이라고 비정하였던 것이다.

한편, 필자는 한국 근현대 불교사를 공부하면서 불교의 독립운동에 대해서도 적지 않은 관심을 갖고 불교 독립운동에 대한 몇 편의 논문을 발표하였다.[3] 그런 과정에서 본 고찰의 주제 인물인 백초월에 대해서도『불교학보』39집(2003)에「백초월의 삶과 독립운동」이라는 논문을 기고하였다.[4] 그런데 이 논문을 쓸 당시에는 백초월이 진관사 마포 포교당인 극락암에 주석하였다는 내용은 문헌 기록을 통하여 확인하고, 그를 생애에 포

---

2) 태고종 법륜사(남양주 적송)에 주석하고 있으며, 올해 91세(1919년생)로 15세 무렵(1934년경) 진관사로 출가하였다. 그는 진관사, 진관사 마포 포교당 등에서 백초월을 10여 회 만났다고 필자에게 증언하였다.
3) 이에 대해서는 불교계 독립운동을 종합하여 정리한 졸고가 참고된다. 김광식,「일제하 불교계 독립운동의 전개와 성격」,『새불교운동의 전개』, 도피안사, 2002.
4) 이 논문은 졸저,『민족불교의 이상과 현실』(도피안사, 2007)에 수록되었다.

함시켰다. 그러나 객관적인 문헌자료에서 백초월과 진관사의 연관은 찾아내지 못하였다. 요컨대 2003년에는 백초월과 진관사의 연관을 확실하게 정리하지 못하였다. 그래서 백초월이 1916년에 설립된 진관사 마포 포교당에5) 어떤 연고로 주석하였을까에 대해서는 풀지 못하였던 의문점으로 남아 있었다. 그리고 진관사 포교당의 본사인 진관사와도 어떤 연고를 갖고 있었는지에 추론하기도 어려웠다.

그런데 『불교학보』에 기고한 백초월의 논문을 집필하기 직전, 필자는 백초월의 종손인 백외식으로부터 백외식의 선친인 백락귀가 독립기념관 건립이 본격화되던 1985년 무렵, 전국을 돌아다니면서 백초월을 만났던 노승들을 만나고, 그 노승들이 백초월에 대하여 자필로 회고한 문서뭉치를 사본으로 입수하여 자료분석을 하였다. 그러나 그 당시에는 회고 문서에 일부 나오는 진관사 관련성을 철저하게 분석하지 못하였고, 백초월이 거주하였던 사찰들에 대한 현장 탐사도 생략하였다.6) 그런 결과로 그 논문에서는 백초월과 진관사의 관련을 명쾌하게 설명하지 못하였다. 그러나 본고찰에서는 금번에 발굴된 자료는 백초월이 보관하였다는 사실이 전후사정으로 분명하다는 전제하에 백초월의 항일운동을 소

---

5) 마포 포교당은 진관사에서 관리하였기에 진관사 포교당으로 불리웠다. 마포 포교당은 1916년경 재가불자들이 마포의 집 한 채를 사고, 진관사의 승려인 홍철우를 포교사로 초빙함으로써 설립되었다. 『매일신보』1923.12.23, 「菩薩爭奪 鐵牛僧 被訴」참조. 이 포교당에 대해서는 『일제시대 불교정책과 현황 上, 조선총독부 관보 불교관련 자료집』(조계종총무원, 2001, 866쪽)에도 개요가 전한다. 즉 1922년 6월 30일 포교 담임자 제출, 명칭은 조선사찰 봉은사 본말연합 마포포교소, 소재지 경기도 경성부 마포리 414번지, 포교자 주소와 담당자는 경기도 고양군 신도면 진관외리 洪鐵牛이다. 지금은 선학원 소속의 극락암으로 불리는데, 언제부터 극락암으로 명칭을 변경하였는지는 알 수 없다. 현 주소는 서울 마포구 마포동 414-2번지이고, 지금도 극락암의 토지는 진관사 소유로 되어 있다. 현재 극락암 승려들은 극락암은 건립된지 100년 가량은 되었다고 주장한다.

6) 출가 사찰인 영원사는 찾아 갔으나, 진관사, 백련사, 봉원사, 극락암 등은 찾아가지 못하였다.

개하면서 진관사와 백초월의 관련을 적극적으로 설명하려는 것이 주된 초점이다.

다음으로 본고찰에서 의도하는 또 다른 초점은 불교 독립운동사에서 의 백초월의 위상을 강조하는 것이다. 일제하 한국 불교 독립운동의 중심인물은 널리 알려진 바와 같이 한용운과 백용성이다. 이들은 3 · 1운동 당시 불교계 대표로 민족대표 33인에 포함된 승려이다. 그리고 이들은 입적하는 그날까지 치열한 독립운동, 민족운동을 전개하였다. 그러나 한용운과 백용성에 못지 않은 항일 독립운동가가 바로 백초월이라고 볼 수 있다. 백초월이 지금까지 역사의 이면에 가려져서 불교계, 그리고 불교학 및 독립운동의 연구 분야에서 생소한 것은 그야말로 민족적 비극이 아닐 수 없다. 백초월이 이렇게 복권이[7] 늦게 되었고, 그에 대한 연구가 황무지와 같이 된 것은 여러 요인이 있을 것이다. 그러나 추후에는 독립운동선상에서 백초월에 대한 적절한 자리매김이 이루어지기를 기대한다.

이런 전제와 배경하에서 필자는 우선 백초월의 생애 및 독립운동의 전체 내용을 요약하여 소개하고, 그 연후에는 백초월과 진관사와 관련성을 집중적으로 살펴보려고 한다. 필자의 게으름과 자료 부족으로 논지 전개에 적지 않은 문제점이 예상된다. 이 점은 지속적인 연구와 자료수집으로 보충하려고 하거니와 제방 선학들의 질정과 비판을 기다린다.

---

7) 백초월은 1985년에는 건국포장을 수여받았으나, 1990년에 재심사하여 애국장으로 승격되었다. 국가보훈처, 『대한민국 독립유공 인물록』, 2008, 320쪽.

2. 백초월의 생애와 독립운동[8)]

백초월은[9)] 1878년 2월 17일 경남 고성군 영오면 성곡리 금산부락에서 태어났다. 백하진의 둘째 아들로 태어난 그는 집안이 진주군 정촌면 관봉리로 이주하여 이곳에서 유년시절을 보냈다. 그런데 그는 14세에 지리산의 영원사로 입산, 출가하였다. 그는 영원사에서 이남파를 스승으로 모시고, 승려의 길을 갔다. 출가한 그가 승려로서의 공부를 어떻게 하였는지는 전하는 기록이 없어 알 수 없다. 다만 1903년과 1904년에는 영원사의 조실이었음을 전하는 기록이 있다. 이를 신뢰하면 백초월은 불과 25세에 禪院의 祖室이었다는 것인데, 이는 그가 청년시절에 이미 禪師로 인정받았음을 말해준다. 1907년에는 해인사 선원에서 수행하였다. 1909년에는 범어사 강원에 주석하면서 「成道記」를 작성하였다는 점에서[10)] 볼 때에 그는 강백으로도 이름을 떨쳤다고 보인다. 그리고 그는 1910년 친일적인 승려들이 한국 불교를 일본 불교의 일개종파인 조동종에 매각하려고 한 이른바 조동종 맹약에 반발한 臨濟宗運動에도[11)] 참여하였다. 여기에서 그의 민족의식의 일단이 드러났음이 주목된다.

이렇게 백초월은 남방지역의 불교계에서는 30대에 이미 일정한 명망을 갖고 있었다고 보인다. 백초월의 명망을 더욱 확인케 한 시점은 1915년이었다. 당시 불교계에서는 동국대학교의 전신인 중앙학림의 설립을

---

8) 본장은 위의 졸고, 「백초월의 삶과 독립운동」을 요약한 것이다. 그래서 특별한 경우가 아니면 근거를 제시하지 않을 것이다.
9) 백초월의 호적명은 道洙, 본명은 寅榮, 법명은 東照, 당호는 初月, 별호는 龜國, 가명은 白忍, 最勝이었다.
10) 「근대불교 미공개 자료를 찾아서 30, 초월스님의 성도기」, 『불교신문』 2009.8.15.
11) 졸고, 「1910년대 불교계의 조동종 맹약과 임제종운동」, 『한국근대불교사연구』, 민족사, 1996.

준비하였다. 그 준비 과정의 하나로 학인들의 교육을 담당할 강사를 내정하였는데, 그 대상자가 바로 백초월이었다. 이는 당시 중앙 불교계가 백초월의 경학, 교학 분야에서의 실력을 인정하였다는 증거로 볼 수 있는 대목이다. 그러나 백초월은 그 제의를 수락하지 않았다. 즉 그는 중앙학림의 강사로 근무하지 않았다.[12]

그 당시 백초월이 중앙학림 강사로 부임하지 않은 이유가 있었다. 그는 그의 출가 사찰인 영원사의 화재이었다. 영원사는 1911년 12월 9일에 화재를 당하여 전각 전체가 전소를 당했다. 그래서 백초월은 영원사의 대중들과 함께 각처를 돌아다니면서 사찰 복구를 위한 모금활동을 하였다. 영원사 복구공사는 1914년 3월부터 시작되어 1917년 11월 31일에 낙성식을 하는 것으로 종료되었다.[13] 이 과정에서 그는 영원사 주지로 취임하였다. 그때는 1916년 12월 16일이었다. 요컨대 백초월은 영원사 복구공사를 진두지휘하는 책임을 지고 있었기 때문에 중앙으로 진출할 수가 없었던 것이다.

영원사 복구공사를 성사시킨 그는 청주 시내에 있었던 포교당인 용화사의 포교사로 활동하였다. 이 용화사는 1917년 12월 2일에 낙성 봉불식에 의거 포교당으로서의 기능을 하였는데, 당시 백초월은 개교식에서 설교를 담당하였다. 그가 용화사 포교당과 인연을 맺은 것은 용화사 개창의 주역이면서 영원사 주지를 역임한 이영진과의 관계로 이해된다. 그는 이 용화사에서 3·1운동이 일어나던 1919년 3월까지 머물렀다.

거족적인 3·1운동이 일어나던 1919년 3월 당시, 용화사에서의 백초월 행적은 전하는 기록이 없어 알 수 없다.[14] 그러나 그는 1919년 4월이

---

12) 백초월을 대신하여 초대 강사로 근무한 인물은 근대불교의 대강백으로 유명한 박한영이었다. 박한영은 1930년대에 7인 교정의 일원으로 선출되었고, 해방공간에서는 초대 교정(종정)이었다.
13) 「영원사 낙성식」, 『매일신보』 1917.11.29.

되자, 서울로 올라왔다. 이에 대한 정황은 일제의 비밀문서에서 찾을 수 있다.

> 白初月은 僧侶로 있는 몸인데 불구하고, 항상 불온사상을 품고 國權回復을 몽상하여 은근히 그 때가 오기를 기다리던 중, 금년 봄 騷擾 발발한 이래 해외동포는 조국의 부흥을 위하여 혹은 러시아, 또는 중국 영토에서 독립군을 일으키고, 또 중국 상해 臨時政府를 조직하는 등 오직 독립운동에 활약하고 있으며, 鮮內에 있어서도 예수교 및 천도교들은 매우 이에 원조를 하고 있으나, 다만 佛敎徒만은 이에 무관심하고 있음을 크게 유감지사로 생각하여, 금년 4월 경성에 들어와 시내 각처에 잠재하면서 우선 불온문서를 간행하여 인심을 교란시킬 계획으로 韓國民團本部라는 단체를 경성 中央學林 내에 설치하여 스스로 民團 部長이 되어 자금과 부원 모집에 분주하였으며15)

위의 일제 비밀첩보 문건에 나오듯이 그는 1919년 4월 서울로 올라왔다. 그의 상경은 불교가 여타 종교보다 독립운동에 적극적이지 않은 것을 개탄한 것에서 나온 것이다. 서울에 올라온 그는 서울 시내의 각처에 잠재하면서 서울 시내의 명륜동에16) 위치한 중앙학림에 한국민단 본부를 설립하여, 이를 기반으로 전국 불교계를 통할하는 불교 독립운동을 추진하였다. 이 민단본부는 당시 그 참여자들의 회고에 '全國佛敎徒 獨立運動 本部'라고 나오는 것을 보면 그 당시의 위상을 짐작할 수 있다.

백초월은 이렇듯이 민단본부를 근간으로 독립운동을 추진하였다. 3·1운동의 민족대표이었던 한용운과 백용성은 일제에 체포되어 옥에 수감되

---

14) 다만 한용운이 민족대표를 선임할 때에 불교계 고승들을 접촉하여 민족대표에 포함시키려고 한 대상자로 백초월도 거론되었다는 증언은 있다.
15) 김정명, 『조선독립운동』 제1권 분책, 219~220쪽(1919년 12월 5일자 「독립운동 자금 모집자 검거의 건」 자료) 참조.
16) 그 당시 지명은 숭일동이었다.

었던 정황을 고려하면 백초월의 독립운동은 한용운을 대신하여 국내의 불교 독립운동을 총괄하였던 것으로 볼 수 있다. 당시 백초월은 한용운 보다 한 살이 많았고, 그가 중앙학림의 초대 강사로 내정되었던 사실들은 중앙학림의 학인들도 알고 있는 공지의 내용이었을 것이다. 이에 백초월은 자연스럽게 중앙학림이라는 기반에서 독립운동을 할 수 있었다.[17] 즉 백초월은 한용운의 지시를 받아서 3·1운동의 최일선에서 활약한 중앙학림 학인들을 민단 부원으로 포섭하여, 그의 독립운동의 인적 자원으로 가동하였다.[18]

백초월이 민단본부에서 하였던 독립운동은 대략 두 종류이었다. 그 하나는『革新公報』라는 비밀 지하신문을 만들어 각처에 배포하는 것이었다.[19] 이는 국내외 독립운동의 소식 등을 요약, 정리하여 민중들에게 민족의식을 고취시키는 것이었다. 다음으로는 국내에서 불교계 독립자금, 군자금을 모아서 상해 임시정부 및 만주 독립군 부대에 제공하는 것이었다. 그는 지리산 일대의 사찰에서 수행을 하였기에 화엄사, 천은사, 쌍계사 등지의 사찰에 중앙학림 학인을 자신의 특파원으로 보내어 자금을 모았다. 그 결과 그는 상해 임시정부에 2천원, 만주 독립군에게도 수백원

---

17) 그러나 백초월과 중앙학림, 중앙학림 학인들과의 구체적인 연고, 인연은 전하는 자료가 없어 단정하기 힘들다.
18) 그 내용은『동대신문』1966년 6월 20일에 백성욱이 기고한「3·1운동과 중앙학림」의 내용에서도 확인이 된다.
19) 그런데 백초월이 이를 창간한 것이 아니라, 기존의『혁신공보』를 인수하여 1919년 7월부터 발간하였다.『혁신공보』에 대한 개요, 성격 등은 따져볼 내용이 많다.『매일신보』1919년 11월 30일자의 보도에 의하면, 대동단에서 발간하던『自由民報』를 1919년 5월, 중앙학교 학생인 류연화, 최석인 등이 주도하여 인수,『혁신공보』라 개칭, 배포하였다. 그리고 중앙, 중동, 배재 등의 학생들이『혁신공보』와 관련된 증언과 체포 사실이 전하는 것을 보면, 이 문건은 당시 학생들 사이의 비밀통신 문건이었던 것으로 보인다. 한편 신복룡은『대동단실기』(선인, 2003), 100쪽에서 정남용이 정필성이라는 필명으로 혁신공보 등의 지하문서를 인쇄, 밀송하였다고 기술하였다.

의 자금을 제공하였다. 일제의 기록에도 다음과 같이 나온다.

조선인 청년에게 여비를 급여하여 11명을 길림성 독립군에게, 6명을 상해 가정부에 보냈다고 말하고 있으나 그의 주소 성명은 일체 입을 다물고 말하지 않는다.[20]

이렇게 백초월은 국내의 자금을 모아 상해 임시정부 및 만주 독립군에게 거액을 지원하였다. 그리고 자신의 관리하고 있었던 민단부원들을 상해 임시정부로 망명케 하여, 임시정부와의 유대를 갖고 국내 불교계를 독립운동과 연결하려고 노력하였다. 그 연결고리에 있었던 대표적인 승려가 申尚琓이었다.[21] 그리고 백초월과는 1919년 4월 이전에는 연고가 없었던 것으로 보이는 월정사 승려인 李種郁도[22] 임시정부 특파원으로 국내에 내왕하면서 자연적으로 백초월과도 연결되었을 것으로 이해된다. 이런 연고로 백초월은 상해 임시정부와 유대 및 긴밀한 연결고리를 갖게 되었다.

이런 배경하에서 백초월은 1919년 10월 31일에 거행하기로 계획된 제2차 독립만세 시위에 가담케 되었다. 본래 이 시위는 각 지역의 임시정부가 상해 임시정부로 통합됨을 기해, 임시정부의 성립을 축하하며, 그를 계기로 국내외에서 제2차 독립시위 운동으로 추진되었다.[23] 그리하여 임시정부에서는 특파원을 파견하여 선언서를 발표하고, 격문을 배포하는 시위를 준비하였다. 그 결과 10월 31일 일제의 천장절을 전후해

20) 위의 일제 비밀 첩보문.
21) 신상완은 용주사 출신으로 중앙학림 유심회 회장, 3·1운동 주도, 상해 임시정부 망명, 임시정부 국내 특파원, 철원애국단 만세 시위 유도, 의용승군제 추진 등 다양한 독립운동을 전개하였다.
22) 박희승, 「일제강점기 상해임시정부와 이종욱의 항일운동 연구」, 『대각사상』 5, 2002.
23) 「제2회 獨立示威運動」, 『독립신문』 1919.11.11.

서 국외의 상해, 국내에서는 서울, 평양, 의주, 정주, 영변 등지에서 시위가 발생하였다.[24]

이 같은 만세 시위의 이면에는 경기도 특파원으로 9월 8일 국내로 파견된 이종욱(월정사 승려)의 역할이 상당하였다.[25] 즉 상해 임시정부에서 국내로 파견된 이종욱과 나창헌은 국내 독립운동 단체와 연대를 갖고 일제의 천장절(10월 31일)에 시위를 예정하였다. 그래서 임시정부에서 마련한 「대한독립선언서」를[26] 갖고 귀국하였으며, 서울의 각 독립운동 단체들은 연합하여 시위를 거행할 준비를 하였다. 그런 과정에서 10월 28일, 서울 시내의 800여 명의 학생들은 동맹휴학을 단행하고 임시정부의 포고문을 배포하면서 만세운동을 추진하다가 피체되었다.[27] 그리고 일부 대동단 단원은 10월 31일 동대문인근에서 전단을 살포하다 체포되었다. 이런 가운데 11월 13일에도 서울 시내에서는 만세 시위가 재개되었다.[28]

그런데 국내 독립운동 중추단체인 대동단에서는 임시정부에서 가져온 「선언서」에 서명한 인사가 국외인사라는 점을 반대하여,[29] 국내인사를 중심으로 한 민족대표 33인이 새롭게 인선이 되면서 시위는 지연되었다. 만세 시위는 11월 25일이 음력으로 10월 3일, 즉 단군의 개국기념일이었기에 11월 25일로 변경되었다. 이런 배경 하에 11월 25일, 서울 종로의 경운동과 삼청동, 그리고 탑골공원[30]에는 단군기, 태극기가 게양

---

24) 김용달, 「대한민국 임시정부와 국내특파원」, 『대한민국임시정부수립80주년 기념 논문집』, 1999, 393~395쪽.

25) 신복룡, 「대동단사건에 대한 경성지방법원1심 판결문」, 『대동단실기』, 선인, 2003, 230쪽.

26) 이 선언서는 박은식 외 29인의 명의로 된 대한독립선언서이다.

27) 「漢城市街에서 示威運動을 行함」, 『독립신문』 1919.11.8.

28) 「獨立示威運動 續報」, 『독립신문』 1919.12.2.

29) 반대 의견을 피력한 인물은 전협, 정남용 등이었다.

30) 일제 기록에는 한양공원으로 나온다.

되었다. 당시 보성학교, 배화여고보, 기독교청년회 학관 공업부 등의 학생들은 수업을 거부하고 11월 27일 오후 5시에 광화문 광장에 집합하는 대규모 만세 시위운동을 추진하였으나 일제의 탄압으로 주모자는 일제에 피체되고, 시위운동은 실패로 돌아갔던 것이다.[31] 당시 학생들은 대한민국 임시정부 성립 축하문, 축하가, 선언서, 포고문 등을 배포하였다.

한편, 시위에 적극 나서기로 하였던 대동단 일부 인사들의 불참, 준비 소홀 등의 연유로 연기되는 우여곡절 끝에 시위는 11월 28일 오후 5시 서울 안국동 광장에서 전개되었다.[32] 당시 안국동 광장에는 200여 명의 학생이 모여 시위를 추진하였으나, 일제의 사전 첩보에 의해 대비하던 일제 경찰에 주모자는 피체, 참여자는 해산당하였다.[33] 이 때 대동단측은 대형 태극기와 대한독립만세라고 쓴 깃발을 준비하여 시위를 전개하였다.

이와 같은 제2회 만세시위를 위하여 재작성, 배포된 선언서에 백초월은 조선민족 대표 33인에 포함되었다. 이 같이 백초월이 대동단에서 활동하고 있던 항일 승려 鄭南用과[34] 함께 민족대표에 포함된 것은 백초

31) 이상의 내용은 김정명, 「檀君敎 建國記念日에 즈음한 京城市內 警戒의 件」, 『朝鮮獨立運動 제1권 분책, 民族主義運動篇』, 200～204쪽.

32) 장석흥, 「조선민족대동단연구」, 『한국독립운동사연구』 3, 16～19쪽.

33) 위의 김정명 책, 「京城市內 學生 示威運動 報告의 件」, 204～205쪽.

34) 정남용은 강원도 고성출신으로 봉명소학교를 마치고 11세에 건봉사 승려가 되었다. 1914년 상경하여 중앙포교당(인사동)에서 공부하고, 1917년에는 서울 휘문의숙을 중퇴하고, 북간도로 건너가 그곳에서 교사생활을 하다가, 귀국하였다. 이후 서울에서 이종욱을 만나 독립운동 대열에 뛰어 들었다. 그는 대동단의 초기부터 참여하여 송세호, 나창헌 등을 유입시켰다. 종교단 총대를 하면서 대동단의 기관지인 대동신보를 비롯하여, 혁신공보, 자유신종보 등을 인쇄, 밀송하였다. 그러나 그는 의친왕 이강공을 상해로 망명시키는 사건을 주도하다 일제에 피체되어 징역 5년형을 선고받고 서대문 감옥에 수감 중이던 1921년 4월 18일에 순국하였다. 그의 시신은 봉원사에서 화장하였는데, 불교청년회원들이 그의 마지막을 지켜보았다. 『동아일보』 1921.5.18 참조.

월의 그 당시 국내 독립운동선상에서의 위상을 짐작케 한다.[35] 그런데 백초월은 대동단이 주관하였던 만세 시위의 일선에 참여하였다는 문건 기록은 없다. 다만 안국동 인근의 삼청동에서 만세 시위를 주관하였다고 국가보훈처에서 작성한 백초월의 공적서에[36] 다음과 같이 나온다.

> 1919년 11월 25일 단군의 건국기념일 기하여 시위계획을 세워 종로 삼청동에 태극기와 단군기념이라는 깃발을 내걸고, 대한민국 임시정부 성립에 관한 축하문과 선언서 및 포고문 등을 인쇄하여 배포하였다.

그런데 필자는 대동단이 주관한 안국동에서의 11월 28일의 만세시위 와 삼청동에서 전개된 11월 25일의 시위에서 백초월과의 연관 관계는 아직 만족할만한 설명을 하지 못한다. 다만 10월 31일, 천장절 시위가 서 울의 중앙청년단, 애국청년단, 불교 중앙학림 등과 연합하여 거행하려고 하였으나,[37] 주동자의 체포와 준비 소홀 등으로 거사가 연기되자 백초월 단독으로 시위를 거행한 것이 아닌가 추론한다. 이러한 제반 정황은 진 관사가 상해 임시정부와 긴밀한 관계가 있음을 말해주는 것이다. 이런 관계에 대해서 신용하는 상해 임정의 연통제 체제하에서 '불교계의 국내 연락본부'라고 주장하였다. 즉 연통제의 불교계 '서울(중앙) 연락본부'가 진관사라는 것이다.[38] 이런 성격을 갖고 있었던 진관사에는 항일 승려인 백초월이 그 중심부에 있었음은 분명하다.[39]

---

35) 민족대표 33인의 인선을 책임진 당사자는 나창헌이었다. 나창헌은 월정사 승려 이 종욱과 박은식을 대표로 하는 대한독립선언서를 상해에서 가져왔다. 그가 추가로 인선을 하였을 시에는 이종욱과 상의하였을 가능성이 높다. 여기에서 백초월과 이 종욱과의 친밀성, 연계를 추론할 수 있다.

36) 국가보훈처, 『독립유공자 공훈록』 8권, 405쪽.

37) 신복룡, 『대동단실기』, 선인, 2003, 157쪽.

38) 신용하, 「진관사에서 발굴된 자료의 독립운동사에서의 가치」, 『한국독립운동과 진 관사』, 세미나 자료집, 2009, 19쪽.

어찌 되었든 백초월은 12월 2일 일제에 체포되어 검사국에 송치되어 일제에게 수사를 당하고 있었다. 그래서 필자는 백초월의 피체, 금번 진관사에서 발견된 독립운동자료를 칠성각에 긴박하게 숨겼던 사정은 위에서 살핀 삼청동, 안국동 만세 시위를 제외하고는 설명할 수 없다고 생각한다. 그렇지만 일제는 백초월 체포의 직접적인 연유를 백초월이 임시정부를 지원하기 위해 그의 민단 부원(정병헌, 신상완 등)으로 하여금 인천, 부산, 원산 등 3개항의 관세를 담보로 하여 미국정부에게 15억 달러의 차관을 신청한 것에서 찾았다. 백초월의 제의를 받은 미국은 구미제국 중 한 나라가 보증을 한다면 응하겠다고 답변하였다. 그래서 이승만, 안창호, 김규식은 유럽의 국가와 교섭하여 보증국을 구하였고, 백초월은 국내에서 채권을 발행하여 독립운동 자금을 모금하다가 일제에 피체되었다.[40]

그런데 백초월은 일제에 체포되었으나 어떤 제재를 받았는지는 알 수 없다. 일정 기간 구속되었지만 정식 재판까지 갔음을 전하는 문건은 아직 찾지 못하였다.[41] 그 이후 백초월의 독립운동은 1920년 3월 1일을 기해, 3·1선언 1주년 기념으로 기획된 일본에서의 만세운동을 추진하는 것으로 나타났다. 백초월은 일본에서 『신조선』의 주간으로 활동하던 李達의 제의로 1920년 2월 18일 일본으로 건너 갔다. 그러나 본격적인 운동을 하기 직전인 3월 1일 동경에서 체포되어, 3월 9일에 국내로 압송되

39) 위의 자료, 19쪽에서 신용하는 백초월이 감독이었다고 설명하면서, 임정과의 연락은 신상완이 담당하였다고 주장한다.

40) 그런데 이 개요는 일제의 백초월 첩보문건에 나온 것을 정리한 것이다. 그런데 이 같은 사건의 진상은 여타 자료로 확인할 수 없다.

41) 그런데 범어사 출신 승려, 시조시인이었던 김어수는 불교신문에 기고한(1985년, 178호) 글, 「漫想漫筆 7, 獨立資金 모아 臨時政府에 送金」에서 백초월이 상해 임정에 자금을 모금하여 보낸 것이 발각되어 일제에게 대구형무소에서 징역 3년을 받았을 때에 심한 고문을 받았으며, 그 판결문이 대구법원에 고스란히 남아 있었다고 기술하였다.

었다. 이 사건으로 백초월은 피체되어 검사국에 송치되었지만 재판에 대한 정보는 아직 없는 형편이다.

이 사건 이후 백초월은 의용승군 사건에 연루되었다. 즉 승려독립선언서 및 의용승군제 사건으로 체포된(1920.4.6) 항일 승려 申尙玩의 일제의 첩보 문건(1920.5.5)에 미체포로 나온다.

> (신상완은 1919년) 3월 7일 경 그의 스승인 경기도 수원군 용주사 주지 강대련으로부터 여비 백원을 얻어 상해로 달아났으나 당시 상해에 있어서의 승려 세력이 희미하고 부진하므로 다액의 운동자금을 얻어 불교도의 세력을 확장하려고 그후 상해에 도항한 백성욱과 相携하여 歸鮮하기로 하고 4월 중순 同地를 출발하여 동 중순 경성에 歸來하여 동지 이종욱(李堈公事件 관계자), 김상헌, 김법윤, 김봉신, 박민오 등과 자금 조달에 노력하였지만 목적을 달성하지 못했다. 다시 상해로 가서 7월 중순 백초월 및 김봉신으로부터 금 2천원을 송금을 얻어 이를 당시 임시정부 내무총장 안창호에게 교부하고 그후 이종욱, 김법윤, 김상헌 등과 회합하여 상해에서 僧侶의 團體를 조직하기로 결정하고 이 목적을 달성하기 위하여는 승려중의 유력자인 경상남도 합천군 해인사의 주지인 이회광을 유출하여 승려를 收攬할 필요가 있다고 하여 7월 중순 경 백성욱을 渡鮮케 했는데 8월 중순에 이르러서도 하등의 소식이 없으므로 신상완은 안창호로부터 이회광에 대한 권유장과 申을 강원도 특파원 및 내무부 위원에 임명한다는 취지의 辭令을 받고 8월 하순 歸鮮하여 이회광에 대해 상해의 도항을 권유했지만 同人은 태도를 애매히 하고 거취를 결정하지 못하므로 경성에 와서 백초월로부터 운동자금 및 여비라 하고 금 3백원을 수령하였으나 출발에 앞서 안창호로부터 10월 1일(시정기념일)을 기하여 제2차 독립선언을 하게 되니 강원도 일원을 담당하여 극력 분주하라는 명령에 접하므로 출발을 중비하고 9월 20일 경 강원도 철원에 가서 (중략)
> 경성으로 귀래했는데 9월 말일에 이르러서도 선언서가[42] 도착하지 않

---

42) 이 선언서는 승려독립선언서가 아닌 것으로 보인다. 1919년 10월 31일을 기해 임시정부에서 기획한 제2의 만세운동 당시에 살포할 예정의 선언서가 아닌가 한다.

아서 상해를 향해 출발했다. 同地 도착후 박민오, 김봉신이 선내에서 모금한 운동자금 2천원을 수령했다. (중략)

　신상완은 상해에 귀래한 후 이종욱, 백성욱, 김법윤 등과 협의한 후 승려의 단결을 도모하려고 별지 譯文과 같은 宣言書 및 臨時義勇僧軍制라는 것을 작성하였는데 이의 목적을 달성하기 위하여는 유력한 승려를 상해에 유출하고 또 鮮內 사찰에 機密部라는 것을 두어 승려 간의 기밀 교통기관으로 하여 점차 僧林의 결합을 견고하게 할 필요를 느끼고 안창호의 찬동을 얻어 동인으로부터 各寺앞으로 보내는 回章을[43] 휴대하고 본년(1920) 2월 19일 경 상해를 출발 천진, 봉천을 경유하여 동 25일 경 入京하여 (중략)

　또 이 사이에 백성욱으로부터 안동현 교통국을 경유하여 송부해 온 임시의용승군제 및 선언서를 석왕사, 해인사, 통도사 등에 송부하고 점차 僧林의 단결을 도모하여 조선30본산 중 15개소를 선택하여 機密部를 설치하고 상해 임시정부와 연락하려고 계획을 진행하고 있던 중 今回 체포케 되었다는 것이다.[44]

　위의 자료에서 백초월의 연관을 추론할 수 있다. 그는 위의 자료에서도 나오지만 신상완은 백초월로부터 1919년 7월경 당시로서는 거금인 2천원을 받아, 그를 상해 임시정부에 전달하였다. 그리고 동년 8월, 서울로 귀국하여서도 백초월에게 운동 자금 300원을 인수하였다. 한편 그는 상해에 가서 이종욱, 백성욱, 김법윤 등과 협의하여 국내 불교계를 독립운동에 동참시키기 위한 논리 및 조직체 결성을 완료하였는데 그것이 이른바 승려독립선언서 및 임시의용승군제이었다. 필자는 이전 연구에서 승려독립선언서의 작성자를 백초월로 비정한 바가 있었다.[45] 백초월의

---

43) 이는 諸山僉賢이라는 제목의 안창호 편지로 불교계에서 독립운동을 도와 달라는 내용이었다.
44) 이는 1920년 5월 6일 고등경찰 1254호의 「不逞僧侶 檢擧의 件」으로 김정명의 『조선독립운동』 제1권 분책, 민족주의운동편에 실린 것을 국사편찬위원회에서 번역한 자료이다.

승려독립선언서 작성은 봉원사에서 백초월에게 배운 승려인 김월현의 증언에게서도 확인이 된다.[46] 그런데 위의 내용에는 드러나지 않지만 신상완은 국내로 귀국하여 의용승군제에서 정한 국내 유명 사찰 30본산중에서 15개처에 機密部를 설치하려고 노력하였다. 실제로 그는 석왕사, 해인사, 통도사 등에 왕래를 하고, 승려독립선언서[47]와 독립운동 동참을 요구하는 문건을 송부하였다. 필자는 신상완의 이런 활동 과정에서 백초월을 만나 그 추진에 대한 협의, 실행을 하였을 것으로 본다. 그는 무엇보다도 백초월이 일제가 파악하는 공범자로 나오기 때문이다. 그리고 1919년 4월 이후 국내 불교 독립운동선상에서의 백초월의 위상,[48] 그리고 그 이전에 백초월로부터 거금의 독립자금을 인수하였던 정황에서 그렇다고 본다. 요컨대 여기에서는 백초월이 승려의용승군제의 추진에 연관되었음을 제시하는 선에서 머무른다.

이런 전후 사정을 종합해서 고려할 때에 필자는 금번 진관사에서 발굴된 자료가 백초월이 12월 2일 일제에 체포된 이후인 1920년 초반부터[49]

---

45) 이에 대해서는 졸고, 「승려독립선언서와 민족불교론」, 『민족불교의 이상과 현실』, 도피안사, 2007의 논문을 참고할 수 있다.

46) 봉원사 승려 김월현은 현재 작고하였는데, 그가 생존시에 백초월에 대하여 인터뷰하였던 백초월의 종손 백외식이 그 사정을 필자에게 털어 놓았다. 즉 김월현은 백초월이 독립선언서를 작성하였다고 백외식에게 증언을 해서, 백외식은 『조선일보』 기자에게 그 사실을 알리고 조사를 부탁하였다는 것이다. 그러나 이는 최남선이 기술한 3·1독립선언서가 아닌 1919년 11월 15일, 대한승려연합회 승려들이 주축이 되어 발표된 이른바 승려독립선언서를 지칭하는 것이 분명하다.

47) 이 선언서가 언제 처음으로 국내에 전달되었는지는 가늠하기 어렵다. 이와 관련하여 신상완의 재판기록에 나오는 내용이 참조된다. 즉 "4월 상순, 경성부 인사동의 숙소에서 상해 이종욱이라는 자로부터 보내온" 그리고 "상해 이종욱으로부터 인사동의 숙소에서 송부해 온" 것이라고 기술된 내용이 나온다. 『독립운동사 자료집(제9집), 임시정부사』, 1984, 독립운동사편찬위원회, 고려서림, 1000쪽과 1010쪽 참조.

48) 또한 당시 공범자 중에서 백초월이 제일 연장자라는 측면도 간과할 수 없다.

49) 이는 진관사에서 발굴된 자료, 즉 『독립신문(상해 임정)』 제32호(1919년 12월 25일)가 포함되었기 때문이다. 요컨대 1919년 12월 25일 이후에 숨겼음은 분명한 것이다.

백초월이 1920년 4월 4일 일제에 세 번째로 체포되기 직전의 긴박한 상황에서 숨긴 것이라고 잠정적으로 설명하고자 한다. 그리고 백초월이 진관사 경내의 전각을 뜯고, 자료를 숨길 수 있었던 것에서 백초월과 진관사(승려)와의 친연성을 알 수 있다.[50]

백초월은 승려의용승군제 운동의 사건으로 일제에 피체되었음이 분명하지만, 현재 그에 대한 판결문이 전하지 않아 이후의 일제에 대한 구금, 재판 등의 내용은 알 수 없다. 다만 구전으로 그는 일제의 가혹한 고문을 받아 거의 반병신, 불구, 정신이상자가 되었다고 한다. 그 결과 백초월은 반미치광이가 되어 출옥을 하여 진관사의 마포 포교당(극락암)에서 치료 겸 은신하였다고 한다.

그 이후, 1920년대 전반기 백초월의 행적은 서울 일대에서 불교 포교 활동을 하는 것으로 나타났다. 그 거점은 조선불교대회, 중앙포교소(정동),[51] 각황사 중앙포교당, 각황사 화엄산림, 조선불교부인회 등이었다. 그 후에는 불교계 강원의 강사로 활동하였다. 1929년부터 3년간은 공주 동학사 강사, 1935년경 1년간 오대산 월정사 강사, 1936년부터 1937년 무렵까지는 서울 신촌 봉원사 강사 등이 바로 그것이었다. 이 기간 그의

---

50) 여기에서 백초월이 3·1운동 이전부터 진관사 승려와 유대가 있었음이 추론된다. 이 사실에서 백초월과 진관사 주지를 포함한 승려들과의 끈끈한 연고를 추론하는 것은 당연하다. 그러나 그 연고는 추정하건대 도반, 문도 등을 상정할 수 있지만 그에 대한 구체적 단서는 아직 없다.

한편, 진관사 칠성각 자료를 숨긴 주체가 백초월 보다는 당시 진관사 주지 및 진관사 승려를 거론할 수 있다. 즉 백초월이 일제에 재차 피체되자, 진관사를 거점으로 독립운동을 하였던 정황이 발각될 것을 사전에 차단하여 진관사를 보호하려는 의도에서 나온 것일 수도 있다. 이럴 경우 일제에 발각되기 이전에 은닉하라는 백초월의 통보를 받고 하였음도 추측할 수 있다.

51) 이곳은 이회광이 주관하던 곳이다. 『매일신보』 1922년 1월 5일 「불교강연회」 보도 기사에 백초월을 '본 교당'이라고 표현한 것을 보면 백초월은 이 포교소와 연계를 맺은 것으로 보인다. 이는 외면적으로 친일적인 승려인 이회광의 포교소에 기탁하여 일제의 감시를 피하려는 의도에서 나온 것이 아닌가 한다.

발걸음은 전국 사찰로 이어졌는데, 현재 그의 흔적을 전하는 사찰은 유점사, 무량사, 표충사, 벽송사, 안국사, 법주사, 통도사, 송광사 등지로 나온다.

백초월이 독립운동과 연관하여 다시 그 일선에 노출된 시점은 1939년이었다. 1939년 그가 주석하였던 진관사 마포 포교당에서 기숙하던 근로자인 용산철도국의 직원이 백초월의 영향을 받아 서울에서 만주의 봉천으로 향하는 기차에 '대한독립만세'라고 낙서한 사건이 일어났다. 이 사건에 대한 전모는 그에 연관된 1차 자료가 부재하여 파악하기 힘들다. 그러나 다행스럽게도 독립유공자들이 참여한 애국동지회에서 펴낸 『한국독립사』에[52] 그 내용이 간략하게 요약되어 기술되어 있다.

> 禪僧 白初月은 三一運動 후에 臨時政府를 爲하여 金品을 募集하다가 倭敵에 가진 拷問을 當하여 半狂 狀態의 廢人이 되어 京城 麻布의 어느 布教堂에 있었다. 그 教堂의 間간 房을 빌어 있는 朴壽男이 龍山 鐵道局의 作業夫요 四二七二年 己卯(필자주, 1939년)에 奉天行 貨物車에 大韓獨立萬歲라는 洛書를 하였던 것이 發覺되어 囚禁되었는데 그 愛國思想이 白初月에게서 感受되었다는 嫌疑로 拘禁되어 많은 惡刑을 받았다. 그리하여 教堂 監院 金澄機 其他 來往하던 僧侶 七十餘人이 拘禁된바 朴壽男, 金澄機와 女學生 一人은 拷問 餘毒으로 死亡하고 白初月은 三年役을 服하다가 淸州獄에서 死亡하였다.

이 내용에 의하면 백초월의 애국사상에 영향을 받은 박수남이라는 철도국 노동자가 봉천행 화물열차에 대한독립만세라는 낙서를 하였는데, 그것이 발각되어 무려 70여 명의 승려가 구금, 조사를 받은 특이한 사건이었다. 이 사건으로 백초월은 3년 징역형을 구형받아 서대문형무소에

---

52) 그 책의 88~89쪽. 이 내용은 김승학과 김국보가 공동으로 펴낸 『한국독립사』(한국독립사편찬위원회, 1983), 157쪽에도 나온다.

수감되었고, 낙서 주인공인 박수남과 박수남이 머물던 포교당의 주지인 김형기 그리고 연루된 여학생 1명은 사망하였다. 이른바 "대한독립 만세" 낙서 사건으로[53] 백초월은 일제에 가혹한 구속, 징역을 받아야만 되었다. 국사편찬위원회에서 보관중인 이 사건에 연루된 백초월의 수형카드에는[54] 그 정황이 단적으로 나온다. 즉 백초월은 1940년 5월경부터 구금되어, 1943년 4월 3일에 출소하였다. 백초월은 치안유지법 위반, 1940년 10월 22일 경성지방법원에서 2년 6개월의 징역형 언도가 그 관련 내용이다.

---

53) 그런데 백초월의 제자이었던 조영암은 그에 대해서 기차의 낙서는 단순한 낙서가 아니고, 독립운동의 암호이었고, 백초월의 지시를 받은 노동자가 그 암호 낙서를 쓴 것이라고 백외식에게 증언하였다고 한다. 그래서 일제는 그 암호를 파악하려고 백초월에게 갖은 고문을 하였다는 것이다. 이상의 내용은 백외식이 필자에게 증언한 것을 요약한 것이다.

한편, 동학사 강원에서 백초월에게 배운 南無佛은 군용열차에 태극기를 매달아 미치광이 별명을 들었다고 회고하였다. 「解脫과 涅槃사이, 원로스님들의 『近況』을 듣는다」, 『불교신문』 1980.8.17. 그런데 봉원사에 거주하였던 송암스님(연산재보존회 총재, 작고)는 초월스님에 대해 다음과 같이 회고하였다. 즉, "내가 예전에 봉원사에 있는 영진불교전문강원을 다녔어요. 백초월스님이 강사를 맡았는데 당시 불교 3대강사의 한분으로 치던 훌륭한 분이었어요. 한참 뒤에 그 조카되는 이가 찾아와 초월스님을 독립지사에 올리려고 나하고 의논도 했는데 결국 못 올랐지요. 초월스님 머리에 일본 경찰에게 전기찜질을 당해 생긴 큰 힘자국이 있어요. 고문 후 유증으로 늘 머리가 아파 두손이 항상 머리에 올라가 있고 여름에는 모기가 새까맣게 붙어도 그걸 느끼지 못해요. 그런데 공부는 아주 잘 가르쳤고 머리가 비상하게 좋았어요. 내가 스님에서 서장까지 배웠는데 내가 서장 나가다가 막히면 당신이 줄줄 외우며 설명해주셨지요. 마포 극락암에서 현기스님이라고 있었는데 초월스님 모시고 독립운동한 것이 드러나 결국 고문받다 죽었지요. 그 어른이 용산가서 대한독립 만세라는 글을 객차 복판에다 붙였지요. 필적을 조사하다 초월스님이 썼다는 것이 밝혀져 곤욕을 치렀지요. 결국 청주감옥에서 들어가셨어요. 해방 두달전에. 참 아까운 인물이지요"라 하였다. 「큰스님 수행한담」, 『현대불교』 2543년 12월 8일(249호). 이런 송암스님의 회고를 보면, 이른바 대한독립 만세 낙서 사건의 개요는 아직 규명할 점이 적지 않다.

54) 『한민족독립운동사 자료집』 별집 4권, 국사편찬위원회, 1992, 290쪽.

그런데 백초월은 이른바 낙서사건으로 인한 징역형을 살고, 출소 후에 일제에게 재차 체포 구속되었다. 백초월은 독립운동 모금 사건으로 인하여[55] 재투옥 되었던 것이다. 이는 백초월의 제자인 이인성이 자필로 회고한 문건의[56] 다음과 같은 내용에서 단서를 찾을 수 있다.

其後 上海 臨時政府의 獨立資金 運動을 展開하다 再投獄되어 獄死하였
다는 말을 듣고 鬱憤을 禁할 길 없었습니다.

결국 백초월은 대전교도소를 거쳐, 청주교도소에 수감중이었던 1944년 6월 옥중 순국하였다.[57] 이렇게 백초월은 일제하의 전기간 동안 치열하게 독립운동을 전개하다 순국한 항일 승려였다. 지금까지의 기술을 통해 그의 독립운동은 상해 대한민국 임시정부 및 만주 독립군과의 지속적인 관련 속에서 전개되었음을 알 수 있었다. 그리고 그 주된 내용은 독립자금(군자금)의 지원, 청년들을 독립투사로 배출이었다. 그는 승려이었고, 그의 거주처가 사찰이었다는 측면에서 그는 불교 독립운동을 진두지휘한 것으로 볼 수 있다.

3. 백초월과 진관사

지금부터는 백초월이 불교 독립운동을 전개하면서 관련된 진관사의

---

55) 그런데 이때의 독립운동 모금 사건에 대한 기록은 아직 찾을 수 없다. 필자는 예전 논문을 집필할 당시에는 그 사정을 알 수 없다고 유보하였다.
56) 이 문건은 이인성(서울 서초동 묵전서예학원)이 1985년 3월 18일, 백초월의 후손에게 써 준 자필 문건이다. 필자는 이를 백외식으로부터 그 사본을 입수하였다.
57) 옥중 순국, 청주 교도소 인근의 공동묘지에 있었던 백초월의 묘소, 해방 후 그의 유골 인수 등에 대한 내용을 이전에 쓴 졸고에 상세히 밝혀 여기에서는 생략하였다.

내용을 집중적으로 살펴 보기로 한다. 전술하였지만 필자는 백초월의 생애 전체를 다루는 이전의 논문에서는 진관사와의 관련을 명료하게 연결시키지 못하였다. 그는 무엇보다도 그에 대한 1차 자료가 부재한 것에서 기인한 것이다. 또한 백초월의 제자들이 작성한 회고 문건(2차자료)의 적극적인 분석의 소홀, 그리고 그에 연관된 구술 인터뷰가 미진하였기 때문이다. 그렇지만 2009년 5월에 진관사에서 1919년 중후반 경의 독립운동 자료가 대거 발굴되었던 것을 계기로 필자는 백초월과 진관사와의 연관을 재검토해야 됨을 인식하였다. 그리고 최근 필자는 불교사 소재의 구술인터뷰 작업을 하여 그에 대한 성과물을 책으로 발간한[58] 경험하에서 구술 증언, 회고문건에 대해서도 적지 않은 자료적 가치를 부여해야 한다는 입장에 서 있다. 이상과 같은 배경에서 진관사와의 연관을 조망하고자 한다.

필자는 백초월이 서울에 올라와 독립운동을 전개하였던 1919년 4월 이후의 자료에서 백초월의 서울 거주처의 내용을 살펴보았는바, 그는 다음과 같이 정리된다.

①
1919년 12월 5일, 일제 첩보문
본적 경상남도 함양군 마천면 상정리 61번지
당시 경성부 와룡동[59] 28번지
체포 승려 白初月 42세 (중략)
금년 4월 京城에 들어와 시내 각처에 잠재

---

58) 필자의 그 성과물은 다음과 같다.
　　김광식, 『아! 청담』, 화남, 2004; 김광식, 『그리운 스승 한암스님』, 민족사, 2006; 『동산대종사와 불교정화운동』, 영광도서, 2007; 『범어사와 불교정화운동』, 영광도서, 2008.
59) 와룡동은 지금 주소로 서울 종로구 와룡인데, 현재 중앙과학관(창경원 인근)이 있는 자리이다. 중앙학림이 있던 인근 장소이다.

②
1920년 3월 16일, 일제 첩보문
본적 경상남도 함양군 마촌면 내촌리
주소 同右
(체포) 靈源寺 僧侶 白初月 當 四十二年
　　　別名 白義誅

③
1920년 5월 11일, 일제 첩보문
주소 不明
미체포, 靈源寺 住持, 僧侶 白初月 當 四十二歲

　이렇게 백초월은 1919년 4월부터 1920년 5월까지는 서울에 있었지만 일제는 정확한 주소, 거주지가 없이 활동한 것으로 파악하였다. 그런데 1929년부터는 공주 동학사 강사와 월정사 강사, 1935년부터 얼마간은 신촌 봉원사에서 강원의 강사로 있었고, 그 이후에는[60] 진관사 마포 포교당(극락암)에 머물렀던 것으로 당시 기록에 전하며,[61] 이에 대해서는 백초월의 제자들도 증언하고 있다. 그렇지만 필자는 최근까지 1920년대 전반기 10여 년을 어디에서 머물렀을까에 대해 강한 의문을 갖고 있었다. 그러나 더 이상의 추정은 하기 어려웠다.

　그러나 현재의 시점에서 필자는 그 전반기를 진관사에 있었다고 주장하려고 한다. 그를 주장하는 연유는 다음과 같다. 백초월의 양아들인 백락귀는 1985년도 독립기념관 건립운동이 한창이던 당시 백초월을 독립유공자로 공훈 신청하기 위해 전국 불교계를 순방하였다. 그는 순방에서 수집한 자료를 근거로 하여 수원백씨 대동보에 백초월의 일대기를 정리

---

60) 그 정확한 시점은 알 수 없다.
61) 백초월 수형카드에는 주거가 경성 마포정 414-2번지로 나온다.

한 내용을 기고하였다. 그 내용은 1920년 5월경 직후 백초월은 진관사 마포 포교당(극락암)에 있었다고 암시한다.

1919년 12월 上海 임시정부를 위한 군자금 모집 활동을 하다 피체되었으며 日警의 고문으로 半狂상태의 폐인이 되어 서울 麻布의 極樂庵에서 지냄.62)

위의 기록을 신뢰한다면 백초월은 1919년경에 이미 진관사 마포 포교당과 인연이 있었고, 그곳에서 치료 겸 은신을 하였다고 추정할 수 있다. 그렇다면 이를 확대 해석하면 1919년 3·1운동 전후의 무렵에도 진관사 포교당의 본사인 진관사와도 어떤 형태로 연계를 갖고 있었음을 생각할 수 있다. 그러나 그 당시에 일제가 그의 거주처를 '잠재'하였다고 하고, 주소 불명으로 기재한 것을 보면 일제는 백초월이 진관사와의 연계를 알지 못한 것으로 이해할 수 있다. 그렇지만 그가 의용승군 사건으로 일제에 피체되고, 일정한 수감을 거쳐 출옥한 이후에는 추정하건대 진관사에서 공개적으로 머물면서 활동하였을 것으로 본다. 이는 그가 1921년 이후부터 동학사 강사로 가던 1929년까지에는 주로 진관사에 있었음을 말하는 것이다. 이에 대해서는 백초월의 제자인 김월현의 자필 증언문건이 있어 우리의 주목을 받을 수 있다.

白初月禪師계서는 三十六年前에 津寬寺에 枉臨하셔서 當寺 講堂에서 僧侶 數 三十名을 訓學하고 九年間 계시다가 津寬寺 布敎堂 金澄基승님 처소에 계시면서 布敎을 多年間 하시다가 龍山 警察署 日本人게 拘禁을 당하시여 三年間 계시는 중 奉京鐘이라는 僧侶가 모시고 잇섯는대 한동유라 하여 그 사람도 동시에 구속을 하여 八九個月 苦生을 無數 하다가 奉京鐘은 나오고 白初月 스님계는 一年 以上 龍山 警察署에서 가진 苦痛

62) 「일가의 발자취」, 『백씨대동보』, 1987.6.1.

을 받으시다가 津寬寺 布敎堂 金澄基스님 處所로 나오섯다는 말을 듣고
만나 베옵고 위로을 한 일이 잇슴이다.

　白初月 스님은 本人이 아는 바는 學力이 俗書나 佛敎에 學力이 餘裕할
뿐만 아니라 筆力有名할 뿐 안이라 우리 民族性이 강하시며 우리 大韓民
國에 獨立은 내 몸이 부서저 업서지는 한이 잇서도 獨立이 되도록 결심햇
다고 하시는 말심을 무수히 들엇슴이다.

　白初月스님 족하 白鳳燮 父子 外植과 二三次 本人에 와서 初月스님 行
蹟 問議하니 詳細히 記載하나이다.

一九八五年 三月 十七日

서울특별시 은평구 진관외동 1번지

丙午生 八十歲 金月泫 印

　이와 같은 회고 문건에서 필자는 백초월과 진관사와의 연관을 분명하
게 추출할 수 있다고 본다. 가장 주목할 대목은 백초월이 36년 전에 진관
사에 왕림하였다는 표현과 진관사 강당에서 9년간 학인들을 가르쳤다는
내용이다. 여기에서 36년 전이라 함에서 언제부터 언제까지인지의 기간
인지 그것이 애매하다. 이전에 필자는 36년간과 9년간의 내용에 대해서
명쾌한 설명을 하지 못하였다. 다만 진관사에서도 학인들을 가르쳤으며,
그 거주처는 마포의 진관사 포교당이었다는 선에서 정리하였던 것이다.
이런 해석은 백초월과 진관사와의 관련에 주저하였기 때문이다.[63] 그리
고 필자는 '36년 전'이라는 단서에 대해서는 의문만 갖고 있었을 뿐 적절
한 해석을 하지 못하였다.

　그러나 변화된 연구 환경, 즉 진관사에서 자료 발견, 회고 문건 재검
토, 이 문건 작성자를 면담한 백초월의 종손 백외식과의 대화 등등을 종
합하여 필자는 다음과 같은 의견을 피력한다.

---

63) 당시는 이 자필 문건을 쓴 당사자에 대한 신뢰가 적었고, 그가 고령이라는 상태에서
　　쓴 내용을 거론하면서 부정적인 해석을 하였다. 그 9년이라는 기간도 1937년부터
　　백초월이 입적하였던 1944년까지로 비정하였다.

-백초월은 일제하의 전 기간에 지속적으로 진관사에 왕래하였다.
　-백초월은 1921~1929년의 9년간 진관사 강당에서 학인을 가르쳤다.
　-백초월은 1916년에 마포 포교당이 창건된 이후에는 이곳을 거점으
　　로 포교 활동을 하면서 그의 서울에서의 활동의 전초 기지로 삼았다.

　그러면 필자가 위와 같은 주장을 하게 된 사정을 제시하겠다. 우선 위
의 회고 문건을 집필한 김월현의 회고 증언을 신뢰해야 한다는 점이다.
　김월현은 당시 80이라는 고령이었지만, 필자가 고승들을 100여 회 이
상 인터뷰한 경험에 의하면 그런 증언을 한 것에는 그만한 논리, 이유가
있다는 것이다. 그러므로 김월현이 밝힌 기간은 믿을 수 있다고 본다. 그
리고 그를 만난 백외식이 그 36년을 백초월이 입적한 1944년으로부터
거꾸로 올라가는 계산이라는 것을 들었기에 그 기간은 자연 1910년 무
렵부터 백초월이 진관사에 왕림하였다는 것을 조심스럽게 수긍할 수 있
다.[64] 그러나 이 往臨은 지속적인 거주가 아니라 불규칙적인 왕래, 머뭄
등을 의미하는 것이다. 이런 전제하에서 백초월이 1929년 무렵부터 동
학사 강사로 가기 이전 기간인 9년간은 진관사 강당에서 승려 30여 명
을[65] 가르쳤다고 볼 수 있다. 여기에서 나온 講堂이라 함은 불교계 내외
에 널리 알려진 강원 교육체계라고는 보기 어렵다. 필자가 근대불교 자
료를 열람한 결과 진관사에서는 보편적인 강원이 설립되었다는 기록은
찾을 수 없었다. 때문에 백초월이 가르쳤다는 강당은 진관사라는 사찰
내부 공간에서 승려 다수를 지속적으로 訓學하였음을 이해하는 정도로
보아야 한다. 여기에서 訓學이라 함도 일정한 프로그램에 의해서 진행하
는, 고정적인 교육사업의 차원에서 한 것이라기 보다는 부정기적인 강

---

64) 극락암의 창건 1916년으로 이해하면, 창건 초기부터 백초월은 진관사(포교당)와 긴
　　밀한 연계가 있었을 것으로 보인다.
65) 이 숫자도 상주 대중이라고 볼 수는 없다.

의, 정신 교육을 중심으로 하는 교육이라고 이해된다.[66] 그리고 이 회고 문건을 쓴 김월현은 병오생, 즉 1906년생이었는데 일제하 불교에서 승려들의 출가를 보통 20세 경으로 본다면[67] 그는 입산, 출가 후 백초월에게서 진관사에서 훈학을 받은 당사자일 가능성이 높은 측면도 고려할 수 있는 것이다.[68]

이런 분석하에서 필자는 백초월이 출옥한(1919년 후반경으로 추정?)[69] 이후부터 1929년 동학사 강사로 가기 이전에는 진관사를 일정한, 주된 거처로 활용하였다고 이해하고자 한다. 이제부터는 이런 전제하에서 진관사에서 머물던 백초월이 승려들의 훈학 이외에도 독립운동에 관여되었을 가능성이 높은 내용을 추론하고자 한다. 앞서 일제의 문건에서 백초월이 1919년 4~12월경에도 군자금 모집, 청년들을 만주 및 상해로 파견하였다고 적시됨을 살펴보았다. 이 내용을 당시 백초월이 책임자로 있던 민단본부(전국불교 독립운동 본부)의 부원이었던 김상호의 증언과 연결지어 그 내면을 가늠해 보겠다.

① (일제 기록) 조선인 청년에게 여비를 급여하여 11명을 길림성 독립군에게, 6명을 상해 가정부에 보냈다고 말하고 있으나 그의 주소 성명은 일체 입을 다물고 말하지 않는다.

② (김상호 회고) 이와 같은 독립만세 운동에서 김법린 김상헌 박민오 필자 등은 보다 적극적인 투쟁과 동시에 투쟁의 저력을 기를 필요를 깊이 느낀바 있어 「革新公報」를 발행하는 한편 임시정부를 찾아가 국내에서

---

66) 예전 불교 사찰에서는 공식적인 강원이 아니면서도 고승, 강백에게 일정한 교재를 갖고 일정기간 공부를 하는 것이 관행이었다.
67) 이는 필자의 추정에 불과하다.
68) 그는 대처승이었는데, 이 글을 쓸 때에도 진관사의 외진 공간에서 살았으며, 그는 입적하였던 1990년대 중반까지도 진관사에서 기식하였다.
69) 아직 그 출옥한 시점은 알 수 없다.

의 전국 불교도 독립운동 본부의 활동을 보고하고 상호 유대의 길을 트기로 하여 신상완 백성욱으로 하여금 4월 초순 상해 임시정부를 방문케 하였다.

따라서 국내외 동지 간의 긴밀한 연락을 「通信運動」으로 기획하여 김대용 김법린 김상헌 필자 등은 안동현 육도구 동광상점에 연락처를 두고 상해와 국내 간의 비밀통신 활동을 하였다.

이런 한편으로 상해 임시정부에 불교대표의 파견이 요청되었다. 동 본부에서는 신상완, 김봉신, 김상헌 필자 등이 모여 파견할 대표 김포광 강백을 선발하여 8월초순 특파하였다. 또 조국광복을 위한 무력을 기르는 동포들이 설립한 만주의 군관학교에는 박달준, 강재호, 박영희, 김봉율을 파견하여 임전의 실력을 기르도록 하였다.

이와 같은 일련의 항쟁중에 백초월 강백과 건봉사 정남용이 고문을 이기지 못하고 옥중에서 節死 永眠하였다.[70]

위의 ①, ②의 내용을 연결하여 이해하고 정리하면 일제가 파악한 내용이 확연하게 드러난다. 즉 만주 지역 독립군에 11명을 파견하였으며, 상해 임시정부에는 6명을 파견하였다는 내용이 민단부원이었던 김상호의 ②의 내용과 거의 일치한다는 것이다. 그러므로 백초월이 진관사에 은거하면서 행하였던 1919년 당시의 활동이 재삼 파악된다. 즉 군자금을 모아서, 독립군과 임시정부에 제공하고, 나아가서는 불교청년들을 파견까지 하였던 것이다. 백초월의 영향 아래 파견된 대상자는 다음과 같다.

만주 독립군 ; 박달준, 강재호, 박영희, 김봉율[71]

---

70) 김상호, 「한국불교 항일투쟁 회고록, 3·1운동에서 8·15광복까지 숨어 있던 이야기」, 『대한불교』 1964.8.23.
71) 「독립유공자 된 봉율스님 생애 재조명」, 『법보신문』 1996.8.21. 이 기사에는 강재호, 송보간, 이달준, 김봉율 등 10여 명과 대흥사의 박영희 등이 자진하여 1919년 5월경 신흥무관학교에 입교하였다고 전한다. 이 내용과 백초월이 만주로 보냈다는 11명과의 상관성을 따져볼 수 있는 것으로 사료된다. 김봉율은 해인사 출신으로 해

임시 정부 ; 신상완, 백성욱, 김법린, 김봉신, 김상헌, 박민오(박노영),[72]
김대용

　현재로서는 위의 인물 이외에는 파악할 수 없다. 한편 위의 김상호의
회고에 나오는 김포광 강백을 임시정부에 파견하였다는 것에서도 백초
월의 연관을 음미케 한다. 즉 김포광은 백초월과 함께 영원사에 머물면
서 수행하였다. 김포광도 백초월 이전에 조실을 역임하였는데, 혹시 이
런 연고로 백초월이 그를 불교계 대표로 임시정부에 파견케 하는데에 일
정한 역할을 하였을 개연성을 고려할 수 있는 것이다. 이런 내용을 유의
하여 현재 생존하고 있는 박금봉의 구술 증언의[73] 개요를 참고하면 더욱

인사 3 · 1운동에 참여하였다가, 신흥무관학교 졸업 후에는 국내로 잠입하여 사찰
에서 군자금 모집 활동을 하다 일제에 피체되어 서대문형무소에 2년간 복역했다.
김봉율은 1927~1948년에는 직지사 주지를 역임하였다. 그는 1996년에 건국훈장
을 추서받았고, 직지사에 그의 행적비가 세워졌다.
72) 朴玟悟는 3 · 1운동 당시에는 중앙학교 4학년 급장으로 중앙학교의 3 · 1운동을 추
동하였다. 그리고 그는 한용운이 중앙학림 학인들을 3 · 1운동 전날 그의 자택인 유
심사로 불러, 운동 동참을 당부하였을 때에 참가한 인물이었다. 그는 통도사 출신 승
려로 23세였던 연고로 유심사 모임에 참가한 것으로 보인다. 박민오에 대한 정보는
『중앙100년사』, 중앙교우회, 2009, 213쪽 참조. 그는 백초월과 함계 군자금 모집의
일선에서 활약하다가 상해 임시정부로 망명하였다. 그 후에는 미국유학을 단행하
여 미네소타대학에서 철학박사 학위를 받았다. 그는 『개벽』지에 유학의 방법을 기
고하였으며, 미국에서 강연과 문필생활로 이름을 떨쳤다. 『인물로 본 중앙100년』,
중앙교우회, 2009, 665쪽.
73) 박금봉은 1985년 3월에는 다음과 같은 자필 문건을 적어, 백초월 후손에게 제공하
였다.
白初月 스님게 대한 말씀
朴錦峯 小衲은 倭政 當時 初月和尙게 수학을 하엿습니다. 初月스님은 平素에 韓國
人民을 爲하여 平生 同安 愛國투사님 알고 眞心으로 모셔 오던 중 麻布敎堂에 계시
다가 龍山 監獄에 收監되어 無數한 고문을 當하시다가 二, 三年間 복역 大田刑務所
移送 其後 獄死를 當하였습니다.
그 후 서울에 살고 게시는 奉京鍾氏는 龍山刑務所에 같치 있따가 무혐의로 出獄하
였기 때문에 解放 직후 當時 初月노스님 獄死 當함을 무엇스로 원한을 푸러드리나

더 백초월의 활동을 이해할 수 있다.

「진관사와 초월스님의 연관에 대한 구술 증언 개요」[74)]
▷ 대상 : 朴錦峯 노스님
▷ 일시 : 2009년 8월 9일(일), 오후 6시~7시 30분
▷ 장소 : 태고종 범륜사(남양주 적송)
▷ 정황 : 91세(1919년생), 15세 무렵(1934년 경) 진관사 입산, 출가
　　　　진관사, 진관사 마포 포교당 등에서 10여 회 만남
　　　　백초월스님의 언행을 회고하면서 몇차례 눈물을 흘림
▷ 증언 청취자 : 진관사 주지(계호), 진관사 총무(법해),
　　　　　　　　진관사 총무팀장(주상숙), 김광식(부천대)

▷ 주요 발언 내용
-진관사의 큰방 옆에 위치한 작은방에 초월스님이 주석하였다.
-진관사 마포 포교당에 머무르면서, 진관사에서도 주석하였다.
　진관사에서 간혹 붓글씨 쓰시는 초월스님의 모습을 증언하고 당시
　를 회상하였다.
-진관사에는 김형기, 이종욱 스님 등이 오고 갔으며, 초월스님에게
　지도받으려고 오는 청년들을 가끔 보았다.
-초월스님이 진관사 마당에서 밤 하늘의 별을 보고, "밤하늘의 별은

하고 數十年을 살라 오다가 甲子年 末게 初月스님의 親族下 白鳳燮氏와 子되는 白
外植 父子가 本人을 相逢하여서 初月스님 獄死하신 事實을 略記하게 되었습니다.
其 當時 獄中에서 倭警에게 拷問을 當할데마다 "이놈아 밥을 치면 떡밖에 더되겠즤
냐 그리고 아무리 행패를 부리드라도 게란을 가지고 三角山을 처도 三角山이 업서
질니 업다"고 호통을 쳤다고 奉京鍾氏는 恒常 말하며 落漏을 하며 屢次 탄식를 하엿
음니다.
백초월 화상 冥福바러 마지 안씀이다.
　　　　西紀 1985년 3월 17일
　　　　서울특별시 西大門區 弘恩洞 316 白蓮寺
　　　　　　　住持 朴錦峯 인(應燮)
74) 이 증언 개요는 2009년 8월 10일 진관사에서 개최된 자료 발굴 기자회견장에서 배
　포된 기자회견문 보도자료에 포함되었다.

저렇게 총총한데, 우리나라는 언제 독립을 되찾을 수 있을까" 하시면서 초월스님이 한숨을 지며, 중얼거렸다고 증언하시면서 눈물을 흘리며 한동안 말을 잇지 못하고 울먹거렸다.

- 진관사 대중은 13명 정도이었는데, 대중스님들은 초월스님을 학식이 높고 독립정신이 투철한 강백으로 말을 하였다. 그리고 노스님(초월)이 대단한 분이라고, 아주 훌륭한 분이라고 말씀하시는 것을 들었다. 초월스님은 대중과 함께 발우 공양을 하지 않으시고, 혼자 공양하시는 모습을 보았다.

- 초월스님은 만주 및 상해로 가는 젊은 청년 및 스님들에게 수계를 해서 보내고, 진관사에서 보살계 수계 법회를 통해 조성된 자금을 상해로 가는 청년과 스님들에게 군자금으로 제공하였다는 말을 들었다.

- 각처에서 모금한 군자금을 임시정부에 지원하였다는 말을 들었으며, 불교 독립운동에 있어서는 총책임자라고 볼 수 있다.

- 초월스님이 고문 후유증으로 고생하였으며, 반미치광이 처럼 행세한다는 말을 들었으며, 가끔 이상한 발언을 하는 것을 보았다.

- 백초월이 "계란을 가지고 삼각산을 쳐도 삼각산이 없어질리 없다"고 말을 하시는 것을 들었다. 이는 우리 민족을 삼각산으로 비유한 것으로, 일제의 가혹한 식민통치가 물거품이 될 것임을 말한 것으로 보인다.

- 초월스님이 일제에게 끌려가서 고초를 겪다 교도소에 수감중에 돌아가셨다는 말을 입적 이후에 들었다. 금봉스님은 그 무렵 심원사 강원과 유점사 강원에서 수학하였기 때문에 서울에 없었다.

- 진관사 총무스님의 전화 연락(면담 5시간 전) 즉 진관사에서 독립운동 자료가 발굴되었고 초월스님과 연관이 있는 것으로 보인다는 말을 듣고서는 그것은 당연한 것으로, 초월스님밖에 그 대상자는 없다고 즉시 생각하였다고 발언함.

- 칠성각 사진을 보면서 6·25때 전 전각이 타버렸는데, 칠성각이 타버렸으면 어떨 번 했겠느냐는 말을 하면서 눈물을 흘림.

- "진관사 도량내의 전각 중에서 칠성각은 가장 으슥한 곳이어서 거기에 숨겨 놓으셨구나……" 하시면서, 당시를 회상하는듯이 울컥하는 표정을 지으심.

이상과 같은 박금봉의 증언은 지금까지 상술한 백초월의 독립운동 행적, 그리고 진관사의 연관성을 강력하게 반영한다. 이 증언에서 주목할 점은 백초월이 1934년 이후에도 지속적으로 진관사를 내왕하였다는 점이다. 이는 증언을 한 박금봉이 1934년부터 1940년까지는 진관사에 주석하였다는 점에서 볼 때 신뢰할 수 있는 내용이다. 즉 백초월은 진관사 포교당을 주된 거점으로 하면서도[75] 본사 격인 진관사에 정기적으로 내왕하였음이 분명하다.

그리고 다음으로 주목할 내용은 백초월이 진관사에서 만주 및 상해로 가는 젊은 청년 및 스님들에게 수계를 해서 보냈다는 사실이다. 또한 백초월은 항일청년과 항일 승려들에게 진관사에서 개최된 보살계 수계 법회를 통해 조성된 자금을 군자금으로 제공하였다는 것이다. 이 증언은 백초월이 군자금 조성과 독립투사 양성을 정기적, 일정한 기획하에 진행하였음을 추론할 수 있다는 점에서 주목할 단서이다. 이 내용은 증언자인 박금봉이 직접 본 사실이 아니라, 당시 진관사 대중들에게 들었던 내용이다. 이는 박금봉이 입산하던 1934년 이전의 상황이었다. 추정하건대 1919년의 상황 혹은 1920년대의 상황으로 이해하는 것이 타당할 것이다. 이 사실과 연관된 것은 백초월이 각처에서 모금한 군자금을 임시정부에 지원하였다는 말을 들었으며, 불교 독립운동에 있어서는 총책임자라고 볼 수 있다는 내용이다. 임시정부 지원은 당시 진관사 대중들의 공통적인 여론이었고, 총책임자라는 해석은 박금봉의 주장이었다.

이와 같은 내용하에서 필자는 백초월이 진관사 포교당은 포교 차원에서, 혹은 서울에서 활동을 하기 위한 거점 사찰로 활용하기 위해 머무른 곳으로 이해한다. 그리고 진관사는 독립운동을 추진하는 본부격의 전략

---

75) 1930년대 전반기는 그가 동학사, 월정사 강사를 하였을 때이었다. 그렇지만 그가 서울에 오면 진관사 포교당에 주로 있었고, 이따금은 진관사에 머물렀다고 보는 것이 타당할 것이다.

적 거점 사찰이 아니었는가 한다. 박금봉 증언에서 항일 승려이었던 이종욱이 내왕하고, 청년들이 자주 와서 지도를 받고 갔다는 내용은 그 정황을 반영한다. 진관사가 지금은 서울시내로 편입되었고, 교통이 편리하지만 일제하에서는 정반대의 상황이었다고 보인다. 경기도의 외진 사찰이었고, 교통도 불편하였으며, 북한산(삼각산)의 중턱에 위치한 이를테면 묘한 장소에 처하였던 사찰이었다. 그러나 이를 독립운동의 전개의 차원에서는 서울 인근에, 으슥한 공간에 위치한 전략적인 장소로 볼 수 있다.

1935~1936년 무렵, 봉원사 강원에서 백초월에게 배웠던 봉원사 승려인 박송암이 그 당시 백초월이 이따금씩 진관사에 갔다 왔는데, 무슨 이유로 다녀왔는지를 전혀 알 수 없었다는 증언도 유의할 대목이다.[76] 요컨대 백초월은 1919년 무렵부터 1944년 입적하였던 그날까지 진관사를 그의 독립운동의 은거지, 거점으로 활용하였다고 보인다. 그래서 그가 1943년 4월에 서대문형무소에서 출소하였지만, 임시정부로 보내는 군자금 관련으로 재투옥되었다는 정황도 여기에서 새롭게 조명될 수 있는 것이다.

이와 같은 제반 정황에서 필자는 백초월의 항일 거점이었던 진관사가 당시에 특별한 역할이 있었던 것으로 추정하려고 한다. 즉 한국민단 본부(전국불교도 독립운동 본부) 책임자, 항일 승려로 임시정부와 연결되었던 신상완 및 이종욱이 백초월과 연결되었던 비밀루트, 만주 및 임시정부로 다수의 불교청년들을 파견한 이력, 거액의 군자금을 모금하여 만주 독립군 및 임시정부에 보낸 정황, 승려독립선언서를 백초월이 기술하였다는 내용, 임시의용승군제의 추진 등등을 종합해서 진관사가 임시 의용승군 憲制에서 정한 總領部로 설정한 사찰이 아닌가 하는 것이다. 당

---

76) 이 내용을 박송암에게 들은 백외식이 필자에게 털어 놓았다.

시 그 조직 내용에서는 총령부는 대한승려연합회장을 總長으로 하는 僧軍의 最高 本部로, 임시정부와 승군과의 聯絡機關이었으며, 임시정부 作戰計劃에 부응하여 協議 實行한다고 규정되어 있었다.[77] 그러나 그를 입증할 문헌적 기록은 없다. 그렇지만 지금까지 백초월과 진관사와의 관련성을 종합하면 그런 가능성은 충분하다고 본다. 다만 1920년 4월, 신상완, 백초월을 비롯한 임시의용승군제 추진 승려가 대부분 체포, 망명을 하여 더 이상의 추진은 할 수 없었지만 백초월은 그런 구도, 정신으로 지속적인 독립운동을 하였던 것으로 보려고 한다.

이로써 필자는 백초월의 독립운동의 행적을 재조명하면서, 진관사를 불교 독립운동선상에서 새롭게 부각해 보았다. 여기에서는 그 관련성을 추론, 제안, 개진하는 것에 머물 수밖에 없지만 이에 대한 정황은 추후 지속적인 자료수집, 증언채록 등을 통하여 보강하려고 한다. 그러나 필자는 백초월을 치열한 항일 승려로만 자리매김을 하는 것을 바라지 않는다. 그는 철저한 수행을 하였던 승려이었고, 학식이 뛰어난 강백이면서 선사이었다. 그리고 그는 난을 치고 붓을 잡았기에 예술적 감각이 있었으며, 후학들을 치열하게 가르친 교육자이기도 하였다. 여기에서 백초월에게 봉원사에서 배웠던 제자인 이인영이 백초월을 요약, 정리한 문장을[78] 제시한다.

「白寅榮(假名) 初月 和尙에 對하여」
筆者는 只今으로부터 약 50여 년 전 白初月 師로부터 初發心 自警文, 緇門 등 四集科를 이수한 弟子입니다.

---

77) 총령부에는 비서국, 참모국, 군무국, 군수국, 사령국을 두도록 하였다. 그리고 총령부는 軍務를 분장하기 위해 각국에 局長 1인, 參謀 약간인, 執事 약간인, 掌書 약간인을 두도록 하였다.
78) 필자는 이 사본을 2001년에 백초월 종손 백외식으로부터 입수하였다가, 이번에 자료로 활용하였다.

필자가 그 當時 아는 바로는 佛教學에 博識할 뿐 아니라 書藝와 四君子에도 능하여 斯界에도 널리 알려진 분이였으며 獨立運動家로도 널리 알려진 분이였습니다. 平素 寡黙한 분으로써 法床에 오르면 마치 獅子가 咆哮하는 것 같이 그 웅장한 音聲으로 聽衆을 魅了 感化시켰든 일을 잘 記憶하고 있습니다. 그분은 當世와 僧侶의 身分으로 獨立運動家로써 널리 알려져 있었으며 特히 그 有名한 例로는 滿洲行 軍用列車에 "大韓獨立萬歲"라고 써부처 社會的 物議를 惹起시켰든 事實은 너무도 有名한 事件임을 말해주고 있습니다.

平素 先生은 말이 적고 倭警의 酷毒한 拷問에 시달려 朦朧한 精神 속에서도 弟子들에게 獨立精神을 고취시켜 왔든 것입니다.

其後 上海 臨時政府의 獨立資金 運動을 展開하다 再投獄되여 獄死하셨다는 말을 듣고 鬱痛을 禁할 길이 없었습니다. 그 분이 늘 弟子들에게 "번개불 뻔적 할 때 바늘 귀를 뀌어야 한다"며 獨立運動을 展開하는데 加擔할 것을 늘 종용해왔으며 後世教育에 앞장 서서 왔던 일을 生生하게 記憶하고 있습니다.

獨立運動은 하나의 信仰이요 生活임을 늘 强調하시면서 "獨立運動은 배 속에 가득차게 마음 속에서 울어 나와야 한다고" 늘 말씀하시는 일이 생생하게 記憶되며 叱嘖하시든 일을 다시금 되새기며 필자가 알고 있는 一端을 披瀝하는 바입니다.

西紀 一九八五年 三月 十八日
黙田書室
重荷 李寅星 인

白初月 和尙
遺族에게 밝힘

위의 자료에서 필자는 백초월의 인격, 인간적 특성, 독립운동에 대한 헌신, 제자들에게 독립운동의 권유, 그의 독립운동가로서의 명망 등이 명쾌하게 드러남을 판단한다.

지금까지 살펴본 바와 같이 항일 승려 백초월의 독립운동의 근거처는 진관사임이 드러났다고 본다. 그런데 진관사는 백초월의 독립운동 근거

지로 머물렀던 것은 아니라고 보고자 한다. 진관사는 이를테면 전국불교
도 독립운동의 본부 혹은 서울지역 독립운동의 거점 사찰의 성격도 갖는
것이 아닌가 추론한다. 그 예증이 백초월의 독립운동이고, 2009년 5월
진관사에서 발굴된 독립운동 자료인 것이다.[79] 추후에는 이런 논리, 주
장을 더욱 보강할 수 있는 자료 수집, 채집, 발굴에 적극적으로 나서고,
그를 통하여 불교 독립운동사를 총정리해야 한다고 본다.

4. 결어

이상으로 백초월의 항일운동을 총괄 정리하면서, 진관사와의 관련성
을 관련 자료, 증언, 회고 등을 활용하여 가늠해 보았다. 본고의 초점은
백초월의 불교 독립운동선상에서의 위상을 점검하면서, 동시에 진관사
가 불교 독립운동사에서 갖고 있는 사실을 찾아 그에 대한 적절한 역사
성을 부여함에 있다. 그러나 그에 대한 1차자료, 문헌자료가 부실하여
상당부분 추론 및 가능성으로 논지를 전개하였다. 이에 일정 부문에서는
비약이 있었음을 인정한다. 그러나 전체적인 흐름은 역사적 맥락에 부합
하는 것으로 보고자 한다. 이에 여기에서는 본고에서 미진한, 그래서 추
후에는 더욱 연구할 내용들을 제시하는 것으로 맺는말로 대신하고자 한다.
첫째, 백초월의 문헌자료, 증언자료들을 더욱 더 수집하고, 그를 분석
해야 할 것이다. 그리하여 그런 자료들을 지금까지 백초월에 대해서 언
급된 내용들과 결부시켜야 할 것으로 본다.
둘째, 백초월과 당시 여타 불교계 내외의 독립운동가들과의 상관성을

---

79) 백초월이 진관사에 자료를 보관하고, 자료를 숨기기 위해 전각을 부수었다는 것에
서 진관사 대중과의 친연성이 확인된다. 이는 곧 진관사가 갖는 역사성이다.

찾아내야 할 것이다. 한용운, 백용성, 이종욱, 김활란, 김구하, 오성월, 이담해 등이 그 대상들이다. 그리고 친일파로 매도당하였지만 당시 불교계의 거물이었던 이회광과의 인연 등도 간과할 수 없다.

셋째, 백초월 독립운동이 임시정부와 만주 독립군과의 관련이 두드러진 것과 연관해서 불교계와 임시정부, 만주 독립군에 참여한 승려에 대한 자료수집 및 연구를 강화해야 한다고 본다. 지금껏 이에 대해서는 초보적인 단계에 머물러 있는 형편이다. 이 분야의 연구 촉발이 요망된다.

넷째, 불교 독립운동의 보편적인 방법으로 행하여졌던 군자금 납부, 제공에 대한 보다 폭넓은 연구의 관점을 가져야 할 것으로 본다. 이를 단순히 수동적인 기여에서 벗어나, 적극적인 행위로 볼 수 있는 시야의 확대를 가져야 한다고 본다.

다섯째, 백초월이 독립운동의 일환으로 만들어 포교하였다는 一心教에 대한 자료수집, 분석, 연구 등에 나서야 한다. 현재 일심교에 대한 자료가 부족한 상황이지만, 이에 대한 의식을 갖고 자료를 찾다보면 의외의 결과를 얻을 수 있을 것이다. 그리고 일심교와 유사 민족종교와의 비교 연구도 고려할 수 있을 것이다.

여섯째, 백초월이 진관사에 인연을 갖게 된 배경을 찾아내야 한다. 불교계는 지금도 그렇지만 예전에도 해당 사찰에 머무는 것은 그럴만한 원인, 배경에서 나온다. 요컨대 해당 사찰의 주지, 조실 등과 불교내 가문, 학풍 등 일정한 연고가 있어야 한다. 본고찰에서는 그를 정밀하게 연구하지 못하였다.[80]

일곱째, 진관사와 여타 독립운동가와의 인연, 역사를 찾아내야 한다.

---

80) 필자는 조계종 총무원이 2001년에 펴낸 『일제시대 불교정책과 현황 上下, 조선총독부 관보 불교관련자료집』에서 진관사 주지 명단을 정리하였다. 그는 1911~1916년 홍철우, 1916~1918년 정명수, 1918~1924년 손송암, 1924~1927년 권풍곡, 1927~1930년 윤혜운, 1933~1943년 임옥산, 1943~1945년 김해 명환 등이다.

필자가 조사한 결과 김구, 이종욱 등이 진관사와 적지 않은 인연이 있는 것으로 나온다. 추후에는 이에 대한 적절한 조사, 분석 등이 수반되어 진관사가 독립운동선상에서의 위상을 조명해야 할 것으로 본다.

지금껏 백초월 연구를 진일보 시키려는 목적에서 필자가 고려하는 연구 분야의 대상, 내용 등을 제시하여 보았다. 필자의 관점 이외에도 다양한 접근 방법이 가능할 것이다. 이 분야에 대한 여타 연구자들의 적극적인 연구 동참을 요청하면서 이만 글을 맺는다.

백초월의 항일운동과 一心敎

1. 서언

1945년 8월 15일, 우리 민족이 일제의 억압에서 풀려 해방된지 어언 65년이 넘었다. 지난 65년 동안 불교계 항일 승려를 대표하는 인물로 우리는 한용운과 백용성을 그 선두에 놓고 이해하여 왔다. 이는 한용운과 백용성이 거족적인 3·1운동의 민족대표였다는 사실에서 비롯된 것이었다. 나아가 위의 두 승려는 일제 말기에 입적하던 그 때까지도 친일, 훼절의 길을 가지 않았으며, 3·1운동의 주역으로 인해 일제에 피체, 구금되었다가 출옥한 이후에도 지속적으로 민족운동을 전개한 사실에서도 그 위상은 분명하게 각인된다.

그러나 필자는 이와 같은 이해의 구도에 백초월을 추가해야 한다고 제안하려고 한다. 즉 항일 승려로 한용운, 백용성, 백초월을 같은 반열에 놓아야 한다는 것이다. 지금까지 연구 성과에 의하면 영원사 출신인 백초월(1878~1944)은 20대 중반에 조실을 역임하고, 중앙학림의 초대 강사로 초빙받았으며, 범어사·동학사·월정사·봉원사 등의 강원의 강사를 지낸 강백이었다. 이런 이력을 갖고 있었던 그는 1919년 3월부터 일제의 고문에 의해 청주교도소에서 순국하였던 1944년 6월까지 지속적인 항일투쟁을 전개하였다. 그의 항일투쟁은 임시정부와의 긴밀한 연계하에 국내불교도 독립운동본부의 운영, 군자금 모금, 상해 임정 및 만주 독립군에 자금 지원, 다양한 국내의 비밀결사체와의 연계, 태극기를 이용한 시위, 승려의용승군의 기획 및 실천, 승려 독립선언서의 배포, 상해에서 유입된 독립운동 신문의 배포, 용산역에서의 대한독립만세 낙서 사건 등 실로 다양하였다.

그래서 필자는 백초월의 독립운동을 정리하고 불교 독립운동사에서 적절한 위상을 부여하는 것이 중요하다고 판단하였다. 그래서 1990년대 초부터 10여 년간 관련 자료를 입수, 분석한 결과를 『불교학보』39집(2003)에 「백초월의 삶과 독립운동」이라는 논고로 기고하였다. 그러나 필자의 이 기고에 대해서 관련 학계 및 불교계에서는 거의 주목하지 않았다.1) 그러다가 2009년 5월 26일, 백초월이 은거하였던 사찰인 진관사에서 백초월이 소장하였던 태극기를 비롯한 독립운동 자료 6종 17점이 발굴되었다. 그리하여 진관사 소장 자료가 주목을 받으면서 자연적으로 백초월에 대한 관심은 실로 뜨겁게 타올랐다. 자료 발굴 직후 진관사 주관으로 기자회견, 학술 세미나, 시민강좌, 전시회(진관사 태극기), 대중 영상물로의 소개(KBS, 역사 스페셜 「초월의 비장, 진관사 태극기」) 등이 진행되었다.

당시 필자는 진관사에서의 자료 발굴을 접하면서, 그 이전 논고에서는 미진하게 분석하였던 백초월과 진관사와의 관련성을 중점적으로 분석하는 논문을 발표하였다. 그 논문은 세미나에서 함께 발표되었던 연구자의 논문과 함께 독립기념관 한국독립운동사연구소의 학술지 등에

---

1) 다만, 『불교신문』(2003.3.11)은 「조국 독립에 생애 바친 초월스님」에서 필자의 논문 개요를 요약하면서 백초월 사진 첫 공개라는 점을 보도하였다.

게재되었다.[2]

이런 배경에서 필자는 백초월의 위상을 더욱 고양시켜야 한다는 의견을 개진하면서, 그간 백초월 항일운동에서 주목하지 않았던 一心敎의 문제를 천착하고자 한다. 지금껏 밝혀진 백초월의 항일운동은 비밀지하운동의 형태로 전개되었다. 이는 일제치하라는 상황에서 국내에서의 항일운동을 하려면 당연한 행보, 방법이었다. 합법적, 공개적인 차원에서의 항일운동은 불가능하였다. 때문에 백초월의 항일활동은 비밀 결사체로 추진되었음을 간과해서는 안 된다. 그래서 본고에서는 백초월의 항일, 비밀결사체로 볼 수 있는 一心敎의 존재 및 성격을 정리하려고 한다. 일심교(회)는 외형적으로 불교, 종교조직체를 표방하였지만 그 내면은 항일 독립운동의 조직체이었다.

필자는 2003년, 백초월에 대한 최초의 논문을 집필할 당시에도 일심교에 대한 내용은 접하였지만, 자료 부족 등으로 인하여 세밀한 검토는하지 못하였다. 그러다가 최근 그에 관련된 일제 측 비밀첩보 기록을입수하였다.

이런 입장에서 본 고찰에서는 일제가 백초월의 용산역 독립만세 낙서사건에 대한 전모를 분석한 첩보 문건을 분석하고, 그에 나타난 일심교의 개요 및 성격 등을 정리하고자 한다. 이를 통하여 백초월 항일운동의성격을 더욱 구체적으로 조명하고자 한다. 본고찰이 백초월의 항일운동및 일제하 불교 독립운동의 전모를 더욱 구체적으로 밝히게 될 초석이되길 기대한다.

---

2) 그 논고는 다음과 같다.

한철호, 「진관사 태극기 형태와 그 역사적 의의」, 『한국독립운동사연구』 36, 2010.

김광식, 「백초월의 항일운동과 진관사」, 『한국독립운동사연구』 36, 2010.

김주현, 「신채호의 『신대한』 발행과 독립운동」, 『한국독립운동사연구』 36, 2010.

한상도, 「3·1운동직후 『자유신종보』 간행을 통해 본 국내 독립운동계의 동향」, 『한국근현대사연구』 52, 2010.

2. 백초월 항일활동에서의 일심교

백초월의 항일활동은 위에서도 잠시 소개하였지만, 다양하게 전개되었다. 그중에서도 백초월의 입적을 가져 왔고, 백초월과 함께 항일 활동에 나섰던 수많은 동지들이 고초를 겪은 사건은 1939년 용산역 '독립만세' 낙서 사건이라 하겠다. 이에 대한 개요는 해방 이후 독립운동에 참가하였던 주역들의 단체인 애국동지회가 1956년에 간행한 『한국독립사』에 다음과 같이 기술되었다.

> 禪僧 白初月은 三一運動 후에 臨時政府를 爲하여 金品을 募集하다가
> 倭敵에 가진 拷問을 當하여 半狂 狀態의 廢人이 되어 京城 麻浦의 어느 布
> 教堂에 있었다. 그 教堂의 門깐 房을 빌어 있는 朴壽男이 龍山 鐵道局의
> 作業夫요 四二七二年 己卯(필자주, 1939년)에 奉天行貨物車에 大韓獨立
> 萬歲라는 洛書를 하였던 것이 發覺되어 囚禁되었는데 그 愛國思想이 白
> 初月에게서 感受되었다는 嫌疑로 拘禁되어 많은 惡刑을 받았다. 그리하
> 여 教堂 監院 金瀅機 其他 白初月과 來往하던 僧侶 七十餘人이 拘禁된바
> 朴壽南 · 金瀅機와 女學生 一人은 拷問 餘毒으로 死亡하고 白初月은 三年
> 役을 服하다가 淸州獄에서 死亡하였다.[3]

위의 기술은 애국동지회가 해방된 지 10년 후에 발간한 독립운동사의 서술에 포함되었다는 점에서 신뢰할 수 있다. 백초월의 관련 내용은 사건에 대한 자료 조사와 증언을 청취하여 서술하였다고 이해된다. 그리고 그 관련자 및 피해에 대한 정황도 구체적으로 정리되어 있어서 사료적 가치가 있다고 본다.

---

3) 『한국독립사』(사단법인 애국동지회, 1956), 88~89쪽. 이 내용은 김승학과 김국보가
　　공편 저자로 펴낸 『한국독립사』(한국독립사편찬위원회 편, 1983), 157쪽에도 거의
　　같은 내용으로 게재되었다.

필자는 위의 서술에서 주목하는 내용은 백초월과 함께 구속을 당한 승려가 무려 70여 명이라는 것이다. 이는 박수남이라는 철도 노동자가 대한독립만세라는 낙서 사건이라는 외형적인 것에 비해 그 관련자가 상당하다는 것이다. 여기에서 필자는 백초월을 따르던 이면 조직체가 있지 않았을까를 추론한다. 더욱이 고문 후유증으로 사망한 인물이 낙서 주범인 박수남,[4] 진관사 포교당 주지인 김형기와 여학생도[5] 있다는 것도 예사롭지 않다. 백초월의 비밀 결사체는 해방공간에서 발행한 불교 잡지인 『신생』3집(1946.7)의 「白初月師의 獄死」라는 제목하에 간략하게 서술된 내용에도 나온다.

> 師는 중앙에서 독립운동에 노력하다가 酷刑에 머리를 상해 정신이 부실하였으나 速해 그 운동으로 지하로 하다가 임오년에 옥사하였다. 師는 경남 함양 출신으로 재경활동하신 분이다. 을묘년(필자주, 1939년)은 結社中 팔십여인 체포되어 金瑩機 朴壽男 極刑 사망하고 말았다.[6]

즉 結社중이었던 80여 명이 체포되었다는 것이다. 요컨대 필자는 이런 내용들에서 백초월을 정점으로 하는 항일적인 비밀 결사체를 떠올렸던 것이다.

백초월은 용산역 봉천역 화물열차에 대한독립만세라는 낙서를 한 사건으로 1939년 10월에 체포, 구금되었다. 그 후 정식 재판에 회부되어 2년 6개월의 판결 언도를 받고 1943년 3월 3일에 출소하였다. 이 같은 내용은 백초월의 수형카드에서도 확인된다. 일제하 독립운동가들의 수형기록 카드는 법무부에서 보관하다가, 현재는 국사편찬위원회가 그 자료

---

4) 국가보훈처 유공자 공적조서에서는 박수남의 사망일자를 1940년 7월 14일로 기재하였다.
5) 여학생의 이름은 전하지 않는다.
6) 『신생』3집(1946.7), 16쪽.

를 이관, 보전하면서 그 자료를 영인, 출간하였다. 그 자료에는 백초월의 수형기록 카드가 포함되어 있다.[7] 그 카드에 기재된 여러 내용을 세밀히 분석하면 그는 본 고찰의 대상자인 백초월의 수형 기록카드임이 분명하다. 즉, 씨명이 白初月이고, 본적이 구례군 마산면으로,[8] 주소는 경성 마포정으로 나온다. 이는 백초월의 출신지인 지리산 영원사와 주 거주처였던 마포를 유의하면 쉽게 동의할 수 있다. 그러나 이 카드에는 낙서 사건에 대한 개요는 언급이 없다. 그러나 죄명은 치안유지법위반, 2년 6월의 징역, 1940년 10월 22일 경성지방법원에서 판결 언도, 출소는 1943년 3월 3일, 구속된 형무소는 서대문형무소로[9] 기재되어 있다. 그리고 이 카드에는 백초월의 사진이 첨부되어 있고, 그 촬영일자는 1940년 5월 16일로 기재되어 있다.[10] 그러나 백초월은 출소 후에 또 다시 만주로 보내는 독립운동 자금에 연루되어 청주교도소에 구금 중이던 1944년 6월 29일에 옥중 순국하였다.

그러면 백초월을 따르던 항일, 저항적인 비밀 결사체는 무엇이었는가? 필자는 2003년에 백초월에 대한 논문을 기고하기 이전, 백초월의 종손인 백외식을 만나 백초월에 대한 다수의 문건 자료를 입수할 수 있었다. 그 문건 자료들은 백외식의 선친, 즉 백초월의 후손인 백락귀가 독립

---

7) 『한민족독립운동사자료집』(국사편찬위원회, 1992) 별집 4권, 290쪽.

8) 이처럼 본적이 후손이 주장하는 곳과 다른 이유는 판단하기 어렵다. 혹시 백초월의 선친이 사망하고 집안을 승계한 백초월의 큰 형의 주소지가 구례일 가능성도 있다.

9) 백초월이 서대문형무소에 있었음은 장도환이 『신생』 1946년 7월호에 기고한 글, 「萬海先生山所 參拜記」에도 나온다. 즉 그는 "서대문감옥은 우리 조선의 많은 사상인 지식인들이 이처 지지 않는 곳이다. 봄을 가을을 청춘 일대를 아니 白骨로 이 옥을 나온 분들의 수를 헤아일 수 없으니 김동삼선생을 비롯하야 도산선생, 초월화상에 이르기까지 그 수효를 들기가 어렵다"고 하였다.

10) 백초월의 조카인 백락귀는 1940년 4월에 상경하여 백초월을 만나기 위해 마포 진관사 포교당(현 극락암)에 찾아가니, 완전 폐쇄되어 있었다고 한다. 필자는 이 카드를 복사하여 생전에 백초월을 만난 당사자인 승려(대전, 이대영)를 찾아서 백초월이 분명함을 확인했다.

기념관 건립운동에 자극되어 전국을 순회하며 백초월에 대한 자료 수집 (구술 증언, 메모 등)의 성과물이었다. 그 자료에는 1946년부터 1970년까지 청주 용화사 주지를 역임한 尹碧山이 백초월에 대한 관련 내용을 정리한 「故白初月스님光復行蹟抄」(1985.6.6)가 있다.[11] 윤벽산은 8·15해방 직후인 1947년 6월 무렵,[12] 청주시 금천동에 있는 공동묘지에서 「故白初月墓」라는 標木을 발견하여 獻香獻花하고, 청주교도소로 가서 백초월의 판결문을 읽어 보았다고 한다. 그는 그 판결문의 내용을 보고서 백초월의 독립운동이 대단한 것을 파악하고 그를 사본으로 정리하였다. 그리고 충북도 차원에서 추모재를 올리고, 중앙광복회에 보고하겠다는 의도를 갖고 있었다. 그러나 바로 6·25가 터져 피란길에 오르고, 1951년 8월에 청주로 돌아와 보니 폭격에 의해 용화사와 교도소가 폐허가 되어, 판결문 등 관련 자료가 모두 소실되었다고 한다. 이후 그는 판결문을 입수하기 위해 노력하였으나 뜻을 이루지 못하고 대신 그가 본 판결문의[13] 내용을 다음과 같이 기억하고 그를 문건에서 정리하였다.

  - 백초월은 소년시절에 출가, 승려가 되었으나 승려는 위장이고 내심
    의 목적은 독립운동이었다.
  - 각지, 각사찰의 유명 강사, 선사를 歷訪修學하였기에 能文能辯하여
    때로는 선사로, 강사로, 포교사를 歷任하였다.
  - 그는 一心敎를 창안하여 一心 교리를 선양하였는데, 한국인에게는

---

11) 이 글을 쓸 당시 윤벽산은 청주시 와우산, 대한불교수도원 원장이었다.
12) 백초월 비석 제막식 당시 배포한 「龜國堂 寅榮 白初月 大禪師 殉國碑錄」에 게재된 「故白初月大禪師光復行蹟抄」 참조. 당초 그의 문건에는 1950년 6월 10일으로 되어 있었다. 그러나 이는 추정하건대 1985년에 쓴 것을 재검토하는 과정에서 정정한 것으로 보여지기에 '행적초'의 것을 활용한다.
13) 그는 판결문의 분량이 200여 페이지에 달한다고 기억하였다. 그런데 이 판결문은 1939년 낙서사건의 판결문인지, 아니면 1943년 후반이나 1944년 초반 경에 재차 체포, 구금된 사건의 판결문인지는 알 수 없다.

3천만이 一心이 되면 독립이 가능하다고 역설하고, 일본인을 만나면 조선과 일본이 一心이 되면 內鮮一體도 가능하다고 교묘하게 일심 교리를 설명하였다.

−'一心敎'의 3대 강령

1. 一心 萬能主義 ; 일심이면 모든 일이 가능하다
2. 群敎 統一主義 ; 잡다한 여러 종교를 일심교로 통일, 세계평화 성취
3. 世界 平和主義 ; 전인류가 일심이 되면 세계 평화는 가능하다

−일심교리를 핵심으로 하여 가는 곳마다, 만나는 사람마다 광복운동에 동참을 적극 설득하고, 군자금을 수집하여 임시정부에 밀송하였고, 임시정부에 밀사를 보냈으며

−대한독립만세라고 대서특필하여 기차내에 붙였는데, 서울에서 출발한 열차가 신의주까지 가서 발각이 되어, 크게 소동이 야기되었다.

−그를 감시하는 시선을 피하기 위해 죽은 거북이를 방안에 비치하여 두고, 요시찰인들이 래방하여 묻는 말은 대답않고, 죽은 거북이와 자문자답하여 정신이상자로 취급케 하여 문답을 교묘히 피하였다.[14]

이러한 내용을[15] 접하였던 필자는 백초월의 항일활동에 一心敎라는 비밀 조직체가 있었음을 알게 되었다. 그렇지만 일심교가 언제, 어디에서 시작되었는지 가늠할 수 없었다. 특히 일심교는 불교와 무슨 관계가 있는지에 대해서도 단언할 수 없었다. 승려이었으며, 나아가서는 강백 및 선사로 불리웠던 백초월이 왜? 굳이 一心敎를 만들어야 했는가, 불교에서 벗어나 일심교라는 새로운 종교 조직체를 만들었다고 볼 수 있는가 등등 풀리지 않는 의문이 많았다. 그래서 백초월의 항일활동과 일심교와의 연

---

14) 여기에서 그의 당호가 龜國이란 연유를 알 수 있다. 동학사 학인이었던 이대영은 동학사에서도 죽은 거북이를 보자기에 싸 놓고, 이따금 그 거북이를 觀하였다고 한다.
15) 윤벽산을 만났던 백초월의 종손인 백외식씨는 그 정황을 필자에게 털어 놓았다 (2011년 6월 29일, 진관사에서). 즉 그는 "윤벽산 스님은 제 아버지와 저에게 초월스님의 판결문을 읽어보니간은 김구선생보다 더 훌륭한 분이라고 하면서, 판결문을 읽어 보고 깜짝 놀라서 사본을 집에다가 보관해두었는데, 6·25때에 분실되었다고 하면서 기억나는대로 적어 놓은 것을 우리에게 준 것입니다"고 하였다.

관성을 분명하게 제시하기에는 주저하는 바가 많았다. 그렇기 때문에 이전의 고찰에서는 일심교의 내용을 간략하게 소개하는 선에서 머물렀다.

3. 일제의 경성지방법원 편철자료에 나타난 일심교

필자는 2003년과 2009년에 백초월의 논문을 집필할 시에는 일심교에 대한 구체적인 내용을 서술하지 못하였다. 그러다가 2010년 여름, 백초월의 자료를 찾다가 일심교의 내용을 밝힐 수 있는 자료를 찾을 수 있었다. 그는 일제가 백초월을 포함한 다수의 관련자를 용산역 낙서사건으로 체포, 구금하고 사건의 배경, 개요, 과정 등을 정리한 비밀 첩보 문건이었다. 이제 필자는 그 문건의 내용을 요약, 정리하고자 한다. 이를 통하여 백초월의 용산역 낙서사건, 일심교라는 비밀 결사체 등의 진실을 밝히고자 한다. 미진한 점이 적지 않겠지만 이를 통하여 백초월 항일운동의 본질에 한발 더 나가고자 한다.

필자가 발굴한 문건은 국사편찬위원회의 한국역사정보시스템의 자료, 즉 국사편찬위원회 한국사데이터베이스에 공개된 3건의「일제경성지방법원 편철자료」이다. 그 첫 번째 문건은 1940년 5월 4일 경기도 경찰부장이 작성하여 경무국장, 경기 지방법원 검사정, 경기헌병대, 각도 경찰부장, 관하 각 경찰서장 등에 보낸 공문(京高特秘 제1128호)이다. 공문 제목은「조선 독립을 목적으로 한 一心教 검거에 관한 건」이다. 두 번째 문건은 1940년 5월 6일, 경성 용산경찰서장이 경기도 경찰부장, 경성 지방법원 검사정, 부내 각 경찰서장, 용산 헌병분대장 등에게 보낸 공문(京龍特秘 제2785호)이다. 공문 제목은「군대수송열차의 불온낙서 용의자 검거의 건」이다. 세 번째 문건은 1940년 7월 5일, 경성 용산경찰서장이 경기도 경찰부장과 경성 지방법원 검사정에게 보낸 공문(京龍特秘 제3051호)이다. 공문 제목은 「군대 수송열차 불온낙서 용의자 송국 후의 동정에 관한 건」이다.

이제부터 이와 같은 일제 측 첩보문건의 개요를 소개하겠다. 먼저 1940년 5월 4일, 일제의 경기도 경찰부장이 작성하여 경무국장, 경기 지방법원 검사정, 경기헌병대, 각도 경찰부장, 관하 각 경찰서장 등에 보낸 공문(京高特秘 제1128호)인 「조선 독립을 목적으로 한 一心敎 검거에 관한 건」을 정리한다. 공문의 내용을 개조식으로 요약하는 방법으로 제시한다.

-1939년 10월 16일, 용산역 구내에 정차되어 있는 군용열차에서 '조선독립만세' '국가주의의 장래' 등의[16] 낙서가 발견되었다. 그래서 그 용의자를 색출하기 위하여 용산경찰서는 용산헌병분대와 긴밀히 연락을 갖고 용산역 구내의 출입자의 행동을 내사하였다.

-조선운송주식회사 용산영업소의 인부 중 사건 당일은 출근하였으나, 17일 이래로 휴업중인 박수남을 발견하고 10월 23일 박수남의 자택 (경성부 마포정 407번지)에서 임의동행 취조하여 사건의 범행 전부를 자백받았다. 그 결과, 박수남의 배후에는 백초월이라는 승려가 있는데, 그의 사주 선동을 받은 사실이 판명되었다.

-그래서 백초월을 진관사 포교소(마포정 414번지)에서 동행 취조한 결과, 백초월은 1919년 4월 당부에서 검거한 대동단 일파의 李堈 公의 유출사건, 1919년 6월 김상옥 일파가 조직한 혁신단 사건, 1920년 2월 동경에서의 조선독립 소요(3·1운동) 1주년의 기념일을 히비야(日比谷) 공원에서 개최하려한 재 동경조선인학생의 만세 소요 사건 등에 관계되는 등 조선독립운동에 분주하여 몇 차례 검거된 인물이었다.

-그런데 백초월은 법망을 면하고 운동을 지속하여 1921년 조선독립을 목적으로 한 一心敎라는 종교 유사단체를 결성하였다. 일심교는 一心

---

16) 낙서는 또 있으나 판독하기 어렵다.

萬能, 群教統一, 世界平和 등의 3대 강령을 정하고 진관사 포교소에서 藝得成, 朴壽南, 朴洙熙, 柳蒼燮, 趙貞元, 朴東鎭 등을 동지로 獲得하고 자금을 조성하여 목적 달성을 위해 활약을 계속하였다.

－그러던 중 지나사변 발발을 만나, 용산역에서 다수의 군용열차가 준비되고 곧 조선인 특별지원병 등이 출정할 것이라는 예상을 하고, 당시 조선운송주식회사 용산영업소 임시 인부로 취업중인 박수남에게 밀명을 내려 동 군용열차 내에 白墨으로 불온낙서를 쓰게 했다. 이는 조선독립을 목적으로 혁명사상을 주입, 선전을 기도하기 위한 것으로 실제로 판명되었다.

－이에 그 관계자를 당부의 지휘 아래 용산경찰서에서 취조를 하여 사실관계를 명료하게 하였다. 백초월, 박수남은 치안유지법위반과 보안법위반 등의 죄명으로 기소, 박수희는 기소유예, 유창섭 등 3명은 기소중지의 의견에 접근하였다.

－관계자의 본적, 주소, 직업, 씨명, 년령 등

白初月 : 63세, 승려, 전남 구례군 마산면 황전리(본적) 경성부 마포정
　　　　 414번지 2호(주소)

朴壽南 : 25세, 노동, 경성부 마포정 394번지(본적, 주소)

柳蒼燮 : 50세, 승려, 경성부 마포정 329번지(본적), 경성부 도화단산 8
　　　　 번지 59호(주소)

趙貞元 : 38세, 승려, 강원도 고성군 장전면(본적), 주소 부정

朴東鎭 : 30세, 승려, 평북 박천군(본적)

▷ 白初月

백초월은 명치 11년 3월 9일, 경남 진주군 출생으로 3세에 부친과 사별, 17세까지는 한문수학 후, 영원사(함양군 마천면)에서 승려가 된 이래 남한의 각지의 사원을 전전하다가, 1918년 龍華寺(청주)에서 화엄경의 '統萬法明一心' '群教彙參' 등의 字句를 발견하고 우리 조선인이 一心으로 단결하면 일본제국의 정치를 반대하고, 조선독립을 실현하는 것이 용이하다는 신념을 얻었다.

우연하게 1919년 3월 1일 조선독립 소요 사건이 발발하자, 그 운동에 참가하고 각지를 巡廻하면서 선동하다가 동년 4월 전협 일파의 大同團에 가입하여 동년 6월 해인사 주지인 이회광에게 조선독립운동 자금(3천원)

을 기부하도록 하고, 이를 부하 승려 김포광으로 하여금 상해 임시정부에 가져가 제공케 하였다. 동년 6월 김상옥 일파의 불령선인과 결합하여 조선독립을 목적으로 革新團을 결사 조직하였다. 1920년 2월, 김봉신, 김영만 등과 함께 동경으로 가서 동년 3월 1일 히비야 공원에서 在 東京 조선인학생의 독립 1주년 기념의 시위운동을 선동하는 활약을 계속하였다.

그래서, 그간에 각 처 경찰서(경성 본정, 종로, 동경, 함양, 금산)와 경성지방법원 검사국 등에서 취조를 받아왔다. 그런데 그는 취조를 받으면 정신병자로 위장하고, 혹은 불교 독신자로 위장하고, 혹은 교묘하게 전향하였다고 위장하여 처벌을 면하였다. 그리고 나서도 계속하여 전조선 각지를 순행하면서 혁명사상을 고취시켰다.

1921년 경성에서 一心萬能, 群教統一, 世界平和라는 3대 주의 강령을 표방하고, 이면으로는 조선독립을 목적으로 하는 一心教라는 邪教를 창설하고, 1926년 7월경 경성부 마포정 414번지 진관사 마포포교소에 사무소를 차리고 전적으로 일심교를 확대 강화하는데에 노력하였다.

▷ 朴壽南

박수남은 빈한한 가정에서 태어나 정규 학교를 다니지 못하고, 독학으로 공부하여 소학교 졸업 정도의 학력을 갖고 있었다. 성장하면서 자기의 불우한 現世, 모순을 느끼고 좌익문헌을 구독하면서 민족 공산주의 사상에 공명하여 1937년 11월 초순 조선독립을 목적으로 하는 一心會에 입회하고 일용 노동에 종사하였다.

▷ 一心會의 내용

백초월이 1918년 경, 華嚴經중의 「統萬法明一心」의 意를 갖고 있는 것을 채록한 이래 10여 년간 一心萬能, 群教統一, 世界平和 라는 삼대 主義를 표방하였지만 이면으로는 조선독립 공산화를 목적으로 하는 一心會를 조직하였다. 표면으로는 진관사 포교소라고 하여 불교 포교로 위장을 하였지만 민족사상을 주입, 선전하는데에 노력하였다. 박수남, 朴洙熙, 유창섭, 조정원, 박동진, 崔福姬 등을 동지로 얻으면서 일심교를 확대 강화하는데 노력하였다.

지나사변이 발발하자 관민 일치로 聖戰의 목적을 수행하기 위해 특별지원병제의 실시하에 제국군인의 일원으로 第一戰에 나가서 활약하는 것에 분개하였다. 이에 그들의 출정이 집행됨에 따라서 反日 興韓的인 사상을 주입하여 조선독립의 촉진을 기도하기 위해 1939년 10월 11일 오후, 마포정 414번지에서 박수남, 박수회 등과 회합을 갖고 육군특별지원병제에 반대하고 반일 홍한적 사상을 선전하려고 군대 수송열차에 '조선독립만세' '국가주의의 장래' 등의 자구를 백묵으로 大書하여 효과를 높이기 위해 이 취지에 찬동하는 박수남(조선운송주식회사 용산영업소 임시 인부)를 그 실행자로 결정하고 散會하였다.

10월 14일 오후 10시, 박수남은 낙서에 성공하였다는 보고를 받고 축하 연회를 박수남과 함께 하고, 조선독립만세를 삼창하고 산회하였다. 이들은 목적 달성을 위해 활약을 지속하는 일방, 자금 확보을 위해 金東招, 金星 등에게 출자를 종용하고 朴武柄, 金澄璣, 申尙玩, 姜性周, 金東漢, 朴得雲, 朴相熙, 奉京鍾, 韓慧城, 金命秀, 趙壽宗, 金明基 등의 동지를 획득하여 조선독립의 曉로[17] 백초월을 朝鮮國王으로 여기면서 백초월의 명령에 절대복종하는 등의 정치 관계의 불온 언동에 수긍하는 회원을 얻기 위해 광분하던 중에 검거되었다.

▷ 처벌

용산경찰서에서는 1939년 10월 23일 박수남을 검거하여, 사건의 단서를 잡아 경기도 경찰부 지휘하에 12월 23일까지 관계자 전부를 검거하여 전심으로 취조한 결과 관계 당국과의 타합하기를 백초월과 박수남은 치안유지법 위반, 보안법 위반으로 기소하고 박수회는 기소 유예, 유창섭 조정원 박동진은 기소 중지의 의견에 접근하였다.

지금부터는 두 번째 문건을 분석하겠다. 그는 1940년 5월 6일, 경성 용산경찰서장이 경기도 경찰부장, 경성 지방법원 검사정, 부내 각 경찰서장, 용산 헌병분대장 등에게 보낸 공문(京龍特秘 제2785호)으로, 공문 제목은 「군대수송열차의 불온낙서 용의자 검거의 건」이다.[18] 그 내용을

---

17) 이 뜻이 애매하다. 추정하건대 효시, 선두, 주역, 우두머리 등으로 볼 수 있지 않을까 한다.
18) 이 제목의 하단에 '소화 14년 10월 24일 京龍高秘 제7838호'라는 문귀가 있는 것을 볼 때에 이 공문은 사건 발생 직후에 보관된 것에 대한 추후 진행 내용을 보고한 성격으로 보인다.

역시 개조식으로 요약, 제시한다.

　-1939년 10월 16일, 관하 용산역의 第一線의 수송을 위한 군용열차 문짝(扉)에 조선독립만세와 기타의 낙서가 쓰여 있는 것을 발견하고 수사하는중, 동 열차의 준비 작업부에 종사하는 조선운송주식회사 용산출장소의 임시 인부 박수남(본적, 마포정 394번지, 주소 마포정 407번지, 노동, 25세)의 동정을 조사하다가 10월 23일 임의동행하여 취조한 결과 그 범죄의 사실을 자백받아 배후 및 사건을 파악하였다.

　-그 배후는 백초월(본적 구례군 마산면 황전리, 주거 마포정 414번지 2호, 승려 63세)이라는 존재이었다. 그래서 그를 주거하고 있는 곳에서 임의동행하여 엄중취조한 결과 백초월은 본래부터 민족주의자로서 일한병합에 대해 좋지 못한 감정을 가졌고, 1919년 2월[19] 이래 조선독립운동 동지의 一味[20]로서 활약하면서 내선융화, 내선일체의 대세에 저항하기 위해 승려라는 지위를 이용하여 종교의 힘에 의거하여 조선독립의 목적을 수행하였다. 그는 1918년 청주 용화사에 체재중 案出한 一心敎를 포교하여 敎徒중에서 동지를 획득하여 독립운동에 실천할 수 있는 결의를 갖고 조선 내의 각지를 전전하면서 포교하였다.

　-백초월은 1930년에는 一心敎說을 만들었는데, 一心萬能, 群敎統一, 世界平和 등의 3대 主義로 내걸었다. 그는 일심교를 최우선적으로 믿게 하고 敎主, 國主라는 의미를 갖고 있는 最勝의 職制를 만들어 놓고서, 자신이 최고의 敎皇의 성격을 갖고 있는 最勝[21]의 자리에 있으면서 동시에 朝鮮國主라고 설명하였다. 그는 일심교를 포교할 때에 조선인들이 일심교도가 되면, 一心으로써 조선독립이 용이하다고 설명하였다.

　-1934년 음력 10월 石灘寺(전북 정읍군 칠보면)에서 동지 5명과 함께 회합을 가졌다. 그 5명인 朴東鎭(본적 평북 박천군, 주거 불명, 승려, 30

---

19) 원문에는 2월로 나오지만, 3월의 오기가 아닌가 한다. 그러나 1919년 2월부터 민족운동에 참여하였을 가능성도 배제할 수 없다. 한용운을 지근거리에 있었던 김관호는 한용운이 백초월을 민족대표에 포함시키려고 하였으나 여의치 않았다는 중언을 남겼다.
20) 이 뜻을 정확하게 말하기가 어렵다.
21) 이는 백초월의 별명이기도 하였다.

세), 柳蒼燮(본적 충북 옥천, 주거불명, 승려, 50세), 趙貞元(본적 강원 고성군 장전읍, 주거불명, 승려, 28세), 朴洙熙(본적 마포정 329, 주거 경성 도화정산 8번지 509호, 무직, 31세), 박수남 등에게 일심교를 통한 독립운동을 설명하여 동지로 획득하였다.

－1939년 10월에 이르러 피의자인 백초월은 천황, 신궁, 황릉에 대한 불경 행위를 감행하기 위해 유창섭과 조선독립 목적으로 하는 비밀결사인 일심교 회원인 박동진, 조정원을 설득하여 일심회의 가입 목적을 실행하기 위해 협의를 하였다. 그 협의를 위한 박수희, 박수남과 共鳴 협의, 그리고 그 실행을 위해 유언비어를 유포한 그 범죄가 사실로 판명되었다.

－경성 지방법원 검사정의 지휘하에 그 피의자 백초월과 박수남은 기소 의견, 박수희는 이전 잘못을 참회하고 개전하겠다는 점이 현저하여 기소유예, 박동진 유창섭 조정원은 소재가 판명되지 않아서 기소중지 의견을 붙여서 송국하였음을 보고함.

이제 마지막으로 세 번째 문건을 요약하겠다. 그 공문은 1940년 7월 5일, 경성 용산경찰서장이 경기도 경찰부장과 경성 지방법원 검사정에게 보낸 공문(京龍特秘 제3051호)으로 공문 제목은 「군대 수송열차 불온낙서 용의자 송국 후의 동정에 관한 건」이다. 이 문건에서는 백초월, 박수남, 박수희 등 3명에 대한 본적, 주소, 직업, 나이 등을 제시하고 이들에 대한 조치를 요약하였다. 그를 보면 다음과 같다.

－백초월, 박수남, 박수희를 비롯한 6명을 1939년 10월 16일 용산역 제일선 수송 군용열차에 조선독립만세 기타 낙서 사건의 용의자로 검거, 취조한 결과

－조선독립 목적으로 한 一心敎라는 모임을 조직하여 활동중에 일어난 사건으로 판명되었다. 박수남은 폐에 이상이 있는 중태이기에 자택에서 치료를 하고 있다. 불경죄와 치안유지법, 보안법 위반 등의 죄명이 있는 백초월과 박수남은 기소, 박수희 기소유예 의견을 붙여 5월 6일 一件 기록으로 올렸다.

—백초월은 신병을 구속하여 있고, 박수남과 박수희는 상황 내사를 마쳤다. 그러나 박수남은 6월 3일 가족과 함께 자택으로 이전시켰다. 박수남은 쇠약하여 신체를 자유롭게 하는 것도 곤란한 지경인데, 충분한 가료치료가 필요한 정도로 병세가 상당하다. 그리고 박수희는 구속중에 발병이 되어 병원에 입원하여 있다가 쾌차하여 6월 24일 퇴원하여서 자택에서 靜養중에 있어 추후 건강에 주의할 필요가 있다고 보고한다.

이상과 같은 일제의 경성지방법원 편철자료의 비밀 첩보 문건을 통하여 일심교의 개요 및 성격, 그리고 1939년 용산역 독립만세 낙서 사건에 대한 전모와 추이 등을 알 수 있었다.

4. 일심교의 개요 및 성격

지금부터는 일제의 비밀 문건의 분석에 나타난 것에 의지하여 일심교의 개요 및 성격을 살펴보고자한다. 이를 통하여 백초월 항일운동의 성격과 낙서사건의 본질을 이해할 수 있을 것이다. 전장에서 살핀 내용에 의거 일심교의 전개 추이를 정리하면 다음과 같다.

－1918년 : 용화사(청주)에서 화엄경을 열람할 때에 統萬法明一心, 群敎彙集 등의 자구에서 '一心'을 독립운동에 활용할 수 있음을 착안
－1921년 : 일심교의 창설(개인적 차원으로 추정)
　　　　　일심교리(一心萬能, 群敎統一, 世界平和)에 의한 독립운동을 모색
－1926년 : 진관사 포교소(마포)에 일심교 사무소를 설치
　　　　　일심교 확대, 강화
－1930년 : 일심교, 교리체계 및 조직체계 정비

3대주의(강령)로 一心萬能, 群敎統一, 世界平和를 표방

교주, 국주로 最勝을 표방

－1934년 : 석탄사에서 핵심 동지 5인이 회합

일심교, 독립운동의 진로 모색

－1939년 10월 11일 : 일심교 차원에서 백초월을 비롯한 6인의 동지가

육군지원병 제도를 반대하면서 반일, 민족사상을 주입, 선

전하기 위한 차원에서 용산역 수송열차에 민족적인 낙서를

쓰기로 결정.

－1939년 10월 14일 : 낙서 감행

－1939년 10월 16일 : 낙서 발견

－1939년 10월 23일 : 낙서 용의자로 박수남 체포

배후 주동자로 백초월 체포

－1939년 12월 23일 : 일제가 관계자 검거, 사건 개요 완전 파악

이상이 일심교에 대한 전개 추이이다. 이제부터는 지금까지의 분석을 통하여 드러난 일심교 및 백초월의 항일운동의 성격 등을 조망하고자 한다. 이는 제한된 자료에 의거한 것이기에 여러 한계가 있을 것이지만 시론적으로 제시한다.

첫째, 일심교는 백초월의 항일 비밀결사체로 이해된다. 국내 독립운동의 특성인 비밀, 저항운동을 수행하기 위한 방편적인 조직체이었던 것이다. 일심교는 종교 조직체이었지만 내적으로는 독립운동을 수행하기 위한 기반, 조직체이었다. 현재까지 발굴, 연구된 불교계 독립운동사에서 이런 경우는 없는 것으로 보아 불교 독립운동사에서 그에 걸맞는 역사적의의, 위상에 대한 평가가 뒤따라야 할 것으로 본다.

둘째, 백초월이 화엄경의 사상의 대요로 알려지고 있는 統萬法明一心에[22] 근거한 항일운동으로서의 성격이 분명하게 나왔다. 지금껏 승려 독

---

22) 이 개념은 묵암최눌의 화엄품목에 나오는 글로, 통상적으로 華嚴圓敎의 종지로 이해되고 있다.

립운동사에서 이처럼 불교사상, 경전적인 근거 및 이론을 갖고 독립운동에 임한 경우는 찾을 수 없다. 이는 백초월이 강백이라는 특성에서 기인한 것이라 하겠다. 경전, 불교사상을 현실에 맞게 변용하여 그를 독립사상으로 활용한 것이다. 여기에서 필자는 백초월의 불교사상을 분석할 필요성을 제안한다.

셋째, 백초월이 1920년부터 일심교리를 갖고 포교를 하고, 그 논리에 의거하여 독립운동에 임하였던 추가 사례를 찾을 필요성이 요청된다. 이점과 연관하여 백초월이 1921년 12월, 서울 묘심사라는 일본 사찰에서 '一心萬能'이라는 주제로 강연을 하였음은 주목할 사례이다. 그리고 1920년대 전반기에 진관사 강원에서 후학을 양성하였다는 사정을 고려할 때에 백초월이 동학사, 월정사, 봉원사 등지의 강원에서 자연스럽게 一心에 의거한 민족의식 고취에 나섰을 가능성을 추론할 수 있다. 1935년경, 월정사 강원에서 백초월에게 화엄경을 배웠다는 조영암은 월정사가 소재한 오대산 중턱에서 백초월이 갑자기 대한독립만세를 외쳤다는 증언을[23] 하였는데, 이 사실도 예사롭지 않다고 본다. 즉 백초월이 강의하였던 다수 강원에서의 민족의식 고취에 대한 다양한 증언을 조사하는 것이 긴요하다고 보지 않을 수 없다.

넷째, 1926년에 가서 백초월이 진관사 포교소에 일심교 사무소를 냈다는 것에서 백초월과 진관사와의 관련을 재검토해야 할 것이다. 필자는 이전 고찰에서 이 문제를 집중적으로 고찰하였다. 그 고찰에 의하면 백초월은 상경한 이래 진관사와는 불가분의 관련을 갖고 있었음은 분명하다. 그렇지만 백초월이 왜? 어떤 연고로 인해 진관사와 깊은 연고를 가졌는지에 대한 근본 요인은 밝히지 못하였다. 이렇듯이 일심교 간판을 마포 포교당에 걸 수 있었음은 그와 진관사 및 진관사 승려들과 깊은 신뢰

---

23) 조영암, 「나의 인생, 나의 불교」, 『불교사상』 15호(1985.3), 33쪽.

가 없으면 불가한 일이다.[24] 여기에서 필자는 진관사를 불교 독립운동사에서의 역할, 성격 등에 대한 폭넓은 조명이 있어야 한다고 보는 것이다.

다섯째, 백초월은 1930년경에 이르러 일심교의 교리 체계의 정비 및 조직 강화를 시도하였다. 그렇다면 백초월은 1930년에 가서 그렇게 일심교의 확대를 시도하였는가? 이에 대한 적절한 설명이 요청된다. 1930년경, 백초월은 동학사 강원의 강사로 있었다. 당시 동학사에 있었던 백초월의 주변에서 있었던 일을 총체적으로 찾아내야 할 것이다.

여섯째, 일심교의 조직 및 구성원들에 대한 분석이 요청된다. 현재 일심교의 관련자는 70여 명, 혹은 80여 명으로 나온다. 그리고 일제측 기록에 나오듯이 구성원은 승려와 일반 신도로 대별할 수 있다. 특히 일제 기록에 나오는 승려들의 소속 사찰, 백초월과의 연관 등이 우선적으로 검토되어야 할 것이다. 그러나 현재 전하는 기록으로는 그런 내용을 알기는 대단히 어렵다. 그중 신상완은 중앙학림 출심으로 3·1운동 당시 만세 시위에 참여하고, 상해 임시정부와 국내 불교계의 가교 역할을 하였던 핵심인물이었다.[25] 그는 일제에 체포되어, 출옥한 1923년 이후의 행적은 그간 전하지 않았는데 일심교 관련 인물로 등장하는 것 자체가 흥미롭다.

일곱째, 용산역에서의 대한독립만세 낙서 사건에 대한 재조명이 요청된다. 지금껏 이 사건, 운동은 불교 독립운동사에서 거론도 되지 않았다. 필자도 백초월을 연구하면서 이 사건의 실체, 의의, 성격 등에 대하여 큰 주목을 하지 못하였다. 그는 자료부족, 연구 미약 등이 어우러진 결과이다. 그러나 이제 그 실체가 어느 정도는 드러난 만큼 그에 대한 적절한 의미부여, 불교사에서의 자리매김이 필요하다. 낙서사건은 백초월의 일

---

24) 진관사 포교당 책임자인 김형기는 고문 후유증으로 사망하였다.
25) 한동민, 「일제 강점기 신상완의 독립운동」, 『대각사상』 13, 2010.

심교에서 조직적, 의도적으로 감행한 독립운동이라고 보아야 할 것이다. 그렇기 때문에 일제는 황민화 정책뿐만 아니라 일제의 국운이 걸린 중국 진출에 대하여 노골적으로 저항, 반대한 이 사건을 보도통제를 하였음은 당연한 것이다. 보도가 전무하였다는 자체가 역설적으로 한국 독립운동, 불교 독립운동 차원에서는 높은 평가를 받아야 할 것으로 보인다.

이와 같은 내용 중에서 필자가 관심을 갖는 것은 첫 번째 내용, 즉 백초월의 조직체이다. 이에 대한 전모, 성격, 활동 내용, 조직원 등을 파악하는 것이 백초월의 항일운동, 일심교에 대한 것을 밝힐 수 있는 단서가 되기 때문이다. 이에 대한 일제측 자료를 수집하면서, 그에 연관된 관련 증언을 채록하여 실체에 접근하는 것이 긴요하다고 본다. 이 점과 관련해서 필자는 그 사정을 백초월의 종손인 백외식으로부터 다음과 같은 증언을 청취할 수 있었다.[26]

「증언 1 : 봉원사 승려(박송암)」

신촌 봉원사의 송암스님에게 제가 아버지와 네 번을 찾아 갔습니다. 송암스님은 초월스님이 김구선생과 내통하였다고 그랬어요. 또 초월스님은 남한 뿐만이 아니라 북한까지도 전부 다 다녔다고 했어요. 그리고 자기는 감히 초월스님에게 접근하지 못했다고 하면서, 초월스님의 밑에 있는 사람이 두 번인가를 찾아와서 송암스님에게 독립운동에 가담하라고 그랬답니다. 그렇지만 자기는 한참 생각하다가 응답하지 않았다고 했습니다. 초월스님이 온 것이 아니고, 초월스님의 지시를 받은 아랫 사람이 자기를 포섭하려고 온 사람에게 안 하겠다고 거절하였다고 그랬습니다. 그래서 내가 송암스님에게 "왜 안했습니까?" 하고 물어보니, 송암스님이 "참여했다가 잘못하면 죽는데" 그렇게 말을 했어요. 두 번을 제안받았지만 자기는 안했다고 그랬어요.

그래서 제가 그런 내용을 자필로 써 달라고 하니깐, 주저 주저 하드라

---

26) 이 증언은 2011년 6월 29일, 진관사에서 개최된 백초월스님 순국 67주기 추모법회를 마치고 나서 진관사 구내의 찻집에서 있었다.

구요. 왜냐하면 송암스님이 제안을 받았지만 참여하지 않은 것은 배신한 게 아니냐, 배신한 것처럼 생각하드라구요. 그래서 내가 그 당시는 어쩔 수 없지 않냐 하면서, 생각나는대로 써 달라고 하였더니 이야기를 할 때에는 말을 많이 하였지만 글로 쓸 때에는 조금만 써서 주드라구요. 모든 스님들이 다 그랬어요.

「증언 2 : 양산 정미소 주인」
  통도사 인근, 양산에서 큰 정미소를 하던 사람의 아들(75세 가량)이 저를 수소문하여 90년대 초에 부산으로 찾아왔습니다. 그 사람이 저를 찾아 온 곳은 자기 아버지가 초월스님에게 군자금을 많이 냈다고 하면서, 자기 아버지를 국가 유공자로 만들 수 있는 방법을 물으러 온 것이지요.
  그 사람은 자기 집이 정미소를 해서 돈도 많이 벌고, 부자이었는데 자기 아버지가 초월스님에게 군자금을 계속해서 주어서 가세가 기울었다고 그랬습니다. 자기도 어릴 때에 아버지가 자기 집의 뒷 마당에다가 단지를 묻어 놓고, 거기에다가 아버지가 계속 돈을 묻어두는 것을 봤답니다. 그러면은 초월스님의 밑에 있는 사람이 와서 그 돈을 가져간다고 그랬어요. 그래서 그 사람은 호기심으로 돈을 집어 넣은 몇일 후에 단지에 가 보면은 돈을 가져가고 없었다는 것입니다.
  그런데 그 사람은 초월스님을 돌중이라고 그랬습니다. 나는 속으로 기분이 나빴어요. 그래 왜 그렇게 생각하냐고 물어보니깐은 그 당시 절에서 염불이나 불공을 하는 것이 스님인데 백초월스님은 말만 스님이지 독립운동을 하면서 전국을 안 다니는 곳이 없을 정도이니 그래서 자기는 스님으로 볼 수 없어서 돌중이라고 부른다는 것입니다. 그리고 자기 아버지도 돈을 묻으면서 이거는 돌중에게 갖다 주는것이라고 그랬다고 하였어요.
  그 사람은 자기 집안이 독립운동 자금으로 가세가 기울었으니, 국가에서 보상을 받는 것 보다는 아버지가 그 정도로 독립운동에 기여하였으니 국가유공자로 등록을 시키고 싶다고 하였습니다. 그 사람이 저를 두 번 찾아왔는데, 두 번째 올 때에는 자료를 많이 가져왔습니다. 그 자료를 보니 거기에는 자기 아버지의 독립운동을 입증하는 내용인데, 내용에는 초월스님을 돌중으로 부르는 것, 군자금 대준 것, 뒷마당의 단지에 돈을 묻은 것, 단지가 비어 있으면 돈을 채워 놓았고, 정기적으로 초월스님의 아

랫 사람이 가져 갔다는 이야기를 비롯한 돈을 준 것만 잔뜩 있었어요. 그
런데 그것을 제가 그 당시에는 관심이 없어서 버렸지요. 그래서 참으로
안타깝습니다.

그 전에 통도사의 김구하스님에게 돈을 갖다 준 사람이 있었다는데,
이름은 모르지만 난 그 분(정미소 주인)이 아닌가 그래요. 양산에서 정미
소를 한 집이었는데, 제일 부자래요.

「증언 3 : 봉선사 승려(운경)」

제 아버지와 제가 봉선사를 두 번이나 찾아 갔어요. 봉선사 주지 스님
(필자 주, 운경스님으로 추정)이 그 당시 할아버지의 연락책이라고, 초월
스님과 관련된 분이라고 제 아버지가 그러셨어요. 그 주지스님이 연세가
많다고 한 스님이었는데, 두 번이나 갔는데 결국 못 만났습니다. 그 주지
스님이 할아버지 수족으로 일한 분이라고 해서 제가 부산에서 올라와서
아버지와 밤 늦게까지 절에서 기다렸어요.

그런데에도 그 스님은 온다고 약속을 해 놓고, 안 오더라구요. 제 아버
님은 그 스님이 초월스님의 제자로 계셨기에 꼭 만나야 한다고 그러시면
서 그 스님에게서 진짜 자료가 많이 나올거라고 그래서 밤 늦게까지 기다
리고 있었어요. 그래도 안 오니간은 나는 짜증이 나더라구요. 그게 85년
무렵입니다. 그 후에 제 아버님은 돌아가시고 나서, 제가 그 절을 지나가
다가 한번 들러서 봉선사 스님이 우리 할아버지의 제자로 있었다고 하니
간은 그 관련 자료를 오히려 저 보고 달라고 그러더라구요.

이런 증언들에서 필자는 백초월의 항일운동의 비밀적인 결사체에 대
한 단서를 찾을 수 있다. 증언 1(송암)은 백초월이 조직을 확대하는 과정
에서 결사요원을 포섭하는 것을 보여준다.[27] 증언 2(양산 정미소 주인)
는 조직원들이 독립운동에 동참하여 활동하는 내용을 보여준다. 증언 3
(운경)은 각처 사찰의 승려들과 백초월이 긴밀한 유대관계 혹은 결사체

---

27) 송암은 『현대불교』 249호(2543년 12월 8일), 「큰수님 수행한담」에서 자신과 초월
과의 인연을 회고하였다.

가 다양하였음을 보여준다. 이 증언의 당사자인 운경은 일제말기에 봉선사 말사인 홍룡사 주지를 하면서 독립운동 단체(조선민족해방협동당)에 쌀을 8개월간 제공해서 일제에 체포, 구금되었기에[28] 추후에는 운경과 초월과의 밀접성을 다양한 방증 자료에[29] 의해 재구성하는 것이 긴요하다고 본다. 이런 증언들이 현재로서는 단서에 지나지 않지만 추후, 보강되는 자료 및 증언에 의해서 진실에 접근할 수 있다고 본다.

지금껏 일심교와 백초월 항일운동과의 상관성에 주목하면서 그에 대한 의의, 평가, 추후 분석할 내용 등을 제시하여 보았다. 이런 점이 더욱 연구되어 백초월과 일심교에 대한 재평가와 적절한 자리매김이 되길 기대한다.

5. 결어

본 고찰의 맺는말은 추후 이 분야에서 연구할 내용 및 방향을 제시하는 것으로 대신하고자 한다. 이 점은 필자부터 나서서 해야 하겠지만, 이 분야 동학들의 동참을 요청하는 차원에서 개진한다.

첫째, 백초월에 대한 종합적인 연구가 더욱 요청된다. 지금까지 필자는 그의 독립운동에 초점을 맞추어 연구를 하였으나, 이제는 백초월의

---

28) 『22인의 증언을 통해 본 근현대불교사』, 선우도량 한국불교근현대사연구회, 2002, 132쪽; 위의 책, 189쪽; 「큰스님을 찾아서 ─ 봉선사 조실, 운경대종사」, 『법보신문』 249호(불기 2537년 9월 20일), 5쪽.

29) 김어수는 『불교신문』 178호의 「漫想漫筆 ─ 독립자금 모아 임시정부에 송금」에서 "거기에 반해 우리 백초월 스님은 전국 사찰을 역방하며 모금(募金)을 하여 상해에 있는 임시정부에 여러 번 송금한 것이 왜경에게 발각되어 대구 형무소에서 징역 3년을 받았을때 심한 고문을 겪은 관계로 정신에 이상이 생겨 한평생 죽은 거북을 짊어지고 다녔다. 이 스님의 재판기록은 지금도 대구법원에 고스란히 남아 있다"고 서술했다.

가문(인맥), 사상, 독립사상 등 보다 다양하고 폭넓은 차원에서 연구가 진행되어야 할 것으로 본다.

둘째, 진관사에 대한 독립운동 차원에서의 연구도 요망된다. 신용하 교수는 2009년도 학술 발표에서 진관사가 중앙(서울) 차원에서의 불교계 독립운동의 본부의 성격을 가졌음을 개진하였다. 이에 신용하가 시론적으로 제시한 진관사의 독립운동 차원에서의 위상이 차분하게 분석되어야 할 것이다. 상해 임시정부가 소재한 지역에서 생산된 다수의 자료가 진관사에서 발굴되었다는 점, 백초월이 불교청년들에 수계를 해서 상해 및 만주 지역으로 보냈다는 증언 등이 적극적으로 재인식되어야 할 것이다.

셋째, 한용운, 백용성, 백초월에 대한 비교 연구가 요청된다. 이들은 각기 불교사상을 갖고, 각 분야에서 일가를 이루면서 독특한 독립운동을 수행하였다. 이런 개별성에 의거한 비교연구를 통하여 연구 시야를 고양시키면서 불교 독립운동사의 지평을 넓히는 것도 의미있는 일이라 하겠다.

넷째, 불교의 항일운동의 성격에 대한 재조명이 이루어져야 한다. 그간 그 활동에 대해서는 민족불교, 호국불교 등으로 해석되어 왔다. 그러나 20여 년 전부터 호국불교의 배척, 민중불교의 득세 등으로 인해 불교 항일운동, 민족운동에 대한 성격 규정이 애매하게 되었다. 불교의 독립운동을 이해, 설명하는 개념이 재검토, 재인식되어야 할 것으로 보고자 한다.

다섯째, 백초월을 포함한 불교 독립운동사와 유관한 자료수집, 특히 증언 채록에 유의해야 할 것이다. 생존자가 없는 현실에서 그들의 후손, 지인, 연고자들에 대한 증언을 정리하고 그를 자료집으로 발간해야 할 것이다. 우선 백초월의 후손 백외식, 백초월을 만난 금봉 노스님 등에 대한 인터뷰를 통한 정밀적인 증언 채록이 조속히 시행되어야 할 것이다.

이상으로 백초월, 일심교, 불교 독립운동사에서의 연구 지평을 확대해야 한다는 차원에서 몇 가지 문제를 제안하여 보았다. 이런 제안이 긍정적으로 검토, 수용되길 기대한다.

「부록 : 백초월 연보」

1878년 : 경남 고성군 영오면 성곡리에서 출생
1891년 : 14세, 지리산 영원사로 입산, 출가
1903~1904년 : 영원사 조실
1907년 : 범어사 강원 강사
1911년 : 항일 불교, 임제종운동 참여
1915년 : 중앙학림, 개교에 초대 강사로 내정
　　　　거주사찰인 영원사 전소(1911.12), 재건불사로 인해 강사로 부임치 않음
1916년 : 영원사 주지로 발령
1917년 : 영원사 재건불사, 낙성(1914.3~1917.11.31)
1918년 : 법주사 청주 포교당(용화사), 포교사로 부임
　　　　은사, 이영진이 포교당 책임자
　　　　이때부터, 민족의식이 발현, 고뇌
　　　　충북도청 근무하던 공무원, 불교청년 이영재가 백초월에게 영향받아 법
　　　　주사로 출가(이영재 ; 일본유학, 1927년 인도로 구법여행 중, 요절 『조선
　　　　일보』에 「조선불교혁신론」 기고)
　　　　항일 결사체, 一心敎 案出－방안 강구
　　　　『華嚴經』, 統萬法明一心에서 착안,
　　　　조선인의 한마음으로 단결, 일제 처단, 독립 실현
1919년 3~4월 : 서울로 상경
1919년 4월 : 중앙학림(동국대 전신)에 민단본부(전국 불교도 독립운동 본부)를 설
　　　　　　　립하고, 민단 책임자로 활동
1919년 5~10월 : 중앙학림 학인스님들과 결속하여, 항일 민족운동 전개
　　　　　　　전국 주요 사찰에 학인을 특파원으로 파견하여 군자금을 모집
　　　　　　　(지리산권 사찰 ; 화엄사, 쌍계사, 천은사, 통도사 등)
　　　　　　　군자금을 상해 임시정부와 만주의 독립군에게 송부
　　　　　　　(임시정부 연통제, 채널 및 조직 활용)
　　　　　　　항일 승려들을 임시정부 및 독립부대에 망명 보냄

(김법린, 백성욱, 신상완, 김봉신, 박민오 등)

항일, 비밀지하 신문인『혁신공보』를 제작, 배포

대동단, 임시정부를 배경으로 독립운동을 하는 승려들과 유대, 접촉

(이종욱, 정남용 등)

의친왕 이강, 탈출, 망명사건

김상옥 열사, 혁신단 사건

1919년 10~11월 : 임시정부에서 추진한 제2회 만세시위 운동에 동참

(임시정부 통합을 축하하고, 독립운동 고양 목적)

이 때, 뿌려진 이른바, 「선언서」에 조선 민족대표 33인에 포함 태극기 활용,

각종 선언서와 격문을 배포

승려 독립선언서(12인의 승려) 서술(추정), 배포−국내외에

1919년 12월 : 독립운동 자금을 모집 중, 일제에 체포−갖은 고문을 당함

1920년 2월 : 3 · 1운동 1주년을 맞아, 일본에 건너가 동경유학생과 독립운동을

개하다 일제에 체포, 강제 귀국당함(정신병자, 독실한 불교신자로 위장)

1920년 4월 : 항일 비밀결사 義勇僧軍을 조직하고 군자금을 모금하다 체포당함

1920년 5월 : 진관사 마포 포교당(극락암) 머무르며, 치료 겸 은신

1921년 : 항일 비밀결사체, 일심교 창설

1921~1929년 : 진관사 주석

진관사 강원, 승려에게 교육

서울 각황사 등지에서 포교, 강연 활동

1926년 7월 : 진관사 포교소에 일심교 사무소 설치

(일심교, 확대 강화)

1929~1931년 : 동학사 강주

능엄경, 기신론 강의

『계룡산 동학사 사적』집필, 편찬

1930년 : 일심교, 강령 제정

(일심 만능주의, 군교 통일주의, 세계 평화주의)

초월이 책임자(교주, 국주)로 취임(最勝 이명)

一心으로 독립이 가능, 용이

1932~1933년 : 월정사 강사

1934년(음력 9월) : 정읍 석탄사에서 동참 승려 몇 명과 함께 항일 비밀결사체
(一心敎) 조직

1935~1939년 : 봉원사 강사
진관사 및 진관사 마포 포교당에 주석

1939년 : 만주로 가는 군용열차에 대한독립만세 낙서 사건 주도

1939년 10월 11일 : 청년들에게 민족의식 고취시키기 위한 낙서 운동 결정

1939년 10월 14일 : 낙서 감행

1939년 10월 16일 : 낙서 발견

1939년 10월 23일 : 낙서 감행자(박수남)와 함께 체포

1940~1943년 : 3년간 징역, 서대문형무소

1944년 : 독립운동 군자금 사건으로 일제에 피체

1944년 6월 29일 : 청주교도소에서 옥중 순국

1985년 : 후손, 백락귀가 전국을 순회하며 자료 수집(구술 증언, 메모 등)
독립기념관 건립운동에 자극되어

1986년 : 국가에서 건국포장, 추서
출신 고향인 고성에 기념탑 건립

1990년 : 국가에서 백초월의 독립운동의 품격을 재심사, 애국장 추서

2003년 : 김광식, 동국대『불교학보』39집에「백초월의 삶과 독립운동」게재

2009년 5월 26일 : 진관사에서 백초월이 숨긴, 태극기를 비롯한 독립운동 자료
대거 발견

2009년 8월 10일 : 자료발견 공개, 기자 회견

2009년 8월 16일 : 백초월 종손, 백외식이 백초월의 유품을 진관사에 기증
(사군자 3점, 유묵 4점)

2009년 9월 9일 : 조계종(총무원장 지관) 백초월 후손에게 감사패 수여
(백초월의 자료를 진관사에 기증한 공로)

2009년 12월 3일 :「한국독립운동과 진관사」학술세미나 개최
(조계종, 한국불교역사문화기념관)

2010년 2월 25일 :「백초월의 태극기」, 주제로 기념 전시회 개최
(서울 역사박물관)

2010년 3월 1일 : KBS 제1TV에서 특집, 역사스페셜 방영

(초월의 비장, 진관사 태극기)

2010년 6월 29일 : 진관사에서 백초월의 순국 66주년 추모법회

2010년 8월 30일 : 진관사 발굴자료 및 백초월에 대한 논문이 독립기념관

　　『한국독립운동사연구』36집에 기획논문으로 수록

2011년 3월 1일 : 진관사, 3 · 1절 기념 백초월스님 추모법회 봉행

2부
불교의 민족의식

오성월의 삶에 투영된 禪과 民族意識

1. 서언

한국 근대불교사와 범어사 역사에서 결코 간과할 수 없는 승려가 있으니, 그는 吳惺月(1865~1943)이다. 그러나 지금껏 오성월에 대한 조명, 분석 등 그에 대한 학문적인 접근은 거의 부재하였다. 근현대 불교의 파란만장하였던 엄혹한 역사는 그에 대한 객관적인 조명조차도 허용하지 않았다. 간헐적으로 선학원, 범어사, 불교 독립운동 등의 역사에 그의 이름이 산견되었을 뿐이다.

이에 본고찰에서는 오성월에 대한 생애 전모를 활용 가능한 문헌자료에 의거하여 소묘하고자 한다. 그러나 그에 대한 자료를 지금껏 집약하여 놓은 것이 부족하기에 소기의 성과를 기하기에는 적지 않은 난점이 예상된다. 그러나 오성월 연구를 개척한다는 심정으로 다양한 문건에 나오는 그의 삶의 흔적들을 찾아서, 거기에 숨결을 불어 넣고자 한다.

오성월의 행적 중에서 주요한 것을 거론하면 1900년대의 범어사에 선원 개설을 통하여 범어사가 선찰대본산의 사격을 갖게 하였던 점, 범어사에 금강계단을 개설하여 현재까지 이르게 한 점, 범어사가 서울에 임제종중앙포교당 및 선학원을 개설할 당시에 많은 후원을 하였던 점, 1935년부터 1940년대 초까지 조선불교 선종의 종무원장과 재단법인 선리참구원의 이사장을 역임한 점, 그리고 1919년 상해 임시정부와 긴밀한 관계를 갖고 있는 점 등이다. 이러한 오성월의 행적에서 필자가 주목하는 것은 그의 일생동안 선의 재흥 및 기반 구축, 선풍의 진작에 지속적으로 관여하였다는 점이다. 요컨대 그의 일생에서 禪을 제외할 수 없다는 것이다. 그는 禪師로서 다양한 활동을 하였는바, 이는 그의 삶을 대변하는 것이 아닌가 한다.

한편 그를 설명하는 또 하나의 관점은 民族意識이다. 일제하 불교 독립운동을 상징적으로 대변한다고 볼 수 있는 승려독립선언서(1919.11)의 대표자의 일원으로 나오는 吳卍光을 오성월로 비정하고 있다. 이런 점은 그가 범어사 운영에 상당한 책임자이었을 때에 범어사 재원이 상해 대한민국 임시정부의 독립자금으로 제공되고, 범어사 승려가 국내 불교를 대표하여 임시정부의 고문으로 추대된 정황과 관련하여 폭 넓은 해석이 가능하다. 그리고 그는 조선불교 선종의 종무원장과 선리참구원의 이사장을 역임하였다. 여기에서 그가 속하였던 기관의 지향이 일제 불교정책에 저항적 성격을 갖는 것으로 볼 때 그에게서 선은 단순한 수행이나 사상에 머물지 않고 민족운동 차원으로 전개된 것이 아닌가 한다.

이런 전제와 배경에서 본고찰에서는 오성월의 삶의 전모를 그려내되, 그의 삶의 핵심적인 요체이었던 禪과 民族意識에 유의하여 논지를 전개하고자 한다. 오성월에 대한 선학의 연구가 전무하고 자료수집이 미흡한 상태에서 논고를 집필함에 있어서 많은 난관이 예상되거니와 선학제현의 질정을 바란다.

2. 오성월의 수행과 범어사 선찰대본산

오성월은 경상남도 울산군 온산면 강양리에서[1] 1865년 7월 15일에 태어났다. 그는 해주오씨인 부친 吳永玉과 모친 金允切 사이에서 장남으로 출생하였다. 유년시절을 어떻게 지냈는지는 알 수 없지만 1885년 9월 30일, 범어사에서 李普庵을 은사로 하여 一傘이라는 법명[2]과 사미계를 받고 출가 득도하였다. 범어사에 행자생활을 마친 오성월은 1886년 4월부터 1893년 7월까지 경북 예천의 龍門寺 강원에서 韓混海를 스승으로 모시고 사교과와 대교과 과정을 마쳤다.[3] 1893년 8월부터 1897년 7월까지는 범어사의 강원에서 한혼해를 스승으로 모시고 수의과를 수료하였다.[4] 그리고 1887년 4월 8일, 통도사에서 박만하 율사에게 소승계, 대승계를 받았다. 이렇듯이 강원에서 교학 과정을 마친 오성월은 1899년 10월 15일부터는 범어사에서 首禪安居를 성취한 이래 지속적으로 선원에서의 참선 수행을 하였다.[5]

오성월은 교학 수학, 참선 수행을 거친 이후인 1906년 1월 15일에는 범어사 傳戒和尙에 취임하였다. 그리고 1909년 7월 30일에는 범어사 攝理에 취임하였고, 1911년 11월 17일에는 범어사 주지에 취임하였

---

1) 그런데 오성월의 민적등본에는 그의 본적이 경남 동래군 정구면 임곡리 183번지로 나온다. 그런데 1924년 10월 13일, 임곡리 176번지로 본적이 전적되었다.

2) 속명(성명)은 吳惺月이고, 법호도 惺月이다. 이는 승적부에 나온다.

3) 그런데 현전하는 오성월의 僧籍牒(오성월의 후손이 금정중학교에 기증한 자료)의 수학란에는 1886년에는 용문사에서 한혼해에게 능엄경을 배우고, 1887년에는 군위 백련사로 가서 한혼해에게 사교과, 대교과, 수의과를 졸업한 것으로 나온다.

4) 이상은 오성월의 자필 이력서에 의거한 것이다. 자필 이력서는 2종이 있는데, 이는 오성월의 후손이 금정중학교에 기증한 것이다. 자료를 복사하여 제공해 준 금정중학교 교장인 현익채 선생님께 지면으로 감사를 드린다.

5) 이력서에는 1918년 기준으로 30안거를 하였다고 쓰여 있지만, 구체적으로 선원의 명칭은 나오지 않는다.

다. 1913년 1월 22일에는 범어사의 법계시험에 의하여 大禪師의 법계를 받았으며,[6] 1915년 3월 12일에는[7] 범어사 주지에 재임하였다.

이처럼 오성월은 1906년 그의 속납 41세, 1909년 그의 속납 44세라는 중견 승려로서 범어사의 전계화상, 주지에 취임하였던 것이다. 보수적인 승가에서 이렇게 조속하게 중요한 지위에 올랐던 요인은 무엇일까? 이에 대한 적절한 설명이 요청된다. 이런 설명과 유관한 것이 1900년대의 오성월의 활동, 업적이라 볼 수 있다. 이런 전제하에서 우선 살필 대상은 그 무렵의 범어사 선원 개설, 운영이다. 『범어사지』에 수록된 「범어사선원 연기록」에는 1899년부터 1910년까지의 범어사 선원에 대한 개요가 전하고 있다.[8] 이 내용에는 오성월이 범어사 선원과 관련된 내용이 나온다. 그를 정리하면 다음과 같다.

> 금강암 선원(1899) : 오성월과 금강암주 월송의 합의로 선원 개설
> 내원암 선원(1901) : 오성월과 해인사 수좌가 함께 발기
> 계명암 선원(1902) : 오성월과 등봉이 함께 수행, 경허 동참
> 내원암 선원(1905) : 이담해, 오성월, 포응이 개설
> 원응료 선원(1909) : 이담해, 오성월이 발기
> 대성암 선원(1909) : 발기인 등암, 오성월(총섭)과 협의
> 금어암 선원(1910) : 오성월 발기

이렇게 1900년대 범어사 내 선원 대상 9개처 중에서 7개 처의 선원

---

6) 「잡화포」, 『조선불교월보』 15호(1913.4), 65쪽에는 범어사의 법계 수여 내용이 나온다. 여기에는 1913년 3월의 법계시험에 의하여 오성월, 백용성이 대선사로 승계되었다고 나온다. 여기에 나온 3월은 양력을 의미하고, 오성월 이력서에 나오는 1월은 음력으로 보인다.
7) 승적첩에는 1914년 9월 29일에 주지에 재임한 것으로 나온다.
8) 졸고, 「범어사의 사격과 선찰대본산」, 『한국 현대선의 지성사 탐구』, 도피안사, 2010, 86~95쪽; 조명제, 「근대불교의 지향과 굴절 - 범어사의 경우를 중심으로」, 『불교학연구』 13, 2006, 40쪽.

이 오성월의 발기, 개입, 후원하에서 개설되었던 것이다. 이는 범어사 선원의 개설, 운영을 통한 선 부흥의 움직임이 대부분은 오성월의 노력으로 일어났음을 예증하는 것이다. 이렇듯이 오성월의 적극적인 노력, 주선으로 인하여 범어사는 한국 근대 선의 중심 사찰로 자리매김을 하게 되었다.

이렇게 오성월의 주도하에 범어사에 다수의 선원이 개설, 운영될 수 있었음은 범어사의 경제력과 무관할 수 없는 것이다. 이는 그 무렵 범어사에서 각종 契가 조직되고, 그를 통한 재원이 통합될 수 있었음에서 가능한 것이었다. 조선후기에서 1947년까지 범어사에는 63건의 사찰계가 존재하였다. 현재 범어사 입구에 서 있는 補寺碑에는 그에 대한 내용이 많이 나온다.9) 이런 계를 통한 경제적 기반 구축과 그 재원을 통합하여 범어사 차원의 공동 경영은10) 범어사 사격 증대, 선원 운영의 활성화에 기여하였던 것이다.

한편, 오성월은 자신의 주도하에 선원을 개설하면서도 통도사, 해인사, 표충사 등 외부에서 온 수좌들과 협의하는 개방성을 견지하였다. 그리고 범어사 사중의 公議, 公事를 통하여 진행하였기에 그는 저절로 범어사의 변화, 견고한 토대 구축으로 이어지게 하였다. 그리고 현전하고 있는 계명암 청규, 내원암 청규에 의하면 범어사 선 수행의 특성에는 철저한 수행정신, 계율정신, 선 수행을 외호하는 원칙, 구참 지도자들의 중요성 강조, 선교일치 지향 등이 나오고 있다. 특히 내원암 청규에는 불조혜명을 계승하면서도 국은에 보답하고, 인민을 널리 이롭게 한다는 내용이 들어 있는데, 이는 본 고찰의 초점인 오성월 민족의식과 관련하여 주목할 대상이다. 이는 곧 호국불교, 민족불교의 지향이라는 내용을 엿볼

---

9) 한상길,『조선후기 불교와 사찰계』경인문화사, 2006, 325~367쪽.
10) 정광호,『한국불교최근백년사 편년』, 인하대출판부, 1999, 404쪽의 범어사 승려, 박청호 구술 증언 참조.

수 있는 것이다.

한편, 범어사 계명암에 머물며 수선결사를 이끌던 송경허의 영향으로 1908년에는 범어사에서 목판본이 판각되었다. 그 판본은 『선문촬요』[11]의 하권인데, 여기에도 오성월의 일정한 개입이 있었다. 즉 그 판본을 주도한 山中同願秩에 오성월은 都監으로 나온다.[12] 이런 간행은 전통적인 선사상의 재정립으로 이해할 수 있는 것이다. 이는 경허의 기획으로 볼 수도 있지만 오성월로 대변되는 범어사의 선풍진작, 범어사의 후원하에 가능하였던 것이다.

이러한 오성월의 주도하에 1900년대의 범어사가 선풍 진작 도량으로 전환됨은 범어사가 불조혜명을 잇는 중심 도량으로, 선 수행의 거점 도량이 되어감을 의미하는 것이다.[13] 이런 변화 속에서 범어사는 1911년 음력 1월 25일, 전 불교계에 범어사가 '禪宗首刹'이라는 공문을 보내게 되었거니와 이는 범어사 사격의 질적인 변동을 상징하는 것이었다.

「梵魚寺禪宗首刹」

國內 四山에 上古 倂設한 禪室이 敎育하나 금일에 실시가 尙小하고 東來 梵魚寺는 現今에 禪林이 旺盛하여 開堂說會를 寺庵이 爭先하니 襃賞 激勵의 方便을 寔用하와 禪宗首刹로 命名하와 板額也 纂辛也를 幷玆成送하고 諸山叢林에 怖告하오니 僉垂亮後에 影響相應하와 興旺吾敎케 하심을 敬要

世尊降誕二千九百三十八年 辛亥陰一月二十五日

梁寶月 撰[14]

---

11) 『선문촬요』의 개요, 성격 등에 대한 전모는 김종인의 논고가 참고된다. 김종인, 「전통의 재정립과 고전 ; 한국불교의 재정립과 『선문촬요』」, 『정토학연구』 12, 2009.
12) 『선문촬요, 목판본』, 민족사, 1999, 480쪽.
13) 『범어사지』, 아세아문화사, 253쪽. 여기에는 「범어사선원 연기록」을 정리한 양보월이 당시 범어사의 변화 내용을 극명하게 정리한 것이 나온다. 이에 대해서는 위의 졸고, 「범어사 사격과 선찰대본산」, 100~101쪽 참조.

즉 범어사는 선종수찰임을 선언하였다. 그리고 당시 일제가 한국을 강탈하여 식민지 불교정책의 일환으로 사찰령체제를 구현하였을 때에 범어사는 일제가 마련한 사법의 구도에 편입되면서도 범어사 사격의 독자성은 유지하였다. 즉 여타 대부분의 본사는 일제가 정한 조선불교 선교양종 본사 ○○사라는 명칭을 가졌지만 범어사는 1912년 10월 15일자로 禪刹大本山이라는 명칭을 갖게 되었다. 이런 전후사정 하에서 범어사는 1913년경, 범어사 입구에 금정산 범어사, 선찰대본산이라는 글씨를 서예가인 김선근에게 받아 그를 판각하여 일주문에 부착하였던 것이다.

이렇게 1913년 이후 범어사는 선찰대본산이라는 독특한 寺格을 유지하였는데, 그 중심에는 오성월이 있었음은 분명하다. 이런 오성월에 대한 업적, 평가는 1915년 당시에도 널리 알려졌다고 보인다. 이에 대한 정황은 『불교진흥회월보』 7호(1915.9)의 「오성월 선사의 사업」이라는 내용에서 찾을 수 있다.

> 경남 동래군 북면 금정산 大本山 梵魚寺 주지 吳惺月씨는 能仁能智하고 乃慈乃悲한 當世에 유명한 禪師로 주지 취직 이래로 其熱心盡力한 불교사업을 擧하건대 如左하더라.
> ─. 당 본사내에 三處 禪院(금어선원, 내원선원, 원효선원)을 설립하고 禪學者로 禪宗 宗旨를 參學케 한 事
> ─. 선종 中央敎堂을 경성부 인사동에 설립 포교한 事

---

14) 정광호, 『한국불교최근백년사편년』, 인하대출판부, 1999, 248쪽. 그런데 정광호는 이 자료의 출처를 「범어사선원창설연기록」이라고 제시하였다. 그러나 필자는 『범어사지』에 수록된 그 연기록에서는 이 자료를 찾을 수 없었다. 추측건대 정광호는 1965년 겨울 삼보학회의 『한국불교최근백년사』 편찬 목적으로 자료수집을 하였던 일환으로 범어사를 탐방하였을 시에 그 자료를 입수한 것으로 보인다. 졸고, 「삼보학회의 한국불교최근백년사 편찬 시말」, 『근현대불교의 재조명』, 민족사, 2000, 558~559쪽.

一. 선종 경북포교당을 대구부 덕산정에 설립 포교한 事
一. 선종 동래교당을 동래군 복천동에 설립 포교한 事
一. 당 본사내 明正學校를 수선하고 본사 청년과 부근 인민의 자제를 교육한 事[15]
一. 당 본사내 金剛戒壇을 설립하고 본말사 승려 及 신도 檀徒에게 戒法을 전수한 事
一. 당 본사내 專門講堂을 설립하고 본말사 청년을 교육한 事
一. 부산 及 초량 등지에 布敎出張所를 정하고 일반 人民에게 매월 布敎한 事
一. 당 本山內 山幕을 비치하고 山林을 배양한 事
一. 病者(15인)를 慈善的 救恤한 事

제2세시 성적
一. 당 본말사내 專門講堂 전부를 重建한 事
一. 주지의 포교 及 교육상 열성과 자선적 도덕을 당 본사 승려 十八人이 別般 欽慕하여 각 소유토지 합 五十三斗 七升落(가격 2천원)을 포교 급 교육비에 補用하기 위하여 寺中에 自願納付한 事

이렇듯이 오성월은 1911년부터 불과 5년간 각 분야에서 지대한 업적을 구현하였다. 그는 포교, 교육, 수행, 가람수호 등의 분야에서 범어사 근대화를 주도한 것으로 볼 수 있다. 그의 활동은 범어사 내에서 뿐만 아니라 부산, 대구 등지까지 미쳤던 것이다. 오성월의 적극적인 노력에 힘입은 1910~1920년대 범어사는 선찰대본산의 사격이라는 정체성을 갖고 다양한 분야에서의 발전을 거듭하였다고 볼 수 있다. 범어사의 선승이었던 김남전이 1923년에 쓴 「梵魚寺 史蹟碑銘」은 그를 더욱 예증한다.

---

15) 『대한매일신보』 1908년 6월 6일의 보도기사에는 범어사 명정학교 내에 야학과가 설치되어서 일어, 산술, 한문을 가르쳤다는 내용이 나온다. 당시 학생은 20여 명이라고 한다.

그러다가 13년 전에는 도로 주지라 하여 惺月禪師, 藤岩, 湛海, 晦玄, 鶴庵, 擎山 등 여러 스님들이 절 일에 힘쓰면서 禪法을 높이고 숭상하였으므로, 衲子들이 구름처럼 모여 금정산의 온 구역은 드디어 禪刹의 本山이 되었다. 그리하여 도를 닦고 설법하는 일이 끊이는 날이 없었다.

(중략)

지금의 住持 湛海 禪伯이 대중과 뜻을 같이 하여 절의 사적비를 세우려고 내게 글을 청하기에 이제 그 銘을 쓰는 것이다. (중략)

고려시대와 조선시대를 지내면서 몇번이나 그 흥폐를 보았도다. 龍蛇의 재앙(임진왜란)을 만나, 절의 운수가 크게 막히었다. 그때로부터 10년이 지나서 절을 중창하는 이 처음 있었다. 절을 세우고 암자를 일으키자 때를 따라서 그 뒤를 이어받았다. 도량이 맑고 깨끗하기에 그 소문이 세상에 퍼지었으니, 衲子들이 구름처럼 몰려와 드디어 禪刹의 本山이 되었도다.

눈밝은 큰스님네의 그 자취가 끊이지 않고, 개당하여 두루 설법하나니, 또 만년을 누리어라.[16]

이러한 범어사의 개혁, 변화, 정체성 구축에 오성월이 있었음은 재론할 여지가 없는 것이다. 따라서 오성월의 정체성에는 禪 의식이 굳건하게 자리하고 있었고, 그런 연고에서 그는 명실상부한 禪師이었다. 오성월의 이 같은 활동으로 범어사는 선찰대본산이 되었다.

3. 임제종운동, 3·1운동과 오성월의 민족의식

전술한 바와 같이 오성월은 범어사의 근대화와 범어사 선풍진작을

---

16) 이 문장은 『범어사지』에 탁본된 형태로 수록되어 있다. 김남전의 제자였던 강석주가 주관하여 간행한 『南泉禪師文集』(1978, 인물연구소)의 130~137쪽의 원문과 번역본을 참고하였다.

주도한 선사이었다. 그런데 그는 단순히 수행, 교육에만 유의한 선사가 아니라 민족의식에 눈을 뜬 선각자라고 이해된다. 요컨대 그의 선의식에는 민족의식이 결합되었다고 하겠다.

이런 점을 해명함에서 있어서 참고할 것은 오성월이 임제종운동과 3·1운동의 참여에 나타난 민족의식이다. 주지하는 바와 같이 임제종운동은 한국불교를 일본불교에 매종하려고 하였던 원종과 일본불교 조동종 간에 맺었던 이른바 조동종 맹약을 저지하는 과정에 대두되었다. 그리하여 임제종운동 자체가 저항적 민족운동, 민족불교 지향의 운동이었다.[17) 임제종운동은 1911년 초반 송광사, 쌍계사 등지에서 시작되었지만, 이후에는 전 불교계 차원으로 확대되었다. 그런 전국적인 확대 과정에 범어사가 개입되어 있었다. 우선 호남 불교권에서 임제종운동은 시작되었지만, 1912년 중반 경에는 범어사를 임제종운동의 대열에 포함시켰다. 이런 변화는 범어사의 선풍 진작노력과 범어사의 경제적 기반이 크게 작용한 것으로 보인다.[18)

그 후 임제종운동은 중앙 차원으로 전개되었다. 그 전개의 중심에는 서울 인사동에 세운 임제종중앙포교당 건립이 있었다. 이 포교당 건립에는 범어사를 비롯하여 통도사, 백양사, 화엄사, 대흥사, 천은사 등이 참여하였지만 그 중심은 범어사이었다. 포교당 건축을 위한 제반 터의 매입, 건축사업에는 범어사가 깊숙이 관여하였음은 분명하다.[19) 이런 결과 1912년 5월 26일에는 임제종중앙포교당 개교식이 거행되었다. 오성월이 이 포교당 개설을 주도하였음은 전장에서 제시한 『불교진흥회

---

17) 졸고, 「1910년대 불교계의 조동종 맹약과 임제종운동」, 『한국근대불교사연구』, 민족사, 1996.
18) 졸고, 「범어사의 사격과 선찰대본산」, 『한국현대선의 지성사 탐구』, 도피안사, 2010, 109~110쪽.
19) 「中東引繼」, 『조선불교월보』 3호, 64쪽; 「개교식장」, 『조선불교월보』 6호, 69쪽.

월보』오성월의 업적에서도 나왔다.

오성월은 이렇듯이 임제종중앙포교당을 개설시킨 후, 1912년 6월 17일에 개최된 30본사주지회의에 참가해서는 임제종 종지를 한국불교의 정체성으로 내세우자고 강력하게 주장하였다. 그러나 당시 주지회의에서는 총독부의 불교정책을 수용하는 다수의 본사 주지들의 반대로 임제종 종지를 새롭게 등장한 종단(조선불교 선교양종)에 반영시키지는 못하였다.[20] 그 후 일제는 경남장관에게 공문을 보내 범어사가 공문에 임제종이라는 표현을 쓰지 못하도록 제재하였다.[21] 그리고 오성월은 범어사 寺法 인가 신청시에도 임제종의 종지를 내세웠으나 일제의 압력으로 구현시키지는 못하였다.[22] 오성월은 이처럼 종단차원에서, 범어사 차원에서 임제종 종지를 구현하려고 지속적인 노력을 하였다. 비록 일제의 외압, 친일적인 주지들의 비자주성에 의해 좌절되었지만 여기에서 필자는 오성월의 자주의식, 민족의식을 엿볼 수 있는 것이다.

한편 범어사가 주도한 임제종중앙포교당은 일제의 압력으로 임제종이라는 간판을 떼어야만 되었다. 그 때가 1912년 6월 말경이었다. 그로부터는 조선선종 포교당이란 이름을 갖고 활동을 하였다. 그 포교당에는 개교사인 백용성과 총무이었던 한용운이 머물고 있었다. 후일에는 3·1운동의 민족대표로 활동하였던 이들은 1914년경까지는 공동으로 포교활동을 하였다. 1915년경부터 백용성은 독자적으로 종로 3가 근처의 장사동에 포교당을 내고 독자노선을 걸었다. 그래서 이 무렵부터는 선종 포교당의 운영을 더욱 더 범어사에서 주관하였기에 불교계에서는 범어사 포교당으로 불렸다. 그리고 이 포교당은 은근히 일제에 저항적인 승려들의 거점이 되었다.

---

20) 「잡보, 회의원 전말」, 『조선불교월보』 6호.
21) 『조선불교통사』 하, 945~946쪽.
22) 위의 책, 947쪽.

범어사와 오성월은 비록 일제의 압력으로 임제종 종지를 구현하지는 못하였지만 일제의 불교정책, 총독부에 기생적인 종단활동에는 협조하지 않았다. 그를 보여주는 것이 1915년에 설립된 중앙학림의[23] 출범과정에 일제가 개입하였음을 보여주는 비밀 문건이다. 이 문건의 내용에는 오성월의 저항적인 내용을 찾을 수 있기 때문이다. 즉 「朝鮮寺刹興學・布敎의 隆昌을 圖謨한 件, 그에 첨부된 指示 要領 및 內紛・調和顚末」[24]이라는 문건에는 다음과 같은 내용이 나온다.

　－범어사는 종래 경성에 포교당(선종중앙포교당)을 세우고 포교에 종사하여, 다른 본사가 협동・경영하는 경성 각황교당의 유지비 부담에 가입할 이유가 없다고 주장하였다. 결국, 홍학에 필요한 중앙학림의 경영에는 참가하지만, 포교사업에는 협동시킬 수 없는 결과가 나왔다.
　－따라서 지방국장은 범어사주지 오성월, 해인사 주지 이회광, 용주사 주지 강대련을 1월 13일에 呼出하여, 그 쌍방에게 훈유를 하였다. 그는 30본사가 一團이 되어서 홍학・포교의 2대 사항이 실행되지 않으면 불교의 隆昌을 꾀하는 일이 안 되기에, 종래 갖고 있던 일체의 惡感情을 버리고, 협동일치의 안목으로써 融和를 위하여 먼저 내무부 장관 訓示의 취지에 부응하고, 또 종교가의 면목을 부끄러워 하지 않으면 안된다고 말하였다. 이에 쌍방은 성실히 협의하여 그 결과를 밝히기로 하고 물러갔다.
　－이러한 내분의 起因은 오성월과 이회광의 의견일치가 안 되어 시작된 것이 아니고 누구라도 쌍방의 소견을 固持하면서 양보한 결과, 일방적으로 29본사가 협동하여 포교당 설립을 계획한다면, 다른 일방인 범어사 주지는 이것에 대항하는 태도를 취하고 半同意해야 하는 태도를 취

---

23) 중앙학림에 대한 설립의 전모, 성격은 졸고, 「중앙학림과 식민지불교의 근대성」, 『민족불교의 이상과 현실』, 도피안사, 2007을 참고할 것.
24) 이 내용은 일본어로 되어 있으나 필자가 번역하였다. 이 문서는 1915년 1월, 지방국에 근무하였던 渡邊彰이 작성하였다. 이 자료는 동국대 불교학자료실(동국대 자료, 218.09, 현.2227 1915~19)에 복사 제본되어 있다.

. 한 까닭에 주지를 설득해 포교당 경영에 참가하도록 하였다.

 一결국 범어사의 主唱에 관계되는 포교당 경영 및 유지의 비용은 범어사의 獨力擔任하게 되었다. 총독부에게 가지고 있던 情想은 버리고, 각황교당의 유지비 부담에 참가하는 것은 범어사의 입장으로써 인정하지 않을 수 없는 것이었다. 그러나 범어사가 흥학에는 참가해도 포교에는 참가하기 어렵다는 주장이 내부의 사정이었다.

 一이러한 정황은 지방국장의 訓諭를 體得한 오성월과 강대련이 1월 14일 총독부에 출두하여 원만하게 협정해서 30본산이 협력하여 홍학 · 포교의 2대사업을 경영하게 되었음을 먼저 지방국장에게 신고하였다. 그리고 내무부장관실로 초대를 받아 내무부장관에게는 훈시를 받았다.

 一내무부 장관은 각사 주지가 협력하여 홍학 · 포교의 사업 경영을 하는 것에 대한 의견이 일치한 것을 조선불교의 전도를 축하하는 祥瑞로 언급하였다. 今後의 萬事가 넓은 마음을 갖고, 서로 양보하고 합치는 마음가짐을 갖는 것에 한마디 언급한 것은 정부와 종교와의 관계이고, 지금은 불교에 대해서 관대, 優遇의 시대라는 발언이다. 이제 불교에 대한 차별은 없을 것이며 모든 종교를 차별치 않을 것이다. 이제 각 사찰이 연합하여 사업을 함에 있어 그 可否는 항상 다수결에 의해 행하지 않으면 안 된다. 이제 종래의 불편한 일체의 악감정을 버리고 협력일치하여 홍학 · 포교에 종사할 결심을 위해서 한마디 한 것으로 말하였다.

 一이 훈유를 받아들인 쌍방은 기쁘게 퇴청하였고, 각본사 주지는 사무의 진행을 회의소장인 용주사 주지 강대련에게 위임을 하고 歸山하였다.

이 내용은 1915년 1월 10일, 30본사 주지총회가 종료된 이후 총독부에서 중앙학림을 설립하기 위한 불교계 내분을 조율하였음을 보여준다. 그 초점은 범어사가 중앙학림이라는 교육사업에는 참가하지만 포교사업은 독자적으로 하겠다는 입장을 바꾸게 하여 종단 사업에 동참하도록 설득한 것이다. 그런데 그 이면은 범어사 주지 오성월이 종단(이회광)의 노선에 비협조, 비판적인 노선을 갔음을 보여준다. 그래서 오성월에 대한 설득작업을 강력하게 하였던 것이다. 즉 1월 13일 총독부 지방국장의 주관으로 해인사 주지인 이회광, 범어사 주지인 오성월, 본산주지회의원장인 강대련이 총독부내에서 회담을 하였다. 이는 원종 과 임제종 간에 있었던 대응의식이 지속되어 범어사의 선종 포교당과 종단이 운영하는 각황 포교당 간의 이질적인 행보, 갈등 구도를 사전에 정비하려는 일제의 의도에서 나온 것이다. 요컨대 총독부의 문건의 저 변에 흐르고 있었던 것은 범어사, 오성월의 일제 및 종단에 대한 저항 의식이다.25) 저항의식은 곧 민족의식이라고 하겠다. 비록 이 문건에 나 오는 것과 같이 범어사와 오성월은 총독부의 불교정책에 어쩔 수 없는 현실적 한계로 동참은 하였지만 그 대응의식은 간단한 것이 아니었다.

바로 이와 같은 대응의식, 민족의식이 3·1운동의 발발이라는 단계 에 가서는 질적인 고양을 하였던 것이다. 3·1운동을 막후에서 준비한 한용운이 오성월을 민족대표로 검토하였다는 설에서도26) 그 무렵 오성 월의 위상을 짐작케 한다. 범어사 3·1운동에 대한 정보는 범어사 3·1 운동의 기폭제 역할을 하였던 범어사 출신 승려인 김법린의27) 회고에 서 찾을 수 있다. 김법린은 3·1운동 직전 만해 한용운의 자택인 유심사 에서의 비밀 회합에 참가하였다. 그는 범어사 3·1운동에 관여하고 이 후에는 상해 임시정부로 망명하고, 그 후에는 프랑스로 유학을 떠났다. 그는 자신이 겪은 3·1운동의 내용을 1946년에 쓴 「三一運動과 佛教」 라는28) 기고문에서 상세하게 밝혔다. 그 회고에 의하면 범어사 방면은

---

25) 오성월이 1915년에는 범어사 주지에 재임되었지만, 1918년에는 주지 재임을 하지 않은 것에는 이러한 일제와의 대결의식이 작용한 것이 아닌가 한다. 오성월의 후임 은 김용곡이었는데, 그는 3·1운동시에 승려들에게 경거망동을 하지 말라는 글을 남겼다.

26) 김상현, 「3·1운동에서의 한용운의 역할」, 『한용운사상연구』 3, 1994, 57쪽. 김상현 은 김법린이 『신천지』 1946년 3월호에 기고한 「삼일운동과 불교」에 근거한 것이다. 즉 "경남의 吳惺月師許에 會談을 交涉하였으나 교통 기타 사정으로 면담치 못하고 백용성 선사만의 승인을 얻게 되었다"고 하였다.

27) 조준희, 「김법린의 민족의식 형성과 실천」, 『한국불교학』 53, 2009.

김상헌과 김법린이 담당하였는데, 이들은 3월 4일 범어사로 잠입을 하여 만세 시위운동을 추동하였다.

梵魚寺 特派員 金祥憲, 金法麟 兩人은 三月 四日 早朝 고담嶺을 넘어 後寺 靑蓮寺에 潛入하야 劉碩規氏를 만나 京城의 突發事態를 傳하고 梵魚寺가 中心이 되여 東萊邑에 示威運動을 일으키기를 慫慂하였다. 그는 곧 寺內에 있는 明正學校學生과 協議하였다. 삼십여 명의 有志가 決死隊를 조직하야 宣言書 오천매를 謄寫한 후 6일 오후 寺內에서 장중한 宣言式을 擧行한 후에 밤에 동래읍을 행하여 뿔뿔히 달려 나갔다.[29]

이렇게 그들은 범어사의 승려인 유석규와 협의하여 명정학교 학생들과 범어사 학승들이 주도하는 범어사 3·1운동을 촉발케 하였던 것이다. 그런데 위의 회고에는 오성월이 관여되었음이 나오지 않는다. 그런데 1983년 부산일보사에서 부산지역의 선각자를 조명한 보도기사를 정리하여 발간한 『어둠을 밝힌 사람들』의 김법린 편에는 다음과 같이 오성월의 관련 내용이 나온다.

범산(필자주, 김법린)은 추억어린 범어사에 돌아와 무척 기뻤다. 그는 이곳의 불교전문강원을 졸업하고 경성 불교 중앙학림(현 동국대 전신)에 다니다 2년 만에 돌아왔기 때문이다. 기쁨도 잠시 뿐이었다. 그에겐 범어사 의거를 주도해야 할 막중한 책임이 있었던 것이다.

梵山과 金祥憲은 吳惺月, 李湛海, 金경산 등 이곳의 지도적인 스님들에게 경성에서 있었던 3·1독립운동을 상세히 설명해 주었다. 범어사의 스님들은 2월 하순 한용운이 다녀갔기 때문에 잘 알고 있었다. 범산은 劉碩規를 만났다. 범어사의 불교전문강원 지방학림 明正學校가 중심이 되어 東萊에서 시위를 일으킬 방법을 그와 모색했다. 그 결과 18일(음력 2월

---

28) 필자는 『신생』 창간호(1946.3)에 수록된 것을 이용하였다.
29) 위의 자료, 19쪽.

17일) 동래읍 장날에 의거를 결행토록 의논이 됐다.[30]

이 서술에는 김법린이 범어사에 비밀리에 와서 우선적으로 오성월, 이담해, 김경산 등 지도적인 스님들을 만나, 서울에서의 만세운동 상황을 설명하였다고 한다. 그런데 이 서술은 『부산 · 경남 3 · 1운동사』를 참고한 것이고, 당시에 생존하였던 관련 인사들의 증언을 거친 기술이기에 어느 정도는 신뢰할 수 있다고 본다. 그러나 김법린이 1963년 7월 12일 항일 승려인 범어사 출신인 김상호의 간청에 의하여 기술한 회고, 「동래읍 기미만세사건」에는 위의 서술과는 약간 다르게 그 전후 사정을 증언하였다.

> 1919년 3월 5일 김상헌 필자 두 사람은 경부선 물금역에 내려서 양산군 본명 금산리 뒷재를 넘어 범어사에 잠입하였다. 범어사 북쪽 청련암에 체류하면서 유석규, 김상호, 차상명, 김봉환 등 청년계의 지도자들과 연락하여 사내 불교전문강원의 학인과 지방학림 학생과 기타 청년 유지를 동원하도록 종용하였다. (중략)
> 서울의 독립선언 중앙에서 연락원이 도착하였다는 소식을 받자 內院의 李湛海, 淸風의 吳惺月, 丹応의 金擎山 등 諸氏은 물론이요. 오리산, 배영진, 송구해, 유석규, 이연봉 등 중견 제사들도 사찰의 보호 관리상 표면에 나설 수 없었음 배후에서 광복운동을 적극 서원하였다.[31]

즉 오성월, 이담해, 김경산 등 범어사의 고승들은 사찰 보호 차원에서 만세운동의 일선에는 나서지 않고, 배후에서 3 · 1운동을 서원하고, 지원하였던 것이다. 여기에서 필자는 일단은 오성월의 민족의식을 확인하고 나아가서는 범어사에서의 만세운동의 배후에 오성월이 있었다고 보고자 한다.

30)『어둠을 밝힌 사람들』, 부산일보사, 1983, 198~199쪽.
31)「한국불교항일투쟁 회고록, 동래읍 기미만세사건」, 『대한불교』 1964.6.9.

오성월의 민족의식은 상해 임시정부에 군자금 제공, 임시정부에서의 고문 추대로 이어졌다. 이에 대한 사정은 범어사 승려로서 국내와 상해 임정을 오가면서 불교 독립운동의[32) 교량역할을 하였던 김상호의 증언에 나온다.

> 우리 얼이 살아 있고 얼이 있는 한 내 나라를 찾기 위한 운동과 항쟁에 필요한 군자금 모금은 위험하나 가능하다는 확신을 가졌다.
> 그리하여 1차로 1919년 10월 필자와 김상헌, 김석두 및 범어사 원로인 이담해, 오성월, 김경산 중견인 오리산 등이 밀의한 끝에 거액의 군자금을 淨財에서 변출키로 정하고 필자가 상해에 특파되어 헌납하였다.
> 이때, 상해 임정에서는 이담해, 오성월, 김경산 세 원로를 임정고문으로 추대했으며 필자는 귀로에 추대장을 가지고 돌아왔다. 또한 필자는 임정의 국내불교계 비밀 통신 사무를 담당하게 되었다.[33)

즉 오성월은 범어사 고승인 이담해, 김경산 그리고 중진인 오리산 등과 함께 범어사 정재를 변통하여 그 자금을 상해 임시정부의 군자금으로 제공하였다는 것이다. 오성월의 민족운동은 1919년 11월 15일 상해 임시정부에서 활동하였던 승려들의 독립운동의 기반에서 나온 대한승려연합회 선언서의 대표자에 포함되는 것으로 최고조에 달하였다. 이 선언서는 승려독립선언서로 지칭된다. 이 선언서는 국문, 영문, 한문 등

---

32) 불교 독립운동에 대한 전모와 성격은 졸고, 「일제하 불교 독립운동의 전개와 성격」, 『새불교운동의 전개』, 도피안사, 2002를 참고할 것.

33) 김상호, 「3·1운동에서 8·15광복까지, 숨어 있던 이야기 ; 한국불교 항일투쟁 회고록」, 『대한불교』 1964.8.23. 이 내용은 백성욱의 「3·1운동과 중앙학림」, 『동대신문』 1968.6.20일자의 회상기에도 나온다. 즉 1919년 10월 김상호를 보내 군자금을 모금하여 상해 임시정부에 전달하였고, 상해 임정에서는 이담해, 오성월, 김경산 등 불교계 원로를 임정고문으로 추대하였다고 한다. 이 회고에서 주목되는 것은 고문이 다수였다는 점이다. 혹시 이 고문들이 승려선언서의 대표자로 연결되지 않았을까 필자는 추정한다.

으로 제작되어 국내외에 배포되었다.[34] 이 선언서는 일제하 불교 독립 운동의 정수이고 상징이라고 볼 수 있다. 우선 여기에서 그 선언서 전문을 제시한다.

「宣言書」

韓土의 數千 僧侶는 二千萬 同胞 及 世界에 對하야 絶對로 韓土에 在한 日本의 統治를 排斥하고 大韓民國의 獨立을 主張함을 玆에 宣言하노라.

平等과 慈悲는 佛法의 宗旨니 무릇 此에 違反하는 者는 佛法의 敵이라. 그러하거늘 日本은 表面 佛法을 崇한다 稱하면서 前世紀의 遺物인 侵略主義 軍國主義에 耽溺하야 자조 無名의 師를 起하야 人類의 平和를 騷亂하며 한갓 그 强暴함만 恃하고 敎化의 恩을 受한 隣國을 侵하야 그 國을 滅하며 그 自由를 奪하며 그 民을 虐하야 二千萬 生靈의 冤聲이 嗷嗷하며 特히 今年 三月 一日 以來로 大韓民族은 極히 平和로운 手段으로 極히 正當한 要求를 叫號할새 日本은 도로혀 더욱 暴虐을 肆行하야 數萬의 無辜한 男女를 虐殺하니 日本의 罪惡이 斯에 極한지라 我等은 이믜 더 沈黙하고 더 傍觀할 수 업도다.

일즉 全民族 代表 三十三人이 獨立宣言을 發表할새 我 佛徒中에서도 韓龍雲 白龍城 兩 僧侶 – 此에 參加하엿고 그 後에도 我 佛徒中에서 身과 財를 獻하야 獨立運動에 奔走한 者 – 多하거니와 日本은 一向 前過를 懺悔하는 樣이 無할 뿐더러 或은 警官을 增加하고 軍隊를 增派하야 더욱 抑壓政策을 取하고 一邊 不正한 手段으로 賊子輩를 驅使하야 一日이라도 그 惡과 二千萬 生靈의 苦惱를 더 깊게 하려 하니 이제 我等은 더 忍見할 수 업도다. 不義가 義를 厭하고 蒼生이 塗炭에 苦할 때에 劍을 仗하고 起함은 我 歷代 古祖 諸德의 遺風이라. 하물며 身이 大韓의 國民으로 生한 我等이리오.

---

34) 필자는 이 선언서에 대한 전모, 성격 등에 대한 집중적인 검토를 하였다. 본 고찰에서 선언서의 제반 내용은 졸고, 「대한승려연합회선언서와 민족불교론」,『민족불교의 이상과 현실』, 도피안사, 2007의 논고를 참고한 것이다. 그런데 현재 이 선언서를 누가 집필하였는지에 대한 단적인 문헌 기록은 없다. 그래서 학자들은 백초월, 이종욱, 신상완 등을 그 집필자로 추정하고 있다. 필자는 백초월을 필자로 보고 있다.

顧컨대 佛法이 韓土에 入한지 于今 二千年에 李朝에 至하여 多少의 壓迫을 受함이 有하였다 하더라도 其他의 歷代 國家는 모다 此를 擁護하야 그 發達의 隆盛함이 世界佛教史上에 冠絕하였나니 彼 日本人을 佛陀의 慈悲 中에 引導한 者도 實로 我 大韓佛教라. 壬辰倭亂 其他 危急의 時에 여러 祖師와 佛徒가 身을 犧牲하야 國家를 擁護함은 歷史에 昭詳한 바이어니와 이는 다만 國民으로 國家에 對한 義務를 盡할 뿐이라. 國家와 佛教의 깊고 오랜 因緣을 因함이니라. 日本이 强暴하고 그 詭譎한 手段으로써 韓國을 合倂한 以來로 韓國의 歷史와 民族的 傳統 及 文化를 전혀 無視하고 各 方面에 對하야 日本化 政策 及 壓迫政策으로써 韓族을 全滅하려 할세 我 佛徒도 그 毒手의 犧牲이 되야 强制의 日本化와 苛酷한 法令의 束縛下에 二千年來 韓土의 國家의 保護로 누리던 自由를 失하고 未幾에 特有한 我 歷代 祖師의 遺風이 湮滅하야 榮光잇던 大韓佛教는 滅絕의 慘境에 陷하려 하도다.

이에 我等은 起하엿노라. 大韓의 國民으로서 大韓國家의 自由와 獨立을 完成하기 爲하야 二千年來 榮光스러운 歷史를 가진 大韓佛教를 日本化와 滅絕에 救하기 爲하야 我 七千의 大韓 僧尼는 結束하고 起하였노니 矢死報國의 이 發願과 重義輕生의 이 意氣를 뉘 막으며 무엇이 막으리오. 한번 結束하고 奮起한 我等은 大願을 成就하기까지 오직 前進하고 血戰할뿐인뎌.

　　　大韓民國 元年 十一月 十五日
　　　　　大韓僧侶聯合會
　　　　　　　代表者 吳卍光 李法印 金鷲山
　　　　　　　　　姜楓潭 崔鯨波 朴法林
　　　　　　　　　安湖山 吳東一 池擎山
　　　　　　　　　鄭雲峯 輩相祐 金東昊

이 선언서의 내용을 살펴보면 불교가 독립운동에 나선 이유, 논리, 투쟁의 방법 등이 명쾌하게 나온다. 요컨대 선언서는 민족불교의 논리, 지향, 사상 등이 분명하게 드러난다. 이런 선언서 말미에 나오는 대

표자 명단에 나오는 吳卍光이 본고찰의 초점인 오성월로 필자는 이해한다.[35]

그런데 어떤 과정을 거쳐 오성월이 이 선언서에 대표자로 선출되었는지, 그리고 오성월이 그에 대한 입장이 어떠하였는지를 알려주는 기록은 현재 없다. 다만 국내 불교계와 상해 임시정부를 왕래하면서 독립운동을 하였던 항일 승려인 신상완, 백성욱, 김법린, 김상헌, 김상호, 이종욱[36] 그리고 서울에서 한용운과 백용성을 대신하여 국내 불교계 독립운동을 추동하고 있었던 백초월의[37] 연대하에서 선언서가 나온 것으로 보인다.

이런 인물 중에서 범어사 출신은 김법린, 김상헌, 김상호를 주목할 필요가 있다, 김법린과 김상헌은 중앙학림 재학생으로 범어사(동래) 3 · 1 만세운동을 추동한 주역이었다. 그리고 김상호는 당시 범어사에 머물렀는데 서울에서 내려온 김법린과 김상헌을 만나 범어사 만세운동이 일어나도록 관여한 인물이었다. 특히 김상호는 범어사 승려들이 제공한 군자금을 상해 임정에 제공하였으며, 범어사의 고승(오성월, 이담해, 김경산)이 임정의 고문으로 추대되었던 일에 관여하면서 임시정부와 범어사의 가교 역할을 한 핵심 인물이었다. 필자는 이런 배경하에서 상해 임시정부에서 제작되어 국내 불교계에 널리 전달된 승려 선언서의 대표자의 일원으로 포함되었음은 자연스러운 일이었다고 본다. 특히 池擎山으로 나온 대상을 김경산으로 이해하는 저간의 사정을[38]

---

35) 이 선언서가 1970년 초에 발견되어 『대한불교』 1970년 3월 8일에 보도되었는데, 그 보도기사에서 오만광은 오성월, 이법인은 이회광, 김취산은 김구하, 지경산은 김경산으로 서술하였다. 그러나 그에 대한 근거, 추정, 자문한 승려 등은 나오지 않는다.

36) 졸고, 「조선불교 조계종과 이종욱」, 『민족불교의 이상과 현실』, 도피안사, 2007.

37) 졸고, 「백초월의 삶과 독립운동」, 『민족불교의 이상과 현실』, 도피안사, 2007.

38) 그 대상자 중에서 김축산은 범어사의 고승 김구하로 이해하는 것이 학계의 중론이다. 통도사의 산을 영축산으로 지칭하는 것에서 그렇게 이해하였다. 김구하도 상해

고려할 때에 필자의 추정은 설득력을 얻을 것으로 보인다.

지금까지 살핀 바와 같이 오성월은 1919년 3·1운동기에는 불교 독립운동의 중심부에 있었다. 오성월은 3·1운동 민족대표에 포함되지는 않았지만 그는 범어사 만세운동을 지원, 성원하고 임시정부에 군자금을 제공하였다. 그런 위상, 업적으로 인해 그는 임시정부의 고문, 승려연합회 선언서의 대표자가 되었다. 이런 여러 내용은 오성월 그가 단순히 수행만 하는 폐쇄적, 고답적인 선사가 아니라 불교 근대화와 독립운동을 고민하고, 그 일선에서 활약한 행동하는 지성인이었음을 말해주는 것이다. 이런 면에서 그는 선사이자 독립운동가이었다. 즉 그의 선의식과 민족의식은 팽팽하게, 균형적으로 조화되었다.

4. 선학원, 선리참구원, 조선불교 선종과
   오성월의 현실의식

본장에서는 일제하 불교의 전통수호와 저항불교의 거점이었던 禪學院과 오성월과의 상관성을 정리하려고 한다. 서울 종로구 안국동 40번지에 소재하고 있는 선학원은 조계종단 소속 재단법인체로서 전국 500

임시정부에 군자금을 주었다는 문건 기록이 현재 남아 있다. 정광호, 「통도사 회의록철」, 『한국불교최근백년사편년』, 인하대출판부, 1999, 241~242쪽.
한편 필자는 두 번째 대표자로 나오는 李法印을 기존에서는 이회광으로 보는 것에 재고할 수 있는 여지가 있다고 본다. 그 대상자를 범어사 고승인 李湛海로 추정할 수도 있다고 본다. 왜냐하면 이회광은 친일노선을 간 고승이었고, 임정에서 상해로 망명을 추진하였지만 끝내 그를 거절한 사정에서 그렇게 이해하였다. 그러나 이것도 하나의 추정에 불과하다.
이담해(1877~1933)는 울산출신, 18세에 범어사로 출가, 은사는 연운, 범어사 총섭, 1920년대 전반기 범어사 주지를 역임했다. 추후에는 이담해에 대한 연구가 요청된다.

여 개 선원을 관리하는 법인의 성격을 띤 사찰이지만, 근대 불교 및 조계종의 역사에서는 이념의 거점이었다. 특히 수좌들의 항일 불교, 전통 불교 수호, 불교정화운동에서 선학원은 그 중심에 있었다.[39] 선학원은 1921년 11월 30일에 창설되었으나, 본격적인 활동은 1922년 3월 선학원 내에 전국 수좌들의 조직체인 禪友共濟會가 조직되면서 본격화되었다.

이러한 선학원의 전신 격인 선종 포교당은 범어사 포교당으로 지칭되었는데, 1915년 이후에는 범어사와 오성월의 지원, 주관 등에 의하여 운영되었다. 선학원 창건 배경을 보면 선학원은 1921년에 우연히, 독자적으로 대두된 것이 아니라 1910년대 후반의 범어사 포교당의 계승의 성격이 드러난다. 여기에서 우선 선학원의 창립의 주역에 범어사 인물이 개재되었음을 살펴 보겠다. 선학원은 범어사 포교당의 포교사인 김남전과 석왕사 경성포교당 포교사 강도봉이 한국 전통의 선 부흥을 기하자는 합의로 시작되었다. 그 후에는 오성월, 송만공, 백용성, 김석두의 협의로 구체화 되었다. 요컨대 김남전, 오성월, 김석두 등 범어사 승려가 선학원 발기 움직임에 깊게 관여되었던 것이다. 범어사 승려들은 발기 재원을 제공하였을 뿐만 아니라 오성월은 서울 인사동 포교당을 처분하여 건립 자금으로 지원하였다.[40] 그리고 건축을 완료한 후에는 가옥 및 대지 명의를 김남전, 강도봉, 김석두 3인 명의로 하였다가 세금 문제로 인하여 범어사 명의를 차용하여 등기하였다. 이런 창건의 역사를 갖고 있는 선학원 창건 상량문에는 건축을 주도한 대중 명단이 나오는데 오성월, 김석두, 김남천, 백용성 등 범어사와 연고가

---

39) 필자는 선학원에 대한 설립, 운영, 성격 등에 대한 고찰을 발표하였다.
　　김광식, 「일제하 선학원의 운영과 성격」, 『한국근대불교사연구』, 민족사, 1996; 「조선불교선종 종헌과 수좌의 현실인식」, 『한국근대불교의 현실인식』, 민족사, 1998.
40) 인사동 포교당을 철거하면서 나온 재목을 선학원 건축에 그대로 활용하였다.

있는 인명이 전하고 있다.

선학원 내의 수좌 조직체인 선우공제회는 1922년 3월 30일부터 4월 1일의 창립 총회에서 비롯되었다. 그 창립을 주도한 승려 35명의 명단에 범어사 승려인 오성월, 김남전, 기석호가 포함되었다. 그리고 선우공제회를 발기한 대표자 명단을 전하는 관련 기록에도 "발기인 오성월 이설운 백학명 이설운 외 79명"으로 나온다. 여기에서 오성월은 선학원 및 선우공제회의 초창기를 대표한 인물이었음을 분명하게 알 수 있다.

한편 한국 전통불교의 수호를 자임하고 일본불교의 영향을 차단하려는 목적에서 출발한 선학원 및 선우공제회는 1924년경에 접어 들면서 재정의 난관을 이겨내지 못하고 침체 상태가 되었다. 그래서 공제회 본부를 직지사로 이전시켰으나 1926년 5월에 가서는 서울의 선학원은 범어사 포교소로 전환되었다.[41] 이렇게 선학원이 침체, 중단되었을 즈음 그를 관리하고 있었던 주체는 범어사이었다. 범어사가 연고, 포교의지를 갖고 있으면서 김상호에게 범어사 포교당을 관리하도록 하였던 것이다. 선학원으로 회복된 시점은 1930년 1월이었다. 그는 선학원을 중흥시킨 김적음에 의해서 재건되었는데, 그를 가능하도록 중간에서 연결한 인물이 범어사 출신인 김상호였다.[42] 이와 같은 사정은 범어사에서 작성한 「梵魚寺 中央布敎堂 移建의 由來(別號 禪學院)」[43]이라는 문건에서 재확인 할 수 있다.

「布敎堂의 移建 經緯」

距今 三五年前 卽 檀紀 四二三四年 傾에 梵魚寺에서 吳惺月 金南泉 金石頭 金尙昊 諸氏로 하여금 布敎堂 移建委員을 定하여 仁寺洞 188번지의

---

41) 『동아일보』 1926.5.6.
42) 「선학원일기 抄要」, 『선원』 1호(1931.10).
43) 이 자료는 현재 부산 금정중학교에 보관되어 있다.

布教堂을 安國洞 40번지로 移轉 擴張한바 建物을 그되로 移轉하여 不足
材는 新材로만이 利用하엿으매 資金은 同 垈地를 賣却하고 不足額은 寺
財로 充當하였고 完成 後 金南泉 禪師를 布教師로 任命하였다가 4260년
경에 禪師가 辭退하고 金尙昊氏가 承繼 守護하다가 約 四二六三 傾에 右
氏가 金寂音氏를 推薦하여 梵魚寺에 僧籍을 하여 監院으로 守護케 하다.

한편, 재건된 선학원에서는 견실한 재정적인 기반으로 선 부흥을 활
성화 하기 위해 재단법인체로 전환하기 위한 검토를 하였다. 이에 1933
년 3월, 수좌대회에서 그 전환을 결정하였다.[44] 그리하여 1934년 12월
5일에는 재단법인으로 인가를 받아서 새로운 출발을 하였다. 바로 그
재단법인을 만들 때에 다수 승려들이 재산을 출연하였다. 당시 그 재산
출연을 한 인물에는 범어사 출신 승려인 오성월, 김석두, 김경산, 오리
산, 김남전 등이 포함되어 있다. 재산 출연자 총 17명중 5명이 범어사
승려였다. 기부금액으로 보면 전체 82,970원 중 범어사 승려가 낸 액수
가 56,260원에 달한다. 오성월은 1,000원을 냈지만, 오리산은 47,329원
을 출연하여 개인으로는 최다이며 전체 액수의 절반을 기부하였다.[45] 이
런 기부가 있었기에 재단법인 선리참구원의 초대 상무이사에 오성월과
김남전이 선정되었다.[46]
　선학원이 재단법인 선리참구원으로 인가, 출범하자 그 출범에 관여
된 인사인 이사들은[47] 1934년 12월 19일부터 23일까지 5일간 제1회
이사회를 개최하였다. 오성월도 참석하였음은 물론이다.[48]

---

44) 그 주역은 송만공, 김남전, 김현경, 황용음, 기석호, 변유심, 윤서호, 이탄웅, 김적음
　　등이다.
45) 『선원』4호(1935.10), 44~45쪽.
46) 「휘보, 재단법인 선리참구원 인가」, 『불교시보』1호(1935.8).
47) 그는 이사장 송만공, 이사인 오성월, 김적음, 김남전이다.
48) 3일째(12.21) 회의에서는 선리참구원 선전을 담당할 위원을 선출하였다. 그는 오성
　　월, 김경산, 윤서호, 김적음, 김상호, 차상명이었다.

이런 배경하에서 1935년 3월 7~8일, 선학원에서 열린 수좌대회에서
는 朝鮮佛教 禪宗을 출범시키고, 선종의 운영의 근간인 宗規를 제정하
고, 그에 의거하여 宗務院도 출범하였다.[49] 오성월도 대회에 참가하였
는데, 대회에서는 조선불교 선종의 중앙기관인 중앙종무원장으로 오성
월을 선출하였다. 중앙종무원은 전국 선원의 통일기관 즉 현재적인 관
점으로는 선원계열 총무원의 성격을 띠는 조직체였다. 그 책임자가 오
성월이라 함은 오성월이 당시 전국 선원의 대표자 역할도 수행하였다는
것이다. 이런 사정은 아래의 기록에도 나온다.

> 지난 삼월의 전선수좌대회에서 선종의 자립과 전선 선원의 통일기관
> 으로 중앙에 종무원을 설치키로 결의되어 동 사무소를 경성부 안국동 중
> 앙선원에 두고 원장 오성월(吳惺月) 화상이 취임하야 우로 세분의 종정을
> 모시고 아래로 삼 리사를 거느리여 선종의 자립과 선원수 증가와 각 선원
> 의 내용 충실을 도모한 바 불과 반년에 선원 수가 십여 개소이고 전문으
> 로 공부하는 수좌 수효가 삼백명을 초과하게 되엿습니다. 창립 당시 사무
> 실 건축비로 회사금을 재경신도 여러분이 연출한바 불과 일일에 천여원
> 을 초과하야 수년내에 사무실 건축을 보일 길한 길조를 보이다.[50]

즉 1935년 3월, 조선불교 선종 행정기관인 중앙종무원의 초대원장
이 범어사 승려인 오성월이었다.[51] 오성월이 책임을 맡았던 종무원에

---

49) 「불교수좌대회」, 『동아일보』 1935.3.13. 이 대회에 대한 개요, 성격에 대한 전모는 졸
　　고, 「조선불교선종과 수좌대회」, 『한국 현대선의 지성사 탐구』, 도피안사, 2010가 참
　　고된다.
50) 『선원』 4호, 29~30쪽.
51) 이 내용은 현재 금정중학교에서 소장하고 있는 선거결과를 통고한 문건에도 나온
　　다. 그 내용은 다음과 같다.
　　吳惺月 大和尙 展
　　今般 朝鮮佛教 禪宗 首座大會에서 猊下를 朝鮮佛教 禪宗 中央宗務院長으로 選擧
　　엿삽기 此旨를 玆에 傳達홈

서는 전국 각 선원의 연락과 통제, 선리참구 방안 강구, 선방 증설, 수좌 대우 개선, 지방에서 설법 포교 활동 등의 사업을 추진하였다. 즉 선종 의 독립 발전을 실천하는 기관이었다. 그런데 오성월은 선종 종무원장 으로 본격적인 활동을 하기도 전인 1935년 9월 9일에는 선리참구원 이 사장에 추대되었다.[52] 그 관련 문건은[53] 다음과 같다.

> 禪秘 제5호
> 佛紀 二九六二年 九月 九日
>   財團法人 朝鮮佛教 中央 禪理參究院
> 東萊郡 梵魚寺
>   吳惺月大和尙　殿
>   理事長 當選에 關한 件
> 首題의 件에 關하야 昭和 拾年 九月 九日 本院 評議員會에서
> 貴下가 理事長으로 當選되엿아옵기 玆에 通告함

이렇게 오성월은 이사장에 추대되었지만,[54] 그 실무는 어떻게 보았 는지는 파악하기 힘들다. 관련 이사회의 기록에 의하면 오성월은 이사 장에 추대된 이후, 최초로 열린 1936년 3월 10일의 제5회 이사회에는 참석하였다. 그러나 1937년 2월 27일에 개최된 제6회 이사회에는 '病 氣'로 인하여 불참하였다. 그런데 1938년 3월 7일에 개최된 제7회 이

佛紀 二千九百六十二年 三月 十日
朝鮮佛教禪宗 宗正會
52) 그 이전 이사장은 송만공(수덕사)이었다. 이사장이 교체된 연유는 전하지 않는다. 이 무렵에 오성월은 조선불교선종 중앙종무원이 발행의 주체가 된, 『선원』지 4호 (1935.10)에 권두언을 게재하였다. 그 내용은 다음과 같다. 靈鷲嶺上一莖枝 花發萬 邦劫外春 呵呵幾唱無生曲 三角山脚漢江心 惺月一仝.
53) 이 문건의 원본도 금정중학교에 보관되어 있다.
54) 오성월이 이사장에 추대될 당시의 이사진은 설석우(부이사장), 정운봉(재무), 김적 음(교화), 권혜영(서무)이었다.

사회에는 참석하여 직무를 보았다. 그러나 1939년 3월 21일 열린 제8
회 이사회와 1940년 3월 22일의 제9회 이사회에는 불참하였다. 그렇
지만 1941년 3월 14일의 제10회 이사회에는 참석하여 이사장 직무를
보았다.[55]

그러나 오성월은 이렇게 이사회에 간헐적인 출석은 하였지만 이사
장의 직무에 대해서는 적극적으로 소임을 할 형편(건강 등)이 아니었
던 것으로 보인다. 그 사정은 다음의 내용에서 추론한 것이다. 즉 193
7년 3월 무렵, 노쇠(당시, 72세)하여 직무를 감당할 수 없다는 빌미로
선리참구원의 이사장직을 사직하였다. 그러나 사표는 수리되지 않았
다.[56] 오성월은 1938년 3월 이사회에 참석하여 회의를 주관하면서도
재차 사면서를[57] 제출하였다. 그러나 이때에도 역시 수리되지 않았
다.[58] 그런데 1939년 3월 23일 개최된 조선불교 선종 제1회 선회에서

---

55) 이 이사회에서 이사진이 개편되었다. 그 결과는 다음과 같다. 이사장 오성월, 부이
  사장 김경봉, 서무이사 변월주, 재무이사 원보산, 교화이사 정금오이다.
56) 당시 그 정황을 보여주는 문건이 있다. 그 문건은 재단법인 선리참구원이 1937년 4
  월 5일자로 이사장인 오성월에게 보낸 편지이다. 이 편지도 금정중학교에 보관되어
  있다. 그 요지는 1938년 3월이 이사 만기일이기에 그때까지는 이사 변동을 할 수 없
  는 사정을 개진하고, 1938년 3월까지는 이사장을 그대로 유지해주길 바라는 내용
  이다.
57) 그 사면서 전문은 다음과 같다. 이 전문의 원문은 금정중학교에 보관되어 있다.
        辭 免 書
      朝鮮佛教禪理參究院
        理事長 吳惺月
  本人이 卽今 老衰할 뿐 不O타 本院의 重任職上 堪耐키 極難하옵기 玆에 辭免하오니
    照亮하심을 敬要
        佛紀 二九六五年 三月 日
          右 吳惺月
      朝鮮佛教禪理參究院 御中
58) 이때 오성월은 이사장으로 중임되었다. 부이사장인 설석우도 중임되었는데 당시
  신임 이사는 기석호, 강정일(강석주), 김일웅이었다.

는 종무원장으로 재선출되었다.[59] 이런 제반 내용을 볼 때에 오성월은 건강 문제와 범어사에 주석하였던 연고로 인하여 정상적인 이사장, 종무원장의 실무는[60] 보지 못한 것이라 하겠다. 오성월은 이렇듯이 1935~1937년에 조선불교 종무원장, 이사장에 재임하였지만 연로에 의한 문제가 제기되었다.

한편 1941년 3월 16일, 중앙선원(선학원)에서 조선불교 선종 禪會 제2회 정기총회가 개최되었다.[61] 선회는 선종 종규에서 규정한 선종의 광의의 대의원회이다. 오성월도 중앙종무원측 대표로 선회에 참가하였다. 선회에서는 정관 수정, 기본재산 정리, 총본산에 건의안 제출, 선원 규칙 개정, 신앙보국의 문제, 지방선원 등급 등이 논의되었다. 그리고 대회에서는 이사장과 종무원 원장을 겸임하였던 오성월과 출범부터 이사로 근무한 김적음에 대한 공로 표창을 하였다. 대회 회록에 나오는 그 내용을 제시하면 다음과 같다.

本 禪會가 第二會의 定期 總會를 맞게 된 今日에 있어 前日을 回顧하면 感慨無量한 말씀은 이로다 말할 수 없습니다. 十年 前을 回顧하면 無主空 숨이엿던 本院을 今日 이와 같이 構成케 한 것은 院長 吳州惺月師 以外 各 幹部의 努力도 있겟지오마는 더욱 金寂音師의 十年 星霜의 惡戰苦鬪한 業績이라고 아니할 수 없습니다. 寂音師의 功績을 區區히 더 말하지 아니하여도 그 事業 自體가 雄辯으로 證明하고 있습니다.

그러나 今般 遺憾이나마 寂音師가 一時나마 本 禪院을 辭退한다는데 있어서 우리 會員으로서는 功勞를 表彰한다는 것 보담 哀惜의 情을 表치

---

59) 졸고, 「조선불교선종 선회에 나타난 수좌의 동향」, 『한국 현대선의 지성사 탐구』, 207쪽.
60) 그런데 종무원장과 이사장은 겸임이 아닌가 한다. 이에 대해서는 치밀한 고찰이 요청된다.
61) 이 선회에 대한 전모는 졸고, 「조선불교선종 선회에 나타난 수좌의 동향」, 210~228쪽의 내용 참조.

아니할 수 없습니다. 그리고 老境을 不顧하시고 努力하여 주시는 理事長
과 十數 星霜을 한가지로 書務에 노력하여 주시는 書記 雄村師의게도 亦
是 表彰을 아니할 수 없습니다.[62]

위와 같은 이순호(청담)의 발언에 잘 나와 있다. 즉 참가 대중은 이순
호의 제안에 박수로써 호응하며, 만장일치로 가결하였다. 이에 즉시로
표창 계획위원 7인을[63] 선정하고, 위촉된 계획위원은 계획안을 보고하
였는데, 이사장인 오성월과 김적음은 선회에서 표창하되 기념품으로 염
주 一掛를 증정하는 것으로 정하였다. 이 선회에서 오성월은 중앙종무원
원장과 선리참구원의 이사장으로 재추대되었다는 기록을[64] 보면 그와
선학원과의 관련은 지속되었다.[65]

그가 이렇게 선리참구원 이사장, 조선불교 선종 중앙종무원장으로 지
속하여 활동함에서 그의 선풍진작 및 수좌 외호 정신에 대한 일정한 평
가를 할 수 있다. 그러나 오성월과 선학원의 긴밀성은 단순한 개인적인
유대라고만 볼 수는 없다. 이는 범어사와 선학원간의 공적인 연고가[66]

---

62) 「조선불교 선종 2회 회록」, 11쪽.
63) 그는 일웅, 순호, 도봉, 원종, 석주, 정광, 어파 등이었다.
64) 졸고, 「조선불교선종 선회에 나타난 수좌의 동향」, 218쪽.『불교시보』69호(1941.4),
   「휘보, 재단법인 선리참구원의 이사회 及 평의원회」.『불교시보』에는 그 당시 임원진
   개편 결과를 이사장 오성월, 부이사장 김경봉, 상무이사 원보산, 이사 변봉암 · 정금
   오, 보흠이사 하정광 · 박대야, 감사 김일웅 · 김시암 등으로 전한다. 그런데 선회 회
   록에는 이사장과 부이사장의 선임을 원장과 부원장으로 나온다. 이런 것을 보면 종
   무원장과 이사장은 겸임으로 근무케 한 것이 아니면 종무원장은 곧 이사장을 칭하
   였던 것이 아닌가 한다.
65) 오성월은 1943년 8월 9일(음력?)에 입적한 것으로 「金井山 梵魚寺 禪刹開倉主 惺月
   堂 一金 大師之碑」(1988년 건립, 범어사)에 나온다. 그런데 오성월이 언제 선리참구
   원의 이사장을 사직하였는지는 정확하게 알 수 없다. 현전하는 자료에는 오성월의
   후임 이사장은 김적음으로 나오는데, 그가 이사장이었음을 보여주는 문건인 1943
   년 4월 7일자의 자료를 필자는 본적이 있다. 이로 미루어 보면, 입적 이전 즉 건강이
   악화되었을 무렵에 사직서를 내고 수리된 것으로 보인다.

일제말기까지 지속됨에서 나온 것이라 본다.

지금껏 항일 불교, 전통불교 수호, 선풍 진작 등의 의미를 갖고 있었던 선학원의 창설, 운영 등에 나타난 오성월의 연관성을 살펴보았다. 이제 범어사 인사동 포교당, 선학원의 창건, 선우공제회 설립, 선학원 재건, 재단법인 선리참구원의 출범, 조선불교 선종의 운영 등에서 오성월은 핵심 역할을 하였음을 분명하게 파악하였다. 그 결과 오성월은 1900년대부터 그가 입적하였던 1943년까지 근대불교 공간에서 선과 관련된 활동의 중심에 있었다. 이는 그의 삶, 승려로서의 활동에서 禪을 결코 배제할 수 없음을 의미한다. 그런데 그가 禪師로서의 이 같은 활동은 은연중, 결과적으로는 일제에 대한 저항의식, 한국불교 전통의 수호의식과 무관한 것은 아니었다. 선학원, 선종의 지향 자체가 항일 불교, 민족불교의 성격을 갖고 있었기 때문이다.[67] 요컨대 오성월에서의 선은 곧 민족의식을 포괄하였다. 다시 말하자면 오성월의 민족의식은 선에서 출발한 현실의식이었다.

한편, 그의 민족의식을 검토, 조망함에 있어서 선학원이 일제 말기에 생존 차원에서 일제의 식민통치에 일부 순응한 노선을 간 것과 오성월이라는 개인 삶과의 연계성을 어떻게 수용, 이해할 것인가의 문제는 남아 있다. 이는 간단치 않다. 미묘한 문제이다. 즉 공적인 단체가 순응 노선을 간 것을 오성월의 개인의 의식으로 바로 볼 수 있는가이다. 그렇지만 오성월은 선학원의 종무원장, 이사장을 역임한 것은 분명하여 선학원의 일제 말기의 순응 노선을[68] 오성월의 노선, 체질과 무관하다고 볼 수는

---

66) 『불교시보』 54호(1940.1), 「선원소식」에는 범어사선원(수좌 16명), 내원선원(수좌 12명), 금정암 선원(수좌 11명)이 선리참구원이 관리하는 선원이라고 나온다.

67) 이에 대해서는 필자의 관련 졸고를 참고할 수 있다. 이런 성격 파악은 근대불교의 학계에서 보편적인 이해라 하겠다.

68) 김순석, 「중일전쟁 이후 선학원의 성격 변화」, 『선문화연구』 창간호, 2006.

없다. 그러면서도 오성월이 이사장 사임서를 비록 노쇠를 빌미로 두차례나 제출하였던 것도 역시 간과할 수 없다. 요컨대 오성월도 공인으로 선학원 노선과 불가분의 함수 관계로서의 책임을 갖고 있다.

이런 오성월의 일제말기 현실인식과 관련하여 1941년 초부터 오성월이 吳州惺月이라고 창씨개명을 하였음을 전하는 기록이 있는 점, 1920년대 중반에 결혼을 하였던[69] 문제, 1941년 선학원에서 계율수호의 정신으로 개최된 遺敎法會에 선리참구원의 이사장이면서도 독신이 아니라는 이유로 참가할 수 없었던 사정도[70] 소홀하게 넘어갈 수는 없다. 한 개인의 엄혹한 시절의 행적을 평가자의 잣대로 함부로 말하는 것은 어려운 것이지만, 그렇다고 그의 행적을 무조건 덮을 수는 없는 것이다. 여기에서 1950년대 범어사 승려들이 오성월을 어떻게 생각하였는가를 전하는 증언을 참고할 수 있다. 이는 현재 범어사 내원암에 거주하는 동산문도회 문장인 이능가의 회고의 발언이다.[71]

---

69) 필자가 입수한 그의 民籍簿(1925년)에는 오성월은 1924년 11월 金奉壹과 결혼을 하였는데, 딸 셋(吳仁淑, 오의숙, 오필숙)을 둔 것으로 나온다.

70) 유교법회에 대해서는 졸고, 「유교법회의 전개과정과 성격」, 『한국 현대선의 지성사 탐구』, 도피안사, 2010를 참고 바란다. 그런데 강석주와 박경훈이 지은 『불교근세백년』, 중앙일보(1980), 169쪽에는 "한편 오성월스님이 법회 중간에 왔으나 참석을 허락하지 않아 돌아갔는데, 그때 스님에게는 독신이 아닌 흠이 있었기 때문이었다. 이같이 대처는 전혀 참석이 허락되지 않았다"라고 서술되어 있다.

71) 그 증언은 다음과 같다. "오성월에 대해서는 지효스님의 시각도 그렇게 긍정적 면은 없었고 부정적이었지. 그리고 노장님(동산)의 말씀을 전체적으로 평을 해 본다면, 그때 왜정시대 이야기이지만, 정치적으로는 부정적이었고, 다만 범어사를 위해서 범어사를 살리려고 했던 일은 구체적으로 잘 모르지만 내가 들은 것을 총평해 본다면 범어사를 살린다는 면에서 퍽 긍정적이었어. 범어사를 위하려는 생각은 많았던 모양이야. 노장님은 매우 긍정적인 편이 많았어. 그건 노장님 말씀이구 보통 승려들이 앉아서 그 양반 이야기를 하는 것을 들어보면 거의 부정적이지. 괴수라고 그랬어"이다. 2010년 7월 30일, 범어사 내원암에서 증언 청취. 이능가는 근현대 범어사의 수좌로 금어선원 조실을 역임하고 조계종단 종정을 역임한 하동산의 상좌이었기에 하동산과는 지근거리에 있었다. 그리고 불교정화운동의 핵심이었던 김지효와도

여기에서 현대기 범어사 승려들의 오성월에 대한 반응, 입장은 아주 우호적이지만은 않다고 볼 수 있다. 이는 오성월이 대처승이라는 것과 오성월의 일제말기의 행적에[72] 대한 반감이 작용한 것으로 보인다.[73] 그러나 오성월이 범어사를 위해서 하였던 여러 일에 대해서는 일정한 평가가 수반되었던 것으로 보인다. 이런 내용은 해방 이후 범어사에서 오성월에 대한 계승의식이 미진한 것을 대변해주는 단서로 이해된다. 필자도 본고찰에서 1920~1930년대 오성월이 범어사에서 행하였던 구체적인 일은 본고에서 다루지 못하였다. 다만 현전하는 범어사 금어선원의 방함록에 전하는 그의 선원에 대한 소임을 보면[74] 선원의 유지, 외호에

막역한 사형사제 관계를 유지하였다.

72) 그러나 오성월의 일제말기 행적에 대한 구체적인 내용은 단언하기 어렵다. 혹시 일제의 강압적인 식민통치책에 협조, 굴절하였던 정황이 있었는지는 모르겠다.

73) 일본불교에 저항적이면서 한국 전통 선의 수호를 기치로 내걸었던 선학원 계열의 승려가 결혼을 하였다면 이를 어떻게 평가할 것인가의 문제이다. 요컨대 대처승으로서 수좌이었다면, 이는 선학원의 정체성과 대응적인가이다. 송만공(수덕사)은 결혼을 하지 않았고, 김경봉(통도사)은 결혼을 하면서도 오성월과 같이 선학원의 활동을 하였다. 현재 송만공과 김경봉은 해당 사찰에서 높은 추앙을 받고 있다. 그런데 오성월은 송만공, 김경봉에 못지 않은 선사로 독립운동을 하였지만 범어사에서 큰 추앙을 받지 못한 것은 어떤 연유일까 하는 곤혹스러운 문제에 봉착한다. 추정하건 대 이는 일제말기 범어사 내의 어떤 문제에서 비롯된 것으로 이해된다.

74) 필자가 현전하는 일제하의 범어사 금어선원의 방함록을 조사하였더니, 오성월은 선원에 대해서는 지극정성의 후원, 정성을 다한 것으로 본다. 그 내용을 제시하면 다음과 같다.
1909 院主 祖堂, 1910~1911 원주, 1912 祖堂, 1913 禪伯, 1914 監院 祖堂, 1915 祖堂 1916 선백 원주, 1918~1919 선백, 1920 헌식, 1923~1938 化主, 1939 공동으로 화주, 1943 禪德 등으로 나온다.
이렇게 그는 범어사 주지 재임시에도 원주, 조당, 선백, 감원의 역할을 하였다. 그리고 주지를 그만 두었던 1920년대 초반부터 1930년대 후반까지 화주 역할을 다하였다. 그리고 입적하는 순간까지도 선원에서 수행을 한 것으로 보인다. 이상의 내용은 조계종에서 펴낸 『근현대 선원 방함록』(조계종출판사, 2006)을 참조하였음.
그리고 오성월은 1932년 11월 7일에 개최된 범어사 지방위원회의 위원으로 나온다. 이로 미루어 보면 이 무렵까지는 범어사의 일선에서 활동한 것이 아닌가 한다.

대해서는 큰 역할을 하였다는 것은 분명하다. 그러나 일제말기 범어사에도 일제의 강압적인 통치가 구현되었을 것인데, 이럴 때의 오성월의 입장은 어떠하였는지는 가늠하기 어려운 실정이다. 다만 1910년대에 보여준 항일의식은 약간은 후퇴한 것이 아니었는가 한다.[75] 이럴 경우에는 오성월이 소임을 보았던 선리참구원의 노선, 정체성도 부분적으로 재검토의 필요성이 제기된다. 이러한 문제에 대해서는 또 다른 연구가 요청된다.

여기에서 역사의 질곡과 역사가의 고뇌가 조응한다. 역사 서술의 긴장감이 이해되는 장면이다. 이런 측면과 관련하여 오성월에 대한 보다 심화된, 객관적 연구가 요청된다.

5. 결어

지금까지 오성월의 생애를 선과 민족의식에 초점에 맞추어 정리하여 보았다. 선학 연구의 부재, 자료의 한계 등으로 인하여 그의 삶 전체를 오롯하게 그려내기에는 문제가 적지 않았다. 이제 맺는말은 지금까지 나온 내용을 재정리하면서, 또한 추후에 오성월 연구에 참고할 점을 제시하는 것으로 대신하고자 한다. 우선 본 고찰에서 강조된 오성월의 행적을 대별하면 다음과 같다.

첫째, 오성월은 범어사가 선찰대본산이라는 사격을 갖게 된 주역으로서의 명실상부한 선사이었다. 그러나 지금껏 그에 걸맞는 조명, 분석은

「범어사의 종헌실행 정세」, 『佛靑運動』 9 · 10호(1933.2), 44쪽 참조. 당시 그 위원회 위원장은 오리산이었고 위원은 이담해, 김경산, 강영명, 차상명 등 14명이다.
75) 이 점과 연관하여 이능가는 필자에게 오성월은 일제 말기에는 친일적은 아니었지만 近日的인 경향이 있었지 않았는가 하고 필자에게 질문을 하였다.

일체 없었는데, 이 점은 조속이 개선되어야 할 점으로 본다. 그러면서 동시에 왜 그렇게 되었는지도 살펴야 할 것이다.

둘째, 오성월의 민족운동, 독립운동 분야에서도 일정한 역할을 하였음이 드러났다. 상해 임시정부에 군자금 제공, 임정의 고문으로 추대된 것은 그를 예증한다. 그리고 범어사 3·1운동 당시에도 일정한 후원을 하였음이 나왔다. 다만 그 후원의 내용과 성격은 더욱 추구해야 한다.

셋째, 오성월은 임제종중앙포교당, 범어사 포교당, 선학원, 재단법인 선리참구원, 조선불교 선종 등의 창설 및 운영의 핵심 주역이었다. 지금까지는 송만공, 수덕사계열의 역사만을 강조, 서술한 경향이 적지 않았다. 이제는 역사 서술의 균형을 찾아야 할 것이다. 그런데 오성월의 그러한 행적은 그 자신의 선에 대한 투철한 의식에서 비롯되었겠지만, 그 이면에는 범어사라는 배경이 있어서 가능하였을 것이다. 즉 범어사와 오성월을 분리하지 않는 연구가 요망된다고 본다.

넷째, 오성월은 선사이면서 독립운동을 하였다. 이런 경우는 흔치 않다고 본다. 한용운의 경우와 흡사하다. 여기에서 선을 수행차원에 제한하였던 기존 연구의 성찰이 요청된다. 선과 현실, 선과 대중사회, 선과 세속 등 다양한 관점의 재해석이 요청된다.

이제부터는 추후 오성월 연구에 유의할 점, 더욱 재고할 측면 등을 제시해보고자 한다. 이 점은 본고찰의 한계임을 인정하거니와 추후 후학들의 치열한 비판의식하에 본격적인 연구를 기대한다.

첫째, 본고찰에서는 일체 다루지 못한 오성월의 금강계단 관련 내용을 정리해야 한다. 오성월은 율사로서 범어사를 상징하는 금강계단을 개설한 주역이고, 그 자신이 전계화상으로서 단주 역할을 하였다. 필자는 그에 대한 자료 수집을 거의 하지도 못하였다. 추후에는 이에 대한 내용을 보충하여 오성월 전모를 그려내야 할 것이다.

둘째, 오성월과 범어사와의 상관관계에서 1920년대 중반 이후에는 거의 다루지 못하였다. 오성월의 제반 활동은 범어사라는 기반이 있어서 가능하였다. 본고에서는 그를 정면으로 다루지 못하였다. 다양한 자료수집, 증언 청취를 통한 재서술이 요청된다.

셋째, 오성월과 주변 인물과의 연결 문제도 거의 다루지 못하였다. 오성월의 도반, 상좌, 영향을 준 승려 등등에 대하여 연구를 하여, 그를 오성월 역사와 연결지어야 할 것이다. 특히 이담해, 김경산, 오리산, 하동산 등과의 다양한 연고, 영향 등은 필히 분석되어져야 한다.

넷째, 선학원, 조선불교 선종 등의 역사에서 오성월, 범어사의 연관을 보충해야 할 것으로 본다. 동시에 오성월의 지향이 계승되지 못한 요인, 본질이 무엇인가도 탐구해야 한다. 여기에는 오성월 자신의 문제도 있을 수 있고 범어사와 선학원과의 상관성, 불교정화운동으로 인한 오성월의 입지 미약, 대처승에 대한 부정적 해석이 깔려 있을 것이다.

지금까지 필자가 생각하였던 오성월 연구에 참고할 점을 제시하여 보았다. 이런 측면 이외에도 더욱 다양한 관점이 있을 것이다. 필자도 추후에는 이번의 오성월 연구에서 다 하지 못한 탐구를 지속할 예정이거니와 동학, 후학들의 동참을 요청하면서 이만 글을 맺는다.

홍월초의 꿈 ; 그의 교육관에 나타난 민족불교

1. 서언

洪月初(1858~1934)는 일제하의 봉선사 주지를 다섯 번이나(1913~ 1926) 역임하였을 정도로 근대기 봉선사를 대표하는 고승이다. 그리고 그는 구한말 불교계를 대표하는 南漢山城八道總攝(1892), 寺社管理署 체제 하의 서울 부근의 사찰을 지휘 감독하는 內山攝理(1902)까지 지낸 당시 불교계의 주역이었다. 홍월초의 업적은 여기에서 그치지 않고, 교육분야에서도 그의 업적은 독보적이었다. 즉 그는 불교 근대화를 추진한 佛敎硏究會의 회장(1906), 明進學校의 교장(1906) 및 이사장(1907), 개운사의 大圓講院에 후원금 제공(1928), 봉선사의 弘法講院의 설립 자금 제공(1934) 등이 그 예증이다.

홍월초가 위와 같이 특별한 업적을 갖고 있었음에도 불구하고 지금껏 그에 대한 연구는 거의 황무지와 같은 실정이었다.[1] 그리고 그에 비례하

---

[1] 홍월초에 대한 유일한 연구는 한동민의 「근대 불교계의 변화와 봉선선 주지 홍월초」 (『중앙사론』 18, 2003)가 있을 뿐이었다. 필자는 근대기 중흥사를 연구하면서 홍월초 의 연관성을 지적하는 정도에 머물렀다. 졸고, 「근대불교와 중흥사 ; 태고의 근대적

여 불교계 및 학계에서의 그에 대한 이해도 동질적이었다. 즉 그를 주목하지도 않았고, 그의 이름은 불교사 및 조계종단사에서도2) 아주 미약하였다. 이런 결과로 현재 불교계 구성원들 중에서 그의 존재, 활동을 아는 경우는 봉선사의 승려와3) 근현대 불교를 공부하는 일부 연구자에 불과하다.

그러면 왜 이와 같은 현상이 일어난 것일까? 이에 대해서는 두 가지 측면에서 접근이 가능하다. 우선 첫째는 기존 근현대 불교의 연구 경향의 편향성이다.4) 지금까지 조계종단사, 근현대 불교사는 중앙, 혹은 종단 중심의 정치적인 관점에서 서술되어 왔다. 여기에는 종단정치, 개혁, 총무원, 종회, 혹은 종정과 총무원장 등의 개념이 깊숙이 자리 잡고 있었다. 그리고 이러한 흐름과 함께 연구대상이 된 주된 인물은 선사, 강백 등이었다.5) 이는 불교의 理와 事 분야에서, 주로 理 분야에 경도되었음을 의미하는 것이다. 물론 불교의 종교성, 사상성 등을 고려할 때에 理 분야의 중요성은 간과할 수 없는 것이다. 그렇지만 사상, 수행의 존립은 事가 없이는 불가한 것이다. 다시 말하자면 理事를 겸비한 고승, 사판적인 승려, 종단과 사찰을 외호한 승려 등 불교계 구석에서 불법을 실천한 수많은

계승의식」,『새불교운동의 전개』, 도피안사, 2002.

2) 그를 상징적으로 보여주는 것이 그가 설립한 명진학교의 후신인 동국대에서 지금껏 그에 대한 객관적인 정리가 전무한 상황이다. 심지어는 그를 최초의 이사장(총장)으로 기억, 선양하지도 않았다. 최근 월정사의 현해스님이 동국학원 이사장을 맡으면서 그에 대한 정비를 하여 홍월초를 동국대 초대 이사장으로 수정하였다. 「동국대 초대이사장은 월초스님」,『불교신문』 2006.4.5.

3) 현재 봉선사의 승려들은 운허, 명허 등 홍월초 상좌 승려들의 계열이 대부분이다.

4) 졸고, 「근대 불교사 연구의 성찰 ; 회고와 전망」,『민족불교의 이상과 현실』, 도피안사, 2007.

5) 불교신문사는 1999년 20세기를 빛낸 한국의 고승 20명을 선정하였는데, 홍월초는 누락되었고 심지어는 후보 명단에서도 거론되지 못하였다. 그 대상자를 보면 경허, 용성, 만공. 한영, 만암, 한암, 만해, 효봉, 동산, 경봉, 운허, 금오, 전강, 고암, 청담, 구산, 자운, 성철, 탄허, 광덕 등이다. 그런데 태고종단에서 선정한 종단 유공자 125명에는 포함되었다.

승려들에 대한 무관심이 지배적이었다. 이는 조계종단의 경우 종단의 정체성을 유지해 온 주역들만을 중점적으로 발굴, 선양하였음을 말한다.6) 그러나 그에 경도된 모순과 편향성은 극복되어야 마땅한 것이다.

다음의 두 번째 문제는 홍월초의 근거 사찰인 봉선사에서 홍월초를 거의 찾지도, 정리하지도 않았다는 것이다. 여타 본산, 문중 및 문도에서 자신들의 모태격인 고승에 대한 법어집, 문집 등을 발간한 것과는 대조적인 것이었다. 봉선사에서 홍월초에 대한 자료집, 논문 등이 나와야만 그것에 근거한 연구가 속출할 것이며, 나아가서는 불교사 및 종단사 차원에서 종합될 것임은 자명한 것이다.

이런 두 측면의 문제가 결합되면서 그간 홍월초는 불교인들의 관심에서 멀어져 있었다. 즉 그는 불교사 및 종단사의 연구 및 서술에서 비껴서 있었다고 보는 것이 필자의 의견이다. 이런 전제와 배경하에서 필자는 다음과 같은 관점에서 홍월초 연구를 하려고 한다. 즉 홍월초가 갖고 있었던 꿈(이상, 목적)을 그가 추진하였던 교육사업을 통하여 살피고자 한다. 그는 명진학교의 설립,7) 박한영의 대원강원 후원, 봉선사 강원의 부흥, 홍법강원의 발전기금 제공 등 다양한 교육불사를 하였다. 이렇게 정열적인 교육불사를 하게 된 배경, 목적 등을 추출하려는 것이다. 본문의 서술을 통하여 입증해야 하겠지만 그의 꿈은 민족불교의 구현이라고 보고자 한다. 조선시대의 산중불교에서 벗어나 민족불교로서 당당히 복권을 해야 한다는 것이 그의 바램, 염원이었다는 것이다. 민족불교에 대한 이론적인 검토가 더욱 요청되지만, 본고는 민족불교 개념화 작업의 사례연구로서도 일정한 가치를 지닌다 할 것이다. 이런 관점에서 홍월초의 연구를 시도하려고 하거니와 지나침과 오류가 있으면 매서운 질책과

---

6) 그 대표적인 사례가 수좌, 선학원이며 그 주역인 경허, 만공의 연구이다.
7) 김광식, 「명진학교의 건학정신과 근대 민족불교관의 형성」, 『민족불교의 이상과 현실』, 도피안사, 2007.

질정을 기다리는 바이다.

2. 명진학교의 개교, 운영에 나타난 현실의식

홍월초는[8] 1858년(철종 9년)에 출생하여 15세에 양주의 천마산 부도암에서 출가하였다. 그 후 그는 30대 초반까지는 영호남의 강원에서 전통적인 불교의 이력공부를 마치고 35세인 1892년에는 남한 총섭, 1893년에는 북한 총섭, 그리고 1900년에는 수국사를 중창하였고, 1902년에는 원홍사의 내산섭리에 취임하였다. 그는 1905년에는 통도사 원장, 법주사 원장,[9] 봉선사 교종판사를 역임하였다.

이러한 그의 행적으로 보아 그는 1900년 전후 불교계의 중심 승려임이 분명하다. 홍월초는 위와 같은 역할을 하면서 당시 불교계의 중앙 거점인 원홍사, 사라관리서가 1904년에 퇴진하자, 그를 대체할 기관을 만들었거니와 그는 불교연구회의 출범이었다. 불교연구회는 일종의 총무원의 역할을 할 과도적인 기관이었던 것이다.

先時 京山僧 洪月初 李寶潭等 創立佛教研究會 于城東元興寺 以淨土爲宗 刻於銀章 分給僧員而收實費 丙午歲也[10]

이렇게 불교연구회를 세운 홍월초는 그와 함께 불교 근대화를 추진하였던 도반인 이보담과 함께 학교 설립에 나섰던 것이다. 1906년 2월 5

---

8) 홍월초의 생애는 『불교』 24호(1926.6)의 「一號一言」이 참고된다. 그리고 박한영이 찬한 「三角山守國寺碑記」(1930)와 운허의 「月初大和尙追慕碑」(1973)도 주목된다.
9) 여기에서 나오는 원장은 주지로 이해된다.
10) 『조선불교통사』 하, 620쪽.

일, 불교연구회 총무 이보담과 京山 각사의 승려 9인의 명의로 된 학교를 세우겠다는 신청서가 내부에 제출되었는데, 여러 정황으로 이는 홍월초의 주도가 분명한 것이다.

本僧 等 參會 淨土宗 已爲經年 以開敎師特令京鄕僧侶 創佛會 設學校
啓導硏究新學問上敎育方針 故 玆以 請願 照亮後 特許伏望光武十年 二月
五日 佛敎硏究會 都總務 李寶潭(以外 京山各寺九人 略)[11]

이렇게 일본불교 정토종의 영향을 일정하게 받은[12] 승려인 홍월초, 이보담, 월해[13] 등이 주축이 되어 학교 설립에 나섰다. 종단을 지향하고, 동시에 신학문을 계도, 연구하는 단체인 불교연구회가 신식 학교의 설립을 청원하였거니와 이것이 바로 명진학교의 태동이었다.[14] 당시 홍월초는 개교의 설립을 청원하면서 학문연구, 교육개발, 務道, 慈悲, 修善에 힘쓰겠다는 취지를 개진하였다.

所願旣云 硏究學問開發敎育 務道慈悲修善 如或籍 敎生弊 隨其現發 當
有相當處理事[15]

그리하여 홍월초의 기획, 청원은 1906년 2월 19일자로 받아들여져, 곧 학교의 설립 인가로 이어졌다. 이러한 전개과정은 학교 설립의 주체인 불교연구회를 인정한 것이고, 나아가서는 홍월초가 의도한 불교 근대화가 공인받았음을 의미하는 것이다. 이에 불교연구회는 본격적인 개교

---

11) 『조선불교통사』 하, 936쪽.
12) 불교연구회는 서울 명동의 정토종 교회, 관음당에서 설립되었는데 이는 그 단서이다.
13) 원흥사 승, 越海도 그에 포함되었음은 『황성신문』 1906.2.14, 「승려학교」의 내용에서 찾을 수 있다. 이 내용에는 京山 9인의 승려를 京鄕僧侶라 표기하였다.
14) 「승려학교」, 『황성신문』 1906.2.14; 「僧校請願」, 『대한매일신보』 1906.2.15.
15) 『조선불교통사』 하, 936쪽.

준비에 들어갔다. 즉 1906년 음력 3월 1일부터 서울 부근의 사찰의 청년 승려들을 모집하여 수업을 시작하였다. 당시에 가르친 과목은 불교학, 신학문, 서양의 풍속과 문명 등이었다.16)

이와 같은 불교연구회와 명진학교의 출범, 개교는 홍월초가 주도한 것이었다. 그는 당시『황성신문』에서 홍월초를 '연구회 명진학교 都總務'라고 한 것이17) 단적인 예증이다. 홍월초는 그의 영향력 아래에 있는 서울 근교 승려들을 모집하여 수업을 시작하면서 전국적으로 승려들을 모집하여 본격적인 개교에 착수하였다. 이를 알 수 있는 전국 首 사찰에 보낸 공문의 번역문을 보자.

> 「각도의 수사찰에 통문을 보냄(명진학교에 학생을 보내는 건)」
> 우리 불교가 중국으로부터 동방에 이른지 이제 수천년이지만, 그 법과 기율이 쇠이해지고 승려들이 곤경에 처하기가 오늘날 같은 적이 없었습니다. 한국의 승려된 사람으로서 누군들 분하고 원통한 마음이 없겠습니까? 게다가 요즈음에는 異敎들이 곳곳에서 봉기하여 각자의 종교를 최고로 받들고 불교를 파괴, 훼손하며 불교의 전답을 빼앗아 학교에 속하게 하여 학교 운영비로 하겠다고까지 하고 있습니다. 말과 생각이 여기까지 미치니 가슴 아프고 놀라움이 진실로 끝 것입니다.
> 만약 이런 일이 그치지 않는다면 끝없는 환란과 뜻하지 않은 변고가 이로부터 생겨날 것이니, 연못에 있는 물고기에 닥친 작은 재앙이 점차 붉거져 장차 크고 작은 사찰에까지 미치게 될 것입니다. 이렇게 된 그 원인을 탐구해 보건대, 우리 승려들이 세계의 학문에 통달하지 못하고 세상 물정에 둔한하였기 때문입니다. 이제 일본 정토종의 개교사 井上玄眞씨가 한국불교가 쇠이해 감을 보고 개탄을 멈추지 않으면서 "만약 약한 것을 제도하고 강한 것을 도우며 불법을 흥왕코자 한다면 신학문을 활용하

---

16) 당시 원흥사의 전경 및 명진학교의 개교에 대한 내용은 명진학교 제1회 졸업생인 이종욱이『동대신문』325호(1966.6.6)에 기고한「동국60년 1, 회상기」를 참조할 것.
17)「僧進文明」,『황성신문』1906.5.3.

여 도모하는 것이 최선일 것"이라고 말하기까지 하였으므로 연구회, 보통과 학교를 설립하고 정부의 인가를 받았던 것입니다.

우리 불교가 홍왕할 때는 바로 오늘에 있다 할 것이므로 서울 부근의 청년승려들을 모집하여 음력 3월 1일부터 수업을 시작하였습니다. 불교의 묘한 진리와 신학문, 타종교 서적 및 다른 나라의 풍속과 산수와 언어 등을 연습함을 목적으로 합니다. 귀사는 이미 도내 수사찰이 되었으므로 장차 본회의 지원 및 학교를 설립할 것이고 또 국내 승려들은 일차 조사를 하지 않을 수 없으므로 이에 급히 알리는 것입니다. 살펴 보신후 귀사 및 귀사가 관할하고 있는 각 사찰에 널리 알려, 다 알게 하고, 승려의 수를 책으로 묶어 보고해 주시되 하나도 빠짐없이 해주시기 바랍니다.

귀사에서 우선 학생 2명을 이번 4월 그믐까지 의복과 식량을 챙겨 본원의 학교로 보내주시기 바랍니다. 불교와 신학문을 연습하고 정성을 다하여 힘쓰고 쇄신하여 그 自强의 실체를 갈고 닦는다면 却運에서 해탈하여 그 자유로운 힘을 되찾게 될 것입니다. 이는 그 이치가 틀림없다 할 것입니다. 아! 우리 승려들이 스스로 살피고 힘쓴다면 실효가 있을 것으로 기대하오니 간절히 살펴 주시기 바랍니다.

「다시 부기 하노니(再)」

학생의 나이는 13세에서 30세까지로 한하고, 紙筆墨과 書冊 등은 본회에서 담당한다.

광무 10년 4월 10일(이 때에 화계사 승려 홍월초와 봉원사승려 이보담이 서로 번갈아 불교연구회장이 되어 학교를 설립하여 학생들을 모집하고 돈을 거두었다).

이러한 통문을 전국 각도내의 수사찰에 보냈다. 이에 각 사찰에서 신청한 학생들을 선발하여 학교 개교의 대비를 함과 동시에 구체적인 개교에 관련된 내용 및 학교 운영의 근간도[18] 구한국 정부의 학부에서 승인을 받았다. 이 사정을 전하는 아래의 보도기사를 살펴보자.

---

18) 이를 알려주는 학제, 규칙 등의 관련 자료가 부실하여 그 세세한 내용은 파악키 어렵다.

研究會 明進學校 都總務 洪月初氏가 學部에 請願하되 矣僧侶 等이 誦
佛經하야 虛送歲月터니 今當 開明進就之秋에 僅僅鳩財하야 研究會를 明
洞 淨土宗教 觀音堂에 설립하고 又設明進學校하야 今至 一朔에 學員이
至爲百餘名 故로 玆以請願하오니 特爲認許 하옵시고 教科書를 優秀 撥下
하심을 伏望이라 하더라.19)

여기에서 홍월초의 현실인식이 분명하게 나온다. 즉 이전에는 승려들
이 불경만 독송만 하면서 허송세월을 보냈지만, 문명의 세계에 적극적으
로 임하겠다는 것이다. 그래서 승려들을 교육하기 위하여, 명진학교를
설립하였는데 학생이 100여 명에20) 달하였다는 보고를 하면서 명진학
교 개교에 대한 청원을 하였다.21)

마침내 1906년 5월 8일에는 정식 개교를 하였다.22) 당시 입학생들은
대개 30~40대의 학생들로서 강원의 대교과 과정을 마친 고급인재들이
었다. 이들은 원흥사에서 기숙하면서 불교와 신학문을 공부하였다. 이렇
게 명진학교는 개교되었는데, 그 중심에는 홍월초가 있었던 것이다. 그
런데 홍월초가 명진학교를 개교한 것에는 단순히 불교의 근대화만 의도
된 것이 아니었다. 즉 거기에는 불교의 투철한 현실인식이 깔려 있었으
니 그것은 불교가 시대적 요청에 방관해서는 안된다는 자각이었다. 즉
불교의 발전, 문명세계의 응전 그리고 국가적인 변동에 불교의 책임을
강조하는 것이었다. 그래서 홍월초는 중앙인 서울에만 근대식 학교인 명
진학교의 개교에 만족하지 않고, 지방의 대찰에도 명진학교 분교의 뜻을
갖는 근대식 학교를23) 세우려고 노력을 하였다. 그를 파악할 수 있는 당

---

19)「僧進文明」,『황성신문』1906.5.3.
20) 이 100여 명은 신청자로 볼 수도 있고, 보조과를 포함한 숫자일 수도 있다.
21) 홍월초는 명진학교의 설립, 인가를 學部와 한성부에도 하였다.「釋家新學」,『황성신
문』1906.7.3.
22) 입학시의 학생은 50명으로 전한다. 여기에는 보조과가 포함되지 않았다고 보여진다.
23) 보통학교, 지금의 초등학교 수준이다.

시 보도기사를 살펴보자.

研究會 都總務僧 洪月初 等이 學部에 請願하되 矣等이 遯跡窮巷ㅎ야
專昧事ㅎ고 疎忽國務ㅎ와 自棄自賤이러니 當此時局ㅎ야 濫以顧光ㅎ오
니 世界和通ㅎ고 天下文明이라. 人人이 各自 愛國ㅎ고 無非忠君이라. 經
綸運動이 專爲國富民强이오니 雖山中枯物이라도 血氣之質과 天稟之性이
亦有ㅎ야 各出補助ㅎ와 元興寺 一隅公廨를 暫借ㅎ야 私自設立學校에 學
員이 現爲五十餘名이오 十三道에 有名巨刹에 普告ㅎ야 亦設學校之意로
玆以請願ㅎ오니 旣爲認許ㅎ라 하얏다더라.[24]

문명세계의 도래에 즈음하여 불교도 애국과 충군의 기질과 품성이 있
음을 강조하고 근대화에 동참하겠다는 뜻을 피력하였다. 즉, 불교연구회
에서 명진학교의 개교에 이어 13도 유명 사찰에도 학교를 설립하도록
촉구하였음을 상기하고, 명진학교의 '支校'(분교) 설립의 승인을 요청하
였다. 이렇게 지방 사찰의 학교 설립을 중앙불교계에서 견인하고, 동시
에 개별 사찰에서의 동조가 결합되면서 명진학교의 부속학교가 전국에
자생적으로 생겨났던 것이다. 그런데 전국 각처의 학교 설립은 불교의
근대화라는 의미를 갖는 것이지만 일면에서는 사찰의 재산을 보호하려
는 뜻도 개재되어 있었다.

東門外 元興寺內 명진학교에 도총무 홍월초씨가 학부에 청원ㅎ되 現
今 시대가 교육청년이 긴급홈은 愚夫愚婦라도 共知인바 각도 각군의 사
찰에 分學區 設支校ㅎ야 일반 僧尼를 교육홀 터인바 佛享沓을 或有橫侵
者ㅎ야 사찰이 以是로 不能維持ㅎ얏스니 內部에 轉照ㅎ시와 각도 각군
에 訓令ㅎ야 寺中에 현재홀 田土와 附屬至校ㅎ야 以達敎育케 ㅎ심을 伏
望이라 ㅎ얏더라.[25]

24)「僧校請認」,『대한매일신보』1906.5.27.
25)「各寺設校」,『황성신문』1907.4.17.

불교연구회가 학교 설립 및 운영의 재원인 개별 사찰의 토지가 침해받는 것을 시정해 줄 것을 학부에 진정까지 하였다. 즉 사찰 재산의 보호와 학교 설립, 청년승려의 교육을 동질적으로 보고 그 해결에 나섰던 것이다. 불교연구회의 이 건의는 어느 정도는 주효하였다. 즉 학부는 내부에게 이첩을 하였고, 내부는 13도 관찰사에게 훈령을 내려 그 시정을 내렸다.[26]

이런 배경하에서 해인사의 명립학교, 용주사의 명화학교, 건봉사 봉명학교, 석왕사 석왕학교, 범어사 명정학교, 직지사 직명학교, 남장사 남명학교, 송광사 보명학교 등 20여 개처의 학교가 명진학교의 분교 형태로 등장하였다.[27] 한편 서울 인근인 양주의 德寺(홍국사), 聖寺(내원암), 봉선사 등 세 사찰에 불교연구회의 지원을 설립하고, 동시에 명진학교를 병설하여 그 지역의 승려와 신도 자제를 교육시킨 것은[28] 홍월초의 영향력이 작용한 것이라 보여진다.

지금까지 서술을 통해 홍월초는 불교연구회의 초대 회장을 역임하면서 명진학교의 설립, 개교에 진력하였음을 알 수 있었다. 그러나 그는 명진학교를 출범시키고 1906년 연말에 즈음해서는 그 일선에서 물러나고, 그의 도반인 이보담에게 불교연구회 및 명진학교의 실무를 인계하였다.[29] 그는 명진학교를 후원하고, 책임을 지는 재단이사장의 성격을 띠는 贊成長에 취임하면서, 동시에 총섭에도 취임한다. 이제 그와 연관된 자료를 제시한다.

---

26) 「僧校保護」, 『대한매일신보』 1907.5.19.
27) 그런데 명진학교와 각처의 학교와의 상관관계는 주의하여 생각할 문제이다. 일부 연구자의 글에서는 명진학교는 불교의 최고학부로 보고, 각처의 학교는 기초학교로 위상을 정리하였다. 그러나 명진학교를 本校로, 각처의 학교를 支校로 나오는 관행적인 표현을 참고해야 한다고 본다.
28) 「광고」, 『대한매일신보』 1906.6.15.
29) 그는 1906년 8월에도 명진학교 도총무 겸 교장이었다. 즉 이사장 겸 교장이었다.

明進學校 總務 月쵸 大師는 敎育상 名譽가 素朴허여 僧侶가 感服흠으
로 北漢 總攝으로 推薦허엿는디 該 總攝은 拾三道 寺刹을 쥬관허는지라.
若非月쵸 大師면 該임을 흘 人이 無허다 허여 公衆薦임 허였고 該校 副總
務는 寶潭大師로 選定흠으로 禪界開明이 大有前進 지望이라 허더라.30)

洪月初씨는 元來 山門에 聲望을 古佩ㅎ야 國內 首寺 總攝을 遷任흠이
職務가 浩繁ㅎ야 佛敎硏究會 明進學校 都總務 及 每日新報 支社 事務를
該校 副總務 리寶潭氏에게 委任ㅎ고 洪月初氏는 僧侶敎育에 贊成만 主管
흔다더라.31)

위 두 기록에서 홍월초에 대한 당시 불교계의 평판, 정서가 잘 나온다.
즉 교육적인 명예가 소박하고, 총섭의 직무에 대한 신뢰성, 산문에서 좋
은 평판 등으로 홍월초가 불교계를 대표하는 총섭 직무에 취임하는 것을
당연하게 여기었다는 것이다. 그래서 홍월초는 총섭에 취임하면서, 명진
학교 운영의 일선에서 물러나 승려의 신식교육을 후원하는 역할만 주관
하기로 하였던 것이다.

그렇지만 홍월초의 총섭 취임을 반대하는 세력이 있었기에 그의 총섭
으로서의 활동은 간단치 않았다. 더욱이 당시 총섭의 근거 사찰인 중흥
사가 화재로 인한 소실 상태이었기에, 중흥사 복구노력도 쉬운 일은 아
니었다. 그 전후 사정은 기록이 없어 상세한 내용은 알 수 없지만 홍월초
는 총섭, 중흥사 주지의 직무에서도 벗어나, 불교연구회와 명진학교의
후원 일에만 전념한 것으로 보인다. 예컨대 1907년 3월경, 홍월초의 동
정을 보여주는 아래의 기록은 흥미롭다.

東門外 映楓亭 佛敎硏究會의서 去 日曜 하오 一時에 통상회를 開허고

30)「兩氏 薦望」,『대한매일신보』1906.12.28.
31)「寺務讓渡」,『대한매일신보』1907.1.20.

제반 사무를 처리ᄒᆞᄂᆞ대 又 一問題를 提出허되 今此 國債報償에 대ᄒᆞ야
本會의셔 국내 각 사찰에 通寄ᄒᆞ야 일반 승려가 隨力出義허ᄌᆞ고 총무 리
보담과 評議長 洪月初 有志 禪師 壹百五十餘員이 演說 決議ᄒᆞ얏더라.[32]

불교연구회가 통상적인 사무를 처리하면서, 국채보상운동에 적극적인 참여를 하였음을 보여주고 있다. 그리고 홍월초를 지지하는 禪師가 150여 명이나 운집하여, 국채보상운동에 동참하자는 연설을 하였음도 대단한 행동이라 하겠다. 나아가 불교연구회는 전국 사찰 27개 처를 수사찰로 지정하면서, 승려 1인당 50전을 불교연구회에 납부하는 규약을 세웠으며, 그 징수를 위해 대리인을 지방에 파견하기도 하였다. 이 같은 사실은 홍월초의 고민이 승려교육에서 한발 더 나아가 불교 종단의 수립을 강하게 고민, 실천하였음을 보여준다. 그 당시 1907년 즉 한국불교에 종단이 부재한 상황, 일본불교의 침투, 국권 상실의 지경, 통감부의 전횡 등을 종합해서 고려하면 홍월초의 고뇌는 불교의 정체성과 미래로 옮겨 간 것으로 보여진다.

그렇다면 이러한 제반 내용을 고려할 경우 1900~1910년 무렵의 홍월초의 현실인식, 교육관, 국채보상운동 참여 등에 나타난 지성은 어떠한 내용으로 보아야 하는가? 이에 대해서는 홍월초의 피땀이 배어 있었던 명진학교 취지서가 참고된다. 이 글은 홍월초의 이름으로 발표되었기에 이 글의 내용이 곧 홍월초의 가치관으로 보아도 무리 없을 것이다. 지금껏 이 자료에 대한 적극적인 해석, 분석은 거의 없었다. 우선 그 전문을 제시한다.

深達物機而凡施爲ᄂᆞ 覺皇在時에도 亦有之矣라. 所謂 學校ᄂᆞ 養育精神 之地이며 陶鑄才器之所이니 敎化之所從出也니라. 曲成其器ᄒᆞ야 盡就其

32)「釋迦愛國」,『대한매일신보』1907.3.7.

道則品物를 不遺一식 故로 巧梓는 順輪긱之用ㅎ야 枉直에 無廢其材ㅎ
고 長御는 適險易之宜ㅎ야 駑驥에 無失其性케 ㅎ는니 物旣如此인되 人
亦宜然이라. 雖有成器成道之資나 若不深畜厚養發用이면 是는 廢材失性
이니 廢失則非特無則於自己之業也라. 置其邱壑而不免毁家之棄物也리니
烏望宗教之興과 補國之忠이리오. 且養育陶鑄之要는 存半誠신이니 存誠
於中이면 亮爲稗衆無惑이요 存신於己면 可以教大無歎ㅎ야 立而修之ㅎ
고 坐而行之여늘 何必棄富貴忘功名ㅎ고 灰心浪志於深山幽谷之間ㅎ야
澗飮木食而終其身哉리오.

　修身治心則與人으로 共其道ㅎ고 興事立業則與人으로 共其名ㅎ야 堅
確精進成辨學業이면 所以道無不明ㅎ며 功無不成ㅎ며 名無不榮이라. 吾
之法裔가 以之而殷盛ㅎ리니 安育沙門之虧焉而國家之棄物也 哉아. 有志
法侶는 宜各勉之어다.

發起人 洪月初[33)]

　이 취지서의 내용의 요체는 개화된 시대에 승려들이 더 이상 세속을
떠나고, 은둔해서는 존립할 수 없음의 강조이다. 즉 불교의 홍법 및 중생
을 제도하기 위해서는 불교뿐만 아니라 세속의 진리도 함께 배우고, 중
생들과 함께 修身과 治心할 때만이 그 뜻을 실천할 수 있다는 것이다. 이
를 통하여 불교의 부흥과 나라에 기여할 수 있다고 주장하였다. 이 같은
취지서의 내용과 지금까지 1900년대 홍월초의 행적에서 나온 내용을 종
합하여 홍월초의 정신을 추출하려고 한다.

　첫째, 명진학교의 설립을 추동한 홍월초의 투철한 자각의식을 거론할
수 있다. 홍월초와 뜻을 함께 하였던 경산 승려 9인의 실체는 분명치 않
다. 그러나 홍월초를 비롯한 이들은 당시의 현실을 냉철히 판단하고 불
교계가 처한 현실을 자각하였다. 이에 그들은 그 현실을 직시하고, 그에
적절한 대응을 고민하면서, 어떻게 응전을 할 것인가에 대한 방안을 강

---

33) 「명진학교 취지서」, 『대한매일신보』 1907.8.17.

구하였거니와 이를 투철한 현실인식으로 불러도 좋을 것이다.

둘째, 불교에 대한 강렬한 천양의식을 지적할 수 있다. 명진학교를 설립한 것은 단순히 승려교육만을 위한 것이 아니었다. 명진학교의 설립 주체의 의식, 그리고 명진학교의 설립 이념, 교육과정에는 불교를 발전시키겠다는 의식이 뚜렷하게 배어 있다. 당시 불교는 조선후기의 산중불교에서 벗어나 도회지로 진출하려고 하였지만 여타 종교의 공격적인 포교 및 노선의 미정립 등으로 혼미를 거듭하였다. 그러나 명진학교의 설립 주체들은 불교의 정체성을 찾을 수 없는 낙후성을 극복하려고 그 실천에 나섰다. 사찰재산의 수호, 원흥사의 침탈 저지 등은 그 예증이다.

셋째, 문명에 대한 적극적인 수용의식을 찾을 수 있다. 세상의 변화, 속세의 동향을 파악하려는 의식하에서 문명과 속세를 이해하기 위한 승려 교육을 추동하였다. 그런데 이러한 의식은 문명과 속세를 알기 위한, 이해하기 위한 차원의 것만은 아니었다. 즉 중생이 처한 현실을 직시하고, 중생의 고민을 해소시키려는 대승적 보살행의 수련이다. 중생의 삶의 현장인 사회로 나아가기 위해서는 불교 뿐만 아니라 속세의 학문인 신학문을 배우고 익혀야 하는 것이다. 필자는 이 같은 홍월초 주장에서 신학문의 수학이 문명의 수용, 사회의 현장의 이해를 통한 보살행의 예비 단계를 엿볼 수 있다.

넷째, 민족이 처한 현실을 극복하려는 동참의식, 즉 애국애족의 정신을 추출할 수 있다. 명진학교가 설립될 그 당시는 국권이 일제에 의해 침탈되어 가던 위급한 시기였다. 즉 1905년에 일제의 통감부가 설치되어 대부분의 국정이 일제에 의해 좌지우지되었다. 즉 명진학교의 설립에 사찰 및 승려가 의연금을 제공한 것, 불교연구회가 국채보상운동에 참여한 것, 승려들도 애국할 수 있으며 국부민강에 불교도 예외일 수 없다는 표현 등은 그를 단적으로 말해 준다. 이러한 여러 측면은 불교가 나라와 민족이 처한 현실을 좌시할 수 없다는 민족불교 지향의 정립이라 볼 수 있다.

지금껏 필자는 명진학교 설립에 나타난 홍월초의 정신을 가늠해 보았다. 그는 투철한 현실의식, 불교를 천양하려는 의식, 문명의 적극적인 수용을 통한 대승 보살행의 정신, 민족의 현실을 외면하지 않고 현실 문제에 적극적으로 다가서려는 민족의식이라 하겠다. 이러한 의식의 집약점, 요체를 필자는 민족불교의 지향이라고 보고, 동시에 민족불교론이 1900년대의 홍월초 정신의 저변으로 보고자 한다.

3. 강원 교육사업에 진력, 전재산을
교육불사에 기부

홍월초는 국권상실 직후에는 불교계의 중심부에서 약간 비껴 서 있었다. 즉 그는 당시 종단을 주도하였던 원종의 종정인 이회광의 대척 관계에 서 있었다. 이회광은 홍월초가 설립한 명진학교의 책임을 맡으면서 서서히 종단(원종)의 실력자로 성장하였다. 이회광은 불교발전을 기함에 있어 일본불교와의 교류, 협조 등 유대관계를 갖을 수 있다는 현실인식을 갖고 있었다. 그가 추진한 원종과 조동종 간의 맹약은[34] 그 대표적인 사례이다. 홍월초의 의식이 민족불교의 지향이었던 점을 고려하면 이회광과 홍월초는 이질성, 대립성이 노정된다.

그래서 홍월초는 국권상실 직후에는 원종, 이회광, 일제 당국과는 거리를 두고 있었다. 그 당시 다른 본산은 사찰령에 의한 사법 제정의 인가 수속을 마치고, 초대 주지가 선임되었으나 봉선사는 내분과 홍월초의 이견

---

34) 졸고, 「1910년대 불교계의 조동종 맹약과 임제종운동」, 『한국 근대불교사 연구』, 민족사, 1996.

등으로 인해 약간의 내홍을 겪고 있었다. 그러나 얼마 후 홍월초와 이회광의 면담을 통한 화해 조치로[35] 인해 홍월초는 1913년 4월 2일에 가서 일제 강점기하 봉선사의 초대주지에 취임하였다. 봉선사 주지에 취임한 그는 僧規를 정비하여 봉선사 관내의 질서를 단행하였다. 그리고 봉선사의 가람중수 등의 건축불사를 통하여 봉선사의 위상을 고양하였다.[36]

이러한 사업을 추진하면서 그는 1914년경에는 봉선사에 강원을 열어 청년승려의 교육에 주력하기 시작하였다. 이는 봉선사가 예전의 전통인 교종본사로서의 역사와 문화를[37] 구현하기 위한 기초 작업이었다고 보여진다. 그는 그런 사업을 봉선사 단독의 사업으로 하지 않고, 봉선사 본말사가 연합하는 형태로 사업을 전개하여[38] 예산 확보와 동참이라는 측면에서 탄력을 갖고자 하였다. 더욱이 그는 惠明과 東隱 등[39] 외부 강백을 초빙하여 봉선사 강원의 수준을 일층 강화하고자 하였다. 홍월초가 봉선사를 중흥시키려는 다각적인 노력은 봉선사 구성원들에게 큰 평가를 받았다고 보인다. 이는 1926년 4월 13일의 봉선사 본말사 주지 총회에서 홍월초의 업적을 인정, 평가하여 그에 대한 표창과 상품을 증정하자는 결정이 있었던 것이 그를 말해준다.[40] 그러나 봉선사 강원은 봉선사의 미약한 재정으로 인해 큰 어려움을 겪었다는 정황으로 볼 때에,[41]

---

35) 「잡보, 月初披露會」, 『조선불교월보』7호(1912.8).
36) 이는 한동민 논문, 53쪽 참조.
37) 현재 이에 대해서는 일체의 검토, 분석이 없다. 연구자들의 손길이 요청된다.
38) 이는 1913년에 봉선사 구역 내에 보통강숙 1개소와 전문강당 2개소가 있었기에 이를 통폐합 혹은 조율을 거쳐서 출범하기 위한 당연한 조치라 보여진다. 「조선선교양종30본산주지회의소 제3회 총회록」, 『해동불보』4호(1914.2), 81쪽 참조.
39) 필자는 이 강백에 대한 정보가 없다. 『불자필람』, 『석문의범』을 간행한 안진호는 1925년에 강사로 초청되어, 봉선사 사지를 편찬하였다. 이에 대한 내용은 안진호가 만오생이라는 필명으로 『불교』29호(1926.11)에 기고한 「양주각사순례기」가 참고된다.
40) 「불교소식, 교종대본산 양주군 봉선사 본말사 주지 제15회 정기총회」, 『불교』24호(1926.6).
41) 『불교』67호(1929.12)의 「봉선사 禪會 계속」에서는 봉선사가 재정이 어려워 '講會'

홍월초의 고뇌는 적지 않았을 것으로 보인다.

홍월초의 강원에 대한 관심은 개운사 강원의 후원으로도 이어졌다. 개운사 강원은 1926년 10월 3일 개강하였다.[42] 개운사 강원은 당대의 강백으로 명망이 높은 박한영을 강주로 초빙하였기에 각처로부터 학인들이 많이 오게 되었다. 그러자 자연 강원이 협소하자 그 대책을 강구하여, 개운사 산내 암자인 대원암으로 신축, 이전하는 방향이 수립되었다. 바로 이 같은 대원암의 이전 비용으로 홍월초는 당시로서는 거금인 1천원을 희사였던 것이다.[43]

그러면 홍월초가 이렇듯이 봉선사 강원의 재건, 개운사 강원의 후원은 어떠한 의미를 갖고 있는가? 1900년대의 불교연구회, 명진학교의 운영 단계에서는 구학과 신학의 조화, 문명세계에 적응해야 한다는 승려의 자각과 현실인식을 강조하였다면 국권상실 이후 1920년대 단계에 와서는 구학에 치중한 성향이 나타나는 것이다. 이는 그 당시 구학의 부흥이라는 불교 교육계의 흐름과는 무관할 수는 없는 것이다.[44] 그런데 홍월초는 그가 정열을 기울여 개교한 명진학교의 후신인 중앙불전에 대해서는 어떠한 관심, 후원을 하지 않았다. 필자가 보건대 홍월초의 그 행보는 홍월초의 일정한 현실인식의 전환을 대변하는 것이 아닌가 한다. 즉 그는

를 중지하고 1928년 겨울부터는 禪會를 임시 설립하였는데 홍월초가 선회에 양식을 제공하였다고 보도하였다. 홍월초는 1929년에도 선회에 지속적인 후원을 하였다. 『불교』 57호(1929.3)의 「봉선사 安居回向」과 『불교』 68호(1930.2), 「홍월초화상의 慈善」의 내용 참조.

42) 「曠古未曾有한 開運寺講院 開院式」, 『불교』 29호(1926.11).

43) 박한영 찬의 「安月松 朴梵華 和尙紀念頌碑記」와 『불교』 54호(1928.12)의 「開運寺 講院에 대한 月初和尙의 美擧」, 그리고 『불교시보』 54호(1936.1) 19쪽, 「개운사공 덕주 고홍월초화상의 공적」 등의 내용을 참조.

그런데, 『불교시보』 5호(1935.12), 「개운사 대원강원의 성립 견고」에서는 홍월초의 기부를 현금 800원과 京城祖 5石 쌀으로 제시하였다.

44) 김광식, 「조선불교학인대회 연구」, 『한국근대불교의 현실인식』, 민족사, 1998
_____, 「1930년대 강원제도 개선문제」, 『승가교육』 2, 1998.

중앙불전으로 상징되는 문명적인 교육 사업에 그가 개입할 여건이 안되었음을 고려하드라도, 그의 무관심은 전통의 고수를 통한 불교의 재정비 의미를 갖는 것이 아닌가 한다. 그 당시 선 분야에서는 한국의 선전통을 회복, 고수하려는 차원에서 수좌들이 결속하고, 그 기반으로 선학원이 설립되었다.[45] 바로 이 같은 수좌, 선학원의 고뇌, 지성이 교학분야에서도 찾을 수 있거니와 그는 구학분야 학인의 자각, 강원 부흥, 강원을 중심으로 한 교육기관의 정비라 하겠다. 이러한 구학분야에서의 실험, 지성에 홍월초, 홍월초의 상좌인 이운허, 이운허가 다녔던 개운사 강원, 개운사 강원의 박한영, 그리고 봉선사 강원이 하나의 불교사상의 모색의 터전이 되었던 것이 아닌가 한다. 지금까지는 이 흐름에 대한 검토, 분석, 해석이 부재하였지만 필자는 이를 시론적으로 제안하고자 한다.

홍월초의 구학, 강원에 대한 적극적인 후원은 봉선사에 그의 유촉인 전재산 기부에 의해 설립된 홍법강원에서 극명하게 나타났다. 이제부터는 홍법강원의 설립에 나타난 홍월초의 교육관, 교육사업의 성격을 중점적으로 살펴 보고자 한다. 즉 이에 대해서 그 당시 봉선사 종무소에서 언급한 개괄적 이해를 우선 보자.

> 奉先寺에서 講院을 經營하게 된 動機는 前住持 故月初禪師의 遺囑에 의한 것이다. 禪師가 그 遺産의 全部 講院經費에 充當하도록 當寺에 寄贈한 本意나 奉先寺에서 그 遺囑을 遵守하야 講院을 設立한 根本 目的이 靑年法侶의게 經論을 講授하고 敎理를 注入시켜써 佛陀의 慧命을 紹隆하는 同時에 朝鮮佛敎를 中興할 法器를 養成하려 함에 있는 것은 이제 贅言할 必要까지도 없으리라고 본다.[46]

즉 1930년대 중반 홍월초와 봉선사는 청년승려들에게 '經論', '敎理'를

---

45) 김광식, 「선학원의 설립과 전개」, 『선문화연구』 창간호, 2006.
46) 「講院經營者側으로서 學人에의 期待」, 『홍법우』 창간호(1938.3), 19쪽.

교육시켜 불타의 혜명을 부흥시키면서 동시에 불교 중흥을 담당할 인재의 양성을 주력하였다는 것이다. 이런 배경하에서 1934년 3월 19일, 홍월초가 입적하기 2개월 직전에 유언 및 재산헌납의 의지로써 공표한 홍월초의 유촉서 전문을 자료 소개 차 제시한다.[47)]

「故月初禪師 遺囑書」

余 — 針芥의 緣으로 佛門에 歸依한지 邇來 六十餘年에 未嘗不 色身을 盡瘁하야 大法을 弘闡하려 하였으나 才能이 乏하고 力量이 少하야 別로 可觀의 蹟을 著치 못하고 今者 臘月 三十日에 眼下에 切迫하였으니 正法을 爲하야는 魔强한 季世에 法燈을 續明할 것이 唯一의 關心이요. 個身을 爲하야는 難得의 今生에 此身을 度脫치 못함이 寔大恨事라 衰朽의 病軀는 다시 法輪을 運轉키 不能하니 八十生平이 一場春夢이라. 靜言思之에 淚盡血繼어니와 오직 一線의 希望은 些少의 塵財나마 三寶前에 奉獻하야써 來世의 勝緣을 作하며 更히 諸賢의 協恭에 依하야 此로써 我佛의 慧命을 相續하는 一助를 供함에 在한지라 玆에 所有의 土地全部(別記目錄과 如함)를 敎宗本山 奉先寺에 寄贈함에 當하야 後日에 遵行할 條項을 左列하노니 或은 講院을 設하야 敎學을 闡明하며 或은 禪社를 結하야 宗旨를 擧揚하되 當寺 住持 三職 及 大衆과 一般門徒는 余의 本旨를 克體하야 恪遵勿違하기를 是所至囑이로다

第一條 余의 所有에 係한 別記 目錄의 土地 貳萬六千五拾九坪은 此를 奉先寺에 獻納하야 奉先寺의 所有로 移轉하고 當寺 住持 三職 及 一般門徒의 公議에 依하야 該 土地의 收入으로 左와 如히 弘法事業을 經營하야 永遠히 繼續할 것

一. 佛敎專門 講院을 設立하야 敎學을 闡明함

二. 禪院을 設立하야 宗旨를 參究함

但 敎와 禪을 同時 竝營키 不能할 時는 一種 事業만을 經營함

第二條 先恩法師 幻翁 禪師의 祭位는 문경군 大乘寺에 獻納하야 매년 팔월 이십육일 夕에 忌日奉祀를 행하는 터인즉 弘法會中에서는 各節日에

47) 『홍법우』 창간호, 93~95쪽.

位牌를 奉安하야 薦魂祝願을 행하고 忌日에는 門徒가 遠地에 往參키 不能하니 書信上으로 年年通信하야 誠意를 表할 것

考妣의 祭位는 現金 若干을 예천군 鳴鳳寺에 헌납하야 享祀케 하였으나 실행 여부를 未可的知이니 매년 삼월 십육일 夕 考忌辰에 數品의 菓蔬를 備하야 弘法會中에서 간략한 施食을 행할 것

第三條 余의 業障 懺除로 弘法會中에서 附隨 例行式을 행할 것

第四條 余의 生前 死後에 지성으로 給侍하는 侍子에게 左記 토지를 讓與하야 其 誠孝를 酬慰하는 紀念을 作할 것

양주군 봉접면 부평리 295 번지 畓 518평

第五條 余의 死後 儀式은 左의 각항을 準行할 것

一. 訃告는 門徒 及 중요 知舊 處에 止하고 기타 일반에게는 此를 폐지할 것

二. 襲斂에는 麻布 상하복, 布襪, 布장삼, 布衾外에는 일건도 加用치 말것

三. 棺槨 위의는 儉約 簡易를 위주로 할 것

四. 徒弟의 喪服은 近時 慣行이 都是 俗制니 古制師의 遺訓에 의하야 麻布 장삼을 착용하고

巾帶 行纏은 此를 절대 폐지할 것

五. 位牌, 床杲은 影閣에 眞影이 自在하니 사십구재까지만 奉安하고 其後는 철폐할 것

六. 四十九齋, 百齋, 小祥, 大祥 등 비용은 최대 절약을 위주 할 것

第六條 獻納 土地의 년수입이 甚히 薄約하니 余의 생전 사후를 물론하고 寺中에서 掌理調用하되 余의 생전에는 생활비도 每 個月 一金 貳拾圓也式만 지불하고 餘額은 최근 은행 又는 郵便所에 적립하였다가 후일 葬祭費에 補用케 하며 사후에는 三喪 비용을 최대한도로 절약하고 삼 년간의 地上 수입으로 此를 淸算하되 만일 삼개년의 地上 수입으로 葬祭費 전부를 청산키 불능할 시는 삼개년의 기간을 연장할지 언정 寺中金은 分毫도 사용치 말 것

但. 地上 수입의 調用 방법은 당사 주지 삼직 及 일반문도가 협의 결정할 것

第七條 余의 재산을 寸土의 殘餘도 無히 전부를 봉선사에 기증하는 본의는 전제에 기술한 바어니와 此는 불기 이구오칠년 庚午 사월 본사에 헌납키로 誓願할 시에는 당시 주지 申允泳, 金鍾烈 兩人이 協勸하였고 但 이

구오구년 壬申 유월 십이일 일반문도가 守國寺에서 협찬 결의하였으나 其間 多忙을 因하야 未卽 수속이던바 今에 更히 當寺 住持, 三職, 大衆, 門徒를 會集하고 遺囑을 宣言함에 대하야 문도 일반이 隨喜協贊하므로 此를 단행하는 것이니 倘或 후일에 余의 徒弟중 본 유촉에 대하여 異議를 제기하거나 각 조항을 遵行치 아니하는 자는 眷外로 擯斥하야 邪魔外道로 看做함

第八條 헌납 토지 高城沓 一筆은 년전에 法孫 李龍夏에게 法物로 傳付한 것인바 今에 그 願에 의하야 幷히 寺中에 헌납하는 것이니 當寺에서는 該 番地상 수입을 매년 이용하 又는 그 도제에게 付與하야 法脈을 永續케 할 것

第九條 余가 先師에게 傳承한 遺産이 毫無하나 헌납 토지 수입중에서 사업을 경영하고 여유가 有할 시에는 或 一 二 法孫에게 약간의 물질로써 法緣情恩의 表象을 作하랴 하노니 余가 생전에 設令 此願을 償치 못하더라도 일반 문도 及 당사 주지는 此를 유의 勿忘할 것

第十條 法孫 金星淑은 余의 주지 재직시에 余를 협찬하야 본말사에 공로가 不少하고 且門稧의 창립자로써 특수한 勳勞가 有한 者인데 今에 그 生死를 未知이니 門稧중에서 稧金을 善爲增殖하야 수백원을 辨出하고 헌납토지 수입중에서 일금 일백원을 寺中에 청구하야 此로써 약간의 토지를 매수하야 김성숙의 徒弟 一人을 立하야 此를 영속케 할 것

第十一條 고양군 수국사는 余의 半生事業으로 距今 삼십오년 전에 基地를 매수 창건하고 厥後 십수년간에 多大한 금액을 費하며 無盡한 난관을 經하야 금일에 至한 者이니(봉선본말사지 참조) 후인에게 護法 사업을 장려하는 의미에서 又는 余의 創寺報恩한 本懷를 暢達하는 취지에서 今後의 수국사 주지는 必히 余의 恩法徒弟로써 후보하야 法類 相承하는 規例를 作할 第十二條 奉先寺는 前 주지 신윤영은 當寺 산림 양호에 莫한 勳功이 有하니 봉선사 일반대중은 영원히 此 공로를 勿忘하고 삼림보호원 주재소장 박창현도 산림 讓獲에 대하야 多大한 外援의 공이 有하니 역시 영구히 交誼를 돈독히 할 것

第十三條 寺有 산림은 무한한 苦心과 다대한 誠力을 費盡하야 讓獲한 것이니 그 一草一木을 金玉과 如히 養護愛惜하야 당국의 허가를 得하기 전에는 一小木이라도 採取치 말고 허가를 承하야 벌채를 할 시는 차 대금

을 尋常한 경비 又는 채무 상환에 充用치 말고 필히 기본재산이 될만한 토지를 매입하며 벌채의 跡地에는 柏子苗를 栽植하야 기본재산이 되도록 조성할 것

第十四條 余의 사후의 茶毘 절차 及 일체 凡節과 影閣 수호와 門稧 사업에 관한 것은 차를 另囑함

본 유촉은 봉선사 역대주지 삼직과 일반 대중 及 문도가 切實 遵行할 者인바 全文 參通을 작성하야 봉선사, 수국사 及 문도 稧中에 각 壹通式 보관케 함

佛紀 이천구백육십일년 舊曆 甲戌 二月 五日

昭和 구년 삼월 십구일

比丘 月初 巨淵 囑付

교종 대본산 봉선사주지 삼직 대중 及 일반 도제 各位

헌납토지 목록은 略함

이상과 같은 장문의 유촉은 홍월초의 전재산을 봉선사 교육사업에 남긴다는 것이 핵심이었다. 부수적으로는 그의 사후 절차, 의식, 그리고 재산관리 지침, 그가 애정을 갖고 있었던 도제인 이운허와 김성숙에 대한 후원, 그리고 그의 생전에 봉선사에 큰 유공을 갖고 있었던 신윤영과 김창현에 대한 지속적인 후원의 강조도 나타나 있다. 홍월초가 그의 입적 1개월 전인 1934년 3월 19일에 이 같은 유촉을 내리자, 봉선사와 그의 문도들은 1934년 3월 29일 홍월초 유촉을 잘 받들겠다는 내용을 담은 11개 항의 「遺囑 奉答書」를 발표하였다. 당시 봉선사와 문도는 문도 10명, 그리고 봉선사 주지, 봉선사 삼직, 수국사 주지로써 구성된 弘法事業後援會를 조직하고, 유촉 실현에 나설 것을 다짐하였다.

이러한 절차가 있은 후, 홍월초는 1934년 4월 30일 속납 77세로 입적하였다. 홍월초가 입적하자 봉선사와 문도들은 홍월초가 기증한 땅 26,059평을[48] 재단으로 결성하고, 그 재단에서 매년 나오는 81석을 기본으로 하여[49] 「월초선사 홍법사업 불교전문강원」을[50] 출범시켰다. 그 시점은 193

5년 2월 19일이었다. 봉선사 전문강원(홍법강원)은 이운허를 강주로 하여 초등과, 중등과, 고등과, 수의과를 기본으로 하여 출범하였다.[51]

그러면 이상과 같이 전재산을 봉선사에 기부하여 교육불사에 지대한 업적을 남긴 홍월초의 행동, 정신은 어떠한 의미를 갖고 있는가? 즉 그의 사상과 거기에서 나온 일련의 업적은 무엇이라고 부를 수 있는가. 이에 대해서는 다각적인 접근이 가능할 것이다. 우선 당시 홍월초의 행동, 그로 인하여 나온 봉선강원의 행보에 대해 기술한 당시의 표현을 보자.

> 擧世가 私腹을 充함에 汲汲하거늘 그는 私財를 弘法의 기금으로 헌답하고 佛菩薩의 願力을 藉하여 萬類를 接引하려 하였고 擧世가 安逸을 謀하야 手足을 勞引치 아니 하려 하거늘 여기서는 勤勞를 服하야 정진에 실천에 勇進하려 함은 敎界의 標的인 동시에 滿天下 法侶의 嘉模가 아닐 수 없다.[52]

즉 불보살의 원력으로 중생에 다가 서려는 것으로 보았다. 봉선사 강원에서도 홍월초의 유업을 구현, 실천, 계승하는 것을 봉선강원의 정체성으로 여기었다. 이를 확인할 수 있는 것은 우선 봉선사 강원의 원칙의 제3조이다.

---

48) 필자는 『홍법우』 창간호, 34쪽에 근거하였다. 그런데 한동민은 「운악산 奉先寺記實碑」에 근거해 양주 땅 23,244평과 포천땅 3,193평을 합한 26,437평으로 서술하였다.

49) 강원 원칙에서는 이를 강원 경리는 월초선사 홍법사업후원회에서 예산을 편성하여 봉선본말사 평의원회를 거쳐 실행한다고 하였다.

50) 이것이 정식 명칭이지만 봉선사 강원으로 약칭한다.

51) 『홍법우』 창간호, 97쪽의 강원 院則. 그런데 『홍법우』 창간호, 92쪽에서는 대교과, 사교과, 사집과, 사미과, 수의과에 32명의 학인이 재학 중으로 나온다. 이렇게 과의 명칭이 이질적인 것은 판단하기 어렵다.

52) 김달생, 「弘法講院에 就하야」, 『홍법우』 창간호, 35쪽.

本 강원은 조선불교 청소년에게 교리를 講授하며 덕성을 涵養하야써
조선불교 건설의 弘任에 當할 行解 구비의 敎役者를 양성함을 목적함[53]

즉 조선불교 건설의 임무를 구현할 교역자인 승려 양성을 목적으로 하
였다. 이러한 원칙은 강원의 교직자와 학인들도 체득하였다고 보인다.
강원 3주년에 즈음한 강원 동정을 보도한 기사에서

교종 대본산 봉선사에서는 고월초선사의 유언을 바다 문도 일동이 성
심과 열성으로 토지 이만구천 구백구십평의 지상 수입으로 홍법사업을
창립한 이래 발서 三周나 되야 창립기념식을 년중 행사로 정하고 去 이월
십구일에 성대히 거행하엿는데 현 강주 이용하 화상의 연혁 말슴에 누구
나 감격치 안을 수 없엇다 하며 동시에 졸업식을 거행한바 氏名은 左와
갓다고 한다.[54]

나오듯, 홍월초의 정신을 구현, 계승하려는 움직임이 지속되었던 것이
다. 이러한 강령과 근황은 곧 홍월초의 정신이 확대, 재생산되었음을 말
한다. 봉선사 강원은『불교』신 36집(1942.5)에서는[55] 학인 10인, 강사
이학수로 나오고 있어 일제 말기까지는[56] 지속되었다.

그렇다면 이러한 제반 내용에서 나오는 바와 같이 홍월초가 전재산 기
부, 강원의 부흥, 교학의 강조, 미래 조선불교의 주역을 길러 내는 교육
사업은 어떠한 의미를 부여할 수 있는가. 이는 조심스럽게 접근해야 하
겠지만 홍월초가 1900년대의 명진학교의 개교 및 운영에서는 민족불교
를 지향하였다고 필자가 언급한 것을 고려하면서 그 성격을 모색하려고
한다. 필자는 그 지향을 문명세계에 적응하려는 불교, 민족운동과 호흡

---

53) 위의 봉선사 강원 원칙,『홍법우』창간호, 97쪽.
54)「월초선사 홍법사업 봉선사불교전문강원의 근황」,『불교시보』53호(1939.12), 11쪽.
55)「조계종 종보, 휘보」의 9쪽.
56) 그러나 해방되기 전까지 존속되었는지, 아니면 그 직전에 문을 닫았는지는 알 수 없다.

을 함께 하려는 행보라고 본다. 그렇지만 그로부터 30여 년이 지난 시점에서는 구학의 강조, 구학의 터전인 강원의 부흥이라는 약간 보수적인 행보로 귀결되었던 것이다. 홍월초가 그의 재산을 봉선사에 기부하기 직전에도 그의 손길이 닿았던 명진학교의 후신인 중앙불전은 존립, 유지되었다. 더욱이 1930년대 전반기에는 중앙불전이 재정 압박으로 존립의 존폐 문제까지도 지상에서 논란이 분분하였지만[57] 그가 중앙불전에 대해서는 약간의 지원을 하였다는 기록은 없는 상태이다. 즉 홍월초 그는 신학중심에서 구학중심으로 그의 불교교육관이 전환되었다. 필자는 이에 대해서 다음과 같은 입장을 피력하고자 한다. 홍월초 그는 국권상실, 일본불교 침투, 불교 교학이 위태로운 지경에서 1900년대 행하였던 구학과 신학의 조화보다는 우선은 전통적인 구학을 통한 불교의 저변을 튼튼하게 하려는 현실인식을 하였다고 이해된다. 문명과 일본불교를 모방한 불교 근대화 보다는 전통을 충실하게 계승, 구현함으로써 불교 근대화에 다가가려고 한 것으로 보려는 것이다. 이 같은 홍월초의 의식과 행보는 또 다른 방법으로의 민족불교 지향이라고 보고자 한다. 여기에서 민족불교의 개념이 제기된다.

4. 민족불교 개념과 홍월초의 행보

필자는 홍월초가 주관한 명진학교 설립에 대한 개요, 이념을 정리한 논문을 발표하였다. 당시 필자는 명진학교의 개교 과정을 살피면서, 그 과정에 나타난 주역들의 현실인식을 진단하고 그를 민족불교관의 형성

---

57) 『동대칠십년사』, 동국대출판부, 1976, 44~48쪽.
　　「성명서」, 「스테-트멘트」, 『금강저』 21호(1933.12).

과 연결지어 보았다.58) 그 논문의 결어에서 필자는 명진학교와 민족불교와의 상관성을 다음과 같이 피력하였다.

> 당시 명진학교에서는 불교 뿐만 아니라 신학문, 문명 등 다양한 속세의 학문을 승려 학인들에게 교육시키고 있었다. 불교계 최초의 근대식 학교는 이러한 배경하에 개교되었으며, 전국 각처의 사찰에서는 명진학교의 기초학교로서 보통교육을 가르치는 분교를 설립하였다. 결국 명진학교는 1906년 이후 불교계 교육분야에 혁신을 가한 촉진제 역할도 하였다. 이러한 명진학교의 건학정신은 투철한 현실의식, 불교 천양의식, 대승 보살행, 민족 현실에 다가서려는 적극성 등으로 대별할 수 있다.
> 그런데 이러한 건학정신은 당시 싹트고 있었던 민족불교의 형성과 불가분의 관련을 맺게 되었다. 근대 민족불교관은 당시 신채호가 지적한 불교의 구세주의와 한국불교 전통인 국가주의의 결합에서도 찾을 수 있는 것이다. 구세주의와 국가주의의 결합인 보살행으로 볼 수 있는 것인데, 바로 그 보살행의 행보가 명진학교의 설립에서 찾을 수 있는 것이다.
> 그렇다면, 민족불교는 상구보리와 하화중생의 균형이 아니라 하화중생을 하기 위한 상구보리인 보살행으로서 민족의 현실에 적극적으로 뛰어듦을 말하는 것이다.59)

이렇게 필자는 명진학교가 민족불교관 형성과 불가분의 관계 속에 설립된 학교라고 보았다. 그렇다면 자연적으로 명진학교 개교의 주역인 홍월초는 민족불교의 형성을 이끈 선각자는 논리가 서는 것이다. 나아가서 홍월초는 민족불교라는 현실인식, 지성을 체득한 당사자라고 볼 수 있다. 그런데 필자는 "민족불교를 하화중생을 하기 위한 상구보리인 보살행으로서 민족의 현실에 뛰어듦을 말하는 것"이라고 주장하였다.

---

58) 졸고, 「명진학교의 건학정신과 근대 민족불교관의 형성」, 『불교학보』 45, 2006. 이 논문은 졸저인 『민족불교의 이상과 현실』(도피안사, 2007)에 재수록 되었다.
59) 위의 졸저, 319쪽.

그 후 필자는 민족불교론에 대한 개념 정비 및 민족불교론의 근대적 전개 및 변용에 대한 검토가 절실함을 느꼈다. 필자는 평소 한국불교의 정체성을 설명하는 관점인 호국불교론에 대한 많은 의아심을 갖고 있었다. 호국불교에 대한 필자의 해석은 추후 구체적으로 연구할 예정이지만 그 연원, 보편화, 권력 지향성, 일본불교의 영향 등등에 대하여 생각할 여지가 상당한 주제라고 본다. 그래서 잠정적으로 필자는 호국불교보다는 민족불교가 근현대 한국불교사의 흐름, 전개, 이념, 구성원들의 현실 인식이라는 측면에서 더 타당한 개념으로 보고 있다. 이런 물음에 답을 하기 위해서 필자는 민족불교론에 서 있는 승려, 사건, 사례들을 더욱 찾아서 정리할 필요성을 느끼게 되었다.

이러한 궁금증을 풀기 위해서는 민족불교론에 대한 다양한 점검과 민족불교론에 연결되었던 사례를 살필 필요성이 있다. 이에 필자는 그 사례 연구로서 1919년 중국 상해에서 제작되어, 국내외에 배포되었던 문건인 이른바 '승려 독립선언서'를 분석하였다.[60] 그 글에서 필자는 승려 독립선언서 작성 배경, 내용, 담긴 이념 등을 분석하였다. 그러면서 민족불교에 대한 개념, 성격 등을 시론적으로 설명하였다.

민족불교에 대해서는 지금껏 개념적인 정리가 거의 부재하였다. 그러나 필자는 근현대 불교를 설명하는 하나의 관점, 흐름으로 민족불교를 바라보고자 한다. 필자가 고려하는 민족불교는 첫째, 민족 공동체 구성원(일원)이 믿고 수행하는 불교이며 둘째, 국가 및 민족 공동체 그리고 공동체 구성원(중생, 민중, 대중)의 모순과 고통을 해소하기 위해 활동하는 종교이며, 셋째, 그 지향이 불교적인 가치, 이념, 사상, 교리에서 부합되는 것을 핵심 요체로 보고자 한다.
　　그러면 어떤 배경으로 위와 같은 민족불교의 이념이 수용, 변화, 전개되

---

60) 졸고, 「대한승려연합회선언서와 민족불교론」, 『불교학보』 47, 2007. 이 논문은 졸저인 『민족불교의 이상과 현실』에 재수록 하였다.

었는가를 조망하고자 한다. 그런데 당시 기록에는 이와 관련된 직접적인 자료가 흔치 않다. 때문에 불가불 추측, 해석이 지나칠 수밖에 없을 것이다.

 필자는 민족불교의 이념이 나오게 된 것을 불교 내부의 논리, 흐름과 불교 외부에서 불교계가 나아갈 방향, 노선을 지적한 거대한 두 흐름이 결합된 것에서 찾고자 한다. 요컨대 불교 내의 논리와 불교 외부의 논리가 일제하 불교라는 시공간에서 합류된 것이라는 것이다. 우선 필자가 제시한 그 논리를 제시하면 다음과 같다. 우선 불교 내부의 논리는 佛敎大衆化이다. 그리고 불교 외부의 논리는 佛敎社會化이다.[61]

 즉 민족불교를 "첫째, 민족 공동체 구성원(일원)이 믿고 수행하는 불교이며 둘째, 국가 및 민족 공동체 그리고 공동체 구성원(중생, 민중, 대중)의 모순과 고통을 해소하기 위해 활동하는 종교이며, 셋째, 그 지향이 불교적인 가치, 이념, 사상, 교리에서 부합되는 것을 핵심 요체로 보고자 한다"고 서술하였다. 이런 전제하에 민족불교론의 내적인 구성으로서의 이념을 불교 대중화와 불교 사회화의 결합으로 보았던 것이다.

 지금껏 살핀 바와 같이 불교는 개항, 승려 도성출입금지 해제령 이후 급증하는 문명의 세례, 일본 및 일본불교에의 침투에 즈음하여 불교의 자기 정비를 고민하게 되었다. 그런 과정에서 불교는 산중불교에 머물 수 없음을 자각하고, 불교대중화의 길로 나서게 되었다. 그런데 불교대중화를 추진함에는 불교의 이상뿐만이 아니라 불교의 터전이었던 공동체, 세속·사회의 문제까지 불교의 문제로 수용해야 한다는 인식 및 노선상의 변질이 일어나고 있었다. 그 논리는 불교 사회화이었다. 그러나 이러한 변화는 불교대중화의 논리와 이질적인 것이 아니었다. 불교의 이념인 평등주의, 구세주의를 실천하는 것이었다. 다만 그를 인식하고, 급변하는 문명세계에서 불교의 존립을 기하기 위한 정체성 재정비의 산물로 구현하였던 것이다. 필자는 그 흐름의 사조를 잠정적으로 민족불교론이라고 개념화하는 것이다.[62]

---

61) 위의 졸저, 71쪽.

즉 이렇게 불교 대중화와 불교 사회화의 결합의 사조를 민족불교론으로 개념화 하였다. 그러나 민족불교론은 개념적으로 그렇게 볼 수는 있지만 일제하 다양한 흐름, 일제 식민통치, 일본불교 침투, 불교전통의 상실, 계정혜 삼학 전통의 상실, 원융살림 공동체 파멸 등 지난한 현실 속에서의 구체성은 간단한 것이 아니었다. 이에 필자는 민족불교론을 다음과 같이 총정리 하였다.

> 이에 불교 대중화론과 불교 사회화론의 이념적 결합에서 나온 민족불교론은 한국 근대불교의 주요한 흐름의 하나로 자리를 잡게 되었다. 때문에 민족불교론은 불교의 보편성(교리, 사상)을 띠고, 근대불교에 부여된 역사적 사명(민족운동, 독립운동)을 구현하며, 한국불교의 전통을 계승하려는 논리, 고뇌인 것이다. 그래서 민족불교론은 불교의 교리 및 사상에서 결코 이탈하지 않고, 대승불교의 근대적 변용을 실천하며, 한국불교의 역사와 전통을 이으려는 근대 불교도의 정체성 재정비의 산물이라 하겠다.

즉, 민족불교론은 우선 불교의 보편성을 띠고, 그 연후에 부여된 사명을 구현하면서 한국불교의 전통을 계승하려는 논리, 고뇌라 하였다. 다시 말하자면 우선 민족불교가 되기 위해서는 불교 교리, 사상의 기반하에서 대승불교(보살불교)와 한국불교의 역사와 전통을 이어야 한다는 것이다. 극단적으로 말하면 불교는 자기 정비, 자기 정체성 구현을 먼저 해야 한다는 것이다. 이는 일제치하의 식민지불교 상황을 고려한 입장인 것이다.

이 같은 이해, 논리 하에서 홍월초의 1930년대 입장, 행보, 지성을 살펴볼 수 있다. 홍월초는 명진학교 개교를 주도한 후로부터 30여 년이 지난 1930년대에 접어들어서도 민족불교론을 지속적으로 주장하였는가?

---

62) 위의 졸저, 77~78쪽.

그는 왜 적극적으로 민족불교론을 지상에서 피력하지는 않고 구학의 강조, 구학의 터전인 강원 부흥에 실천적인 자세로 전력을 다하였는가? 이에 대한 설명, 해석이 요청된다.

필자는 홍월초의 삶이 민족불교론의 논리에 서 있다고 주장한다. 현재 1930년대의 그의 생각, 사상, 발언을 전하는 자료는 부재하지만 정황상 그렇게 보고자 한다. 그래서 1930년대 홍월초의 입장은 1900년대의 노선, 의식에서 완전 결별한 것이 아니었다는 것이다. 다만 새롭게 변한 불교환경에서의 조정, 변용인 것이다. 요컨대 전재산 기부, 봉선사 강원의 재건도 민족불교의 발현이라고 볼 수 있다. 어찌보면 민족불교 지향을 위한 자기 정비, 최소한의 정체성 점검이다. 불교교학이 팽개치고, 전통불교학이 멸실되는 지경에서, 근대문명과 근대 불교학이 위세를 부리는 현실에서 홍월초는 역사와 전통이라는 군건한 나무를 잡은 것이다. 그래서 그는 전통불교학의 터전을 마련하고, 전통교학의 인재 양성을 강력하게 원하였다. 이런 전통의 재정비, 전통과 미래의 가교를 이끌 엘리트 육성을 통해 그의 불교관, 민족불교를 키워가려고 헌신하고, 일생을 바쳤다고 본다.

그러므로 필자는 구한말부터 입적하는 그날까지 불교발전을 위한 고뇌, 고투, 헌신으로 불교교학의 밑거름을 튼튼히 해 주고, 민족불교의 일선에서 보살정신으로 삶의 여정을 걸어 갔던 홍월초의 지성, 민족불교 지향을 오늘의 이 시점에서 온고이지신의 정신으로 다시 살피고, 불교사의 범주에 포함시켜야 할 것이다. 아니 그보다는 그의 행보, 지성에 일정한 평가가 뒤따라야 할 것이다.

5. 결어

이제 맺는말은 추후 이 분야, 즉 홍월초, 봉선사, 민족불교론 등의 탐구에서 생각할 내용을 제시하는 것으로 대하고자 한다.

첫째, 봉선사에 대한 광의의 연구에 착수해야 한다. 지금껏 교단사와 불교사 연구에서 관심을 두지 않았던 봉선사에 대한 역사, 문화 등에 대한 조사, 해석을 해야 한다고 본다.

둘째, 봉선사가 일제하에서도 교종 대본산이라고 하였는바, 이에 대한 실증적인 연구가 뒤따라야 한다고 본다. 왜 그러한 별칭이 붙었는지, 봉선사를 그렇게 불리우게 한 강백과 강사는 누구였는지가 궁금하다.

셋째, 봉선사의 주역인 고승, 승려에 대한 탐구가 있어야 하겠다. 홍월초를 계승한 승려로서의 이운허, 김성숙 등이 거론되지만 이들 이외에도 다양한 인물이 있을 것이다. 3·1운동기의 만세 주역들도 찾아내야 할 것이다.

넷째, 민족불교론에 대한 다양한 검토, 분석 작업이 요청된다. 민족불교론에 대해서는 필자가 처음으로 제시하였지만 이에 대한 접근, 비판, 공론화 등이 있어야 하겠다. 나아가서는 민족불교론과 민중불교론의 비교도 요청된다. 민족불교론은 1970년대 불교계 내부에서도 일시적으로 제기되었다. 그 연유, 배경도 정리되어야 한다.

다섯째, 현재 봉선사 및 봉선사 승려들의 봉선사의 역사와 전통에 대한 계승의식은 어떠한지도 자못 궁금하다. 최근 이운허의 동상이 광동학원에 세워졌고, 김성숙 기념사업도 가시화되어 가고 있다. 추후에는 그런 역사와 문화의 정리가 봉선사, 조계종단사, 불교사라는 광의의 구도에서 설명되어야 한다.

지금껏 필자가 생각하는 추후 이 분야 연구에 참고할 점을 제시하였다. 이런 지적이 후학 혹은 이 분야 연구자들에게 하나의 디딤돌이 되었으면 다행이라고 본다.

한용운 민족사상의 연원

1. 서언

만해 한용운은 한국 근대시기를 대표하는 인물이다. 한용운의 그 대표
성은 독립운동, 문학, 불교 등의 방면에 걸쳐 있다. 이 같은 대표성은 그
간 널리 알려졌기에 새삼스럽지도 않다. 그에 대한 삶의 전모, 지향, 사
상, 문학성 등은 그간 다양하게 연구되어 그의 학문은 '만해학'이라고 칭
할 정도가 되었다.

그러나 이와 같은 만해학의 명성도 상당하지만 그에 못지 않게 만해
학의 그림자도 있다. 이에 대해서 필자는 최근의 졸저인 『한용운연구』
(동국대출판부, 2011)에서 그 문제점을 주제별 연구로 편중, 실증적 자
료에 근거한 연구의 부족, 신비화에 경도된 연구로 제시하였다.[1] 그러
면서 필자는 그 문제점을 극복하는 대안을 객관적인 자료에 근거한 연
구, 불교 · 민족운동 · 문학으로 분화된 연구의 통합, 연구의 사각지대
로 방치된 주제의 연구, 만해학의 계보 모색, 인간 한용운의 진실 복원

---

1) 『교수신문』 2011.8.29, 「책을 말하다 ; 『만해 한용운연구』 ; 신비화 · 감성화된 기존연
   구 '사각지대' 도전했다」 참조.

을 연구의 방향으로 개진하였다.

이상과 같은 전제와 배경하에서 필자는 한용운의 민족의식, 민족정신, 민족사상 등으로 표현해왔던 것에 대한 의견을 개진하려고 한다. 본 고찰의 초점은 다음과 같다. 지금까지 한용운의 민족의식, 민족사상 등으로 표현된 본질을 가늠해 보자는 것이다. 요컨대 한용운의 투철한 민족의식, 민족운동, 타협하지 않았던 지조성 등을 민족사상으로 표현하고, 그것이 나오게 된 배경 및 연원을 살펴보려는 것이다. 그러나 이는 하나의 모색, 시론적인 차원이다.[2] 왜냐하면 민족사상이라는 개념 자체가 추상적이고, 나아가서는 만해의 사상에 대한 연구가 부진한 상황이기에 단정적으로 서술하기에는 난점이 있기 때문이다. 그러나 만해 한용운 사상의 탐구라는 새로운 영역을 전개하기 위한 초석으로 생각하고 거칠지만 필자의 졸견을 개진하려고 한다.

2. 만해 민족사상 탐구의 전제

만해의 사상은 그간 간간히 언급되었고, 서술되어 왔다. 그러나 만해 사상의 본질, 지향, 성격 등에 대한 본격적인 탐구는 부진하였다. 만해사상은 그간 만해를 불렀던 호칭을 살펴보면 간단하게 접근될 것이 아니다. 한용운의 호칭을 필자가 조사한 바에 의하면 수십여 개의 이름이 나온다.[3] 이는 그만큼 한용운의 성격과 활동이 간단치 않음을 말한다.

이런 배경에서 필자가 이 글에서 말하려고 하는 것은 만해사상을 총체성의 차원에서 접근하지는 않고, 총체적인 만해사상을 조명하기 위한 사

---

2) 필자는 만해 한용운의 민족운동의 개요, 성격, 연구 동향 등에 대한 것을 살핀바 있다. 졸고, 「한용운 민족운동의 연구에 대한 성찰」, 『한용운 연구』, 동국대출판부, 2011.
3) 필자의 『만해 한용운 평전』, 참글세상, 2009, 4쪽 참조.

전 탐색 차원으로서의 민족사상에 대해서만 살핀다는 것이다. 거듭 말하지만 한용운 사상에 대한 심도 깊은 탐구가 되지 않은 상황에서 만해사상을 총괄적으로 재단하는 것은 모험이다. 학문의 도전은 자유이지만 설익은 자료 분석, 독해하지 못한 부분에 대한 단정, 시대성과 만해의 인간적 고뇌에 대해 고민하지 않고 하는 판단은 재고가 요청된다.

다음으로 필자가 말하고자 하는 것은 만해 민족사상을 분과적, 미시적으로 다루지는 않으려고 한다. 다시 말하면 지금까지의 만해 민족사상은 민족운동, 민족주의적인 차원에서 주로 언급되었다. 그러나 만해는 기본적으로 승려이었고, 그가 활동한 대부분의 공간은 사찰 및 불교계이었다. 그러므로 민족사상을 논하고자 할 경우에는 이 같은 불교적인 기반, 활동, 노선을 간과할 수는 없다. 또한 만해의 작가적인 역량, 작품의 측면에서도 이런 성격은 동일하게 나타날 수 있다. 만해의 문학적 위대성을 논하면서 문학적 보편성은 다루어졌으나 그에 담긴 민족사상이라는 특수성은 소홀하게 다루어졌다고 본다. 이와 같은 필자의 입장은 만해 민족사상은 민족운동, 불교, 문학 등의 방면에서 함께 거론되어야 한다는 것이다.

다음으로 고려할 것은 만해 민족사상은 기본적으로 일제시대, 식민지 체제, 저항과 독립운동이라는 현실에서 배태된 것이라는 점이다. 때문에 만해의 민족사상은 기본적으로 특수성을 갖는 것이다. 물론 만해의 그 특수성에는 자유, 평등, 평화라는 인류의 고귀한 보편적인 이념이 포괄되어 있다. 특수성과 보편성이 팽팽하게 맞서는 그 접점에서 만해사상, 민족사상이 설명되어져야 한다. 만해를 언급하면서 현대적 관점, 21세기 관점은 자연스럽게 배어날 수밖에 없지만 기본적으로는 당대사의 관점, 현실을 고려해야 할 것이다. 그런데 일부 연구 성과물에서는 생태적, 여성적, 탈근대라는 이름을 갖고 만해의 성향을 논하면서도 이 점을 고려하지 않은 것으로 이해된다. 다양성의 시각으로 만해를 보고, 평가하는 것은 자유이지만 만해의 고뇌와 지향 등을 살피고자 할 경우에는 그 당대의 제반 문제를 우선적으로 살피는 것이 온당할 것으로 본다. 그러나 민족사상이 함유하듯이 필자의 해석은 기본적으로 특수성(한국, 홍성, 불교, 승려 등)이 주류가 될 것이다.

지금까지 설명한 바와 같이 총체적인 만해사상으로 가기 위한 초석, 민족운동 · 불교 · 문학 등의 종합적인 관점에서 접근, 특수성과 보편성을 함께 조명하는 관점에서 필자는 만해 민족사상을 살피려고 한다. 이런 전제에서 본고찰에서는 만해 민족사상을 조망함에 결코 간과해서는 안된다고 이해되는 소재, 내용을 제시하려고 한다.

3. 만해 민족사상의 연원의 근거

1) 출신, 만해의 고향 ; 유교적 가풍

한 인간의 출신지, 고향, 신분 등은 생애사 및 인간 이해에 매우 중요하다. 지금껏 만해 한용운 생애사에서도 이 점은 중요시 되었다. 그런데 불교에서는 입산, 출가 이전에 대해서는 묻고, 대답하지 않는 것이 불문율로 되어 있다. 그렇지만 만해는 불교계를 뛰어 넘었던 인물이기에 그의 출신, 고향에서의 활동에 대해서도 적극적으로 논의해야 한다. 이런 점과 관련하여 만해의 부친, 만해에게 유학적 지식을 전수해준 유교 지식인의 실체, 만해와 접촉한 유학자 그룹에 대한 관심은 당연한 것이다. 이에 대해서는 만해의 자전적인 회고가 참고된다.

나의 고향은 충남 洪州였다. 只今은 世代가 變하여 고을 이름조차 洪

城으로 변하였으나 그때 나는 어린 少年의 몸으로 先親에게서 나의 一生 運命을 決定할 만한 重要한 敎訓을 받았었으니, 그는 國家 社會를 爲하여 一身을 바치는 옛날 義人들의 行蹟이었다. 그래서 매양 先親은 스스로 그 러한 種類의 書冊을 보시다가도 무슨 感懷가 계신지 朝夕으로 나를 불러 다 세우고 옛사람의 傳記를 가르쳐 주었다. 어린 마음에도 史上에 빛나는 그분들의 氣槪와 思想을 崇拜하는 마음이 생기어 어떻게 하면 나도 그렇 게 훌륭한 사람이 되어 보나 하는 것을 늘 생각하여 왔다.[4]

위의 회고에 나오듯이 만해의 부친에게서 배운 내용은 만해의 유년 및 청년 시절의 화두가 되었음이 분명하다. 만해는 그를 "나의 일생 운명을 결정할 만한 중요한 교훈"으로 인식하였다. 만해가 체득한 것은 국가와 사회를 위하여 헌신한 의인, 걸사의 행적 및 전기이었다. 그래서 만해의 가슴에는 의인, 걸사들의 기개와 사상을 숭배하는 마음이 생겼다. 이는 만해의 유년, 청년시절의 지향이었음은 물론이다. 입산 이전의 만해의 정신적인 표상이었던 것이다. 이는 저절로 민족의식의 잉태라고 불러도 좋을 것이다. 공동체 대한 헌신이었다.

위와 같은 만해 회고에서 필자가 주목할 것은 이런 회고를 한 당시 만 해의 연령이 50대라는 것이다. 유년 시절부터 50대까지 갖고 있는 그 경 험을 이렇게 강렬하게 회고하는 것은 역설적으로 그 내용이 중요하다는 것이다. 승려생활 30년을 회고하면서도 유교적 영향을 회고하고, 그러 면서도 男兒一世에서 승려로만 생애를 마치는 것에 아쉬운 회한을 하였 다.[5] 그는 정치적 무대가 없었기에 승려가 된 것으로 은연중 심정을 내 비쳤다. 이런 것에서 거듭 만해의 유교적 영향, 승려이면서 민족운동에 나선 체질과 배경을 알 수 있다.

그렇다면 만해의 부친은 어떤 인물인가? 달리 말하면 만해의 집안은

---

4) 한용운, 「나는 왜 僧이 되었나」, 『삼천리』 6호(1930.5).
5) 위의 자료, 「나는 왜 僧이 되었나」.

어떤 집안이었는가이다. 이에 대해서 필자는 몰락한 양반이라고 본다. 때문에 만해의 집안은 양반의 가풍, 체질을 갖추었을 것이다. 이에 대해서 만해의 종손인 한수만은 다음과 같이 발언하였다.

> 우리 집안은 웃대부터 양반인데, 그것을 내 할머니 말씀을 들어서, 들은 것을 낭독하겠습니다. 우리 집안이 홍성 남산 밑에 살았고 지방에서 타조(打租)도 무지하게 들어와서 받았다고 그래. 지방에 답, 논이 있었으니. 그러나 양반이라고 하면 일을 할 줄도 모르고, 어려워서 할 수가 없지. 그래서 다 망한거여. 그런데 일본놈들만 안 쳐들어왔으면 재산을 유지하였을 터인데, 그 후로 일본놈들이 들어오니 재산을 유지할 수도 없었지.[6]

위의 한수만의 증언은 만해 집안의 몰락한 상황, 그 중에서도 경제적 낙후성을 지적한 것이다. 그러면서도 양반의 집안이라는 것을 강력하게 강조하였다. 지금껏 만해 집안의 신분에 대해서는 설이 다양하였으나 청주한씨인 夷襄公 韓明澮의 19대 손, 결성의 士族출신으로 이해되어 왔다.[7] 그러나 만해의 부친이 홍성의 군속(무반)까지[8] 하였다는 정황을 보면 만해의 당대에는 정치, 사회적으로는 몰락한 양반 집안이었음은 분명

---

6) 김광식, 「만해 할아버지를 이야기 합니다」, 『우리가 만난 한용운』, 참글세상, 2010, 219~220쪽.
7) 고　은 - 근세 사족의 신분(『한용운 평전』, 민음사, 1975).
　　김관호 - 결성사족 출신, 만해 선친시절 홍주로 이사. 이는 전문수(결성거족)와 손재학(홍성의 초대 국회의원) 조사, 결성에 있는 청주한씨 족보 조사에 의거한 것으로 서술(『한용운사상연구』 간행사, 민족사, 1980).
　　염무웅 - 얼마간의 경제적 실력과 상당한 정도의 교양을 갖춘 중인(「만해 한용론」, 『실천불교』 2, 1984).
　　박걸순 - 양반계층(무반과 관련), 집안에 전해오는 전령과 교지에 근거하여 판단(『한용운의 생애와 독립투쟁』, 독립기념관, 1992).
　　김광식 - 몰락한 양반, 殘班(『만해 한용운 평전』, 참글세상, 2009).
8) 『홍주읍지』에는 동학군을 토벌한 행목사로 나온다. 동학군을 진압한 홍주목의 중군 참모이다.

하다. 그러나 양반으로서의 자부심, 가풍은 지니고 있었다. 이런 가풍이 자연스럽게 만해에게 전달되었다. 여기에서 만해의 유교적 가풍, 유교적 의식이 간단하지 않음을 알 수 있다.

다음으로는 만해가 배운 유교적 세계가 어떠 하였는가이다. 만해의 일생에 영향을 준 충남 결성지역을 포괄하는 내포의 유학세계는 어떤 사상성을 갖고 있었는가는 만해사상의 궤적에서 간과할 수 없다. 현재 전하는 증언을 종합하건대 만해는 유년시절(6세부터)에는 결성지역(내포)의 私塾에서 한학을 배웠다. 한학에 대한 수용의 실력이 남달라 그의 집은 신동집으로 불렸다고 한다. 그런데 그가 언제쯤 홍성지방으로 이전하였으며, 이전 후에는 홍성지방에서도 한학을 이수하였는가에 대한 문헌적인 기록은 없다. 다만 8~10세 무렵에 홍성으로 이주하여 한학을 지속하였다고 한다. 그리고 18세 무렵에는 홍성에서 서당 선생(塾師)까지 하였다고 전한다. 이런 내용을 신뢰한다면 만해는 내포지역, 홍성지역에서 유학을 배웠음은 분명하다.9) 이 점은 내포, 홍성지역의 유교문화를 체득하였음을 말해주는 것이다.

한편 한계전은 유교적 소양을 갖고 있었던 만해가 '어떤 사정'으로 출가한 것은 1896년 홍주의병에 만해가 참가하였음을 말하는 것으로 이해하고 있다.10) 한계전은 그의 주장을 최범술이 적은 만해 연보에 의지하였음을 밝히면서 최범술이 만해를 평생 모셨기 때문에 신뢰한다고 주장하였다. 나아가서 한계전은 홍주의병은 결성의 李偰, 홍주의 金福漢 등 내포지역의 유림들에 의하여 거병되었다고 보면서 만해와 이설과의 사상적 연계성을 추론하였다. 특히 이설은 홍주의병을 사상적으로 주도하

---

9) 「민족대표 48인의 약력」,『신한민보』 1922.3.9 참조. 한용운은 홍성군에서 출생하였고, 한학계에 명성이 높은 문수운에게 한학을 공부하였다는 내용이 나온다.
10) 한계전, 「만해 한용운 사상 형성과 그 배경」,『만해축전 자료집』, 1999, 185쪽. 이 논문은 서울대『선청어문』 29집(2001)에 재수록 되었다.

였는데, 南塘 韓元震의 배타적 화이론에[11] 연원한 사상적 계보를 갖고 있었다.

그런데 이설은 만해의 생가와 10여리 밖에 떨어지지 않은 이웃 마을에 살았다. 이설은 결성의 화성(현재는 홍성군 구항면 오봉리)에, 만해는 결성의 성곡리에서 출생하였다. 이설은 만해보다 29살이나 더 많았기에 스승의 위치에 있었다. 이설은 당시 내포지방의 유학자, 의병의 정신적 지도자이었는데 만해가 그에게서 배웠다는 근거(문헌, 구전 등)는 없다. 추측하건대 이설의 사상(충효, 의리)에[12] 영향을 받지 않았을까 한다. 그리고 홍주의병을 대표하는 김복한도 남당을 율곡과 우암(송시열)을 잇는 군자라고 표현한 것을 보면 남당에 대한 존경심을 엿볼 수 있다. 김복한은 이설과 함께 남당의 연보 작업에도 동참하였다. 이렇듯이 이설, 김복한은 남당의 사상적 구도에 포함되어 있었다. 이런 사상적 계보의 터전인 내포지역은 18세기에 접어들면서 성리학의 중심지가 되면서, 湖學이라는 새로운 학파를 잉태하였다.[13] 호학은 우암 宋時烈 계열의 權相夏 문인들이 홍성을 중심으로 거주하면서 잉태된 신진 부류의 학풍이었다. 그들은 尊華攘夷라는 사상적 모토를 공통분모로 하면서 현실과 조응하였다. 즉 이런 구도에서 남당(한원진, 결성)의 배타적 華夷論이 나왔다. 요컨대 만해의 유교적 가치, 국가 사회에 대한 인식, 의리 정신 등은 이런 내포지역의 유림 사상과 무관할 수는 없다.[14] 여기에서 남당의 사상이 어떻게 후대에 전승되고, 그것이 근대기까지 이어져 온 양상의 내용과 성격을 추구할 필요성이 요청된다.

---

11) 김태년, 「남당 한원진 사상의 배경과 형성과정」, 『한민족문화연구』 20, 2007.
12) 여기에서 기호학파의 화이론, 절의론에 대한 계보, 영향 등을 추적할 필요성을 느낀다.
13) 한계전, 「湖學의 형성과 江門八學士」, 『진단학보』 83, 1997.
14) 최근 이에 대한 학문적인 접근이 가시화되었다. 「남당사상 통해 내포지역의 사상의 흐름 짚어」, 『홍성타임즈』 2010.11.2.

어쨌든, 이와 같은 내포지역 유교 사상이 만해의 유년, 청년 시절부터 훈습되었다. 그래서 내포지역의 유교문화에 만해는 영향 받았고, 그것이 만해 민족사상의 연원이 되었을 것으로 필자는 본다. 이는 홍성에서 서당의 훈장 노릇을 하였음과 아래의 출가 직전의 회고에서 정황을 찾을 수 있다.

> 그러자 그해가 甲辰年의 전 해(1903)로 大勢의 礎石이 처음으로 기울기 시작하여서 서울서는 무슨 條約이 체결되어 뜻있는 사람들이 구름같이 경성을 향하여 모여든다는 말이 들리었다. 그때에 어찌 新聞이나 郵便이 있어서 알았으리만은 너무도 크게 국가의 大動脈이 움직여지는 판이 되어 所聞은 바람을 타고 아침 저녁으로 八道에 흩어지었다. 우리 洪州서도 政事에 奔走하는 여러 先進者들은 이곳 저곳에 모여서 수근 수근하는 법이 심상한 氣勢가 아니었다.
> 그래서 左右間 이 모양으로 산속에 파묻힐 때 아니라는 생각으로 하루는 담뱃대 하나만 들고 그야말로 弊袍破笠으로 나는 漂然히 집을 나와 「서울」이 있다는 서북 방면을 向하여 徒步하기 시작하였으니 父母에게 알린 바도 아니요, 路資도 一分 지닌 것이 없는 몸이매 漢陽을 가고나 말는지 甚히 唐慌한 걸음이었으나 그때는 어쩐지 泰然하였다. 그래서 左右間 길을 떠난 몸이매 해지기까지 자꾸 남들이 가르쳐 주는 서울길을 向하여 걸음을 재촉하였다.15)

즉 만해는 홍성에서 정사에 분주하는 여러 선진자들이 국운의 몰락, 일제의 침략, 각지의 민족운동 등에 대하여 수군수군하는 것을 알고 있었다. 만해는 홍성지역의 선진자들의 반응에 고민하였다. 이는 만해가 선진자로 표현되었던 홍성지역의 유지(지도자, 지사)와 교류하였음을 말한다. 자료가 없어 더 이상의 추정은 어렵지만 일단은 만해는 홍성지역의 인사와 어떠한 형태로나마 접촉하고 영향을 받았다. 그런데 홍성지역

---

15) 위의 「나는 왜 僧이 되었나」.

의 문화 및 유지들의 현실인식에서 유교적 사상을 배제할 수는 없다. 그러나 만해가 거론한 인물을 선진자들이라고 하였음에는 만해는 점차 고식적, 완고한 유교적인 소양에서 벗어나 새로운 문명과 문화를 지향하고 있음을 간파할 수 있다.

하여간에 지금껏 필자가 개진한 내용의 초점은 만해의 민족사상의 잉태, 저변에는 호학, 남당학으로 불리운 유교문화의 원형이 자리 잡았다는 것이다.

2) 민족운동에 나타난 민족사상

만해가 국내의 민족운동, 독립운동의 중심에 서 있었음은 주지하는 바와 같다. 이는 3·1운동의 주역, 독립선언서 공약3장 추가, 타협하지 않았던 지조성 등의 내용으로 그간 널리 알려졌다. 그러나 만해의 민족사상의 실체에 대해서는 애매한 측면이 적지 않다. 즉 만해가 강조한 민족사상은 무엇이었는가이다. 이에 대한 문제는 만해의 육성을 통해서 그 진실에 접근하려고 한다. 우선 3·1운동 전야에 만해를 따르던 중앙학림의 학생들에게 하였던 발언을 제시한다.

> 여러 달을 두고 궁금히 여기던 제군에게 쾌 소식을 전하겠다. (중략) 이 세계적 비상 정세에 처하여 유구한 역사 찬란한 문화를 가진 우리 민족이 왜적의 포악한 羈絆을 항거하고 그 자주 독립을 中外에 선언함은 당연한 일이다. 조국의 광복을 위하여 결연히 나선 우리는 아무 障碍도 없고 怖畏도 없다. 君 等도 우리 뜻을 동포 제위에게 널리 알려 독립 완성에 매진하라. 특히 군 등은 서산, 사명의 법손임을 굳게 기억하여 불교청년의 역량을 잘 발휘하라.16)

---

16) 김법린, 「3·1운동과 불교」, 『신생』 창간호(1946.3), 16쪽.

만해는 학생들에게 유구한 역사 찬란한 문화를 가진 우리 민족이 자주 독립을 선언하는 것은 당연하다고 우선 개진하였다. 이는 우리 역사와 문화에 대한 자긍심하에서 독립선언을 하였음을 의미한다. 그래서 조국 광복을 선언하는 것에는 어떤 장애도 없다고 하였다. 그리고 서산대사, 사명대사의 후손임을 자각하라고 불교청년들에게 민족의식을 고취시켰다. 이렇듯이 한국의 역사와 문화에 대한 강렬한 자의식을 갖고, 독립선언을 준비하였음을 알 수 있다. 만해는 1919년 3월 1일, 민족대표가 모인 태화관에서의 선언식에서 33인을 대표하여 다음과 같이 선언에 즈음한 기념사를 하였다. 이는 33인이면서 선언서 인쇄를 담당한 이종일의 『묵암비망록』에 나오는 회고이다.

> 오늘의 우리 모임은 곧 독립만세를 고창하여 독립을 쟁취하자는 취지
> 입니다. 이것은 우리가 앞장 서고 민중이 뒤따라야 하는 것입니다. 우리
> 는 신명을 바쳐 자주독립국이 될 것을 기약하고자 여기 모인 것이니 정정
> 당당히 최후의 1인까지 독립쟁취를 위해 싸웁시다.

이렇게 만해는 독립쟁취의 목적을 분명하게 발언하였다.[17] 여기에서 필자가 주목하려고 하는 것은 "정정당당히 최후의 1인까지 독립쟁취를 위해 싸우자"는 내용이다. 이는 독립선언서 공약3장의 내용을 말하는 것이다. 이렇게 선언식장에서 만해가 발언한 것을 보면 공약3장을 만해가 추가하였다는 논리가 분명하다고 본다. 만약 만해가 그를 추가하지 않았다면, 이런 공식적인 석상에서 그런 발언이 자연스럽게 나올 수는 없다고 하겠다. 3·1운동이 발발한 이후, 10여 년이 지나서 만해는 『별건곤』

---

17) 만해는 이 발언을 공판정에서는 "우리가 집합한 것은 조선의 독립을 선언하기 위하여 자못 영광스러운 날이며, 우리는 민족 대표자로서 이와 같은 선언을 하게 되어 그 책임이 중하니 금후 공동 협심하여 조선 독립을 기도하지 않으면 안된다"고 연설하였다고 회고했다. 『증보 한용운 전집』 1권, 1979, 365쪽.

기자가 만해 자신이 겪은 인생에서 가장 통쾌한 일을 질문하자, 거침없이 3·1운동시 명월관에서 연설하든 때라고 힘주어 회고하였던[18] 것도 수긍할 수 있는 대목이다.

만해는 이러한 민족적 의식, 당당한 기개를 갖고 3·1운동을 주도하였기에 일제에 피체된 후의 재판정, 서대문형무소에서도 자신의 독립운동의 논리를 피력할 수 있었다. 결코 우연적인 것이 아니었다. 민족사상을 갖고 운동에 임하였던 것이다. 먼저 공판정에서의 발언을 제시하면 다음과 같다.

> 문 : 이 선언서에는 최후의 一인까지 최후의 一각까지라는 것이 있는데,
> 그것은 폭동을 선동한 것이 아닌가.
> 답 : 그런 것이 아니다. 그것은 조선 사람은 한 사람이 남더라도 독립운동
> 을 하라는 것이다.
> 문 : 그런데 인민이 피고 등의 선언서에 자극되어 관리에 대항할 것을 생
> 각하였는가.
> 답 : 나는 독립선언을 하면 일본은 반드시 승인할 줄로 믿어 그런 생각을
> 아니 하였다.
> 문 : 선언서에는 일체의 행동은 질서를 중히 하라고 하였는데 그것은 폭
> 동을 경계한 것인가.
> 답 : 그렇다.
> 문 : 그런데 선언서를 보고 질서를 문란시키고 폭동을 한 것이 있는데?
> 답 : 그런 말은 듣지 못하였다.
> 문 : 피고는 금번 계획으로 처벌될 줄 알았는가?
> 답 : 나는 내 나라를 세우는데 힘을 다한 것이니 벌을 받을리 없을 준 안다.
> 문 : 피고는 금후로도 조선 독립운동을 할 것인가?
> 답 : 그렇다. 언제든지 그 마음을 고치지 않을 것이다. 만일 몸이 없어지
> 면 정신만이라도 영세토록 가지고 있을 것이다.[19]

---

18) 한용운, 「내가 생각하는 痛快 二三」, 『별건곤』 8호(1927.8), 40쪽.
19) 『증보 한용운 전집』 1권, 372쪽. 그런데 최근 고재석은 기존 공판정에서의 대화의

이런 발언에서 만해의 민족의식이 우연적, 즉자적인 것이 결코 아님을 알 수 있다. 이는 만해가 3·1운동 이전부터 가지고 있던 분명한 민족적 자각에서 나온 것이라 하는 것이다. 이를 필자는 민족사상이라고 보려고 한다. 확고한 민족사상이 있었기에 3·1운동의 주도, 공약3장 추가, 재판정에서 뚜렷한 논리 개진이 가능하였다고 본다. 만해의 민족사상은 그가 옥중에서 일본 검사장의 요구로 1919년 7월 10일에 집필한 「조선독립의 서」에서도 드러난다. 만해는 그 글의 취지, 성격을 다음과 같이 회고하였다.

> 고금 동서를 막론하고 국가의 흥망은 일조일석에 되는 것이 아니오.
> 어떠한 나라든지 제가 스스로 망하는 것이지 남의 나라가 남의 나라를 망하게 할 수는 없는 것이다. 우리나라가 수백년 동안 부패한 정치와 조선민중이 현대 문명에 뒤떨어진 것이 합하여 망국의 원인이 된 것이요. 원래 이 세상의 개인과 국가를 막론하고 개인은 개인의 자존심이 있고 국가는 국가로서의 자존심이 있나니 자존심이 있는 민족은 남의 나라의 간섭을 절대로 받지 아니하오, 금번의 독립운동이 총독정치의 압박으로 생긴 것인줄 알지 말라.
> 자존심이 있는 민족은 남의 압박만 받지 아니 하고자 할뿐 아니라 행복의 증진도 받지 않고자 하느니 이는 역사가 증명하는 바이라. 4천년이나 장구한 역사를 가진 민족이 언제까지든지 남의 노예가 될 것은 아니라. 그 말을 다하자면 심히 장황하므로 이 곳에서 다 말할 수 없으나 그것을 자세히 알려면 내가 지방법원 검사장의 부탁으로 「조선독립에 대한 감상」이라는 글을 감옥에서 지은 것이 있으니 그것을 갖다가 보면 다 알 듯 하오.[20]

근거 자료로 이용된 이병헌의 『3·1운동비사』와 『한용운전집』에 나오는 문답이 오류가 많다고 보고, 市川正明편, 『三·一運動』2(原書房, 1984), 395~396쪽에 나오는 일본어로 된 문답과 함께 자신이 번역한 내용을 제시하였다. 고재석, 『한용운과 그의 시대』 역락, 2010, 129~131쪽.
20) 「공소 공판기」, 『동아일보』 1920.9.25.

이렇게 만해는 독립은 민족의 자존심이기에 한국의 독립은 당연하다고 보았다. 그래서 한국의 역사에 비추어 보아서도 한국의 독립은 증명되고도 남는다는 확신에 찬 소신을 거침없이 재판정에서 개진하였다. 그의 위 발언은 조선 민족 자신의 의지에 의해서 독립이 되는 것이지, 일제의 탄압 여부에 의해서 결정되지 않음을 강조한 것이다. 여기에서 만해의 3 · 1운동은 확고한 민족사상에서 나온 것이라고 볼 수 있다. 만해는 「조선독립의 서」[21]에서 "조선인은 당당한 독립 국민의 역사의 전통이 있다"고[22] 인식하였다. 이는 만해가 한국이 독립을 할 수 있는 역사와 전통이 있다는 확신을 하였음을 말하는 것인데, 여기에서 만해의 민족사상은 우리 민족의 역사와 전통에 대한 무한한 신뢰, 애정에서 나온 것을 알 수 있다. 그래서 만해는 3 · 1운동에 나선 한국 민족의 행동은 당연한 것으로 강조하였다. 만해는 「조선독립의 서」의 전반에서 인간의 자유, 평등, 자존이라는 보편적인 기준에서도 한국의 독립은 당연하다고 제시했다. 그 후에는 한국인의 역사와 문화에 대한 신뢰라는 민족사상에 입각해서도 독립은 마땅한 것으로 인식했다. 그래서 만해는 재판정에서도 시종일관 자신에 찬 어조로 자신의 독립정신을 피력하였다. 만해는 결심공판의 최후 발언에서 자신의 입장을 더욱 힘주어 개진하였다.

> 우리들의 행동은 너희들의 치안유지법에 비추어 보면 하나의 죄가 성립될지 모른다. 그러나 우리들은 우리의 조국과 민족을 위하여 마땅히 할 일을 한 것일 뿐이다.

만해는 조국과 민족을 위하여 마땅히 해야 할 일을 하였을 뿐이라고

---

21) 「조선독립의 서」에 대한 개요, 성격, 자료적 측면에 대한 내용은 졸고, 「'조선독립의 서' 연구」, 『한용운 연구』, 동국대출판부, 2011 참조.
22) 「조선독립의 서」, 『증보 한용운 전집』 1권, 349쪽.

발언한 것에서 나오듯이, 그의 독립정신은 어떤 이념, 주의로 채색할 수 없는 것이었다. 그는 한국 민족의 생존적 당위이고, 조국과 민족을 위한 당당한 행보이었음을 의미한다. 이는 곧 민족사상이었다. 만해에게서 조국과 민족이 없는 행보, 이념, 사상은 존재할 수 없었다. 즉 만해의 민족사상은 조국 · 민족의 생존 · 부활이 마땅하다는 것에서 나온 것이다. 만해는 그런 민족사상을 보여주는 존재이었다. 그러기 때문에 만해는 그가 입적하는 그날까지 민족사상의 바탕에서 결코 친일, 타협, 훼절하지 않았다.[23]

---

23) 최근 일부 학자(문학, 비평)들은 1937년 10월의 『불교』 신7집에 실린 권두언 「支那事變과 佛敎徒」라는 글을 만해의 글로 보려는 일런의 흐름이 있었다. 여기에는 만해의 필명이 없다. 당시 불교지의 편집 책임자는 허영호이었다. 허영호는 만해의 제자이었고, 그 당시 만해는 불교사의 고문이었다.

그런데 이 글이 『만해 한용운전집』 초간분에는 게재되었다가, 재간본에는 삭제되었다. 그런데 일부 학자들은 초간본을 보고, 이 글을 만해의 글로 단정하였다. 초간본에는 게재되었지만, 초간본 편집자가 판단의 실수가 있어 재간본에서는 제외한 것으로 보인다.

문학 연구자인 구모룡은 2004년에는 초간본에 의거하여 만해 글이라고 보고, 만해가 변질(친일)되었다고 학술세미나에서 발표했다. 즉 구모룡은 서울, 프레스센타에서 열린 작가회의 학술발표장(2004.8.10)에서 발제한 원고를 그대로 게재한 논문 「만해사상의 동아시아적 맥락」, 『내일을 여는 작가』 2004년 가을호에서는 문제의 권두언이 만해라는 것이라는 전제하에 만해 인식의 한계가 있을 수 있다고 보았다. 그러나 그는 2006년에 가서 발표한 논문에서는 자신의 주장에서 후퇴하였다. 구모룡, 「만해사상에서의 자유와 평등」, 『만해학연구』 2호(2006), 56쪽의 각주 35 내용 참조. 『현대불교』 2004.8.18, 「2004 만해축전 학술세미나 눈길 끈 논문」 참조.

한편 박수연은 「화엄적 평등의 민족과 세계」, 『만해학연구』 2호(2006), 63쪽에서 구모룡의 작가회의 게재의 글의 논지를 별 고민없이 수용하여 논지를 전개하는 오류를 범하였다. 박수연은 이 논고 79쪽에서 문제의 그 글(지나사변과 불교도)을 "한용운의 이름으로 발표된 이 권두언은 충분히 친일적이다. (중략) 그러나 이 글 한편으로 한용운을 친일인사로 규정하는 것은 지나친 감이 없지 않다. 당시의 엄혹한 시국에서 강요에 의한 글을 한두 편 쓰는 것은 충분히 있을 수 있는 일이었다"고 서술했다. 즉 그는 그 글을 만해가 썼다고 보고, 그런 전제하에 이런 서술을 했다. 박수연은 구모룡의 작가회의 논문만 보고, 일제하의 『불교』지 원문은 확인하지 않는 이런 오

3) 불교활동에 나타난 민족사상

만해는 승려이었기에 그가 활동한 기본적인 공간은 사찰, 불교계이었다. 여기에 우선 주목할 것은 만해의 출가는 단순한 신앙적 차원이 아니었다는 점이다. 불교가 갖고 있는 우주성, 보편성보다는 만해가 처해 있던 특수성이 진하게 개재되었던 것이다. 그를 만해의 회고에서 살펴보자.

> 一棹春 別故人 이것이 30년 전 이른 봄에 元山 부두에서 海蔘威로 갈 때에 나를 전송하여 주는 어느 知舊에게 지어 준 시에서 기억나는 한 짝이다. 그것이 나의 入山한지 몇 해 안되어서의 일인데, 나의 입산한 동기가 단순한 신앙만을 위한 것이 아니었던만큼 幽僻한 雪嶽山에 있은지 멀지 아니하여 世間 煩惱에 驅使되어 무전여행으로 世界漫遊를 떠나게 된 것이었다. 그때쯤은 나뿐 아니라 조선사람은 대개 세상에 대한 지식과 경험이 별로 없었으므로 아무 인연도 없고 외국어 한마디로 모르는 산간의 한 沙彌로 돌연히 세계 만유, 더구나 무전여행을 떠난 것은 愚痴라면 우치요, 蠻勇이라면 만용이었다.[24]

이 회고는 만해가 백담사에 있다가 세계일주를 위해 블라딕보스톡으로 떠나기 직전의 상황을 전하는 것이다. 이 내용에서 필자의 시선을 집요하게 하는 것은 "나의 입산한 동기가 단순한 신앙만을 위한 것이 아니었던만큼 幽僻한 설악산에 있은지 멀지 아니하여 세간 번뇌에 驅使되어 무전여행으로 세계漫遊를 떠나게 된 것이었다"는 표현이다. 여기에 나오는 입산 동기가 단순한 신앙만을 위한 것이 아니고, 세간 번뇌에 구사되었다는 것은 무엇을 의미하는 것인가. 필자는 이를 홍성에서 전개된

류를 야기하였다. 역사 자료에 대한 충분한 분석, 비판, 검증이 요청된다. 엄정한 학문적 자세, 실증적 자료 분석이 요청되는 사례이다.

24) 한용운, 「북대륙의 하룻밤」, 『조선일보』 1935.3.8.

의병, 국운의 위태로움, 국가와 사회에 기여하고 싶은 열정 등이 응결된 것이라고 하겠다. 즉 만해는 사찰 밖에서 일어나는 세세동점, 일제 침략, 국운의 쇠퇴, 문명세계의 도래 등에 대하여 사찰 안에서 수행이나 하면서 좌시할 수가 없었다. 아니 그를 묵과하고, 도외시 할 수 없는 열정이 끓어 올랐다고 보인다. 이런 열정의 저변에 민족의식, 민족사상이 성장하고 있었던 것이다. 만해의 불교활동을 이해함에 있어서는 이런 점을 간과해서는 안 된다. 여기에서 만해의 민족불교적인 요소가 잠재되어 있었다.

이런 배경에서 검토할 점은 1910년 8월경에 만해가『조선불교유신론』을 집필하였다는 것이다. 추정하건대 그해 여름 내내 그 집필에 매달렸을 것으로 보인다. 만해의『조선불교유신론』에 대한 성격, 이념, 개혁론 등에 대해서는 여기에서 거론하지 않는다. 다만 여기에서는 그를 집필한 것이 민족의식과 일정한 연관이 있다는 점만 개진한다. 필자는 만해가 그를 집필한 것은 불교가 한국의 고유의 종교이었다는 인식과 자신이 그에 소속된 공동체의 일원이었다는 것이 결합된 것에서 나왔다고 본다. 만해는 당시 기독교의 성장으로 인해 불교는 존재가치, 진로 등이 유린되었다고 보았다.

> 지금 다른 종교의 대포가 무서운 소리로 땅을 진동하고 다른 종교의
> 형세가 도도하여 하늘에 닿았고, 다른 종교의 물이 점점 늘어 이마까지
> 넘칠 지경이니, 조선불교는 어찌할꼬.[25]

이러하듯 만해는 근대 초기의 불교의 형세를 개탄하였다. 그래서 만해는 불교의 현실을 분석하고, 그 시대에 적응될 수는 개혁적인 방향을 제시하였거니와 그것이 바로『조선불교유신론』이었다.

---

25) 이원섭 옮김,『조선불교유신론』, 운주사, 1992, 69쪽.

만해가 불교개혁에 대한 강렬하게 입장을 개진한 것은 자신이 소속된 공동체(종교)가 불교이었다는 것에서 나왔다고도 볼 수 있다. 그러나 그런 점도 물론 있었겠지만 만해는 불교가 민족문화의 중심이라는 인식을 하였다. 바로 이런 점을 집필동기의 근원으로 볼 수 있다. 이에 대한 만해의 인식을 제시한다.

> 일천오백년의 장구한 歷史를 가진 朝鮮佛教는 조선의 문화에 대하여 어떠한 貢獻이 있었는가. 한 말로 말하자면 佛教를 떠나서 朝鮮의 文化를 말할 수 없는 것이다. (중략)
> 그러므로 불교는 朝鮮과 朝鮮人의 全的 生活에 대하여 能히 分離할 수 없는 것이다. 그러므로 朝鮮民族의 精神的 動向과 生活의 형태를 改良 혹은 革新하려면 그에 대한 역사적 領導權을 가지고 있는 불교의 개혁이 먼저 그 衝에 當하지 아니 하면 아니 될 것이다. 다시 말하면 조선인의 정신과 생활의 신세계를 개척하려면 조선인의 정신과 생활의 形而上的 産婆業을 把持하고 있는 불교가 먼저 革新되지 아니 하면 아니 된다는 것이다.26)

> 朝鮮文化라 하면 一言으로 불교문화라고 한대도 별로 抗議할 사람이 없을 것이다. 在來의 조선문화 처놓고 佛教의 感化를 받지 아니한 것이 있는가.27)

이러한 자료에 나오듯, 만해가 그처럼 강력하게 열정적으로 불교의 개혁을 주장한 것은 불교가 조선문화의 중심이었다는 인식에서 나온 것이다. 조선의 정신, 조선의 생활 개혁을 하기 이전에 불교를 먼저 개혁해야 된다는 것이다.28) 불교가 제 역할을 못하면 조선의 개혁이 불가능하다는

---

26) 한용운, 「조선불교의 개혁안」, 『불교』 88호(1931.10), 2~3쪽.
27) 한용운, 「역경의 급무」, 『불교』 신3집(1937.5), 6쪽.
28) 물론 이런 주장은 만해가 50대 이후에 쓴 글이었기에, 『조선불교유신론』을 서술할 때에도 그런 의식을 가졌는가에 대해서는 의문의 여지가 있다.

것이다. 즉 만해가 불교개혁을 강력하게 주장하고, 『조선불교유신론』을 집필하고 발간한 것에는 이처럼 우리의 문화에 대한 애정이 강하게 깔려 있었던 것에서 나온 것으로 보고자 한다. 이런 인식이 자연스럽게 민족 사상의 원천으로 작용하였던 것이다.

한편, 유교적인 체질이 잔존한 만해가 불교를 무리 없이 수용한 것은 불교의 주의를 평등주의와 구세주의로 본 것과 무관치 않다. 만해는 이런 불교의 주의가 문명사회에서도 손색이 있기는커녕 도리어 특출한, 부합되는 이념으로 보고,[29] 그 방향으로 나가야 한다고 강조했다.[30] 그래서 더욱 불교의 체질을 개혁하려고 하였을 것이다.

만해는 1910년 12월 무렵, 백담사에서 송광사로 부리나케 떠났다. 그는 항일적인 종교운동인 臨濟宗運動에 참가하기 위함이었다. 임제종운동은 일제가 한국불교를 장악하고, 불교를 이용하려는 구도가 팽배하였을 때에 그를 저지하기 위한 운동이었다.[31] 한국 불교인 圓宗과 일본불교인 曹洞宗이 비밀리에 맹약을 체결하였다. 이 맹약은 조동종이 원종을 지원, 협조한다는 명분에서 나왔지만, 당시 불교계에서는 한국불교를 일본불교에 매종하였다는 비판이 거셌다. 그래서 그를 저지하고, 그에 대응하였던 일련의 움직임을 임제종운동으로 부른다. 바로 이 운동이 초기 단계에서 실패하자, 그 운동을 성사시키기 위해 만해는 송광사로 떠났던 것이다. 당시 그 정황은 그의 상좌인 춘성 회고에 나온다.[32] 만해는 1910년 여름에 쓴 원고 뭉치, 『조선불교유신론』의 초고를 상좌인 이춘

---

29) 특히 구세주의는 유교의 "수신제가 치국평천하"의 이념에 부합되는 것이다.
30) 『조선중앙일보』1936.1.1, 「사회 각 방면에서 본 희망과 경륜의 신년 ; 佛教의 生命은 利他主義 社會事業 抛棄 不可 신년부터는 이 方面에 留意, 경성 선학원 한용운씨 담」 참조. 여기에서 만해의 지향, 노선을 분명하게 가늠할 수 있다.
31) 김광식, 「1910년대 불교계의 조동종 맹약과 임제종운동」, 『한국 근대불교사 연구』, 민족사, 1996.
32) 고은, 『한용운 평전』, 고려원, 2000, 218쪽.

성에게 맡기고 그해 초겨울, 백담사를 떠나 전라도로 향하였다. 위의 자료에 나온 것처럼 당시 만해는 국운이 넘어가기 일보 직전의 상황하에서도 불교의 생존, 진로를 위해서 고투하였다. 그 고투는 민족의식의 발로로 이해된다. 그런 체질이 있었기에 한국불교가 일본불교에 팔려가는 그 정황을 타개하는 그 운동의 일선에 나선 것이다.

만해는 임제종운동 당시 관장 직무대리로 그 운동을 추동하였다. 그래서 결과적으로 조동종 맹약은 저지되고, 원종과 임제종이 대립하는 정황이 되었다. 이런 결과에 대하여 만해와 도진호, 박한영은 다음과 같이 그를 평가하였다.

> 지금으로부터 약 이십육년 전 朝鮮佛教의 역사적 페이지를 돌려놓는 유명한 臨濟宗運動 때에 그 旗幟가 湖南 一隅로부터 嶺南 一帶에 날리면서 점점 전조선의 불교계를 풍미하매 전국 사찰에서는 크게 草木皆兵의 勢가 있어서 불교청년은 누구든지 피가 뛰고 주먹이 쥐어져서 一呼百諾 一波 萬波로 保宗運動의 豫備兵으로 待機의 姿勢를 取하게 되었든 것이다.[33]

> 지금으로부터 십년 전에 그가 조선의 불교를 일본 조동종에 대하여 연합하려할 때에 한용운과 박한영 양씨가 붓끝으로 격렬히 반대하였고 저도 그때 어린 나이로도 분함을 이기지 못하여 반대하든 한 사람이었었소.[34]

> 그러나 그때는 한국이 처음으로 합병되는 때라 조선사람은 무슨 말을 할 수도 없을만치 시세 형편이 흉흉하였소. 그러나 이와 같은 중대 문제를 그대로 둘 수 없어서 지금 사찰칠인의 한 사람으로 서대문 감옥에 들어가 있는 한용운과 나와 두사람이 전라도 경상도에 있는 각 사찰에 통문을 내어 반대운동을 하는대 물론 우리의 주의는 역사적 생명을 가진 우리 불교를 일본에 부속케 하는 것이 좋지 못하여 그리하는 것이었으나 그때 형편

---

33) 만해, 「佛教青年運動을 復活하라」, 『불교』 신10집(1938.2), 2쪽.
34) 「불교개종문제」, 『동아일보』 1920.6.27.

으로는 도저히 그러한 사상을 발표할 수 없음으로 조선불교의 연원이 임제
종서 발하였은즉 일본 조동종과 연합할 수 없다는 취지로 반대하였었소.[35]

　이런 증언에 나온 것과 같이 만해는 한국불교의 자존심, 생명, 역사성
을 수호하기 위해 임제종운동을 견인하였다. 만해는 민족의 역사와 문화
의 중심이라는 의미를 갖고 있었던 불교의 개혁을 끊임없이 시도하고,
나아가서는 한국불교의 정체성을 수호하는 임제종운동의 핵심 주역으
로 활동하였는데, 이런 활동 자체가 민족사상의 준거였다.

4) 작가의 활동에 나타난 민족사상

　만해는 시, 한시, 소설, 수필, 시조, 산시 등 다양한 문학작품을 남겼다.
그리고 문학작품외에도 논설문, 해설문, 기고문, 역경, 소회의 문장 등
수 많은 글을 남겼다. 여기에서 그는 일부분의 작가에 머물지 않은 전면
적인 작가임을 새삼 느낄 수 있다.[36] 만해의 이런 성격은 유학적 소양,
유년시절부터 한문을 배웠기에 국문과 한문을 넘나들며 동양사상의 근
거를 섭렵하였던 실력, 천부적인 글쓰기의 자신감, 지속적인 自學 등이
어우러진 산물이라 하겠다.
　그런데 그의 작가적인 바탕에는 우리 말과 글에 대한 애정이 상당하였
다. 그 대표적인 것이 시집 『님의 침묵』이었다. 만해는 서당만 다녔고,
그 이후에는 체계적인 신식교육을 받지 않았다. 그러나 만해는 신학문,
문명에 대한 갈망이 상당하여 동국대 전신으로 불교계 최초의 신학교인
명진학교를 다녔다. 그러나 지금 그에 대한 문헌기록이 남아 있지 않다.
추정하건대 명진학교 보조과를(3개월~1년)을 마친 것이[37] 아닌가 한

---

35)「불교개종문제」,『동아일보』1920.6.28.
36) 한용운의 문학관에 대해서는『증보 한용운전집』1권, 192~196쪽의「文藝小言」참조.

다. 그 후에는 일본유학을 가서 6개월간 조동종대학에서[38] 청강생으로 배웠다. 요컨대 그는 문학관련 과정의 어떤 교육을 받은 적이 없다. 그러나 만해는 유교적, 동양적 글쓰기의 체질이 철저하였던지 다양한 글쓰기를 정력적으로 실천하였다. 그 산물을 보면 초인적인 의지의 산물이었다.

이런 배경하에서 일체의 문학 교육을 받지 않았던 그가 1926년에 근대시기 불멸의 작품인 『님의 침묵』을 순수한 우리말로 짓고, 펴냈다는 것은 상상하기 어려운 모험, 도전, 충격 그 자체이었다. 그는 동인지 활동도 하지 않은 문단의 기인, 소외자이었다. 그리고 만해가 한국의 전통적인 정서가 담긴 시조를 30여 편이 넘게 지은 것도[39] 예사로운 것이 아니다. 이렇듯이 그가 우리말, 한글로 작품을 만든 것은 우리의 정신과 문화에 대한 애정, 열정이 있었던 것에서 나온 것으로 보고자 하는 것이다. 이를 구체적으로 알 수 있는 것은 만해의 한글날에 대한 애정이다. 여기에서 만해의 조국과 겨레에 대한 뜨거운 감정이 살아 숨쉬고 있었음을 극명하게 보여준다. 즉 만해의 심성에는 민족 정신, 민족문화가 자리잡았던 것이다. 1926년 11월 4일 한글날의 뜻이 담긴 가갸날이 제정되자, 만해는 그를 적극 찬동하였다. 그는 한글을 문득 만난 님처럼 익숙하면서도, 새롭고 기쁘면서도 슬펐다고 자신의 감정을 표출했다. 그 충동은 아름답고, 감격은 곱다고 하였다. 그리고 그 감흥을 다음과 같이 표현하였다.

    아아 가갸날

---

37) 남도영, 「구한말의 명진학교」, 『역사학보』 90, 9쪽. 남도영은 일어과정을 단기에 마쳤다고 하고, 그 시점을 1908년 3월이라고 하였다.
38) 지금의 고마자와(駒澤)대학이다.
39) 김종균, 「한용운의 한시와 시조」, 『어문연구』 21, 1971.

참되고 어질고 아름다워요
축일(祝日)·제일(祭日)
데이·시이즌 이 위에
가갸날이 났어요 가갸날
끝없는 바다에 쑥 솟아 오르는 해처럼
힘있고 빛나고 뚜렷한 가갸날

데이보다 읽기 좋고 씨즌보다 알기 쉬워요
입으로 젖꼭지를 물고 손으로 다른 젖꼭지를 만지는 어여쁜 아기도 일
러 줄수 있어요
아무 것도 배우지 못한 계집 사내도 가르쳐 줄 수 있어요
가갸로 말을 하고 글을 쓰셔요
혀끝에서 물결이 솟고 붓아래에 꽃이 피어요

그 속엔 우리의 향기로운 목숨이 살아 움직입니다
그 속엔 낯익은 사랑의 실마리가 풀리면서 감겨 있어요
굳세게 생각하고 아름답게 노래하여요
검이여, 우리는 서슴치 않고 소리쳐 가갸날을 자랑하겠습니다
검이여, 가갸날로 검의 가장 좋은 날을 삼아 주세요
온 누리의 모든 사람으로 가갸날을 노래하게 하여 주세요
가갸날 오오 가갸날이여[40]

만해는 이 글을 낙산사 관음굴에서 지었는데, 1926년 12월 7일의 『동아일보』 지면에 기고되었다. 만해의 우리말, 우리 글에 대한 애정은 1933년 한글학회의 한글맞춤법 통일안에 대한 적극적인 지지로 이어졌다. 만해는 그 지지뿐만 아니라 한글 교과서 간행, 언론기관 및 문필가들의 노력, 한글 강습회의 개최가 이어져야 한다는 주장도 하였다.

만해의 한글 사랑에 대한 표출은 1931년 여름, 전주 안심사에서 한글

---

40) 「가갸날에 對하야」, 『동아일보』 1926.12.7.

경판이 발견된 후의 행보에서도 찾을 수 있다. 당시 만해는 그 경판이 발견되었다는 신문 보도기사를 접하고, 바쁜 걸음으로 달려가 그를 확인하였다. 당시 만해는 안심사에 한글 경판이 있다는 소식을 접하고, 즉시 달려가서 확인한 일련의 과정을 "나의 일생에 많이 받아본 기억이 없는 정도의 충동을 받았다"고 표현하였다.[41] 만해는 긴장, 초조의 상태로 안심사로 내려 갔고, 안심사에서 한글 불경판을 발견하고 자신의 손으로 정리하여 놓은 것에서 나온 쾌감, 환희에 들떴다. 심지어 만해는 작업을 마치고 654개의 경판이 보관된 법당을 되돌아 보고 눈물을 흘리면서[42] 그 심정을 다음과 같이 노래하였다.

값 없는 보배란
티끌에서 찾느니라
티끌에서 찾았거니
티끌에서 묻을소냐

두만강에 고이 씻어
백두산에 걸어 놓고
청천백일 엄숙한 빛에
쪼이고 다시 쪼여
반만년 살아오는
사랑하는 우리 겨레
보고 읽고 다시 써서
온 누리에 빛 지으리라[43]

필자는 위의 만해 노래 글에서 만해의 민족사상이 민족문화에서 기인

---

41) 한용운, 「國寶的인 한글 經板의 發見逕路」, 『불교』 87호(1931.9), 41쪽.
42) 위의 자료, 43쪽.
43) 위의 자료, 44쪽.

하였음을 재삼 확인한다. 즉 만해의 민족문화에 대한 자각과 사랑이 투철하였음을 본다. 만해는 그 이후 열성을 다하여 안심사 경판인 금강경, 원각경, 은중경을 印出하여 세상에 공개하였다.[44]

이러한 한글날, 한글 경판 발견에 나오는 행적들은 만해의 민족운동의 기초와 민족사상의 토대가 민족문화에서 이루어졌음을 말해주는 결정적 단서이다.[45]

4. 생활속에 드러난 민족사상

만해의 민족사상이 여타 민족지사와 다른 것은 일상 생활 속에서 구현이 되었다는 점이다. 생활 속에 나타나지 않은 사상은 관념에 지나지 않는다. 그러나 만해는 결코 그렇지 않았다. 평범한 일상에서 자연스럽게 나타났다. 그래서 더욱 값진 것이다. 그에 관련된 일화를 제시하는 것으로 만해의 민족사상을 가늠해 보자.

그 첫 번째 사례는 3·1운동으로 서대문형무소에 수감되었을 때의 일이다. 당시 일부 민족대표는 일제의 회유에 넘어가고, 좌절하였다. 혹시 감옥에서 죽지 않을까 하는 마음에서였다. 그러자 만해는 그런 민족대표의 모습을 보고 똥바가지를 던지면서 질책하였다.

> 우리 대표들을 다루는 것이 점점 포악해짐을 느낄 수 있다. 이제야말로
> 올것이 온 것이 아닐까. 마음의 결심이 서지 않고서는 그들을 극복할 수

---

44) 이 정황은 『동아일보』 1931년 7월 9일, 「3백여 년 전 所刻에 한글 對佛經板, 전주 안심사서 발견, 경성에 이관 한용운씨담」이라는 기사에 보도되었다.

45) 만해는 1934년 1월, 신년을 맞이하는 소감에서도 민족문화의 발굴, 보존이 절대적으로 필요함을 강조하였다. 「新年 劈頭에 보내는 우리의 信號; 不要新信號, 불교사 사장 한용운」, 『동아일보』 1934.1.2.

없을 것이다. 듣건대 고문이 점차 극심해져서 그 정도가 이를데 없이 가혹하다. 이 같은 일 때문에 변절자가 계속해서 나온다고 한다, 한심스러운 일이다. 만약 고문이 무서워 변절하거나 투항한다면 민족대표자 명단에 끼어들 필요가 없는 것이다. 어떤 대표는 벌벌 떨면서 방성대곡하고 있으니 이게 도대체 될 법한 일인가. 그럴 바에야 차라리 김○○ 같이 상해로 피신하는 것이 상책이겠지. 그래서 한용운이 공포에 떨고 있는 몇몇 사람에게 인분세례를 퍼부은게 아닐까. 통곡하는 자 머리에 인분을 쏟아 부었던 사실은 너무나 유명한 일이다. 그것은 아무리 생각해 보아도 통쾌무비한 일이다. 우리 민족대표가 공포에 떨거나 비열한 행동을 자행한다면 그를 따르는 우리의 민중은 장차 어디로 간다는 말인가. 내가 그 같은 어리석은 자의 행동을 목격했다 해도 인분세례를 퍼붓지 않고는 못견딜 것 같다. 역시 한용운은 과격하고 선사다운 풍모가 잘 나타나는 젊은이다.[46]

민족대표로 같은 형무소에 수감되었던 이종일의 회고에 나오는 바와 같이 만해는 일제의 고문 및 위협에 벌벌 떠는 민족대표들에게 인분을 머리에 퍼부었다.[47] 이 같은 만해의 행위를 이종일은 과격하고 선사다운 풍모라고 표현하였지만 그는 만해 독립정신/민족사상의 즉자적 표출이었다.[48] 이런 즉각적인 표출은 누구나 할 수 있는 것이 아니다. 그는 굳건한 민족의 사상에서 나온 기벽이라 하겠다.

---

46) 이종일의 「묵암비망록」(1919.3.5) 중에서 필자는 박걸순의 저술인 『이종일의 생애와 민족운동』(독립기념관 한국독립운동사연구소, 1997)에 부록으로 게재한 자료를 이용하였다.

47) 이 일화는 『증보 한용운전집』 6권, 361쪽에는 '監房의 汚物'이라는 제목으로 소개되고 있다. 그 글에서 만해의 발언을 "이 비겁한 인간들아, 울기는 왜 우느냐? 이것이 소위 독립선언서에 서명을 했다는 민족 대표의 모습이냐? 그 따위 추태를 부리려거든 당장에 취소해 버려라!"고 호통을 치니 삽시간에 조용해졌다고 한다.

48) 권영준의 『형정반세기』에서는 만해의 행적을 "아침 저녁 점검때에는 무릎을 꿇고 인사를 하는 것이 감방 규칙인데 어느 누구 한 사람 인사는커녕 무릎조차 꿇지 않았다. 불교대표로 승려학교장이었던 한용운은 평소 정좌를 하고 참선을 하다가고 점검 때면 평좌로 간수부장을 빤히 쳐올려다 보곤 했다"고 전한다. 김상웅, 『서대문형무소 근현대사』, 나남출판, 2000, 107쪽에서 재인용.

다음은 만해가 3년여의 수감생활을 마치고 나온 직후의 정황에서 찾을 수 있는 민족정신이다. 만해의 항일, 민족정신은 그가 옥중에서 풀려나온 직후의 발언에서 분명하게 찾을 수 있다.

「地獄에서 極樂을 구라하…… 한용운씨 옥중 감상」
이십이일 오후에 경성 감옥에서 가출옥한 조선불교계에 명성이 높은 한용운(韓龍雲)씨를 가회동으로 방문한즉 씨는 수척한 얼굴에 침착한 빛을 띠우고 말하되 「내가 옥중에서 느낀 것은 고통 속에 쾌락을 얻고 지옥 속에서 천당을 구하라는 말이 올시다. 내가 경전으로는 여러 번 그러한 말을 보았으나 실상 몸으로 당하기는 처음인데 다른 사람은 어떠 하였는지는 모르나 나는 그 속에서 쾌락을 지녔습니다. 세상 사람들은 고통을 무서워 하야 구차로히 피하고자 하기 때문에 비루한 데에 떨어지고 불미한 이름을 듣게 되나니 한번 엄숙한 인생관 아래에 고통의 칼날을 받는 곳에 쾌락이 거기 있고 지옥을 향하여 들어간 이후에는 그곳을 천당으로 알수 있으니 우리의 생각은 더욱 위대하고 더욱 고상하게 가지어야 하겠다」고 씨는 일류의 철학적 인생관을 말하야 흐르는 물과 같음으로 다시 말머리를 돌리어 장래는 어찌 하려느냐 물은즉 「역시 조선불교를 위하여 일할 터이나 자세한 생각은 말할 수 없다」고 하더라.[49]

만해는 자신의 옥중투쟁의 결과를 고통속에서 쾌락을 얻은 결과로 말하였다. 만해는 옥중에서, "지옥에서 천당을 구하라"는 말을 체감하였다고 했다. 고통의 칼날을 기꺼이 수용하고, 지옥을 향하여 걸어 간 행보의 산물이었다. 이러한 담대한 행적에 만해의 독립정신, 민족사상이 구현되었다. 한용운의 서대문 형무소에서의 항일투쟁은 철창체험으로 승화되어 출옥후의 지속적인 항일투쟁 및 민족사상의 원동력으로 나타났다.[50]

49) 「지옥에서 극락을 구하라」, 『동아일보』 1921.12.24.
50) 최범술, 「철창철학－만해선생으로부터 듣고 본 것 중에서－」, 『나라사랑』 제2집(만해 한용운선생 특집호, 1971), 88쪽 참조.

만해의 이 같은 생활 속에 드러난 민족정신, 민족사상은 1944년 입적하는 그날까지 지속되었다. 이에 대해서는 만해를 따랐던 제자인 조지훈 증언이 참고된다. 조지훈의 증언은 심우장에서 만주 독립군의 지도자인 김동삼이 서거하였을 적에, 그의 시신을 심우장으로 모셔와 장례를 치룰 때의 정황이다. 만해는 김동삼을 1911년 가을 만주를 여행할 때에 만나서 조국의 독립을 놓고 대화를 가졌기에 그를 알고 있었다. 그런데 김동삼이 일제에 체포되어 형무소에 수감도중 고문의 후유증으로 1937년 3월, 옥중에서 서거하였다. 만해는 김동삼이 서거하였다는 소식을 듣고, 형무소를 찾아가서 시체를 내어 달라고 요청하였다. 일제의 감시가 매서운 시절에 이런 행보는 민족정신이 투철하지 않으면 할 수 없는 것이다. 만해는 그 유해를 받아 심우장으로 옮기고 5일장의 장례를 치루었다.

한편 조지훈은 만해가 김동삼의 장례식을 치루던 정황을 증언으로 남겼다. 조지훈은 만해를 혁명가, 선승, 시인의 일체화로 본 만해 연구자인데 그는 유년시절부터 만해와의 인연이 깊다.[51] 조지훈은 아버지를 따라 심우장에 왕래하면서 만해의 고매한 모습에 인상이 깊어 개인적으로 심우장에 왕래를 하였는데, 김동삼 장례식에도 참여하였다.

　　나의 混沌된 기억이 그 어느 때인지를 헤아릴 수 없으나 先生을 마지막 뵈온 것은 一松 金東三先生이 西大門 監獄에서 獄死하셨을 때가 때인지라 一松先生의 屍身을 돌볼 사람이 없어 監獄 構內에 버려둔 것을 先生이 亡命時節 故人에게 받은 眷遇와 志士 先輩에 대한 義理에서 快然히 일어나 城北洞 꼭대기 尋牛莊까지 一松先生의 棺을 옮겨다 모셔 놓고 葬事를 치루시던 무렵이다.
　　그때 내 마침 서울에 親知 왔다가 이 消息을 듣고 尋牛莊에 나아가 一松先生의 靈前에 뵙고 葬事 날까지 머물러 있다가 물러 나온 것이 先生의

51) 졸고, 「지절시인(志節詩人)의 표상 − 한용운과 조지훈」, 『우리가 만난 한용운』, 참글세상, 178∼180쪽.

모습을 뵈온 마지막 因緣이 되었다.

　一松先生의 장사날 二十명 안팎의 會葬者 속에 燃然하시던 그 모습, 와야할 弔客들이 日帝 官憲의 눈치를 꺼려 오지 못하고 弔辭 朗讀 하나만으로 制約된 永訣式에 弔辭의 朗讀을 故人의 同鄕 後輩라 하여 家嚴께 미루시고 默默히 佇立하시던 모습은 지금도 나의 印象에 깊이 남아 있다.[52]

　만해의 의연한 자존적인 모습이 눈에 그려질듯이 묘사되어 있다. 만해는 김동삼의 서거를 대단히 슬퍼하며 장례를 진행하였다. 영결식은 미아리 화장터에서 거행되었는데 당시 만해는 대성통곡을 하면서, 다시는 김동삼 같은 인재가 없을 것이라고 한탄하였다. 이런 지조, 의리가 민족사상이라고 볼 수 있다.

　만해는 일제 말, 입적하는 그날까지 결코 타협하지 않은 민족지사이었다. 그의 이런 성격은 그간 다양한 기록, 증언을 통해 널리 알려졌다. 그러나 당시 민족지도자는 좌절, 훼절, 타협, 친일의 길로 나갔다. 그래서 만해는 더욱 더 슬프고 괴로웠을 것이다. 그러나 그는 민족의 자존을 지키면서 고투하였다. 그는 불교청년들에게 평소에

　　만일 내가 단두대에 나감으로써 나라가 독립이 된다면 추호도 주저하지 않겠다.[53]

는 말을 하였다고 한다. 그래서 만해의 민족의식, 민족사상은 雪中梅花로서 그 엄혹한 일제말기의 민족의 자존심, 상징이었다. 이에 대해서는 김용사 출신인 민동선의 회고가 참고된다.

　　우연히 尋牛莊에 몇사람이 모여서 설왕설래 하던중 누가 日本의 세력

---

52) 조지훈, 「한용운선생」, 『신천지』 9권 10호(1954.10), 43쪽.
53) 김광식, 『만해 한용운평전』, 참글세상, 2009, 246쪽.

이 굳어 가는 것을 걱정하였다. 先生은 이렇게 말하였다. "세상이 온통 얼어 붙는 엄동설한을 당하였을 때에 화풍양난의 명년 봄이 올 것을 생각하여 보라! 얼마나 고무적인가!" 청년들의 머리속에 부어주는 용기와 희망은 이러하였다. 그의 조국에 대한 大願 誓願 執念은 이러하였다. (중략)

내가 기미년 직후에 서울에 와서 해방을 맞을 때까지 살아오는 동안에 많은 저명 人士를 만나보았다. 日帝가 패망을 앞두고 조선민족의 글을 말살하고 성명을 뺏고 별별 악행을 다 퍼부어도 初志 일관 언제든지 당당하게 毅然하게 漂然하게 살아가는 분은 오직 萬海先生에 限할 뿐이었다.[54]

이렇게 만해는 1944년, 입적하는 그날까지 민족의식을 버리지 않았다. 그렇게 할 수 있었던 것은 민족사상이 골수에 있었기 때문이다. 이런 연고로 그의 전면적인 생활에 민족사상은 자연스럽게 드러났다. 그래서 필자는 만해사상의 근간을 민족사상으로 보고자 한다.

5. 결어

지금까지 필자가 생각하고 있는 만해 민족사상의 연원과 관련된 내용을 제시하면서 만해 민족사상의 정립으로 가는 디딤돌을 분석해 보았다. 이제 그 의미를 다시 정리하면서 만해 민족사상의 연원의 의미를 가늠해 보고자 한다.

첫째, 만해의 출신 지역으로서의 결성 · 홍성 지역의 내포 유교문화가 만해 민족사상에 큰 영향을 주었음을 거론하였다. 내포지역의 유교문화의 정체성은 호학으로 표현되었는데, 그 내면에는 존화양이, 배타적 화이론이 있었다. 단정할 수는 없어도 이런 내포의 문화, 정서, 체질이 만해에게 교육, 훈습되어 체질화되지 않았는가 한다. 이런 정서와 만해의

---

54) 위의 책, 228쪽; 민동선, 「韓龍雲先生回想記」, 『불교계』 22호(1969.6), 18쪽.

아버지로 대변되는 양반 집안이라는 자긍적인 가풍도 만해의 유년, 청년 시절의 정신세계의 얼개로 구조화되었다. 이런 정신적인 바탕하에서 국가와 사회를 위해 헌신하는 의인, 걸사, 영웅이 되고 싶은 열망이 결국은 만해로 하여금 의병 참여, 입산 출가, 일생동안의 민족운동에 참여 및 주역으로 활동케 하였다고 보인다. 이것이 만해 민족사상의 원형질이었다.

둘째, 민족운동에 나타난 민족사상에서는 우리 민족의 역사와 문화에 대한 자각, 자긍심이 작용하였다는 것이 드러났다. 이런 것은 3·1운동의 주도, 참가, 법정 발언 등에서 일관적으로 나왔다. 즉 만해는 조국과 민족에 대한 애정이 강렬하였고, 그에 대한 자존적인 자세에서 민족운동에 임하였다. 만해의 강력한 민족사상이 독립, 자존에서 나온 것인데 그 저변에는 우리 민족 및 조국의 역사와 문화에 대한 자부심이 있었다.

셋째, 불교활동에 나타난 민족사상은 입산 배경, 불교개혁론, 임제종 운동 등에서 그를 검증하였다. 만해는 불교가 우리 민족의 역사와 문화의 중심이라고 인식하였다. 때문에 조선의 정신과 생활을 개혁하고, 새로운 방향으로 나가고자 하면 당연히 불교부터 개신해야 한다고 보았다. 그래서 만해는 불교를 개신, 개혁하지 않으면 안된다고 보았다. 그래서 그는 지속적으로 강력하게 불교개혁을 주장하였다. 임제종운동에서는 한국불교의 자존심, 생명, 역사성을 수호하기 위해서 민족운동 차원의 운동을 주도하였다.

넷째, 작가적 활동의 산물로 다양한 작품을 발표한 것의 저변에는 우리 말, 우리 글에 대한 사랑이 진하게 있음을 발견하였다. 특히 한글에 대한 애정은 상당한 것이었다. 이런 것이 있었기에 만해는 일면으로 한시를 지으면서도 『님의 침묵』이라는 순수한 우리말로 지은 문학적 실험을 자발적으로 감행하였다. 작가적 행적에 드러난 민족문화에 대한 자각과 애정이 민족사상의 연원이 되었음을 알게 되었다.

다섯째, 만해의 일상 생활에서도 민족사상은 분명하게 나타났음을 파악하였다. 다양한 일화, 증언에 나오는 만해의 민족의식, 절개, 자존, 지조 등은 결코 관념적이지 않았음을 분명하게 파악하였다. 그래서 필자는 만해의 민족사상이 만해 의식의 골수이었고, 생활에 체질화되었다고 보고자 한다.

　지금까지 필자가 개진한 만해 민족사상의 연원을 요약하였다. 그 핵심적인 것은 출가 이전부터의 내포문화(배타적 화이론)의 유교의 가치와 아버지로 상징되는 양반의 가풍(치국, 의인, 걸사, 영웅, 엘리트 등)이 결합되어 그것이 일생을 관통하였다는 것이다. 여기에서 국가와 사회에 대한 강렬한 관심, 열정이 민족운동, 민족사상으로 고착화되었다. 다음으로는 만해의 불교, 민족운동, 작가 등의 다양한 활동의 저변에는 우리 민족 및 사회(조국)의 역사, 문화에 대한 강렬한 자각, 애정이 각인되어 있다는 것이다. 즉, 자존적인 의식이 민족사상으로 전이되어 나타났던 것이다. 이런 점은 필자의 시론이거니와 이 분야 동학들의 비판과 질정을 기다린다.

최남선의 '조선불교' 정체성 인식

1. 서언

한국불교 정체성으로 지칭되고 있는 개념은 통불교, 회통불교이다. 주지하는 바와 같이 이 개념은 1930년 7월, 조선불교청년회가 범태평양불교청년회의에 대표를 파견하여 조선불교를 널리 알리기 위한 목적으로 六堂 崔南善에게 집필을 의뢰한 성과물인 『朝鮮佛教』에서 나왔다.[1] 당시 조선불교청년회에서는 이 회의에 조선불교의 대표로 조선불교청년 회원인 都鎮鎬를 파견시켰다. 도진호는 그 회의에 참가하여 최남선이 기술한 논설인 「조선불교─동방문화사상에 있는 그 지위」를 최봉수가 영역한 문건인 「Korean Buddhism and her Position in the History of the Orient」라는 팜플리트를 배포하였다.[2]

최남선이 한국불교의 특징을 通佛教, 會通佛教로 개념지었던 것은 한

---

1) 최남선, 「朝鮮佛教 ─ 東方文化史上에 있는 그 地位」, 『불교』74호, 1930. 이 논설은 조선불교청년회에서 단행본으로도 발간하였기에 필자는 단행본으로 이해하였다.
2) 김광식, 「최남선의 '조선불교'와 범태평양불교청년회의」, 『새불교운동의 전개』, 도피안사, 2012.

국불교역사상 최초의 일이었다. 일제하에서 이 개념은 일부 학자들에 의해 수용되었지만,[3] 대중화되지는 않았던 것으로 보인다. 그러나 8 · 15 해방 이후 민족주의 영향에 의해 한국불교의 정체성, 개념의 탐구라는 필요성이 제기되면서 자연스럽게 최남선의 이 개념은 호국불교와 함께 한국불교의 정체성을 대변하는 것으로 고정되어 갔다.[4] 그렇지만 최남선이 제기한 이 개념이 과연 한국불교의 정체성을 대변할 수 있는 가에 대한 학문적인 물음은 심재룡의 비판적인 이의 제기[5] 이외에는 없었다. 미주권 불교에 연고가 있는 학자들은 심재룡의 논지를 수용하였지만[6] 국내의 학자 대부분은 최남선 입론의 틀에서 한국불교의 정체성을 이해하였다.

그러다가 근현대 한국불교의 성찰을 통해 미래의 전망을 논하는 구도에서 한국불교 정체성 논란이 있던, 2000년 『불교평론』의 지면을 통하여 그 반대와 찬성의 입장에 선 심재룡과 이봉춘의 고찰이 나왔다.[7] 곧이어 심재룡의 논지를 계승하면서도 통불교의 연원과 통불교의 수용과정을 천착한 조은수의 고찰이[8] 뒤를 이었다.

---

3) 김경주,「現下世界의 大勢와 佛陀一生의 年代考察」,『불교』77호(1930.11).
　　조명기,「元曉宗師의 十門和諍論 研究」,『금강저』22호(1937.1).
　　허영호,「朝鮮佛敎와 敎旨確立」,『불교』신3집(1937.3).
　　＿＿＿,「朝鮮佛敎의 立敎論」,『불교』신9집(1937.12).
4) 심재룡,「한국불교 연구의 한 반성－한국불교는 회통적인가?」,『동양의 지혜와 선』, 세계사, 1990, 216~217쪽. 이 글은 심재룡이 한국정신문화연구원이 주최한 제5회 한국학 국제학술대회(1988.6.30~1988.7.3)의 발표 논문집에 기고한「한국불교는 회통적인가?」를 보완한 글이다.
5) 심재룡, 위의 글.
6) 조은수,「통불교 담론을 통해 본 한국불교사 인식」,『불교평론』21호, 2004, 32~33쪽. 조은수는 그 대표적인 학자를 로버트 버스웰이라고 소개했다. 존 요르겐손도『불교연구』14집(2007)에 기고한「한국불교의 역사쓰기」에서 회통불교와 호국불교의 문제점을 비판하였다.
7) 심재룡,「한국불교는 회통불교인가」,『불교평론』3, 2000.
　　이봉춘,「회통불교론은 허구의 맹종인가」,『불교평론』3, 2000.

필자는 한국불교의 정체성의 재조명 및 기존 개념에 대한 심화 연구는 각 시대별 구체적인 한국불교사의 연구를 통해서 나온 한국불교의 성격, 흐름을 종합하는 데에서 출발해야 한다고 본다. 개별적, 시대별의 연구가 미진한 상황하에서 전체적인 성격, 한국불교의 정체성을 논하기는 어려운 것이다. 그러면서 이런 연구와 동시에 검토되어야 할 것은 최남선의 불교에 대한 연구이다. 최남선에 대한 연구가 불교학 분야에서는 희박하였지만 역사학 분야에서는 최근 그에 대한 연구가 나왔다.9) 한국불교의 정체성을 정립한 당사자인 최남선에 대한 연구가 불교계에서 박약하다는 사실은10) 납득하기 어려운 것이다.

이런 배경하에서 필자는 최남선의 불교관, 최남선이 조선불교(사)의 정체성을 대변하는 회통이론을 집필하게 된 배경, 과정 등을 천착하고자 한다. 필자는 이 서술에서 '민족'과 '문명'의 관점을 대립적으로 활용하고자 한다. 필자가 제기한 민족과 문명의 개념은 필자가 임의로, 그 의미를 다음과 같이 부여한 것이다. 민족의 개념은 최남선의 불교관, 최남선이 불교를 이해하였던 입장의 변화, 『조선불교』를 서술하게 된 입론 등을 망라한 것이다. 그래서 이를 조선, 조선학, 조선불교, 민족불교를 대변하는 것으로 표현하였다. 그리고 문명은 일본, 일본불교, 서구학문, 근대적, 서구문명 등의 개념을 총괄한 것으로 표현한 것이다. 즉 조선, 조선불교와 대칭적 것을 의미한다. 이런 전제하에서 필자는 최남선의 회통불교

---

8) 조은수, 위의 글.
9) 류시현, 「일제하 최남선의 불교인식과 '조선불교'의 탐구」, 『근대를 다시 읽는다』 2, 역사비평사, 2006.
_____, 「1910년대 최남선의 문명ㆍ문화론과 조선불교 인식」, 『한국사연구』 155호, 2011.
10) 이병욱, 「최남선의 불교관」, 『한국종교사연구』 13, 2005. 독립선언서 공약3장을 한용운이 추서하였는가, 혹은 최남선이 하였는가에 대한 논란이 심함과는 대비된다. 여기에는 최남선이 '친일파'라는 부정적인 인식이 개입되지 않았는가 한다.

이론이 우연적으로, 국내의 민족적인 관점에서만 나온 것이 아니라 최남선의 일관된 조선불교사 인식의 기반과 서구 · 일본 '문명'과의 교섭, 영향하에 나왔음을 살펴보고자 한다.

그래서 필자는 이 연구가 최남선, 한국불교 정체성, 식민지 시대의 불교, 불교 지성인, 민족불교와 보편불교(동아시아불교, 세계불교 동향 등)의 교섭 등에 일정한 기여가 되기를 기대한다. 미진한 점은 후속 연구를 통해 보완하고자 한다.

2. 최남선의 1910년대 문명관과 불교 인식

최남선(1890~1957)은 중인 출신으로 근대기 한국학의 대가로 명망이 높다.[11] 그러면서도 그는 불교 신자로 평생을 살아오면서,[12] 불교와 관련된 많은 기고문을 남겼다. 그 대표적인 것이 한국불교의 정체성을 피력한 『조선불교』이다. 때문에 최남선과 불교와의 관련은 연구할 분야가 적지 않다. 이런 최남선을 이해하기 위하여 필자는 그가 유년시절, 유학시절부터 1919년 3 · 1운동 이전까지의 시기, 즉 1910년대에서 불교를 어떻게 접하였는가를 우선하여 살펴보고자 한다. 이런 배경하에 그의 1920년대의 불교 관련 내용 및 1930년에 집필한 『조선불교』의 성격을 파악할 수 있기 때문이다.

최남선은 6~7세 경에 한글을 배워 기독교의 교리서와 『천로역정』 등

---

11) 최남선에 대해서는 류시현의 위의 논고와 최학주, 『나의 할아버지 육당 최남선』, 나남, 2011의 저술이 참고된다.

12) 그러나 그는 인생의 말기인 1955년 천주교로 개종을 하였다. 최남선, 「나는 왜 카톨릭으로 개종하였는가」, 『한국일보』 1955.12.17 참조. 그는 이 글에서 "어려서부터 인생문제, 신앙문제에 자못 정신을 기울여왔으나 겨우 부처의 이상이 이 혼탁한 세상을 구제할까 하여 마음을 불교에 붙여 왔으나"라고 불교와의 인연을 서술하였다.

을 통해 서양을 이해하였다. 그리고 7~8세경부터는 한문을 배워 중국에서 발간된 서적을 통해 서양 문명과 접촉하였다. 13세 경에는 경성학당을 다니면서 신학문과 일본어도 배웠다. 또한『황성신문』,『만국공보』,『대판조일신문』 등의 신문도 그의 신문명 이해의 창구이었다. 이런 것은 그의 집안이 중인출신이었기에 신문명 수용에 적극적이었던 성격에서 비롯된 것이었다.13)

그러나 최남선의 유년시절의 서양 이해는 저급한 것이었다. 그런데 그가 본격적으로 서구의 근대학문과 서양문명 및 일본문명을 이해하게 된 것은 일본유학을 통해서 이루어졌다. 최남선은 15세 때인 1904년 10월 황실유학생으로 동경부립제일중학교에 입학하였다. 그러나 그는 불과 3개월 만에 학교를 자퇴하고 1905년 1월에 귀국하였다. 그러다가 17세 무렵인 1906년 4월, 그는 재차 유학을 가서 와세대대학 역사지리과에 입학하였다. 그러나 그는 조선국왕을 모욕하는 모의국회 사건에 항의하면서 1907년 3월 대학을 중퇴하고, 1908년 6월 귀국하였다.14) 이렇게 그는 1차, 2차 유학을 통해 약 2년 3개월간 일본에 체류하였다. 최남선의 유학은 그가 신학문 및 일본·서구문명의 체험이라는 측면에서 중요한 계기이었다. 이런 체험은 그가 추구한 조선학 연구의 착안 및 불교를 새롭게 인식함에 있어서도 큰 영향을 주었다.

이런 배경하에서 그의 불교의 접촉, 인연 등을 세밀하게 살펴보고자 한다. 그의 불교와의 관련 내용은 그의 나이 39세 때인 1928년『불교』 50호(1928.9)에 기고한「妙音觀世音」이 주목된다. 그는 이 글에서 그의 유년시절에 조부, 모친의 영향하에 불교에 접하였음을 고백하였다.

---

13) 최학주, 위의 책, 64~65쪽.
14) 이진호, 「최남선의 2차 유학기에 관한 새고찰」, 『새국어교육』 42, 1986.

祖父는 甲申革命運動의 黑幕 指導者이던 劉大致先生을 깊이 숭모하고 대치선생은 불교에 얻음이 깊다는 이유로써 그 일러주는 불교의 말은 매우 好意的의 것이어서 어린 마음에 얼른 얼른 感入한바 있어 어떠한 것임을 모르는체 불교의 갸륵함을 생각하게 되었습니다.

일변 우리 先妣는 讀書를 좋아하여 책이라면 무엇이고 耽誦하고 八相錄도 그 하나이러니 불교를 좋게 생각함을 보고는 (중략) 佛及佛道에의 嚮慕는 좀더 깊음을 더하였습니다. 그러나 藥契판에서 아무 기회를 가지지 못한 그때의 나에게는 口舌로나 文字로나 이 以上 더 들을 길이 있지 아니하여 옅게 궁금한 채 몇 해를 지낼 뿐이러니 十二三歲의 일 일줄 생각하거니와[15]

이렇게 그는 개화기 거사불교의 대명사인 劉大致를 숭모한 조부, 불교 독서에 심취한 모친의 영향으로 10세 초반에 불교와의 인연을 가졌다. 그러나 그 인연은 불교에 대한 우호성과 불교문학적인 경향이었다. 그러다가 최남선은 전술한 바 있는 일본유학을 통하여 불교를 새롭게 인식하였다.

成童의 해에 日本을 가매 차차 泰西의 철학서를 접하고 일변 불교의 哲學的인 것을 알게 되고는 또 불교가 山間的의 것으로만 여겼더니 世間的 활동과 文化的 교섭이 어떻게 큰 것을 일본의 教況에서 觀感하게 되어 불교에 대한 흥미는 왓작 增上하였습니다. 그 전에도 西國人의 철학적 教相的 저서를 上海 廣學會에서 나는 한문 저술로써 얼마간 보았지마는 그네가 기독교적 입장에서 보는 까닭에 — 또 당시까지의 불교에 대한 西人의 이해가 깊지 못한 까닭에 — 거기서 보는 불교는 이전 우리가 虛無寂滅이란 말로써 배격하던 범주를 벗음이 그리 크지 못하고 더욱 非世間的 非活動的 결함을 지적하였음에 그러면서 섭섭하다는 생각을 禁치 못하였더니 불교란 반드시 隱退的 冥潛의 것 아님을 일본에서 實觀한 것이 그때에는 퍽 든든하였으며 더욱 당시에 활약하던 여러 學匠들이 불교의

---

15) 최남선, 「妙觀世音」, 『불교』 50·51합호(1928.9), 62~63쪽.

철학적임을 고조함에 대하여 은근히 감격을 느꼈습니다. 불교의 본령이 이론적 勝妙에 있을 것은 물론 아니지마는 그 때의 생각에는 哲理的으로 서양의 그것에 떨어지지 아니 한다는 것이 크게 든든한 생각을 주었음은 사실이었습니다. 그러나 이때까지의 우리가 불교에 대한 태도는 좋게 말하여도 思辨的 만족, 智識的 玩味이었지 信受 그것은 아니었습니다.16)

　이와 같이 최남선은 일본유학을 통해17) 불교의 철학성, 그리고 불교의 사회적(세간적)인 활동 및 문화적 교섭을 인식하게 되었다. 최남선은 그 이전 기독교적인 관점, 오리엔탈리즘의 인식에서 나온 불교(비세간적, 비활동적)의 세계를 벗어나 불교의 활동을 거시적으로 이해하게 되었다. 그런데 그 인식 전환의 계기를 준 것은 일본불교를 지근거리에서 지켜봄이었다. 그러면서 그는 불교의 철학성이 서양철학에 못지 않다는 자부심까지 인식하였다. 이렇듯이 최남선의 불교의 재인식은 일본불교 및 일본에서의 불교철학이라는 학문과의 만남에서 비롯된 것이었다. 이는 곧 신학문, 신문명세계와 접촉하고 영향받은 것을 말한다. 실제 최남선은 일본대학에서 근대적 학문과정에 참여하여 그 영향을 강하게 받았는데, 특히 도서관 및 출판사업을 통해 받은 자극은 상당한 것이었다.18) 그러나 그는 일본에서의 경험, 충격에 머무르지 않고 그를 조선전통의 수립으로 연결시키려고 하였다. 이는 조선학의 단초라 부를 수 있는 것이며, 조선 전통의 재발견, 재인식이었다.

　일본 유학중에 時勢에 感奮함이 있어 책을 팽개치고 故國의 精神運動을 위하여 작은 힘을 다하려고 돌아올새 국민정신의 환기와 통일에 대한 이상적 교과서 특히 歷史 및 地理의 그것을 朝鮮的 正 地位에서 編纂함이

---

16) 최남선, 위의 자료, 63~64쪽.
17) 여기에서 말하는 成童의 해 云云은 2차 유학을 칭하는 것으로 보인다.
18) 류시현의 논고, 2011, 118쪽.

急務일 것을 생각하고 스스로 편찬의 任에 당하여 불교와의 交涉은 생각하든이 보담 크게 深密한 것이 있어 매우 깊이 불교적 교양을 가짐이 아니면 조선의 문화를 이해치 못할 것을 알았으며 더욱 國祖 檀君에 관한 所傳이 불교중 저술에 있어서 種種의 문학상 疑眩을 야기함으로 이 정체를 알기 위하여는 아무것보담 저 불교지식을 수양해야 할 필요에 몰리게 되었습니다. 그리하여 단군기 중심으로 불교의 명상적 고찰을 시험하기 비롯하여 차차 들어가매 저절로 義理的 部面으로 먼저 나가지 아니치도 못하여서 얼마 지낸 뒤에는 不知不識하는 동안에 佛敎海上에 제 몸이 둥둥 뜬 것을 스스로 발견하게 되었습니다. 그러나 엄밀히 말하면 이때까지도 知識中心, 趣味本位라 할 것이었지 信 그것이라고는 말씀하지 못할 것이었습니다.[19]

즉 최남선은 일본유학중에 겪은 '時勢', 즉 문명에 영향, 충격을 받고서는 조선의 '정신운동'을 위해 헌신하겠다고 다짐했다. 그래서 그는 그를 위한 역사 및 지리 분야의 책을 편찬함을 급무로 보았다. 그런데 여기에서 흥미로운 것은 그는 조선의 정신운동을 위한 작업을 하기 위해서는 불교적 교양이 중요함을 인식하였다는 것이다. 즉 최남선은 조선문화의 이해에는 불교를 절대 간과할 수 없음을 파악하였다.

이렇게 최남선은 일본유학을 통해 조선 전통의 수립, 조선문화 정비의 필요성을 자각하였는데, 이는 계몽적인 문화운동이었다. 그런데 그 인식에 불교탐구라는 절대 과제의 인식이 개재되었다. 이런 바탕에서 최남선은 집안의 막대한 재산을 투입하여[20] 출판사인 新文館(1908)과 고전 간행 기관인 朝鮮光文會(1910)를 열고, 본격적으로 계몽활동에 나섰다. 그 활동에 불교가 개재되었음은 물론이었다. 여기에서 그의 불교탐구는 정신적 영역에서 조선문화, 조선전통의 핵심을 찾으려는 절대적인 과제의 측면으

---

19) 최남선의 자료, 1928, 64쪽.
20) 최학주의 책, 2011, 138~139쪽.

로 떠올랐던 것이다. 그런 전환이 1910년 國亡 직전에 그에게 나타났다.

한편, 최남선은 1910년 조선의 국망에서 충격을 받았다. 그래서 그는 자신이 구상한 조선전통 수립이라는 원대한 구상의 추진에 차질을 겪었다. 자신이 발간하던 『소년』이 발행 금지되었고, 1911년 5월에는 폐간되었다. 그래서 그는 정신적 충격을 이겨내지 못하였다. 그로 인해서 그는 1913~1914년경에는 글을 쓰지 못할 정도이었으며, 안정된 독서도 할 수 없는 고통의 시간을 겪었다.[21]

이러는 가운데, 최남선은 1916년에 일본을 방문하였다.[22] 그는 일본에 가서 그가 존경하였던 역사지리학자인 요시다 도고(吉田東伍, 1864~1918)를 방문하고, 도서관을 방문하고, 김옥균 추도법회에 참가했고, 인도의 시인 타고르의 강연도 청취하였다.[23] 그런데 최남선은 국망 직후 고통의 시간을 겪은 이후에 왜 다시 일본을 방문하였는가? 이는 단정하기는 어렵지만 일본, 일본문명, 일본을 통해 수용된 서구문명의 실체를 더욱 확인하기 위함이 아닌가 한다. 조선전통, 조선문화를 건설하기로 작정하였던 자신의 꿈, 도전을 일시적으로 무산케 한 일본, 신문명의 정체를 더욱 공부하고, 확인하기 위함이었을 것이다. 그런 공부, 확인을 통해서 조선문화, 조선전통을 더욱 옹골차게 찾아 나서려는 의식이었다. 그런 결과, 최남선이 일본방문을 마치고 귀국하여 기고한 글인 「東都繹書記」의 여러 내용에 그의 단상, 의지가 배었다. 그런 그의 의식의 초점은 일본의 재이해와 서양문명에 비추어 본 조선찾기이었다. 그런데 그 기

---

21) 류시현의 위의 논고, 119~120쪽.
22) 필자는 그의 일본 체류 일정을 구체적으로 파악치 못하였지만, 1916년 중반기이었다. 그는 일본 체류의 감상을 『매일신보』(1916.10.24~1917.1.15)에 상세히 연재하였다. 그 연재물은 처음에는 「江戸繹書記」라는 제목으로 기고되다가 7회(10.31)부터는 「東都繹書記」라는 제목으로 54회 연재되었다. 이 연재물은 최남선의 문명관, 조선학, 민족 및 문화 등의 이해에 있어 중요한 내용을 담고 있다.
23) 최남선, 「江戸繹書記 : 東都繹書記」, 『매일신보』 1916.10.24, 1916.11.12.

고문의 인식은 일본사상계를 서양문명을 모방한 事大的 성격이라고[24] 비평한 것에서 출발하는 것이었다. 그러면서도 문명세계에 진입하지 못한 조선의 입장에서 일본의 사상 생활은 세계적이라 보고, 그를 은근히 부러워하였다. 이는 조선은 문명세계에서는 孤兒라는 냉철한 성찰을 수반하는 것이었다. 최남선은 조선이 문명세계로 들어가기 위해서는 조선민족의 구성원이 자기를 발견하고, 자기를 수립하여, 자기를 신임하고, 모든 일을 자기로부터 시작하고, 公共의 자기를 알아야 한다고 강조하였다. 이런 전제하에서 문명세계로 들어가기 위해서는 각자가

> 이렇듯한 自强 自立하는 個人의 단위가 아니면 그 盛榮活躍의 사회가 성립되었으리오. 이미 自覺한 個人인적 自助하는 個人인적 自强 自立하는 個人인적 世界文明의 先進이오. 현대문명의 孤兒인 吾人이 文明上으로 復活하고 문명상으로 挺出할 拍 - 自動自修를 外하고 何에 求하리오.[25]

자강, 자립, 자각, 자조해야만 된다고 강조하였다. 그래서 그는 문명세계로 가기 위한 각자의 노력이 철저하고, 용기있게 나가야 한다고 주장했다.[26] 그렇지 않으면 그는 조선이 문명세계로 진입할 수 없다고 인식하였다.

> 금일 吾人의 요구는 千萬言語로써 形容할지라도 귀결은 늘 文明進步의 一點이니 此 이상으로 何等 요구와 此 이외의 何等 希期가 固無할지라. 만일 일층 高調하여 言할진데 문명상의 强者됨이 최고의 욕망이라 할지라. 文明이 何오. 智로 德으로 勇으로 골고루 上達함이오, 文明의 强者 -何오. 智로 德으로 勇으로 골고루 超世傑人함이니 統히 위대한 정신적

---

24) 최남선, 「東都繹書記, 印度詩聖陀瞿婓(1)」, 『매일신보』 1916.11.22.
25) 육당생, 「文明上 植福」, 『매일신보』 1917.1.1.
26) 최남선, 「勇氣論」, 『청춘』 11호(1917.11).

기초와 위대한 形化的 노력으로써 비로소 希圖도 할 것이오. 성취도 하는 것이며 더욱 유형적 一切의 건설상 기본으로 健旺乾剛한 精神을 필요하는 것이니라.[27]

즉 최남선은 문명진보로 나가야 함을 역설하면서, 문명의 강자는 智·德·勇의 모든 측면에서 나타나야 한다고 주장했다. 그러면서 문명으로 나가려면 건강한 정신적 기초가 필요하다고 주장하였다. 이런 주장은 서양의 물질적인 문명보다는 동양의 정신적인 가치를 재인식, 재평가하는 작업의 필요성을 제기하는 것이다. 요컨대 1917~1918년경 최남선은 문명진보라는 조류로 조선이 나가야 함을 역설하면서도, 동양의 정신 및 조선의 정신을 재인식하고 있었다.

바로 이런 인식을 하던 무렵에 이능화의 『朝鮮佛敎通史』[28]가 1918년 3월 10일 최남선이 주관하던 신문관에서 발간되었다.[29] 조선 정신의 재발견을 강조하고, 그 이전부터 조선문화의 중심이 불교라는 점을 역설하였던 최남선으로서는 『朝鮮佛敎通史』의 발간에[30] 흥분하였을 것이다. 그래서 그는 『조선불교통사』 발간에 즈음하여 자신이 바라보는 조선불교(사)의 인식을 '朝鮮佛敎의 大觀'이라는 초점을 갖고 장편의 논문을 서술하여, 그를 『조선불교총보』와 『매일신보』에 기고하였다. 『조선불교총보』 11호(1918.5)와 12호(1918.11)에 기고된 제목은 「朝鮮佛敎의 大觀으로부터 「朝鮮佛敎通史」에 及함」이었고 『매일신보』에 기고된

---

27) 최남선, 「民德論」, 『매일신보』 1918.1.1.
28) 『조선불교통사』에 대한 제반 개요, 내용, 특성 등은 동국대출판부의 역주본 제1권에 수록된 해제 「『조선불교통사』의 개요와 특성」을 참고할 것. 그리고 이능화의 불교사 인식에 대해서는 양은용, 「이능화의 한국불교 연구」, 『이능화연구』, 집문당, 1994 참조.
29) 신문관에서는 권상로의 『조선불교약사』, 김월창의 『선학입문』, 장도빈의 『위인원효』, 한용운의 『불교대전』 등이 발간되었다.
30) 최남선은 그 책을 '校閱'하였다.

제목은 「『조선불교통사』에 대하여」이다. 1918년 6~8월의 『매일신보』에는 총 10회로 연재되었다.[31] 지금껏 불교학계에서는 최남선의 이 글을 주목하거나 연구에 활용한 학자는 없었다.[32]

여기에서 필자는 『조선불교총보』에 기고된 글을 활용하여 논지를 전개하고자 한다. 이는 『조선불교총보』의 논설이 9개 주제 제목으로 구분되어, 그 논지가 분명하게 드러나기 때문이다.[33] 여기에서 최남선의 1910년대 조선불교 인식의 특성을 파악하기 위하여 우선 9개의 주제를 제시한다.[34]

1. 朝鮮文化의 及한 佛敎의 影響
2. 東西交通史에 對한 朝鮮佛敎의 關係
3. 佛敎流通史에서 朝鮮의 地位
4. 佛敎 義解上에서 朝鮮의 貢獻
5. (생략)
6. 朝鮮民性에 對한 佛敎의 三大 影響
7. 佛敎徒야 먼저 歷史的 自覺을 有하라
8. 外方人의 朝鮮佛敎에 對한 無識
9. 日本史와 朝鮮史, 더욱 그 佛敎史의 關係

31) 그런데 최남선이 『조선불교총보』 11호(1918.5)에 논문 전반부를 게재하는 중간에 『매일신보』에 연재한 연유가 애매하다. 추정하건대 당초에는 『조선불교총보』 11호와 12호에 나누어 게재하려고 하였으나 12호의 발간이 늦어져서 『매일신보』에 연재한 것이 아닌가 한다.

32) 다만, 최근 최남선을 연구하는 사학자인 류시현이 『매일신보』에 기고된 글을 활용하여 논문을 집필하였을 뿐이다. 위의 류시현(2011) 논고 참조. 그러나 류시현은 『조선불교총보』에 기고된 내용은 언급치 않았다. 그를 파악하였지만 언급치 않은 것인지, 『조선불교총보』에 기고된 사실 자체를 몰랐는지는 밝히지 않았다. 추측하건대 후자가 아닌가 한다.

33) 『매일신보』는 10회로 나누어 연재하였지만, 어떤 연고인지는 모르지만 각 주제의 제목을 부기하지 않았다.

34) 『조선불교총보』 12호에는 6주제부터 연재되어 있다.

이제부터 각 주제별의 내용을 요약하겠다. 먼저 제1주제인 '朝鮮文化의 及한 佛敎의 影響'에서 그는 불교는 세계철학의 연원이고, 동양문화의 總籔라 전제하면서 불교가 각국의 문명을 개화시켰다고 보았다. 이런 입론하에서 조선에서는

> 일체의 舊文物이 이 때문에 면목을 改換하고 일체의 新敎化 이 때문에 맹아를 抽發하여서 東方 最高의 佛敎를 作하였나니 금일에 만일 조선의 문화와 풍습에 불교로서 유래하고 불교로서 長養된 부분을 제거하면 殘餘하는바一無幾하기에 至할지라. 일천오백년 이래의 조선의 사회는 실로 불교를 배경삼아 전개되고 조선인의 생활은 불교를 기조삼아 流動되었다 함이 적절함을 覺하는도다.[35]

라 하여, 동방 최고의 불교가 되었고 그래서 조선사회는 불교를 배경삼아 전개되고 조선인 생활은 불교를 기조삼아 움직였음을 파악하였다고 주장하였다.

이런 전제하에 조선의 역사와 문화를 구체적으로 살피면 그 내용을 알 수 있다고 이해하였다. 그 실례로 그는 조선에 있는 最高, 最美, 세계적인 自負가 되는 대상들은 불교적 유적과 불교적 산물이라고 보았다. 이런 결과는 불교는 포용량이 박대하고, 섭수력이 왕성한 敎門이기에 각처에서 동화, 자기화하는 체질에서 나온 것으로 보았다. 요컨대 그는 불교와 조선문명의 교섭, 그리고 조선 전체의 역사와 불교사의 관계가 긴밀한 것은 자명하다고 보았다. 혹자들이 조선사회, 조선생활의 기반을 유교로 보기도 하지만 그는 피상적인 관찰에 불과하다고 비판하였다. 이와 같은 각론적인 설명을 거친 후에 최남선은 조선의 역사 및 문화와 불교

---

35) 최남선, 「朝鮮佛敎의 大觀으로부터 「朝鮮佛敎通史」에 及함」, 『조선불교총보』 11호 (1918.5), 21~22쪽.

와의 관련을 다음과 같이 종합하여 개진하였다.

> 이렇듯이 朝鮮 古今의 文物은 직접 간접 間 불교의 感化를 受치 아니
> 한 자 ― 幾無하며 또 그 인심에 浹洽함이 愈久愈深하여 盛함에 정치의 실
> 권까지 장악하고 衰하여서도 사회적 一大勢力임을 失치 아니 하였으니
> 불교를 外하고는 朝鮮文明의 소질을 的할 수 없으며 조선인 생활의 핵
> 심을 투시할 수 없음은 辨을 待치 아니할 바 ― 라 기왕과 현재를 물론하
> 고 진실로 조선이란 것을 실질적으로 理會코저 할진대 먼저 조선불교의
> 변천에 대하여 정확한 고찰을 加할 필요 ― 대개 如此한지라 다만 불교를
> 위하여서 뿐만 아니라 다만 역사를 위하여서 뿐이라. 현재까지의 조선에
> 대한 일반적 개념을 위하여 一大 완전한 불교사를 요구함은 거의 시대의
> 聲이었도다.[36]

즉 최남선은 조선의 문물중에서 불교의 감화를 받지 않은 것이 없고, 불
교는 사회적 세력이 되었으며, 불교를 제외하고는 조선문명을 논의할 수
없다고 하였다. 그리하여 그는 조선을 실질적으로 이해하기 위해서는 조
선불교의 변천에 대한 고찰, 완전한 불교사가 절대 요구된다고 보았다.[37]

제2주제인 '東西交通史에 對한 朝鮮佛敎의 關係'에서는 조선불교가
정신, 물질 양 측면에서 견실한 토대를 갖게 됨은 구원한 내력과 비상한
노력에서 나온 것임을 입증하고자 하였다. 그 입증은 동서교통사의 관점
에서 본 조선불교의 내력과 노력을 찾는 것이었다. 이를 위해서 최남선
은 황룡사사적기, 선암사전설, 유점사사적기, 『삼국유사』 가락국기, 안
악의 연등사적비 등을 통하여 조선에 전달된 초전의 역사가 중국 漢과
같은 시기이거나 혹은 서방에서 직전되었음을 수긍하였다. 이런 사실은
조선불교의 역사가 久遠의 연원을 갖는 것이며 불교 전래가 특별한 계통

---

36) 위의 자료, 24쪽.
37) 이는 은연중 이능화의 『조선불교통사』에 대한 중요성을 강조하는 것으로 보인다.

임을 의미한다는 주장이다. 그래서 그는 조선불교가

> 이렇듯이 조선의 불교는 당초로부터 佛敎 流通上의 중요한 一 계통을
> 自成하여 支那를 離하여서 特殊 自別한 역사적 가치를 有하였으니[38]

라 하였다. 즉 특수한 역사적 가치를 갖고 있다는 것이다. 그러나 문제는
이런 역사적 가치를 증거하는 자료가 망실, 유실되어 그를 학문적으로
입증하는 것이 어렵다는 것이다. 그럼에도 불구하고 최남선은 고구려의
고분에 나온 西域風, 건축양식, 벽화 등을 고구려와 서역 간의 직접 교섭
이 활발함을 말해주는 자료로 보았다. 이런 입론하에서 조선불교는

> 西域諸國을 교통하는 동안에 經論 佛像 기타 器物과 공히 구법승도의
> 手에 移入됨이 당연하며 그 순수한 서역풍을 全示하고 北魏 형적의 甚薄
> 함으로서 便是, 兩地의 문물상 교통이 반드시 支那의 媒介를 經치 아니
> 함을 知할지라.[39]

라 하여, 중국을 거치지 않고 전래된 특별한 역사가 있다고 강조하였다.
그래서 최남선은 불교유통사에서의 조선불교의 지위를 명확하게 얻을
수 있을 것이라 하면서, 조선불교의 사적 규명은 결코 조선불교 盛衰消
長의 살핌에서만 찾을 수 있는 것이 아니라 하였다. 즉 조선불교는 보다
큰 시야에서 조명되어야 한다고 강조했다.

제3주제인 '佛敎流通史에서 朝鮮의 地位'는 이전 제2주제에서 나온
내용을 지속하면서도 불교유통사에서 조선불교의 지위를 독자적으로
설명한 것이다. 최남선은 여기에서 일본과 지나의 사례를 갖고 자신의
논지를 전개하였다. 우선 일본불교는 經像幢幡의 物, 講演 焚修하는 人,

---

38) 최남선 위의 자료, 26쪽.
39) 위의 자료, 27쪽.

조각 및 건축의 技藝 一切에 이르기까지 모든 것을 조선불교에 의존하였다고 역설하였다. 이는 일본불교 초기 역사를 조선불교사의 하나의 파동으로 보고, 일본 초기역사에도 조선의 영향이 적지 않다고 본 이해이다. 그래서 그는 일본불교와 조선불교와의 상관성을

> 일본불교에 대한 조선불교사의 관계는 결코 區區한 一二 宗旨의 전수와 약간 기술의 敎習에 止하는 것으로 論할 바―아니라.[40]

라 하였다. 그리고 그는 지나불교와 조선불교와의 관련에 대해서도 다양한 근거에 의해서 밀접함, 상호성, 나아가서는 조선불교가 혜택을 주었음을 지적하였다. 그래서 지나불교를 설명할 때에는 조선불교를 결코 배제하지 못할 것으로 보았다. 그가 예증의 대상으로 든 것은 원측, 혜초 그리고 중국의 역대 종파(화엄종, 천태종, 진언종, 유식종, 율종, 선종)의 성립, 발전에 조선 승려가 관여되었다는 이해이었다. 이런 실례를 통하여 그는 다음과 같이

> 이렇듯이 역대 諸宗에 반드시 정통과 嫡傳을 得來함과 기타, 源이 震旦에 발하야 流―鷄貴에 長한 諸宗 사실을 勝記치 못할지라 一言으로 蔽한건대 賢首一書를 海東大德에 寄送한 전으로부터 지나불교사 諸 案件의 결론이 太半은 조선에 在하다 할만하다.[41]

지나불교사의 결론은 조선에 있다고 주장하였다. 이렇게 조선불교가 일본과 지나에 큰 영향을 주게 된 것은 조선불교는 해륙 兩路로 서역불교와 직통하였기에 교파와 종풍이 폭주하여 각처에서 유행하던 대소승론, 내외 道理가 지나를 거쳐 혹은 직로로 통하여 전래된 것에서 찾았다.

---

40) 위의 자료, 28쪽.
41) 최남선 위의 자료, 29쪽.

그러나 근대기에 접어들어서 그 실제 유적 및 자료가 망실, 산실되었지만 그 간접적인 흔적은 인도유적 및 조선불교의 儀式에 남아 있다고 보았다. 그래서 인도 및 서역불교의 法敎文物을 살필 자료가 조선에 잔존한다고 확신하면서 조선불교사는 불교 전체에서의 지위가 중대하다고 주장하였다.

제4의 주제인 '佛敎 義解上에서 朝鮮의 貢獻'에서는 조선불교가 교학상에서 뛰어난 역사를 갖고 있음을 증명하였다. 최남선은 이 주제에서 조선불교의 자랑은 대내 교화, 대외 홍포에 있는 것이 아니라 義解의 종횡과 이론의 투철함에 있다고 피력했다. 그래서 그는 그 입증을 諸宗 소의 경론에 대한 疏釋이 얼마나 발군의 정평을 받았는가에서 찾았다. 그 첫 번째 대상으로 천태종을 거론하였는데, 그 대상 인물은 고려의 諦觀이었다. 체관은 실로 천태학의 領袖이고, 그의 저서인 『四敎儀』는 평생 觀悟의 정화를 기록한 것으로 보았다. 법상종에서는 圓測을 거론하였다. 원측의 법상종에서의 지위와 그의 저술인 『성유식론소』의 가치는 비교를 허용치 않는다고 하였다.

제5주제는 제목을 달지 않았다. 그러나 그 내용을 살피건대, 5주제는 4주제와 연속된 것이었다. '佛敎 義解上에서 朝鮮의 貢獻'이란 관점에서 화엄종과 기타 宗에서의 공헌을 다루었기 때문이다.[42] 최남선은 5주제의 초반에서 조선불교에서 가장 오래된 종지가 화엄이라고 지적하면서, 조선불교가 敎보다 學으로써 특색을 갖고 있는데 그 단적인 실례가 화엄종이라 했다. 그래서 조선불교의 최대 과시를 화엄종이 담당한다고 보았다. 그러면서 조선불교의 위상을 대변하는 화엄학을 특립시킨 대상자로 원효를 제시하였다. 또한 다양한 측면에서 원효의 위대성을 제시하였다.

---

42) 이런 연고로 제5주제라는 말 자체를 없애고, 이를 제4주제에 포함시킬 수 있다. 그러나 『조선불교총보』에 기재된 그대로 제시하는 것이 타당하다고 보아 원문대로 제시한다.

이런 연고로 중국 화엄종도 조선불교와 원효의 교학에 영향받았다고 했다. 그러면서 원효에 대한 화엄종 측면에서의 위상을 다음과 같이 피력하였다.

華嚴 一 方面으로도 師와 師의 義解 — 如何히 위대한 감격을 萬人에게 與하고 如何히 深切한 崇仰을 十方에 鍾하였음을 知할지로다.[43)]

噫—라 曉師 義解의 다방면을 何必 細論하며 역대 圓宗의 諸 名師를 하필 煩提하리오. 華嚴起信의 兩 海東疏 — 足히 조선불교의 화엄종에 대한 지위와 업적을 炳然히 著顯하는도다.[44)]

즉 최남선은 조선불교의 화엄종에 대한 지위와 업적을 대변하는 인물로 원효를 내세웠다. 그리고 기타 宗에서도 조선불교 교학의 중요성을 열거하였다. 그는 成實, 三論, 眞言, 律, 神印 등에도 걸출한 학승이 있음을 구체적으로 제시하였다. 그리고 조선에서 자생한 종파인 曹溪宗의 지눌, 始興宗의 의천,[45)] 海東宗의 원효 등은 조선불교의 특수한 면목을 발휘한 고승으로 제시했다. 그래서 최남선은 이와 같은 입론을 전개한 연후에

要하건대 上來의 數例로써 佛理研究, 佛旨 발휘상에 在한 此邦人의 노력과 그 공적이 얼마큼 위대한 것을 증명하면 足할 것이니 東方佛教 성립에 대한 조선불교의 기여가 大한만큼 그 업적을 評量하고 關繫를 審明할 필요 — 또한 大함을 知할 것이오, 隨하야 조선불교의 발달을 고찰함은 다만 학구적 흥미와 역사상 필요 뿐만 아니라 전 불교의 流動的 生命에 직접 절실한 交涉이 有한 — 요건임을 覺할지로다.[46)]

---

43) 최남선 위의 자료, 34쪽.
44) 위의 자료, 35쪽.
45) 시흥종이 의천과 관련된다는 것은 논란이 있다. 그러나 최남선은 이를 수긍하여 논지를 전개하였다.
46) 위의 각주 44)와 같음.

라 하여, 조선불교는 동방불교 성립에 지대한 공헌이 있다고 하였다. 그래서 이런 조선불교의 발달, 조선불교의 역사를 고찰함은 조선불교 차원에서 뿐만이 아니라 전 불교의 유동적 생명의 교섭 차원에서 절대 필요한 요건임을 깨달아야 한다고 주장하였다. 즉 조선불교는 동방불교,[47] 전불교 차원에서 연구되어야 한다는 것이다.

제6주제 '朝鮮民性에 對한 佛敎의 三大影響'에서는 1~5주제에서 서술한 핵심 내용을 우선하여 다시 정리하였다. 그는 전 불교의 중요한 일부분인 조선불교의 정립을 위해 그 실상의 공적을 증명하고, 그 지위를 확립하기 위해 문화적 의의와 세계적 관계를 분명하게 판단한 필요를 제창하려 한 것이었다고 요약하였다. 그는 세계불교적 차원에서 중요한 역사를 갖는 조선불교가 아직 그 이름도 세우지 못하고, 그 의의도 분명치 않고, 그 영향 및 가치도 인정되지 않음은 세계적인 차원에서는 일대 欠典이고, 조선불교 차원에서도 일대치욕이라고 보았다. 그런데 최남선은 서양문명의 결함이 노출되고, 그 결함의 보완이 요청된다고 당시 조류를 이해하였다. 동양사상의 의의가 부각되어 저절로 불교 연구가 강조되고 있다고 봤다. 그래서 불교의 세계적 유통과 동방적 특색은 오직 조선불교에 대한 審明을 기다려서 비로소 그 전체를 개관할 수 있을 것이고, 동시에 불교사상 및 불교문명의 역사적 발전과 지리적 분포를 판단하게 될 것이라고 주장하였다. 그럼에도 불구하고 조선불교에 대한 인식이 부족하고 연구가 미진함은 일대 恨事라 하였다. 그렇지만 당시 조선의 현상은 일체의 정신적인 원천과 문화적 능력이 고갈되어 물질적, 정신적으로 병들고 부패한 지경이라는 것이다. 그러면서도 불교가 조선의 백성들에게 끼친 영향을 다음과 같이 세 가지로 정리하였다.

---

47) 여기에서 동방불교의 개념이 무엇인지가 제기된다.

수세기간에 如一이 계속하여 吾人에게 靈能을 공급한 불교의 진홍이 喫緊主要의 事 — 아니라 못할지라 대개 과거의 불교는 少하야도 三大 勇慧로써 吾人의 性能을 倍化하였으니 一은 思索的 — 內觀的되게 하여 생활상에 철학적 기조가 有케 하였음이오 二는 藝術的 創造的되게 하여 고구려의 벽화 백제의 건축 신라의 조각과 如한 특수한 技工을 발달케 하였음이오 三은 進取的 開放的되게 하여 (중략) 法을 五天에 求하고 工을 西域에 學하는 遊方勇士 — 海陸에 相連하며 近하게는 漢土에 유력하고 桑域에 行化하는 등을 茶飯常事로 思하여 道途의 難險과 語俗의 差異가 眼中에 毫無케 하였으며[48]

즉 그는 사색적, 예술적, 진취적이었다는 것이다. 이런 성격이 조선사람의 민족성에 영향을 주어서 세계적인 의의 및 가치를 갖고 있는 조선역사에서의 대사업은 불교계에서만 찾을 수 있다고 했다. 나아가서 그는 이 세 가지 성능이 조선인의 명예와 지위에 공헌하였고, 현재까지 무한한 잠재력을 가진 불교를 잘 이용함은 미래의 복리증진에도 심대한 관계를 가질 것이라고 주장하였다. 그래서 근래의 불교진흥의 소리가 들려옴도 시대적 요구의 반향이라고 보았다. 그래서 과거 불교역사에서 그 교훈을 찾아야 함은 당연하며 원효, 해동소, 석굴암, 고려대장경을 갖고 있는 것만으로도 세계에 자랑할 수 있다고 하였다. 이런 조선불교의 내적 가치가 크다는 전제하에, 조선불교의 교리적 비판과 역사적 단안은 저절로 세계적인 논제가 될 수 있다고 여겼다.

제7주제인 '佛敎徒야 먼저 歷史的 自覺을 有하라'에서는 조선불교도의 구성원이 전술한 바와 같은 조선불교의 위대성, 정체성에 대한 자각을 해야 함을 촉구하였다. 최남선은 자신은 조선사를 연구하는 學徒이지, 불학 및 불교사에 대해서는 문외한이라고 하였다. 그러면서도 자신

---

48) 최남선, 「朝鮮佛敎의 大觀으로부터 「朝鮮佛敎通史」에 及함」, 『조선불교총보』 12호 (1918.11), 39~40쪽.

이 보아도 1500여 년의 조선사는 모든 방면에서 불교 및 불교도의 關涉을 제외하고는 어떤 해석, 판단을 할 수 없다고 보았다. 그래서 그는 근래 이에 대한 주의를 가하여서 다음과 같은 '三種感念'을 깨닫게 되었다고 고백했다. 첫 번째는 조선의 사회 및 문물에 대한 불교의 영향이 무척 크다는 것, 두 번째는 불교에 관련된 偉績이 대부분 존재치 않고 소멸하여 그에 대한 자료수집을 하기 어렵다는 것, 세 번째는 불교사에 대한 다소의 찬술이 전하지만 그 전본도 희소하고 그를 알 수 있는 역사적 관념이 희박하다는 것이다. 그리고 당시 지식인은 조선불교에 대한 지식, 관념이 전혀 없다는 것이다. 그래서 그는 다음과 같이 불교도 자신들이 조선불교에 대한 이해, 애정을 갖고 역사를 찾으라고 강력히 충고하였다.

佛敎徒 자신의 불교에 대한 愛護의 念과 努力의 迹이 이렇듯 미약함을 觀하면 최근 조선인 불교도의 卑賤한 지위도 당연한 報復이며 금일 조선불교계의 沈靡한 상태도 固宜한 理數임을 知할지라. 매양 一念이 此에 至하면 沒廉傷恥의 近今 緇孫으로써 전법 초기의 무수한 高僧碩德의 後裔라 하여 大光과 至闇이 一册에 並載하게 됨을 痛恨치 아니치 못할지라. 嗚呼라 奈落에 沈淪한 時下 佛敎徒에게 통열한 반성과 深切한 自覺을 促起하는 道 - 卓拔超邁한 先師의 面目과 光大特絶한 往日의 功業을 如實的으로 충동적으로 眼前에 전시함에서 先한 者 何오. 조선불교의 위대한 내용을 조선불교도 자신이 明認確識하게 함에서 急한 者 何오. 余와 如히 일반사의 一 補助學科로 觀하기만 하여도 불교사의 必要와 所重을 이만큼 覺知하거늘 불교도 자신이 興法上 관계로써 觀할 時에 그 필요와 소중을 感함이 어떻게 深切하겠나뇨.[49)]

이렇게 최남선은 불교도가 통열한 반성과 철저한 자각을 해서 조선불교사의 진면목을 찾고, 파악해야 된다고 강조한다. 즉 조선불교사의 필

49) 최남선 위의 자료, 42~43쪽.

요와 소중함을 깨달아야 한다는 것이다.

제8주제인 '外方人의 朝鮮佛敎에 對한 無識'에서는 일본 불교학계에서 조선불교 역사에 대한 무지를 통탄하였다. 최남선은 당시 불교연구의 중심과 불교 유행의 총림은 일본이라고 전제하면서도 일본학자들의 조선불교에 대한 지식을 접하면 놀라움을 금치 못한다고 보고, 그 사례를 열거하였다. 『大日本藏經』, 『大日本佛敎全書』, 『佛敎史彙』, 『佛書研究』 등에서의 오류, 누락, 미진함 등을 제시하였다. 그러면서 최남선은 조선불교에 대한 학술적 조사는 일본불교 연구자의 손에 맡길 것이 아니라, 우리 불교도들이 담당해야 함을 강조하였다.

제9주제인 '日本史와 朝鮮史, 더욱 그 佛敎史의 關係'에서는 일본사가 조선사에 의존함을 역설하고, 불교사를 우리 손으로 찾고, 가꾸어야 함을 역설하였다. 최남선은 자신이 일본 역사책을 읽었던 소감, 즉 일본사가 조선사와 부합됨을 느꼈다고 고백하였다. 이렇게 일본사와 조선사의 相似함은 일본문화, 일본불교가 조선에 의존한 산물로 보았다. 그래서 그는 일본불교사는 조선불교사의 一 波動이고, 일본불교의 발달은 조선에서 영향받았으며, 조선을 떠나서는 일본불교를 해명할 수 없음은 명백하지만 일본학계에서의 조선에 대한 지식과 이해는 空疎하다고 판단하였다. 그러나 그는 일본학계의 조선과 조선불교의 무식을 비판해서는 안 되고, 그는 우리 자신의 문제임을 역설하였다.

然이나 그네의 지식이 풍부하고 이해가 심절한 與否로써 조선불교의 價値와 面目에 損益이 有할 것이 아니오. 또 그네의 연구와 논의를 賴하여 조선불교의 가치와 면목을 발휘하고저 하는 것이 아니매 이로써 悲喜할 것이 固無하거니와 구태 上文의 數例를 提擧하기는 조선불교의 直系로 關涉이 最密하고 세계불교의 淵叢으로 연구가 最盛하다는 일본 및 일본학자도 조선불교에 대한 관념과 인식이 이에서 불과한즉 餘他야 다시 거론할 필요조차 無함을 自明케 하려 함이오, 조선불교—이렇듯 세계에 망각되고 閒視됨을 확인케 하려 함이오. 그리하여 조선불교의 영광이 여타없이 매몰되고 조선불교도의 치욕이 갈수록 添重함을 절감케 하려 할 따름이로다. 夫然한 최대 원인이 何오. 文籍의 散失이며 사실의 湮沒이며 合言하면 역사의 不明이 아닌가. 噫−라 조선불교는 바야흐로「막스뮬러」를 요구하며「올텔베르흐」를 요구하며「스타인」을 요구하며「비일」을 요구하지 아니 하는가. 曰否否−라. 조선인 자신중에서 막氏가 出하며 올氏가 出하며 스氏가 出하며 비氏가 出하야 조선불교의 對內 査究와 對外 闡揚을 自力自辨치 아니지 못할 것인가.[50]

이와 같이 최남선은 일본불교는 조선불교의 직계이고, 조선불교는 세계불교의 연원이면서 총집합의 의미를 갖는다고 보았다. 그러나 최남선은 일본학자의 조선불교에 대한 인식이 미약한 것을 인식하고, 그 타개를 일본학자의 손에 맡겨둘 수 없다고 주장하였다. 그리고 조선불교가 세계에서 망각되고, 조선불교의 영광이 매몰되고, 조선불교도의 치욕이 증가됨의 근본은 기록의 산실, 사실의 매몰, 역사를 밝히지 못함에서 기인한 것으로 단정하였다. 결국은 조선불교도에서 이를 타개할 걸출한 인물이 나와 조선불교의 연구, 조선불교의 천양을 자력으로 해결해야 한다고 역설하였다.

지금까지 최남선이『조선불교총보』11호, 12호에 기고한「朝鮮佛教의 大觀으로부터『朝鮮佛教通史』에 及함」의 내용을 정리하면서, 그 요지를 제시하였다. 그 내용의 성격을 요약하면 최남선의 1910년대 조선불교, 조선불교사에 대한 인식을 극명하게 대변하는 것이다. 최남선은 일본유학, 일본견학을 거치면서 서구문명, 일본불교, 서구·일본 불교에 비추어 본 조선불교에 대한 자신의 입론을 수립하였다. 그는 조선불교의 역사와 문화에 대한 자긍심의 발로이었다.[51] 최남선은 조선불교가 세계

---

50) 최남선의 위의 자료, 49~50쪽.
51) 김영진, 「한국 근대 불교학 방법론의 등장과 불교사 서술의 의미」, 『한국학연구』

불교사상에서 결코 간과할 수 없는 역사와 문화를 갖고 있음을 개진하였는데, 이는 은연중 일본불교 보다 우수함을 피력하는 것이었다. 그의 이런 인식은 서구문명, 일본불교, 근대학문에 충격을 받았던 것에 머물지 않은 것이었다. 나아가서 조선불교의 가치와 위상에 대한 자부심은 조선불교도에 의해 정립되어야 함을 역설하였던 주체적 산물이었다. 여기에서 조선불교를 정립하려는 최남선의 주체의식, 조선불교 정체성을 학문적, 객관적인 근대학문을 통해 탐구하려는 민족적 의식을 찾을 수 있다.

3. 1920년대 최남선의 조선불교 정체성 탐구

최남선은 1919년 3월 1일, 거족적인 3·1만세운동에 참여했다. 그가 독립선언서의 작성자이었음은 그를 예중하는 것이다. 그래서 그는 일제에 피체되어 2년 8개월을 형무소에 수감되었다. 이런 수감생활은 그의 조선학 연구 모색의 계기가 되었으며,[52] 그의 불교신앙에도 적지 않은 영향을 주었다.

> 이럭저럭 하는 동안에 기미년 삼월에 福堂鐵窓에 靜修할 세월에 얻게 되는데 처음에 逮繫되매 나에게는 밥보담도 더 緊한 書冊이란 것을 별안간 끊어서 한참동안 문자에 대한 갈증이 正히 급하더니 이때에 어느 외인 친지가 觀音經 일부를 들여주는데 아무것보담 책이라는 것으로 더욱 좋아하는 불교의 책이라는 것만으로도 한없는 감격중 그것을 迎入 受持하여 과연 乾枯한 積薪에 赤火가 燃及하는 것처럼 그런 줄도 모르게 그것에 沒入되지 아니치 못하였습니다. 法華經도 보았고 觀音菩薩이란 생각도 하고 普門大威神을 느껴워도 하였든 것이언마는 이 때의 내 눈에는 보문

23, 2010, 105쪽. 김영진은 학술을 통해서 민족을 불러낸다는 발상으로 정리했다.
52) 위의 최학주 책, 90~93쪽.

품의 始字로부터 終字에까지 曾前과는 웬통 딴 것으로 보이고 이상한 光明이 그리로서 放射함을 고마워 하지 아니치 못하였습니다. 여러 말은 아니 하겠습니다마는 불교에 대한 信解란 것이 참으로 생긴 때를 말한다면 이때가 첫걸음이래야 할 것입니다.[53]

이렇게 그는 형무소에 구속되어 있는 동안에 관음경, 법화경을 통하여 불교 信解의 세계로 들어갔다. 그래서 그는 그 이후 10여 년의 생활은 불교 믿음에서 나오는 빛을 정기적으로 만나기까지 하였다고 회고했다.

감옥에서 출옥한 직후 최남선은 『동명』 창간을 기해 "조선인의 손으로 조선학을 세울 것"을 주장하였는데 이는 그가 '민족'을 재발견하였음을[54] 의미하였다. 그래서 그는 정신·사상·학술 영역에서의 조선의 정체성을 모색하였다. 이른바 조선학운동이었다.[55] 그것은 일제의 식민학과 구별되면서 동아시아에서 민족의 독자적 정체성인 조선적인 것을 찾는 작업이었다. 그러면서 그는 불교의 신행 생활을 하면서 승려들과의 교분도 쌓아 갔다. 그 대표적인 인물이 개운사의 朴漢永, 법주사의 徐震河 등이었다. 이들은 당대의 고승으로서 많은 학식을 갖고 있던 승려이었다. 또한 이들은 고전 및 국학에 대한 애정을 가졌고, 최남선이 주관한 조선광문회에 가입한 회원이었다. 이런 연고로 최남선과 친근하였다.[56]

이런 배경에서 최남선의 1920년대 중반 조선불교에 대한 인식의 편린을 엿볼 수 있는 자료 2건을 제시한다. 우선 첫째는 『불교』 7호(1925.1)에 기고된 「조선역사에 대한 불교」와 『불교』 19호(1926.1)에 기고된 「大覺心으

---

53) 최남선, 「妙觀世音」, 『불교』 50·51합호(1928.9), 64쪽.
54) 이에 대해서는 최남선, 「내가 쓴 독립선언서」, 『새벽』 1955년 3월호 참조. 그리고 『동명』 발행인 대표인 최남선이 『동아일보』 1922.8.24에 기고한 「동명 발행사」의 내용이 참고된다. 이 글에는 최남선의 민족관, 민족 인식의 내용이 잘 나온다.
55) 류시현, 『최남선 평전』, 한겨레출판, 2011, 92~93쪽.
56) 류시현, 「일제하 최남선의 불교인식과 '조선불교'의 탐구」, 『근대를 다시 읽는다』 2, 역사비평사, 2006, 386~387쪽.

로 돌아 갑시다 - 丙寅年 歲頭에 새로히 感省할 일」이다. 우선 전자의 내용을 소개한다. 최남선은 이 기고문에서 조선의 문화 및 생활에 대한 불교의 영향을 다음과 같은 세 측면으로 제시하였다.

> - 우리 문화를 藝術的이게 한 것
> - 우리의 생활을 思想的이게 하였음
> - 우리의 器局57)을 世界的이게 하였음58)

이렇게 그는 불교가 조선역사에 미친 성격을 요약하였다. 예술, 사상, 세계적 의식59)에서 불교의 영향이 지대함을 근거, 입론에 의거하여 주장하였다. 그러면서 그는 조선인의 창조적 능력을 세계문화의 조류에 투영하여 조선인의 생활에 세계적인 내용을 준 것은 불교의 공덕이라고 주장하였다. 결론적으로 그는 조선민족, 조선역사에서 불교는 중대한 세력으로 자리잡고 있었고, 민족적 행진 및 사회적 발전에 위대한 공헌을 끼친 것은 불교라고 단언하였다. 이는 불교의 문화적 존재 및 가치를 주목한 것이다. 그러면서 불교가 그런 위상, 역사를 갖게 된 것에는 몸을 바친 대용맹, 결사적 정진을 하였던 龍象大德(고승)들의 행보가 있었음을 기억해야 한다고 강조하였다. 그러나 당시 불교계는 이러한 역사적 위상 및 산물을 의식하지 못하고, 현실에 안주하고 있다고 보면서 불교는 민중과 사회의 기대에 부응하지 못한다고 비판하였다.

> 목말라 하는 民衆에게 얼마나 醍醐味를 이바지 합니까. 熱惱한 社會에 얼마나 淸凉劑가 되어 있습니까. 아무 法施가 없이 큰 報酬만 누리는 불교의 前頭는 심히 寒心할 것입니다. 안으로는 本師의 聖旨에 어그러지고

---

57) '器局'은 의식이라고 이해하고자 한다.
58) 최남선, 「조선역사에 대한 불교」, 『불교』7호(1925.1), 51~54쪽.
59) 최남선은 이를 조선인의 "世界的 心行"으로도 표현하였다.

밖으론 시대의 進運에 벗어난 불교가 어데 가서 자기의 地步를 찾을는지 좀 정신차려야 할 것입니다. 역사의 진행으로부터 沒交涉한 事物은 저절로 存在圈 外에 抛出되는 것입니다. 아직도 과거의 偉大相의 映出되는 현재의 醜面目에 觀照하여 一大回心, 一大血懺으로써 淨源으로 返還할 줄을 모르다가는 어떻게 무서운 法厄이 우리를 試鍊할는지도 모를 것입니다.[60]

석가의 가르침과 시대의 진보에서 벗어난 불교의 행보에 우려를 표하면서, 불교계가 각성해야 함을 주장하였다. 즉 철저한 각성을 하지 않으면 조선불교 자체가 소멸될 수 있음을 촉구하였다.[61]

다음으로는 『불교』 19호에 기고한 「대각심으로 돌아 갑시다」를 살펴보겠다. 이 글은 1926년 벽두에 불교계 구성원들에게 '大覺心'으로 돌아가자고 호소한 내용이다. 그런데 최남선은 어떤 연유로 이 해에 대각심을 강조하였는가. 그는 대각국사 의천의 대장경판 수집, 조성에 대한 헌신을 추모하면서, 동시에 그 사업의 역사적 기점인 1926년을[62] 기념해 조선불교가 불교의 근본 가르침으로 돌아가는 것이 불교 진흥의 첩경이라고 본 것에서 나왔다. 이제 그 주요 주장을 제시한다. 최남선은 해인사의 팔만대장경판은 조선인 마음의 전당이고, 불교 및 불교도의 소중한 영광이라고 전제하였다. 나아가서 그 경판은 조선불교 차원에서만 중요한 것이 아니라 전불교적인 최대 集成이고, 전세계적인 최고 典則이라는 위상을 갖고 있다고 주장했다. 즉 최대 안전, 최고 가치라 하였다. 그런데 이런 위대한 문화적 산물에는 위대한 공로자인 중심 인물이 있다고

---

60) 최남선 위의 자료, 55쪽.
61) 그의 불교계 비판은 최남선이 『금강저』 7호(1925.10)에 기고한 「朝鮮佛教徒의 內的 反省을 促하노라」가 참고되나, 현재는 이 잡지의 제목만 전하고 있다.
62) 최남선은 1926년은 의천이 용맹심으로 장경을 구하기 위해 중국으로 떠난 고려 선종 을축년(1085)의 제14周甲이라고 하였다.

보았다. 그 인물이 역사적 마음과 사회적인 힘을 끌어와서 경판불사를 완성하였다는 것이다. 이런 전제하에 최남선은 조선불교의 대장경판 사업의 주역은 대각국사 의천이라고 주장하였다. 그래서 그는 의천의 활동, 업적(속장경) 등을 요약하면서 그의 노력이 없었으면 해인사 팔만대장경판은 존재할 수 없다고 보았다. 고려 대장경판 240년 역사에서 그 전후를 總攬한 인물이 의천이라는 것이다.

> 高麗藏과 그 造成者로의 大覺國師는 이렇게 조선불교를 전적으로 대표할 偉業 偉人입니다. 이는 실로 조선불교의 精華일 것이며 조선불교의 標幟일 것이며 조선불교의 寶塔일 것입니다. 조선불교는 언제든지 마르지 않는 生命의 源泉을 여기서 기를 것이며 시들지 아니하는 勇氣의 新芽를 여기서 接할 것입니다. 이것을 중심으로 하며 이것을 標準으로 하며 이것을 模範으로 하여 정신을 洋勵하며 氣力을 振作할 것입니다.[63]

이렇게 그는 의천과 의천의 업적을 조선불교의 대표, 상징으로 내세웠다. 그렇지만 당시까지의 조선불교에서 의천에 대한 박대함은 이루 말할 수 없다고 비판하였다. 그러면서 그는 知恩과 報德을 불교에서 최대 최고의 윤리적 덕목으로 보면서 전세계적, 전인류적인 一大事 一大 은인, 위인인 의천에 대한 추모와 계승사업을 전개해야함을 강조하였다.

이런 입장에서 최남선은 당시 불교계가 불교진흥을 표방하면서 십 수년간 행한 노선, 사업을 격렬하게 비판하였다.[64] 이에 그는 조선인 전체가 內省自求할 때이지만, 더욱 불교도는 피로써 懺悔하고 自新自勵해야 한다고 주장하였다. 그래서 그는 불교진흥의 방향을 菩提心에서 찾자고

---

63) 최남선, 「大覺心으로 돌아 갑시다 - 丙寅年 歲頭에 새로히 感省할 일」, 『불교』 19호 (1926.1), 6쪽.
64) 그는 금산사 방문에서 불교유적, 유물이 제대로 관리되지 못함을 보고, 전불교적인 일대 치욕으로 보고 민족적 손실이라고 개탄하였다. 최남선, 『尋春巡禮』, 1926, 28쪽.

강조하였다. 그렇지만 보리심을 찾기 위해서는 정신적 支柱가 필요하거
니와, 조선불교도의 回心 기연으로 대각국사에게로 돌아가자는 제언을
하였던 것이다. 大覺으로, 대각의 마음으로, 대각의 일을 통해 불교진흥
을 하자는 것이다. 즉 대각국사 및 그 보리심의 구현인 고려대장경을 모
범하여 大覺省과 一大 奮發을 해서 死活의 關頭에 선 조선불교를 되살
리자고 호소하였다. 구체적으로 조선불교 진흥의 신기원을 기획하는 차
원에서 의의 있는 기념사업을 하자고 제언했다.[65] 이를 통해 조선불교의
갱생, 일신, 새로운 출발점으로 삼자고 제안하였다.

한편 최남선은 이와 같이 '고승'을 조선불교의 인식 및 진흥의 중심으로
놓자고 주장하면서 그를 뒷받침하는 학문적 작업도 함께 수행하였다. 그
는 1927년에 『三國遺事』를 교열하여 계명구락부를 통해 발간하였다. 그
는 『삼국유사』를 해동불교사의 초기에 관한 절대적인 문헌이라고 하면
서, 그 발간의 취지를 "조선학을 세우고 조선의 我를 살피려고 하면 『삼국
유사』를 누구든지 널리 얼른 볼 수 있도록 보급 널리 유통하지 않으면 안
된다"고 피력하였다. 그의 고승 재인식은 조선광문회에 기증된 각훈의 『海
東高僧傳』을 『불교』 37호(1927.7)에 게재케 하고,[66] 그 자신이 해제를
직접 쓴 것에서도 나타난다. 그는 『해동고승전』을 동방의 僧撰僧傳의 嚆
矢라 평가하고, 각훈을 위대한 학승으로 자리매김을 하였다. 그의 이런 작
업은 고승의 재발굴, 탐구를 통한 조선불교의 정체성을 찾으려는 노력과
무관할 수는 없는 것이다.

---

65) 최남선이 제언한 기념 사업의 내용은 다음과 같다. 大藏會를 創設하여 고려대장경
　을 중심으로 하는 연구 및 경찬의 행사(영구), 대각국사 기념일을 정하여 사찰에서
　공동으로 행사를 매년 거행, 매년 사업으로 고려대장경을 분배 인출하여 31본산, 연
　고 사찰 등에 제공, 초파일 및 연고일에 전국적인 경찬법회 거행, 대각국사 문집 발
　간, 일체 대장경의 역사를 간행 등이다. 최남선 위의 자료(1926), 10쪽.
66) 그는 『불교』 37호에 「해동고승전」과 艸衣의 『大東禪教考』도 발굴하여 게재하고,
　자신이 해제를 집필하였다.

최남선이 이렇듯이 의천 및 대장경을 높이 평가하고, 그를 기념하는 사업을 통해 조선불교 진흥의 기원을 삼자고 나선 것에서 그의 조선불교에 대한 애정을 엿볼 수 있다. 그가 1910년대에는 조선불교에 대한 학문적, 민족적 관심에 머물렀다면, 1920년대 중반에는 신앙심 및 조선불교의 애정에 입각해 조선불교(사)를 대하고 있음을 알 수 있다. 그리고 1910년대 조선불교사 인식의 관점인 독자성, 우수성, 자긍심에서 1920년대에 새롭게 이해된 관점인 불교문화,[67] 고승이 추가되었음을 알 수 있다. 이는 최남선이 조선불교 정체성을 인식하는 중요한 관점이 변화, 정비되었음을 말해준다.

그런데 최남선의 이와 같은 조선불교, 조선불교사에 대한 인식은 최남선에게서만 찾을 수 있는 것은 아니다. 즉 당시 불교계에서도 그런 인식이 산견되었던 것이다. 이를 통해 필자는 최남선 인식의 보편성을 가늠해보고자 한다. 우선 1920년대 전불교계의 공의로 만들어진 준 교단의 성격을 가졌던 재단법인 교무원에서 발행하였던 불교 잡지인 『불교』지의 창간사에서는

> 우리 朝鮮佛敎는 日本佛敎 各宗보다는 그 발전의 經路와 民族性의 相違에 기인하야 顯著한 特色이 있다. 이 특색을 助長하며 발전시키기 위하여 힘써 宗旨를 확립하고 일본 各宗과 蘭國의 美를 爭耀함에 至케 하는 것이 우리들의 노력하지 아니하면 아니 될 것이다. 이럼으로 우리 朝鮮佛敎는 실로 朝鮮文化의 一大要素일 줄로 思料한다.[68]

라 하여, 조선불교는 조선문화의 일대 요소라고 자부하였다. 이렇게

---

67) 최남선의 문화관은 별도로 분석할 여지가 많아, 필자의 후일 연구 주제로 남겨둔다. 최남선, 「조선역사통속강화 개제」, 『최남선전집』 2집, 1974, 409쪽과 위의 최학주 책, 2011, 275~276쪽에는 최남선의 문화관(문화, 역사, 민족의 관련성)이 나온다.
68) 『불교』 1호(1924.7), 3쪽.

1920년대 중반에 불교는 조선문화의 중심이라는 인식이 당당하게 피력되었다. 이렇게 불교가 조선 문화의 중심이라는 인식은 여타의 자료에서도 찾을 수 있다.

> 불교는 조선문화의 源泉이다. 만일 조선문화에서 불교를 삭제한다면 무슨 광채나 기록이 있으리오.[69]

> 일천오백년의 장구한 역사를 가진 조선불교는 조선의 문화에 대하여 어떠한 공헌이 있었는가. 한 말로 말하자면 불교를 떠나서 조선의 문화를 말할 수 없는 것이다. (중략) 조선의 山河와 人文은 의식적 무의식적으로 渾然히 佛敎化하게 되었다.[70]

> 朝鮮文化라 하면 一言으로 불교문화라고 한대도 별로 抗議할 사람이 없을 것이다. 在來의 조선문화 처놓고 佛敎의 感化를 받지 아니한 것이 있는가.[71]

이런 내용은 조선불교, 조선불교사를 구성, 이해하는 중심에 불교문화를 상정시키고 있음을 극명하게 대변하는 것이다.[72]

한편, 1920년 3월 7일 혼란한 정신계를 불교로써 통일하고, 조선불교의 영광을 세계에 알리려는 목적에서 발족한[73] 조선불교회에서는 1925년 6월, 朝鮮佛敎叢書刊行會를 발족시켰다. 그 취지서에는 불교문화의 핵심인 불교서적의 간행을 조선민족, 조선사회를 위한 일로 자부하였음이 나온다.

---

69) 니우생, 「北國의 八日」, 『불교』 36호(1927.6), 24쪽.
70) 한용운, 「朝鮮佛敎의 改革案」, 『불교』 88호(1931.10), 2쪽.
71) 한용운, 「譯經의 급무」, 『불교』 신3집(1937.5), 6쪽.
72) 김종인, 「한국문화로서의 불교」, 『종교연구』 60, 2010.
73) 「조선불교회 발기」, 「조선불교회 취지서」, 『매일신보』 1920.3.10~1920.3.11.

歷史的 民族의 歷史的 價値를 自負함에는 무엇으로써 此를 誇할가. 此는 말할 것도 없이 그 時代 그 民族 그 國家 그 社會의 一切事爲의 遺蹟 遺物인 文書 又는 美術의 貧弱 富豊 如何에 의하여 그 文野의 정도가 自然히 判明될 것이다. (중략)

然한대 우리 조선의 古代의 文化를 調査하다 보면 精神 物質 何 방면을 勿問하고 비교적 佛敎의 遺物이 多한 事는 누구나─此를 認證하는 바이다. (중략)

그러나 新羅 이래의 高僧大德의 위대한 著述에 대하여는 世人이 知하는 者─甚尠하니 그 어찌 有感이 아니랴. 우리 朝鮮佛敎會 內에 置한 「朝鮮佛敎叢書刊行會」의 중대한 사명은 즉 불교 수입 이래의 撰述을 ──히 搜하여 「朝鮮佛敎叢書」라는 書名으로 此를 次第로 발행하여 우리 民族을 위하여 우리 社會를 위하여 心力을 다─하야 燦燭한 精神文明을 장엄하여 주신 證據物로 하여 此를 일반사회에 紹介코저 하는바[74]

위의 취지서에 나오는 바와 같이 조선불교회에서는 역사적 민족의 가치를 자부할 수 있는 유적, 유물을 불교에서 찾을 수 있다고 판단하였다. 이는 정신, 물질의 방면에서 불교 유물을 통해 입증된다는 것이다. 그래서 불교 수입 이래의 찬술을 수집하고, 이를 발행함으로써 민족과 사회를 위한 정신의 증거물로 삼을 수 있다고 피력하였다. 이와 같은 조선불교, 불교사에 대한 인식은 앞서 살핀 최남선의 인식과 동질적이라 하겠다. 그런데 흥미로운 것은 이 간행회의 校訂師로 최남선이 참여하였고, 『조선불교통사』를 펴낸 이능화가 회장이라는 점이다.[75] 그리고 불교계 학승으로 유명한 박한영과 권상로도 교정사로 참여하였다. 한편 한용운이 불교를 한국 정신문화의 원천으로 이해하면서, 1920년대 초반에 불경을 번역하는 역경사업을 기획한 법보회를 출범시켰음도[76] 유의할 내

---

74) 「조선불교총서 간행 취지서」, 『불교』 14호(1925.8), 46쪽.

75) 위와 같음. 그 간행회에는 회장 : 이능화, 편찬사 : 정황진, 오철호, 교정사 : 박한영, 권상로, 이사 : 백우용이 있었다.

용이다. 그렇다면 조선불교총서 간행 작업은 당시 불교계의 지식인이 동의하는 사업이었으며, 그 사업이 갖고 있는 역사의식은 1920년대 불교계의 보편적인 인식으로 볼 수 있다.

그런데 조선불교총서 간행 사업은[77] 국내에서 뿐만이 아니라 일본에서 유학하였던 청년학승에게도 일정한 영향을 주었다. 재일본 유학생이었던 金泰洽은 총서 간행의 소식을 듣고 그 감상을 『불교』17호(1925.11)에「朝鮮佛教叢書 刊行에 對하여」라는 제목으로 기고하였다. 김태흡은 이 글에서 세계의 불교학자들은 조선불교의 존재 및 발달, 조선문화의 중심인 불교에 대해서는 무지하다고 보았다. 그러나 조선불교는 독자적인 발달을 하여 종교, 철학, 문학 방면에서 독립적인 특색을 갖고 있다고 보면서 東方佛教, 海東佛教로 성립하였다고 주장하였다.

> 조선의 불교는 조선민족이 印度 西域 支那 등의 불교를 수확하여 스스로 크게 研究 精鍊한 결과이다. 此는 실로 조선민족이 세계에 자랑할만한 一大 文化的 産物이라고 하지 않을 수가 없다. 朝鮮文化의 歷史가 佛教에 의하여 光飾된 것은 일반이 周知하는 사실이다. 그러나 조선민족은 幾百年間을 너무도 불교를 괄세하여 왔고 몰라 왔다. 허나 今日 內外의 형세는 조선민족이 조선불교 성립에 관하여 스스로 이것을 領會하고 體得할 필요가 생겨났다.[78]

이렇게 그는 조선불교는 세계에 자랑할만한 문화적 산물이라고 보면서, 이제서야 조선민족이 조선불교 성립, 존재, 특성을 체득할 필요를 인식했다고 판단하였다. 그래서 그는 이를 추동하는 즉 조선불교총서 간행

---

76) 김광식, 『한용운 평전』, 참글세상, 2009, 132쪽, 172~173쪽.
　　　, 「한용운 민족의식의 연원」, 『한국선학』 31, 2012.
77) 정황진은 1926년 3월, 조선불교 교무원 제4회 평의원 총회에 참석하여 불서간행사업의 보조금 청원을 위해 취지 및 역사를 설명하였다. 『불교』22호(1926.4), 73~74쪽.
78) 김태흡, 「朝鮮佛教叢書 刊行에 對하여」, 『불교』17호(1925.11), 22쪽.

을 주동한 이능화, 박한영, 최남선, 정황진의 분투를 높이 평가하면서, 그를 조선민족을 위한 사업으로 자부하였다. 일본에 유학하였던 학승을 대표하는 김태흡의 이런 인식은 지금껏 살핀 최남선의 조선불교 인식과 거의 같다고 볼 수 있다.

한편 흥미로운 것은 최남선의 조선불교(사)에 대한 인식의 근간은 위에서도 살펴본 것과 같이 '문화'와 '고승'이었다. 최남선은 1926년 벽두에 대각국사 의천의 재인식, 재발굴을 통한 불교진흥을 주장하였거니와, 그 같은 시점에 일본에 유학을 간 유학생들도 원효의 재인식, 재발굴을 통한 선양 작업을 표방하였다. 그는 元曉大聖讚仰會이었다. 그 선언의 내용을 보면 발기인들의 조선불교, 원효에 대한 인식을 찾아볼 수 있다. 그 선언서에서 발기인들은 원효는 천하가 공지하는 바와 같이 동방의 교주이고, 조선에 독특한 해동종(분황종)은 거룩하다면서 석존의 화신불로 칭송하였다. 그리고 원효의 업적은 동양 천지를 움직이고, 서구인이 더욱 찬앙하여 연구한다고 이해하였다. 그렇지만 정작 조선에서는 중세에서는 중국, 근대에 접어들어서는 서양숭배에 심취하여 他尊自卑의 폐가 극에 달하였다고 인식하였다. 이런 성향을 비판하면서 원효를 재인식, 추모 계승을 제안하였다.

今日로부터 우리 조선도 朝鮮의 特色인 宗敎, 哲學, 文學, 藝術 등 온갖 文化思想에 體係를 세울 때가 되었습니다. 그러면 此等 文化史上에 代表的 人物은 누가 될까요. 물론 大聖(필자주, 원효)일 것입니다. 大聖은 偏智偏情의 闕一的 聖哲이 아니요 知情意, 眞善美의 總合的 人格者이신 聖師이십니다. 그럼으로 大聖은 釋尊을 除하고 東西大地에 匹○할 수 없는 인격자의 聖哲이십니다. 그러나 우리 朝鮮人士는 大聖에 대한 관념이 日本人만도 같지 못하고 支那人만도 같지 못할 뿐만 아니라 大聖에 대한 관념이 全無라 하여도 過言이 아닌가 합니다.

然함으로 本會는 慨然히 느끼고 奮然히 發한 바가 有하여 曠古絶今한

大聖의 偉德鴻業을 奉體 闡明하는 동시에 조선민족의 宗敎的 意識을 환기하여 大聖과 같은 인격도야를 목적하고 本會를 組織한바 인즉 大聖을 思慕하는 僉位는 한가지 참가하여 원조하여 주심을 祝禱하여 마지 아니합니다.79)

즉 선언서에서는 조선의 특색이 담긴 조선문화 사상의 체계를 세움에 있어 그 대표적인 인물로 원효를 내세움은 당연하다고 보았다. 그렇지만 석존을 제외하고 동서양에는 원효에 필적할 만한 인물은 없건만 조선인의 원효에 대한 관념은 일본인, 중국인에도 미치지 못한다는 것이다. 그래서 발기인들은 이를 개탄하고, 원효의 덕과 위업을 천명하여, 조선민족의 종교적 의식을 환기시킴으로써, 원효와 같은 인격 도야의 목적으로 찬양회를 조직하였음을 개진하였다.

이와 같은 재일불교유학생들의 원효찬양, 계승 활동은 국내 불교계에도 적지 않은 영향을 주었다고 하겠다. 유학생들은 국내 사찰에 연고가 있는 학승이어서, 방학 때에는 국내에 돌아와서 활동하였다.80) 그들의 활동은 『불교』 및 재일 불교유학생이 발간한 잡지인 『金剛杵』를 통하여 널리 알려졌음을 유의하면 이는 수긍할 수 있는 대목이다. 이를 예증하는 것이 1928년 9월 18일에 발기된 朝鮮佛敎聖讚會의 조직이었다.

去 九月 十八日(陰八月 五日) 午後 五時에 覺皇敎堂에서는 朴厭觸 祭式 法要를 마치고 會集한 有志一同이 年中行事로 이와 같은 紀念 祭式을 擧行하는 것이 좋다고 決議하고 朝鮮佛敎聖讚會을 조직하여 朴厭觸 聖者 뿐만 아니라 元曉祖師 義湘祖師 大覺國師 懶翁王師 普照國師 太古國師 淸虛禪師 松雲大師 등 기타 여러 古聖者에 대하여 혹은 祭式도 하고 혹은 紀念 講演도 행하여 盛德을 讚仰하는 同時에 널리 社會에 宣傳하기로 하

79) 원효찬양회, 「원효대성찬양회 선언」, 『불교』 19호(1926.1), 58쪽.
80) 이경순, 「일제시대 불교유학생의 동향」, 『승가교육』 2집, 1998.

고 志願者로 發起人을 組織한바 氏名은 左와 如하더라.

朝鮮佛教聖讚會 發起人 가나다順
권상로 김포광 김용태 김범룡 김태흡 김법린 김원주 백성욱 송종헌 이혼성
이윤근 엄홍준 오리산 정황진 정재기 주동원 도진호 한영석 홍사용81)

위의 내용은 조선불교사의 주역인 고승들을 기리는 의식 및 강연을 갖기로 정하였음을 전한다. 발기인들은 해당 고승들의 기념일을 정하기까지 하였다.82) 이와 같은 성찬회가 조직되었음은 이들 발기인들의 조선불교 인식에 고승이 자리잡고 있음을 말해준다. 그후 성찬회에서 의천과 원효 등의 고승 법회가 지속적으로 거행되었음에서는83) 이런 의식이 토착화되었음을 알 수 있다.84) 그런데 이 발기인들은 국내에서 활동하는 학승 및 불교 지식인, 그리고 외국유학을 거친 학승들로 대별할 수 있다. 즉 국내파는 권상로, 김포광, 송종헌, 오리산 등을 거론할 수 있고 국외파는 김태흡(일본), 김법린(프랑스), 백성욱(독일), 이혼성(일본), 정황진(일본), 도진호(일본) 등이다. 이렇듯이 국내, 국외에서 공부한 대표적인 학승, 지식인들이 고승 선양을 통해 조선불교를 재인식하고 있음은 특기할 내용이다. 이렇듯이 최남선의 조선불교 이해의 초점으로 나타난 고승

---

81) 『불교』 52호(1928.10), 97쪽.
82) 그 내용은 위의 자료에 나옴. 그 대상자에는 인용문에 나온 대상자뿐만 아니라 아도, 염촉(이차돈), 자장도 포함되었다.
83) 조선불교성찬회는 1928년 11월 16일 각황사에서 대각국사 기념제를 거행하였다. 이 행사에는 교무원, 불교사, 불교전수학교가 참가한 가운데 개최되었다. 『불교』 54호, 100쪽, 103쪽의 대각국사의 기념제문 및 대각국사기념제 거행 내용 참조. 그리고 조선불교성찬회는 1929년 5월 8일에도 각황사에서 원효를 기리는 법요를 거행하였다. 『불교』 60호(1929.5), 35~36쪽, 75쪽의 祭元曉聖師文 및 元曉大聖 참조. 『불교』 64호(1929.10), 84쪽. 朴厭觸聖者에는 이차돈의 추모행사가 전한다.
84) 『불교』 신3집(1937.5), 「社告 ; 근대고승의 전기, 행장모집」의 내용을 미루어보건대 고승 중심의 불교사 해석은 더욱 보편화되었다고 이해된다.

에 대한 관점이 불교계에 파급되었음은 그의 조선불교사에 대한 정체성이 불교 지식인층에 파급된 것이 아닌가 한다. 즉 보편성을 갖게 되었다고 본다. 지금까지 1920년대 최남선의 조선불교사에 대한 인식의 변천, 실체를 가늠하면서 그것과 당시 국내 불교계와의 상관성을 살펴보았다.

이런 분석하에서 필자는 최남선이 1930년에 집필한『조선불교─동방문화사상에 있는 그 지위』는 즉흥적, 우연적으로 서술된 것이 결코 아니라고 본다.[85] 그는 1910~1920년대 최남선이 일관적으로 탐구한 조선불교 연구 성과의 집약체이었다. 최남선의 입론이 실제의 한국불교사의 본질, 흐름, 성격과 부합하는지는 별도의 차원에서 비판, 검증해야 함은 물론이다. 그러나 필자가 여기에서 강조하는 것은 그 입론, 서술은 최남선이 20여 년간 탐구한 결과이며, 당시 불교계의 정서와도 동질적이었다는 것이다.[86]

필자는 수년 전 최남선의『조선불교』내용을 분석하는 글에서, 이 논설의 성격을 분석하였다. 그를 다시 제시하면 위에서 필자가 분석한 최남선의 입론 및 내용과 거의 같음을 수긍할 수 있다. 그 목차는 다음과 같다.

제1장 朝鮮, 그 文化史上의 地位
제2장 佛敎東傳의 大勢와 朝鮮
제3장 佛敎敎理의 發展과 朝鮮
제4장 元曉, 通佛敎의 建設者

85) 그가『조선불교』를 집필한 기간은 불과 15일이었다. 이는 그 이전, 평소에 그에 대한 입론, 정리가 있어야 가능하였다. 김광식,「최남선의 '조선불교'와 범태평양불교청년회의」,『새불교운동의 전개』, 도피안사, 2002, 236~237쪽.

86) 그렇기 때문에 최남선은 중앙불전에서 강의를 할 수 있었고, 불교청년운동에 가담한 학승과 인연을 가졌다고 본다. 즉 이런 연고, 배경, 성향이 있었기에 불교청년회는 급박한 상황에서 최남선에게 범태평양불교청년회의에 참가하여 조선불교를 설명할 수 있는 논문의 집필을 부탁하였다. 위의 김광식 책, 2002, 246~248쪽.

이런 목차를 보면, 최남선이 20여 년간 조선불교, 조선불교사에 대한 기고문에서 이미 나왔던 것을 총정리한 것이라 하겠다. 그리고 그 내용에 나타난 성격을 필자는 이전 연구에서 다음과 같이 정리하였다.[87]

－최남선의 불교사 및 동아시아 전반의 문명사에 대한 폭 넓은 지식

－조선불교의 우수성을 내보이려는 최남선의 강렬한 의식

－최남선의 조선불교에 대한 자부심은 조선문화에 대한 신뢰에서 기인

－일본불교에 대한 조선불교의 우수성 피력

－조선불교사에서 원효에 대한 위상 강조

－조선문화와 조선불교를 이해하는 새로운 시각인 동서문화 교섭이
라는 관점을 제시

필자는 이와 같은 필자의 이전 연구의 입장을 다시금 제시하면서, 이 분야 연구자들이 '통불교/회통불교'라는 개념에 머물지 말고 최남선이 인식한 제반 내용에 관심을 가져주기를 요망한다.

그런데 최남선이 『조선불교』에서 원효를 '통불교의 건설자' '불교의 완성자'로 표현하여 그 이전(1910~1920년대)에 언급한 원효에 대한 위상을 새로운 개념으로 정리한 것은 이채로운 것이다. 그러나 최남선은 이전 『해동고승전』의 해제(1927)에서 원효를 "實로 佛敎統一運動의 先驅, 綜合佛敎 全佛敎의 開拓者로 볼 것이오"라고[88] 정의하였다. 이런 인

---

87) 김광식 위의 책, 2002, 257~258쪽.

88) 『불교』 37호, 2쪽.

식에서 한발 더 나아가, '通佛敎'의 건설자라고 개념을 지웠다. 최남선은 원효의 행적 및 사상에서 불교의 구제적 실현을 하면서도 通불교, 全불교, 綜合불교, 統一불교를 실현한 점을 간과해서는 안된다고 하였다. 그러면서 그는 종합과 통일에 의한 불교는 조선불교의 역사적 사명인 동시에 최대의 특색으로 인식하였다. 여기에서 최남선의 통불교, 회통불교가 조선불교 정체성의 상위 개념으로 나타났던 것이다. 즉 그는 불교문화, 고승이라는 주된 관점을 갖고 조선불교사를 인식, 서술하면서 결론적으로 통불교가 조선불교 정체성의 요체라 보았다. 그러면서 최남선은 조선불교의 독자성을 동방문화라는 개념으로 정립하였다. 기존 중국, 서역, 일본, 서구 등의 불교 혹은 소승불교권, 대승불교권 등의 개념과는 다른 동방불교를 내세워 조선불교의 독자성, 주체성, 특성을 강조하였다. 그래서 그는 조선불교가 동서문화의 종합적 보유자로서, 불교의 종합성을 맨먼저 실현하였기에 동방불교의 이름을 가질 수 있는 것으로 피력하였다.

그런데 통불교, 동방불교라는 개념을 활용한 최남선의 조선불교의 정체성 찾기는 최남선, 국내, 조선, 조선불교라는 '민족'적 관점만이 투영된 것은 아니다. 거기에는 일본, 일본불교, 서구불교, 근대 불교학, 오리엔탈리즘, 일본 및 서구라는 타자적인 영향, 문명적 시각이 투영되었다.[89] 그러나 최남선은 그 문명적인 관점에 영향을 받으면서도 저항, 재인식, 재해석을 통하여 주체적으로 조선불교의 정체성을 수립하였다고 필자는 보고자 한다. 그러나 최남선의 이런 행보, 인식은 일본불교에 영향받은 것이고,[90] 혹은 최남선 해석은 복고적이어서 불교 근대화에 문제점까

---

89) 김용태, 「동아시아 근대 불교연구의 특성과 오리엔탈리즘의 투영」, 『역사학보』 210, 2011, 249쪽. 김용태는 이 논고에서 타자의 거울을 통해 자기 정체성을 확립하려 했다는 점에서 오리엔탈리즘이 다른 방식으로 투사된 것으로 보았다.

90) 조은수는 최남선의 '통불교' 이론이 일본 메이지 불교도들이 어느 한 종파를 따르지 않고 불교의 본체 그 자체를 취하려 하면서, 초종파적·초국가적·범인류적인 이념을 표방하는 발전 담론에서 나왔다고 보았다. 그리고 최남선의 논문에 나오는 '신불

지 야기시켰다고 보는 경우도 있다.91) 그러나 필자는 그는 일방적인 영향이라기 보다는 '민족'과 '문명'의 교섭에서 나온 역사적 산물이라고 본다. 최남선은 우리의 과거를 알고, 현재를 알고, 그리하여 미래의 방향을 바로 알기 위해 우리 역사에 대한 정확한 관념이 필요하다는 입장에서 역사를 강조하였다.92) 그래서 필자는 최남선의 역사해석, 조선불교사의 정체성 인식은 조선불교의 부흥을 위한 조선불교사의 재인식을 강조하였던 역사적 맥락에서 찾아야 한다고 본다.

교'도 최남선이 일본에 머물 때 회자되던 용어였다고 지적했다. 그러면서 그는 최남선이 한국불교의 장점을 선양하기 위해 일본의 방법론을 빌려왔다고 주장하였다. 위의 조은수 논고, 2004, 35~37쪽.

91) 한편 조성택은 최남선의 논지는 한 · 중 · 일 근대불교학의 일반적 흐름의 하나라 하였다. 즉 한 · 중 · 일 삼국에서 동아시아불교사를 自國 불교의 관점에서 재구성하려는 노력의 산물로 보았다. 그러나 최남선은 한국불교를 현재가 아닌 '과거'를 통해 고찰하였기에, 일본불교계가 현재를 중심으로 일본불교를 보았던 것과는 대조적이었다고 주장하였다. 그러면서 조성택은 최남선 불교에 대한 인식은 '전통유지'와 '불교근대화'라는 양가적 인식을 보여준다고 지적했다. 나아가서 그는 최남선이 결과적으로 한국불교가 근대적 개혁에 몰두하기보다는 화려한 과거에 몰두하게 되는 계기를 만들었다고 해석했다. 그래서 최남선의 인식은 조선불교계가 근대적 개혁으로 과감하게 나가지 못하고 주춤거리게 하였다고까지 주장하였다.
그러나 필자는 이는 조성택의 지나친 자의적 해석이라고 본다. 양가적 인식이 아니었고, 당시 불교의 근대적 개혁의 부진을 최남선에게 돌리는 것은 균형적 해석일 수 없다. 필자는 최남선은 불교근대화의 입장에 서 있었지만, 그는 국학자(불교사학자)로서 민족주의적인 시각에서 잊혀지고 왜곡된 조선불교사를 선양, 재해석하였다고 본다. 최남선은 조선불교사를 이해, 연구하기 위해 '과거'를 기본 자료, 대상으로 인식하였던 국학자였다. 조성택, 「근대한국 불교사 기술의 문제」, 『불교평론』49, 2011, 155~162쪽. 최남선은 3 · 1운동 직후에는 근대화를 지향하면서 조선문화의 정체성을 고민했고, 그를 위해서 '민족정신의 초점'을 찾으려 하였다. 위의 최학주 책, 2011, 275쪽.

92) 최남선, 「조선역사통속강화」, 『동명』 3호(1922.9).

4. 결어

지금까지 최남선이 조선불교사를 인식한 추이, 내용, 특성 등을 살펴보았다. 이제 그 주요 내용을 제시하면서 그 역사적 맥락을 정리하고자 한다.

첫째, 필자는 이 논고에서 최남선의 조선학, 조선불교사의 인식의 계기 및 영향을 일본유학, 일본 견학에서 찾았다. 그의 유학과 견학은 일본, 서구문명, 일본불교, 근대학문과의 만남이면서 동시에 그를 극복하려는 자주적, 자생적 행보를 제공하였다.

둘째, 최남선의 불교관은 유년기에는 우호성, 불교문학이었지만 1910년대에는 조선문화를 이해하기 위한 핵심 코드로 자리잡았다. 즉 불교를 학문적으로 접근하였다. 이런 입장에서 그는 조선문화를 이해하기 위해서는 불교를 알아야 한다는 절체절명의 역사적 책임의식을 갖게 되었다. 그리고 1920년대는 조선학운동을 전개하면서 불교를 조선의 정신, 조선문화 차원에서 재인식하였다. 그러면서 그의 불교관도 불교신행의 입장으로 전환되면서 조선불교의 진로를 걱정하고 대안을 제시하는 차원으로 나갔다. 즉 그는 불교 근대화의 입장에 서 있었다. 이런 입론하에서 그는 조선불교사의 재인식을 강조하였던 것이다.

셋째, 최남선의 1910년대 조선불교사 서술의 관점이 우수성, 자긍성, 독자성이었다면 1920년대에서는 1910년대 관점에 문화와 고승이라는 새로운 관점이 추가되었다. 여기에서 그가 집필한 『조선불교』의 배경, 성격을 더욱 구체적으로 살필 수 있는 것이다. 그래서 『조선불교』는 우연적, 즉흥적 산물이라기보다는 1910년 무렵부터 20여 년간 조선불교사를 탐구한 최남선의 총론적인 논문이라 하겠다. 이런 연고에서 필자는 『조선불교』의 배경이 되었던 「朝鮮佛敎의 大觀으로부터」「朝鮮佛敎通史」에 及

함」이라는 『조선불교총보』의 기고문을 발굴, 분석하였던 것이다.

넷째, 최남선의 조선불교사의 이해, 정체성은 최남선 일개인의 사관에 머물지 않고 당시 1920년대 중후반 불교인들의 보편적인 이해와도 연결되는 것이었다. 최남선의 불교사 인식은 당시 불교지식인, 학승, 유학승들의 불교사 이해와 동질적이었다. 이를테면 불교 지성인의 보편적인 조류이었다. 일반 대중까지는 미치지는 않았지만 불교지성인이 가졌던 조선 불교사의 인식이었다.

다섯째, 최남선의 조선불교사 정체성 인식은 '민족'과 '문명'의 교섭이라고 볼 수 있다. 이는 일방적인 문명, 문화의 유입 및 전래가 아니라 상호적, 교섭적, 소통적인 학문/문화 및 문명의 산물이었다. 신문명이 조선보다 앞선 일본, 일본을 통해 수용된 서구문명을 만나면서도 그에 예속, 위축되지 않았던 자생적인 고민이었다. 조선, 조선불교, 조선문명은 일본 및 서구보다는 후진적이었지만 그를 극복하려는 민족적 자기 정체성을 추구한 역사적 맥락임을 간과할 수는 없는 것이다.

지금껏 최남선의 조선불교사 정체성 인식에 나타난 민족과 문명의 교섭, 융섭의 사례를 분석하였다. 미진한 점은[93] 연구를 통해 보완하고자 한다.

---

93) 최남선은 1930년대 중후반에 가서는 자신의 기존 논지와는 이질적인 노선을 간 것으로 보인다. 그는 불교계의 행보에 실망을 하고 조선불교의 특수성, 불교문화의 토착성을 강조하지 않았다. 이런 검토는 또 다른 연구가 요청된다.

김성숙의 정치이념과 민족불교

1. 서언

운암 김성숙(1898~1969)은 일제치하에서 치열한 항일운동의 최일선에 나선 독립운동가이다. 그의 독립운동은 1919년 3 · 1운동의 참가, 조선민족해방동맹 · 조선민족전선연맹 등의 주역, 중경 임시정부의 국무위원 등에서 보여주듯이 8 · 15해방까지 지속적으로 치열하게 전개되었다. 그런데 그는 중국으로 망명하여 본격적인 항일운동에 나서기 전에는 북경의 민국대학과 광동의 중산대학에서 정치학, 경제학을 전공하였다. 그리고 이런 수학을 바탕으로 그는 다양한 진보적인 항일운동의 기관지 및 수많은 지면에 기고하였다. 이는 그가 인텔리, 지식인으로서 항일운동에 참여하였음을 말해주는 것이다.

그런데 그는 일제치하 및 해방 이후의 기간에서 일관하여 진보적인 사회주의 노선에 서 있었다. 그리고 그의 이런 노선의 저변에는 민족주의가 굳건하게 자리하고 있었다. 이 같은 성격은 지금껏 그에 대한 논문, 다양한 글 등에서[1] 공통적으로 드러났다.

본 고찰에서는 위와 같은 김성숙에 대한 이해의 바탕에서 해방 이후부터 사망하였던 기간까지의 20여 년간에 나타난 정치이념을 추출하고, 그를 민족불교와의 관련이 있는가를 시론적으로 조망하려는 논고이다. 다시 말하자면 그의 정치이념과 민족불교와의 상호 관련성을 찾아 보려는 것이다. 필자가 이렇듯이 파격적인 연결을 하면서까지 이 같은 글을 쓰게 되었는가를 우선 밝히고자 한다.

김성숙은 중국지역에서 항일운동을 하였던 독립운동가임은 분명하다. 그런데 그에게는 승려출신인 독립운동가라는 특별한 수식어가 붙어 있다. 그는 용문사에서 출가하고, 봉선사에서 수학을 하였기 때문이다. 한편 그는 봉선사에서 수학한 연고로 인하여 손병희, 한용운, 김법린을 만나 3·1운동에 참가하게 되었다. 또한 그가 중국으로 망명을 떠날 때와 중국의 민국대학에 입학할 때에도 승려로서의 신분, 정체성을 갖고 있었다. 그런데 그는 본격적으로 사회주의에 경도된 1925년부터는 승려(학생)의 신분에서 진보적인 독립운동가로 전환하였던 것으로 보인다. 특히 중산대학을 졸업한 1927년 혹은 1928년 무렵 중국인 여성과 결혼하면서는 승려로서의 정체성에서 이탈한 것이 아닌가 한다. 문제는 이렇게 승려라는 정체성에서 벗어났지만 불교 신자의 정체성을 유지하고, 그를 자각하였는가의 문제가 남는다. 이런 점은 8·15해방으로 국내로 귀

---

1) 김성숙에 대한 관련 고찰은 다음과 같다.

　김재명, 「김성숙 선생의 묘비명」, 『정경문화』 248, 1985.

　이정식, 「운암 김성숙」, 『혁명가들의 항일회상』, 민음사, 1988.

　목　우, 「진보적 민족주의자의 비극적 일생」, 『민족불교』 창간호, 1989.

　김광재, 「재중 항일 민족협동전선운동과 김성숙」, 『한국민족운동사연구』 13, 1996.

　＿＿＿＿, 「김성숙의 1930년대 중국 관내지역의 독립운동」, 『한국근현대사연구』 44, 2008.

　임혜봉, 「승려출신 항일운동가 김성숙」, 『일제하 불교계의 항일운동』, 민족사, 2001.

　손염홍, 「1920년대 중국지역에서 전개한 김성숙의 민족혁명과 사회주의 운동」, 『한국근현대사연구』 44, 2008.

　한상도, 「중경 임정시기 김성숙의 활동과 정치사상」, 『한국근현대사연구』 44, 2008.

국하여 정치활동을 한 이후부터 사망하였던 시기까지에서도 같은 문제를 제기할 수 있다. 즉 김성숙에 있어서 불교가 자신의 사상 및 이념에 영향을 주었는가, 아니면 어떤 관련성을 갖는 가이다. 아직까지 이에 대한 문제제기는 없었다. 이에 대한 폭넓은 자료수집, 증언 청취가 요망된다.

이런 점이 폭 넓게 논의되어야만이 김성숙의 독립운동이 불교계 독립운동사에 자연스럽게, 더욱 굳건하게 편입될 것이다.[2] 필자는 이런 문제에 대하여 김성숙이 불교 신자로서의 정체성을 갖고 있었다고 보고자 한다. 그의 장례식이 조계사에서 거행된 것과 그의 말년의 일기장에 나오는 다양한 불교 내용이 그 단적인 예증이라고 하겠다. 그래서 필자는 김성숙의 정치적 활동에 나타난 이념과 민족불교와의 상관성을 시론적으로 살펴 보려고 한다. 필자가 이렇게 그의 정치이념을 민족불교와 연계하여 살피려 하는 것은 그가 은사로 표현한 봉선사의 고승인 홍월초의 노선이 민족불교였다는 필자의 연구에서[3] 기인한 것이다. 그의 은사가 민족불교 노선이었다면 그의 노선도 민족불교와 어떠한 형태로든지 관련되었을 것이다.

다시 말하자면 김성숙이 국내에서 3·1운동에 참가한 것은 그의 일생에 가장 큰 영향을 준 분수령이었고, 이로 인해 그의 일생은 민족불교 노선으로 점철되었다고 볼 수 있다.[4] 그렇다면, 북경으로 유학 이후 다양

---

2) 필자는 「일제하 불교계 독립운동의 전개와 성격」, 『새불교운동의 전개』, 도피안사, 2002, 193~194쪽에서 김성숙의 독립운동을 간략하게 소개하였다. 그러나 『조계종사−근현대편』, 조계종출판사, 2001, 80~84쪽의 「불교계의 임시정부 참여와 항일운동」에서는 김성숙에 대한 내용이 나오지 않는다. 이런 점은 아직 그의 독립운동이 불교사에 착근되지 못함을 반영하는 것이다.

3) 김광식, 「홍월초의 꿈 ; 그의 교육관에 나타난 민족불교」, 『한민족문화연구』 29, 2009.

4) 그는 1964년 3월 1일의 일기에서 "오늘은 삼일절이다. 삼일절은 나의 일생 진로를 결정지어 준 날이다. 내가 만약 삼일독립운동에 가담하지 않았더라면 삼십년간 해외 망명 생활과 해방 18년간 피억압생활을 하게 되지 않았을런지도 모른다. 나의 이 고난의 일생은 매년 삼일절을 맞이할 때마다 마치 활동 사진처럼 생생하게 되새겨진

한 항일투쟁의 일선에서 활동한 것도 민족불교로 볼 수 있는가? 김성숙의 독립운동과 해방 이후 정치활동을 민족불교 범주로 보려면은 항일운동기, 해방 이후 정치활동기에도 그가 불교도로서의 정체성, 인식, 신앙 행위 등이 있어야 할 것이다. 필자가 이러한 검토를 하는 것은 민족불교의 대상에 승려와 불교도를 함께 포함하려는 의도에서[5] 나온 것이다. 지금까지는 승려 중심의 불교사, 불교독립운동사이었음을 부인하기 어렵다. 이런 입론에서 본고에서는 해방 이후 정치활동에 나타난 김성숙의 이념과 민족불교와의 상관성을 시론적으로 고찰하고자 한다.

필자가 이렇듯이 과도하게 김성숙의 정치이념과 민족불교와의 관련성을 연계하여 고찰하려고 함은 김성숙에 대한 연구의 지평을 넓히고자 함에 있다. 이런 시도는 봉선사 근현대사의 보강과 불교 독립운동의 범주도 확대하려는 것에도 일익을 제공할 수 있을 것이다. 선학제현의 질정을 기다린다.

2. 김성숙의 8 · 15해방 이후 정치노선

김성숙은 8 · 15해방이 되자, 임시정부 요인의 일원으로 귀국하였다. 귀국한 이후 김성숙은 새 국가 건설에 매진하기 위한 다양한 노력을 기울였거니와 이런 노력에서 그의 정치적인 성향을 가늠할 수 있다. 즉 그의 정치 노선, 정치 이념을 찾을 수 있다. 정치라 함은 사전적인 의미로 나라를 다스리는 일 혹은 국가의 권력을 획득하고 유지하며 행사하는 활

다"고 하였다. 『운암김성숙선생님 일기장』, 1964.3.1 참조.
5) 기존 기독교 계열의 민족운동의 인식에서는 전문 성직층과 함께 관련 신도들의 활동을 포함하고 있다. 예컨대 천주교 신자인 안중근의 항일활동을 천주교 독립운동사에 편입한 것은 그 예중이다.

동으로, 국민들이 인간다운 삶을 영위하게 하고 상호 간의 이해를 조정하며, 사회 질서를 바로잡는 따위의 역할을 말한다. 따라서 정치 노선 및 이념은 한 인간의 정체성을 극명하게 대변하는 것이다.

그런데 김성숙의 해방 이후의 정치 노선은 해방 이전의 성격이 지속되었다고 하겠다. 이러한 해방 전의 성격에 대해 선학의 연구에서는 진보적 민족주의라고 하였다.6) 이러한 그의 노선 및 이념의 저변에는 민족주의가 강하게 깔려 있었음은 분명하다. 즉 그가 진보적, 사회주의 노선을 가고 있었지만 그것보다 우선적인 것은 민족의 독립이었다.7) 이는 그의 근원적인 정치이념은 민족주의이었음을 말하는 것이다. 그래서 그는 민족운동의 통합에 강한 집착을 하였다. 민족운동 통합, 민족주의는 자연 그가 임시정부에 대한 애착, 임시정부로의 통합에 대한 강력한 의지를8) 말해주는 단서이었다. 이런 점은 그의 회고에서도 찾을 수 있다.

> 임정은 그동안 이름만 있었지 아무 것도 없었습니다. 그러다가 중일전쟁이 일어나 일본의 패망을 생각해보게 되면서 우리나라가 독립을 하게 될 때에 대비해야 되지 않겠냐를 생각하게 되었지. 사실상 무슨 당이 무엇을 한다고 하지만, 권위로 보든지 영향으로 보든지 국내의 대중 일반에 대한 영향으로 보든지, 그래도 임정밖에 없거든. 임정이 계속해서 일본하고 대립해서 싸웠고. 그러니깐 임정을 중심해서 좌우간 모여야겠다. 그래

---

6) 위의 한상도 글, 64쪽과 91쪽 참조.
7) 그는 1930년대 중반기에서도 민족 문제가 우선이었다고 회고했다. 즉 "나와 내 동지들은 '민족문제가 더 크다. 민족이 독립이 된 뒤에야 공산주의고 사회주의고 무엇이든지 되지 민족의 독립이 없이 무엇이 되는냐고 역설했지요. 그리고 우리가 독립하기 위해서는 전 민족이 단결해야 한다. 이것이 바로 민족주의라, 이 민족주의와 합작해서 자본주의와 싸워야 한다'고 주장했지요.『혁명가들의 항일회상』, 민음사, 2005, 65~66쪽.
8) 한상도는 중경 임시정부에 합류하는 것의 기점으로 혁명가(독립운동가)에서 정치가로 거듭 태어났다고 보았다. 그런데 그렇게 거듭 태어난 것은 임시정부를 통한 독립의 갈망에서 나온 것이었다.

도 임정을 중심해서 모이기가 싶다. 당을 같이 하는 사람이라면 모르겠지
만 정부를 같이 하자는 것이니까 쉽다. 이렇게 생각했지. (중략)
　이 과정에 내가 굉장히 노력을 했어. 그래서 임정이 사실상 새로 만들
어졌지요.9)

　이렇게 1941년의 상황에 대해서 김성숙은 임시정부로의 통합, 임시정
부 재정립에 지대한 노력을 하였다고 회고하였던 것이다. 이렇게 그는
그 무렵 임시정부에 대한 애정을 갖고, 임시정부 중심으로의 통합에 주
도적으로 노력을 한 결과로 임시정부의 국무위원에 선출되었다.

　1943년이 아주 중요한 해였어. 몇해 동안 대립되어 온 광복운동단체
연합회와 민족전선연맹은 해체를 하고 임정으로 총단결을 했지. 나는 이
때 임정의 국무위원으로 뽑혔어요.10)

　그러나 김성숙은 이처럼 임시정부 중심으로 통합을 주장하고, 그를 성
사시키면서 국무위원으로 활동하였지만 그의 정치적 노선은 진보적, 사
회주의 성향을 갖고 있었다. 요컨대 그는 해방 직전까지도 이 성향을 유
지하였다. 이에 대해서는 1945년 초, 중경에 있으면서 김성숙을 면담하
였던 김준엽의 회고가 참고된다.

　그는 강력히 자기는 지금 공산주의자가 아니라고 하면서 그가 겪어온
이야기를 들려주었다. 그의 일생도 형극의 길이었고, 또한 공산주의자라
는 평을 받을 만한 대목도 있었다. (중략) 그는 국내의 절대 다수가 무산
대중인데 그들의 지지 없이 어떻게 나라를 운영할 수 있겠는가 하면서도
계급투쟁이나 폭력혁명은 반대한다고 하였고, 또 나라의 독립이 까마득
한데 언제 건국 후의 일을 생각하겠는가, 우선 모든 사람이 힘을 합쳐 일

9) 『혁명가들의 항일회상』, 136~137쪽.
10) 위의 책, 138쪽.

본제국주의 노예가 되어 있는 동족들을 해방시키는 것이 급선무라고 열
띤 어조로 이야기 하는 것이었다. 그는 외관으로 보면 승려와 같은 인상
이지만 말문이 열리니까 대단히 열정적이었다.[11]

김준엽의 회고에 나오듯이 김성숙의 노선은 민족주의 – 사회주의 노
선임을 분명하게 알 수 있다. 바로 이런 심정, 노선을 갖고 있을 때에 8·
15해방을 맞았던 것이다. 당시 임시정부 및 김성숙도 일제의 패망을 예
견하고 나름대로는 준비를 하였지만, 갑작스럽게 다가온 해방은 충격 그
자체이었다. 이에 대한 정황은 김성숙의 글에서 찾아진다.

> 1945년 8월 초순에 미국의 원자탄은 일본 히로시마와 나가사키에 투
> 하되었다. 일본의 패망과 한국해방의 운명의 시일은 드디어 닥쳐왔다. 이
> 것은 전 인류를 깜짝 놀라게 한 공전최대의 뉴스였다. 이 뉴스를 전해 듣
> 는 순간 필자는 경악과 황홀한 정신으로 낚시대를 내 던지고 미친 사람
> 모양으로 '한국독립 만세'를 고창하면서 날뛰었다. 나는 혼자서 피눈물을
> 머금고 광환(狂歡)한 것이다.
> 정신을 가다듬고 숙소로 돌아와 곰곰이 생각하니 가슴이 터지도록 기
> 쁨과 슬픔이 복받쳐 오름을 어찌할 수가 없었다. 동거하는 두군혜 여사의
> 깊은 이해와 정성어린 격려를 받아가며 나의 낚시의 획물인 붕어 튀김을
> 안주로 독한 대국주를 대량 마시며 형언할 수 없이 격동된 감정을 달래었
> 다. 일본이 패망하고 민족해방의 꿈이 실현되게 되었으니 이 얼마나 기쁜
> 일이냐. 그러나 30여 년간 온갖 고난을 겪어 가며 반일독립투쟁에 헌신
> 한 임정의 앞길, 전 민족이 함께 걸어 나가야 할 앞길은 먹구름 같은 외세
> 에 가로막혀 캄캄하게 되었으니 이 얼마나 슬픈 일이냐. 나는 대국주에
> 대취하여 기쁨과 슬픔을 모두 잊어버리고 다음날 새로운 생활의 전개를
> 기다리는 수밖에 별 도리가 없었다.
> 다음날 조소앙 선생은 친서와 함께 여러 동지들을 보내어 필자의 즉각
> 중경 귀환을 요구하였다. 요지는 속히 들어와서 임정의 입국 문제를 의논

---

11) 김준엽, 『장정 : 나의 광복군 시절』, 나남, 1987, 354~356쪽.

하자는 것이었다. 필자는 이에 다시 한번 생각하지 않으면 안 되었다. 이미 해방된 이상 임정의 전도가 아무리 캄캄해졌다 하더라도 나는 고국으로 돌아가야 할 여러 가지 이유가 있었다. 무엇보다도 30여 년간의 망명생활을 청산해야 하겠고 자나 깨나 잊을 수 없는 사랑하는 부모형제와 처자를 만나봐야 하겠고 임정의 앞길과 민족의 앞날을 위해서도 내가 할 수 있는 일을 최후까지 해봐야 할 것이 아니냐.[12]

하여간에 김성숙은 주체할 수 없는 가슴을 안고 귀국하였다. 그러나 임정요인들이 개인자격으로 귀국할 수 밖에 없는 현실에 통탄을 하였다. 김성숙은 임시정부 요인의 제2진으로 조완구, 조소앙, 김원봉, 장건상 등과 함께 상해를 경유하여 1945년 12월 1일 귀국하였다.[13] 당시 김성숙은 일행과 함께 귀국 직전 상해에 도착해서야 국내의 정세를 상세하게 전해들을 수가 있었다. 여기에서 김성숙은 임시정부가 국내에 귀국해서 조치할 입장, 정치적 견해 등을 사전에 준비할 필요성이 있어 다음과 같은 행동방침인 「입국 前 約法 3장」을 제출하고, 이에 의거하여 임정이 실행에 나설 것을 촉구하였다.

　　첫째, 임정은 비록 개인 자격으로 입국, 미군정이 용인하는 범위 안에서 정치활동을 할 것인데, 국내에서 극좌－극우파의 대립－항쟁하는 사태에 임하여 임정은 어느 파에도 편향함이 없이 초연한 입장을 취하여 양파의 대립을 해소시키며 다 같이 포섭하도록 노력할 것.
　　둘째, 입국 즉시로 전국 각 정당, 사회단체의 대표자들과 각 지방의 반일 민주 인사의 소집, 비상국민대표회의를 가져, 임정은 이 대회에서 30여 년간 지켜 온 임정의 헌법과 국호 및 연호를 채택한다는 조건 하에서 임시 의정원을 확대－개선하는 동시에 명실상부한 한국 민주 정부를 재조직할 것.

---

12) 김성숙, 「嗚呼! 臨政 30年 만에 解散하다」, 『월간 중앙』 1968년 8월호, 89~90쪽.
13) 「殘餘要人 昨夕入京」, 『자유신문』 1945.12.3.

셋째, 미-소에 대해서는 평등한 원칙 아래 외교관계를 수립할 것.[14]

이런 김성숙의 제안은 수용되어졌다. 김성숙의 이 제안은 추후 그의 귀국 이후의 정치노선의 방향을 가늠한다는 측면에서 중요하다. 그 초점은 임시정부의 위상과 성격을 정립하는 것이었다. 그 이면에는 임시정부는 이념, 당파성에서 초연한 자세로 국가 재건에 나서야 한다는 노선이 있었다. 김성숙의 이런 취지는 그가 귀국한 즉시 가진 기자회견에서의 발언에서도 찾아진다.

> 한국의 대중이 기대하는 완전독립을 못가져 온 것은 심히 불안하다. 돌아온 나로서는 도로혀 일본제국주의 살인적 압박 밑에서 착취당해 온 인민 대중을 위안하고 싶다. 우리는 모든 외적 힘을 버리고 대중과 힘을 합하여 대중이 옹호하는 전국적 통일정권을 戰取하라고 한다. 우리 임시정부에 대하야는 국내의 진보적 대중이 過少 又는 過大 평가치 말고 정당히 평가하기를 바란다. 우리의 표방하는 바는 어느 일개의 계급을 대표하는 정강 정책과는 달으다. 오직 새로운 건설을 위하야 진보적 정책 정강을 내세우는 곳에 진실한 사명이 있고 스스로의 살길이 잇슬 것이다. 우리 임시정부 속엔 진보적인 사람도 많이 잇슬 뿐 안이라 그 혁명적 성질로 보아 민족 반역자와 친일파의 처단 문제는 조곰도 容許되지 안흘 것이나 그 구체적 방법은 아직 말할 수 업슬 것이다.
>   오직 내가 희망하고 주장하는 우리의 완전 독립을 戰取하는 路線은 본질에 잇서 계급을 合作식힌 전민족의 단결이다. 우리 임시정부는 진보적 정강 정책을 내세우는 동시에 친미 반소 친소 반미 그 어느 것도 안인 친미친소로서 모든 모순을 해소식히는데 잇스며 우리 임시정부의 국무위원 대다수도 이것을 위하야 엄정히 노력하고 잇다.[15]

> 우리는 民族 全體의 利益을 위하야 하로 速히 統一해야 할 것이다. (중략)

---

14) 위의 『혁명가들의 항일회상』, 민음사, 2005, 156쪽.
15) 「進步的 政策 取한다 - 국무위원 김성숙씨 談」, 『자유신문』 1945.12.4.

우리에게 야기된 문제는 시야를 항상 歷史의 進步性과 국내 국제관계로
돌려야 한다는 것이다. 이리하야 임시정부를 토대로 국내의 혁명적 각 계
층을 망라한 혁명적 임시정부를 조직하야 우리에게 약속된 완전 독립을
戰取하여야 한다.16)

이 발언들에서도 김성숙은 임시정부의 노선과 위상은 그 당시 수많은
정당, 단체와는 다른 것임을 강조하였다. 그러나 이 같은 김성숙의 지향
이 어떻게 구현될 것인가의 문제는 간단한 것이 아니었다. 왜냐하면 임
시정부가 귀국하기 이전, 이미 좌익계열에서 선도적인 정치 행위를 선도
하였던 점, 미군정의 우익 중심 노선의 예견, 그리고 임정 내부의 다양한
노선이 혼재된 것 등등이 그러하였다. 더욱이 김성숙은 미군정에 반대하
는 입장이 강력하였고, 자신은 좌파의 노선을 띠고 있었음을 부인하기
어려운 것이었다. 현실적인 권력의 중심체를 부정하는 김성숙의 노선은
애당초 성립하기 어려운 측면이었다. 어찌보면 이상적인 노선이 아닌가
한다. 정치라 함은 구체적인 현실에서 뿌리를 내려야 하는 행위라는 측
면에서 보면 김성숙의 노선, 지향은 아주 협소하고 지난한 길이 아닐 수
없었다.

귀국한 즉시 경교장에서 열린 임정의 첫 번째 국무위원회에서는 논란
속에서 우선 좌우익 각 정당 대표자를 소집하여 비상정치회의를 조직하
고, 이 회의에서 다시 비상국민대표자회의를 소집하도록 하자는 의견이
다수로 결정되었다.17) 김성숙은 그 대표자 회의를 위한 중앙위원으로 선
출되었다.18) 그러나 김성숙은 임정과 다른 행보를 갔거니와, 그는 회의
에서 임정 요인의 우익편향을 지적하고 회의에서 탈퇴하였다.19) 그래서

16) 「국내외 각층을 망라, 진보적 민주정부 수립이 급무, 국무위원 김성숙씨 담」, 『자유
    신문』 1945.12.5.
17) 김성숙, 위의 『월간 중앙』 글, 92쪽.
18) 「새통일 기구수립 목표로 특별 정치위원회 조직」, 『자유신문』 1945.12.25.

비상정치회의는 정상대로 이행되지 않고, 1946년 2월 미군정의 자문기관인 남조선 국민대표 민주의원에 임정의 참여로 귀결되었다. 이는 당초 김성숙, 임정이 의도한 것과는 전연 이질적인 행보이었다. 이는 위에서도 잠시 언급하였지만 임정은 국내에서 좌-우 양파를 초월하여 정치세력을 조화, 포섭할 수 있는 힘과 노선을 갖고 있지 못하였던 것에 기인한 것이다. 우파에 가담하여 좌파와 대립하는 입장에 서 있게 되었다. 하여간에 김성숙은 임정이 남조선 과도 민주의원에 참가하는 것을 극력 반대하고, 급기야는 임정에서 이탈하였다.[20]

> 그래 내가 막 떠들었지요. "우리가 지금까지 민족을 대표해서 정부 행세를 하고 다니다가 외국 군정의 자문기관으로 기어들어간다면 국무회의도 그만두고 말아라, 회의는 무슨 회의냐? 무엇으로 국무회의를 여는 거냐? 개인 자격으로 들어간다면 임시정부를 없애고 들어가라. 이게 뭐냐?" 막 떠들었지요.[21]

> 嗚呼! 30여 년간 反日獨立을 위해 血戰 苦鬪해 온 韓國 臨時政府는 이 불행한 날을 기해서 無形 중에 解散되고 만 것이다.[22]

이러한 그의 발언, 서술에서 김성숙은 임시정부와 결별한 것을 알 수 있는 것이다. 그런데 이런 행간에는 김성숙이 임정에 대한 애정, 관심이 간단치 않음을 간파할 수 있다. 이는 그의 정치이념의 근원이 민족, 민족

19) 「臨政 要人의 思想的 分裂, 우익편향을 지적하고 회의에서 二黨 탈퇴 표명」, 『자유신문』 1946.1.24.
20) 당시 김성숙은 정치위원회에서 탈퇴하면서 임정의 탈퇴는 아니라고 하였으나, 정치적인 노선으로 인하여 끝내 탈퇴하였다.
「今後의 歸趨가 極히 注目, 臨政脫退는 안이다 金星淑氏 談」, 『자유신문』 1946.1.24; 「3씨의 "임정 탈퇴"란 천만부당」, 『자유신문』 1946.1.27.
21) 위의 『혁명가들의 항일회상』, 162쪽.
22) 김성숙, 위의 글, 93쪽.

주의와 무관하지 않음을 말해주는 단서이다. 마침내 그는 임정과 결별하고 진보적인 노선을 가졌으면서도 좌우 합작 노선을 가겠다고 표방한 민주주의민족전선(약칭, 민전)에 참여하였다. 이는 김성숙이 임정이라는 방편을 떠나 진보적인 노선으로 간 것을 의미한다.[23] 김성숙은 민전의 중앙의원, 중앙상임의원, 부의장에 피선되었다.[24]

이럴 즈음 김성숙은 우익(한민당)과 좌익(공산당)의 노선 및 의도가 실현되지 못할 것이라고 보았다. 그래서 그는 자주, 민주, 통일, 독립의 4대 원칙을 제시하면서 민족 내부의 총단결을 강조하는 입장을 제창하였다. 이는 당시에서는 중간파 노선, 사상이라고 하였다. 그래서 그는 민전에서 소속되어 있으면서도 각처의 강연을 통해 자신의 정치노선을 구현하려고 노력하였다.

> 필자는 임정의 이러한 무형중의 해체를 통탄하며 임정요인들의 민주의원 가입 반대 투쟁을 전국적으로 전개하기 위해서 각 지방에 유세를 하다가[25]

---

23) 『자유신문』 1946.2.1, 「民族戰線결성대회 개막」, 「兩翼 단결에 심력을 경주, 金元鳳씨 등 탈퇴 4요인이 성명」 참조.

24) 「民線의 확대 강화 등 각항 제안을 결의 역사적 민선대회 원활히 폐막」, 『자유신문』 2.17; 「47명의 상임의원 民線서 선거」, 『자유신문』 2.18. 위의 『혁명가들의 항일회상』, 164쪽.
당시, 김성숙이 민전 결성대회장에서 행한 연설은 다음과 같다. "첫째로 수십년 동안 일본제국주의 압박하에서 고생하시던 여러 동지들에게 따뜻한 위문을 드립니다. 우리는 소위 비상정치회의 탈퇴파로 유명합니다. (박수) 탈퇴한 이유는 거기에 민주주의가 없기 때문입니다. (대박수) 또 비상국민회의는 소위 남조선 대한민국대표 민주의원으로 변경되어 이승만, 김구 두 사람을 영수로 추대하였습니다. 영수, 영수가 다 무엇입니까(연단을 치면서)(박수) 영수란 히틀러나 뭇솔리니를 부르는 말입니다. (대박수) 우리는 남조선의 ─ 무슨 의원인가 무엇인가를 만들려고 들어온 것은 아닙니다. 그것은 정치협작입니다. 비상정치회의에서는 단연, 기대할 것이 없다는 것을 성명합니다. 우리는 반민주주의와 투쟁하기에 노력합시다. (대박수)" 본 연설은 위의 목우 글 74쪽에서 인용한 것인데, 목우는 그 출처를 밝히지 않았다.

마침내, 그는 강연단(5인)을 결성하여 전북지방에서 연설을 하였다. 그는 임시정부가 민주의원에 가담한 것은 본래의 노선을 이탈한 것이며, 심지어는 미군정의 앞잡이라고 강력한 비판을 하였다. 그러한 과정에서 그는 전주, 남원 등지에서 순회 강연을 하다 미군정을 비판하였다는 舌禍 사건에 휘말렸다. 즉 1946년 3월 25일 정읍, 부안에서 강연을 하다가 미군에 체포되어,[26] 6개월 간 구금되는 불상사를 만났다.

> 그때 3월 30일에 체포되어 전주에서 재판을 받았어요. 가관이지. "내가 뭣을 했다는 것이냐." 했더니 군정을 반대했다는 겁니다. 미군정법 제2호에 보니까 「무릇 군정을 반대하는 자는 6개월 금고로부터 사형까지이다.」라고 되어 있어요. 그래 "당신들 마음대로 해라. 나는 도대체 답변할 것이 없소." 했지요. 재판장이 뭘 딱딱 두들기더니. 6개월 금고라는 거요. 그래 전주 감옥에 6개월 있었소. 내 휴양기간이었지. 수십 년 고난으로 전쟁에 너무 시달려 몸이 말이 아니었는데 잘 쉬게 되었다 싶었어요. 아닌게 아니라 특별대우를 해줍디다.[27]

그렇지만 그는 6개월을 구금되어 있다가 1946년 9월 말 경 만기 3주일 전에 풀려났다.[28] 그때부터는 그는 좌우합작운동에 매진하였다. 그리고 민전도 1946년 11월 말에 탈퇴하였다.

> 민전회의라는 것이 늘 짜고 나와서 하니, 나는 그게 싫더군. 공산당 놈들이 미리 토의해서 결정해 놓은 것, 이걸 우리는 앉아서 민전 이름으로 결정해 주는 것이야. 그때 내가 여운형씨를 자주 만났어요. 내 정견을 쭉 이야기했더니 참 옳다고 해요. 세상에서 흔히 말하는 중간노선을 걷자는

---

25) 김성숙, 「오호! 임정 30년 만에 해산하다」, 94쪽.
26) 「巡廻講演 중에 拘禁된 김성숙씨 등에 體刑言渡」, 『동아일보』 1946.3.31; 「民戰 金星淑씨 6개월 체형 언도」, 『자유신문』 1946.4.1.
27) 위의 『혁명가들의 항일회상』, 163쪽.
28) 「金星淑, 安基成씨 無罪」, 『자유신문』 1946.9.14.

것입니다. 그래 민전을 함께 탈퇴하기로 하고 나왔지요. 그리고 그 이듬
해인 1947년 4월에 그이와 근로 인민당, 약칭 근민당을 함께 조직했지요.
　나는 이때도 좌-우 합작을 주장했어. 내가 원래 민전에 들어갈 때도
「민전은 문호를 개방해 모든 양보와 타협으로 우익 각 당파와 합작해야
한다.」는 것을 조건으로 내세웠어. 그랬었는데 민전의 정책이 점점 좌
익소아병적으로 수행되어 민족적 단결은 고사하고 민족의 분열을 더욱
격화시키기에 탈퇴했던 것이지. 그러니 근민당을 새로 시작하면서 좌-
우합작의 깃발을 들지 않을 수 없었지. 나는 그래서 여운형 선생과 김규
식 박사가 추진하던 좌-우 합작 운동을 적극 지지했어. 좌-우 합작위
원회를 민족통일 전선으로 재편성하자고 주장하기도 했고.29)

　　그는 민전의 반민주성, 좌익 경도, 민족 분열적 책동 등을 비판하고 탈
퇴하였다. 그 후에는 좌우합작을 통한 민족통일 전선 운동을 경주하였
다. 그러한 과정에서 그는 근민당에 참여하였다. 이는 근민당의 계급정
당 성격을 지양하고 국민대중 정당으로 만들려는 의도에서 나온 것이다.
동시에 정당통일 운동도 전개하였다. 이른 3정당 협의회이었다. 1947년
가을 무렵에 전개된 그 운동을 조소앙과 함께 추진했다. 그 운동이 어느
정도 성사되어 북한측과 실무 협의가 진행되었다. 그런데 북한측이 일방
적으로 주도하자, 김성숙은 그 초청에 불응하였다. 이것이 이른바 4김씨
회담으로 불리워진 북한의 평양에서 개최된 남북의 주요 정당 대표자회
의이었다. 이 회의에 김구와 김규식은 참가하였다. 그러나 당시 김성숙
은 민족 자주 노선에 의해 정치 활동을 하는 것이 주된 과제이자, 목표이
었다. 이런 노선의 성격상 북한에 갈 수는 없었다. 이런 그의 입장은 그
의 회고에서 단적으로 나온다.

　　여운형 선생과 김규식박사가 좌-우 합작위원회를 조직해 좌-우합작

---

29) 위의 책, 165~166쪽.

운동을 벌일때부터 저는 이 노선을 적극 지지했어요. 그런데 여 선생이 암살당하시자, 우리 근민당은 사실상 근민당 좌파와 근민당 우파로 나뉘어집니다. 아까 말씀드렸던 근민당 안의 사회노동당 계열이 근민당 좌파이고 나와 장건상을 중심한 세력이 근민당 우파였는데 이 근민당 좌파는 결국 이북으로 다 가버립니다. 나는 이북으로 가자는 것에는 끝까지 반대했어요. 나는 친소－반미도 안되는 민족자주 노선에 서서 민족주의 운동을 하자는 것이었으니까요.

여운형선생이 별세한 뒤 이 노선을 김규식박사가 끌고 나갔어요. 그래서 1947년 10월에 민족자주연맹 결성 준비위원회를 발족시키고 12월 20일에 마침내 결성식을 가졌습니다. 나도 여기에 적극 참여해 김박사를 도왔지요. 나는 김박사하고 의견이 일치했어요. 극좌－극우를 반대하고 민족주체성을 찾자는 것이었습니다. 나는 민족자주연맹의 이념과 근로인민당의 이념이 같았다고 생각합니다. 지금까지 우리나라에서 혁신운동 혁신운동 하지만 그 세력은 사실상 민족자주연맹 세력과 근로인민당 세력입니다. 이 세력이 함해서 처음에는 한민당과 싸우고 그 다음에는 이승만정권과 싸우고 그 다음에는 정면정권과 싸우고 그 다음에는 박정희정권과 싸우고, 그 세력이 민족주의운동의 주된 세력입니다.[30]

이 회고에서 주목할 것은 다음과 같다. 그는 김성숙의 가장 근원적인 정치 이념은 민족주의 운동이라는 점이다. 민족주의가 그의 정치의 정체성이었다. 이를 위해서 그가 수행한 것은 좌우합작운동, 민족자주 노선 견지, 민족자주연맹, 근로인민당 등이었다. 그러나 그가 견지한 정치 노선은 당시 정치구도에서 배척, 소외되었다. 이는 김성숙의 정치 이념이 남한이라는 공간에서는 활착되지 못함을 의미하였다.

이런 기본 구도하에서 김성숙은 근로인민당의 해체 선언(1949.12)과 동시에 북한정권 반대를 선언하였다. 김성숙은 제헌 국회의원 선거에는 불참하였다. 그러나 1950년 5월 30일의 제2대 민의원 선거에 고양군에

---

30) 위의 『혁명가들의 항일회상』, 169쪽.

서 입후보하였으나 낙선하였다. 그 뒤에 김성숙은 민주혁신당의 창당
(1957.10), 혁신세력의 단결 도모, 간첩 사건의 누명으로 6개월간 구금
된 후 무죄 판결(1958.11), 사회대중당 창당(1960.5)의 발기,[31] 통일사회
당 창당(1961.1),[32] 5·16으로 구속 및 군사혁명재판소의 재판(집행유
예)으로 석방,[33] 통일사회당 창당(1965.5),[34] 통합 야당인 신민당 창
당[35] 등이 그의 지난한 정치 노선을 대변해 준다. 그러나 이런 말년에서
의 정치 활동은 늘상 현실정치와는 거리가 먼 것이었다. 이와 같은 그의
정치 성격은 그의 정치이념과 현실정치와의 불화에서 나온 것이다. 그는
자신의 정치 노선을 말년의 일기에서 아래와 같이 기술하였다.

> 나의 唯一한 名分은 民族國家의 獨立과 民主體制의 確立과 幸福된 社
> 會의 建設이였다. 나는 이러한 大義名分下에서 一生을 바쳐왔고 아직도
> 이런 目的을 達成하기 위해서 奮鬪하고 있다.[36]

그의 정치이념은 민족국가의 독립, 민주체제의 확립, 행복한 사회 건
설이라는 목적을 달성하기 위한 고뇌 및 지성이었다. 이러한 그의 이념
을 위한 고투는 이은상이 지은 조사에서도 찾을 수 있다.

> 조국광복을 위해 일본제국주의에 항쟁하고 정의와 대중복리를 위해
> 모든 사회악과 싸우며 한평생 가시밭길에서 오직 사상과 지조로써 살고
> 간 이가 계셨으니, 운암 김성숙 선생이시다. (중략) 최후에 이르기까지
> 20여 년 정치인으로 사상인으로 갖은 파란을 겪으면서도 부정과 불의에

---

31) 그는 11인 총무위원회의 1인이었다.
32) 그는 정치위원이었다.
33) 10개월간 구금되었다.
34) 그는 대표위원이었다.
35) 그는 운영위원, 지도위원을 맡았다.
36) 『운암 김성숙선생님 일기장』(이하, 김성숙 일기로 약칭함), 1964.1.27.

도 추호도 없이 굽힘이 없이 살다가 (중략) 별세하자 모든 동지들이 울며 여기 장례 지냈다.

즉 그는 정치인이자 사상인이었다. 김성숙에 대한 최초의 글을 쓴 김재명이 이런 성향에 대하여 이데올로기 편향성과는 얼마간 거리를 두었던 길이라고 단언한 것에도 잘 나온다.

> 그는 극단적 좌·우익을 함께 배제한 온건한 민주주의 세력과 사회주의 우파세력(온건 좌파)의 합작으로 이 민족의 통일정부를 세워야 한다는 신념을 지니고 있었다. 굳이 그를 특정 사회 과학 용어로 규정한다면, 민주사회주의자가 적절하겠지만, 무엇보다 민족의 통일을 소망했던 진보적 민족주의자였다.[37]

즉 그를 민주사회주의자, 진보적 민족주의자라 하였던 것이다. 필자가 지금껏 살펴본 바에 의하면 그의 정치이념의 저변에는 민족, 민족주의가 강력하게 자리잡고 있었다. 그 연후에 그에게는 민주주의와 사회주의가 덧붙여 있었던 것이다. 즉 완전한 통일민족국가 건설이 그의 정치활동의 목적이었다. 때문에 필자는 그를 진보적 / 혁신적 민족주의자로 보려고 한다.

3. 정치이념과 민족불교와의 상관성

본장에서는 김성숙의 정치이념을 위에서 살핀 내용에서 다시 한번 추출하고, 그것과 민족불교와의 상관성을 연결지어 살피고자 한다. 그런데 필자의 이 논리에는 그가 항일운동에 투신하기 이전에는 분명하게 민족

---

37) 김재명, 앞의 글, 449쪽.

불교와 연관이 있다는 전제가 있다. 여기에서는 두 가지 측면에서 그를 설명하고자 한다. 우선 첫째는 그에게 큰 영향을 준 인물이 봉선사의 고승 홍월초라는 점이다. 홍월초는 동국대의 전신인 명진학교를 설립한 주역이었다. 김성숙으로서는 노스님의 격이다. 그는 용문사에서 1916년경에 출가를 하고 2년 6개월가량 승려로서의 기본을 익히면서 경전을 공부하였다. 그는 능력이 탁월하여, 용문사의 본사인 봉선사로 가서 강원 과정을 익혔다. 바로 이런 수학 과정에서 홍월초에게서 큰 영향을 받았던 것이다. 그 무렵 홍월초는 봉선사 주지이면서 중앙 불교계를 대표하는 인물이었다. 그래서 3·1운동 민족대표의 핵심인물인 손병희와 불교대표 역할을 수행한 한용운이 봉선사에 자주 왕래하였다. 이런 과정에서 그는 한용운과 연결되고, 3·1운동 당시 중앙 불교계에서 한용운의 회상에서 큰 역할을 하였던 김법린과도 교류하게 되었다.

> 봉선사에는 홍을초(필자 주, 홍월초)라는 노승이 계셨어. 공부를 많이 하신 분이고 사람이 탁 트였어. 내 스승 격이지. 이 분이 손병희(孫秉熙) 영감하고 굉장히 친해. 너니 나니 하고 욕도 막하는 그런 처지야. 이 때 손병희는 천도교(天道敎)의 3대 교령으로 있으며 보신을 위해 산돼지를 사냥해 그 피를 마시러 자주 왔단 말이요. 영감이 오면 노승은 나더러 영감의 시중을 들라고 해서 그렇게 했더니 퍽 가까워졌지. 한편 한용운(韓龍雲) 및 김법린(金法麟)과도 가까워졌어요. 두 분 모두 그때 이름이 널리 나 있었어요. (중략)
> 그분들을 안 것이 제가 3·1독립운동에 참여하게 된 것이지요. 제가 계획한 것이 아니라 우연과 우연의 연속으로 그렇게 되었지요. 어떻든 3·1 독립운동 계획의 한 구석에서 이리저리 심부름을 많이 하였지요.[38]

이런 내용에서 필자는 1919년 3·1운동 무렵에 이미 김성숙은 홍월

---

38) 위의 『혁명가들의 항일회상』, 47~48쪽.

초의 민족불교 노선을 자연스럽게 수용하였던 것으로 보고자 한다. 그래서 김성숙은 거족적인 3·1운동 당시 불교계 중앙 조직체에서 일정한 역할을 하였다. 그러나 현전하는 기록, 증언이 부재하여 김성숙이 그 조직체에 참가하는 과정, 심부름으로 표현된 구체적인 활동 내용은 알 수 없다. 그렇지만 김성숙은 홍월초의 영향, 홍월초의 민족불교 노선의 수용을 통해 3·1운동의 최일선의 주역으로 활동하였음에서 민족불교를 실천하였음을 알 수 있다.

이런 배경하에서 김성숙은 탑골공원에서의 만세 시위에 참여하였다. 그리고 중앙 조직체에서 결정한 즉, 각자 연고가 있는 지역의 사찰에 내려가 만세 시위를 지속, 확산시키자고 결정한 것에[39] 앞장을 섰다.

> 독립만세를 부른 다음 우리는 지방에 내려가 동포들을 선동해 만세운동을 확산시키기로 결정했습니다. 나는 경기도 양주군(楊州郡)과 포천군(抱川郡)을 맡아 독립선언서를 돌리고 또 그 설명서를 프린트 해 돌렸지요. 그리고는 사람들을 모아 만세를 불렀지요.[40]

위의 기록에 전하듯이, 그는 봉선사에서 비밀리에 독립문서를 만들어 배포하고, 만세 시위를 하기 위해 노력하였다. 그는 조선독립 임시 사무소라는 명의로 격문을 만들었다. 1919년 4월 2일, 그는 봉선사 승려 2명과[41] 함께 격문 200여 매를 작성하여 봉선사 인근에 배포하였다. 즉 양

---

39) 3·1운동 전날, 한용운 자택에서 3·1운동 동참을 결정한 불교청년들은 즉시 범어사 불교포교당(서울, 인사동)으로 가서 비상대책 회의를 갖고 3·1운동 직후에는 각자의 연고 사찰로 내려가서 만세시위를 지속하기로 결정하였다. 김법린, 「三一運動과 불교」, 『신생』 창간호(1946.3), 17쪽 참조. 이 내용에 의하면 "충청, 강원, 함경, 경기의 각 방면에는 중앙에 남아 있는 三人이 불교중앙학림의 학생중 適宜 選擇하야 파견할 것"이라고 나온다. 여기에 나오는 3인은 신상완, 백성욱, 박민오이었는데, 더 이상의 내용은 알 수 없다.

40) 위의 『혁명가들의 항일회상』, 48쪽.

주군 광천시장에서 수백 명의 군중들이 전개한 만세 시위를 주도하였다.[42] 그러나 그는 일제에 체포되어 징역 8개월의 판결을 받아[43] 서대문형무소에서 수감되었다. 수감된 그는 옥중에서 민족과 자신의 장래의 진로에 대하여 많은 고뇌를 하였을 것으로 이해된다.[44] 이는 철창철학이었던 것이다.[45] 1920년[46] 봄, 출옥한 그는 조선불교청년회, 조선불교유신회에 가입하여 활동하였다. 이 단체는 불교개혁, 일제 사찰정책 반대 운동을 주도하였다. 이 단체에서 김성숙이 활동하였음은[47] 불교청년회의 지향과 김성숙의 지성이 동일함을 말하는 것이다. 이러한 그의 활동도 그가 민족불교를 실천하였음을 분명하게 보여준다.

그런데 그는 1921년 후반 경에 가서는 사회주의 사상 단체인 조선무산자동맹과 조선노동공제회에 가입하였다. 이는 그로서는 파격적인 이념의 모색이었다. 민족불교의 노선에 진보적인 이념이 부가되는 것을 말한다. 그러나 여기에서는 본격적인 이념의 세계로 들어가지는 않은 것

---

41) 그들은 이순재(당시 29세), 강완수(당시 24세)이었는데, 일제 판결문에 김성숙은 金星岩으로 나온다.

42) 『독립운동사 자료집』권5(3·1운동재판기록), 독립운동사편찬위원회, 1972, 302~303쪽.

43) 위의 책에는 1919년 5월 19일에 김성숙이 징역 1년 2월의 주문을 받았다고 나온다. 그러나 경성복심 법원에 공소하여 1919년 7월 10일에 징역 8월에 처하여졌다. 김성숙은 고등법원에 항소하였으나 1919년 9월 11일에 기각되었다.

44) 그러나 옥중에서의 기록, 증언이 없어 더 이상의 추론은 어렵다.

45) 철창철학은 필자가 임의로 붙인 것인데 한용운, 백용성의 경우도 유사하다. 한용운은 민족운동의 지속을, 백용성은 역경 및 불교 대중화를 결심하였다. 김재명은 「金星淑선생의 墓誌銘」,『정경문화』, 1985년 10월호 433쪽에서 이를 '理念的 開眼'이 이루어졌다고 서술하였다.

46) 지금껏 이 년도는 1921년으로 말하여졌다. 징역 8개월에 처하여졌다면 1920년일 가능성이 많다. 출옥 시점은 재고가 요청된다.

47) 졸고, 「조선불교청년회의 사적 고찰」,『한국 근대불교사 연구』, 민족사, 1996, 200쪽과 209쪽 참조.『동아일보』1922.4.25, 「佛敎維新會 巡講」에는 1922년 3월 20일, 불교유신의 뜻을 지방 사찰에 전달하기 위한 파견 회원의 명단이 전한다. 호남지역에 파견된 일원으로 김성숙이 나온다.

으로 보인다.48) 다만 지적 호기심, 새로운 방향의 모색 정도로 보인다.49) 그러면서도 그는 보다 더 넓은 세계로 가서 문명, 민족의 진로 등에 대한 공부를 하기 위하여 동료 승려 5명과 함께 북경으로 유학을50) 떠났다. 때는 1923년 여름 무렵이었다.51) 여기에서 분명히 해두어야 할 것은 김성숙이 북경으로 유학을 떠나기 이전 단계까지는 승려로서의 정체성을 갖고 있었다는 것이다.52) 김성숙과 북경행에 동참한 그들은 유점사, 신계사, 표충사, 범어사, 은해사 출신들이었다.53) 그리고 이들을 유학을 보내준 불교단체가54) 있었다는 것을 보면, 승려 및 불교의 정체성이 철저하였을 것이다.

---

48) 김성숙은 이에 대해서 "그저 가난한 사람들을 돕는 일에 참여한다는 마음에서 그런 단체에 들었던 거지, 그러나 경위야 어떻든 이 단체들에의 가담을 통해 내가 사회주의 운동에 발을 들여 놓은 것은 사실이지"라 하였다. 위의 『혁명가들의 항일회상』, 56쪽.

49) 김산·님웨일즈 지음, 조우화 옮김, 『아리랑』(123쪽)에서는 봉선사 시절에 불교는 물론 철학, 사회과학 서적을 통해 사회에 대한 인식을 넓혔고, 사회주의에 대한 기초 지식도 습득하였다고 서술했다. 이는 출옥후의 사정이지, 수감되기 이전의 상황은 아니다.

50) 이를 간혹 망명이라고 하나, 필자는 유학의 과정으로 본다. 왜냐하면 당시 『불교』에서도 그들을 유학생 신분으로 보도하였기 때문이다. 그 5명 중 김봉환은 김성숙과 함께 불교유신회원으로 지방에 파견되었다.

51) 김성숙은 4월 8일에 비구계를 받고, 재연경불교유학생회가 조직된 것이 10월 28일이기에 5월부터 9월 상이에 북경으로 간 것으로 보인다.

52) 손염홍은 위의 논고 11쪽에서 승려 신분을 유지하였으나 불교적 가치관에만 머물지 않았던 것으로 보인다고 서술했다. 그리고 민족혁명을 위한 방도로서 사회주의를 수용하는 한편 그것의 실천적 방략을 적극적으로 모색하기 위해 북경에 망명하였다고 하였다. 그러나 필자는 이 단계에서 망명이라고 볼 수는 없다고 본다.

53) 이들의 인적 상황은 위의 손염홍 논고 14쪽 참조. 이렇듯이 각처의 사찰 출신들과 동행하였음은 그가 불교청년회 활동을 하면서 전국에 순행한 것에 나왔을 것으로 보인다. 혹은 불교청년회의 중앙 조직에서 일정한 역할을 맡았을 가능성도 고려할 수 있다.

54) 정화암은 "조선의 불교단체에서 김봉환을 북경으로 유학을 보냈다"고 증언하면서, "김성숙하고 조선에서 불교 공부를 같이 했었고 중국으로 함께 망명왔다는 애기도 들었다"고 발언하였다. 위의 『혁명가들의 항일회상』, 362쪽. 그런데 이 단체에 대한 추정은 어렵다. 조선불교청년회, 조선불교유신회이거나 김봉환이 부산 범어사 출

북경에서 거점을 마련한 김성숙 일행은 개별적으로 대학에 입학하는 등 북경과 연고를 갖게 되었다.55) 그러면서 1923년 10월 28일에는 북경 불교유학생회를56) 조직하고, 사무소까지57) 냈다. 유학생회는 문예부, 체육부, 경리부를 두었는데 친목과 학술을 강구하면서 자유 · 평등의 신사회을 건설한다는58) 성격을 갖고 있었다. 그들은 기관지인 『황야』를59) 격월로 발간하였는데,60) 그 내용은 주로 철학 · 문학 등이었고 사무소는 북경세계어 전문학교에 두었다. 그런데 1923년 후반부터 1924년 초반 사이의 기간에 김성숙을 비롯한 유학 간 청년 승려들은 점차 사회주의에 경도되기 시작하였다. 그들은 1924년 2월 학생구락부, 1924년 비밀결사 反逆社 등을 주도하면서 북경 유학생회를 장악하였다. 그러면서 사회주의 호기심에서 한발 더 나아가 사회주의를 완전 수용하고, 공산주의 사상까지 받아들이는 단계로 나갔다. 그러나 이런 경도에 일부 승려는 반발하고 귀국하였다.61) 바로 이런 상황이 『아리랑』에는 "혁명이란 도무지 잠꼬대 같은 소리"라면서 일부 승려가 돌아갔다고 전해지는 것이다.

신을 고려하여 부산지역의 불교단체 및 장학재단(기미육영회)도 고려할 수 있다.
55) 「在燕京佛教學生會組織」, 『동아일보』 1923.11.20; 「北京佛教留學生會」, 『매일신보』 1923.11.21; 「북경 각 대학에 조선불교 유학생의 근황」, 『불교』 6호, 1924.12.
56) 회원으로 전하는 인원은 9명이다. 그들의 인명은 한봉신(전북), 金鳳秀, 金星淑(봉선사, 민국대학), 金奎河(북경대학), 金鼎完(유점사, 북경대학), 尹宗默(신계사, 평민대학), 尹錦(표충사), 金奉煥(범어사, 문화대학), 車應俊(은해사, 북경대학)으로 전한다. 김성숙이 떠날 때에 동행한 일행은 5명(김봉환, 윤종묵, 김규하, 차응준, 김정완)으로 나온다.
57) 사무소는 북경 小經廠 16호이었다.
58) 「北京佛教留學生會」, 『매일신보』 1923.11.21. 이런 지향에서 사회주의 수용을 가늠할 수는 있다.
59) 『황야』에 대한 전반적인 내용은 손염홍의 논고 14~15쪽 참조. 그리고 『독립신문』 1924.3.21의 「『황야』 출간됨」의 기사에도 출판 전후 사정, 내용 등이 전한다.
60) 이 잡지는 김성숙이 북경을 떠난 1925년까지 발간되었다고 한다.
61) 1924년 여름에 1명, 가을에 1명, 1925년 1월에 1명이 귀국하였다. 귀국한 대상자는 한봉신, 김봉수, 윤금이었다.

요컨대 필자는 김성숙이 1924년 무렵부터는 승려라는 정체성에서 점차 혁명가, 독립운동가, 사상가로 전환되었다고 이해한다.[62] 달리 말하자면 지금까지 단순한 민족불교의 노선에서 사회주의 이념 및 독립운동이 추가되는 중층적인 노선으로 전환되었다는 것이다.[63]

그러나 김성숙은 사회주의 이념을 수용하였지만 그 저변에는 민족, 민족주의가 강력하게 자리하였음은 전장에서 상세히 살펴본 바가 있다. 그에게 있어서 사회주의, 공산주의는 독립을 쟁취하기 위한 일종의 방략이었다. 그래서 그는 해방 전후의 공간에서 민족 독립을 위한 차원에서 임시정부를 그렇게 강조하였다. 즉 그는 임정을 한국 독립운동의 주된 흐름과 전통을 대표하는 전민족의 최고기관, 혹은 확실한 지도기관으로서 지위를 확보하고 있는 전민족이 인정하는 권위있는 정부로 자리매김하였다.[64] 그래서 그는 1946년 2월 임시정부가 이런 위상을 버리고 미군정 산하의 민주의원으로 전락하는 것에 대하여 피눈물로써 반발하고, 강력한 이의를 제기하였다.

하여간에 1925년부터 해방되던 1945년까지 20여 년간 김성숙은 사회주의 노선을 갖고 민족운동을 실천하였다. 그러나 그는 그 기간에 행한 자신의 노선을 민족불교의 노선이라고 말하지 않았다. 굳이 말할 이유가 없었을 것이고, 급변하는 국가 및 민족의 장래라는 정황이 매우 다급하였던 사정이 있었을 것이다.[65] 굳이 불교계로 돌아오지 않아도 그는 민족불교 노선을 저버린 것은 아니었다. 달리보면 독립운동과 민족불교

---

62) 김재명은 위의 글 433쪽에서 승려복을 벗어던지고 북경 민국대학에 입학, 정치학과 경제학을 공부하는 청년학도로 변신했다고 서술했다.

63) 이를 광의의 민족적 불교 노선으로 볼 수 있다.

64) 위의 한상도 글, 90쪽.

65) 그 당시는 승려가 결혼을 하는 것이 자연스러운 시절이었다. 특히 승려 결혼을 강력하게 주장한 한용운의 대중불교 노선이 수용되었는데, 여기에서 민족불교와 대중불교의 친연성을 만날 수 있다.

는 동질적이었다고 볼 수 있다.

한편, 해방 이후의 단편적인 기록을 종합하면 그는 승려 출신, 불교도로서의 정체성을 배척하지 않았던 것으로 이해된다. 이에 대한 정황을 알 수 있는 단서 몇 가지를 제시하고자 한다. 첫째는 그가 스승으로 인식한 홍월초가 유언으로 김성숙에 대한 법답을 마련한 것, 둘째는 시인인 고은에게 자신이 승려출신임을 강조한 것이다.

法孫 金星淑은 余의 住持 在職시에 余를 協贊하야 本末寺에 功勞가 不少하고 且 門稧의 創立者로써 特殊한 勳勞가 有한 者인데 今에 그 生死를 未知이니 門稧중에서 稧金을 善爲增殖하야 수백원을 辦出하고 헌납 토지 수입 중에서 일금 일백원을 寺中에 청구하야 此로써 약간의 토지를 매수하야 金星淑의 徒弟 一人을 立하야 此를 永續할 것[66]

1959년 광화문 거리 노란 은행잎 날릴 때 / 비각에서 견지동까지 / 화봉 유엽스님을 따라가서 조계사 앞 컴컴한 다방에서였습니다 / 그가 말했습니다 / 나도 한때 중이었지 중이 일하면 큰일하는 법이지 하고 / 어디 있냐고 말했습니다 / 나는 해인사에 있다고 말했습니다 / 대머리에 굵은 안경테에 몸은 좀 불편한 듯 했습니다 / 그러나 우렁우렁한 말소리로 말하고 고개를 이따금 끄덕였습니다.

전자의 기록은 봉선사 고승인 홍월초가 입적 직전, 그의 전 재산을 봉선사에 기증하면서 그 일부를 김성숙의 공로에 대한 法畓으로 마련하라는 내용이다. 이 내용에서 홍월초와 김성숙 간의 단순한 사제지간을 넘은 신뢰, 인재양성에 대한 기대를 추론할 수 있다. 그리고 두 번째 기록은 1959년 당시 승려이었던 고은(법명, 일초)에게 자신도 승려 출신이었음을 떳떳하게 밝힌 내용이다. 이 증언에 의하면 그는 자신과 불교와의

---

66) 「故月初師遺囑書」, 『홍법우』 창간호(1938.3), 95쪽.

연관을 분명하게 밝혔던 것이다. 셋째로는 김성숙이 해방 이후 귀국하여 봉선사와 끈끈한 연계가 지속되었을 가능성이다. 이는 김성숙이 불교와의 친연성, 김성숙 이념의 정체성에 불교사상의 연계 등을 말해주는 것이다. 봉선사 승려 출신인 김지복의 증언에 의하면 김성숙이 귀국 직후에는 봉선사에서 별도의 환영회를 가졌고, 김성숙이 국회의원 입후보 당시에는 봉선사 승려들이 선거운동에도 나섰다고 하였다.

> 김성숙의 동생이 김성호스님이었는데 봉선사의 법무도 지냈고 소임을 오래 살았습니다. (중략) 성숙씨가 처음 와서는 그 능곡에서 지냈죠. (중략) 1950년 5 · 30선거 때 고양에서 출마해서 차점 당선이 되었습니다. 그 때 봉선사 스님들이 선거운동을 했습니다. 성호스님 상좌 하나가 나하고 동창이어서 나도 가서 선거운동을 했습니다.[67]

위의 증언을 통해 해방 이후 봉선사와 김성숙 사이의 끈끈한 연계를 확인할 수 있다. 봉선사의 운허스님을[68] 연구하는 신용철에 의하면 김성숙의 말년 시절 생계가 어려울 때에 이운허가 도움을 주었다고 한다.[69] 이런 기록들에서 김성숙 그가 해방 이후에도 불교와의 관련을 결코 배제할 수 없는 정황을 파악할 수 있다.

---

67) 『22인의 증언을 통해 본 근현대 불교사』, 선우도량, 2002, 167쪽.
68) 운허에 대해서는 다음의 글이 참고된다.
   신용철, 「운허 이학수의 생애와 사상」, 『경희대 인문학연구』 3, 1999; 신규탁, 「운허의 생애와 불교사상 소고-그의 연구를 시작하면서」, 『불교학연구』 19, 2008; 조준희, 「이운허 민족교육운동의 정신적 배경」, 『운허 큰 스님의 삶과 교육사상』, 월초문도회, 2010; 신용철, 「운허(耘虛) 스님, 교육의 큰 발자취-운허스님과 광동중 · 고등학교」, 『대각사상』 15, 2011.
69) 운허스님을 연구하는 신용철교수(경희대 명예교수)는 운허스님이 김성숙에게 쌀을 가져다 주었다는 말을 들었다고 필자에게 최근에 전하였다. 신용철은 운허스님과 김성숙 간에는 해방 이후 국내에서 연락, 교감을 가졌을 것이라고 보고 있다. 이런 측면에 대해서는 봉선사 스님들의 증언이 요청된다.

이렇듯이 김성숙과 불교와의 관련은 해방 이후부터 입적하였던 그 날까지 지속되었다고 보고자 한다. 이러한 내용은 1964년 김성숙 일기에서도 찾을 수 있다. 그 실례를 제시하고자 한다.

-禪學院에 가서 耘虛兄을 만나 (3.2)
-내가 佛教徒에다 禪과 呪文을 眞心으로 奉行하는 터인데 (4.26)
-새벽에 일어나서 佛岩寺 滿虛스님에게 편지를 썼다. 쌀을 한가마 보내 달라는 사연이였다. (5.3)
-오늘이 月初老스님의 忌祭日이다. 奉先寺에서 여러 眷屬들이 모야 祭祀를 지낼 것인대 나는 病으로 참석못하게 되매 遺憾千萬이다. (6.9)
-耘虛兄과 나는 親兄弟 같은 誼理와 情誼가 있다. 서로 항상 사랑하고 愛護한다. 반찬값으로 돈 五百圓을 내놓고 간다. 惶悚한 일이다. (7.5)
-華嚴經을 새벽마다 精讀하였는데 과연 偉大한 經典임을 알게 되었다. 數千年 前에 敍述된 이 經典은 實로 現代人이 따를 수 없는 哲理와 그 思想構造와 思考方式이 형언할 수 없이 위대함을 알 수 있다. (중략) 그러므로 佛教는 宗教라기보다도 哲學인 것이며 人間 思想의 ○○인 것이라. 華嚴經을 보지 않고는 眞實한 宇宙觀 人生觀을 말할 수 없다고 생각된다. (7.30)
-오늘 새벽까지 華嚴經 40권을 通讀하였다. 나는 이 經에서 많은 所得이 있었다. 이 경은 대체로 육바라밀을 중심으로 설한 것이다. 善財 보살의 行路중 가장 骨子로 된 것이 이 육바라밀이다. (8.16)
-오늘은 秋夕日이다. (중략) 나는 出家人으로서 祭禮行事를 하지 않고 ○○하게 하루를 보내면서 이미 故人이 된 同志들을 追憶하며 그들의 冥福을 빌 뿐이였다. (9.20)

이렇듯이 그의 일기에 나오는 다양한 불교 관련 편린에서 필자는 그가 불교도가 분명함을 재삼 강조한다. 이런 배경하에서 그가 입적하였을 적에 조계사에서 영결식을 하였던 것도 우연, 단순이라는 입장에서 해석할 수 있는 것이 아니다.

상해 임시정부의 국무위원을 지냈던 항일투사 고 金星淑옹의 사회장이 18일 오전 10시 날씨조차 흐려 찌부린 가운데 조계사에서 올려졌다.

불법(佛法)에 따라 거행된 이날 장례에는 정부측에서 이석제 총무처장관 박기석 원호처장 신민당에서 유진오 윤보선씨와 무소속 국회의원들. 그리고 이범석 이은상씨 등 2백여 명이 참석, 조의를 표했다.[70]

그래서 위의 기록에 나타나듯이 그의 장례식이 佛法에 의거하여, 조계사에서 거행되었던 것으로 보고자 한다.[71] 필자는 이런 제반 내용을 통하여 김성숙은 해방 이후에도 비록 승려의 신분은 아니었지만 불교도로서의 정체성을 분명하게 자각, 인식하였던 것으로 이해하려고 한다.

한편 필자는 김성숙 그의 해방 이후의 노선을 민족불교의 범주와 같은 것이라 보려고 한다. 이런 전제하에 이제부터는 필자가 고려하는 민족불교의 이념을 제시하고, 그 성격이 김성숙의 정치이념 및 행동과 어떤 연관을 갖는지 살펴보겠다. 필자는 수년 전 1919년 상해에서 제작, 배포된 이른바 승려독립선언서가 민족불교론이 구현된 것으로 이해하면서, 그 선언서에 투영된 민족불교론을 시론적으로 제시하였다. 그 내용을 적시하면 다음과 같다.

불교는 개항, 승려 도성출입금지 해제령 이후 급증하는 문명의 세례, 일본 및 일본불교에의 침투에 즈음하여 불교의 자기 정비를 고민하게 되었다. 그런 과정에서 불교는 산중불교에 머물 수 없음을 자각하고, 불교 대중화의 길로 나서게 되었다. 그런데 불교대중화를 추진함에는 불교의 이상뿐만이 아니라 불교의 터전이었던 공동체, 세속·사회의 문제까지 불교의 문제로 수용해야 한다는 인식 및 노선상의 변질이 일어나고 있었다. 그 논리는 불교 사회화이었다. 그러나 이러한 변화는 불교대중화의 논리와 이질적인 것이 아니었다. 불교의 이념인 평등주의, 구세주의를 실

---

70) 「金星淑옹 社會葬 엄수」, 『동아일보』 1969.4.19.
71) 당시 그 사진에는 몇 명의 승려가 보인다. 이도 우연한 것으로 볼 수는 없다.

천하는 것이었다. 다만 그를 인식하고, 급변하는 문명세계에서 불교의 존립을 기하기 위한 정체성 재정비의 산물로 구현하였던 것이다. 필자는 그 흐름의 사조를 잠정적으로 민족불교론이라고 개념화하는 것이다.[72)

즉, 불교 대중화(존립)와 불교 사회화(공동체, 민족 문제)의 결합을 민족불교론으로 보았던 것이다. 그런데 여기에서 나온 불교 사회화는 당시 사회에서도 적극적으로 불교가 사회, 민족의 문제에 나와야 한다는 논리에 대한 응답의 성격을 가졌다. 국권상실이라는 지경에 처한 상황에서 사회의 지성인들은 구세주의와 국가주의라는 한국불교의 전통을 불교가 적극 인식, 행동해야 한다고 주문하였던 것이다. 바로 이런 한국불교 전통의 변용이 불교 사회화이고, 나아가서는 민족불교론으로 구현되었다. 그래서 필자는 불교가 3·1운동에 참여하게 되고, 3·1운동의 이념(자유, 평등, 민주)이 승려독립선언서에 나타났다고 주장하였다. 이런 전제하에서 필자는 민족불교론을 다음과 같이 서술하였다.

대한승려연합회 선언서에 나온 이념이 자연스럽게 민족불교론의 요체가 되었던 것이다. 이에 불교대중화론과 불교 사회화론의 이념적 결합에서 나온 민족불교론은 한국 근대불교의 주요한 흐름의 하나로 자리를 잡게 되었다. 때문에 민족불교론은 불교의 보편성(교리, 사상)을 띠고, 근대불교에 부여된 역사적 사명(민족운동, 독립운동)을 구현하며, 한국불교의 전통을 계승하려는 논리, 고뇌인 것이다. 그래서 민족불교론은 불교의 교리 및 사상에서 결코 이탈하지 않고, 대승불교의 근대적 변용을 실천하며, 한국불교의 역사와 전통을 이으려는 근대 불교도의 정체성 재정비의 산물이라 하겠다.[73)

---

72) 졸고, 「대한승려연합회선언서와 민족불교론」, 『민족불교의 이상과 현실』, 도피안사, 2007, 77~78쪽.
73) 위의 책, 83쪽.

민족불교론은 불교 독립운동의 이념이었고, 근대 불교도들이 정체성을 고민한 산물로 보았다. 바로 이런 민족불교론을 수용하고 구현한 인물이 한용운, 홍월초이었는데 이들에게 영향받은 김성숙에게도 저절로 체질화되었다는 것이다. 그러면 이런 논리하에서 민족불교론과 김성숙의 정치이념과의 상관성을 연결시켜 제시하겠다.

우선 민족불교론에서의 불교 대중화론은 불교가 존립 및 정체성 창달을 위해, 마땅히 불교가 민중 및 사회 속으로 내려와야 함을 의미한다. 이를 위해서는 자기 정체성을 정비하고 신식학문 및 문명을 배워야 한다는 입장이다. 이를 김성숙에게서 대입을 하면 그는 구학인 강원을 공부한 이후에는 사회의 문제를 알기 위해서 노동운동 단체(사회주의)에 가담하였다. 그리고 북경으로 유학을 가서 신식학문, 문명을 배웠던 것이다. 이런 행보는 불교 대중화를 하기 위한 자기 정비, 정체성 고민이라 하겠다. 다음으로 불교 사회화론에 대하여 살펴보겠다. 불교 사회화는 불교가 사회의 문제, 모순에 적극 참여함을 의미한다. 한국불교 전통에 있어서 구세주의와 국가주의가 이를 뜻한다. 구한말, 일제하의 경우에는 국권이 상실당한 처지이었기에 불교가 민족주의에 서서 독립운동선상에 참여하는 것이 당연한 행보이었다. 김성숙은 북경으로 유학을 가서 수학하는 것에 머물지 않고, 20여 년간을 독립운동에 매진하였다. 이는 분명하게 불교 사회화를 실천한 것이었다. 그리고 해방이 되어 귀국해서도 20여 년간 국가재건, 민족통일을 위한 행보를 거듭하였다. 그의 정치이념, 정치 활동을 조망하면 그의 모든 발언, 행위의 저변에는 민족이라는 문제가 자리잡고 있었다. 그가 진보적, 혁신적인 노선을 가고, 방편적으로 사회주의를 수용한 것은 민족 및 국가의 보존과 재건을 위한 것이었다. 즉, 김성숙은 불교 사회화를 위해 헌신하였다.

지금껏 살핀 바와 같이 필자는 김성숙의 일생을 민족불교론으로 보자고 제안한다. 김성숙의 이런 성격은 그의 말년 회고에 극명하게 나온다.

오늘은 舊曆 正月 初一日이다. 古稀가 몇해 남지 않은 것을 생각하니 人
生의 無常과 더불어 나 自身의 波瀾萬丈한 苦難의 一生을 스스로 同情하
며 서글픈 생각이 든다. 餘生이 얼마 남지 않았으니 조금이라도 더욱 奮發
해서 國家와 民族을 위하여 보람있는 貢獻을 해야할 것이 아니냐! 運命의
숨길이 끊어지는 날까지 모든 苦難을 참고 견디며 꾸준히 나의 걸어온 길
을 나아가야 할 것이다. 나는 이미 不孝한 者가 되었다. 우로 父母와 밑으
로 子女들에게 내가 人間으로서 負荷한 義務를 다하지 못한 것을 恒常 깊
이 뉘우치며 自責한다. 그러나 나는 이 不孝莫甚한 罪를 國家에 忠誠하므
로써 赦免해야 할 것이다. 나는 이몸을 나라에 바쳤으니 이 몸이 나라를
爲해서 犧牲할 수 만 있다면 나는 나의 할 일을 다한 것이 될 것이다.[74]

이 老衰한 몸이나마 國家와 民族을 위해서 最後까지 바치는 것이 君慧
와 三兒를 爲해서도 속죄하는 길일 것이다.[75]

즉 김성숙은 자신이 일생동안 추구한 것을 국가와 민족에의 충성으로
요약하였다. 이는 곧 민족불교의 다름이 아니었다. 김성숙의 노선이 민
족과 유관함은 그의 묘비에서도 찾을 수 있다.

조국광복을 위해 일본제국주의에 항쟁하고 정의와 대중복리를 위해
모든 사회악과 싸우며 한평생 가시밭길에서 오직 사상과 지조로써 살고
간 이가 계셨으니 운암 김성숙선생이시다.[76]

위의 묘지명의 내용을 민족불교론으로 보아도 무방하리라 본다.[77] 지

---

74) 김성숙 일기, 1964.2.13.
75) 위의 자료, 1964.3.19.
76) 김재명, 위의 글, 431쪽.
77) 한상길은 민족불교론에 대한 연구 동향을 정리하고, 민족불교의 관점을 갖고 근대불

금까지 살펴본 바와 같이 김성숙의 정치이념 및 노선, 그리고 활동을 민족불교 노선으로 볼 수 있다. 그러나 이에 대한 김성숙 자신의 고뇌, 지성 그리고 불교도로서의 정체성을 엿볼 수 있는 근거자료에 의거한[78] 논리적인 입증이 미흡한 것은 아쉬운 대목이다. 그러나 필자는 그런 가능성을 논리로 제시하고, 그를 시론적으로 제시하였음에서 일단은 마무리 짓고자 한다.

4. 결어

지금까지 김성숙의 지평을 넓히려는 의도를 갖고 있었던 필자는 그의 정치이념과 민족불교론과의 상관성을 시론적으로 조망하여 보았다. 적지 않은 무리가 따르겠지만, 김성숙 다시 보기, 민족불교론의 외연 넓히기 차원에서 필자의 논리를 제시하였다. 이제 맺는말은 추후 더욱 고민할 과제를 제시하는 것으로 대신하고자 한다.

첫째, 김성숙의 이념, 사상, 지성, 고뇌 등을 지금보다는 더욱 다양하고, 보편적인 시야에서 조망해야 할 것이다. 현재는 독립운동가의 관점에서만 분석, 연구된 감이 없지 않다. 그에 대한 시각을 동아시아, 지성, 사상가, 불교 등을 통해서도 보아야 할 것이다.

교를 서술하는 것에 대한 긍정적인 입장을 표출하였다. 그러나 조성택은 근대불교사를 기술하는 관점인 민족주의에 대해서 비판적 입장을 개진하였다. 한상길, 「한국 근대불교 연구와 '민족불교'의 모색」, 『불교학보』 54, 2010; 조성택, 「근대 한국불교사 기술의 문제 : 민족주의 역사 기술에 대한 비판」, 『민족문화연구』 53, 2010.

78) 김성숙이 입적하여 영결식을 조계사 법당에서 거행하였을 때의 사진을 보면 몇 명의 승려를 찾을 수 있다. 그런데 당시 영결식장에 조계종단의 지도자급 승려들이 누가 참가하였는지, 어떤 입장을 보였는지는 알 수 없다. 1969년의 경우에는 민족불교를 구현하였던 승려로 이해되는 이청담이 생존하고 있었는데, 이청담이 영결식에 참가하지 않았다면 그것은 납득하기 어려운 것이다.

둘째, 김성숙의 일생, 지성을 불교적인 관점에서 재해석, 분석이 요청된다. 그는 승려출신이었으며 그와 인연이 있는 대상자들이 손병희, 홍월초, 한용운, 김법린 등이었다. 그리고 그는 불교청년 활동, 승려들과 함께 북경유학을 단행하고, 불교유학생회를 조직하였다. 이런 점에서 그의 삶에서 불교를 결코 삭제할 수는 없는 것이다.

셋째, 그에 대한 자료를 더욱 수집해야 한다. 중국지역에서의 자료도 그렇지만 국내에서의 활동을 말해주는 문건, 증언[79] 등에도 유의해야 한다. 조속히 그와 연고가 있는 수많은 사람들을 조사하여, 그 증언을 채록하고 자료집을 발간해야 한다.

넷째, 그의 삶, 지성, 정치사상을 불교사 구도에 포함시켜야 한다. 물론 독립운동사에서도 당연히 그 위상, 성격을 찾아야 하겠지만 그가 갖고 있는 특수성(불교, 승려)을 고려해야 한다. 그럴 때에 봉선사의 역사, 조계종단사 등에서 그에 대한 인식이 적절하게 자리매김할 것이다.

다섯째, 민족불교의 대상으로 지금껏 승려 중심으로 인식하였던 것을 불교도까지 포함해서 인식하고, 서술해야 한다고 본다.

이상으로 필자가 생각하고 있는 측면에서 김성숙 연구의 활성화를 위한 차원에서 몇 가지를 제시하여 보았다. 이런 내용들이 적극적으로 검토, 반영되길 기대한다.

---

79) 목우의 글, 참고문헌에 의하면 김성숙의 일기(1964~1965년)가 있었다고 한다. 이 자료의 행방을 찾고, 그를 김성숙 연구 자료로 활용해야 할 것이다. 이 일기는 『법보신문』 39호, 「임정 70년 운암 김성숙선생 재조명 활발 ; 승려출신으론 유일하게 임정 활동 참여」에도 나온다. 필자는 본고를 집필하기 최종 단계에서 김성숙기념사업회에서 제공하는 일기 사본을 입수하여 본고찰에 활용하였다. 이 일기를 읽어보니 김성숙의 진솔한 자기 고백, 생활의 곤궁함, 정치 이념 등에 대한 편린이 다수 나온다. 이 일기의 분석을 통한 김성숙 연구는 후일을 기약하고자 한다.

탄허의 시대인식과 종교관

1. 서언

탄허는 20세기 한국불교를 대표하는 고승의 일원이다. 지금껏 그에 대한 호칭으로 대강백, 대종사, 역경가, 선사, 유불선 회통한 도인 등 다양하게 불리웠지만 아직도 탄허에 대한 정체성은 정립되지 못하고 있다. 이는 탄허연구가 본격화되지 않은 것에서 기인하지만, 탄허가 갖고 있는 다양성, 성격이 간단치 않은 것도 요인의 하나이다.

이에 본고찰에서는 이와 같은 정황에 유의하여 탄허의 정체성을 이해하기 위한 초석을 놓기 위해서 그의 삶에 드러난 시대인식과 종교관을 살펴보려고 한다. 탄허는 70평생 동안 승려로서 50여 년을 지냈기에 그는 기본적으로 승려이다. 그러나 그의 삶의 여정, 학문, 발언, 증언 등을 종합하면 그는 일반적인 승려와는 다른 특별한 측면이 드러난다. 필자가 찾고자 하는 것은 바로 '특별한 측면'이 무엇인가 하는 점이다.

필자가 찾아낸 탄허의 특성에는 교육에 대한 실천이 남달랐고, 역경을 원력 및 결사 차원에서 완수하였고, 도의적 인재양성을 강조하였으며, 민족과 정치에 대한 의식이 강하였으며, 나아가서는 화엄사상을 강조하면서도 유불선 회통하는 진리관을 구현하였다는 것이다. 그렇지만 필자는 기왕의 연구에서 이런 전체성을 살피지는 못하고 탄허의 민족불교와 교육 개요 및 성격만을 정리하였다.[1] 한편 윤창화는 역경의 성격을, 김호성은 탄허의 수도원 및 역경에 대한 활동을 '결사'라는 관점으로 정리하였다.[2]

이런 배경하에 필자는 본 고찰에서 탄허의 정체성 및 특성을 더욱 살피기 위하여 탄허의 시대인식과 종교관을 정리하려고 한다. 이는 탄허가 자신이 살았던 시대의 역사적 맥락을 어떻게 인식하였으며, 그런 현실인식에서 그는 종교 및 불교를 어떻게 대하였는가를 찾아내는 것이다. 구체적인 서술은 그가 1934년 오대산 상원사로 입산하기 이전의 기간(1913~1933), 오대산에 입산하여 방한암 회상에서 수행하면서 경전을 연찬하였던 기간(1934~1950), 오대산과 영은사에서 독자적으로 역경 및 인재양성에 나섰던 기간(1951~1965), 도회지 및 월정사에서 인재양성을 하면서 역경을 완수한 기간(1966~1983)으로 나누어서 살피고자 한다. 이런 구분을 통하여 탄허의 시대인식 및 종교관을 살피려고 하거니와, 그에 직접적으로 관련된 문헌자료가 적어 논지 전개에 어려움이 예상된다. 그를 타개하기 위해 역사적 맥락하의 상상력을 가동하려고 하는데, 그 한계와 성격에 대한 우려가 적지 않다.

필자의 이 글이 탄허 연구, 오대산 불교문화 연구에 일조가 되기를 바라면서, 미진한 연구는 지속적인 공부로 보충을 하겠다는 다짐을 한다. 제방 선지식의 날카로운 비판을 기다린다.

---

1) 김광식, 「오대산수도원과 김탄허」, 『정토학연구』 4, 2001.
　　　, 「탄허택성 – 민족불교의 재건자」, 『가산학보』 12, 2004.
　　　, 「김탄허의 교육과 그 성격」, 『한국현대불교사 연구』, 불교시대사, 2006.
2) 윤창화, 「탄허스님의 불전역경과 그 의의」, 『탄허선사의 선교관』, 민족사, 2004.
김호성, 「탄허의 결사운동에 대한 새로운 조명」, 『한암사상』 3, 2009.

2. 입산 이전, 재가에서의 수학(1913~1933) ; 민족의식, 구도의 열정

탄허는 1913년 전북 김제군 만경면 대동리에서 태어났다. 그의 조부가 문학가로 전하는 것을 보면 학문하는 집안이었을 것이다. 그러나 선대의 가문, 경제적 배경 등등에 대해서는 구체적으로 전하지 않는다. 그렇지만 넉넉한 살림은 아니었을 것이다.

탄허의 입산 이전을 설명할 수 있는 개념은 민족의식과 구도이었다. 이는 탄허의 정체성을 파악할 수 있는 첫 번째 초점이다. 이는 여타 승려와는 다른 특별한 것이다. 그러면 탄허가 어떤 연고에서 그런 의식을 가졌을까에 대해서 살펴보겠다. 그는 그의 부친 김홍규의 이력에서 드러난다. 김홍규는 민족종교로 불리워지고 식민지 현실의 개벽에 나선 보천교의 핵심 간부이었다. 즉 김홍규는 보천교의 재정을 담당하는 목주 도인으로 불리웠고, 보천교의 자금을 상해 임시정부로 보냈던 주역으로 일제에 체포되어 1년 6개월을 수감되었다. 이런 일이 국가에서 공적으로 평가되어 2005년에는 독립유공자로 표창을 받았다. 그 내용을 더욱 살펴보면 김홍규는 1910년 국권이 상실되기 직전 즉 10대 후반에 보천교에 입교하여 종교를 통한 민족운동에 나섰다. 그는 임시정부에 독립자금을 보내려 하였던 사건이 발각되기 이전인 1921년 2월 황해도에서의 보천교 활동으로 인하여 일제에 42일 간 구금되었다.[3]

1921년 여름 경, 김홍규의 집에 숨겨둔 교금(독립자금)이 일제에 발각되었다.[4] 이로 인해 김홍규를 비롯한 주요 간부 수십명이 일제에 체포되었다. 이런 일련의 사실은 보천교의 민족운동이라는 맥락에서 이해되어

---

3) 이영호, 『보천교연혁사』 1948, 14~15쪽; 박종열, 『차천자의 꿈』, 장문산, 2002, 208쪽.
4) 「독립당의 단체로 관헌의 엄중, 종적 잃은 차경석」, 『동아일보』 1922.2.21.

왔다.[5] 김홍규의 독립자금에 관련된 판결은 1922년 3월 28일 공주 지방 법원에서 있었다.[6] 당시 그 판결에서 김홍규는 무죄를 선고받았으나 일 제 검사가 그 판결에 이의를 갖고 항소를 하였다. 그 결과 1923년 2월 19 일부터 경성 복심법원에서 사건 심리가 재개되고,[7] 4월 4일의 판결에서 김홍규는 징역 1년 6개월의 구형을 받았다.[8] 이에 김홍규는 그 판결에 불만을 품고 상고하였다고 전한다.[9] 김홍규의 출감 이후의 행적과 그가 담당한 제반 일에 대한 내용은[10] 더욱 살펴야 한다.[11] 그러나 분명한 것 은 김홍규가 보천교의 핵심 간부이었다는[12] 사실이다.

이렇듯 탄허는 종교운동, 민족운동을 전개한 부친의 영향으로 유년시 절부터 부친의 민족의식에 영향받았을 것이다. 이는 곧 그가 국가, 민족, 정치에 대한 관심이 유년시절부터 강력하였음을 예증하는 것이다. 이에 대해 탄허는 다음과 같이 말했다.

---

5) 김재영, 「1920년대 보천교의 민족운동에 대한 경향성」, 『전북사학』 31, 2007. 그런 데 안후상은 이런 기존 입장에 반론을 제기하면서, 그 자금은 국외 독립자금과 무관 한 보천교 '교금'(치성금)이라고 주장했다. 안후상, 「식민지 시기 보천교의 공개와 공개 배경」, 『신종교연구』 26, 2012, 162~165쪽.
6) 「십만원의 독립자금」, 『동아일보』 1921.10.29; 「태을교와 독립준비」, 『신한민보』 1923.5.3.
7) 위의 『보천교연혁사』, 35쪽.
8) 정부기록보존소의 사건 관련 판결문.
9) 위의 『보천교연혁사』, 35쪽.
10) 김홍규는 출감 이후에도 지속하여 보천교의 핵심간부로 활동하였다. 즉, 그는 보천 교가 시대일보의 인수를 시도하였을 때(1924.6.2)의 계약 체결 대표 7인의 일원이었 으며, 보천교주 차경석이 주관한 시국대동단이 홍보차 일본을 방문하였을 때 (1925.2)에도 핵심 간부였다. 위의 『차천자의 꿈』, 197쪽, 227쪽.
11) 「내란죄로 보천교도 취조」, 『중외일보』 1929.7.3.
12) 그는 보천교의 본부의 '북쪽 지방'(北道)의 재무 책임자인 '北執理'였다. 위의 박종열 책(2002), 98쪽.

저의 선고께서 17세부터 독립운동을 하셨습니다. 그래서 늘 정치문제를 가지고 저를 가르쳤습니다.[13]

그래서 탄허에게는 민족의식, 정치의식이 입산 이후에도 잠재하였다. 탄허의 집안이 고향인 김제에서 보천교 본부가 있었던 정읍으로 이사를 간 것도 부친의 보천교 활동과 무관하지 않다.

한편 탄허에게서 입산 이전의 또 다른 강력한 잠재의식은 求道의 열기이었다. 여기에서 말하는 구도는 유학, 주역, 노장학을 공부하면서 나온 자의식이었다. 즉 탄허는 입산 이전 속가에서 한문, 유학, 주역, 노장학 등을 치열하게 공부하였다. 그는 신식의 학교를 가지 않았다. 신문명, 학교와 거리를 둔 것은 부친의 성향 및 경제적 사정에서 나온 것으로 보인다. 탄허는 유년시절에는 조부와 선친으로부터 한학을 배웠다. 그러나 17세(1929년)에 충남 보령에 거주하는 토정 이지함의 후손인 이용구의 데릴사위로 가면서, 결혼을 하였다. 그러면서 보령의 유학자인 이극종으로부터 정통 유학을 공부하였다. 이극종은 면암 최익현의 재전제자로 불리운 유학자이었다. 탄허는 이극종에게서 유학을 배운 이후 노장철학에 빠져 들었다. 유학의 '수신제가 치국평천하' 세계에서 노장철학의 '무위자연' 도의 세계로 이전하였다. 유학은 국가가 있는 전제에서의 공부이었지만, 당시 탄허에게는 유교 지식을 구현할 무대가 없었다. 그러다가 현실과는 개별적인 도의 세계에 매료되었다. 여기에서 탄허는 고민하였다. 당시 탄허의 학문은 다음과 같은 회고에 나온다.

학교 문턱에도 안 갔어. 사서, 삼경과 주역 등 한문학을 했습니다. 수백 독 했어요. 줄줄 외웠습니다. 지금도 마음만 먹으면 책을 통채로 외워낼 수 있어요. 한문 성경도 읽었어요.[14]

---

13) 탄허불교문화재단, 『피안으로 이끄는 사자후』, 교림, 1997, 101쪽.

스물두 살 때 입산했으니 올해로 마흔 여덟 해 됩니다. 유학을 마치고 노장을 공부하면서 선생을 찾다가 이곳으로 들어오게 되었습니다. 사회에는 노장을 가르칠 사람이 드물어.[15)

이렇게 그는 유학과 노장학을 공부하였지만 학문적인 진척이 되지 않았다. 그는 노장에서 말하는 道가 무엇인지를 가늠할 수 없었다.[16) 그런 고뇌를 하다가 탄허에게 소식이 들려왔는데, 그는 오대산에 한암이라는 도인이 있다는 내용이었다. 그래서 탄허는 오대산에 있는 한암에게 구도의 편지를 냈다. 탄허 편지에 대한 한암의 답장은 다음과 같았다.

보낸 온 글을 자세히 읽어보니 족히 道에 향하는 정성을 보겠노라. 장년의 호걸스러운 기운이 넘쳐서 業을 지음에 좋은 일인지 나쁜 일인지도 모를 때에 능히 장부의 뜻을 세워 위없는 도를 배우고자 하니 숙세에 심은 善根이 깊지 않으면 어찌 능히 이와 같으리오. 축하하고 축하하노라.

그러나 도가 본래 천진하면 方所가 없어서 실로 가히 배울게 없다. 만일 도를 배운다는 생각이 있다면 문득 도를 迷함이 되나니, 다만 그 사람의 한 생각 진실됨에 있을 뿐이다. 또한 누가 도를 모르오마는, 알고도 실천을 하지 않으므로 도에서 스스로 멀어지게 되나니라. (중략)

반드시 시끄럽다고 고요한 것을 구하거나, 속됨을 버리고 참됨을 향하지 말지니라. 매양 시끄러운 데서 고요함을 구하고 속됨 속에서 참됨을 찾아, 구하고 찾는 것이 가히 구하고 찾음 없는데 도달하면, 시끄러움이 시끄러움이 아니요, 고요함이 고요한 것이 아니며, 속됨이 속된 것이 아니요, 참됨도 참된 것이 아니니라.[17)

이 글에서 탄허의 구도에 대한 열정을 인정하면서 구도의 자세를 일러

---

14) 위의 책, 192쪽.
15) 위의 책, 131쪽.
16) 그의 동생인 인허는 탄허는 늘상 문자밖의 소식을 알아야 한다고 고민하였다고 한다.
17) 한암문도회, 『한암 일발록』, 민족사, 1996, 217~218쪽.

주는 한암의 애정을 엿볼 수 있다. 마침내 탄허는 3년간 수차례 오고 간 편지를 하면서 나온 구도의 목마름을 해결하기 위해 오대산으로 떠났다. 그는 3개월간 한암의 회상에서 도에 대한 공부를 하기 위함이었다. 그러나 3개월은 3년으로 연장되고, 한암회상에서 20여 년을 있게 되었다.

> 내가 노장사상을 연구하다가 중이 된 사람이거든, 선생이 없어서 내가 이십절부터 노장사상에 파고들다가 선생님이 없어서 그래서 선생을 구하다가 방한암스님이 유명하다는 말을 듣고 편지를 해보고 참 도반이 넓은 것 같아서 3년간 편지로 굉장히 연애가 깊어서, 그래다가 따라와서 중이 되었거든[18]

드디어 1934년 9월 보령을 떠나 오대산에 도착하였다. 그리고 1934년 10월 15일(음력) 방한암을 은사 겸 사미계사로 하여 출가, 득도하였다. 그때 받은 법명은 宅成이었다.

필자는 이와 같은 탄허의 입산 직전까지의 행적에서 구도의 열정을 찾을 수 있다. 그러면, 그 求道의 정체는 어떻게 말할 수 있을 것인가. 왜 탄허는 노장철학의 단계에서 구도의 실체를 가늠하지 못하였는가. 그리고 왜? 오대산의 한암 회상에 정착하였는가. 이에 대해서 필자는 다음과 같이 설명하고자 한다. 우선 탄허는 10대에는 한학, 유학을 치열하게 공부하였다. 그래서 그는 한문 문리에 능하게 되었고, 동양학의 기본을 익힐 수 있었다. 그러나 당시는 일제치하라는 식민지 사회이었기에 유학에서 배운 철학(수신제가 치국평천하)을 활용할 여건이 부재하였다. 더욱이 지근거리에서 보았던 부친의 민족의식, 독립운동 등의 고뇌를 지켜본 당사자로서는 현실과 거리를 두었던 철학인 노장사상에 경도되었다. 그러

---

18) 탄허의 유불선, 동양사상 특강(1983.1)의 테이프에 있는 내용임(12개 중, 3번 테이프의 뒷면).

나 노장철학을 이해하면서 노장에서 말하는 도에 대한 의문이 강력하였다. 그런 열정에 사로 잡히면서 탄허는 오대산 한암의 도에 대한 설명을 듣고, 도의 실체를 가늠하기 위해 오대산으로 들어왔다. 그러므로 입산 직전의 탄허는 유학의 단계를 거쳐 노장 철학의 심화 직전의 단계에 와 있었다. 구도에 대한 갈망이 오대산 입산의 길로 유도한 것이다. 때문에 이 단계에서 탄허의 시대인식은 민족의식은 갖고 있었지만 식민지 사회라는 벽에 부딪혀 있었고, 유학 및 노장의 수학에서는 학문 차원에 머물렀기에 종교관은 지니지 못하였다고 보고자 한다.

3. 오대산 한암 회상에서 수행(1934~1950) ; 유불선 회통

오대산으로 입산하기 직전 탄허는 한암의 학문적인 넓이와 인품에 사로 잡혀 3개월간만 체류하기로 작정하였다. 그러나 불교라는 새로운 학문, 종교를 만나게 되자 그는 3년을 더 있으면서 불교철학을 공부하기로 하였다.[19]

> 처음에는 승려가 되리라 하는 뜻은 없었어요. 허나 거기에 물이 들게 되었어요. 원체 불교의 학문에 깊이 빠지게 되었고, 또 여기서 찾을 것이 없었다면 저는 벌써 이곳을 떠났을 것입니다[20]

이렇게 탄허는 불교 학문의 깊이에 빠졌다. 그러면 입산 초기에 탄허가 빠진 불교는 무엇이었는가. 그는 참선이었다. 선방에서의 수행이었

---

19) 송라사 동수스님 증언. 동수스님은 탄허의 속가 시절 부인에게서 청취하였다.
20) 「20년간 써 내린 원고 6만 2천장」, 『피안으로 이끄는 사자후』, 213~214쪽.

다. 탄허는 참선 수행을 통해 불교를 이해하려고 하였다. 그러나 그의 은사인 한암은 그를 참선 수행에 머물게 하지 않았다. 그를 새로운 무대로 이끌었다.

> 내가 절에 온 것은 二十二세 때이다. 오대산 상원사(上院寺)이다. 처음 三·四년간은 일체 경전이나 문자를 보지 않았다. 그것은 선방의 당연한 관례이고 선방에 온 사람으로서 당연한 자세이었다. 그런데 얼마를 지나자 우리 스님인 한암(寒巖) 노화상께서 나에게 이렇게 권하셨다.『도(道)가 문자에 있는 것은 아니지만 글을 아는 사람은 일단 경을 봐야 한다』.
> 몇 번인가 권하셨다. 스님께서는 내가 문자에 빠질 사람이 아니라고 인정하신 모양이다. 그래서 나의 성장을 위하여 반드시 부처님의 경교와 조사의 말씀을 볼 것을 권하셨다.
> 당대에 대강사는 박한영(朴漢永)스님이었다. 나는 스님의 말씀에 따라 박한영스님에게 가서 경을 배우기로 하고 편지를 냈더니 한암스님 같은 대덕고승을 모시고 있는 분이 나에게까지 배우러 올 것은 없소 하는 내용의 편지가 왔다. 그러나 그것을 불구하고 떠나기로 하자 스님께서 온갖 준비를 해주셨다. 그때 내 나이 24세였다[21]

이렇게 하여, 탄허가 옮겨간 무대는 佛經이라는 광대한 터전이었다. 탄허는 한암의 권유를 받아들여 경전을 배우기로 작정하였다. 그래서 당시 대강백으로 명망이 높은 박한영에게로 떠날 준비를 마쳤다.[22] 그런데 그 무렵에 오대산 상원사에 새로운 변화가 나타났다. 그는 오대산 상원사에 삼본사 승려연합수련소의 설립이었다. 강원도에 소재한 본사인 월정사, 유점사, 건봉사의 중견 승려를 수련시키는 공부 도량으로 상원사가 결정되었다. 이는 일제의 식민지 불교정책에서 나온 심전개발과 한암

---

21) 탄허, 「화엄경의 신앙세계」, 『불광』71호(1980.9), 52쪽.
22) 처음에는 박한영, 진진응, 백초월이 거론되었으나 박한영으로 결정되었다. 김광식, 『그리운 스승 한암스님』, 민족사, 2006, 73쪽.

이라는 고승이 결합된 구도에서 나온 것이다.[23]

수련소의 소재지는 한암이 머무르던 상원사 선원이고, 운영의 책임자는 월정사 주지인 이종욱이고, 한암은 조실로 중견 승려의 훈육 책임을 맡았다. 교육은 기존 선원의 관행적인 수행을 따르되, 참가 인원은 수좌 20명으로[24] 정하였다. 모집과 추천의 실무는 해당 본산 주지, 강원도청, 월정사 주지가 공동 주관하였다. 수련기간은 1년이었으며, 구체적인 교육의 내용은 한암에게 위임했다. 운영 경비는 강원도에서 일정한 금액을 부담하고,[25] 삼본사도 분담하였다. 이런 배경에서 나온 수련소 입소식은 1936년 6월에 있었다. 그런데 그 수련소의 중강으로 탄허가 지목되었다. 탄허는 강원공부 혹은 경전 수학을 하지 않았지만 탁월한 한문실력을 인정받은 결과이었다. 그런데 당시 상원사의 선방에는 한암의 명성을 듣고 찾아온 수좌가 50여 명이 있었다. 한암은 이 수좌들에게 참선하는 여가에 경전과 어록을 읽거나, 그를 놓고 소참법문을 하였다. 이를테면 禪教兼修 수행을 지도하였다. 그래서 수련소 개설 이후부터 탄허는 수련소 중강을 하면서 수좌들의 경전 수학에도 참여하였다.

> 오대산 상원사에 수련소가 개설되자 조교(助敎), 즉 중강(中講)이 필요했다. 조교의 적임자로 내가 지목되었던 것이다. 그래서 강원으로 떠날 수가 없게 되었던 것이다. 한문을 배웠다는 탓도 있거니와 다들 나를 아껴주었기 때문이었다. 나 역시 선방만 있을 때에는 경(經) 볼 생각을 안했지만 선원이 수련소가 되었으니 경을 볼 수 있는 터라, 그럴 바에야 스님 밑에서 배워야겠다는 생각이 들어 다른 곳으로 가는 것을 포기하였다.[26]

---

23) 수련소에 대한 제반 개요, 설립 과정 등에 대해서는 위의 김광식 논문, 「김탄허의 교육과 그 성격」, 475~483쪽 참조.
24) 기획 단계에서는 수좌 숫자가 유점사 8명, 건봉사와 월정사가 각각 6명이었다.
25) 『불교시보』 10호(1936.5) 사설, 「江原道廳의 狀擧(心田開發實踐計劃에 對하야)」 참조. 이 사설에서는 강원도가 1,500원을 배당하였다고 언급하였다.
26) 위의 탄허 글, 「화엄경의 신앙세계」.

수련소의 일과는 아침, 저녁에 참선을 하고 오전과 오후에는 경전을 배우는 것이었다. 당시에 가르친 경전은 『금강경』과 『범망경』이었지만 수련생들의 요청으로 보조어록도 배웠다. 수련소에서 경전을 가르칠 적에는 한암의 입회하에 탄허가 경을 새겨 나갔다.[27] 그 후에 수련생들은 듣고, 의심나는 점이 있으면 질문을 하고 그를 한암스님이 답해주는 방법이었다. 이 정황을 탄허의 회고에서 확인해 보겠다.

> 수련소의 일과는 조석으로 참선을 하였고 낮에는 경을 배우고 외우는 것이었다. 그것 외에도 많은 경전을 배울 수 있었다. 나는 四集은 독학하였고, 그 밖의 경전은 스님으로부터 배웠는데 『傳燈錄』과 『禪門拈頌』까지 완전히 마치기까지는 만 7년이 걸렸다. 수련소의 정규 과정은 『금강경』과 『범망경』이었지만 나는 별도의 경을 배웠던 것이다. (중략)
>
> 화엄론으로 교재를 정하자 책이 문제였다. 몽성스님의 부인이 『화엄론』 10여 질을 시주하였다. 아마도 그 때의 가격이 한질에 10원이었던가 한다. 적은 돈이 아니다. 그 때 많은 대중들이 함께 청강하였다. 나는 그 때 대중앞에서 경문을 새겨 갔다. 그 다음에 스님(필자주, 한암)이 감정하시고 또 모르는 것은 묻고 대답하여 진행하였다. 끝에 다시 한번 토를 달아 읽어내려 갔는데 그 때에 다들 토를 달았다. 화엄경과 논(論)을 합해서 백이십권을 하루도 빠지지 않고 진행하여 꼭 열한 달이 걸렸다.
>
> 그 다음에 『전등록』 『선문염송』을 공부하였다. 역시 내가 새겨나가고 스님께서 감정하시고 강을 하였는데, 그때에 총무원장 이종욱스님이 오셔서 방청한 적이 있었다. 당시의 수련원을 둘러보고 크게 찬탄하였으며 내가 석사하는 것을 보시고 나에게도 과한 찬탄을 하였던 것을 기억한다. 그렇게 해서 『전등록』 『선문염송』까지도 짬지게 보아 나갔다.[28]

이렇게 그는 오대산 상원사에서 7년간 한암의 지도하에 중요한 불교

---

27) 새겨 나간다 함은 한문 경전을 읽는 것만이 아니고, 그에 담긴 내용도 해석하는 것이다. 한암과 탄허는 그 뜻을 놓고 치열한 논란을 벌였다고 전한다.
28) 월정사, 『방산굴 법어』, 민족사, 2003, 75~76쪽.

경전을 섭렵하였다. 한암은 근대 한국불교를 대표하는 최고 선승이면서 불교 경전에 대한 지식도 상당한 실력을 가졌던 고승이었다. 이와 같이 7년간(1936~1943)의 수학, 독학으로 인해 그는 불교사상에 정통할 수 있었다. 나아가서는 유불선 회통할 수 있는 기반까지 체득하였다.

> 거기서 선방 뒷방에서 그것을 보게 된 것이지. 그렇지 않으면 강당으로 가려고 하였는데, 이력을 7년을 보고나서 그 뒤에 노장사상을 다시 한번 보니 풀어졌어. 유교와 도교, 불교 사이에서 노장사상이 자득이 된 것이지. 그전에는 안 풀려.[29]

즉 상원사에서의 수행으로 유불선을 자득하여 회통케 한 결과를 얻었다. 더욱이 불교 경전의 통독을 통하여 불교사상을 온전히 파악하였다. 다시 말하자면 그는 상원사에서 불교 사상을 철저히 이해함과 동시에 노장사상의 자득이라는 경지까지 이르렀다. 즉 유불선 회통하였던 것이다. 이러한 그의 실력, 경지는 한암이 인정하는 단계로 나갔다. 이에 대해서는 당시 상원사에서 수행하면서 한암과 탄허의 지근거리에 있었던 범룡의 증언이 참고가 된다.

> 탄허스님은 출가하기 전에 본래 유가(儒家)에서 한문을 공부한 사람이었습니다. 그런데도 『장자 남화경』 같은 책을 읽어 보니 통 모르겠더라는 겁니다. 그런데 나중에 불경을 보고 나서 보니 그때야 『장자』라는 책이 눈에 들어오더라는 겁니다. 탄허스님은 장자를 다 줄줄 외우고 있었지요. (중략)
> 한암스님도 탄허가 나보다 더 낫다라는 말씀을 가끔 했어요. 한암스님도 수많은 경전을 다 보셨지만 칭찬을 아끼지 않았어요.[30]

---

29) 위의 각주 18)과 같음.
30) 『방산굴법어』, 443~444쪽.

이와 같은 탄허의 실력은 마침내 그의 스승인 한암도 인정하였다. 한암은 6·25 직전 통도사 고승인 경봉이 자신에게 통도사 종주로 내려와 달라는 부탁을 거절하면서, 다음과 같은 편지를 썼다.

> 呑虛가 學識과 文筆이 나보다 천만억 배나 낫고 또 16, 7년간 나와 함께 精進을 하였으니, 修道院에 임시로 首座로 두어 두시면, 좋은 일이 있을듯 합니다. 그리 알아 처리하여 주십시오.
> 宗主는 언제라도 住持 和尙이 적임자이니, 다른 생각은 마십시오. 다만 이렇게 피로하여 이만 줄입니다.[31]

한암은 자신과 17년을 함께 정진한 탄허를 통도사에서 세울 예정인 수도원의 수좌로 추천하였다. 이는 탄허에 대한 신뢰를 말하는 것이다. 이로써 탄허는 한암의 법과 사상을 계승하였다고 말할 수 있다.

지금까지 살핀 바와 같이 탄허는 1934년부터 1950년까지 오대산 상원사에서 불교사상에 대한 철저한 수학을 하였다. 그리고 나아가서는 유불선 회통할 수 있는 안목까지 갖추게 되었다. 이런 내용에서 탄허의 시대인식과 종교관을 어떻게 말할 수 있는가. 이에 대해서 필자는 다음과 같은 두 가지 측면을 제시한다. 우선 첫째는 탄허가 민족불교적인 성격을 갖게 되었다는 것이다. 당시 불교계는 전통불교 및 계율을 수호하려는 흐름과 문명 및 일본불교의 영향을 받아서 불교 근대화에 나서려는 흐름으로 대별되었다. 전자의 흐름은 선학원, 수좌 계열이 주도하였고, 후자는 일본불교의 영향 및 일본유학승들에 의해서 파급되어 갔다. 이 흐름을 단선적으로 대별할 수는 없지만, 그것이 일제하 불교의 기본 노선이었다.[32]

---

31) 『한암일발록』, 262쪽.
32) 김광식, 「식민지시대의 불교와 국가권력」, 『대각사상』 13, 2010, 41~43쪽.

탄허는 전자의 흐름에 서 있었다. 이는 그가 전자를 대표할 수 있는 그룹의 지도자인 한암[33] 회상에 수학을 하였던 것과 무관할 수는 없다. 그래서 탄허는 비구승, 수행승의 성격이라는 노선에서 불교를 배웠고, 그를 체질화하였다. 이에 탄허는 민족불교의 성향을 갖게 되었다. 입산 직후부터 1950년까지 탄허는 입산 이전의 민족의식을 전통불교 수호라는 노선에 연결시켰다. 이 구도에서 그는 한암 사상의 골격인 계정혜 삼학 및 승가5칙(참선, 간경, 예식, 염불, 가람수호)의 이념을 전승해야 하는 임무를 떠 안기도 하였다.

두 번째로 거론할 수 있는 종교관은 그는 불교를 자신의 삶으로 수용하였다는 것에서 그 단서를 찾을 수 있다. 그는 불교라는 종교를 선택하고, 그 사상을 배우고, 불교의 관점으로 사회를 바라보았다. 그러면서 그는 유불선 회통이라는 관점을 가지면서도 불교 우위 · 중심의 관점에 서게 되었다.[34] 그러나 그는 불교를 통한 개인적 수행만을 유의하였을 뿐 불교의 사회참여, 불교 근대화는 고민하지 않았다. 이는 그가 전통적인 불교 테두리 안에 있었음을 말하는 것이다. 그 시기는 일제 식민통치의 지배를 받고, 대처승이 중심되는 불교계이었기에 탄허는 민족불교 및 전통불교의 수호만을 인식하였을 뿐이었다. 이것이 이 시기 탄허의 관점, 지성이었다.

---

33) 김광식, 「방한암과 조계종단」, 『민족불교의 이상과 현실』, 도피안사, 2007, 446~447쪽.

34) 이에 대해서 탄허는 "나의 도를 닦는 정신은 유교에서 가져와서 절에서 더욱 커진 것입니다"고 하였다. 탄허불교문화재단, 『부처님이 계신다면』, 교림, 1993, 215쪽.

4. 오대산과 영은사에서 역경 및 인재양성
   (1951~1965) ; 전통불교의 복원

   한암은 1951년 상원사 소각을 저지하고 좌탈입망으로써 생을 마감하였다. 탄허는 그때 남쪽으로 피난을 나온 상태이었기에, 한암의 입적을 지켜보지 못하였다. 그로서는 큰 충격이 아닐 수 없다. 오대산 불교사상을 상징하였던 한암의 입적으로 인해 탄허는 한암이 갖고 있었던 모든 것을 구현해야 할 책임을 지게 되었다. 더욱이 한암이 동족상잔이라는 6·25의 소용돌이 속에서 떠난 것은 탄허에게서는 민족의 문제를 새삼 절감케 되었을 것이다. 또한 그의 부친인 김홍규도 6·25의 와중에서 이념의 갈등으로 인해 세상을 떠났다. 탄허에게 닥친 이런 현실은 민족의 운명, 진로 등에 대해 새로운 각성을 요구하였을 것이다.

   이 시기의 또 다른 문제는 불교정화운동의 발발이었다. 일제하의 불교 때부터 갈등하였던 비구승과 대처승은 승단 내부의 정화라는 문제로 인하여 1954년부터 본격적으로 치열한 내적 투쟁을 전개하였다. 탄허는 불교정화운동의 최일선에 서지는 않았지만 그의 기본 노선은 정화운동을 지지하는 것이었다. 그는 1954년 9월 선학원에서 개최된 제1회 전국 비구승 대회에 참석하고, 그 대회에서 비구승단의 종회의원에 선출되었다. 그리고 비구승이 주최하는 강연회에 참석하여 정화의 당위성과 역사적 흐름에 대한 법문을 하였다. 또는 문교부를 방문하는 비구승 대표로 활동하였다. 불교정화운동이 일단락이 된 1955년 9월 이후에는 월정사 조실 및 강원도 종무원장으로 피선되었다.

   그렇지만 탄허는 그가 참여하여 성공을 하였던 정화운동에 비판적 지지를 보냈다. 전통불교와는 이질적이었던 대처불교를 청산하는 것에는 동의하였지만, 정화운동의 와중에서 정식 교육 및 수행을 하지 않고 승려가 되는 풍조는 비판하였다. 그래서 그는 교단(승단)의 자체 정화는 교육 및 수행을 통해 추진해야 함을 인식하였다. 그런 고민의 산물로 나온 것이 1956년 4월, 월정사에 세워진 오대산수도원이었다.

이 나라 불교를 병들게 한 근원을 따지자면 30년 전에 불붙기 시작한 제1차 정화로 거슬러 올라가게 됩니다. 일제 36년간 철저한 속화정책에 편승했던 대처승을 몰아내고 청정도량을 확보하는 데까지는 그 이념이나 목적이 나무랄 데 없이 좋았습니다.

사실 그 당시만 해도 2백 명도 채 안되던 비구가 어디 몸담고 공부할 도량이 단 한군데도 없었어요. 그렇다고 해서 사찰 점령 자체가 정화 목적의 전부일 수 없는 것처럼 중된 본의 또한 아닌 것은 더 말할 나위도 없습니다. 되찾은 도량에는 보다 청정한 사람들을 들이고 깨끗한 절을 만드는 것이 곧 정화 이념의 구현이었을 것입니다.[35]

이 글에서 탄허의 불교정화에 대한 입장을 찾을 수 있다. 요컨대 탄허의 정화관이 분명하게 개진되고, 수도원 설립에 관한 단서도 나온다. 요컨대 탄허는 정화운동의 이념과 목적은 정당하다고 평가하였다. 그러나 정화로 인해 사찰의 주도권을 되찾은 것을 정화의 목적으로는 인식치 않았다. 이에 그는 정화 이후에 "청정한 사람을 들이고 깨끗한 절을 만드는 것"을 종단과 비구승이 추구해야 할 과제 즉 정화 이념의 구현으로 인식하였다. 그래서 그는 정화운동의 핵심 주역인 청담과 그를 상의하였다.

청담스님하고 같이 앉아서 의논하기를 대처승하고 싸움은 일단 끝내고 자체 정화를 해야 한다. 그러기 위해서는 전국의 교구본사 단위로 총림을 만들어 승려를 재교육시켜서 내보내야 한다고 했어요.[36]

---

35) 「同事攝의 아픔 갖고 自己 정리할 때」, 『불교신문』 1980.12.28.
36) 『부처님이 계신다면』, 177쪽.

이처럼 탄허가 생각하고 있는 불교정화는 승단 자체 정화이었다. 그러면 그 자체 정화를 기하기 위한 방안으로 탄허가 구상한 것은 무엇이었던가? 그는 교구본사 단위의 총림의 건설을 통한 승려의 재교육이었다. 곧 교육불사를 통한 승려 자질 향상의 방안이었다. 탄허, 그는 한암사상의 계승과 그가 속한 조계종단의 재건을 위한 응답을 해야만 되었다. 그는 일단 불교교육, 승가교육의 정상화로 자신의 길을 정하였다.

청정도량의 확보, 청정한 사람의 입주, 청정한 수행도량의 건설이 탄허의 고민이자 과제였다. 정화운동의 일단락으로 도량은 확보되었지만 청정한 승단의 재건은 과제로 남았다. 이에 그는 그 과제를 해결해야 된다는 의식을 갖고 그를 이행하였던 것으로 보인다. 또한 이는 그의 기념비적 사업인 화엄경 번역을 착수하게 된 계기가 되었다.

> 이 책은 20여 년 전 오대산에서 수도원을 창설하고 그 교재로 쓴 것이 시발이 되었습니다. 그 당시에는 비구, 대처의 싸움이 겨우 진정되는 국면이었는데, 양청우스님 하고 둘이서 이러한 시기에 우리가 사회적으로 무엇을 할 것인가 하고 자문자답을 했습니다. 그리고 둘이서 사흘 동안에 공사를 해서 수도원을 창설했습니다. 그리고 제가 양청우스님에게 강원도 총재인 종무원장을 하라고 했습니다. 그런데 자꾸 망설이면서 김탄허가 원장이라는 직함만 맡아주면 총무원 다니는 일을 비롯하여 그 나머지 모든 일은 자기가 하겠다고 하도 졸라대서 그렇게 하기로 했습니다.[37]

이와 같이 탄허는 정화운동의 모순이라는 현실에 직면하여 그를 극복하는 사업에 착수하였다. 그는 1956년 4월 월정사에 세운 오대산수도원이었다. 정화운동의 후유증이 노정되고, 재정도 빈약한 현실에서, 황무지 같은 현실에서 그를 추진함은 간단한 문제가 아니었다. 그래서 그는 교육결사의 성격을 갖는다. 여기에서 주목되는 것은 그런 현실에서 탄허

---

37) 탄허장학회, 『탄허강설집』, 불광출판부, 2003, 26쪽.

는 사회적으로 무엇을 할 것인가에 대하여 고민하였다는 대목이다. 이는 곧 그의 민족의식의 변용이다. 마침내 『동아일보』, 『조선일보』를 통하여 오대산수도생의 모집 공고를 하였다.[38] 그리하여 모인 수도생들이 30여 명에 달하였다. 교육기한은 5년, 과목은 유불선, 수강료는 무료, 전담 강사는 탄허 한 명이었다.

> 불교 강원 종무원에서는 각 사찰에서 경비를 거축하여 불교를 전공한 대학졸업자 삼십명을 지난 二十日일부터 오대산수도원(五台山修道院)에 입산 수도케 하고 있는바 이들 삼십명의 우수한 불교연구생은 五년 동안에 수선(修禪)과 간경(看經) 그리고 구류철학(九流哲學) 등을 전공하여 각 사찰에 배치 근무케 될 것이라고 한다. 그런데 금번 이와 같은 조치는 도내에 산재해 있는 각 중요 사찰에서 대처승들이 물러가게 된 관계로 비구승만으로는 도저히 원만한 경영을 할 수 없고 곳에 따라서는 한 사람이 三개소의 사찰 주지를 겸하게 되었을 뿐만 아니라 포교(布敎)에 있어서도 현재 있는 비구승들은 체계있는 학술적인 포교를 완수치 못하고 있는 실정으로 이에 대비하기 위하여 취해진 것이라고 한다.[39]

수도원의 개설 및 교육이 1차적으로는 불교정화운동의 모순 해소에 머무는 것이라 하겠지만 필자는 이를 탄허의 민족의식, 사회의식의 발로로 본다. 더욱이 수도생들에게 가르치는 과목이 승려의 자질 함양에 머물지 않았다. 그는 탄허가 입산 직후부터 고민한 동양사상까지 전수함에서 찾을 수 있다.

> 수도생을 위하여 화엄학을 중심으로 교수하고 있었는데 그 기초 과정으로 영가집(永嘉集), 기신론(起信論) 또는 능엄경을 배워갔다. 그래서 어

---

38) 『동아일보』 1955년 11월 13일, 「修道生 募集(僧俗不問)」 광고; 『조선일보』 1956년 2월 5일자에 게재된 「第二次' 불교연구생 모집」 광고.
39) 「入山코 修道, 大學卒業者 30名」, 『조선일보』 1956.2.20.

느 정도 수준에 오른 다음에 화엄을 공부하기로 하였던 것이다. 그리고 특강으로 노장학(老莊學)이나 주역(周易) 등을 간간이 했었다.[40]

즉 승려의 소양 교육, 혹은 갓 입산한 승려교육 차원이 아니었다. 불교 사상의 정수로 불리우는 화엄학을 중심으로 교육하는 것이었고, 그를 위해 노장학과 주역도 가르쳤다. 이는 화엄사상을 정점에 놓고, 그 기초로 동양학을 설정하였음을 말한다. 그리고 입학 대상을 승려로만 제한하지도 않았다. 대교과 출신, 육경 수료자, 대학졸업자라는 높은 학력을 제시하였음에서 인재양성을 기하였음도 파악할 수 있다. 이는 불교사상을 중심에 놓으면서도 유불선 회통이라는 자신의 학문적 지향을 후학들에게 전달시킴과 동시에 그를 체득한 인재의 양성이었다. 한편 그 원훈이 信願堅固, 吉羅無犯, 定慧雙修임에서는 고려시대 지눌의 정혜결사의 전승이라는 측면도 있다.

그러나 오대산수도원은 당초에 정한 5년 기한을 채우지 못하고 1957년 겨울 경에 해산되었다. 그 원인으로는 월정사에서 재연된 비구·대처의 갈등, 재정적 열악 등이었다. 그래서 탄허는 삼척 영은사로 이전하여 제반 준비를 하고, 1959년 겨울경에 수도원을 재개하였다. 이른바 영은사수도원의 개설이었다. 수도원 개설의 소식을 듣고 온 승려 30여 명이 다시 탄허의 회상에 모였다. 오대산수도원의 전통, 지향을 계승한 영은사수도원은 교육기간 3년을 내걸고 운영되었다. 영은사에서는 재정 안정, 대처승과의 갈등 부재 등으로 인하여 소기의 성과를 거두었다. 오대산수도원과 영은사수도원을 지근거리에서 지켜보았던 인물인 현종의[41] 증언은 많은 시사를 준다.

---

40) 위의 탄허, 「화엄경의 신앙세계」, 55쪽.
41) 현종은 탄허의 손상좌이었는데, 지금은 환속하여 미국에서 포교활동을 한다.

오대산수도원은 스님이 되기 위한 준비의 과정이 아니고 동양의 성현들의 사상과 철학을 공부한 곳이 아닌가 하고 저는 생각합니다. 말하자면 동양의 모든 학문의 도를 공부해 나아가는 도량이었다고 말할 수 있습니다.

영은사 수도원은 성격이 달라집니다. 영은사에서는 탄허스님이 『화엄경』 번역을 주로 하시었으나 거의 모두가 내전 중심으로 경전을 강의하신 걸로 저는 기억됩니다. 영은사에서 그렇게 할 수 있었던 것은 물질적으로 헌신한 주지인 보경스님의 원력이 있었기에 가능한 것입니다.

(중략)

영은사에서의 특이성이란 탄허 스님의 학문이 워낙 깊고 크신 분이니 그 가르침을 추종하여 공부하는 수도생도 있었고, 속가의 권속들도 많이 들락거려서 대체적으로는 규율이 잘 되어 있는 절집이라기 보다는 학문을 닦는 수도도량의 분위기였다고 생각합니다. 그렇지만 말을 하자면 절집으로만 보면 아주 큰 사건이지요. 한국불교사 가운데 어느 누구가 부처님 도량에서 다른 종교와 비교하며 불교를 가르치신 분은 탄허스님 한 분이라고 생각합니다.[42]

이렇게 현종은 오대산수도원, 영은사수도원으로 이어진 탄허의 교육결사를 높이 평가하였다. 이렇게 1950년대 후반, 1960년대 초반 암울한 사회에서 교육결사를 자주적, 자생적으로 하였다는 것은 불교사적 의의가 심대하다.

탄허는 1963년 10월, 월정사로 돌아왔다. 월정사 주지로 발령이 났기 때문이었다. 월정사로 복귀한 그는 거처도 부재한 상태이었다. 그래서 수행토굴인 방산굴을 짓고 입주하였다. 입주한 직후에는 인법당에서 강의를 재개하였다. 영은사에서 따라온 대중에게 사교, 대교과정을 강의하였다. 그러나 1964년 1월에는 월정사에서 대처승과의 분규를 겪을 수밖에 없었다. 그런 가운데에서도 그는 강의를 지속하였고, 오대산 불교문

---

42) 월정사 · 김광식, 『오대산의 버팀목』, 민족사, 2011, 527~528쪽.

화를 재건해야 하는 과업도 저버릴 수가 없었다. 이른바 월정사의 재건
이었다. 월정사는 6·25전란속에서 법당을 비롯한 대다수의 전각이 전
소되는 비운을 맞았다. 그래서 한암이 상원사에서 표방한 승가5칙의 전
승, 월정사 재건은 현안이 되었다.

그러나 그 현안은 상좌인 희찬에 의해 추진되었고, 그는 역경과 인재
양성에 주력하였다. 구체적인 주된 고민은 화엄경, 화엄론소 등의 번역
이었다. 이 번역은 상원사 시절, 그의 은사인 한암의 부촉에서 비롯된 것
이었다. 그는 오대산수도원 시절에는 수도생들에게 화엄경을 가르치다
가, 영은사수도원이 재개되기 직전부터 본격적으로 화엄경 번역에 나섰
다. 그는 이 번역을 단순한 경전 번역으로 여기지 않았다.

> 이것이 오대산에서 수도하면서 했다고 하지만 사실은 삼천만의 교재
> 로 집필한 것입니다.[43]

즉 삼천만이라고 표현된 민족 구성원들을 위한 교재라는 것이다. 그는
동양사상 정수의 핵심을 화엄경으로 인식하고, 그 번역본으로써 국민 도
의교육에 나서기 위한 준비 차원에서 임하였다.

그래서 이 단계에서 탄허의 시대인식과 종교관은 다음과 같이 정리할
수 있다. 우선 탄허는 불교의 근본이 무너지고 있다고 시대인식을 하였
다. 불교는 민족의식의 근간이고, 민족문화의 정수이면서 동양사상의 뿌
리였다고 보고 있는 탄허로서는 그런 현실을 좌시할 수 없었다. 그래서
탄허는 그런 시대(현실) 인식에 의거하여 자신이 직접 불교의 회생, 승려
의 재교육을 통한 불교재건, 동양정신의 전승에 나섰다. 그것이 바로 오
대산수도원, 영은사수도원의 설립 및 운영, 그리고 강사로 활동이었다. 1

---

43) 『부처님이 계신다면』, 157쪽.

인 3역으로 헌신하였다. 이 시기 탄허가 유의한 인재양성은 결코 비구승에 한정되지 않았다. 탄허 회상에서 수학한 대상은 비구, 비구니, 대학생, 대학원생, 유생, 교수 및 선생, 행자 등 다양했다. 자신의 회상에 와서 배우겠다는 대상자는 그 누구도 막지 않았다. 교육의 개방성이었다.[44] 여기에서 탄허는 불교(동양사상 포함)를 통한 민족교육을 염두에 두었음을 알 수 있다. 그러나 탄허의 고뇌, 지성에 동참한 인물은 승려 중에는 거의 없었다.[45] 오직 홀로가기이었다. 궁벽한 오지인 월정사, 영은사에서 탄허는 자신의 고뇌를 실천에 옮겼다.

5. 도회지에서 역경을 완수, 도의교육을 강조 (1966~1983)

탄허는 월정사의 재건 불사에 유의하면서도,[46] 1963년 무렵부터 외부 활동에 적극적으로 나섰다. 1963년 대한불교청년회의 주관으로 간행된 『우리말 팔만대장경』간행 사업에 편찬위원으로 참여,[47] 1966년 동국대 대학선원장 취임 및 용주사 역장장에 임명, 1967년 역경사양성소에서 강의, 대학생불교연합회[48] 및 영축회에서의[49] 특강은 그 실례이다.

---

44) 『탄허강설집』, 26~27쪽. 탄허는 "그래서 처음부터 졸업생에게 반드시 출가해야 한다는 조건을 달지 않았습니다. 우리는 울타리 안에 가둬 두고 꼭 나만 닮으라고 하고 싶지 않았습니다. 오히려 폭을 넓혀서, '너희들 하고 싶은 대로 가서 장관이 되든지, 실업가가 되든지, 사회에서 빛이 되든지, 오대산에서 5개년 동안 수도한 정신만은 잊지 말라'고 그랬습니다. 또 머리 깎고서 평생 여기서 수도하겠다고 하면 그것도 자유로 맡겼습니다"라고 말했다.
45) 동참자로는 양청우가 유일하였다.
46) 「월정사 복구불사 추진, 김탄허사 각계의 협조를 호소」, 『대한불교』 1965.3.7.
47) 탄허는 편찬위원이었지만 초기에는 참여치 않고 후반부에 참여했다. 이 사업은 1962년 4월부터 시작되었다.

한편 탄허는 불교 대중화, 불교인재 양성을 위해 1966년 오대산을 떠났다. 그의 거주는 오대산에 제한되지 않았고, 그가 필요한 곳이라면 도회지(서울 등) 왕래를 마다하지 않았다. 여기에서 그가 필생의 과업인 신화엄경합론의 번역이 다 완수되지 않았음에도 불구하고 도회지로 간 연유가 궁금하다. 이에 대해서는 1964년경 탄허를 만난 명호근의 증언이 참고된다.

불교를 접하다 보니 선지식을 만나 불교 공부를 깊게 하고 싶었습니다. 1964년 여름, 이기영 선생께서 오대산에 일주일간 수련대회를 다녀오시더니 오대산에 생불(生佛) 같은 스님이 있다고 하셨는데, 그 스님이 탄허큰스님이라고 말씀하시는 것을 들었습니다. 당시 이기영박사가 천주교에서 개종했다고 하니 불교인들도 반신반의하던 분위기이고, 평소 스님 얘기를 잘 안 하시던 분이어서 더욱 귀가 솔깃해졌습니다.

그러다가 1964년 겨울에 오대산에 가기로 했는데, 탄허큰스님이 조계사에 계신다는 것을 신문에서 보았습니다. 잘됐다 싶어 저와 전창렬이 조계사로 전화를 해서 주지 양청우스님에게 인사만 드리겠다고 요청을 드렸더니 어렵게 허락을 해주셨습니다. 저와 전창렬이 조계사 주지실에서 큰스님을 만나게 되었습니다.

그때에 스님을 뵈니 눈에서 형형색색의 광채가 나더라구요. 그리고 어떤 큰 바위가 탁 하고 서 있는 것처럼 그런 위엄을 느꼈습니다. 그것이 스님에 대한 첫 인상이었습니다. 다른 스님에게는 느낄 수 없는 그런 것을 느꼈습니다. 탄허스님은 궁금한 것이 있으면 물으라고 하셨어요. 그래서 앞으로 한국 불교가 어떻게 될 것 같은지에 대해 물으니, 큰스님은 "3천년된 고목나무(불교)에 꽃이 필 것이라"고 하시더라구요. 그러시면서 옛날에는 독립정신과 민족정신이 있었는데 요새 젊은이들은 기개가 없다

48) 「대흥사, 대불련동계수련회」, 『대한불교』 1967.1.15; 「대불련, 명예회원」, 『대한불교』 1967.4.30.
49) 「대정진, 대단합, 영축회」, 『대한불교』 1967.3.26; 김광식, 「제2정화운동과 영축회」, 『한국현대선의 지성사 탐구』, 도피안사 2010, 440쪽.

고 하시고, 젊은이의 기상이 있어야 민족정신, 민족의 기개가 살아날 수가 있다고 하시면서 도산 안창호를 소재로 말씀을 하셨습니다. 안창호 선생은 강연 말미에 해를 가리키며, "저 해가 떨어질 때"라고 애기하셨다고 하는데 큰스님은 이 부분에 대해 말씀하실 때 방안에 있는 사람들이 놀랄 정도로 쩌렁쩌렁한 큰 소리로 애기하셨습니다. 도산 안창호 선생은 독립 투사였지요. 그리고 당시 일본은 국기에서도 알수 있듯이 '해'를 상징했는데, 해가 떨어질 때라는 것은 일본이 망해야 한다는 것이지요.[50]

위의 증언에서 보이듯 1965년 무렵의 탄허는 민족의식에 충만하였으며, 미래의 희망인 청년들과의 교섭에 갈망하였다. 이런 잠재성에 청년불자, 대학생불자들이 불을 지폈다. 탄허는 이렇게 1966년부터 도회지의 사회인 및 재가불자와의 교섭을 늘려가다가 1970년부터는 더욱 본격적으로 서울에 근거지를 마련하였다. 탄허는 필생의 과업으로 하였던 화엄경론소의 번역을 1960년대 후반에 완료하고, 1969년에는 부산 삼덕사에서 교열작업까지 완료하였다. 그래서 1970년부터는 화엄경의 인쇄작업을 해야 할 필요성이 제기되었다. 그리고 바로 그때 그를 따르던 재가불자들도 서울행을 권유하였다. 탄허는 본격적인 화엄경 출판을 위해 상경하였다. 그 때는 1970년 겨울이었다.

김탄허의 상경에는 김탄허를 따르던 청년불자들의 권유가 작용했다. 이 청년불자들은 '松山'이라는 단체의[51] 회원이었는데, 이 모임은 당시 대한불교청년회 소속의 불교청년과 대학생불교연합회원으로 1960년에 구성되었다.[52] 탄허와 송산 소속 재가불자들의 계합은 국가와 민족을 우

---

50) 『오대산의 버팀목』, 652~653쪽.
51) 이 모임은 1960년 3월 1일 우이동에서 발족하였는데, 1960년대 후반 경 해체되었다.
52) 그들은 이기영, 손창대, 김무송, 김정호, 박명규, 이정우, 김희순, 이영섭(이일소), 명호근, 전창렬, 강성룡 등 10명이었다. 이기영은 이 모임의 고문이었으며 초대 회장은 손창대이었다. 이들이 탄허와 교류를 시작한 것은 월정사에서 탄허의 법문을 듣고 그에 감복한 이기영의 주도로 이루어졌다. 이기영은 불자들에게 탄허를 '生佛'과

선시 하는 정신에서 이루어졌는데, 1964년 무렵부터 교류는 시작되었다. 특히 탄허는 청년들의 정신과 기백을 강조하였는데, 이들에게 자신의 희망을 구현하려는 의지가 작용하였다. 이는 탄허에게는 중생교화였으며, 재가불자로서는 1960~1970년대의 민족주의의 등장이라는 구도하에 정신적인 지도자를 갈구하는 심성이었다. 탄허의 당시 고민은 인재 양성을 통한 민족의 정신개혁임을 파악할 수 있는 단서이다.[53]

서울로 상경한 탄허는 홍은동, 청룡사, 보문난야(이문동), 석파정(대원군 별장) 등지를 전전하다 1973년 무렵에는 개운사 대원암에서 화엄경 대작불사의 작업을 시작하였다. 그 결과 1975년 8월, 『신화엄경합론』이라는 역사적인 책의 출간이 완료되었다. 10년간에 걸쳐 6만 4천여 매의 번역, 3년간의 교정과 교열, 2년간의 조판의 산물이었다. 특기할 것은 그 불사에 국가, 종단, 사찰에서의 지원은 거의 없었다. 오직 탄허의 개인 원력과 민족적인 불사를 지원하는 대중들의 성의에 의해서 나왔다. 탄허는 그 책의 서문에서 자신의 심정의 일단을 다음과 같이 밝혔다.

> 이 經이 流布하여 新羅佛敎의 花郎徒와 같이 三千萬 大衆에 精神武裝이 되어 南北問題는 勿論이요 나아가서 法界化한다면 나의 願이 滿足이라 하겠다.

즉 탄허는 화엄경 번역본이 3천만 대중의 정신 무장이 되어 남북문제의 해결과 불교 대중화의 근간이 되기를 원하였다. 이는 화엄경 정신을 통한 민족의식 고양 및 생활의 불교화가 되어야 함을 역설한 것이다. 탄허는 화엄경을 번역한 공로로 조계종 종정상, 인촌상을 수상하였다. 이

같은 존재로 표현하였다.
53) 불교 사상으로 무장한 인재를 미래주역으로 성장시켜 탄허가 그리고 있는 이상세계로 다가갈 수 있다고 본 산물이다. 탄허는 정치와 불교청년들의 중요성을 강조하였다.

로써 그의 공로는 사회로부터 공인받았다. 한편, 탄허는 대원암에 주석하였던 1975년 중반 무렵에는 사회의 언론에서도 많은 조명을 받았다. 그의 입론, 사상은 사회적으로 파급되었다. 이와 같은 파급은 지식인들에게 민족주의 흐름이 보편화된 것, 그리고 서양사상의 유입으로 피폐되어 가는 동양정신과 한국정신을 회복해야 한다는 바램과 부합된 것이었다. 때문에 필자는 여기에서 탄허가 당시 시대의 본질을 철저히 인식하였다고 본다.

그러나 탄허는 화엄경 번역이라는 불사에서 그의 원력을 마칠 수 없었다. 그래서 그는 동양사상의 근원인 불교 경전의 근간까지 번역을 추진하였다. 이것은 그가 입적하는 그날까지 지속되었다. 그는 승려교재로 불리웠던 모든 대상을 번역하고, 주역선해 및 노자도덕경 등 그가 화엄사상을 이해하기 위한 기본 교재로 인식한 대상까지 번역을 완료하였다.

> 현재 능엄경, 기신론, 반야경. 원각경의 번역을 끝내고 출간을 기다리고 있어요. 그러나 화엄경 출간 때도 그랬지만 종단을 비롯 그 어느 곳에서도 출간에 협조를 해주지 않아 자비출판을 해야 했지요. 이번 능엄경 등도 역시 자비 출판을 해야될 모양이예요. 어쩌면 탄허라는 인간이 이렇게 불행한지 모르겠습니다.[54]

> 한 스님에 의해 이뤄진 이 방대한 불사는 불교사를 통해 최초의 일일뿐아니라 누구도 쉽게 손댈 수 없는 거대한 문화사업이란 점에서 종교계, 학계 및 이웃 일본학자들에게까지 폭넓은 관심을 모으고 있다. 이번에 출간된 「사미·사교서」의 집필기간은 4년여 원고매수만도 2백자 원고지 10만장이 넘는다. (중략) 이번의 국역본 17권은 초발심자경문(1권)과 치문(2권) 등 사미과 3권과 능엄경(5권) 기신론(3권) 반야경(금강경 3권) 원각경(3권) 등 사교과 14권[55]

---

54) 「원로를 찾아서, 부처님 오신날을 맞이하면서」, 『법륜』 135집(1980.5).
55) 「沙彌, 四敎書 17卷 펴낸 呑虛스님」, 『불교신문』 1981.7.12.

나는 역학(易學), 노장학(老莊學), 화엄학(華嚴學)을 후진들이 쉽게 이해할 수 있도록 교재로 만드는 것을 평생의 사업으로 삼고 있습니다. 이 가운데 화엄학은 이미 끝냈고. 역학과 노장학 둘이 남아 있습니다. 역학 3년, 노장학 3년, 약 6년 계획으로 탈고할 작정이에요.[56]

이렇게 탄허에 의한 불교 경전의 번역, 그리고 불교사상 및 화엄사상을 이해함에 필수적인 역학과 노장학의 기본 교재에 이르렀던 방대한 대작불사(번역, 출간)가 그가 입적하기 직전까지 거의 완료되었다. 그리고 그는 1977년 겨울과 1982년 겨울 두차례에 걸쳐 그의 대작불사를 기념하는 특강 법회를 월정사에서 개최하였다. 이런 대작불사를 추진한 그의 원력을 역경 출간의 관점으로만 설명이 되지 않는다. 그러면 탄허가 원력을 갖고 그런 불사를 하였던 동기는 무엇이었던가? 이에 대해서 탄허는 자신의 심정을 다음과 같이 개진하였다.

　　자기정립이 급선무입니다. 자기정립에 착안하지 않고 바깥으로만 치중한다는 것은 바른 도리가 아닙니다. 내가 불가에 입문한 지도 벌써 49년이 됩니다.
　　출가 그 당시 나의 느낌이 우리들은 선배만 못하다고 생각했습니다. 인품이나 신심이나 모든 면에서 선배보다는 훨씬 떨어진다고 늘 생각했습니다. 그런데 해방 후 지금까지 입산하는 이들이 우리 당시만 못하다는 느낌이 자꾸 듭니다. 사람이 똑똑하지 못하다는 것이 아니라. 사회적으로 열등하다는 추량(推量)이 아닙니까.
　　절 집안에 들어오고자 하는 사상이 무엇이냐 이거지요. 왜 여기에 오느냐. 수도의 이념이나 신심이 점점 약해져 가고 있는 듯 합니다. 냉철하게 숙고를 해야 합니다.
　　자기수련…… 산중에서 무릎이 썩는다는 소리를 들은 다음에 나와서 할 일을 해야 하겠다는 것입니다.[57]

56) 『피안으로 이끄는 사자후』, 202쪽.

스님들이 공부에 더욱 열중해야 합니다. 제가 수많은 불경들을 번역한 것도 교재를 마련하기 위한 작업의 일환이었어요. 공부를 하지 않고서는 불경의 의미를 제대로 깨달을 수 없지요. 여름 벌레에게 얼음애기를 할 수 없고, 우물안 개구리에게 바다 얘기를 할 수 없지요. 또 못난 선비에게 도(道)를 얘기한들 무슨 소용이 있겠어요. 결단하고 승려가 됐으면 모름지기 공부에 충실해야 합니다.[58]

우선 文理가 트이게 되니 불교를 바르게 이해할 수 있을 것이요, 또 동양 三敎가 대립이 아닌 대화로 융화될 수 있을 것이니 불교는 평화를 구축하는 원동력이 될 것입니다.[59]

내가 바라는 것은 누구든지 배울 수 있는 불교 교재가 있어야 한다는 것이지요. 절 집안의 몇 사람을 위하는 것이 아니고 그럼 무엇이냐? 삼천만 오천만 국민의 교재로 성인의 말씀을 채택하자는 겁니다.[60]

나는 화엄경을 우리 민족의 교전(敎典)으로 삼았으면 한다. 각급 교육 기관에서 정도에 따라 경전을 분류하여 배우게 하면 어려울 것이 없다고 본다. 화엄에 의하여 민족이 자각하고 정화된 정신으로 각성운동을 전개한다면 모든 성취는 자연히 그 안에 있을 것으로 생각한다.
나는 우리의 지혜스러운 청년들에게 이 법(화엄)을 가르치고 싶다. 그래서 진리에 의한 평화, 번영의 국토를 이 땅 위에 실현하고 싶다.[61]

탄허는 자기의 그 원력, 고난, 불사의 근본을 1차적으로는 승려들의 자기정립, 수행 및 공부에서 찾았다. 그는 한국 및 동양 사상의 근간인 불교를 이끄는 승려들의 자질부족, 명리탐착, 세속생활에 경도, 종권추

---

57) 위의 책, 235쪽.
58) 위의 책, 265쪽.
59) 위의 책, 203쪽.
60) 위의 책, 237쪽.
61) 『방산굴법어』, 87쪽.

구 등을 비판하였다. 이런 현실에서는 불교의 부흥 및 동양정신의 재기는 불가하다고 보았다. 그래서 탄허는 승려들이 공부를 할 수 있는 재료, 여건을 제공해야 된다고 보고 그를 실행에 옮겼다. 그러나 탄허는 승려들의 공부하는 것에서만 그의 원력을 찾지 않았다. 그는 동양의 유불선이 융화될 수 있다고 보고 그 토대는 불교에서, 화엄사상에서 나와야 한다고 주장했다.62) 화엄사상에63) 의해 평화와 번영의 국토를 만들려고 했다. 그렇기 때문에 그는 자신이 번역한 교재가 삼천만 민족의 교재로 사용되어야 한다고 주장했다. 이런 전제에서 탄허의 종교관은 종교적인 차원에서 사회, 국가, 정치의 범주까지 그 범위가 확장되었다.

탄허의 시대인식은 한국이라는 사회, 한국민족이라는 테두리에 있었지만 점차 동양사상 차원으로 확대되었다. 그래서 탄허는 종지를 찾는 학문을 해야 하고, 불교 및 동양사상이 중심되는 새로운 미래를 이끌어 갈 인재양성을 강조하였다.

> 종지(宗旨)가 없는 학문은 죽은 학문이다. 오늘날 세속의 모든 학문은 생활 수단으로써는 그 가치가 인정되지만 구경(究竟)의 진리는 나타내지 못하고 있다. (중략)
> 이것이 불교의 학문과 세속 학문의 차이이다. 수행자로서 종지(宗旨)가 없는 학문을 배우는 일은 삼가야 할 일이다.64)

---

62) 탄허는 유불선 회통을 주장하면서도, 불교 중심·불교 우위의 입론에 서 있었다. 이러한 사상적 특이성은 별도로 고찰되어야 한다. 탄허는 김일부, 강증산도 유불선의 통합을 주장하면서 큰집을 불교에 두었다고 하였다. 『피안으로 이끄는 사자후』, 182쪽.
63) 탄허의 화엄사상은 보다 심층적으로 접근할 필요성이 있다. 그는 "우주 만유와 나와, 마음과 이 전체가 총진리화 되어버린 것, 그것이 화엄경의 도리"라 하였다. 『피안으로 이끄는 사자후』, 180쪽.
64) 『방산굴 법어』, 124~125쪽.

그건(필자 주, 도의적 인간 양성을 위한 교육) 동양사상의 정수인 화엄
사상 뿐입니다. 그러나 아쉬운건 화엄사상을 펼쳐 나갈 오늘의 원효나 의
상대사가 없다는 것입니다. (중략)

그러니까 화엄학의 결론은 화엄학 이하에서는 말세중생(末世衆生)은
성불 못한다는 말이 나오지만 최고학설인 화엄학에 가서는 다 성불할 수
있다는 것입니다. 그리고 본체의 진리를 깨닫고 이를 행동으로 실천하는
것을 교시한 경이 바로 화엄경입니다.[65]

도의적인 인물이란 정치가나 경제인이나 종교인이나 사회적인 인물
등이 인간 양심에 따라 행동함을 말하는데 이제 우리는 미래의 문제를 걱
정하기에 앞서 어떻게 하면 도덕적 인격을 함양하여 도의적인 인간이 되
느냐 하는 걱정을 하는 시점에 다가 왔습니다.[66]

탄허는 종지가 있는 학문을 강조하였다. 종지가 있는 학문은 진리에
바탕한 것이다. 그렇기 때문에 종지가 있는 학문은 보편성을 갖는데, 그
는 불교 및 동양사상을 바로 이해하는 것을 첩경이라고 보았다. 나아가
서 그는 불교 및 동양사상을 교육시켜 사회 및 인류를 바로 이끌어 갈 수
있는 도의적 인재를 길러내야 한다고 주장한다. 이런 입론하에서 탄허는
도의적 인재양성을 위한 교육제도의 혁신에 관심을 기울였다.

그러므로 교육상의 문제를 고쳐야 합니다(스님이 번역하신 화엄경을
가리키며). 이것이 오대산에서 수도하면서 했다고 하지만 삼천만의 교재
로 집필한 것입니다. 이걸 대학원 교재로 한다면 고등학교에서나 중학교
에서 좀 더 기초적인 것을 안 다룰 수가 없지요. 모르면 대학원에서도 이
해를 못할 테니까요.[67]

그러니 초등학교에서부터 대학교까지 종교과목을 두어 온 국민이 종교

---

65) 『부처님이 계신다면』, 205~206쪽.
66) 위의 책, 134쪽.
67) 위의 책, 156~157쪽.

를 생활화 해야 합니다. 말하자면, 국민들에게 어릴 때부터 불교의 화엄학, 기독교의 산상수훈, 유교의 충효일치 사상을 가르쳐야 하는 것입니다.[68]

여기에서 탄허는 그가 구상한 사회 및 국가의 종교교육을 실행에 옮기기 위한 정치적인 차원에서 '불교적'인 정치, '도의적' 정치가 구현될 수 있는 방안까지 제안하였다.

그래서 내가 요구하는 것이 비구승 열명보다 불교인 정치가 한 사람을 더 요구하는 것입니다. 불교인으로서 정치가가 나와야 우리가 바라는 일이 추진될 수 있을 것입니다.[69]

무엇이든지 혼자는 어려운 것입니다. 둘이 손을 잡고 맞잡아야 할 수 있는 것입니다. 그래야 국가, 사회, 종교도 다 발전합니다.
그러니까 교정일치이지요. 교정일치가 되어서 서로 손을 맞잡고 나가야 혁신이 가능합니다. 둘이 손을 맞잡는다는 것은, 어느 한쪽만을 위해서가 아니라 둘이 다 발전하기 위해서 서로 필요하다는 것입니다.[70]

종교의 본질은 이론도 아니요, 조직도 아니요, 권력도 아니다. 인격 완성과 무관한 종교적 요소가 범람하는 현실의 종교계 정화작업이 급격히 일어야 할 것이다. 그러나 이것은 종교 단독으로는 큰 수확이 없을 것이다. 정치와 손을 잡을 때만이 가능하다.[71]

이렇게 탄허는 그가 구상하였던 방향으로 사업 추진과 화엄사상의 구현을 위해서는 불교인의 정치가가 나와야 하고, 교정일치가 되어야 한다고 주장했다. 그래야 종교와 정치가 발전하고, 종교계 정화작업이 가능

---

68) 위의 책, 195쪽.
69) 위의 책, 162쪽.
70) 위의 책, 197쪽.
71) 위의 책, 59쪽.

하다고 보았다. 그리고 나아가서 탄허는 정치의 기강이 세워져야 한다고 보았다. 그 기강은 역사의식의 구현, 국민을 위한 철학의 성립, 인간을 존중하는 종교적 신앙심의 정립으로 인식하였다.[72] 그럴 때만이 종교가 철학 및 역사의식을 정치분야에 제공할 수 있다고 주장하였다. 그러면 자연스럽게 동양사상이 부각되고, 종교가 중심이 되는 새로운 도의사회가 된다고 강조하였다. 탄허는 자각하는 것을 종교의 개념으로 보았고,[73] 종교는 성인이 최고의 진리를 중생에게 보여서 효도를 먼저하고 학문을 뒤에 하는 것이라는[74] 입장도 피력했다. 그러나 1980년 무렵, 탄허 종교관의 본질은 사회도덕의 실천을 가르치는 차원으로 귀결되었다.

> 종교야말로 썩어가는 대사회의 정화를 위한 절실한 소금이며 인류사회를 떠받치고 있는 근원적인 도(道)를 지켜줄 수 있는 최후의 보루인 것이다.[75]

> 오늘의 종교는 내세의 영혼 구원이나 자신의 수도만에서의 만족을 벗어나 적극적으로 사회교화에 임하는 자세가 필요한 것이다. 종교가 대체적으로 지향하는 신앙은 자신의 수도(修道)를 우선으로 하는 것이지만 현대사회처럼 종교윤리가 절실한 때도 일찍이 없었다.[76]

> 새로운 도의 사회는 종교가 중심이 된 사회다. 도덕의 실천을 가르치는 것이 종교다. 인간이 인간다와지고 사회가 정화되어질 것이다.[77]

탄허는 이렇게 종교가 사회정화를 위한 소금, 인류의 근원적인 도를

---

72) 위의 책, 61~63쪽.
73) 위의 책, 186쪽.
74) 위의 책, 187쪽.
75) 위의 책, 99쪽.
76) 위의 책, 101쪽.
77) 위의 책, 63쪽.

지키는 최후의 보루라고 보면서 종교가 적극적인 사회 교화에 나서야 한다고 보았다. 그래서 그는 종교가 경제, 사회정화(정신기강), 윤리, 철학의 상위 단계에 있다고까지 강조하였다.

지금껏 도회지(사회)로 나온 1966년부터 입적한 1983년까지의 기간의 탄허 행적을 정리하고, 그에 나타난 시대인식을 살펴보았다. 이제 그를 정리하면서 탄허의 시대인식에 나타난 종교관을 정리하겠다. 도회지로 나온 1960년대 중반 무렵의 탄허의 시대인식은 민족주의에서 기초하였다. 즉 민족불교적인 가치관이다. 이는 서양사상의 파급, 6 · 25전쟁의 후유증에서 비롯된 민족적 자괴감, 동양사상의 퇴진, 그리고 불교 승려의 자질 부족 등이 어우러진 산물이다. 그래서 탄허는 그런 현실을 극복하기 위한 원력으로 화엄경을 비롯한 승려교육에 필요한 불교 경전의 모든 것을 번역하였다. 그리고 불교 및 화엄사상을 이해하기 위한 기초교재인 주역, 장자, 도덕경까지 번역하였다. 여기에서 그는 국민들의 자기 정립을 강조하면서, 종교(불교)는 국민의 도의교육을 담당해야 한다고 보았다.

그의 이런 지성은 그가 입적하였던 1980년대 초반까지 지속되었다. 그런데 1970년대 중반 탄허는 산업화 사회로 진입하면서 나온 인간성 상실, 도덕 및 윤리의 파탄, 종교계의 자기 역할 방치, 불교의 쇠퇴 등이 노정되는 현실을 직시하고 더욱 더 국가 및 사회의 위기의식을 가졌다. 그래서 탄허는 국민적 자각, 종교의 생활화, 종교와 정치의 일체화, 사회의 모든 가치관(정신, 윤리, 철학 등)을 지도하는 역할을 종교가 해야한다고 주장하였다.

6. 결어

맺는말은 지금껏 본론에서 살핀 제반 내용을 중심으로 탄허의 시대인식과 종교관을 대별하여 제시하고, 추후 이 분야 연구 주제를 제시하는 것으로 대하고자 한다.

첫째, 탄허의 시대인식의 초점은 민족의식이었다. 그는 입산하기 이전부터 부친의 이력(종교운동, 민족운동)에서 배태된 정치의식을 지니고 있었다. 그러나 당시는 일제하이었기에 그의 민족의식, 정치의식은 억압되었다. 그러나 그때 지니고 있었던 민족의식은 입산 이후부터 입적할 때까지 갖고 있었다. 그의 앞에는 식민지 불교, 민족의 분단, 민족의 갈등(6·25), 민족자각의 흐름, 민족정신의 후퇴 등이 전개되었지만 그는 민족적인 의식을 입적할 때까지 내려놓지 않았다.

둘째, 탄허의 현실인식, 시대의 인식에 있어서 또 다른 화두가 된 것은 구도이었다. 그는 입산 이전 유학, 노장학을 배우면서 구도의 열정을 불태웠다. 그가 찾았던 도는 책, 문자에 갖힌 도가 아니라 현실 및 역사 속에서 생동할 수 있는 도이었다. 그래서 그는 생동적인 도를 찾기 위해 오대산 한암회상으로 왔다. 입산 이후에는 불교에서의 도를 찾았고, 그를 통해서 노장학의 도를 얻을 수 있었다. 이로써 그는 유불선 회통을 통한 도를 찾았다. 그러나 그에게 있어서 도는 유불선 회통하면서도 어디까지나 불교가 우선하는, 불교가 중심이 되는 개념이었다.

셋째, 탄허의 종교관은 이와 같은 민족의식, 구도의 바탕에서 나왔다. 우선 그의 종교관은 처음에는 단순한 도의 개념에서 출발하였기에 단순하고, 개인적인 차원에 머물렀다. 그러나 유학, 노장학, 불교로 이어졌던 그의 학문과 철학, 사상의 공부가 깊어지면서 그의 종교관은 폭이 넓어지고, 심화되었다. 그 결과 그의 종교관은 처음에는 개인, 사찰, 종단 차원에서 사회, 국가, 민족, 동양, 인류 등으로 외연이 확대되어 갔다. 이는 개인적인 차원의 수행 단계에서 사회, 국가 등의 공동체적의 발전 및 평화 단계로 전환되었음을 말하는 것이다.

넷째, 탄허의 종교적 특징은 종교의 개념과 내용이 증대되면서 실천적 대안이 추진되었다는 것이다. 예컨대, 오대산수도원, 영은사수도원을 통한 인재양성과 화엄경을 비롯한 수십여 권의 불경 및 유학·노장학의 번역 출간을 통한 교재 제공은 그 실례이다.

다섯째, 그의 종교관의 특징은 그 사상적 저변에 화엄사상이 각인되었다는 것이다. 탄허사상의 핵심인 화엄사상은 그의 종교관에도 투영되었다.

여섯째, 탄허는 종교를 종교적인 차원을 넘어서는 확장을 의도하였다. 종교(불교)가 사회 및 국가의 도의교육, 사회교육, 윤리교육까지도 담당해야 한다고 강조하였다. 여기에서 그는 종교와 정치의 일체성을 주장하였다. 심지어는 정교일치, 왕도정치를 발언하였다. 여기에서 탄허의 정치지향, 정치성이 노정된다. 요컨대 말년의 탄허는 종교가 국가, 사회의 모든 것을 지도 감독해야 함을 주장하였다. 이는 탄허의 종교관이 정치사상의 의미까지 지님을 말하는 것이다.

지금껏 필자가 생각한 탄허의 시대인식과 종교관을 제시하여 보았다. 이는 하나의 주장이라고 볼 수 있지만 탄허 연구에 디딤돌이 되리라 본다. 이에 대한 비판과 의견 개진을 기다린다. 추후 이런 주제와 연관된 후속 연구에서는 탄허사상의 정체, 탄허사상의 변화, 탄허와 조계종단의 상관성, 탄허 사상의 전승을 분석해야 할 것이다. 그리고 무엇보다도 탄허의 자료, 육성증언, 간접증언 등 다양한 자료를 수집하여 탄허연구의 지평을 넓히는 것이 급선무라 할 것이다.

한국종교연구협회의 설립과 이능가
−한국 최초의 종교간 대화의 역사 찾기

1. 서언

최근 한국 사회의 내부를 격동케 한 종교 문제가 있었으니 그는 종교편향이었다. 그래서 종교편향의 문제는 정치, 사회, 종교 분야에서 강력한 이슈로 떠올랐다. 이는 정권의 주체세력에 기독교 인사가 다수 포진하고, 그로부터 종교간 편향, 차별, 갈등이 등장하고 있음을 우려한 것에서 시작되었다. 비록 그 문제에 광우병 해결을 위한 촛불집회의 연장선상이라는 정치적 성격, 그리고 경찰의 조계종 총무원장 불심검문이라는 우발적 사건에서 촉발된 불교계의 분노가 개재되었지만 그 저변에는 한국사회 내부에 종교간 갈등이 상당함을 역설적으로 보여주는 것이다.

이런 과정에서 불교계는 2008년 8월 27일 시청광장에서 대규모 집회를[1] 개최하여 종교편향은 국가적 차원의 문제임을 주장하고, 정치권이 그 해결에 적극 나서야 한다고 강조했다. 당시 불교에서 주장한 구호가 종교차별, 헌법파괴이었음에서 그 사태에 내재된 성격의 일단을 파악할

---

1) 그 대회는 헌법파괴 종교차별 이명박정부 규탄 범불교도대회이었는데, 승려와 신자 등 20여 만명(경찰추산 6만명)이 모였다.

수 있다. 그래서 정치 분야에서는 그에 대한 문제를 법으로 해결, 완충, 조율하겠다는 목적으로 그 관련 입법을 추진하였다. 그리고 종교 분야에서는 그 문제가 야기된 배경, 성격, 해소방안 등을 놓고 다양한 해석, 전망을 하는 학술적 접근을 가졌던 것이다.

그러나 종교간 혹은 종교와 국가 간의 갈등은 단순히 법으로만 해소될 성격은 아니라고 보여진다. 그것이 나오게 된 이면에는 지난 100년, 근현대 역사의 파란만장한 각 종교 역사의 굴곡이 담겨 있다. 때문에 종교편향, 종교갈등에 대한 총체적 정리, 해석은 간단하게 접근할 수 있는 것이 아니다. 동시에 종교간 갈등, 대립을 해소할 수 있는 방법도 법으로만 해소될 것도 아님은 자명한 것이다. 종교 간의 갈등해소, 종교평화를 유지하기 위해서는 종교 간의 대화, 타 종교의 이해, 공동체 의식의 긍정, 종교성 본질 추구 등이 전제되어야 할 것이다.

그런데, 필자는 한국 현대불교사에 대한 탐구를 하면서 본 고찰과 유관한 역사의 흔적을 찾을 수 있었다. 그는 1960년대 초기 조계종단 사무처장이었던 李能嘉(1923~)에2) 의해 발의되어, 1965년 12월에 발족된 韓國宗敎硏究協會의 역사를 말한다. 발족된 한국종교연구협회는 종교 간의 평화를 유지하기 위한 목적으로 종교 간의 친목과 이해를 구현하는 활동을 전개하였다. 이 협회는 발족이후 수십 년간 지속되었지만, 그 내적으로는 많은 우여곡절을 겪으면서 현재에 이르렀다.3)

---

2) 그의 이력은 다음과 같다. 일제하 일본 와세다 대학 졸업, 경주공고 교감, 1950년 범어사 입산, 불교정화운동 주도, 조계종 사무처장, 재일 조계종 관장, 범어사 주지, 동산문도회 문장 등이다. 1960년대 당시로서는 조계종의 엘리트 승려이었다. 현재는 범어사 내원암 및 소백산 백산선원(토굴)에 주석하면서 수행중이다.

3) 한국종교연구협회의 변천, 지속, 계승의 문제는 추후 자료에 의거하여 정리, 연구되어야 할 것이다. 이 협회는 1966년 12월, 제2차 총회에서 한국종교인협의회로 단체명을 바꾸었으나, 1970년 초에는 한국종교협의회로 전환되고, 1988년 2월에는 한국종교협의회로 개칭하여 활동하고 있다. 윤이흠, 「한국종교연합운동의 어제와 오늘」, 『한국사회와 종교』, 한국종교협의회 편, 신명출판사, 1989, 123쪽;「한국 宗敎協會

이에 본고찰에서는 한국종교연구협회의 발의를 주도하고 초대 대표를 역임하였던 이능가의 고뇌, 종교관, 종교 대화에 대한 철학 등을 소개하면서 한국종교연구협회의 출범 과정을 정리하려고 한다. 이러한 내용의 정리는 최근 사회 문제화 되고 있는 종교간 갈등의 해소의 방향을 수립함에 시사를 줄 수 있을 것으로 보인다. 나아가 필자가 정리하는 내용은 한국 현대의 불교사 및 종교사 분야의 지평 확대에도 기여할 것으로 기대된다. 한국종교연구협회의 사업 전개 등 본격적인 활동 등 본고찰에서 다루지 못한 미진한 측면은 지속적인 연구로 보완해 나가려고 하거니와 제방의 눈 밝은 선지식의 질정과 비평을 기다린다.

2. 한국종교연구협회의 창설

각 종교계 대표들이 종교간 평화 유지, 종교간 대화의 목적을 갖고 설립한 한국종교연구협회는 1965년 12월 21일의 창립총회를 통하여 출범하였다. 그런데 이 창립은 1965년 10월 18~19일 「종교인의 공동과제」라는 주제하에 크리스찬 아카데미 주최로 개최된, 한국 6대 종교 대표 심포지움에서 발단이 되었다. 한국 종교간 대화운동의 효시로 이해되는[4] 그 심

창립, 會長 崔月山스님 宗派간 派閥意識 우려」, 『동아일보』 1970.2.25.
　　현재 종교연합운동을 하는 단체는 통일교가 종교협의회에 가입, 주도한 것에 불만을 갖고 탈퇴하였던 기독교, 천주교 측이 주도하여 1986년도에 새롭게 설립된 단체(7대 종단 연합체)로 한국종교인평화회의(KCRP)가 있다. 그리고 1998년에는 종교지도자협의회(문화관광부 법인 등록)도 새롭게 등장하였다.
4) 『한국종교인평화회의 20년사』, 한국종교인평화회의 20년사편찬위원회, 2006, 40쪽. 그런데 변진홍은 「한국사회의 종교 공존과 종교협력운동」, 『종교연구』 56, 2009, 12쪽의 각주 24에서 1965년 4월, 박종홍, 윤성범, 이기영, 백세명, 황온순 등이 round table형식의 모임을 가졌다고 지적했다. 그러면서 그는 이능가가 1964년부터 종교간 대화의 필요성을 설득하는 노력을 하였다고 부연하였다. 이에 대해서는 윤이흠, 「종

포지움에 참가한 각 종교 대표는 다음과 같다.

> 불　　교 ; 이능가(조계종 총무원사무처장), 김운학(조계종 총무원사회국
> 　　　　장), 서경수(동국대 교수), 박성배(동국대 교수), 이기영(동국대
> 　　　　교수), 이규대(교우사 사장)
> 원불교 ; 황온순(한국보육원장), 이운권(원불교 서울사무소대표), 이공
> 　　　　권(원불교 정화사무처장)
> 유　　교 ; 유승국(성균관대 교수), 유정동(성균관대 교수)
> 천도교 ; 백세명(천도교 중앙총부 종무위원), 김경태(천도교 중앙총부
> 　　　　종무원장), 조기주(천도교 교화관장)
> 천주교 ; 박양운(카톨릭대 교수), 박도식(카톨릭시보 논설위원), 김몽은
> 　　　　(대방동 대교주)
> 기독교 ; 김재준(한국신학대 명예교수), 강신명(새문안교회 목사), 유동
> 　　　　식(감리신학대 교수), 김동수(성광교회 목사)
> 기타 대표 ; 김용구(한국일보 논설위원), 채기은(크리스찬신문사 편집
> 　　　　국장)5)

　　이상과 같은 종교인들이 서울 광진구 광나루에 위치한 용당산 호텔에
서 종교 간의 대화, 종교계 공동 활동을 놓고 심포지움을 개최하였던 것
이다. 그 정황은 아래의 기록을 통하여 파악할 수 있다.

> 韓國 「크리스찬.아카데미」가 주최한 「韓國 諸宗敎의 共同課題」에 대
> 한 국내 6대 종교 대표의 「대화」가 18.19일 이틀에 걸쳐 龍堂山 「호텔」
> 에서 열렸다. 우리나라에서 처음 종교 각계의 대표 20여 명이 한자리에
> 모여 「共同의 廣場」을 마련한 이 토론회는 李能嘉스님(佛敎), 黃溫順여사
> (圓佛敎), 柳承國교수(儒敎), 李養雲신부(카톨릭敎), 白世明씨(天道敎), 金

　　교다원주의에 대한 경험적 접근－한국 종교대화운동의 역사적 고찰을 통하여」, 『종
　　교 다원주의와 종교윤리』, 집문당, 1994 참조.
5) 『종교계』 창간호(1965.12), 60~61쪽.

在俊목사(프로테스탄트)가 자기 종교를 대변한 發題 강연에 이어 社會 參與, 信仰의 自由 등 7개 항에 걸친 대화를 나누었다.[6]

그런데 종교인의 대화는 규모에 있어 퍽 단출하였고, 장소도 都心을 떠나 광나루의 한 호텔 龍堂山 호텔에서 열리었으며 東亞日報가 「한국 제종교의 공동과제－六大宗教 대표가 모인 討論에서－」라는 타이틀로 이를 크게 보도해주었을 뿐 그다지 社會의 耳目을 집중시키지 못했지만, 우리는 그 단출한 이틀 동안의 對話에서 「하나의 세계」를 향한 더 알차고 보람있는 무엇을 다 같이 느끼게 되었음을 分明히 알 수 있었다.

우리 나라에서 처음 宗教 각계의 대표들이 한자리에 모여 「共同의 廣場」을 마련한 이 심포지움은 크리스챤 아카데미 代表 姜元龍博士의 인사에 이어 李能嘉스님(佛教), 黃溫順여사(圓佛教), 柳承國교수(儒教), 李養雲신부(카톨릭教), 白世明선생(天道教), 金在俊목사(프로테스탄트)가 차례로 행한 發題講演으로 開幕되었다.[7]

심포지움은 강원룡의 인사에 이어 각 종교 대표급 성직자들의 개별 발제로 이어졌던 것이다.[8] 당시 그들은 대표 발제자들이 개진한 내용에서 중요 주제를[9] 다음과 같이 정하고, 이에 대해서 집중적으로 토론하였다.

① 한국 정신풍토 조성과 종교의 민족적 구심력 문제
② 종교의 사회 참여 문제
③ 국가권력과 신앙의 자유 문제
④ 사교 · 미신 타파와 빈곤 타파 문제

---

6) 「韓國 諸宗教의 共同課題, 6大 宗教代表가 모인 討論에서」, 『동아일보』 1965.10.21.
7) 이공전, 「한국종교인들의 대화의 광장－6대종교대표 심포지움에 다녀와서」, 『종교계』 창간호, 85~86쪽.
8) 그런데 각 종교인들의 발제 제목 및 내용은 자세히 알 수 없다. 불교측 대표인 이능가의 발제는 「불교의 安心立命」으로 전하지만 여타 대표들의 제목은 파악하지 못하였다.
9) 위의 『동아일보』에서는 대화의 주제가 7개 항에 달하였다고 하였다.

⑤ 대화의 계속 문제

이상과 같은 주제는 추정하건대, 각 종교 대표자들이 개별 발제를 마친후, 그 발제에서 나온 위의 주제를 정하고, 그 연후에는 위 개별 주제를놓고 토론, 의견을 개진한 결과로 보인다. 위의 7개 주제를 놓고 오고 간토론의 내용의 전체는 구체적으로 파악하기 힘들다. 그렇지만 당시 그 심포지움에 참가해서 그를 정리한 참관기가 전하고 있으며, 더욱 자세한 내용은 그 협회의 연구지로 출범한 『종교계』 창간호(1965.12)에 수록되어[10] 있다. 여기에서는 참관기에 전하는[11] 각 주제 내용을 소개한다.

① 한국의 정신풍토 조성과 종교의 민족적 구심력 문제
한국 역사에 있어 구심적 역할을 해 온 불교나 유교가 서구 문명의 침입과 함께 그 권위를 잃고 신참 종교들은 아직 민족의 생활 속에 깊이 파고 들어가지 못했음을 시인하고 각 대표들이 그 원인을 여러모로 구명한다음 우리대표 이운권선생은 「우리 모든 종교인들이 먼저 자아를 완성하고 마음을 개혁하며 자주력을 확립하고 愿으로써 結緣되어야 한다는 것을 자각해야만 이 나라에 정신풍토도 조성되고 우리 종교들이 민족의 구심력 역할을 하게 될 것이다」라고 결론지었다.

② 종교의 사회 참여 문제
각 종파의 사회 정책 설명이 있었고 이른바 계급을 파고 드는 산업 전도의 필요, 국가 사회 문제에 종교들이 집단적 의사 표시의 필요, 적극적교화운동의 필요 등이 역설되었는데, 필자는 이 문제에 대해서 「종교가사회를 떠나 존재하지 않는 이상 종교로서는 이미 사회에 참여해 있는 것이고 여기서 문제되는 것은 종교집단으로서의 참여 문제와 종교 개개인

---

10) 그는 『종교계』 창간호, 74~84쪽에 「6대종교인의 대화」라는 주제하에 그 토론 내용을 대략 2쪽에 걸쳐 요약한 것이다.
11) 그는 위의 자료, 86~88쪽에 전한다. 이를 기고한 李空田은 원불교 正化社 사무장이었다.

으로서의 참여문제가 주로 논의될 점인 듯 하다. 그런데 과거 3·1운동과 같은 민족적으로 막다른 큰 문제가 아닌 정당들이 쟁점이 된 정치 문제 등에 종교교단이 과열 또는 경솔한 의사 표시를 하는 것은 범사회의 지도 위치에 있는 종교로서 극히 삼가야 하겠고, 각 종교가 안으로 그 신자들을 더욱 잘 훈련시켜서 신자들이 각기 자기 분야에서 알차게 자기 종교를 활용하도록 지도하는 것이 더 중요할 것이다」라고 말하고 원불교 4대 강령의 하나인「佛法活用」과「佛法은 물 쓰듯이 활용되어야 한다」는 應山선생의 말씀을 인용 설명하였다.

③ 국가의 권력과 신앙의 자유 문제

일부의 발언에 있어서는 이 문제의 논의가 절실히 필요한 시점에서 종교계가 놓여 있는듯이 비치어졌고 순교 정신의 필요도 이야기 되었으며 세칭 비구 대처승 간의 불교분쟁에 정부가 개입한 일 등이 화제에 오르기도 하였으나 그것은 질에의 간섭이 아니고 양에의 간섭이라는 해명으로 일단락되고, 정치와 종교의 우호관계의 필요가 역설되었으며 필자는「신앙의 자유는 헌법이 보장한 기본 자유의 하나인데 이 점에 문제가 생기는 것은 종교계만의 문제가 아닌즉 여기에서의 논의는 잠시 보류하고 우리 종교들이 자체안의 문제를 자체 안에서 해결 못하고 국가 권력에 폐를 끼쳐서 부자유를 초래하게 되는 사례와 종교 집단이나 종교 지도자가 자칫 권력 잡은 이에게 어용되어 스스로 자유를 더럽히는 사례 등에 우리들의 반성과 각성을 더 필요하지 않겠느냐」고 말하였다.

④ 사교와 미신 타파와 빈곤 타개문제

이 문제에 대해서 무엇을, 어디까지를 邪敎라, 미신이라 할 것이냐 이것은 기준잡기가 어려운 것으로 이야기 되었고 모든 종파들에게 양성적으로 포교케 할 필요가 역설되었으며, 우리 대표 이운권선생은「종교의 역할은 비유하자면 慈母의 역할 같은 것인데 자모중에는 그 道에 충실한 이도 있을 것이고 못하는 이도 있을 것인즉 자모는 자모의 도만 다하고 正邪 善惡은 그 자녀들이 성장한 후 판정하도록 맡겨 두는 것이 우리로서 올바른 자세가 될듯하다」고 발언하여 주목을 끌었다.

이 대화에서는 또한「미션」계통의 학교 채플시간에 각기 다른 종교를 가진 학생들의 입장을 고려한 학사 행정이 아쉽다는 의논과, 동양에 있어서의 제사는 이것이 우상 숭배의 행사가 아니고 하나의 추모 행사 또는 敬先崇祖하는 예의에 불과한 것이니 서양 종교들의 이 점에 대한 너그러운 견해의 실행이 아쉽다는 의논이 교환되어 동서 종교 간의 벽을 트는 데 몇가지 좋은 계기가 마련되기도 하였다.

빈곤의 해결 문제와 부정부패의 일소문제는 예정시간의 촉박으로 자상히 대화되지 못했으나 우리 대표 황온순 여사는 자립정신의 양성과 주체의식의 확립이 이 문제의 해결에 기본 조건이 된다고 말하였고, 김운학 스님은 인과사상의 주입이 필요하다고 말했으며 카톨릭측에서는 원조물자의 개발 사업방면에의 활용이 설명되었고, 유교측에서는「富와 均이 병행되어야 한다」고 말하였으며, 필자는「한국의 빈곤문제가 우리들의 대화에 문제되는 것은 한국의 빈곤에 대해 과거의 한국종교들이 책임질 점이 없느냐는 반성과 또한 이 빈곤을 해결하는데 우리 종교들이 어떤 방면을 공헌해야 되겠느냐는 방법론을 찾는데 그 뜻이 있을 줄로 안다」고 말하고「과거의 종교들이 정신생활에만 치중하고 세간생활에만 경시했으며 거개의 교역자와 종교인들이 놀고 먹는 폐풍에 젖어 있었으니 오늘날의 이 지상의 빈곤에 과거의 종교들이 한 부분의 책임을 크게 져야 한다」고 말한 다음「앞으로는 우리 종교인들이 앞장 서 생산적인 생활 자세를 시범해야 하고 일반 신도들에게 생활을 중시하게 하여 靈肉雙全의 해결에 기여해야 된다」고 강조하였다.

⑤ 대화의 계속 문제

참가자 모두가 그 필요함을 하나 같이 인정하였고 이 자리에서 바로「韓國六大宗敎聯合會」를 발기하자고 까지 나섰으나 결국은 우선 종교 敎團 單位로의 연합체 보다 앞으로「韓國 宗敎人 協會」같은 것을 만들어 뜻 있는 종교인들로서의 협의체를 만들어 대화의 共同廣場을 계속 마련하고 친선, 이해, 협조의 과정을 거쳐 그 경과를 보아 더욱 차원 높은 광장을 마련해 나가자고 의논되었다. 그리하여 6개 종교 대표들이 각각 연락 대표 한분 씩을 선정하여「韓國宗敎人協會」발기에 관한 모든 일을 위임하였다.

이렇듯이 종교간 대화를 위해 모인 성직자들은 위의 5 주제에 대해 심도 있는 토론을 하였다. 그러나 제한된 시간으로 충분한 토론과 결론의 도출까지는 이를 수 없었다. 이에 그들은 대화를 계속할 수 있는 틀을 만들기로 정하였다.

> 이제 이 전례없는 오늘의 우리 모임이 앞으로도 계속적으로 대화의 광장을 버리지 말고 새로운 생활종교의 기틀을 마련하고 민족건설을 이룩하기 위하여 한국 6대종교 대표자들로써 하나의 협의체를 구성해야 할 것이다. (중략)
> 이 협의체의 내용과 성격은 어디까지나 「아카데믹」에 중점을 두고 일정한 기간을 정하여 정례적 「세미나」를 통해서 우리 6대종교의 과제와 시대적 사명을 향상시키도록 한다. 정기적인 모임의 주최는 각 종교단체가 차례로 돌아가면서 모임을 주최하고 그 모임에 있어서는 토론 과제는 상설 연구기관에서 제시하도록 해야 할 것이다.[12]

즉, 협의체를 만들고, 정례적인 세미나를 개최하여, 종교 과제 및 시대적 사명을 증진시킬 수 있는 토론을 하고, 그를 통하여 종교간 대화를 지속하기로 정하였다. 이를 위해 연락 및 협의회 발기의 실무를 담당할 각 종교의 위원을 선정하기로 정하였다. 이 같은 결정을 하고 용당산호텔에서의 심포지움은 종료되었다. 심포지움 종료 이후 각 종교의 실무위원들은 모임을 갖고, 협의체 구성을 위한 준비에 박차를 가하였다. 이 사정은 그를 보도한 『동아일보』 기사에서 찾을 수 있다.

> 『相互理解와 親睦을 촉진하고 공동연구와 공동활동을 목적으로』 뜻 있는 宗敎人들은 「韓國宗敎硏究協會」(假稱)를 만들기로 하고 그 趣旨文과 規則의 草案을 작성하는 한편 12월 17일에 우리나라 6大 종교에서 각

---

12) 위의 자료, 84쪽.

敎 10명씩 모여 創立總會를 열기로 결정, 그 준비에 바쁘다.

絶對性과 排他性이 그 生理인 宗敎가 상호이해와 공동 연구활동을 우리나라에서 처음 기도하는 이「韓國宗敎硏究協會」의 發想은 지난 10월 18, 19일「크리스챤 아카데미」가 주관한「韓國 諸 宗敎의 共同課題」에 대한 6대 종교는「對話」에서 싹 텄다(本誌 10월 21일자 참조). 그 자리에 참석한 各 宗敎界 대표들은 敎理나 信仰의 內容은 다를지언정 宗敎간의 共通性을 발견하고 그들이 힘을 합하여 수행해야 할 任務를 느꼈던 것이다. 여기에서 諸 宗敎의 연합세력을 구성해야 한다는 필요성에 의견을 모아 연락 간사를 뽑았다.

그후 매 토요일마다 회의를 거듭한 준비위원 7명. 김운학(불교), 이운권(원불), 백세명(천도), 박도식(천주), 유정동(유), 유동식(프로테스탄트), 김용구(세계문화자유회의 – 非宗敎人) 제씨는 김운학씨와 유동식씨를 規則 기초위원으로 뽑고, 그들이 작성한 취지문과 규칙을 지난 13일 통과시키는 한편「個人」자격으로 각 界 10명씩이 모여 12월 17일에 총회를 열기로 결정했다. 취지문에서『敎理와 組織을 달리함에도 ① 한국인으로서의 共同運命 아래 살고 있고 ② 永遠에 입각하여 現實을 救濟하자는 共同課題가 있음』을 지적한 同會는 전문분과로 硏究分委, 出版分委, 財政分委를 두고『相互理解와 親睦을 도모하며 공동연구와 책자발행을 계획』(김운학)하고 있다.

또한 各 宗敎의 獨立性과 同等性을 확립하기 위해 某 宗敎 財團의 경비 부담 제의를 거절하고 참가자 자신이 부담하는 한편 會長을 輪番制로 하도록 결정했다.13)

위의 기사 내용에는 당시의 활동 정황의 정보가 다수 있다. 각 종교측의 연락간사, 협의회 창립의 준비위원으로 활동한 대상자는 김운학(불교), 이운권(원불교), 백세명(천도교), 박도식(천주교), 유정동(유교), 유동식(개신교), 김용구(세계문화자유회의, 비종교인) 등 7인이었다. 이들은 매주 토요일에 모임을 갖고 제반 준비를 하였다. 그리하여 마침내 1965

---

13)「宗派를 넘어선 對話, 發足 서두는『韓國宗敎硏究協會』」,『동아일보』1965.11.18.

년 12월 13일에는 규칙 기초위원(김운학, 유동식)이 만든 규칙, 취지서, 운영 방침 등을 결정하였던 것이다. 그리고 창립 총회는 그해 12월 17일에 개최할 것도 정하였다. 이로써 창립에 필요한 모든 준비는 완료되었다.

이런 배경하에 마침내, 창립총회는 12월 21일 하오 2시, 여성회관에서 개최되었다. 창립의 준비 기간이 불과 2개월에 불과하였지만, 한국종교연구협회는 정상적으로 출범하였던 것이다. 그 총회의 개요를 전하고 있는『대한불교』의 기사를 우선 보자.

> 「한국종교연구협회」가 21일 창립되어 우리 종교사상 최초로 종교인 공동광장이 마련되었다. 불교, 유교, 천주교, 천도교, 개신교, 원불교의 6대 종교인들이 여성회관 강당에서 한자리에 모여 창립을 본「한국종교연구협회」는 각 종교인 간의 몰이해와 무관심 속에 오는 장벽을 허물고 오해와 배타 태도를 일소하여 종교인 공동의 이상인 현실을 구제하고 민족의 새 문화 창조에 이바지 할 것을 목표로 하고 있다. 각 교 대표 34명이 모인 이날 창립 총회서는 초대 대표에 이능가스님(불교)을 선출하고 상임위원 및 연구, 출판, 재정 삼 분과위원을 선출했다.
>
> 지난 4월 세계문화자유회의 한국본부 주최의 종교인 모임에서 싹이 움터 10월 크리스챤 아카데미 주최「한국종교의 공동과제」란 6대 종교인 세미나에서 구체적으로 각 종교인 간의 친목을 도모하고 공동과제의 연구 공동강연을 비롯하여 책자의 발간을 계획하고 있다. 이와 같은 활동은 한국 종교가 敎條나 상호 이해를 초월하여 함께 손잡고 새 문화 창조에 선구적 역할을 하게 될 것으로 기대가 크다.
>
> 이날 창립 총회는 개회, 국민의례, 경과보고, 의장선출, 회칙 통과, 임원 선출의 순으로 진행되었는데 김남현(불교 대한불교조계종 총무원 사회부장), 김진경(대한기독교연합회 총무) 兩氏는 축사에서「종교인의 대화가 이루어지고 공동의 목적으로 위하여 협력할 수 있는」同 협회의 창립은 한국 뿐 아니라 세계종교사상에 획기적인 일이라고 전제하면서 장차 인류 문화와 역사 창조에 큰 공헌이 있기를 바란다고 하였다.
>
> 또한 초대 대표인 이능가스님은 취임사에서「과거 각 종교간에 왕왕

있었던 질시의혹, 배타적 태토는 이 협회의 창립을 계기로 깨끗이 일소되게 되었다고 하면서 국민의 정신적 지도자인 종교인들이 함께 손잡고 웃는 낯으로 공동의 목표를 실현시켜야 할 것」이라고 하면서 각계의 성원을 요청하였다.

동 협회의 구성은 종교인과 종교학자로 되어 있는데 가입은 개인 자격으로 되어 있었다. 한편 재정은 회비, 찬조금으로 이루어져 있으며 본부는 서울에 두기로 되어 있다.[14]

여성회관에서 열린 창립총회는 개회, 국민의례, 경과보고, 회칙 통과, 임원선출 순서로 진행되었음을 알 수 있다. 한국종교연구 협회의 출범은 한국종교사상에서는 기념비적인 역사를 갖는 것이었다. 문제는 회칙 및 취지서에서 정한 내용을 얼마나 실천하느냐에 달려 있는 것이다. 그러면 여기에서 취지서와 규칙의 전모를 자료 소개 차원에서 제시하겠다.

「한국종교연구협회 창립의 취지」

유구한 한국문화를 뒷받침한 것은 종교인들이었다.

오늘날에도 한국에는 여러 종교들이 있어 우리들의 정신적 기둥이 되며 또는 문화건설에 직접 공헌하고 있는 것이다.

이 종교들은 교리와 조직을 달리 하고 있음에도 불구하고 거기에는 몇가지 공통점이 있는 것을 발견할 수 있다. 첫째 모든 종교인들이 비록 그종교는 달리 한다고 할지라도 한국인으로서의 공동운명 아래 살고 있다는 것이다. 둘째로는 한국의 모든 종교는 영원에 입각하여 현실을 구제하자는 공동 과제를 가지고 있다는 점이다.

따라서 각 종교 간에는 상호 이해와 협력이 응당 있어야만 할 것으로 믿는다. 그러나 현황을 보건대 거기에는 종교인 간의 몰이해와 상호 무관심 속에 유대를 찾을 길 없으며 때로는 무의미한 오해와 배타적인 우월감이 장벽을 이루고 있는 실정이다.

---

14) 「한국종교연구협회 발족, 종교사상 최초로 공동광장 6대종교 모여 출구를 모색」, 『대한불교』 1965.12.26.

세계는 바야흐로 그 존속과 문학 발전을 위하여는 하나가 되어 총동원하지 않으면 아니 될 것이다. 이 때를 기해 한국의 지각 있는 종교인들은 누차 협의회를 가진 바 있었다. 그 결과 우리는 상호 이해와 친목을 촉진하고 공동 연구와 공동활동을 목적으로 뜻 있는 종교인들이 모인 한국종교연구협회를 창립하기로 한다.[15]

「한국종교연구협회 회칙」

제1장 총칙

제1조 본 회는 한국종교연구협회라 칭한다.

제2조 본 회는 한국 종교인 간의 친목과 이해를 촉진하고 종교자유의 원칙하에 공동 과제를 연구하며 우리 사회 발전에 이바지함을 목적으로 한다.

제3조 본 회의 사무소는 서울특별시에 둔다.

제2장 구성

제4조 一. 본 회의 회원은 한국의 종교인과 종교학자로 하되 개인 자격을 원칙으로 한다.

二. 신입 회원은 기성회원 2인 이상의 추천을 얻어 상임위원회의 승인을 얻어야 한다.

제5조 본회 회원에는 정회원과 찬조회원을 둔다. 단, 찬조회원은 본 회의 취지를 찬동하는 인사로서 상임 위원회가 승인하는 자로 한다.

제3장 부서

제6조 본 회에는 다음의 임원을 둔다.

대표 1인

상임위원 9인

간사 1인

제7조 임원은 총회에서 선출하되 간사는 상임위원회에서 선출한다.

---

15) 「종교소식」, 『종교계』(1966. 3), 319쪽. 이 취지는 『한국종교인평화회의 20년사』 42쪽에도 나오는데, 여기에서는 「한국종교인협회 창립 취지」로 나온다. 그런데 기이한 것은 이 문건도 1965년 12월 21일로 나오고, 발기인의 명단이 첨부되어 있다. 하여간 이 문건이 언제, 어디에서 작성된 것인지는 자료 분석, 비판이 요청된다.

단, 대표는 본회 창립에 참가한 6개 종교별로 선출하고 그 임기
는 1년으로 한다.

제8조 본회 임원의 임기는 1년으로 하되 선거에 의하여 중임을 할 수
있다.

제9조 본 회는 고문 약간 명을 추대할 수 있다.

제4장 총회

제10조 정기총회는 매년 10월 중에 개최하고, 임시 총회는 3분의 1 이
상의 요청이 있을 때 개최한다. 총회는 대표가 소집한다.

제11조 총회는 재적회원 과반수의 출석으로 개최하고 출석 회원 과반
수의 찬동으로 의결한다. 단 회칙 개정시에는 출석회원 3분의
2 이상의 승인을 얻어야 한다.

제12조 총회는 다음의 사항을 의결한다.

　　一. 임원의 선출, 고문의 추대 및 전문위원회 구성

　　二. 회칙 제정 및 개정

　　三. 예산 결산의 심의 통과

　　四. 사업 계획에 관한 사항

　　五. 기타

제5장 상임위원회

제13조 상임위원회는 6개 종교별로 선출된 6인과 다음 전문위원회의
대표위원으로 구성한다.

　　一. 연구위원회

　　二. 출판위원회

　　三. 재정위원회

제14조 상임위원회는 재적위원 3분의 2 이상과 출석위원 과반수의 찬
성으로 의결한다.

제15조 상임위원회는 연 2회 이상 개최한다.

제16조 상임위원회는 다음의 사항을 의결한다.

　　一. 총회에서 위임받은 사항 二. 회원 입회의 승인 三. 회원의
징계사상 四. 간사 선출 五. 기타

제6장 사무국

제17조 본 회의 사무를 처리하기 위하여 사무국을 둔다.

제18조 사무국에는 간사 1인과 보좌 직원 약간인을 둔다.

　　단, 직원은 간사의 제청으로 상임위원회의 인준을 받기로 한다.

제7장 사업

제19조 본회는 회의 목적을 위하여 다음과 같은 사업을 한다.

　　一. 각 종교 간의 교류 二. 공동 연구 三. 공동 강연회 四. 공동
　　지 발행 五. 기타

제8장 재정

제20조 본회의 재정은 회비, 찬조금, 기타 수입으로서 충당한다.

제9장 부칙

제21조 본회의 회원으로서 본회의 목적과 회칙에 위배되거나 본 회의
　　명예를 손상케 하는 자는 상임위원회의 결의로 이를 제명할
　　수 있다.

제22조 찬조회원은 총회에서 발언권을 가질 수가 있고 결의권은 가질
　　수 없다.

제23조 창립총회 회원은 6개 종교에서 선출된 각 10명으로 한다.

제24조 본회칙에 명기되지 않은 사항은 통상례에 준한다.

제25조 본 회칙은 통과된 날로부터 시행한다.[16]

　이제는 위의 창립 취지서 및 규칙에 나온 이념과 운영의 대강을 구현
하기 위해 노력하였던 각 종교인들의 면모를 소개한다. 이들은 발기인,
총회 회원, 선출된 임원들이 바로 그들이었다.

「발기인」

불　교 : 이능가, 김운학, 이기영, 서경수

유　교 : 유승국, 유정동

천주교 : 박양운, 박도식, 김몽은

천도교 : 백세명, 김경태, 조기주

---

16) 『종교계』 창간호, 297~299쪽. 준비위원회에서 마련한 초안이 총회에서 원안대로
　통과되었다.

기독교 : 김재준, 강신명, 김동식
원불교 : 황온순, 이운권, 이공전

「창립 총회원」
불　교 : 이능가, 이행원, 고광덕, 김운학, 이기영, 홍정식, 박성배,
　　　　서경수, 박경훈, 이종익
원불교 : 이운권, 박장식, 박길진, 이공주, 황온순, 문동현, 이운석,
　　　　이공전, 김정용, 유성일
유　교 : 이상은, 이정호, 민태식, 조용욱, 주병건, 김수구, 유승국,
　　　　김익환, 유정동, 김선적
기독교 : 김재준, 홍현설, 강신명, 조광원, 박대선, 강원룡, 윤성범,
　　　　정하은, 김정준, 유동식
천도교 : 김경태, 백세명, 임문호, 장기운, 배호길, 조기주, 이우영,
　　　　표응삼, 곽훈, 이재순
천주교 : 김창석, 박양운, 박도식, 김몽은, 유봉준, 백민관, 김남수,
　　　　유홍일, 현석호, 김규영

「선출된 임원」
대　　표 : 이능가
상임위원 : 홍현설(기독교), 박양운(천주교), 백세명(천도교), 유승국
　　　　　(유교), 김운학(불교), 이운권(원불교), 이은석(출판위원장),
　　　　　유동식(연구위원장), 현석호(재정위원장)
연구위원 : 유동식(기독교), 임문호(천도교), 유봉준(천주교), 서경수
　　　　　(불교), 황온순(원불교), 김선적(유교)
출판위원 : 이은석(원불교), 정하은(기독교), 유정동(유교), 표응삼(천
　　　　　도교), 박도식(천주교), 박경훈(불교)
재정위원 : 현석호(천주교), 고광덕(불교), 문동현(원불교), 김청구(유
　　　　　교), 배호길(천도교), 조광원(기독교)[17]

---

17) 「종교소식」, 『종교계』(1966.3), 318쪽.

이상과 같이 선출된 임원은 취지서 및 회칙에 근거하여 종교 간의 친목을 통한 사회의 발전에 기여하는 종교가 되기 위한 행보를 갔다. 총회에서는 협회의 사업은 상임위원회와 각 전문위원회에 위임하기로 결정하였다. 그리고 기타안건이었던 민족 고유의 종교인 대종교 처리 문제는 상임위원회에 위촉하였다.[18]

이 같이 총회가 종료된 이후인, 1966년 1월 10일 종교계사 회의실에서 제1차 상임위원회가 개최되었다. 이는 협회가 정상적으로 가동되고 있음을 말해주는 것이다. 당시 회의에서 결정된 내용은 다음과 같다.

> 一. 사무국 간사로 유교측에 나온 연구위원인 김선적씨로 선임 결정하고
> 一. 사무소는 永韓빌딩 三層 宗敎界社 사무소에[19] 병설하기로 하다.
> 一. 금년도 사업 목표로써 「남의 종교 이해」를 완수할 것을 설정하고 구현책은 연구위원회에 위임하다.
> 一. 사업계획 및 예산 수립은 각 분위에 위임함.
> 一. 회원은 四十名을 추가해서 맞어 드리되 각 종단별로 五명식과 十名을 학자로써 배정하기로 함.
> 一. 고문 추대는 각 종단의 상징적 인물로 하기로 하다.
> 一. 大倧敎 처우 문제는 연구위원회에 위임한다.
> 一. 회비는 우선 년 三百원으로 정함.
> 一. 등록 관계는 사회 단체 또는 사단법인으로 등록토록 代表와 幹事에 일임하기로 하다.[20]

---

18) 대종교에 대한 세부 사정은 알 수 없다.
19) 그 주소는 서울시 종로구 1가 71번지, 한국종교연구협회(전화, 75-0369)이었다. 그런데 1966년 후반 경에 가서는 협회 사무실을 서울 종로 2가에 있는 한청빌딩 내, 문교슬라이드사 내의 방으로 이전하였다. 그 무렵 협회의 간사는 이신재이었다. 그 이전은 협회 대표인 이능가의 친구로서 협회 출범에도 참여한 이규대의 사업체(문교슬라이드사)이었던 연유에서 나온 것이다. 이상의 내용은 이능가와 당시 능가스님의 시봉이었던 선행스님의 증언을 바탕으로 한 것이다.
20) 「종교소식」, 『종교계』(1966.3), 319쪽. 이 내용은 조계종단의 기관지인 『대한불교』 1966년 1월 16일자에도 「今年을 「相互 理解의 해」로 韓國宗敎硏究協會」라는 제목

이상과 같은 상임위원회의 결정은 협회의 출범, 본격적인 사업에 즈음한 내용을 결정한 것을 의미한다. 즉 간사, 사무소, 사업 목표, 추진 방법, 회원 및 고문, 회비, 등록 등이 바로 그것이었다. 상임위원회가 열린 후, 10일 후인 1965년 1월 21일 협회 사무실에서 제1차 연구위원회가 개최되었다. 연구위원회의 결정 내용은 다음과 같다.

一. 과제 설정문제 차기 위원회에로 넘기기로 하다.
一. 상호 이해를 이룩하기 위하여 협회 주최로 각 종단별로 후원하여 교리 및 신앙생활과 사회 활동면을 이해하는 회합을 마련토록 하다. 그 순위 차는 불교 三월 천도교 五월 천주교 七월 원불교 九月 기독교 十一월 유교 내년 一월로 건의하도록 정하다.21)

연구위원회의 연구과제는22) 차기 위원회로 넘기고, 종교의 상호이해를 도모하기 위한 회합(공동연구회의)은 각 종교별로 거행하는 것으로 정하고, 그 순서도 정하였다. 그러나 이 결정은 협회의 본격적인 사업을 집행함에 있어서 약간은 미진한 측면을 내포하고 있었다. 그래서 협회는 1965년 2월 16일, 협회 사무실에서 제2차 상임위원회를 개최하여 사업 실행에 대한 보다 구체적인 방향을 정하였다. 이에 대한 내용을 제시하면 다음과 같다.

二月 十六日 오후 三시~五시 협회 회의실에서 (1) 각 분과위원회 계획사항 인준 (2) 법인 정관 심의 결정 (3) 고문추대 등 안건을 토의 결정하였다.
一. 1, 연구위원회 계획사항인 각 종단 별 후원으로 개최하기로 한 六대 종교 간의 「공동이해의 광장」에 대한 구체안을 인준하였고, 2. 동 연

으로 보도되었다.
21) 위의 『종교계』, 319쪽.
22) 이것은 각 종단 별로 주최하는 공동연구회에서 각 종단에 소속된 학자들이 연구하여, 발표하는 것으로 추측된다.

구위원회의 연구 과제 설정에 있어서는 종교교리 간의 공통점에 대한 면과 현실적인 공동과제 면의 양면을 병행토록 하게 한다는 방향을 의결하여 그 구체적인 연구를 하도록 위임하였다.

　3. 출판위원회의 계획사항인 협회회지 발간에 있어서는 「宗教界」誌에 協會報를 실리는 동시에 각 종단이 가지고 있는 기관지에 보도하도록 할 것을 인준하고 4. 동 출판위원회가 六大 종단의 개별 후원으로 개최될 「공동 이해의 광장」에 있어서는 연구된 내용을 모아서 단행본으로 출판키로 한 것을 인준하였다.

　5. 재정위원회에서 계획사항에 있어서 회비에 대하여는 종단 소속별로 재정위원의 책임 밑에 상임위원과 협의하여 그 염출의 방법을 일임하기로 하고 종단소속별 할당액을 금년에 한하여 三萬원을(三월부터 十二월까지) 주선하여 증납키로 하였고, 6. 「공동이해의 광장」 주최에 있어서의 비용은 六대종단별로 그 당해 순번에 있어서의 종단에서 부담토록 제의하여 시행키로 하였고, 7. 기타 사업 및 비품비용은 제 찬조 및 후원을 얻어 충당키로 결정하였다.

　二. 안건인 법인 정관 심의는 그 구체적인 토의를 일부분 하였고 그 수속상 절차에 대한 점 등을 고려하여 상임위원회에서 연구할 과제로 두고 적절한 기회에 새로이 제기하도록 보류하였다.

　三. 안건인 고문 추대에 대해서는 1차 상임위원회에서 의결한 각 종단의 상징적인 지도자를 추대하도록 한 원칙대로 그 인선에 있어서 각 종단 소속한 상임위원이 건의한 것을 토대로 추대토록 하였다.[23]

이 내용은 그 이전 상임위원회의 결정보다는 진일보한 것이었다. 각 분과에서 심의한 것을 확정하고 협회 운영의 근간인 법인 정관의 문제도 심의하였음이 그 예증이다. 연구위원회에서 결정한 6대 종교 간의 '공동 이해의 광장' 사업을 인준하고, 그 연구 방향도 설정하였음은 가시적인 성과였다. 출판위원회에서 설정한 출판사업, 그리고 『종교계』와 협회지와의 연계 문제도 원칙을 갖고 정리하였다. 또한 협회 재정에 대해서도

---

23) 「報告」, 『종교계』(1966.4), 288쪽.

재정위원회에서 정한 종단 별 할당액과 사업비용의 충당 방법도 결정하였다.

이러한 결정은 한국종교연구협회가 정상적으로 사업을 전개함에 있어서 필요한 조치를 자체적으로 정리하였다는 면에서 일정한 의의를 갖는 것이다. 즉 사업 전개 및 활동에 있어, 제반 준비를 다하였다. 문제는 이 같은 결정에 의거하여, 본격인 활동에 들어가는 것이다.

3. 종교간 대화와 이능가의 종교관

한국종교연구협회는 이상과 같이 1965년 10월 18~19일, 한국 6대 종교 대표가 참가한 가운데 크리스천 아카데미가 주관하여 개최한 「종교인의 공동과제」 심포지움에서 발단이 되었다. 1965년 12월 21일 여성회관에서의 창립총회를 통해 출범하였고, 1966년 2월에는 협회 운영의 틀과 사업 내용을 정함으로써 본격적인 활동에 들어간 채비를 다하였다.

필자는 이상과 같은 내용을 파악하고 나서, 한국종교연구협회의 초대 대표를 맡았을 뿐만 아니라 불교 대표로 출범에 깊숙이 관여, 주도하였던 이능가를 면담하였다.[24] 면담 결과 이능가는 협회가 출범한 1965년 12월 훨씬 이전인 수년 전부터 자신은 종교간 대화의 필요성을 절감하고, 협회가 등장할 수 있는 분위기를 조성하여, 일정 부분에 있어서는 자신이 협회 설립을 주도하였다는 증언을 필자에게 하였다.[25] 그래서 필자

---

24) 첫 번째 면담은 2008년 12월 17일, 능가스님이 주석하고 있는 소백산 白山禪院(경북 영주시 풍기읍 삼가리)에서 이루어졌고 두 번째 면담은 2009년 1월 15일 범어사 내원암에서 이루어졌다.
25) 당시 종교연구협회 발족 주역 대부분이 타계를 하였기에, 능가스님의 증언은 중요한 역사성을 갖는다.

는 이능가의 이런 회고 및 증언이 한국종교연구협회의 설립 배경의 이해, 그리고 나아가서는 불교 현대사에 이해에 있어서도 매우 중요하다고 판단하여 그의 어록을 역사적 사료로 취급하여 논지를 전개하고자 한다. 필자는 우선 이능가에게 종교간 대화를 주도하게 된 사연, 동기부터 질문을 하였다.

내가 범어사에서 출가하여 있었는데 1950년대에 우리 스님(필자주, 동산)이 종정을 하시게 되었고, 그때 정화운동이 일어나고 승려대회가 열려서 내가 서울 조계사에 갈 수밖에 없었어. 그때 조계사, 대각사 등지에 머물면서 정화운동을 할 때에 종교 간의 대화가 필요한 것을 느끼게 되었어.

그때 전국승려대회가 세 차례나 열렸는데 나는 첫 번째 대회에는 참석하지 않았고, 두 번째 대회(1960년)부터는 참석하였어. 우리 스님이 종정이시니깐 올라갈 수 밖에 없었어. 가서 그 정화운동의 본부인 조계사에 가 보니깐 그 당시 치안국에서 조사해준 비구승 숫자가 830명 정도이었지만, 막상 정화운동에 참가하는 승려는 불과 400~500명이었어. 그런 북새통에서 내가 가만히 생각을 해 보았어. 그 당시 내 심정은 전국에서 올라온 그 승려들을 보니, 사람다운 사람이 안 보여. 나는 속으로 이건 내가 헛 애쓰는구나 하는 자괴감을 엄청 가졌어.

더욱이 나는 정화를 사무적으로 총괄하는 입장에서 여러 회의가 생겼어. 나 자신의 문제도 거기에 포함되어 있었으니 깊은 고민을 하였지. 당시 비구승은 830명인데 전국의 사찰은 2,500개인데, 비구승이 승리를 하면 그 절 2,500개를 어떻게 관리를 할 수 있을 것인가부터 걱정이 보통이 아니었지. 그래서 나는 비구승이 이겨도 걱정, 져도 걱정 그런 심정이었지. 그때 나는 소위 비구승 핵심부에 있어서 지효스님, 경산스님, 소천스님, 통도사 스님으로 말 잘하는 스님 등과 정화운동의 진로에 대해서 터놓고 대화하는 사이였어. 그럴 때 내가 의견을 개진하면 그 스님들도 내 의견에 끌려 오는 형편이었어. 이를테면 내 의견이 받아들여지는 것이지. 그래서 숙소인 대각사에서 그 스님들과 많은 대화를 하였어. 당시 대처승은 비구승보다 숫자도 많고, 돈도 많고, 외국유학 갔다 온 기라성 같은 학식 있는 스님도 많았고, 이승만박사를 뒤에서 감싸며 권력을 갖고 있는 사람도 많았어. 그래서 나는 절망했어, 나는 내 생각을 대각사 방에서 경산스님, 소천 스님에게 이야기 했어. "이거, 이번 싸움 우리가 못 이깁니다, 자신 못해요. 설사 우리가 이긴다 해도, 현재 우리 스님들의 모습으로 세상에 나가서 한국불교를 이끌 인물이 없어요"라고 말하면, 소천스님이 내 말에 동의를 해주고 그랬지. 그러나 이런 생각은 내 생각이었지, 정화선봉장인 우리 스님이나 청담스님은 내 말을 들을 사람들이 아니었지.

하여간 정화운동을 하던 그때부터 정화운동은 운명에 맡기고 나는 한국불교의 위상을 올려놔야 하겠다는 사명감 같은 것을 갖게 되었어. 이런 과정 속에서 이화대학의 최교수라고 한학을 한 국학전공 교수와 자주 대화를 하게 되었어. 최교수가 나를 자주 찾아 오기도 하고, 그러다 보니 내가 시야를 넓게 가지게 되었지. 그 최교수 말이 기독교 같은 타종교를 보아도, 불교보다 더 나은 것이 없다는 취지의 이야기를 자꾸 나에게 하는 거야. 그러면서 불교가 실하면 한국 민족의 좌표의 역할을 할 수 있는 위상을 지닌다는 것이었어. 그때 나는 30대이었고, 그 최교수는 50대이었어. 그래 나는 주로 경청을 하는 입장이었어. 그때에 나는 내 사명이 불교를 평정해야 하겠다는 마음을 가졌어. 그러다 보니 자연 한국 종교계에 대해서 관심을 갖게 되었지. 내가 그냥 있으면 안되겠구나 하는 생각을 가지면서 한국 종교에 대한 관심 이것이 운명적인 것이 아닌가 하는 생각을 하게 된 것이 한국 종교에 관한 일을 하게 된 첫 번째 효시이자, 발단이었지.

이상과 같은 능가의 회고에서 그는 1960년 불교정화운동의 그 현장에서 불교의 위상을 증대시키겠다는 원력, 나아가서는 불교가 여타 종교보다 우수하다는 자부심의 바탕하에서 한국 종교 전체에 대한 관심을 갖게 되었다는 것이다. 이 단계에서는 타 종교에 대한 관심에 머물렀다고 보인다. 당시 그의 초점은 불교의 위상 강화, 명예회복에서 출발되었지만 종교간 대화를 해야 한다는 자각을 하게 되었다.[26] 여기에서는 그가

---

26) 이능가는 자신이 그런 일을 본격적으로 하게 된 것은 당시 그의 나이 39세 때이었다

우연한 기회에 종교간 대화의 필요성을 깨닫는 기연도 그를 촉발케 하였다. 그에 대한 정황으로 들어가 보자.

그것이 언제인가 4·19가 나던 이전으로 기억되는데, 내가 종교 간의 문제에 대해 그냥 두면 안되겠구나 하는 것을 느낀 발단이 두 개 또 있었어.

내가 주로 대각사에서 자고 총무원이 있는 조계사로 걸어서 출근을 하였어. 그러면 대각사가 있는 봉익동에서 예불을 하고 인사동으로 해서 새벽에 출근하면 옛날 문화방송국의 골목 근처에 시장이 있어. 그곳에는 떡집이 서너 군데에 있었어. 나는 떡을 좋아해서 그 떡집에 가서 인절미 100원어치를 사려고 갔지. 그런데 떡을 달라고 주인 아주머니에게 말을 하였는데, 이 주인이 나에게 떡을 바로 안 줘. 날씨는 춥고, 나도 빨리 총무원으로 가야 하는데 주인이 내 말은 들은 체도 안 하고, 다른 일을 하면서도 10분이 지나도 떡 줄 생각을 안해. 그래 나는 어쩔 수 없이 그 주인에게 빨리 떡을 달라고 하였지. 그래도 주인은 반응이 없어. 그런데 가만히 보니 그 떡집 주인, 보살의 목에 십자가가 달려 있는 것이 보이드라구. 그 주인의 표정이 재수 없다는 듯이 대꾸도 안한 이유를 내가 알게 되었어. 나는 그것을 겪으면서 한 1주일 동안이나 그 생각을 하게 되었지.[27] 그래서 한국 종교, 특히 기독교에 대한 생각을 많이 했어, 기독교가 저렇구나 하면서. 그러면 우리 불교도들도 기독교와 맞지 않는 것이 어디 한두 개 뿐이겠나 하는 것도 생각하게 되었지. 불교는 이조 500년 숭유억불, 그리고 왜정시대에 일제의 종교정책으로 탄압을 받아 죽은 것처럼 보이게 된 것도 함께 따져 보았어. 그래서 나는 속으로 이거 큰일 났구나 하고 여기게 되었어.

그리고 또 한번은 초여름에 이웃돕기를 하다 겪은 것이지. 총무원에 있으면 가끔 용돈이 여러 곳에서 들어오게 돼. 나는 그러면 그것을 가끔

고 회고하였다. 그는 1923년생이었기에 1960년 무렵에 종교간 대화를 하였음이 수긍되는 것이다.

27) 이능가는 2006년 10월 15일 한국종교인평화회의 측 인사(변진흥 사무총장)와의 회고에서는 떡집 사건 말고도, 전차 안에서 당신이 자리에 앉으면 기독교인이 다른 자리로 가는 것을 목격하고, 이상하다는 생각을 하였다고 회고하였다. 「이능가스님」, 『한국종교인평화회의 20년사』, 257쪽.

주변 사람들에게 나누어 주곤 하였는데, 한번은 신문에 보도된 성북구에 있는 양로원에를 찾아가서 돈을 주게 되었지. 조그마한 양로원이었는데, 기독교 목사가 하는 양로원이었어. 그 양로원 원장은 이북에서 내려온 젊은 사람이었어. 나는 그 목사에게 양로원에 도움을 주려고 왔다는 의사를 밝혔어. 그런데 그 원장은 고맙다는 말도 없고, 받는 시늉도 안 하고서는 갑자기 표정이 달라지더니, 한참 있다가는 "중의 돈 안 받아도 좋소" 하더니만 얼른 가 보라고 하더니, 안으로 들어가더라구. 나는 기가 막히면서도, 어! 이 사람 재미있는 사람이다고 여겨서, 양로원 안으로 들어 갔어. 가 보니 노인네 서너 사람이 앉아 있는 모습이 궁해 보여. 사무실이 2층에 있어서 그 입구 계단에서 원장님을 만나러 왔다고 하니깐, 조금 있다가 원장은 안 나오고, 젊은 심부름꾼이 나와서는 "원장님은 손님을 만나기를 원치 않고, 댁의 돈도 받을 이유가 없다"고 분명하게 거절하겠다는 말을 전하드라구.

그래서 그 사건을 겪으면서 나는 많은 생각을 할 수 밖에 없었지. 나는 그때 기독교가 그렇게 된 사회적 원인, 남북 관계 등 다양한 측면에서 그것을 분석하여 보았어. 목사가 그렇게 나오게 된 것은 교육을 잘못 받아서 그런 것이다고 여겨졌고, 종교 간에 이야기를 할 필요성을 판단하게 되었지. 나는 그런 상황에 대해서 도저히 그냥 넘어갈 수 없다고 보았지. 그래서 한국종교가 일원으로 함께 대화하는 무엇인가를 만들어야 하겠다는 생각을 하게 되었지. 그러면서도 주 대상은 기독교이었지. 그렇지만 기독교만 갖고는 안되니깐, 여타 종교하고 함께 대화할 수 있는 공간이라 할까, 어떤 것을 만들어야 하겠다고 여기면서 이래서 본격적으로 그런 것을 고민하게 되었어.

이렇듯이 이능가는 자신이 조계종 총무원에 근무하던 시절(1960년 전후), 그가 겪은 종교 간의 적대감, 배척의 경험에서 종교 간의 대화의 중요성을 절실히 느끼게 되었던 것이다. 이때부터 그는 종교 간의 대화를 위한 고뇌를 하였다. 그러면서 그는 서서히 그를 위한 방향을 모색하게 되었다.

내가 총무원에 근무하면서 나는 자연적으로 종단의 대변인의 역할을 하게 되었어. 그러다 보니 저절로 종단 출입기자들 하고 여러 대화를 하게 될 수밖에. 그래서 그 기자들에게 내가 겪은 것을 들려주면서 어떻게 생각하냐고 물어도 보았어. 그런데 그 기자들은 종교 담당 기자이니깐 조계종만을 출입하는 것이 아니고 다른 종교기관에도 출입을 하는 입장이니깐, 나는 그 기자들에게 내가 대화를 할 수 있는 다른 종교의 성직자들에 대한 정보를 알 수 있게 되었어. 그래서 나는 기독교에서는 강원룡목사와 잦은 만남과 대화를 하게 되었고, 천주교에서는 노기남 대주교와 많은 대화를 할 수 있게 되었지. 이 두 분과는 인간적으로도 친하게 되었지. 그래서 종교간 대화의 모임을 추진할 때에도 노기남, 강원용, 나 능가가 합의하면 다른 종파에서는 다 딸려 오는거였지.

　하여간 1965년에 내가 만든 한국종교연구협회는 인류역사상 이교도와 흉금을 터 놓고, 대화를 한 것은 인류사상에 그 유례가 없는 것이었어. 더러 그런 생각은 한 적은 있었지만 구조적으로, 방법론을 갖고 진행한 적은 없어. 나는 한국에서 종교간 대화를 하는 종교지도자연합회를 만들어 놓고는 그 자신감으로 이제는 세계를 무대로 전세계적 차원에서 종교간의 대화를 할 수 있는 틀을 만들어야 하겠다는 생각을 했어. 그래서 그를 위해서는 우선 불교가 뭉치고, 그 후에는 내가 불교의 조직체의 어떤 직함을 갖고 세계 종교 간의 대화를 할 수 있는 조직체를 만들려고 본격적으로 뛰어 들기도 하였어.

　이능가는 종교간 대화의 필요성을 갖고, 타 종교 지도자와의 친근한 인간관계를 통한 잦은 대화를 함으로써 대화의 틀을 만들 분위기 조성에 주력하였던 것이다. 이는 그가 조계종 대변인의 역할을 할 때 자연스럽게 알게 된 조계종 출입기자들을 통해[28] 알게 되고, 소개받은[29] 타 종교

---

28) 이능가는 그런 실례로 6대 종교 심포지움에 참가한 당시 한국일보 논설위원이었던 김용구를 거론하였다. 김용구는 조계종단을 출입한 한국일보 기자의 선배로 소개받은 인물인데, 김용구에 의해 타 종교 지도자들을 소개받을 수 있었다고 한다.
29) 이능가는 그를 불교와 기독교 간의 대화를 하기 위한 정보를 얻은 것이라고 회고하였다.

지도자들과의 잦은 대화에서 이루어진 것이었다. 당시 그의 고뇌는 '한국종교인평화회의' 측 인사와의 대담(2006.10.15)에서도 찾을 수 있다.

> 하지만 꼭 극복해야 하는 것이 한국의 운명이라는 생각이 들었어. 내가 믿는 종교를 제대로 믿으면서 남의 종교도 존중할 줄 알아야지. 한국이 기독교 소유도 아니고 불교나 유교 소유도 아닌데 말야. 나라가 망하면 기독교도 망하는 거고 불교도 유교도 다 망하는 거거든. 서로 증오하고 질투하고 싸우고 이게 모두 한 선상에서 이루어지는 현상인데 이건 현실세계야. 정신세계에서는 이런게 없는거지. 한국의 종교 차원에서 종교간 38선을 없애려면 첫째 대화의 시간이 필요해. 종교가 공동선의 윤곽을 마련하고 공통분모를 마련해서 제 종교가 각각의 역할을 하면 되는거야.
> 그런데 이런 대화를 하려면 종교간 협의체가 필요해. 한국에서 이런한 종교협의체를 하나 만들어 하나의 모델로 삼아서 세계화 하자 이런 생각을 가지고 강원용목사님도 만나고 여러분들을 만났지. 노기남주교님도 만나서 설득하고 노기남 주교님은 이해가 빨랐어. 기독교하고가 가장 어려웠어. 그러나 일단 이해가 되고 나니까 그래도 강원용 목사만한 사람도 또 없어. 달리, 그때부터 종교적 차원을 넘어서 의기투합한 관계가 되었지.[30]

요컨대 그는 천주교, 기독교 측 인사인 노기남, 강원룡을 설득하고 종교간 협의체를 만들어야 한다는 입장을 강조하였던 것이다. 수년간에 걸친 그의 고뇌는 점차 가시적인 성과를 갖게 되었다. 그는 전장에서 살핀 6대 종교대표가 참석한 심포지움과 한국종교연구협회의 출범임은 두말할 나위가 없는 것이다. 지금껏 이러한 종교간 대화의 주도는 강원용, 크리스찬 아카데미에 초점을 둔 해석이 지배적이었으나[31] 이능가의 회고

---

30) 『한국종교인평화회의 20년사』, 257~258쪽.
31) 위의 책 「창립 배경」과 위의 책 제3부에 「발자취를 찾아서」에 수록된 원로들의 회고에 그런 흐름이 지배적이다.

를 유의하면 기존 해석의 재검토가 요청된다고 볼 수 있다.

> 1964년 봄쯤에 강원룡목사나 노기남 주교님 만나서 이런 모임이 필요하다고 설득을 했지. 내가 총무원에 있었기 때문에 불교행사가 있을 때 강원용 목사가 처음으로 조계사에 이교도 초청이라고 해서 참석한 것이 화제가 된 적이 있지. 나중에 강원용목사도 교회 행사에 날 자주 불러서 참석하기도 하고 그랬어. 한국의 기독교와 불교사이에서 촉발된 문제를 해결하려면 단일 인류지도 이념이 필요해. 단일 지도이념을 목표로 하는데 질투와 시기로 얽혀 있는 세상에서는 어렵고 그것을 넘어선 초현실적인 사회속에서 성공할 수가 있지. 금방 되는 것도 아니야. 50년 100년을 내다보고 개척하는 자세로 대화의 장을 마련하는 것이 필요하다고 역설했지. 배타적인 자세는 자신의 본질적인 것을 배타하는 것과 같아. 한달에 2번씩 6개월 정도 종교간 대화 모임이 이어졌어. 그때는 박양은 신부가 열심이었어, 그리고 노기남 주교님도 관심을 많이 가져주셨고, 김몽은 신부도 열심이었지.
> 내가 초안을 만들면서 인적 구성도 조직하고 좌표와 방향도 합의했지. 그래서 초대회장으로 노기남주교님께 맡아 달라고 말씀드렸더니 못 하시겠다고 극구 사양하시고, 강원용목사도 못하겠다고 하고, 결국은 노기남 주교님이 이건 능가스님이 모든 초안을 마련했으니까 능가스님이 초대 회장을 맡아야 한다고 해서 내가 2년동안 회장을 했지. 그리고는 2대로 강원용목사가 하고.
> 그래서 이사제도를 구성해서 매주 토요일 만나기 시작해서 6개월 후에 3대회장으로 노기남주교님이 맡게 되고 그후에 나는 미국, 일본으로 나가게 되어서 사무적으로 관여를 못하게 되었지.[32]

이처럼 이능가, 그는 종교간 대화를 위한 조직체 구성을 위한 다양한 노력을 하였다. 1964년 봄부터는 더욱 본격적으로 노기남, 강원용에게[33]

---

32) 위의 책, 259쪽.
33) 강원용은 이 협회의 설립에는 반대하였다. 그는 종교간 대화를 트는 것은 찬동하였으나, 조직까지 만드는 것에는 동의하지 않았다. 그러나 이능가의 권유, 기독교를

그 필요성을 설득, 주입하였다. 그런 대화가[34] 근 2년이나 지나서, 성과가 나타났다. 종교 지도자의 대화는 1965년 4월, 한국 유네스코에서 있었던[35] 종교인 모임에서 구체적으로 나타났다. 그는 우선 종교 지도자들의 대화를 위한 심포지움을 갖기로 하였던 것이다. 이에 그 결실이 종교간 대화를 위한 1965년 10월의 심포지움과 1965년 12월의 종교연구협회의 창설로 이어지고, 그가 초대 대표까지 맡기에 이르렀다는 회고이다. 그러면 여기에서 당시 이능가의 생각, 즉 종교간 대화의 필요성을 하게 각성하게 된 저변의 계기 및 그의 종교관, 불교사상[36] 등은 어떠하였는가에 대해서 주목할 필요가 있다. 이런 측면을 검토함에 있어서는 그가 1965년 10월 18일 종교 간의 대화에서 기조발제를 하였던 발언을 주목할 수 있다. 당시 이능가는 불교 대표로서 기조 강연을 하였는바, 그 주제는 「불교의 安心立命」이었다.

    모든 宗教의 目的은 人間의 自己解放을 말하는 것이요 佛教에서는 安

제외한 여타 종교에서 적극적으로 모임을 결성하자 수동적으로는 동참하였다. 당시 강원용이 종교간 대화를 하고 있다는 소식이 보도되자, 보수적인 기독교측은 강원용을 강력하게 비판하였다. 이 전후사정은 그의 회고록 『역사의 언덕에서』 3권, 한길사, 2003, 140~143쪽 참조. 최근 능가스님은 당시 강원용은 조직체 설립에 반대하였음은 사실이었다고 증언했다. 대화에는 찬성하면서 조직체 결성에 반대하는 것을 의아해 하였는데, 필자가 기독교측에서의 반대가 심하였다는 회고록의 내용을 전하자, 당시 그 반대의 이유를 납득한다고 수긍하였다. 당시 그 현장을 목격한 원불교의 김정용은 용당산 호텔 모임은 강원용, 이능가의 주관으로 진행되었다고 회고하였다. 『한국종교인평화의 20년사』, 200쪽.

34) 그 준비 기간 동안 종교 지도자들 간의 대화는 천도교, 음식점, 다방 등 다양한 공간에서 이루어졌다고 필자에게 회고하였다. 2009년 1월 15일, 범어사 내원암에서 필자와 능가스님의 대담.

35) 당시 유네스코에서의 모임 주선은 한국일보 논설위원이었던 김용구에 의해 이루어진 것으로 능가스님은 회고하였다. 유네스코에서 하면 경제적 후원을 받을 수도 있다는 정황의 이야기가 있었던 것으로 능가스님은 어렴풋한 기억을 되살렸다.

36) 이에 대해서는 추후 연구할 예정이다.

心立命을 말하는 것입니다. 다시 말하면 그 어느 것에도 구애되지 않고 恐怖되지 않는 自由를 뜻하는 것으로 그 自由는 政治, 經濟, 社會에 있어서의 狹義의 自由가 아니라 廣義의 生命的 立場에서의 自由를 말하는 것입니다.

다시 말하면 宗敎의 目的은 眞正한 自由人을 만드는 데에 있는 것으로 그 自由야 말로 우리의 理想인 民主主義의 바탕이 되는 基本理念인 것입니다. 그러므로 이 자리에 모인 여러 宗敎人들은 이 民族의 精神開發의 前衛役이며 민주주의 先鋒이 되어야 하겠습니다.[37]

이능가는 종교의 목적이 인간의 자기해방 추구, 진정한 자유인을 만드는 것이라고 단언하였다. 그런 점에서 종교는 민주주의의 기본이고, 민족의 정신이라고 강조하였다. 나아가서 그는 당시 세계는 '하나의 세계'로 나가려는 추세에 있다고 진단하고, 한국의 종교계도 그런 방향으로 나가야 한다고 보았다.

우리는 各自의 獨自性을 發揮해서 最大 公約數의 共同 廣場에서 雜多한 異類民衆을 얼마든지 이끌어 갈수 있을 줄 믿습니다. 또한 인류역사는 앞으로 그렇게 되고야 말 것을 約束하고 있는 것입니다.[38]

즉 각 종교의 독자성을 발휘하면서, 종교 간의 대화를 통하여, 민중을 지도해 갈 수 있다고 보았다. 이에 그는 민족의 발전, 나아가서는 세계평화에까지도 이르게 하는 데에 마땅히 종교가 앞장 서야 한다고 주장하였다.

各 宗敎가 서로 優越을 다투고 시기함으로써 오히려 敎志에 違背하여

---

37) 「6대종교인의 대화, 불교의 안심입명」, 『종교계』 창간호(1965.12), 62쪽. 이 강연 요지는 『대한불교』 1965년 10월 31일에도 게재되었다.
38) 위와 같음.

民族의 指彈을 免치 못한 일과 그럼으로써 各自 敎主에 모독을 犯하는 不條理가 나타나서는 안되겠습니다.

우리 宗敎人으로 하여금 이것이냐 저것이냐의 自由意思에 서게 하며 어느 宗敎이거나 民族化 하고 國民化해서 행복한 터전을 開顯시켜야 할 것이고 그럼으로써 한국의 종교가 역사의 孤兒를 脫皮하고 世界平和의 前衛的 貢獻에 이바지 될 줄로 믿는 바입니다.[39]

이렇듯이 이능가는 종교 간의 갈등, 반목으로 각 종교의 가르침을 위반하고, 결과적으로 민족의 지탄을 받는 과거의 부조리에서 벗어나자고 주장하였다. 그럼으로써 종교가 민족화, 국민화 하여 민족과 국가가 행복한 터전이 만들어지는 데에 이바지 해야 한다고 강조하였다. 그래서 종교가 역사의 주인공이 되고, 세계평화에 공헌을 하자는 것이었다. 이능가의 이 주장은 단언하면 종교의 토착화, 국가 및 민족의 발전에 종교의 기여이었다. 바로 이런 공동목표가 각 종교의 공통적인 노선이고 지향이라는 것이다. 그럼으로써 종교간 대화가 가능하고, 종교가 연합할 수 있는 틀이 가능하다고 이능가는 보았던 것이다.

이능가의 위와 같은 종교관은 『종교계』 1966년 3월호 특집 기사인 「하나의 세계로 간다」에 기고한 글에서 찾아볼 수 있다. 필자는 이능가의 그 글에서 이능가의 종교관, 종교대화에 대한 입장을 적출하고자 한다. 이능가는 그 글에서 우선 현대와 현대에 살고 있는 '나'에 대한 기본 입론을 다음과 같이 전제하였다.

그러므로 곧 『나』는 歷史的 存在인 同時에 社會的 存在임을 알 수 있겠으니 되돌아 가서 『나』의 물음은 곧 歷史의 물음인 同時에 社會의 물음에 지나지 않는다고 하겠다. 그러므로 『나』의 대답은 곧 現代의 歷史的 狀況에서 실마리가 풀어지지 않아서는 안될 것으로 믿는다.[40]

---

39) 위의 자료, 63쪽.

즉 그는 현대의 나, 현대라는 역사에 처한 인간의 실존적 존재를 알기 위해선 불가불 현대의 역사적 상황을 파악하지 않으면 안된다고 보았다. 이에 그는 근대적 변모, 근대적 인간의 삶, 근대적 인간의 소외 및 위기 등을 적시하였다. 그래서 그는 이 같은 현대의 과제, 즉 비인간화의 와중에서 구출하는 것이 종교라고 보기에 이르렀던 것이다.

여기에서 우리 宗敎人으로서는 重且大한 使命을 自覺하지 않으면 안될 것이다. 果然 이 世紀的 病弊를 무엇으로 어떻게 救出해 내느냐는 問題다.
한번 도리켜 보건데 누가 무어라고 하드라도 우리는 하나의 宇宙속에 하나의 地球위에서 하나의 原理밑에 하나의 人類로 태어나 存在해 있는 것이 아닌가. 나아가서는 한가지 手法으로 마련된 衣, 食, 住를 갖추고 하나의 歷史的 狀況 속에 처해 있음이 우리이기에 오늘의 虛無와 絶望은 共通된 理由에서 共通된 事態로 展開된 것이니 이에 對한 處方에 있어서도 共通된 하나의 그 무엇이 마련되지 않고서는 안될 것으로 믿는 바이다.[41]

이렇게 이능가는 세기말의 병폐인 비인간화, 인간 소외를 구출할 당사자는 종교인이라고 보면서, 여기에서 각 종교가 그에 대한 책임을 공유할 것을 강조하였다. 그는 위에서 적출되었지만 모든 한국내의 종교, 종교인은 모두 공통된 역사적 상황에 처해 있다는 것에서 나온 것이다. 이른바 공동 운명체 임을 지적하고, 각 종교가 내놓아야 할 처방이라는 측면에서도 공통된 노선 및 성격이 도출되어야 할 것으로 보았다. 이능가가 본 그것은 무엇인가? 그는 '인간의 정신적 자세'이었다.

이러한 意味에서 現代的 狀況에 대처할 精神的 姿勢는 眞正한 宗敎의 힘이라야 한다고 하였는데 그것은 다름 아닌 人間에 具體的이면서 體驗

---

40) 『종교계』(1966.3), 71쪽.
41) 위의 자료, 72~73쪽.

的인 自覺을 促求하는 宗敎的 方法이라야 된다고 믿는 바이다. 이는 곧 人間이 元來 有限한 存在임을 止揚하여 有限이면서 그대로가 絶對 無限한 立體인 生命의 原理인 事實을 事實대로 몸소 깨달아야 한다는 뜻이다. (중략)

이 같은 具體的인 自覺에서 만이 비로소 우리는 生死를 超越한채 生死에 살고 善惡에 超越한채 善惡에 살며 歷史에 超越한채 歷史에 살게 되는 本來的인 生命의 主人이 되겠고 그대로가 眞正한 自己에로 되돌아 오게 될 것이다.42)

즉 그는 인간의 구체적 자각, 체험적 자각을 촉구하는 종교적 방법을 대안으로 제시하였다. 이로써 인간이 진정한 자기가 되고, 인간성이 담보되는 길로 올 수 있다고 보았다. 이는 현대 모순의 해결은 종교적인 실천적 힘에 의해서 가능하다는 입장이었을 말해주는 것이다. 이능가는 이같은 입론하에서 세기말의 병에 대처할 각 종교의 처방도 그 효능과 작용에 있어서는 공통적인 형태가 되어야 한다고 보았다. 그는 그 공통성을 藥材의 공통적인 性質이라고 표현하였거니와, 이로써 그는

近代的 自律的 人間의 共同危機에 超克 다시 말해서 絶望과 虛無의 深淵으로부터 救濟는 그것이 神이라고 불리우건 佛이라고 불리우건 무어라고 불리우건 간에 自己 自身과는 別途로 있는 것에 依支할 것이 아니라 本來的인 自己 存在 그것의 本性에서 찾지 않아서는 안될 것이 아니겠는가?43)

결국에 가서는 자기 자신, 본래적인 자기 존재의 본성에서 찾아야 됨을 강조하였다. 그가 말하는 대안은 모든 종교가 역사적 상황 속에서 인간의 비본래성, 비인간성으로부터 탈출하여 본래성으로 원대 복귀해야 한다고 외쳤던 것과 같은 것이었다. 그러면서 이능가는 모든 종교가 이

---

42) 위의 자료, 73쪽.
43) 위의 자료, 75쪽.

같은 구도에서 하나의 길, 하나의 세계로 가면서 같은 터전에 사는 공동 운명체로서 더욱 응집된 과제에 초점을 맞추어야 한다고 제안하였다.

> 問題는 各 敎가 各自의 발판 위에 圓形으로 둘러서서 民族的인 求心點 곧 그 中心點을 노리어 集中砲門을 열어야 한다는 方法도 重要한 것으로 알고 있다.
> 이에 民族性의 求心點이라 하면 消極的인 分野만이라도 共同廣場으로 끌어내 놓아야 한다고 믿는다. 그것은 다름 아닌 民族性에 補完策이라 하겠으니 있어야 할 것이 없는 缺點을 補充해서 내 民族性을 改造해 가야 한다는 뜻이다.44)

그것은 다름 아닌 민족적인 구심점, 즉 민족의 공통된 과제에 각 종교가 철저히 부응해야 한다는 것이다. 이능가는 그 실례를 민족성의 보완책으로 표현하였다. 이능가는 우리 민족성에 보완할 측면을45) 제시하면서, 종교가 그런 문제 해결을 공통적인 敎化의 소재로 인식하는 것을 급선무로 보았다. 마침내 그는 자신이 제안한 대안을 공통적으로 지향하게 되면 각 종교의 목적도 달성된다고 보았다.

> 이와 같은 方式에서 萬敎가 提向하는 人間의 幸福을 追求하고 自由를 追求하며 無我 無相의 立地에서 奉仕精神을 涵養하야 『사랑』『감사』에 넘치는 民族社會를 顯彰하게 된다는 것은 하나의 세계가 開顯되는 各敎人의 眞正한 本願이 아니고 무엇이랴.
> 위에서 論한 바와 같이 우리들은 그와 같은 現代的인 時點에서 同一한 輿件下에 處해 있고 同伴的인 位置에 섰으며 共同目標를 提向하여 各敎가 協同한 法輪을 굴릴 때 그것은 全一的인 세계로 前進하는 關途가 아

---

44) 위의 자료, 75~76쪽.
45) 이능가는 민족성의 문제점 즉 보완 내용을 지나친 감성, 무비판적인 보수성, 열등의식, 형식주의, 현세계 중심의 인생관 및 세계관 등이라고 예시했다.

니고 무엇이겠는가.[46)

결론적으로 인간이 행복을 추구하고, 자유를 추구하여, 봉사정신이 함양되어, 사랑과 감사에 넘치는 민족사회가 된다고 확신하였다. 그러므로 이능가는 자신이 개진한 것을 각 종교가 개별적으로 자각하고, 그를 실천하는 과제로 인식하게 되었기에 각 종교는 동반자적인 입장에 서 있다고 보았다. 이 같은 이해는 은연중 곧 한국종교연구협회의 출범의 당위성을 피력한 것이라 하겠다.

그러므로 필자는 위의 이능가의 글은 1965년 1월경의 이능가의 종교 간 대화의 입론을 극명하게 보여주는 그의 종교관이라고 보는 것이다. 이런 입장에서 이능가의 위와 같은 입론은 그가 『종교계』 4월호에 기고한 「한국 종교인에게」라는 주제의 글에서 거듭하여 명백하게 나타난다.

모든 宗教人의 共通課題를 스스로의 課題로 삼고 조심성 있게 胎生된 우리들의 協會가 아직은 얕은 時間임에도 不拘하고 各 宗團과 宗教人들의 두터운 誠意와 協力으로 한결 進取相을 띄게 된데 대하여 이 자리를 빌리어 깊은 감사를 드리면서 切實한 使命感을 새롭게 하는 바이다.

우리 協會가 걸어 나가야 할 길에 있어서 그 歷史的인 背景과 그 設定된 問題에 비추어 우리 會員들은 決코 安易하고 順坦한 걸음만을 期約하리라고 여기지는 않을 것으로 믿는다.

우리 協會는 오늘의 世界的 精神界의 中心 課題를 現實的으로 解決하려는데 두고 있으며 世界史의 進展에 앞서 끌어 당길 굵은 로프로서 보다 굳고 튼튼하고 聰明한 主體가 되어야 겠다고 다짐하는 것이다.

우리의 課題를 達成하는 일은 다만 宗教人만을 위한 것이 아니라 政治, 社會에서부터 文化, 敎育과 國民生活 氣風 全般에 이르기까지 어느 하나 疏外시킴이 없이 包攝하여 깊고 넓고 두텁게 하나의 이념이 그 안에서 具顯되어 하나의 世界가 實現됨을 뜻함이니 이는 人類가 함께 바라고 있

---

46) 위의 자료, 76쪽.

는 우리의 樂園이 이루어짐이 아니겠는가?

우리들은 보다 높은 眼目과 보다 넓은 視野를 가지고 强한 意慾으로
서 조용한 前進을 다할 것이라 여겨진다.

오늘의 韓國에 사는 모든 뜻 있는 宗敎人들은 함께 어울리어 唯一한
뜻에 根據하는 聖旨를 具顯하는 共同의 課業을 向해 나아갈 것을 믿고 또
바라는 바이다.[47]

즉 이능가는 협회 대표의 입장에서, 협회가 출범한 3개월을 회고하면
서, 한국종교연구협회가 나가야 할 길을 담담히 개진하였던 것이다. 그
는 종교인들의 공통과제를 협회의 과제로 인식하면서 동시에 세계사적
인 흐름에 발맞추어 가야 함을 피력하였다. 동시에 협회는 종교인들만의
대화의 장에 머물지 않고, 당시 한국 사회 전반의 문제를 수용하여, 결과
적으로는 한국 사회의 낙원을 만드는 것과 무관할 수 없다는 당위성을
피력하였다. 이 같은 이능가의 입론은[48] 앞서 살핀 그의 종교관, 종교간
대화의 명분의 바탕하에서 나온 것이다. 동시에 이능가의 이 입론, 주장
은 1966년 전반기 한국종교연구협회의 이념이었다고도 볼 수 있는 것이
다. 문제는 이 같은 협회의 이념 및 회장인 이능가의 종교관, 종교 대화
론이 어떻게 전개될 것이냐에 달려 있을 것이다. 그는 곧 협회의 사업,
활동, 회원들의 적극적인 의식 등이 종합되어 나타날 것임은 자명하다고

---

47) 『종교계』, 1966년 4월호, 285쪽. 이 글은 그가 1966년 3월 1일에 작성한 것이다.
48) 이능가는 최근 필자와의 대화에서도 그의 입장을 회고하였다. 즉 종교간 대화를 해
서, 종교의 공통분모를 찾고, 그 공통분모로써 대화를 하면, 상호 협조할 수 있는 세
계가 나오고, 그 연후에는 공동 사명의식을 갖게 되어서, 공동 행동을 할 필요성을
느낄 수 있는데, 그러면 자연적으로 하나의 인류의 지도이념으로 나오게 된다는 것
이었다. 이능가는 자신은 이런 철학, 소신에 의해서 종교간 대화를 하였기에 타 종교
인들이 자신의 철학을 부정할 수 없었기에 자연 자신이 이끈 종교간 대화의 광장으
로 나오지 않을 수 없었다고 회고하였다. 그 당시 자신은 40대 초반이었지만 타 종교
인(노기남, 강원용 등)은 자신보다 10여 살 많은 선배격이라, 기자들은 젊은 승려에
게 이끌려 오고, 젊은 승려가 중심이 되었던 것에 대부분은 의아해 하였다고 하였다.

하겠다. 협회가 본격적으로 활동을 전개하였던 1966년 3월 이후의 전개 양상은 필자의 후일의 연구 과제로 남겨 두고자 한다.

4. 결어

본고찰의 맺는말은 본문 서술의 과정에서 드러난 한국종교연구협회의 출범의 성격을 정리하고, 추후 이 분야 연구에 유의할 점을 제시하는 것으로 대신하고자 한다. 먼저 협회 출범의 특성을 정리하려고 한다.

첫째, 1965년 12월에 출범한 한국종교연구협회는 한국 현대사에서 종교간 대화를 시도하기 위해 조직화된 최초의 단체라는 역사성을 갖는다. 우리 민족이 1919년 3·1운동을 추진할 당시에 종교인들이 민족운동의 전개를 주도한 이후, 이 협회의 등장은 민족사에서 결코 간과할 수 없는 위상을 갖는 것이다.

둘째, 이능가의 회고에서 나온 1965년 10월 이전의 종교인 간의 대화 고뇌, 활동 등을 종교연구 협회 설립의 역사로 수용해야 할 것이다.[49] 아직은 그에 대한 문헌 자료, 증언 부족으로 역사로 반영하기에는 난점이 있지만, 그에 대한 인식을 하는 것이 긴요하다고 본다.

셋째, 한국종교연구협회의 등장의 과정을 유의하게 살피면 그 출범이 각 종교인들의 자발성, 자주성, 개방성이 두드러지게 나타났다. 어느 일방, 특정 종교의 주도가 두드러지 않았고, 특정인의 독주도 눈에 띄지 않았다. 이런 점은 여타 단체, 모임 등에서 찾기 어려운 것이었다.

넷째, 한국종교연구협회가 추구하였던 지향점은 단순한 종교 간의 대화에 그치는 것이 아니었다는 측면이다. 출범 직전에 행한 심포지움에서

---

49) 이능가는 1964년 봄부터 그 준비를 본격화 하였다고 증언했다.

제기된 문제는 종교가 안고 있었으며, 종교의 외부에 걸쳐 있었던 즉 국가와 종교, 사회와 종교, 종교와 종교, 종교인과 종교인 등 다양한 문제를 끌어 안았던 것이다. 이는 협회가 종교 간의 갈등 해소 차원에서 한발 더 나아가 종교 근원에서 국가와 민족의 문제까지 고민을 끌어 올린 것임을 말해주는 것이다.

다섯째, 협회 출범의 역사와 출범의 배경을 정리함에서는 협회의 초대 회장이었던 이능가의 경험, 고뇌, 종교인 간의 대화 추진, 불교사상은[50] 협회 역사의 영역으로 끌어 들여야 한다고 본다. 그 것은 비록 사적인 영역이었지만, 그 영역이 공적인 영역으로 저절로 들어 왔고, 그로 인하여 종교대화를 전개한 종교단체 결성에 이바지하였다는 점에서 특기할 내용이다.

이제부터는 추후 연구할 방향, 내용들을 제시하고자 한다. 이 점은 필자와 이 분야에 관심있는 학자들이 참고할 점이 아닌가 한다.

첫째, 한국종교연구협회가 왜? 어떤 연고로 1965년에 출범하였는가에 대한 시대성을 추구해야 할 것이다. 당시의 흐름이었던 민족주의 영향은 없었는지에 대한 지적은 그 실례이다. 즉 1960년대라는 시대 상황과 협회 성립과의 상관성을 정리, 추출해야 할 것이다.

둘째, 한국종교연구협회를 주도한, 참여한 인물들의 분석이 요망된다. 이능가, 노기남, 강원용을 비롯한 협회의 전면에 있었던 대표진을 비롯한 이 협회에 적극적이었던 종교인들의 분석은 절대 필요한 것이 아닌가 한다.

셋째, 이 협회의 계승 문제이다. 본고찰도 출범 과정만 정리한 것이었지만 이 협회가 현재까지 어떤 과정, 변천, 갈등, 재창조 등이라는 역사적 변천에 대한 과정이 정리되어야 할 것이다.

---

50) 이능가는 자신이 그런 종교감 대화를 하게 된 불교사상은 이론적으로는 화엄사상이었고, 이념적으로는 천태, 법화사상이었다고 필자에게 고백하였다. 이능가의 불교사상은 필자의 추후 연구 주제로 남겨 두고자 한다.

지금까지 결론을 대신하여 본 고찰에서 드러난 한국종교연구협회의 출범 당시의 성격과 추후 이 분야를 연구할 시에 참고할 점을 제시하여 보았다. 본 연구가 종교간 대화에 기초적인 초석이 되기를 기대한다.

3부

불교와 국가권력의 대응

식민지(1910~1945)시대의 불교와 국가권력

1. 서언

불교는 종교로서의 사상, 신앙을 갖고 있다. 여기에는 불교가 갖고 있는 특별한 가치관이 내재하는바, 이를 불교사상으로 부른다. 한편 불교의 존립 및 활동의 공간, 그리고 불교의 가치관을 따르는 승려와 신도들의 생활 터전은 사회이다. 때문에 이런 의미를 갖고 있는 사회에 대해서도 일정한 가치관이 투영되는바, 이를 불교의 사회사상으로 부를 수 있다. 때문에 불교의 성격을 이해하기 위해서는 불교사상과 불교의 사회사상을 동시에 이해해야 할 것이다.[1]

그런데 불교, 승려, 신도들이 활동하는 시공간으로서의 사회는 추상적이지 않고, 구체성을 띠면서 변화, 발전하는 생명체이다. 그 생명체로서 대표적인 것이 국가이다. 국가는 단순한 사회라고도 볼 수 있지만, 거기에는 국가 조직체를 움직이는 계층 및 인간, 국가를 움직이는 법이 내재한다. 이렇게 국가를 움직여 나가는 주체로서의 국가권력이 존재한다.

---

[1] 이는 상구보리, 하화중생으로 구분, 대별되는 대승불교의 이념과 연계하여도 생각할 수 있다.

인류가 걸어 온 역사, 불교가 걸어 온 역사를 조망하건대 불교가 국가 권력과 무관한 적은 없었다.[2] 국가권력의 입장에서도 국가 공동체라는 사회 속에서 활동하고 있는 불교라는 종교를 국가의 유지, 정권의 장악 및 지속, 공동체의 안정이라는 목적하에 적절하게 대응, 관리할 필요성을 갖는다. 요컨대 불교와 국가권력은 끊임없이 대립, 갈등, 화해, 투쟁이라는 이름하에 다양한 역사상을 구현하였던 것이다.

본고찰은 이와 같은 배경하에서 현대 한국불교와 국가권력과의 상관성을 이해하기 위한 전제로서 1차적으로 일제 식민지 시기의 사례를 살펴보기 위한 글이다. 불교와 국가권력의 상호성을 보다 심층적으로 이해하기 위해서는 초기불교, 대승불교, 한국 고중세기의 불교에서의 제양상 및 성격을 우선하여 살피는 것이 온당하다. 그러나 그럴 경우, 글의 초점이 흐려질 뿐 아니라 너무 방대한 학문적 과업을 필자가 다 감당할 수 없다는 현실론에서 우선은 일본 제국주의와 관련을 1차로 살피려고 한다.

지금껏, 일제하의 불교를 비롯한 본고와 유관한 주제에 대해서는 항일과 친일이라는 단선적인 관점에서 연구, 이해되어 왔다. 이는 민족주의 관점으로 볼 수 있다. 그러나 그 시기를 거시적, 객관적으로 바라볼 경우 그 시대에는 민족주의 관점으로만 해석할 수 없는 다양한 현상들이 있다. 즉 일제하의 불교를 다면적, 다의적 관점으로 보아야 한다는 것이다. 일제하 36년은 짧다면 짧은 시기이지만, 그 시기에는 조선왕조 5백년동안 산중불교로 지냈던 불교가 사회와 대중속으로 가려는 몸부림, 새로운 사회의 중심으로 기능하려는 고뇌와 흔적인 불교 근대화의 노력도 적지 않았다. 그러나 동시에 그 시기에는 일제가 한국, 한국불교를 식민통치로 장악, 관리하려는 일제의 정책이 구현되어 그에 대한 우호, 반발 등도 나타났다. 일

---

2) 이기영, 「불교와 국가」, 『불교연구』 14, 1997.

언으로 말을 하자면 복잡다난한 시절이었다. 이런 시기의 불교를 항일, 친일의 잣대로만 바라보기에는 간과되는 사실, 진실, 성격이 많다.

이에 본고찰은 이러한 전제와 배경으로 식민지 시대의 불교와 국가권력을 이해하기 위하여 몇 가지의 당시 상황을 설명하는 개념을 상정한다. 그 연후에는 당시 불교가 그 개념과 연관된 현실에서 어떤 활동을 전개하였는가를 설명하고자 한다.

우선 국가권력 주체로서의 일제는 불교를 식민지 통치의 원활한 목적 수행을 위해 불교를 행정적으로 철저하게 관리하였다. 이것이 일제 식민지 불교정책의 본질이었다. 이를 위해 일제는 불교가 갖고 있는 민족종교로서의 특성, 신도들에게 영향을 미칠 수 있는 파급성, 독립운동세력의 근거지, 독립운동 자금의 공급처 역할, 독립운동가의 은거처 등의 성격을 근원에서부터 차단하려고 하였다. 즉 불교가 민족불교로 기능하지 못하게, 민족운동에 나서지 못하게 강요하였다. 이런 목적을 위해 입안, 실행에 옮긴 기제가 사찰령과 사법이었다. 요컨대 일제는 불교가 민족문제에 개입하는 것 자체를 배척, 조율하였다. 이런 기조하에 일제는 한국불교가 갖고 있었던 정체성을 전환시키려 하였다, 그는 일본불교로의 전환이었다. 일본불교는 사회와의 유대, 계율 완화, 국가에 협조라는 성격을 갖고 있었다. 그러나 그 전면에서는 한국불교의 부정성을 각인시키고, 한국불교의 모순 및 형해를 일제가 개선시켜준다는 것에 있었다. 요컨대 일본, 일본불교가 한국불교에 유용한, 시혜적이라는 입장을 강조하였다.

한편, 불교는 일제의 식민지 불교정책에 대응하면서 불교에 부여된 역사적 과제와 함께 불교가 갖고 있는 종교로서의 역할을 수행해야만 되었다. 즉 불교의 존립, 발전을 기하면서 민족 공동체 구성원으로 응당 수행해야 할 민족운동, 독립운동의 참여도 간과할 수 없는 과제이었다. 그러나 당시 불교가 갖고 있는 역사적 한계, 조선왕조 5백 년간의 정치적, 사회적 억압과 관습이라는 체질에서 나온 부산물과 체질로 인하여 그 같은 역사적 과제를 떠 안기에는 여러 문제점이 있었다. 요컨대 불교 생존, 민족운동에 동참은 간단한 것이 아니었다. 그래서 이런 한계로 인하여 불교 내부에서는 불교의 존립을 위한 정체성 재정비와 민족운동이라는 두 개의 목적, 난관을 놓고 다양한 노선, 행보가 나타났다. 그 두 개의 과제를 철저히 인식한 부류가 있었는가 하면, 어떤 부류에서는 하나의 과제에만 충실한 경우도 있었다. 그래서 본 고찰에서는 불교가 안고 있었던 과제를 어떻게 인식하고, 어떻게 대응하였는가의 노선을 네 부류로 대별하여 논지를 전개하고자 한다. 그는 조선불교 조계종(대처승)으로 대표되는 흐름, 조선불교 선종(선학원, 수좌)으로 대표되는 흐름, 만당(한용운, 진보 개혁)으로 대표되는 흐름, 대각교(백용성, 온건 개혁)로 대표되는 흐름 등 네 부류이다.

그런데 일제는 불교를 그들이 의도하는 방향으로 조정하기 위해서 단일적인 종단을 만들지 못하게 하였다. 그러나 그에 반해 한국 불교는 자생적, 자주적으로 종단, 단체를 만들어서 불교가 갖고 있는 당위를 실천하려고 하였다. 때문에 일제와 불교와의 갈등, 대립, 화해의 접점은 종단, 단체에서 맞부딪치게 되었다.[3] 이런 대응, 접점에서 나타난 이념은 불교의 존립성, 운영의 자주성 등이었다. 각 부류들이 자기들이 구상하고 있는 지향을 얼마나 자생적, 자주적으로 추구해 나갔으며, 거기에 일제의 개입, 조율, 관철이 어떻게 작용하였나를 살필 수 있는 초점이 되기 때문

---

3) 필자는 이 고찰을 전개함에 있어 불교인들이 수행한 직접적인 독립운동은 다루지 않을 예정이다. 승려의 무장투쟁, 독립운동 단체에 가담 등은 일제라는 국가권력을 완전 배척, 부인하는 것이기에 본 고찰에서 주안점으로 삼고 있는 불교와 국가권력 간의 상호성 추구라는 것과는 약간의 이질성이 있기 때문이다. 다만 논지 전개, 서술에 필요한 선에서 그 전후관계를 설명하려고 한다.

이다. 하여튼, 본고찰에서는 이 네 부류가 주도하였던 종단, 단체의 설립, 운영에서 일제와 불교와의 상호 관련성을 살펴 보려고 한다.

2. 조선불교 조계종(대처승)의 흐름

일제하의 승려는 일반적으로 7천여 명으로 지칭한다. 이중에서 비구니가 1천명에 달하고, 청정비구라고 자칭하는 선방수좌는 300여 명에 불과하였다. 때문에 여기에서 말하는 대처승은 일제하의 주류 승려라고 볼 수 있다. 帶妻僧이라는 호칭이 객관적으로 적절한가의 여부에 대해서는 이론이 있겠지만 대처승은 한국 근현대 불교사의 특징을 대변하는 것이기에 그들을 일제하의 주류 흐름을 대변하는 것으로 보고자 한다. 그리고 이런 주류의 승려들이 1941년에 일제의 공인을 받은 제도권 종단으로 만든 것이 조선불교 曹溪宗이었기에, 이들의 지칭을 조계종으로 부르는 것이다.

일제는 한국을 강탈한 직후, 불교도 그들의 통치권력, 행정권으로 통치, 장악하기 위한 법을 만들었으니 그것이 바로 사찰령이었다. 사찰령은 불교의 일체 권한을 억압하고, 행정적으로 관리하는 것이었음은 두말할 나위가 없는 것이다.[4] 이 사찰령의 구도에서 나온 것이 각 본말사의 운영 준칙을 담은 사법이었다. 사법은 조선총독부의 허가를 받아 승인, 수정되었음도 주지의 사실이다. 이 사찰령과 사법은 1911~1912년에 입안, 실행되면서 1945년 일제가 패망하는 그날까지 불교에 관철되었다. 그러므로 36년간 본말사 주지, 대처승들은 기본적으로 일제의 관리, 통

---

4) 한동민, 「사찰령 체제의 역사적 배경의 의미」, 『불교근대화의 전개와 성격』, 조계종 출판사, 2006, 121~130쪽.

제라는 틀 내부에서 존재하였다는 것이 기본 전제가 된다.

그런데 일제는 이 같은 구도하에서 불교를 통치, 관리하면서 모든 종교가 기본적으로 수행하는 고유한, 당위로서의 자생적 조직체인 종단을 만들지 못하게 하였다. 사찰령과 사법에서부터 그런 싹을 제거하였다. 그래서 한국불교는 1941년 조계종이 등장하기 전까지는 완전한 의미의 종단이 없었다. 그리고 일제는 이 같은 불교정책을 수행하면서 동시에 한국불교의 정체성을 약화시키기 위해 일본불교의 정체성을 대변하는 승려의 결혼을 묵인, 장려하였다. 이렇게 제국주의 국가의 문화와 종교적 신앙을 피식민지국가에 관철하는 것은 보편적인 행위이다. 근대라는 시공간에서 새롭게 등장, 수용된 승려결혼의 자생성이 있음도 간과할 수 없지만 일제, 일본불교의 강력한 영향을 우선적으로 고려해야 할 것이다. 요컨대 일제 불교정책의 핵심 관건(기능)은 寺刹令, 寺法, 종단 부정, 승려결혼(대처승)이었다. 이러한 일제의 입장에 대해 당시 주류계열의 승려들은 대체적으로 수용하는 입장에 처하였다. 거기에는 사찰령 등장 이전 불교운영의 혼란, 사찰재산 침탈 등 불교계 자체 내의 여러 모순이 많았지만, 사찰령체제에 의해 그런 문제가 제거되었던 면도 간과할 수는 없다. 그러나 거기에는 기본적으로 일제의 고도의, 교묘한 정책을 불교 발전으로 인식하였던 요인이 강력하게 있었다. 이런 측면에서 불교 내부에서 그를 지지한 것은 불교 근대화의 흐름으로 볼 수 있다. 비록 자생성, 논리성이 미약하고, 일제 정책이 관철되었지만 그러한 흐름이 근대 이전의 불교와는 다른 생존과 발전을 담보할 수 있다고 인정한 측면이 있었음을 부인하지 못한다.

지금부터는 이 같은 일제의 흐름이 어떻게 전개, 변화되었는가를 요약하겠다. 1910년 경술국치 전후 불교계는 종단 설립, 한국불교의 정체성을 두고 두 개의 이질적인 노선이 병립하였다. 하나는 일본불교의 도움을 받아 종단을 설립하고, 불교발전을 기할 수 있다는 사건이 있었거니와 그는 이른바 원종의 조동종 맹약(1910.10)이었다. 그러나 조동종 맹약은 한국불교의 정체성을 저버리고, 불교발전을 일본불교에 기대었다는 불교내부의 반발 즉 임제종운동(1911.2)으로 좌절하고 말았다. 그래서 당시 불교는 북쪽의 원종과 남쪽의 임제종이 대립하는 현상이었다. 이럴 즈음에 사찰령을 반포한 일제는 원종과 임제종을 모두 부인하고 사찰령 체제에 의한 새로운 종명을 내세웠으니 그는 조선불교 禪敎兩宗이었다. 이는 한국불교 내의 대응적 노선을 다 경질하고, 한국불교의 성격이 선과 교이었다는 애매한, 복고적인 조선시대 불교의 성격을 잠칭한 것이었다. 그런데 일제는 이 같은 기형적인 종명을 내세우면서, 한국불교가 스스로 운영하는 자주적인 조직체인 종단을 만들지 못하게 하였다. 이 같은 일제의 방침에 당시 한국불교의 주지급 승려들은 그에 대해서 강력한 저항, 이의를 하지 않았다. 그에 대한 독자적 활동은 한용운의 조선불교회, 불교동맹회의 움직임이 있을 뿐이었다. 그러나 한용운의 움직임도 일제의 탄압으로 중도에 퇴진하였다.

이 같은 배경에서 나온 것이 30본산 주지회의소이었다. 1912년 5~6월, 30개 본사 주지들은 서울 각황사에서 모여 일제가 사전에 정한 회의 안건을 갖고 불교계의 진로를 결정하였다. 당시 일제가 정한 안건은 사법과 사찰령 시행 규칙의 준수, 사법을 통일적으로 제정 등이었다. 여기에서 나온 것이 주지회의소이었는데, 그 역할은 조선총독부와 30본사 주지와의 연락을 주로 하는 것이었다. 즉 현대와 같은 총무원 조직체는 전혀 없었다. 불교의 운영은 사찰령, 사법에 의해서 조선총독, 도지사, 본말사 주지에 의해서 관철되었던 것이다.

이렇게 종단 부재하에 불교 사업을 하다 보니 여러 문제가 발생하였다. 불교 사업의 대표적인 것이 포교와 교육이었지만, 당시는 각 본사들이 독자적으로 그를 담당할 뿐이었다. 각 본사에서도 갑자기 권력이 증대된 본사 주지들에 의해서 좌지우지 되었다. 이런 현상은 일제로서도 바람직한 현상은 아니었다. 일제는 불교가 성장, 발전을 하면 그를 자신들의 통치 업적으로 간주하려고 했다. 동시에 포교와 교육의 공간을 통하여 식민지 통치책을 구현하려고 하였다. 그래서 일제는 본산 주지회의소를 개혁하여 진일보한 조직체를 강구, 관철시켰으니 그것은 30본산 연합사무소이었다. 1915년 1월에 등장한 연합사무소는 일제가 그 운영 규칙인 연합제규를 직접 만들었다는 점과 회의소에서 연합사무소를 전환하는 회의에 총독부의 담당 관리들이 참석하여 의견을 전달하였다는 면에서 그 성격은 단적으로 드러난다. 30본산 연합사무소에서는 30본사가 공동으로 포교와 교육 사업에 매진하기로 하였는데, 여기에서 나온 것이 포교사업의 강화, 불교발전을 위해 선진문물을 시찰한다는 명분으로 일본시찰의 단행, 동국대의 전신인[5] 중앙학림의 개교이었다.

그렇지만 이렇게 전환된 30본산 연합사무소도 1920년에 접어들면서 불교계 내부의 청년승려들로부터 강력한 비판에 직면하였다. 3·1운동에 각성하고, 불교 현실에 자성을 하기 시작한 청년승려들은 지난 10년간의 불교 현실을 분석하고 연합사무소의 문제점을 매섭게 지적하였다. 당시 불교청년들은 자신들의 주장을 적극적으로 주장하기 위해 조선불교청년회, 조선불교유신회를 출범시켰다.[6] 그들의 주장은 1921년 1월, 주지 총회에 제출한 의안인 조선불교는 만사를 공의에서 처리할 것, 연합제규를 수정할 것, 재정을 통일할 것, 교육의 주의와 제도를 혁신할 것, 포교방법을 개신할 것, 의식을 개신할 것, 서울에 弘敎院을 건설할 것 등에 극명하게 나온다. 그런데 이러한 주장은 조선불교청년회가 단독으로

---

5) 동국대는 그 기원을 1906년에 개교된 명진학교에서 찾고 있다. 그러나 1915년 직전에는 내분 등으로 인하여 근대적인 학교는 문을 닫고 있었다.
6) 졸고, 「조선불교청년회의 사적 고찰」, 『한국근대불교사연구』, 민족사, 1996, 201~203쪽.

전개한 것이 아니었다. 즉 그에 찬동하는 25개 단체가 동의한 것이었다. 이는 지난 10년 간의 불교현실, 일제의 개입하에 전개된 불교 변화상에 대한 비판이 상당하였음을 대변하는 것이었다. 이러한 비판, 그리고 그곳에서 나온 대안은 곧 불교의 제도 변경, 재정통일, 사찰재산 정리, 흥학과 포교의 문제이었지만 그 이면에는 식민지 불교에 대한 비판과 연합체제의 부정이었다. 이런 흐름은 연합사무소 체제의 비판과 새로운 중앙기관(통일기관) 설립의 촉구로 이어졌다. 급기야는 사찰령 철폐운동이 나오기도 하였다.

이런 배경에서 나온 것이 새로운 중앙기관인 총무원이었다. 그러나 당시 일제와 일제와 우호적인 본산 주지들은 이 같은 혁신적인 흐름을 차단하고 재단법인 교무원을 1922년에 출범시켰다. 재단법인 교무원은 기존 교육과 포교사업이 부진함을 인정하고, 불교사업을 적극적으로 수행하기 위한 60만원의 자본금으로 나온 법인체이었다. 즉 교무원은 불교사업을 하기 위한 조직체이었지, 중앙기관 혹은 종단이 아니었다. 그래서 1920년대 전반기에는 총무원과 교무원이 일시적으로 대립하였다. 그러나 일제의 개입, 총무원 진용의 미약 등으로 인하여 1924년에는 교무원으로 통합되었다. 이렇듯 불교내부의 혁신적인 흐름을 좌절시킨 일제의 협조를 받아서 불교계 운영의 주도권을 장악한 세력이 1920년대 후반을 관리하게 되었다. 그런데 바로 그 무렵부터 승려결혼이 급증하였음은 한국불교의 정체성, 불교의 체질이 변화됨과 무관한 것은 아니었다. 다시 말하자면 1926년에 승려결혼을 일제가 장려하였고, 일제의 불교정책으로 성장한 주지층의 타락, 사찰재산 망실이 맞물려 나왔다.[7] 이는 일제의 불교정책이 관철되었음을 의미하는 것이었다.

---

7) 이런 상관성에 대해서는 졸고, 「백용성과 일제하의 사찰재산, 사찰령」, 『새불교운동의 전개』, 도피안사, 2002, 154~175쪽 참조.

이 흐름은 1930년대 전반기에는 재결집한 혁신승려, 중앙기관 설립 등으로 인하여 일시적으로는 미약한 행보를 보였다. 그렇지만 당시 강력한 기세로 등장한 종헌체제에 비협조의 노선을 가면서[8] 1930년대 중반기 이후에도 별다른 난관없이 예전의 행보를 갔다. 그러나 1930년대 후반에는 약간의 변수가 나왔다. 그는 불교 근대화 세력(대처승)도 일본불교의 한국불교를 장악하려는 움직임에 자극을 받아 불교의 총본산을 만들어 통일적인 기관을 만들어야 한다는 것을 발의하였다. 동시에 일제 당국은 효율적인 식민통치를 위해 종교를 활용하려는 심전개발운동을 추동하였다. 그리고 일제는 중일전쟁의 본격화에 즈음하여 불교의 연락기관의 필요성을 강구했다.[9]

이런 요인들이 동시에 노정되면서 일제도 총본산 건설운동, 연락기관, 대표기관의 성격이 가미된 불교의 종단을 인정하는 정책으로 전환하였다. 그리하여 1937년 3월에 그러한 기묘한 결합은 구체화되었다. 이때부터 1941년 4월 조선불교 조계종이 태동하기까지 대처승 계열의 불교 근대화 세력과 일제 당국은 동상이몽의 결합을 하였다. 일제가 총본산, 종단건설을 동의한 것은 변화된 현실에서의 불교의 새로운 통제, 관리였다. 그러나 현실을 인정하는 전제하의 불교 존립을 추구한 대처승 세력은 불교 근대화를 위해서는 불가피하게 일제의 개입, 도움을 감수해야만 되었다. 그런 배경하에 등장한 조선불교 조계종이 1941년부터 해방되던 1945년까지 어떠한 행보를 갔음은 쉽게 추측을 할 수 있는 것이다. 요컨대 종단 설립과 종단 운영에 있어서 자주권은 상당히 제한적인 것이었다. 그런 제한성은 일제 통치가 군국주의 기조에서 나온 병

---

8) 졸고, 「1930년대 불교계의 종헌 실행문제」, 『한국근대불교사연구』, 민족사, 1996, 368~382쪽.

9) 졸고, 「일제하 불교의 총본산건설운동과 조계종」, 『한국근대불교사연구』, 민족사, 1996, 414~425쪽.

참기지 정책이 관철될 경우에는 그에 협조하지 않을 수밖에 없는 태생적 체질을 갖고 있었다. 여기에서 불교의 '친일' 노선이라는 곤혹스러운 행적이 노정되었다. 그러나 이런 '친일' 노선을 일반적으로 말하는 친일파, 불교의 친일로 단정하여 말하기에는 주저하는 바가 적지 않다. 본 고찰에서 필자는 그를 불교 근대화를 추진하기 위해 파생된, 붙여진 것으로 보려고 한다.10)

하여튼, 일제하의 주류적인 흐름은 민족문제에 큰 관심을 갖지 않고, 일제의 불교정책에 저항하지 않으면서, 나아가서는 승려결혼이라는 새롭게 등장한 풍조도 변화된 현실에서의 당연함으로 수용하고, 사찰령 체제하에서 불교존립을 위한 종단의 건설과 운영을 담당하였던 것이다. 지금껏 이러한 흐름에 대해서 친일노선이니, 친일불교라는 수식을 붙였지만 그런 고정적인 단정은 재고해야 될 것이다. 필자는 그를 제도권내의 불교 근대화 노선이라고 칭하려고 한다.11)

3. 조선불교 선종(선학원, 수좌)의 흐름

일제하 불교에서 또 다른 주목 대상은 수좌계열이다. 선원에서 수행하는 승려인 首座들은 국권상실, 일본불교의 침투로 나타난 현실에 대해 1910년대에는 무감각하였지만, 그로 인한 전통불교의 변질, 선풍의 쇠

---

10) 이에 대해서 필자는 자발적 친일, 적극적 친일, 일신의 명리와 영달을 위한 친일로 볼 수 없다는 것이다. 물론 이에 대해서는 그 결과를 갖고 평가해야 한다는 지적이 있을 수 있다. 그러나 불교의 이와 같은 특수성이 고려되어야 할 것이다. 일제말기 친일파로 지목된 승려의 경우에서 적극적, 자발적 친일행동이 극심한 경우는 많지 않았다고 본다.
11) 그렇지만 이런 움직임, 흐름에 부수적으로 나타난 여러 모순(대처의 폐해, 주지 권력의 급증, 전통의 상실, 수행풍토 문란 등)에 대한 평가는 별도의 문제이다.

퇴, 계율의 이완 등에 대하여 1920년대 초반부터 성찰하기 시작하였다. 이런 배경에서 나온 것이 1921년에 건립된 禪學院과 1922년에 가동된 수좌들의 조직체인 선우공제회이었다. 수좌들은 이러한 자신들의 지향을 1934년에 이르러서는 재단법인 조선불교선리참구원으로 전환시키면서 1935년에는 조선불교 禪宗이라는 독자적인 종단을 만들어냈다. 조선불교 선종은 조선불교 종규를 통하여 가시화되었는데, 그 실행기관으로 종무원을 두고 전국 선원 및 수좌를 그들의 구성원으로 삼았다. 이 같은 선학원, 수좌들은 일제 불교정책에 대하여 전통불교 수호라는 노선을 통하여 대응을 하였던 것이다.

선학원은 1921년 11월 30일, 3·1운동의 영향을 받아 민족불교 지향, 선불교 옹호를 기하기 위한 목적에서 창건되었다.[12] 선학원을 창건한 정신으로는 일제의 사찰령체제 구도의 저항정신, 한국불교의 수호정신, 전통적인 선 수행의 회복 정신, 민족적 자각정신 등을 거론할 수 있다.[13] 여기에서 수좌들이 계율수호와 일본불교에 대한 저항, 식민지 불교체제를 거부하면서 수좌들만의 독자적인 수행공간 및 연락처를 두려는 자생성과 정체성을 견지하려는 의식이 있었다.

선학원은 1921년 초반 수덕사의 수좌 송만공, 범어사 포교당(서울, 사동) 포교사 김남전, 석왕사 포교당(서울, 사간동) 포교사 강도봉 등이 사찰령에 구속받지 않는 공간을 만들려는 합의에서 창건되었다. 이들은 1921년 5월, 서울의 사간동 석왕사 포교당에서 선학원 건립 자금의 모금을 위해 보살계 계단을 개최하였다. 이날 회의를 주관한 송만공은 조선총독부의 통치 범위를 벗어난 즉 사찰령 체제와는 무관한 조선승려들이 독자적으로 움직이는 선방으로서의 사찰을 만들어 보자고 제안했다.[14]

---

12) 이에 대해서는 졸고가 참고된다, 「일제하 선학원의 운영과 성격」, 『한국근대불교사연구』, 민족사, 1996.
13) 위의 졸고, 104~105쪽.

이 석왕사 포교당 모임에 참석한 범어사 수좌인 오성월은 인사동에 있었던 범어사 포교당을 처분하여 그를 건립 자금으로 지원하겠다는 의사를 피력하였다.[15] 그 후 승려, 신도들이 제공한 지원금으로 8월 10일에 공사를 시작하여 그해 11월 30일에 준공되었다. 선학원의 창건 정신은 1921년 10월 4일에 올린 상량문에 나온다. 즉 선학원을 건립한 이유와 선학원 건립에 동참한 대중 명단이 전한다. 상량문에는 여타 종교에 비해서 불교의 미약한 포교에 대한 책임의식을 거론하였다. 상량문에 나온 대중은 백용성, 오성월, 강도봉, 김석두, 한설제, 김남전, 이경열, 박보선, 백준엽, 박돈법 등인데, 이들의 성향은 불교 천양의식의 투철, 일제의 사찰정책에 비판, 항일 불교에 연관 등이다.

이렇게 선학원은 1921년 12월에 준공이 완료되어 서울 안국동에 자리를 잡게 되었다. 창건 직후 선학원에서는 전국 수좌들의 조직체가 가동되었으니 그는 禪友共濟會이었다. 그리하여 1922년 3월 30일~4월 1일, 선학원에서는 선학원의 창립 정신에 동의한 각처의 수좌들이 모여 회의를 갖고 지향 노선을 결정했다. 당시 그 총회에 참여한 수좌는 송만공, 오성월, 백학명, 이설운, 임석두, 이고경, 박고봉, 기석호, 김남전, 황용음, 윤고암 등 35명이었다. 이들은 회의를 갖고 선우공제제회 취지서를 발표하였다.

오성월, 백학명을 비롯한 80여 명의 수좌들은 취지서에서 철저한 수행을 위해, 선풍을 진작하기 위해, 자신들이 처한 상황을 타개하기 위해 자립자애하면서 중생을 구제하겠다는 원력을 피력하였다. 이는 일본불교 침투, 식민지 불교정책에서 빚어진 불교의 현실을 자주, 자립의 정신으로 극복하겠다는 발로이다. 여기에서 일제와의 대응을 엿볼 수 있다.

---

14) 정광호, 『근대한일불교관계사연구』, 인하대 출판부, 1994, 191쪽.
15) 「선학원 창설연기록」, 『한국근세불교백년사』 제2권.

선학원과 선우공제회는 이렇게 선원과 360명[16] 수좌의 중심 기관으로 출범하고 내적인 조직을 가동하였지만 설립 초창기부터 재정적인 어려움에 봉착하였다. 이런 재정적인 어려움에서 비롯된 것인지는 단언할 수 없어도 1924년 4월에는 선우공제회의 본부가 직지사로 이전되었다. 1926년 5월 1일에는 중앙의 선학원이 범어사 포교소로 전환되었다.[17] 이러한 선학원의 변질은 곧 선우공제회(선원, 수좌) 활동의 좌절이었다. 그런데 1923년 말 경, 사단법인 선우공제회의 설립 허가원을 총독부에 제출하였다. 일제는 정관의 일부 내용을 수정하라고 반려하였고, 그 이후 수정 접수를 하였지만 끝내 통과되었다는 내용이 없는 것을 보면 법인체로의 정비는 이행되지 않았다. 요컨대 1920년대 중반의 선학원은 일제 식민지 불교의 외곽에 불안하게 자리잡았다.[18] 그는 제도권 불교의 변두리에, 일제 당국에서도 인정하지 않는 기묘한 위치에 처하였다. 그러면서도 수좌들은 자신의 존립을 위해서는 일제 당국이 인정하는 사단법인이라는 형태로 처신하려고 하였지만 그도 허용되지 않았다. 이런 애매하고, 묘한 위상은 1930년대 전반기를 거치면서 변질, 전환되었다.

선학원은 1926년 5월에 범어사 포교당으로 명칭을 변경하였지만 그 건물은 존속되었다. 그 이후 1931년 1월 21일 김적음에[19] 의하여 인수, 재건되었다. 재건된 선학원에서는 송만공, 이탄옹, 유엽, 김남전, 도진호 등의 수좌와 포교사들이 나서서 대중들에게 참선, 교학을 가르치면서 불

---

16) 그는 통상회원 203명과 특별회원 162명을 합한 것이다.

17) 『동아일보』 1926.5.6.

18) 수좌들이 그들의 거점을 만들면서 寺, 庵을 붙이지 않은 것은 사찰령과는 무관한 것을 만들겠다는 의식이 있었다고 그간 이해하였다. 그러나 사찰령에서는 신규 사찰을 만들 조항이 없었던 것에서 찾아야 한다는 주장도 있다. 그러나 어찌 되었든 선학원은 당시로서는 제도권 내의 공식적 사찰은 아니었다.

19) 「如來의 사명을 다하야 世上에 模範을 보이는 숨은 人物들, 立志傳中의 인물 金寂音 和尙」, 『불교시보』4호(1935.11), 3쪽 참조.

교 대중화에 주력하였다. 그리고 1931년 3월 23일에는 선학원에서 全鮮
首座大會를 개최하여 출범시의 위상을 되찾기 위한 노력을 하였다.

재건된 선학원은 이전 역사를 계승하면서 재정확립과 불교 대중화를
통한 기반 확립에 나섰다. 선학원의 견실한 운영은 재정확립이 관건이었
다. 이에 선학원 계열의 수좌들은 1933년 3월의 수좌대회에서 운영의 기
반 문제를 논의하였다. 송만공, 이탄옹, 김적음을 비롯한 9명의 수좌들
은 수좌대회에서 선우공제회를 재단법인 禪理參究院으로 전환시키겠다
는 발기를 하였고, 5개 처의 선원은 재원을 기부하였다.[20] 이러한 문제
의식은 당시 선학원을 운영하였던 실무진도 고민한 과제였다.[21] 즉 수좌
들이 안심하고 수행할 수 있는 기관을 만드는 것을 급선무로 인식하였
다. 이에 선학원은 수좌 및 신도들이 출연한 재산을 법적으로 보호하고,
그로부터 나온 재원으로 수좌들의 수행을 후원할 기관을 출범하였으니
그것이 바로 재단법인 선리참구원이었다. 즉 선학원은 1934년 12월 5일
부로 재단법인 선리참구원으로 전환되었다.[22] 당시 재단에 등록된 재산
은 17명의 승려 및 신도들이 제공한 전답과 건물 등의 액수인 82,970원
이었다. 선학원에서 선리참구원으로의 전환은 수좌들로서는 일제라는
현실을 수용한 것을 의미한다. 그 이전 제도권 불교와 기묘하게 결합하
였던 애매한 위치에서 이제는 제도권 불교내로 진입하였다.

이렇듯이 선학원은 선리참구원으로 전환되자 그 즉시 이사회를 열고
이사진을 구성하였다. 이사장은 송만공, 부이사장은 방한암, 상무이사는
오성월, 김남전, 김적음이었다. 한편 이사진은 재단법인으로의 전환을
계기로 선풍진작, 선종의 독자적인 발전을 도모하려는 준비를 하였거니
와, 그 결과로 나온 것이 1935년 3월 7~8일의 首座大會였다.[23]

---

20) 『삼소굴일지, 경봉대선사일지』, 극락선원, 1992, 297쪽.
21) 「우리 각 기관의 활동상황」, 『선원』 4호(1935.10).
22) 「휘보, 재단법인 조선불교선리참구원 인가」, 『불교시보』 1호(1935.10).

수좌대회는 1935년 3월 7일, 선학원에서 75명의 수좌가 참가한 가운데 개최되었다. 송만공은 개회사에서 불교의 적자가 얼자로 바뀌면서, 정법이 질식되는 시점에서 선종 수좌대회를 개최함은 의의가 깊다고 개진하였다. 이어서 그는 동양문화의 중심이었던 조선불교가 부진한 상태로 전락된 원인은 불법의 진수인 禪法이 침체됨에서 기인하였다고 진단하고, 불교의 부흥을 의도하려면 형해만 남은 선종을 흥성케 해야 한다고 피력하였다. 이에 수좌 몇 사람이 수년간 노심초사하면서 노력한 결과 재단법인인 선리참구원을 완성하고, 재단 확충과 기부행위 시행세칙 및 선원 법규를 제정하기 위해 수좌계 중심인물을 초청하여 그 기초위원회를 조직하였다고 발언했다. 즉 순교적 정신에 불타는 기초위원회의 위원들이 수좌대회를 소집하여 선종의 근본적 자립 발전책을 만들자는 발의를 수용한 결과로 대회가 열린 경과를 개진하였다.

이러한 선학원, 수좌, 선리참구원의 역사를 대변한 송만공의 발언에는 1935년 전반기 수좌계열, 선종의 현실인식이 단적으로 나온다. 즉 국권 강탈 이후의 불교 변화, 선풍 파탄은 비판하였지만 일제라는 국가권력에 대한 비판은 일체 없다. 불교 현실만 지적을 하고, 일본불교 유입 및 영향에 대한 강력 대응의식으로 선풍의 진작을 제안하였다. 대회는 임시 집행부를 정하고, 선서문을 결정하였다. 이 선서문은 수좌대회의 정신을 대변한다.

선서문에서는 정법과 전등이 계승되어야 함에도 불구하고, 邪魔가 극성하고 정법이 파괴되는 말세를 당하여 참회와 반성을 하는 수좌들의 현실인식이 극명하게 개진되어 있다. 수좌들은 정법이 위기에 처한 현실에 처하여 정법과 여래의 궤칙을 받들어 그 위기를 타개하겠다는 원력을 세

---

23) 이 대회의 전모 및 성격, 의의는 졸고, 「조선불교 선종과 수좌대회」, 『한국 현대선의 지성사 탐구』, 도피안사, 2010을 참고할 것.

웠다. 나아가서는 참회하는 정신으로 삼보를 기만하는 삿된 무리들을 제거하겠다는 서원을 하였다. 이에 수좌들은 정법을 받들지 못하였던 자신들의 허물을 자인하면서 신명을 바쳐 정법에서 물러서지 않겠다는 맹서를 하였다. 추후에는 중생제도, 번뇌 단절, 불법의 수행, 불도의 성취를 하겠다는 다짐을 하였다. 여기에서도 현실, 일제당국에 대한 인식은 일체 없다. 그렇지만 선에 대한 지향과 정신은 강력하다.

대회에서는 별도의 종단인 朝鮮佛敎 禪宗을 출범시켰다. 이는 선종 宗規에서 근거한 것이다. 대회에서는 종정회 규칙, 선의원회 규칙, 선회법, 종무원 원칙, 선원 규칙 등도 정했다. 또한 선리참구원 기부행위 정관, 기부행위 정관 시행세칙도 제정하였다. 이상과 같은 종규, 규칙 등을 정한 연후에는 선종 및 종무원, 선의원 등의 임원 선거를 하였다. 기존 교단과는 별개의 종정(혜월, 만공, 한암), 종무원장(오성월), 수좌계를 대표하는 선의원(동산, 경봉 등)을 선출했다.

이로써 전국 선원 45개소, 수좌 300여 명을 기반으로 한 朝鮮佛敎 禪宗은 출범하였고, 그 중앙 기관인 종무원이 등장하였다. 이로써 종무원은 지방 선원과의 연락, 선포교, 선원보호 및 수좌의 대우 개선 등을 통한 선의 재흥, 선종의 독자적 존립을 위한 행보를 갔다. 대처승, 조계종은 사찰령 체제하에서 존재하였지만, 수좌들은 사찰령의 구도와는 별개의 경계 위치에 자리하였다. 그래서 조계종과는 분명 다른 노선을 갔지만, 일정부분에서는 일제를 인정했다. 이로써 수좌, 선학원, 선종은 제도권의 변방 불교로 존재하면서, 그 현실의 타객책을 보수, 선불교 표방, 전통불교 수호라는 노선을 경주했다.

조선불교 선종은 일제 말기까지 존속하면서 정체성을 유지하였다. 그러나 이런 선종의 행보는 일제로서는 껄끄러운 존재이었다. 선리참구원을 법령상 사찰도 아니고, 癌的인 존재로 일제 기관지인 『매일신보』가 보도

함은24) 그 예중이다. 그렇지만 선종, 선리참구원에서는 제도권 불교 내부에 일정한 지분을 점하려고 부단히 노력하였다. 그러나 제도권 불교에서 선종의 존재를 인정하려는 흐름은 미약했다. 그렇다고 완전 배척하지도 않았다. 예컨대 1939년 정기 禪會에서 교무원(총본산)에 모범총림을 세우기 위해서 지리산, 가야산, 오대산, 금강산, 묘향산을 선종에 넘겨줄 것을 요청하였지만25) 소기의 성과는 없었다. 그러나 선종측에서는 자신들의 정체성을 유지하는 사업을 지속적으로 전개하였다. 선원 수행록인 芳啣錄26)의 발간, 수좌들의 보호 노력, 청정계율 수호를 위한 유교법회 (1941.3)의 개최,27) 근대선의 개척자인 송경허의 문집인 『경허집』 발간 (1942) 등은 그를 말한다.

이렇게 선종, 선리참구원은 제도권 불교인 교무원, 총본산, 조계종과는 어정쩡한 동거관계를 유지하였다. 이런 성격은 일제와의 관계에서도 나타난다. 일제가 중일전쟁, 태평양전쟁을 수행하면서 종교계에 협조를 구하자 선학원도 황군 위문금의 제출, 전쟁 출동부대 송영, 창씨개명 상담소 설치 등을 하였다.28)

그러면 이런 전제하에서 선종, 선리참구원은 기존 교단(교무원, 조계종)에 대해서 어떤 입장을 가졌는가. 여러 사실을 종합하건대 기존 종단의 노선은 비판하되, 완전 배척은 하지 않았다. 그는 기존 교단의 물적, 인적 토대에 선종, 선리참구원, 수좌가 존재하였던 현실을 반영한 것이

---

24) 「불교서도 내선일체로 종교보국에 신기축」, 『매일신보』 1942.8.6.
25) 김광식, 「조선불교선종의 선회에 나타난 수좌의 동향」, 『한국 현대선의 지성사 탐구』, 도피안사, 2010, 208쪽.
26) 방함록에 대한 성격, 내용 등에 대한 것은 졸고, 「방함록에 나타난 근현대 선원」, 『한국 현대선의 지성사 탐구』, 도피안사, 2010, 16~31쪽 참조.
27) 위의 책, 273~276쪽 「유교법회의 전개과정과 그 성격」 참조.
28) 이 내용은 졸고, 「일제하 선학원의 운영과 성격」, 한국근대불교사연구 민족사, 1996, 137~140쪽 참조.

다. 나아가서 일제에 대해서도 존립을 위한 최소한의 협조를 하였다.[29] 그러나 일제에 대한 강력 저항, 민족운동 동참은[30] 없었음은 분명하다. 그래서 선종계열은 조계종, 대처승 계열과는 이질적으로, 전통수호와 불교정화라는 기치를 갖고 일제에 소극적 대응을 하였던 것이다.

4. 만당(한용운, 진보 개혁)의 흐름

卍黨은 한용운을 따르던 불교청년들이 만든 항일 비밀결사체이다.[31] 때문에 한용운의 노선, 진보적인 개혁의 노선을 만당으로 부를 수 있다. 만당의 노선은 기본적으로 민족운동에 가담하였던 다수의 청년승려들을 토대로 하여 나왔다. 3·1운동 참여, 상해 및 만주에서의 독립운동 동참 등이 그를 말한다. 그러나 이들은 1920년대 초반, 중반 이후에는 불교 내부의 개혁을 위한 활동에 주력하였다. 1930년대 전반기 이들은 지하에서 만당을 그 핵심 거점으로 활동하면서, 외형적으로는 불교청년총동맹의 외피를 가졌다. 그러나 만당은 1930년대 중반부터는 외형적으로 해소, 내면적으로 잠적이라는 행보를 갔고 1940년대 초에 가서는 거의 해체, 변질되었다. 그렇지만 한용운, 만당의 노선은 일제하 불교에서 특별한 위상을 갖고 있었다. 일제 식민통치에 저항노선 견지, 일제 불교정책에 소극적인 저항, 불교 근대화의 강력 추구, 교단 내부에서의 투쟁 등을 전개하였다.

---

29) 위의 졸고, 「조선불교선종의 선회에 나타난 수좌의 동향」, 229~230쪽.
30) 정신적, 문화적 측면의 민족운동은 고려할 수 있다.
31) 만당에 대한 전모, 성격 등은 졸고, 「조선불교청년총동맹과 만당」, 『한국근대불교사연구』, 민족사, 1996, 256~304쪽의 내용과 졸고, 「만당과 효당 최범술」, 『민족불교의 이상과 현실』, 도피안사, 2007, 166~190쪽 내용을 참조.

만당의 노선이 근대 불교사에 등장한 시점은 1911~1912년 임제종운동 때이었다. 원종이 일본불교인 조동종과의 맹약을 저지하기 위한 임제종운동이 영호남 불교권에서 전개되었을 때, 그 지역 사찰에 거주하였던 청년승려들이 임제종운동에 적극 가담하였다. 이것이 근대기 불교청년운동의 효시의 성격을 띠면서 동시에 한용운과 청년승려들이 결합하게 되는 계기가 되었다.[32]

그 후 한용운은 서울에 거주하면서 일제가 원종, 임제종을 배격하고 사찰령 체제를 구축하려고 하였을 때에도 독자적으로 그에 반발하였다. 한용운은 조선불교회, 불교동맹회를 조직하여 사찰령, 사법과는 무관한 불교운동을 추진하였는데, 이때에도 서울에 유학을 와서 공부하던 청년 승려와 개별 사찰의 청년승려들이 동참하였다.[33] 비록 한용운이 추구한 그 움직임은 일제의 탄압에 의해서 좌절되었지만 한용운으로 상징되는 일단의 그룹이 형성되었음은 주목할 대목이다.

그런데 한용운이 진보적 불교개혁, 청년승려들의 열렬한 호응을 받게 된 결정적인 계기는 그가 1913년 5월, 불교서관에서 펴낸 『조선불교유신론』이다. 한용운은 이 책에서 당시 불교 현실을 엄정하게 분석, 비판하면서 파괴, 개혁을 통해 불교를 새롭게 하자는 주장을 폈다. 이 책은 전국 승려에게 큰 파장을 야기하였는데, 특히 청년승려들의 반응은 대단하였다. 그 이후에도 한용운은 『불교대전』, 『정선강의 채근담』을 펴내고 1918년에는 교양잡지인 『유심』을 발간하였다. 이러한 책의 발간으로 한용운은 청년승려들의 우상이 되기에 충분하였다. 이런 기조하에서 한용운은 3·1운동 민족대표로서, 일제에 피체되어 서대문형무소에 3년간의 수감 생활을 마치고 출옥하였다.

---

32) 만해, 「불교청년총동맹에 대하여」, 『불교』 76호(1931.8).
33) 「불교회의 재연」, 『매일신보』 1914.8.22.

그러므로 한용운이 출옥한 직후에는 불교혁신을 추구하였던 조선불교청년회, 조선불교유신회의 중심 인물은 한용운이 되었다. 한용운이 1924년경에 조선불교청년회의 총재로 추대되었음은 그를 단적으로 말해준다. 그 당시 청년승려들은 기존 불교제도의 타파, 일제 불교정책의 근간인 사찰령 철폐운동을 강력하게 전개하였다. 한용운도 기존 제도의 타파를 강조하였음은 물론이었다.[34] 그러나 한용운은 청년승려들이 주장한 일제당국에 사찰령을 철폐해 달라고 건의하는 형식에서 한발 더 나아가 사찰령을 거부하고, 자주적인 통일기관을 만들어 자주적인 종단 운영을 기해야 한다고 주장하였다. 그렇지만 현실적으로 한용운과 청년승려들의 주장은 실현되지는 못하였다. 그래서 만당의 노선은 1920년대 중후반에는 잠적기를 거치고 있었다.

만당, 한용운의 노선이 재기하게 된 것은 1920년대 후반 무렵이었다. 1920년대 전반기 불교개혁을 추동한 청년승려들은 일단의 좌절을 겪은 후에는 외국으로의 유학, 연고 사찰에서의 성찰을 거쳐서 1928년에는 조선불교청년회를 부흥시켰다. 여기에는 좌우합작 운동으로서의 국내 민족운동 단체이었던 신간회의 영향이 있었다. 이런 배경에서 재기한 청년승려들은 과거의 운동을 반성하고, 새로운 대안 조직체를 강구하였다. 그들은 불교개혁을 담보하기 위해서 조선불교청년회를 보다 견고한 조직체인 총동맹으로 1931년에 전환시켰다. 그런데 바로 이런 불교청년운동을 추동한 이면의, 지하의 조직체가 있었으니 그것이 바로 1930년 5월에 결성된 卍黨이었다. 만당의 태동은 1929년 4월 이용조, 조학유, 김상호, 김법린 등이 1차로 결속하였고, 그 후에는 조은택, 박창두, 강재호, 최봉수, 박영희, 강유문, 박근섭 등이 추가로 동참하였다. 이들은 1920년대 전반기 불교청년운동의 핵심이었으며, 독립운동과 민족운동의 경험

---

34) 한용운, 「현제도를 타파하라」, 『동명』 2호(1923.1).

을 가졌으며, 외국유학을 다녀왔고 혹은 중앙불전에서 수학하였던 엘리트 승려들이었다. 이들은 불교 敎政의 모순과 청년운동의 부진을 극복하기 위하여 순교정신을 가진 동지들의 비밀결사(만당)를 태동시켰다. 그리고 만당의 당수에는 한용운을 추대하였다. 이들은 강령으로 정교분립, 교정확립, 불교 대중화를 제정하고, 당원은 만장일치로 가입을 시켰다. 만당의 운영은 죽음으로 비밀엄수, 黨議에는 절대 복종이 말해주는 항일 비밀결사체로 운용하였다. 그리하여 1930년대 전반기 불교계의 폭풍의 진원지로 기능했다.

그런데 만당의 당원들은 만당을 태동시키기 직전에 이미 일제 불교정책에 대항, 통일운동의 지향, 자주적인 종단 건설 및 운영을 기하기 위한 불교운동을 성사시켰다. 그는 1929년 1월 3~5일, 각황사에서 개최된 조선불교 선교양종 승려대회이었다.[35] 이 승려대회는 당시 각 지역의 대표 107명이 참여한 가운데 거행되었는데, 불교 통일운동에 기념비적 성과를 달성하였다. 즉 불교계의 종헌을 제정하고, 불교계의 만기를 결정하는 종회와 집행기관의 성격을 띤 교무원을 출범시켰다. 이는 미흡하나마 자생적, 자주적인 교단의 탄생을 의미하는 것이었다. 이로써 불교계는 승려대회에서 나온 종헌을 실천에 옮길 과제에 직면하였다. 이런 의미를 갖고 있었던 승려대회는 백성욱, 조학유, 김태흡, 김법린, 도진호, 김석두 등의 청년승려들의 발의에 의해서 태동되었다. 물론 승려대회를 발기, 준비, 주도한 승려가 청년승려들만은 아니었다. 그러나 그 주역들은 불교의 민족운동에 참가하고, 불교의 통일운동을 고민한 중견급 승려들이 대부분이었다. 오리산, 김포광, 이응섭 등이 바로 그들이었다. 그렇지만 그 주역은 대부분 불교청년운동을 거친 청년승려들이었는데, 이들

---

35) 졸고, 「조선불교선교양종 승려대회의 개최와 성격」, 『한국 근대불교사 연구』, 민족사, 1996.

은 한용운의 지향과 직, 간접으로 연계를 갖고 있었던 부류이었다.

승려대회에서 나온 종헌으로 상징되는 자주적인 종단체제에 대해서는 한용운도 적극적인 찬동을 밝혔다. 한용운은 그를 조선불교의 완전한 통제기관의 출현으로[36] 인정하였다. 만당 구성원들은 종헌체제를 사찰령체제 극복을 위한 대안으로 인식했다. 이런 측면에서 1929년 승려대회에서 나온 종헌체제, 종단성립은 한용운을 중심으로 하였던 만당의 작품으로 보아도 좋을 것이다. 이런 측면은 만당의 강령에서도 확인이 된다. 즉 만당 강령 중의 하나가 불교 대중화이었는데, 이는 한용운 불교개혁의 핵심이라는 것을 유의하면 당연한 이해라 하겠다. 한용운은 1913년 『조선불교유신론』을 펴낸 이후에도 지속적으로 불교개혁의 논리를 전개하였다. 그러한 결정체가 1931년 『불교』에 기고한 「조선불교 개혁안」이다.[37] 한용운은 이 글에서 당시 불교는 산간에서 가두로, 승려로서 대중에로 나가고 있는데, 그것이 불교도의 지향이 되어야 한다고 강조하면서 불교는 응당 大衆佛敎가 되어야 함을 강력히 주장하였다. 한용운의 대중불교론은 우연히 나온 것이 아니라 그가 1910년대 이래의 수행, 민족운동, 계몽운동, 불교개혁을 통해서 나온 것이었다.[38] 그런데 당시 한용운을 따르던 청년승려들은 한용운의 이 논리를 체득하고 있었다.[39] 이는 대중불교가 1930년대 전반기 만당의 이념적 성격임을 분명히 말해주는 것이다.

이처럼 한용운을 따르던 일단의 청년승려(만당)들은 한용운의 불교개혁론을 수용, 체득하고 불교개혁에 나섰다. 그런 결실이 불교청년운동의

---

36) 한용운, 「조선불교 통제안」, 『불교』 신2집(1937.4).
37) 이 개혁안은 졸고, 「한용운의 '조선불교개혁안' 연구」, 『유심』 2006년 봄호 참조.
38) 졸고, 「한용운의 大衆佛敎 · 生活禪과 救世主義 · 入泥入水」, 『한국민족운동사연구』 54, 2008.
39) 졸고, 「불교의 근대성과 한용운의 대중불교」, 『한국불교학』 50, 2008, 567~571쪽 참조.

재기, 승려대회의 개최, 종헌체제의 가동, 종헌의 실행 등으로 나타났다. 그러나 종헌체제는 그 시행과정에서 많은 난관을 겪었다. 그는 우선적으로 일제의 불인정, 다음으로는 본말사 주지층의 비협조를 지적할 수 있다. 그리하여 출범하여 3년여는 진행되었지만, 그 이후에는 종헌체제는 종말을 고하였다. 이것이 한용운 노선이 당시 식민지 불교체제, 제도권 불교와는 조화될 수 없음을 말해주는 것이다. 이때를 즈음하여 만당이 서울이라는 중앙 무대에서 스스로 해소하여, 다솔사라는 궁벽한 지방의 사찰로 그 중심처를 이전할 수밖에 없는 것도 이런 현실, 한계를 반영하는 것이다. 지방으로 내려간 만당 당원들은 민족의식을 견지하고 있었지만 종단건설이라는 과업에서 이탈된 것은 분명하다.

이런 측면에서 만당 노선은 일제, 일제식민지 불교체제에 저항, 비협조를 하였다. 그러나 만당의 노선은 일불불교에 일정하게 영향받았다. 그 예증이 승려의 결혼이었다. 만당 당원의 대부분은 결혼을 하였다. 그는 한용운도 마찬가지였다. 그들은 스스로 일본의 영향을 거론하지는 않았지만, 당원 상당수는 일본유학을 거친 당사자라는 점에서 그를 부인하기 어려운 것이다. 그러나 한용운은 승려결혼이 승려의 인권 신장이라는 면에서 접근하고, 나아가서는 불교 근대화의 기획 차원에서도 승려결혼은 방편으로 무방하다고 보았다. 승려도 인간이고, 그래서 보통 인간이 누릴 수 있는 성욕, 식욕 등을 구사하는 것은 당연하다는 것이며, 이는 불교의 존속 및 발전을 강구하는 불교 사회화의 차원에서도 크게 문제될 것이 아니라는 것이다.[40] 이렇게 한용운, 만당의 승려들은 승려결혼을 수용하였지만 그는 일본불교를 단순히 받아들이는 것에서 나온 것은 아니었다. 이를테면 불교 근대화, 불교 사회화의 하나의 방략이었던 셈이다. 그래서 이를 갖고 만당의 노선이 일제에 구속되었다고 말할 수는 없

---

40) 졸고, 「한용운의 불교근대화 기획과 승려결혼 자유론」, 『대각사상』 11, 2008.

다. 그러나 만당 노선의 한계는 1937년 이후에는 독자적인 노선이 뚜렷하게 나오지 않았다는 것이다. 일부 당원들은 내분으로 분열되었고, 운동 주체는 낙향하여 운동의 일선에서 퇴진하였고, 극히 일부는 식민지 불교체제에 안주하기도 하였다. 이는 그들의 노선 및 지향을 실천할 무대, 종단, 단체가 부재한 상황에서 나온 것이었다.

지금까지 살펴본 바와 같이 만당은 일제와 일제 식민지 불교 체제에 저항하였다. 그리고 독자적으로 불교 근대화, 불교 통일운동을 추구하였다. 그 결과 일정부분은 목적을 달성하였다. 그러나 그들은 그의 제도권 불교와의 부조화,41) 내분 등으로 인해 운동의 일선에서 퇴진하였다. 그들도 대처승이었고, 일본불교에 영향받아서 불교 근대화에 나섰지만 이는 어쩔 수 없는 시대적 한계이었다.

5. 대각교(백용성, 온건 개혁)의 흐름

백용성의 불교개혁을 상징하는 교단은 大覺敎이다. 백용성 불교사업의 주체인 대각교는 1926년에 본격적으로 출범하였다. 그러나 백용성이 자신의 거처의 표방을 대각교회로 쓰고, 불교용어에서도 대각을 사용하기 시작한 것은 1922년부터이다. 그는 3·1운동 참가로 일제에 피체되었는데, 백용성은 그 옥중체험으로 불경의 번역, 불교의 개신을 본격화하였다.

그러나 백용성의 불교에 대한 개신, 독자노선의 고민은 그가 수행하였던 지리산에서 상경한 1911년부터 시작되었다. 따라서 필자는 1911년

---

41) 그 대표적인 것이 조선불교 조계종 설립을 추동한 총본산 건설과정에서의 일제의 도움이 종단 자주화에 큰 암초가 될 것을 지적한 한용운의 견해이다.

상경 이후부터 그가 대각교를 내세우기까지의 활동에서 일제, 일본불교, 제도권 불교와의 대응을 조망하여, 그 성격을 추출하려고 한다. 그 전모에서 드러나겠지만 백용성은 제도권 불교와의 결별을 통해 기존 불교의 틀을 스스로 벗어났다. 그리고 일제 식민지 불교와의 정면 대결을 하였다. 그러나 그 대결은 일제 식민지 불교의 모순을 스스로 개신하려한 온건개혁의 성격을 띠고 있었다.[42]

백용성, 그는 1911년 처음으로 상경하여 기독교의 성장에 위기감을 느끼면서 불교가 처한 상황을 직시하였다. 그는 처음에는 禪布敎의 활동을 하였다. 그는 1911년에 건립된 임제종중앙포교당의 개교사로 3년여를 근무하였지만, 일제 외압으로 선종 포교당[43]을 나와서도 독자적으로 포교 활동을 하였다. 즉 1915년 5월부터는 서울 종로의 장사동에 禪宗臨濟派講究所를 세워 임제종에 근거한 참선의 대중화에 나섰다. 용성은 이곳에서 참선 및 임제선풍을 강연하였거니와, 이는 1910년대 식민지불교에 대한 대응의식이었다. 그는 식민지 불교정책을 관찰하면서 불교의 정체성, 불교의 현주소에 대해 고민했다. 그 후 용성은 포교 자금을 확보하기 위해 북청에 가서 금광경영을 시도하지만 실패하고 1918년 무렵에는 새로운 주석처로 마련된 종로구 봉익동 1번지에 머물렀다.

이렇게 1911년부터 1918년까지의 용성은 식민지 불교 현실, 혹은 불교 근대화에 대한 자신의 입장, 대안을 분명하게 구축하지 못하였다. 그러나 당시 현실을 통해 자각, 모색은 치열하게 하였다. 즉 그는 기독교의 성장에 자극받고, 불교의 후진성에 개탄하며, 일제 불교정책을 관찰하고, 선포교 활동에 유의하였던 것이다.

그러다가 1919년 3·1운동에 불교계 대표로 참여하였다. 그는 민족

---

42) 졸고, 「백용성의 불교개혁과 대각교운동」, 『대각사상』 3, 2000.
43) 이 포교당은 임제종포교당이 일제 압력으로 임제종을 삭제케 하자, 그 대안으로 바뀌었던 명칭이다.

대표 33인의 일원으로 3 · 1운동의 중심부에 있었다. 여기에서 일제에 대한 저항을 표출했다. 일제에 의해 서대문 감옥에 수감된 그는 커다란 충격을 받았다. 그는 개신교와 천도교의 간편한 경전을 보고 불교의 위기감을 느꼈다.[44] 이 충격으로 불교 개신, 불교 근대화에 적극 나서겠다는 결단을 했다. 그가 이런 자각을 할 수 있었던 것은 1910년대의 예비 경험이 있었기에 가능한 것이다. 용성은 한문에 대한 소용, 민중의 한문에 대한 이해도, 시대사조를 고려해 역경에 나설 결심을 하였다. 출옥 후, 그는 자신의 결심을 실천하기 위해 준비를 하였다. 그는 자신의 뜻을 널리 알리고 동참자를 구하였으나 비방의 목소리만 듣게 되었다.[45] 이에 용성은 당시 승려들이 세상사조에도 무감각하고, 결혼을 하여 처자식 봉양에만 유의하고, 사미 학승들은 세간의 신학문에만 정신이 나가고, 주지들은 사찰재산을 탕진만 하면서 경전 번역에는 뜻이 없었다고 생각했다.

이에 백용성은 역경사업을 혼자서 추진할 수밖에 없었다. 용성이 역경을 위해 조직한 것은 三藏譯會이었다. 삼장역회는 그가 출옥후 거주처로 마련한 서울 봉익동의 대각교당에 두었다. 마침내 그는 자신의 구상을 밀고 나갔다. 백용성이 감옥에서부터 삼장역회의 설립에 이르렀던 일련의 과정을 단순한 역경의 시작 차원으로만 해석해서는 안 된다. 그는 곧 불교개혁의 행보로 나섰음을 말한다. 백용성은 이때부터 수십권의 역경, 저술을 펴내기 시작하면서, 불교개혁을 위한 독자적, 실천적 행보로 나갔다.

그 후 백용성이 행한 대표적, 상징적 불교개혁은 1925년 망월사에서 시작한 만일참선결사회이다. 이 결사회는 참선수행의 개혁이었다. 그는 불교 근대화에 대한 입장 표출, 불교가 근대라는 공간에 적용하기 위한 고뇌의 산물이었다. 그 무렵 용성은 변화된 불교계를 극복할 대안을 모

---

44) 용성, 「저술과 번역에 대한 연기」, 『조선글 화엄경』, 삼장역회, 1928.
45) 「변언」, 『대불정수능엄경』, 『용성대종사전집』 11집.

색하였다. 당시 선원, 수좌들은 일본불교 유입, 대처식육으로 상징되는 계율문란, 선수행 퇴진이라는 흐름에 효율적으로 대처하지 못하였다. 1922년 초반부터 전국 선원의 수좌들은 자신들의 정체성 근거처로 선학원과 조직체인 선우공제회를 출범시켰지만 효율적인 가동에는 미흡하였고, 1925년에는 일시 퇴장하였다.

백용성이 주관한 1925년 6월부터 시작한 당월사에서의 만일참선결사회는 이런 배경속에서 나온 것이다. 백용성은 이 결사회에서 당시 불교의 정황에 강한 비판을 드러내고 자신의 구상을 구체적으로 제시했다. 이는 결사회의 목적을 活□參禪, 見性成佛, 廣度衆生이라고 표방한 것에 극명하게 나온다. 결사회에 입사하려는 자는 『梵網經』과 『四分律』을 준수하려고 결심한 자와 梵行이 청정한 자라고 강조되었음에서 백용성의 지향은 한국 전통의 선을 부흥시킴과 동시에 율장으로 대변되는 공동수행의 견지, 계율수호의 정신과 연결되었다.[46) 특히 이 결사회에서 주목되는 점은 선수행 공동체 생활의 철저와 계율을 함께 지키는 것이었다. 이 실행을 용성은 禪律의 균형적인 실천이라고 보았다. 백용성은 이를 실행하기 위해 午後不食, 長時黙言, 洞口不出이라는 견고한 실천방안까지 세웠다. 그리고 백용성이 이 결사를 추진한 시기가 1925년 중반이라는 점도 간단치 않다. 앞서 살핀 선학원의 선우공제회가 이때에 접어들면서 퇴장의 단계로 가고 있었는데 반하여, 백용성은 오히려 새로운 결사를 등장시켰다.

백용성이 추구한 결사체는 선학원 계열 수좌들과는 약간의 차별성이 있다. 단순히 선의 전통을 수호하고, 산속의 선원에서 수행만 하는 노선이 아니었다. 즉 대중들이 살고 있는 세속과의 연결을 유의해서 진행하

---

46) 김호성, 「봉암사 결사의 윤리적 성격과 그 정신」, 『봉암사결사와 현대 한국불교』, 조계종출판사, 2008, 128~130쪽 참조.

는 것이었다. 이는 그가 1910년대 포교 활동의 경험하에서 산간에서는 道人을 배출하고, 도회지에는 선종 포교당을 세워서는 대중들과 교섭해야 한다는 논리에서 나온 것이었다.47) 그래서 백용성은 산중의 망월사, 도회지의 대각사를 연계하는 이원적인 운영을 강구하였다.

이처럼 백용성은 1920년대 전반기에는 근대라는 공간에 유용한, 탄력성 있는 불교개혁을 추진하였는데 그는 역경불교, 선결사를 통해 가시화되었다. 여기까지는 기성불교라는 제도권에 근거한 개혁이었다. 그러나 1927년부터는 제도권을 이탈, 독자적으로 나아갔거니와 그것이 바로 대각교 선언이었다. 그가 이렇게 제도권 불교, 식민지 불교체제를 탈출한 것에는 당시 승려들의 계율파탄과 사찰재산 탕진을 함께 할 수 없다는 판단에서 나왔다.

백용성은 1926년 5월, 9월 승려의 帶妻食肉을 반대하는 建白書를 두 차례나 총독부에 제출하였지만 거절당하였다. 당시 일제는 사법 개정을 통해 결혼한 승려도 주지 취임이 가능하도록 조치하였다. 이는 법의 개정이었지만 승려의 결혼을 장려, 유도하는 것이다.48) 이는 한국불교 전통의 변질을 의미한다. 승려결혼에 대해 전통주의 입장에 서 있는 수좌들은 반대하였지만, 불교근대주의 입장에 선 승려들은 수용하였다. 이 변화에 대해 용성은 극력 반대하였다. 불교의 존립, 정체성이 무너진다는 판단이었다. 이는 대처식육으로 인한 모순과 폐해가 극심하다고 보았기 때문이었다. 그래서 백용성은 결단을 내렸다. 그는 기존 제도에서 불교개혁을 도모할 수 없었다. 이에 그는 1927년에 대각교를 공개적으로 표방하고 자신이 생각하는 불교를 내세웠다.49) 요컨대 그는 대처식육의 공인, 사찰재

---

47) 「만일참선 결사회 창립기」, 『용성선사어록』 권하, 24쪽.
48) 졸고, 「1926년 불교계의 대처식육론과 백용성의 건백서」, 『한국 근대불교의 현실인식』, 민족사, 1998; 졸고, 「용성의 건백서와 대처식육의 재인식」, 『한국 현대선의 지성사 탐구』, 도피안사, 2010.

산의 망실을 방치하는 기존 교단을 떠날 수 밖에 없었기에 자신의 승적을 제거하였다. 그러면서 새로운 불교, 자신이 구상하였던 불교사상 결합체로서의 대각교를 표방했다. 그는 불교가 곧 대각이라고 했다.[50]

백용성은 이 같이 사찰령 체제에서 나온 불교권의 변화와 모순에 반발했다. 거기에는 불교개혁 의식과 함께 불교를 식민지 통치의 수단으로만 활용하는 일제에 대한 저항의식도 개재되었다. 그러나 대각교 선언은 우연히 나온 것이 아니다. 그는 이미 3 · 1운동으로 옥중에 수감되었을 때부터 고민을 하였다. 그 단적인 예로 그가 1922년에 서울 봉익동에 포교당을 내었을 때의 간판명이 대각교당이었다. 그리고 1927년에는 대각교당에 대각교 중앙본부라는 간판을 부착하였다.[51] 나아가서 대각교의 교리서인 『대각교 의식』(1927), 『吾道의 진리』(1937), 『吾道는 각』(1937), 『대각교 원류』(1937)을 집필, 간행하여 대각교의 체계도 수립하였다. 이는 기존 불교와의 완전 단절을 의미한다. 때문에 그의 대각교 선언은 그가 식민지 불교체제를 정면으로 부정하는 것이었다. 그리고 이런 결단은 불교 근대화의 노선을 홀로 개척하겠다는 의사 표시이었다. 결과적으로 이런 행보는 혁명적인 행보이었다.

그의 대각교 건설은 고전적인 승려중심의 불교가 아니었다. '革命的 民衆敎'를 위주로 하였다는[52] 것에서 기존 체제에 안주하지 않는 혁명적인 근대화 노선임을 느낀다.[53] 이런 민중적인 형태는 선농불교를 행한 화과원의 생활, 의식에서도 나온다. 당시 백용성은 그를 민중에게 適合한 것이라 하였다.[54] 민중적이라 함은 기존 불교에 대한 과감한 혁명을

---

49) 김태흡, 「고백용성대선사의 추모」, 『불교시보』 59호(1940.6).
50) 『삼소굴소식』, 177쪽.
51) 간판은 1994년경 대각사에 보관되어 있었다. 『한국불교 100년, 사진집』, 민족사, 2000, 160쪽 참조.
52) 『삼소굴소식』, 175쪽.
53) 김정희, 「백용성의 이상사회와 불교개혁론」, 『철학사상』 17, 2004.

전제로 시대성을 강조한 것이다. 그의 과감한 불교혁신은 선농불교에서 정점에 달한다.[55] 그는 승려의 노동을 통한 自作自給의 실천인 선농불교를 실천하였다. 그 대상처는 중국 길림의 연변과 경남 함양의 백운산이었다. 중국 연변의 수만 평의 토지에서 半農半禪 생활을 하였다. 이는 1927년 3월에 시작되어[56] 9월 11일에 설립한[57] 大覺教堂과 연계되었다. 또 다른 선농불교의 구현처는 경남 함양군 백운산의 華果院이다. 그곳에서 산림, 황무지 수만평을 개간하여 과수원을 만들고 감자, 야채를 재배하며 인근 촌락의 아동을 가르쳤다.[58] 백용성은 이처럼 화과원에서 선농을 실천하였다. 그리고 그곳의 선원에서[59] 수행을 하면서 저술작업도 하였다.[60] 그런데 그의 선농불교는 승려의 자급자족을 통하여 불교의 개혁을 시도하려는 것이었다. 나아가서는 당시 기존불교, 식민지불교의 상황에서 벗어나 시대에 적합한, 민중과 조화된 불교를 만들려는 혁명적 의식의 산물이었다. 때문에 그의 행보는 불교 근대화에 대한 강렬한 응답이었다.[61]

백용성은 이렇게 기존 불교 교단을 거부하고, 선농불교, 자립불교, 민

---

54) 백용성은 화과원에서의 의식을 일반 민중에게 '適合'한 것을 시행하였다. 예컨대 기존 불교의식 거부, 불상 배제, 승려의 가사 미착용 등이었다. 「백용성을 찾아서」, 『조선불교』 89호(1933.6).

55) 백용성, 「중앙행정에 대한 나의 희망」, 『불교』 93호(1932.3).

56) 『연변문사자료』 제8집, 80쪽.

57) 「불교 휘보, 대각교당 봉불식」, 『불교』 40호(1927.10).

58) 심두섭, 「백용성선사를 찾아서」, 『조선불교』 89호(1933.6).

59) 백용성은 '작은집'으로 표현하였는데 화과원선원으로 지칭되고, 수좌들 10여 명이 참선수행을 하였다. 정광호, 『한국불교최근백년사편년』, 인하대출판부, 1999, 266~271쪽 참조.

60) 1935년 무렵 화과원에 있었던 김달진은 그 정황을, "다음해(1935)에는 白龍城스님이 창립한 항일 불교 단체인 大覺教가 운영하는 華果院(함양 백운사)에서 半禪半農의 수도생활을 하면서 용성스님이 번역한 화엄경의 윤문에 전심전력하였다"고 회고했다. 김달진, 「나의 인생, 나의 불교」, 『山居日記』, 세계사, 1990, 235쪽.

61) 김정희, 「백용성의 대각교의 근대성에 대한 소고」, 『불교학연구』 17, 2007.

중불교를 실천하였다. 여기에서 그의 불교 근대화의 성격이 확연하게 드러난다. 그는 불교의 근본과 전통을 지키면서도 선농일치, 승려의 자립을 실행하였다. 이는 보수에 근거를 두면서도 진보를 가미한 것이었다. 그 내적인 이념에서는 불법, 율장, 계율, 청규에 근거하는 보수이었지만, 여타의 행보는 진보이었다. 즉 백용성은 불교개혁을 실천하는 외피에 있어서는 근대주의와 결합했다. 이러한 그의 의식은 1932년『불교』지에 기고한「중앙행정에 대한 희망」에 잘 나온다. 그는 근대적 제도를 적극 수용하였다. 그는 승려가 신도들의 보시에 의지하는 관행, 승려들이 결혼생활의 재원을 사찰재산에 기대는 것을 비판하였다. 그래서 백용성은 승려나 종단이 실업공장의 건설, 생산·소비조합의 운영, 사원의 삼림제도 개선을 통한 식료품의 생산까지 주장하면서 불교 및 승려의 자립을 강조하였다.[62]

그러나 백용성의 대각교 노선은 1937~1938년 무렵에 자체의 한계, 일제의 외압[63] 등의 요인으로 대각교 간판을 내렸다. 그래서 재산 처분 및 명분 유지를 위한 방안 강구를 해인사와 범어사와 논의 하였으나 성사되지 않았다. 그러자 독자적으로 朝鮮佛教 禪宗 叢林이라는 명칭으로[64] 활동하였다. 그러나 백용성의 입적 전후에는 정체성이 모호하였다.[65]

지금까지 백용성의 대각교 노선을 식민지 불교체제에 대한 대응과 불교 근대화의 관점에서 살펴 보았다. 대각교 노선은 전통주의와 근대주의

---

62) 백용성,「중앙행정에 대한 희망」,『불교』93호(1932.3).
63) 외압의 실체와 성격은 더욱 따질 내용이 많다.
64) 한편, 1939년 4월 18일에 발간된 백용성의 저술,『지장보살 본원경』의 판권에는 발행처를 경성부 봉익동 1번지 조선불교 선종 총림 삼장역회라고 표기되었다.『불교시보』42호(1939.1)의 근하신년란에도 '경성부 봉익동 2 조선불교 선종 총림'이라고 나온다.
65) 선종총림은 1939년경에는 선리참구원에 기부의사를 밝히고, 그가 입적한 1940년 이후에는 선리참구원 소속의 선원으로 성격이 전환되었다.

가 정반합적으로 결합한 것이었다. 내적인 이념과 지향은 전통주의였지만, 외적인 면에서는 근대주의가 나타나고 있었다. 이런 대각교 노선에서 드러나는 전통주의와 근대주의의 결합은 선종, 만당의 노선과는 질적인 차별성이 나온다. 즉 전통주의이었지만 수구적인 것이 아니었으며, 전통의 근간을 지키면서도 그 운용에서는 시대성, 민중성을 강구하였다. 요컨대, 근대라는 시공간에서 적응할 수 있는 방략을 유의한 것으로 볼 수 있다. 그래서 백용성은 기존교단과의 결별로써 식민지불교와 대립하였다. 그렇지만 독자적인 조직체를 지속적으로 존립시키지 못하고, 선종(선리참구원)과 공존 모색을 시도하였다. 여기에서 현실과 조화하지 못한 한계가 나온다.

6. 결어

이상으로 일제하, 식민지 시대의 불교와 국가권력과의 상관성을 그 흐름의 성격에 유의하여 살펴 보았다. 이제부터는 그에 나타난 대강의 요점을 제시하고, 추후 이 분야 연구에 유의할 점을 제시하는 것으로 맺는 말에 대하겠다.

본 고찰 서술의 초점은 기존의 항일, 친일의 관점에서 벗어나 다양성, 다의성으로 식민지 불교를 바라 보고, 그 연장선상에서 일제와의 대응의 내용을 정리하였다. 이런 전제하에서 일제하 불교의 흐름을 조선불교 조계종, 조선불교 선종, 만당, 대각교로 대별하였다. 이런 구분은 일면에서는 편파성이라는 우려가 제기될 수 있지만 불교와 일제가 만나는 접점이 종단, 교단이라는 점에서 불가피하게 필자가 채택하였다. 이런 측면에서 일제와 종단과의 대응 구도에 나온 내용을 다음과 같이 제시한다.

첫째, 조선불교 조계종은 일제하 주류의 노선이었다. 이 노선은 1910년대, 1920년대의 본산주지 회의소, 본산연합사무소, 재단법인 교무원의 노선으로, 1941년에는 조계종으로 변신하였다. 이 노선은 민족 문제에 관심을 기울이지 않고, 일본 불교 및 일본문명에 영향을 받았다. 그리고 일본의 영향을 불교존립을 위해 기꺼이 수용한 노선이었다. 이들은 그를 불교 근대화 노선으로 인식하였음은 물론이었다. 지금껏 이에 대해서는 친일노선으로만 단정하였지만, 본고에서는 그렇게만 볼 수 없다고 피력하였다. 이 노선을 대처승의 흐름으로 필자가 표현하였지만, 이는 다른 노선과의 차별성을 부각하기 위한 고육지책이었다. 요컨대 이 노선은 현실을, 일제를, 일본불교 영향을 당연한 것으로 수용하였다. 다만, 이 노선이 기존불교, 전통불교를 변질시켰다는 비판에 대해서는 노선의 주체들이 감당해야 할 역사적 평가로 남는 것이다.

둘째, 조선불교 선종은 선학원 계열 수좌의 정체성을 대변한다. 수좌들은 민족문제에 관심을 기울이지 않고, 일본 및 일본불교의 영향에 대해서는 미온적으로 저항하였다. 그러나 그런 변화로 인해 나타난 전통불교의 변질, 선 수행의 쇠진에 대해서는 강력 반발하였다. 그렇지만 제도권 불교(종단)에 대해서는 강력한 비판, 대립각은 갖지 않았다. 이는 기본적으로 그들이 처한 기반과 생존이 제도권 불교에 유착하였기 때문이었다. 이런 속성은 이 노선의 주체세력이 선학원을 법인체로 만들고, 일제 당국에 미온적인 협조를 하였음에서도 동일하게 나왔다.

셋째, 만당은 한용운 노선과 한용운을 추종하였던 세력들의 흐름을 상징한다. 이 노선은 민족문제에 적극적인 관심을 갖고, 독립운동에 참여하였다. 그러나 일제에 저항하면서도, 일본불교에 영향을 받았다. 나아가서는 일본불교의 관행과 제도를 불교 근대화에 차용하였다. 이런 면에서 이 노선의 성격은 묘한 것이었다. 이들은 불교 근대화에 대한 독자적인 실험을 하였지만, 그를 종단(교단)으로까지는 내세우지 않았다. 이것에 대한 성격 및 역사적 평가는 별도로 해야 할 것이다.

넷째, 대각교 노선은 백용성의 성격, 지향을 대변한다. 백용성은 민족운동에 참여하였기에 민족문제에 관심을 가졌다. 그래서 그는 일제, 일본불교에 강한 반발을 구사하였다. 그리고 일본불교에 대한 저항감을 갖고, 일본불교 유입으로 나온 변화에 대해서도 비판했다. 그렇지만 그는 전통불교를 수호, 옹호하면서도 전통에 근거한 개신적인 불교 근대화를 고민, 실천하였다. 전통불교에 근대문명을 결합시킨 것이었다. 백용성은 기존 교단체제를 벗어나 그의 구상을 대각교라는 이름으로 실행에 옮겼지만 정상적인 종단까지는 이르지 못하였다. 말년에는 일제의 탄압으로 정체성을 유지하기도 어려워, 선종총림이라고 표방하였지만 기존 제도권의 사찰 및 선리참구원(법인)에 제휴의 손길을 내밀었다. 이런 제안은 결과적으로 제도권 불교의 구도를 완전 벗어나지 못함을 말한다. 여기에서 이 노선의 한계가 드러난다.

이렇듯이 식민지 시대의 불교와 국가권력(일제)와의 다면성, 다의성을 대별하여 살펴 보았다. 각 노선별의 내용에서 나오듯 그 개요와 성격은 다양, 미묘, 복잡한 것이었다. 그런 양상은 생존, 정체성, 불교 근대화, 일제, 일본불교를 어떻게 볼 것인가에서 나온 것이다.

본 고찰에서는 불교와 국가권력과의 상관성, 긴밀성, 협력성, 대결성이 간단치 않았음을 중점 제기하면서 그 대강의 흐름을 부각시켰다. 추후에는 다음과 같은 측면이 더욱 분석되어야 할 것이다. 일제 식민지 당국(총독부)의 정책과의 상호성, 총독부의 시기별 불교정책의 변화상, 본고에서 다루어지지 않은 주장 및 미세한 흐름에 대한 정리 등이 연구되어야 할 것이다. 본고가 불교와 국가권력과의 상호관계라는 거대한 연구주제에 참고가 되길 기대한다.

1945~1980년간의 불교와 국가권력

1. 서언

본 고찰은 한국 현대 불교사에서 간과할 수 없는 불교와 국가권력간에 전개된 상관성의 성격을 살피려는 논고이다. 이에 본고찰에서는 불교와 국가권력과의 상호 관계성이라는 초점을 갖고 1945~1980년간의 그 관계성의 내용을 개괄하려고 한다. 이런 내용을 개괄하려는 것은 한국불교의 정체성을 점검하기 위한 작업의 일환이다.[1] 주지하는 바와 같이 한국불교는 국가주의 불교, 호국불교, 민족불교라는 개념으로 설명되어 왔다. 그러면서 한국불교는 한국의 역사와 문화의 주역이라는 설명도 부연되었다. 이런 성격은 일제 식민지를 거치면서 많은 질곡을 거쳤지만 현대불교에 접어들어서도 대체적으로 지속되어 왔다. 1980년대 이후에는 그 같은 성격을 재해석하려는 움직임이 적지 않았지만 아직까지도 그 정체성은 유지되고 있다. 그러나 최근 불교계 일각에서 이런 정체성을 비판하려는 논고가 발표되었지만[2] 불교사의 흐름과 성격에 나타난 한국불

---

1) 식민지 공간에서의 불교와 국가권력에 대한 문제는 김광식, 「식민지 시대(1910~1945)의 불교와 국가권력」, 『대각사상』 13, 2010 참조.

교의 정체성을 재해석하는 것은 간단하지 않다.

이에 본 고찰에서는 이 같은 전제와 배경하에 1945~1980년간을 해방공간(1945~1953), 정화공간(1954~1962), 산업화 공간(1963~1980)으로 대별하여 각 시기별에 나타난 불교와 국가권력과의 상관성을 추출하고자 한다.3)

필자는 한국 현대불교사상에서의 불교와 국가권력과의 상관성의 개괄 및 특성을 살펴보기 위해 다음과 같은 측면을 유의하고자 한다. 첫째, 지금까지 한국 현대불교사에 흘렀던 자학, 부정의 역사는 재평가되어야 한다는 점이다. 역사는 객관성, 균형성을 갖고 설명되어야 한다. 둘째, 한국 현대불교사의 설명에는 기독교로 인하여 차별, 피해를 보았다는 소외의식이 강하게 관철되었다. 이는 불교의 문제를 불교 내부에서 찾지 않고 기독교라는 타자에서 찾으려는 타율적 역사인식이다. 셋째, 현대사회에서 보편적으로 인정하는 개념인 정교분리에 대한 인식이 어떠하였는가를 살피고자 한다. 최근에는 개신교에 대한 피해의식으로 정교분리가 국가정책으로 구현되어야 하고, 개신교측도 정교분리에 입각해서 활동을 해야 한다는 것을 불교에서 강력하게 요청하고 있다. 그러기 위해서는 과거 불교에는 어떠 하였는가를 살펴야 한다. 넷째, 현대의 관점으로 과거를 지나치게 재단해서는 안 된다. 물론 현재적인 관점, 인식도 중요하지만 당시의 실상을 냉철하게 보아야 한다.

이 같은 필자의 고민과 함께 개진할 것은 불교와 국가권력 간의 상관

---

2) 조성택, 「근대 한국불교사 기술의 문제 ; 민족주의 역사 기술에 관한 비판」, 『민족문화연구』 53, 2010.
3) 필자는 1980년 이후부터 최근까지의 내용은 별도의 고찰로 서술할 예정이다. 이는 10·27법난 이후부터는 불교사의 전개가 그 이전과는 전연 이질적이기 때문이다. 그리고 해방공간, 정화공간, 산업화 공간으로 본고의 서술을 구분한 것은 각 공간별의 불교사의 내용, 성격 등에서 질적인 변화가 일어나고 있다고 보았음에서 연유함을 밝힌다.

성을 서술할 때의 개념으로 활용한 이른바 불교 자주화와 국가정책(종교정책)에 대한 문제이다. 지금까지 불교계에서는 이 문제를 인식할 때에 그에 대한 개념적, 역사적, 불교적 정리는 하지 않고 막연하게 접근하여 왔다. 무엇이 불교 자주화이고, 무엇을 종교정책으로 보아야 하는가의 물음에 대한 답은 간단하지 않다. 이에 대한 모든 답을 이 고찰에서 감당할 수도 없다. 다만 필자는 이에 대해서도 위에서 제기한 관점에 매몰되어서는 안 된다는 것만을 지적한다. 간혹 불교 자주화, 종교정책을 이해할 때에 불교는 국가(공권력)와 일체의 관련을 하지 않고 생존하는 것을 이상적인 불교 자주화라고 보고, 국가로부터 불교가 일체의 피해, 차별을 받지 않는 것으로 보는 경우가 있다. 그러나 불교가 일정한 공간, 사회, 국가 공동체 내에서 존속하면서 활동하고 있는 한 국가와 일체의 관련을 맺지 않고 활동을 한다는 것은 있을 수 없다. 또한 국가의 종교정책, 불교정책에 불교는 피해, 차별만을 받았다는 것은 자학적인 인식이다. 한국 현대불교사의 실례를 들면 불교는 국가로부터 지원, 후원을 받았음은 분명하다. 그리고 불교는 그것을 당연한 것으로 여기었다. 다만 기독교가 성장하고 다종교 사회로 접어들면서 점차 지원, 우호성이 불교에서만 나타나지 않음은 분명하다. 이런 변화된 상황에서의 단면을 놓고서 현대 불교사 전체를 단정해서는 안 된다. 필자의 주장은 각 시대별, 공간별의 그 같은 내용과 성격을 세밀하게 분석해야 한다는 것이다.

필자는 지금껏 개진한 전제하에 선학의 연구 성과를[4] 참고하면서 1945~1980년간의 불교와 국가권력의 상호성을 진단하고자 한다. 필자의 이 작업이 그 문제의식에 대한 초석이 되길 기대한다.

---

4) 최종고, 『법과 종교와 인간』, 대한기독교서회, 1981.
　최종고, 「한국에서의 법과 종교」, 『사회이론』 13, 1995.
　강돈구, 「현대 한국의 정치 그리고 국가」, 『종교연구』 51, 2008.

2. 해방공간의 불교와 국가권력

해방공간의 불교적 과제는 기본적으로 식민지 불교의 잔재를 제거하고 불교 본연의 자세에서 활동하는 것이었다. 이에 당시 불교계에서도 이런 점을 인식하고 다양한 활동을 하였다. 그러나 기본적으로 식민지 불교 모순에 대한 인식은 하였으나 그 개혁의 추진에 철저하지도 못하였고, 식민지 불교의 문제를 어떻게 해소할 것인가에 대해서도 구체적으로 점검하지도 못하였다. 나아가서는 식민지 불교의 문제와 불교의 미래 지향을 어떻게 조화시킬 것인가에 대해서도 무감각하였다. 다만 교단의 주체세력과 재야 혁신세력 나름으로의 인식은 있었지만 교단 운영의 인식 차이로 그런 문제를 공동적으로 해결하려는 무대조차도 만들지 못하였다. 그렇기 때문에 해방공간에서의 불교적 과제에 대한 인식, 활동은 개별적, 우발적, 미온적 차원에서 전개되었다. 이는 성찰의 부재, 현실에만 치우친 문제 접근, 미래 지향의 부재로 요약될 수 있다. 때문에 변화된 환경에서의 국가권력의 종교정책, 불교정책에 대해서 깊은 고민을 할 여건 자체가 없었다.

이런 기본 전제하에서 여기에서는 불교와 국가권력과의 대응의 접점이 되었던 사찰령 철폐, 적산사원, 개혁승려의 배제, 농지개혁 등의 문제에 대한 전개과정을 요약한다. 그 연후에는 이런 전개 과정에 드러난 성격을 정리하려고 한다. 그런데 해방공간에서의 국가권력의 주체는 전반기는 미군정이었고, 후반기에는 이승만 정권이었다. 미군정과 이승만 정권은 기본적으로 정교분리와 종교자유를 천명하였지만 지금까지 연구 결과에 의하면 공인교 정책, 개신교 중심의 정책을 구현하였다.[5] 이와

---

5) 이에 대해서는 다음의 논고를 참고할 수 있다.
강돈구, 「미군정의 종교정책」, 『종교학연구』 12, 1993.

같은 종교정책이 관철되는 가운데 불교는 내적 갈등, 분열에만 소진하여 국가권력에 적절하게 대응을 하지 못하였다. 그것보다는 그런 문제에 대해 인식을 하지 않았다는 것이 필자의 기본적인 이해이다. 이에 그 구체적인 내용을 제시한다.

우선 사찰령 철폐에 대한 문제부터 살펴 보겠다. 사찰령은 일제하의 불교에서 불교의 모든 것을 규정, 통제하는 법이었다. 그래서 불교계는 1945년 9월의 전국 승려대회에서 최우선적으로 사찰령을 부정하면서 사찰령을 철폐시키는 것을 목표로 정했다. 그렇지만 미군정의 방침에 의거 사찰령은 미군정 기간에 폐지되지 않았다. 8·15해방이 되면서 남한에 진주한 미군은 신앙을 이유로 차별을 발생케 하는 조항과 명령을 폐지한다고 1945년 10월 9일 선언하였다. 그러면서도 그해 11월 2일에는 법령 제21호(法律 諸 命令의 存續)의 공포를 통하여 군정 법령에서 아직 폐기되지 않은 구법령은 존속하는 것으로 규정하였다. 이런 성격은 1947년 1월의 군정청 문교부장이 사찰 재산의 처분시에도 사찰령의 허가를 받아야 한다고 언급한 것에도 나온다.

1945년 9월 22~23일 전국 승려대회[6]에서는 교정기구 개혁에 대한 문제를 결정하였다. 즉 일제하의 사찰령을 부정하고 태고사법과 31본말사법을 폐지시켰다. 그리고 그 대안으로 각 도별의 교무원을 설치하고 새로운 집행부 체제를 가동하였다. 이 같은 신체제는 1945년 말 경부터 가동되었다. 그리고 1946년 3월의 제1회 교무회의에서 일제하의 종헌을 대신할 교헌을 제정하여 통과시켰다. 그러나 이는 외형적인 새로운 출발

박승길, 「미군정의 종교정책과 기독교의 헤게머니 형성」, 『사회과학연구』5, 1999.
김범준, 「해방공간 미군정의 불교정책 연구」, 『선문화연구』3, 2007.
이재헌, 「미군정의 종교정책과 불교계의 분열」, 『불교정화운동의 재조명』, 조계종출판사, 2010.
6) 김광식, 「8·15해방과 불교계의 동향」, 『한국 근대불교의 현실인식』, 민족사, 1998.
_____, 「8·15해방과 전국승려대회」, 『한국 현대불교사 연구』, 불교시대사, 2006.

에 머무른 것이었다. 교단 운영의 내용을 규정하는 가장 중요한 인사권, 재산권의 행사의 감독권한은 교단이 아닌 미군정이 갖고 있었다.

이런 모순, 기형적인 교단 운영에 대한 문제는 당시 교단 집행부에서도 인식하고 있었다. 그래서 중앙총무원에서는 1946년 3월, 제1회 중앙교무회에서 사찰령 폐지 촉진의 문제를 강력하게 추진하기로 결의하였다.[7] 이후 총무원에서는 사찰령 폐지를 위해 각계에 진정을 하고, 미군정에 철폐 신청서를 제출하였다. 즉 1946년 7월 27일, 8월 22일에 미군정 장관에게 사찰령을 포함한 관련 법령에 대한 철폐를 신청하였다.[8] 이런 배경 하에 미군정의 문교부장 유억겸은 군정장관에게 「사찰령 등 폐지에 관한 건」이라는 아래의 공문[9]을 1946년 10월 10일자로 발송하였다.

> 종래 각 종교는 포교상 혹은 재산 관리상 國家의 意思 內에서만 활동할 수가 있어 종교 본래의 발전을 저해함이 不少하엿으므로 종교 자유의 원칙에 基하야 左記 법령은 폐지함이 타당하다고 인정하오니 별지 指令 案에 결재하시와 공포하야 주심을 앙망함
> 就中 불교에 관하야서는 별지 보고서와 如히 조선불교 총무원을 중심으로 하야 중앙, 지방의 자치적 조직이 완성되어 있으므로 現下 과도기에 在하야 재산관리상의 何等의 遺漏가 無할 것으로 인정함
> 記
> ― 1911년 6월 제령 제7호
>   1929년 6월 제령 제7호(개정)
> ― 1911년 7월 조선총독부령 제84호 사찰령 시행규칙, 이래 개정 3차
> ― 1915년 8월 조선총독부령 제83호 포교규칙, 이래 개정 2차
> ― 1936년 8월 조선총독부령 제80호 사원규칙

7) 『조선해방년보』, 민주주의민족전선, 1946; 『한국현대사 자료총서』12, 돌베개, 1986.
8) 「사찰령 철폐 제안」, 『한성일보』1947.3.5.
9) 이 공문의 사본을 조계종 중앙기록관에서 입수하였다.

위의 자료에 나오듯이 미군정 문교부장의 동의까지 있었지만, 사찰령 철폐는 실현되지 않았다. 그래서 총무원은 1947년 3월, 미군정 산하의 입법의원 25명의 연서를 얻어 입법의원에 정식으로 법령 철폐를 제안하였다.10) 이 내용은 당시의 언론에서도 보도했다.11)

이렇게 사찰령 철폐가 논란이 되면서 그를 대치할 사찰재산 임시 보호법이 1947년 8월 8일, 입법의원을 통과하였지만 미군정은 이를 시행하지 않았다. 당시 미군정은 1947년 10월 29일에는 그 법의 인준을 보류하였는데, 그 명분은 그 법이 시행되면 사찰이 갖고 있는 재산 뿐만이 아니라 일본불교의 사찰, 즉 적산사찰까지도 불교 재산이 될 가능성이 있다는 기우이었다.12) 당시『경향신문』은13) 조선사찰과 일본사찰이 명칭이 다르고, 사찰재산 임시보호법은 조선 사찰만 해당한다고 설명하였지만 미군정청은 그렇게 해석하지 않았다. 그래서 종단 교무회에서는 조속한 인준, 시행을 요청하는 건의서를 미군정청 장관에게 제출하였다. 이「건의서」는 최초로 공개되는 것이기에 전문을 제시한다.

「건의서」
금일, 我等이 조선불교 중앙교무회의 의원을 대표하야
閣下에게 사찰재산 임시 보호법의 공포 촉진에 대하야 건의하옴을 무상의 광영으로 생각합니다.
헬믹 군정장관 대리는 右 법안 중「사찰 재산」이란 어구에는 전 일본불교 사원 재산도 포함된 것으로 해석할 수 있으니 만일 이 법이 시행되게 되면 막대한 敵産이 조선불교라는 일개 종교단체에 귀속될 우려가 있다는 이유로써 지난 10월 29일 그 인준을 보류하였습니다.

---

10)「사찰령 포교규칙 등 철폐 불교총무원서 입의에 제안」,『동아일보』1947.3.5. 이 제안은 1947년 4월에 입법의원에 상정되었다.
11)「사찰령 폐지안 입의통과」,『조선일보』1947.8.9;「사찰령 폐지」,『동아일보』1947.8.10
12)「사찰재산 임시보호법 인준을 불교중앙교무회서 건의」,『경향신문』1947.11.28.
13) 위와 같음.

입법의원이 이 법안을 제정한 목적은 첫재 日政이 조선에서 종교를 제압하던 사찰령 등 四惡法을 폐지하고 둘재로 조선의 문화재를 많이 보유하고 있는 사찰의 재산을 조선불교로 하야금 자력 확보케 하며, 아울러 現下 과도기에 있어서 조선불교로 하야금 그들의 경제적 연관에 의하야 자치통합케 함을 輔導코저 함에 있는 것으로 해석됩니다. 또한 「사찰」이란 말은 조선불교의 「절」만을 지칭하는 고유 숙어이니 이와 마찬가지로 일본 「절」은 사원이라고 구별하야 호칭해 왔던 것입니다.

敍上, 본 법안의 입법 목적과 「사찰」이란 숙어 해설은 足히 군정장관 대리의 기우를 해소시킬줄 愚察하오니 하로 바삐 본 법안이 인준을 經하야 공포 실시되도록 진력하여 주심을 바라고 비옵나이다.[14]

교무회는 건의서에서 사찰재산 임시 보호법의 조속한 인준을 우선적으로 요청하였다. 그러면서 군정청 장관 대리가 우려한 일본사찰의 재산은 조선불교측에 이양되지 않음을 '절'과 '사찰'이라는 어원을 활용하여 설명하였다. 그러나 총무원은 일본사찰의 재산도 총무원에서 관장하겠다는 방침을 갖고 있었고, 미군정은 총무원의 방침을 총무원이 미군정으로 보낸 공문에서 파악하고 있었다. 이에 대한 단서는 당시 총무원장인 김법린이 1946년 9월 군정청 재산관리관에 보낸 공문, 「종교재산 이양의 건」에서 찾을 수 있다. 이 공문도[15] 최초로 공개하기에 그 전문을 제시한다.

1. 우리는 同封한 1946년 2월 6일과 동 14일자로 군정청 文教部長 同教化局長이 貴官에 보낸 서류중 "일본 종교재산은 조선의 똑 같은 종교기관에 이양된다는 원칙"이 그대로 존속되어 있는 줄 확신하며 따라서

---

14) 이 건의서는 조선불교 중앙교무회 의원인 김정섭, 서상인, 이동조, 박심월, 이해전, 손계조, 임재영, 김기월, 윤기순, 강계룡, 전금성 등이 공동으로 1947년 11월에 서명한 것이다.
15) 이 공문은 필자가 조계종 총무원의 문서기록실에서 사본으로 입수한 것이다.

귀관도 또한 이 "원칙"에 의하야 종교재산 이양의 요구를 취급하도록 각 도 管財官에게 이미 통첩하얐으며 지금도 이 방침대로 지휘하고 독려하실줄 믿고 있습니다.

2. 그러나 그 간 이미 1년 반이 경과하였으되 어떤 도에서는 모리배의 책동인지 혹은 폭민들의 불법행위인지는 모르되 이 원칙이 전연 망각되고 말살되고 또는 무시되어서 당연히 우리 불교에게 이양되어야 할 재산이 하등 연고 없는 단체 또는 개인에게 불법 점거 내지는 부정하게 이양되어 있습니다. 더욱이 통탄할 것은 이미 점령중에 있는 것과 또는 임대차 계약 완료의 것까지도 간혹 딴데로 이양되어 있는 상태입니다.

3. 조선에 있는 일본불교 재산은 그 대부분이 우리 조선불교와 특수한 연고 관계를 갖이고 있는데 그 중에도 서울시의 박문사와 동본원사 같은 것은 당시 일인 관리의 강제 명령하에 조선불교재산을 징수하고 국왕과 대신들의 재산을 강제 ○금하야 조성한 것이니 이러한 예는 남조선 각도에 허다합니다. 그러므로 우리 조선불교는 상기의 원칙에 의하야 반드시 此等 諸 재산을 완전하게 이양받어야만 하겠고 이렇게 하는 것이 이 원칙에 대한 충실한 의무 이행이오. 또한 과거에 강탈당했던 우리의 재산을 도로 찾는 정당한 수단이라고 자인합니다.

4. 귀관은 상기의 사실과 우리 조선불교의 특수 연고를 諒察하시와 미안하오나 각도 관재관에게 "이 원칙은 그대로 엄연히 존속하고 있으니 전 일본 불교재산은 반드시 조선불교 기관으로 이양되도록 하며 따라서 이양 완료의 재산은 특히 보장해주라"는 취지의 통첩을 또 한번만 재발송해 주심을 바랍니다.

5. 각 도청 소재지에는 우리 조선불교의 도 대표 기관(조선불교 ○○도 교구 교무원)이 존재하야 此等 재산의 인수 준비를 완료 대기중입니다. 그런데 이상 교무원들은 이미 약간의 재산을 이양받아 최선의 노력으로써 이를 잘 보관하고 또한 조선 국민의 복리를 위하야 가치있게 이용하고 있습니다.

이 공문은 1947년 9월 19일자의 공문이다.[16] 공문의 요지는 1946년

---

16) 총무원은 이 공문을 영문으로 작성하여 동년 9월 22일자로 발송하였다.

2월경에는 일본불교의 재산은 조선불교에 이양된다고 군정당국에서 원칙을 수립하여, 이 원칙이 각도의 관재관에게 통보되어, 일부 도에서는 그 원칙이 시행되었지만, 1947년 9월경에는 그 원칙이 지켜지지 않았다는 것이다. 이는 미군정의 정책이 1947년 언제부터인지 단언할 수는 없어도 전환되었음을 말해준다.[17]

요컨대 미군정은 사찰령 철폐와 사찰재산 임시 보호법의 시행을 일본불교 재산의 귀속 문제와 연계하였다. 미군정의 불교재산 정책은 농지개혁을 위시한 적산정책과 맞물려서 나온 것이 분명하다. 그런데 조선불교 교단의 총무원과 중앙교무회에서는 상충되는 해법을 갖고 있었다. 총무원은 적산재산의 인수를, 교무회는 적산재산에 미련이 없음이라는 이질적 해법을 미군정청에 제시한 것으로 보인다. 불교측의 해법 이질화이다. 그리고 당시 불교계 내부에서의 분규도 사찰령 철폐에 장애로 작용했다. 즉 교단(총무원)과 대립적인 혁신계열의 별도의 교단인 총본원은 사찰재산 임시 보호법으로 인해 불교의 모든 재산이 조선불교 교정으로만 집중되는 것에[18] 반대하는 의견서를 미군정청을 비롯한 관계 당국에[19] 제출했다.[20] 총본원이 사찰재산 임시 보호법이 종교자유에 어긋난다는 명분을 표명한 것은 총무원측에서 전개하였던 사찰령 철폐와[21] 그 대안인 사찰재산 임시 보호법의 인준을 불가능케 하는 요인으로 작용하였음이 분명하다. 미군정 당국은 자신들의 변화된 정책을 옹호해주는 총

---

17) 미군정의 적산 처리는 포고령 2호(1945.9.25), 포고령 33호(1945.12.6)에 의해 근간이 이루어졌다. 이 포고령은 남한내 적산을 미군정청에 귀속시킨다는 원칙을 정한 것이다.
18) 임시 보호법 1조에서 사찰 재산은 조선불교 교헌에 의거하여 조선불교 교정의 허가를 받지 아니하면 양도, 담보로 제공, 처분하지 못하게 하였다.
19) 관계 당국은 하지 중장, 입법의원 의장, 군정장관, 민정장관, 대법원장 등이다.
20) 「사찰재산법은 종교자유 무시 불교총본원서 항의서」, 『조선일보』 1947.11.15.
21) 총본원을 출범시킨 단체인 불교혁신총연맹은 사찰령 철폐는 지지하였다. 「사찰령 철폐를 요구 불교혁신연맹 담화」, 『경향신문』 1947.3.2.

본원의 의견으로 인해 정책 집행에 탄력을 가졌을 것이다. 이렇게 불교 교단의 분열, 이원적인 입장의 개진은 결과적으로 사찰령의 철폐에 장애가 되었다. 사찰령 철폐에 나타난 불교의 문제는 사찰령 철폐를 주관하는 미군정 당국(공권력)의 정책을 정확하게 파악하지 못한 것이 우선 문제이었다. 그리고 불교 내적인 갈등으로 인하여 미군정(국가권력)과 효율적인 대응을 하지 못하였다는 사실이다. 한국 현대불교의 시점부터 내적인 갈등으로 국가권력과 적절한 대응조차도 하지 못하였음은 불교계의 한계라 하겠다.

사찰령 철폐에서 나온 이런 정황을 놓고 불교 교단의 종권세력은 재산권을 본사주지로부터 이양하여 중앙에서 독점하려 하였고, 그에 반해 혁신세력은 종단운영에서 자율권을 중시하였다는 해석도 있다.[22] 그러나 사찰령 철폐와 그 대안으로 나온 사찰재산 임시보호법에서의 초점은 불교 재산의 최종적인 관리 책임자가 국가인가 아니면 불교(조선불교 교정)인가가 핵심이다. 종권세력에 도전하였던 혁신세력(총본원)은 명분으로는 종교자유를 주장하면서도 그 사찰재산 임시 보호법의 인준으로 전개될 혁신세력의 기반 약화를 고려하였을 가능성이 높다. 여기에서의 본질은 미군정 당국은 불교에 대한 강력한 법적 통제 장치를 존속시키면서 공권력이 불교를 통제하겠다는 의지를 가졌다는 점이다.

이러한 사찰령 철폐에 대한 공권력에 대한 대응 문제는 적산사찰 이양에서도 유사하게 나타났다. 일제 말기의 일본불교의 사원 및 포교당은 857개였는데, 그중에서 593개 처가 남한에 있었다.[23] 이런 일본불교의 사원, 포교당, 기타 재산 등에 대한 미군정의 처리 방침은 1946년 초반에는 해당 연고가 있는 불교에 이양하는 것이었다. 그래서 미군정은 그를

---

22) 강인철, 「해방후 불교와 국가 ; 1945~1962」, 『사회와 역사』 57, 2000, 102쪽.
23) 『조선총독부 통계연보』, 1942, 1943; 「해방무렵 敵産사찰 857개소」, 『불교신문』 1991.8.21.

실행했다.[24] 이 정황은 1946년 2월 6일, 군정청 문교부 교화국장과 미국인 국장이 군정청 재산관리인에게 보낸 문건에도 나온다.[25] 그래서 불교교단은 적산사찰의 인수를 위해 적극적인 노력을 하였다.[26] 그러나 정확한 통계는 없지만 일본불교의 사원이나 포교당중에서 일 부문만 불교측에게 이양되었다. 이는 여러 요인이 있겠지만 불교계 내분과 불교권 외부 특히 기독교의 적극적인 인수[27] 노력, 그리고 무엇보다도 미군정의 정책이 수시로 변동된 것에서 찾을 수 있다. 박문사, 동본원사, 서본원사, 화광교단, 조계학원 등 일본불교 각 종단의 재산을 선학원이 관리를 하다가, 총무원이 인수하는 사태가[28] 일어났는데 이는 곧 적산사찰을 둘러싼 불교 내부의 갈등이 적지 않음을 반영한다. 그리고 1946년 8월 26일, 조선불교 총무원이 경기도 관재청장에게 보낸 문건, 「일본불교 적산사원 상황에 대한 보고서」를 보면 서울지역의 일본 사찰 총 40여 개 중에서 불교계가 인수한 것은 11곳이었다. 이렇듯이 불교에서 적산사찰(재산)을 인수하지 못한 것은 1차적으로는 미군정의 정책에서 나온 것이지만, 2차적으로는 불교 내적인 사정이 일정하게 작용한 것이다. 위에서 제시한 문건 즉, 김법린이 미군정청에 1947년 9월 19일자로 보낸 공문에는 1946년 2월경에는 일본불교의 재산은 조선불교에 이양하는 것이

---

24) 「日人寺院의 管理委讓」, 『신생』 2집(1946.4), 14쪽.
25) 조계종 중앙기록관 소장 문서, 「교회재산 등록건」. 그 문건에는 "가능한 일본교회의 재산은 모두 상응한 조선의 기관으로 이속될 것입니다. 예를 들면 일본불교의 재산은 불교에, 일본 기독교의 재산은 조선기독교로 등입니다"는 문건 내용이 예증한다.
26) 「시내 일본사원 접수관리」, 『신생』 4집(1946.4), 60쪽. 서울시내의 적산사원 43개소에 대해 萬難을 배제하고 접수하여 관리하게 되었다고 하고, 지방교구에서도 일본사원을 관리할 예정으로 서술하면서 불교 이외의 단체에 귀속되지 않게 하기를 바란다고 서술했다. 이런 적산 인수는 관리권 인수 가능성이 높다.
27) 허명섭은 『해방이후 한국교회의 재형성』, 서울신학대출판부, 2009, 131쪽과 142쪽에서 종교재산 불하는 미군정의 자의적인 처리에 좌우되었고 기독교가 혜택을 받았다고 서술했다.
28) 『서울 육백년사』 5권, 1983, 1144쪽.

군정당국의 원칙으로 수립되었고, 이 원칙이 각도의 관재관에게 통보되어 시행되었다고 나온다. 그러나 1947년 중반 이후에는 그런 원칙, 정책이 변동되었다. 그러면 어떤 연고로 변하였던 것일까? 본고에서는 그를 추적, 정리할 여건은 안되지만 그는 미군정의 기독교 중심의 정책, 적극적인 개신교인들의 활동, 불교 내분 등을 그 요인으로 볼 수 있다. 요컨대 적산사찰의 내용에서도 미군정 정책의 본질의 미파악과 불교의 내분이 나타났다.

이렇게 사찰령 철폐, 적산사찰 문제에 있어서 불교는 미군정 당국과 합의를 이끌어내지 못하였다. 심지어는 군정청의 입법의원을 통과한 사찰재산 임시 보호법도 인준시키지 못하였다. 이는 정세 파악력, 행정력, 추진력 등이 미흡하였음을 보여준다. 이렇게 불교는 미군정과 정상적, 효율적이지 못한 관계성을 노정하였다. 이처럼 불교는 미군정 공간에서 국가권력과의 최초의 관계성을 가졌으나 적지 않은 한계와 오류를 가졌고, 1948년 8월 15일 정부수립 이후에는 이승만 정권과 새로운 접점에 서게 되었다.

대한민국 정부 수립이라는 전환점에 선 불교는 이승만 정권과 효율적인 관계성을 만들지 못하였다. 이는 기본적으로 보수 우익중심의 기조에 선 이승만 정권과 당시 종단 집행부의 성향이 동질적인 것에서 나왔다. 해방직후의 교단을 이끌었던 교단 집행부는 정치적으로 보수 우익 노선을 갔다. 그리고 농지개혁에 대한 입장도 유상몰수, 유상분배라는 입장에 서 있었다. 이렇듯이 교단과 이승만 초기정권은 상호 친연성에서 서로간의 이익을 담보해 주었다. 보수적인 불교교단은 불교 혁신세력에 대한 도전으로부터 종권을 보호받고, 식민지 불교체제의 모순을 점진적인 불교개혁을 통해 치유하기 위해서는 국가권력과의 타협, 협조가 최우선적이었다. 혁신세력은 비구승단 옹호, 교도제 실시 등을 주장하면서 교단집행부를 구성하고 있는 대처승을 교단에서 배척하려고 노력했다.[29] 1948년 정부수립 즈음 혁신세력은 미약하였지만 그들의 주장마저 해소된 것은 아니었다. 보수적인 교단 집행부는 혁신세력이 김구의 북행에 동참하자 혁신세력의 정치적 이념이 진보좌파라고 단정하고 혁신세력 배척에 나섰다. 즉 혁신세력의 핵심 승려이었던 50여 명은 이념문제로 인하여 남한 보수교단에서의 배척을 받았다. 그들은 남한에서의 활동에 제약을 당하자 생존과 이념을 위하여 북한으로 넘어갔다.[30] 그리고 이승만 정권도 정치기반을 구축하면서 기독교 중심의 종교정책을 구현하기 위해서는 불교와 지나친 대립각을 세울 이유가 없었다.

이렇게 이승만 정권 초기의 불교는 이승만 정권과의 친연성으로 인하여 해방공간의 뜨거운 과제였던 사찰령 철폐, 적산사찰 문제 등에 대해서 입장을 표명하지 않았다. 그리고 이승만 정권이 행한 기독교에 우호적인 종교정책에 대해서 이견을 제기한 사실도 없다. 이는 보수적, 기득권적인 교단 집행부의 행보에서 기인한다. 다시 말하자면 대처승 중심의 교단을 유지하고, 교단노선을 비판하며 진보노선을 걸었던 불교내의 혁신세력 해소를 위해서는 국가권력과 협조체제로 갈 수밖에 없었다.

이런 구도하에 1949년 6월 21일에 농지개혁법이 공포되고, 1950년 3월 25일에 그 시행령이 공포되었다. 그러나 농지개혁법이 이행된 직후 6·25전쟁이 발발하여 그 시행은 1950년 10월 10일의 농지개혁 실시 및 임시조치로부터 본격화되었다. 농지개혁법의 이행으로 불교는 기존에 갖고 있었던 농지의 대부분을 상실하였다.[31] 그래서 불교는 존립하기조차도 어려운 지경에 처하였다. 이렇듯이 생존 차원에서 난관에 부닥치자 불교

---

29) 졸고, 「불교혁신총연맹의 결성과 이념」, 『한국 근대불교의 현실인식』, 민족사, 1998.
30) 졸고, 「한국전쟁과 불교계」, 『불교평론』 43, 2010, 193~200쪽.
31) 졸고, 「농지개혁과 불교계의 대응」, 『한국 현대불교사연구』, 불교시대사, 2006.
   김순미, 「농지개혁과 사찰농지의 변동」, 『불교정화운동의 재조명』, 조계종출판사, 2008.

집행부는 정치권에 어려움을 호소하였다. 그 결과 이승만대통령은 사찰 유지 대책을 강구하라는 지시를 25차 국무회의(1952.4.1)에서 하였다. 농림부, 내무부, 문교부 장관은 이를 수용하여 1953년 7월 6일에는 사찰 자경농지의 재사정을 통하여 사찰농지는 반환될 수 있도록 조치하였다.32) 이 조치로 인하여 불교는 사찰 주변의 농지를 어느 정도는 확보할 수 있었다.

당시 불교 교단은 정부에 불교의 어려움을 호소한 결과 이승만대통령의 사찰보호에 대한 유시가 나오자, 즉시 사찰유지대책위원회를 구성(1952.4.2)하여 후속 대응책에 나섰다. 위원회에서는 사찰농지를 문교재단의 농지와 동일하게 취급, 사찰의 지가증권으로 기업체 인수에 대한 편의, 적산사찰의 재산을 불교에 무상으로 양여, 사찰복구에 특별 융자, 국보사찰 및 중요사찰의 유지비의 일부를 국고에서 지출 등을 정부에 요구할 사항으로 정하였다. 이 요구 사항은 관련 장관들이 동년 5월 13일에 만든 「사찰보호 유지책」의 수립에 참고되었다. 이 유지책은 국무회의에 부의되었다. 이 내용은 한국 현대 불교사에서 불교와 국가권력 간의 관련성을 단적으로 보여준다. 이 유지책은 동년 5월 20일 국무회의를 통과하였다. 이에 그 전문을 제시한다.

「一. 사찰 자경농지 공인에 관한 건」

사찰에 대하여는 종래 자경 실적의 유무를 불구하고 경작 능력에 상응한 자경지를 每箇 사찰에게 공인하여 승려의 식생활을 해결케 하는 동시에 사찰을 유지케 함이 時宜에 적당한 조치인데, 既爲 분배된 농지를 取上 반환함은 불가능한 사실이므로 정부는 적절한 조치로써 사찰로 하여

---

32) 사찰의 자경농지는 농지개혁법 공포 이전의 사찰 소유 농지, 경작자가 포기 승낙한 농지, 사찰로부터 2km이내에 있는 농지이었다. 그리고 자경농지 보유면적은 대웅전 평당 50평, 부속건물 평당 30평, 국보 1점당 500평, 천연기념물 1점당 300평, 승려 1인당 200평이 기준이었다.

금 농지를 매입하여 자경지를 확보하도록 노력할 것.

「二. 사찰소유 농지에 대한 특별 보상액 결정의 건」

사찰은 공공성을 가진 재산권의 주체로서 법인으로서의 인격과 요소를 완전히 구비하였으므로 민법 제34조에 摘記한 목적을 가진 일종의 특수법인이며 사찰령에 의하여 특히 기본재산에 있어 관의 보호 감독을 받을 뿐만 아니라 사찰 자체가 교화사업을 경영하는 주체이므로 이를 문교재단으로 인정하는 것이 타당한즉 문교재단 소유농지 특별 보상법 제2조를 左와 如히 개정한 후 同法 제3조를 사찰에 적용하여 본건을 실시하려 함.

문교재단 소유 농지 특별 보상법 개정안

제2조 본법에서 문교재단이라 함은 문교부 장관의 허가를 얻어 유치원, 학교, 장학회 및 교화사업을 경영하는 재단법인을 말한다. 단, 사찰은 문교재단으로 간주한다.

「三. 사찰 또는 사찰유지 재단의 유지 운영에 대한 특별 융자에 관한 건」

사찰 또는 사찰 유지재단의 기본 재산은 其 대부분이 농지인 까닭에 농지 개혁 실시에 따라 그 수익이 전무한 상태로서 사찰의 유지가 극히 곤란한즉 그 유지 운영에 요하는 자금과 자경농지 구입에 대한 자금 또는 보유한 기업체의 운영 자금은 현재 실시중에 있는 군수화학 공업 등에 대한 융자와 동일히 우선적으로 특별취급하여 금후 사찰 운영의 원활을 기하려 함.

「四. 규칙귀속 사원 사용권 이양에 관한 건」

전 일본인 불교 재산은 총독부령인 사원 규칙에 의하여 관의 보호 감독을 받아온 것이므로 일반 귀속재산과는 그 성질을 달리하는 공유재산인 까닭에 귀속재산 처리법 제5조 2항

동 시행령 제4조 제2항의 규정에 의하여 其 사용권을 사찰에 이양하도록 조치하려함. 단 현 賃借人에 대한 정당한 비용의 보상은 사용권을 가질 사찰에게 부담시키려함.

「五. 사찰 복구에 관한 건」

전란으로 인하여 파괴, 멸실된 사찰 수는 무려 2백 개소에 달하는바, 此等 사찰은 재정상 관계로 자력으로 복구가 불가능한 형편에 있은 즉 정부에서 복구 물자를 무상으로 원조 하거나 또는 유상자재를 우선적으로

배당하여 민족문화의 산실이며 국보 사적의 전당인 사찰의 복구에 대하여 급속한 시책을 강구 실시하려는 바 복구 원조 물자를 소관하는 部廳은 이의 실현을 위하여 적극 노력하기로 함.[33]

위의 유지책은 자경농지 공인, 사찰농지 반환 원칙 및 방법, 사찰에 대한 융자, 귀속 사원 사용권 이양, 사찰 복구 등에 대한 원칙을 밝혔다. 이는 사찰의 자경농지 공인과 사찰농지 반환이 가능케 한 근거이다. 그러나 특별융자, 적산사원의 재산처리의 원칙은 수립되었지만 그 이후 실행 단계에서 정화운동이 발발하여 실제 집행에는 이르지 못하였다. 그렇지만 이런 원칙의 수립, 불교에 대한 배려가 국가권력으로부터 있었음은 불교로서는 우호적인 조치이었다. 그러나 이 유지책의 내면에는 불교는 국가권력이 관리하는 '특수법인'이라는 내용이 적시되고 있음은 이 시기 불교의 정체성을 상징하는 단적인 단서이다. 나아가서 그런 인식은 사찰령에 의하여 사찰재산은 관의 보호 감독을 받는 것은 당연한 것으로 나타났다. 또한 사찰은 민족문화의 산실이며 국보 사적의 전당이라는 내용도 나온다. 사찰이 민족문화의 근거지라는 이런 이해는 국가(공권력)가 사찰령의 존속을 통하여 불교 관리의 당위성으로 활용하는 명분이었다. 이런 이해가 제1공화국에서 분명하게 나오고 있음은 이후 불교와 국가권력 간의 관계성의 핵심적인 연결고리로 작용할 소지가 다분한 것이다. 이런 배경하에서 위의 5개항의 내용중에서 사찰농지 자경 확보문제가 우선적으로 이행되었다. 그는 문교재단 소유농지 특별보상법 시행령의 개정을 통하여 이행되었는데 1953년 5월 7일자로(대통령령 제788호) 공포되었다. 이를 기해 이승만대통령은 담화문을 발표하여 사찰을 보호, 유지하자고 강조했다.

---

33) 이 문건은 그 사본을 필자가 입수한 것이다.

이것은 정부와 민간이 합작하여 힘써야 할 것이다. 혹 개인상에 여간 손해가 있을 지라도 국가와 공동이익을 위하여 희생하는 것을 달게 여기고 이 위태하게 자빠진 사찰을 다 살려내야 할 것이며 이중에도 우리나라 역사상에 유명한 사찰들은 정부와 민간에 합해서 무슨 방법이든지 속히 구제에 내지 못하면 우리나라에 손실이 막대할 뿐 아니라 후세 자손들에 게 지금 산 사람이 대답할 말이 없을 것이니 극히 유의 노력해야 할 것이다.[34]

위의 이승만 발언의 초점은 사찰 자경농지의 소유권자인 농민들이 사찰의 문화재적인 가치를 이해하고, 그 농지 권한의 양도에 대한 당위성을 수용하라는 것이다. 요컨대 사찰을 보호하기 위해서는 사찰의 자경농지 반환은 당연하다는 것이다. 그런데 위의 발언에는 당시 국가권력의 책임자인 대통령의 사찰에 대한 인식도 나온다는 점이다. 사찰을 문화, 문화재로 보고 있다. 사찰을 종교로 보지 않았다. 물론 담화문의 주된 초점이 사찰농지 반환을 통한 사찰 및 문화재의 수호라는 입장에서 보면 큰 문제는 아니다. 그렇지만 이를 확대 해석하면 사찰은 문화의 거점이고, 문화와 문화재는 국가적인 문화재이며, 그러므로 국가는 사찰의 문화재를 관리 감독할 의무와 권한이 있다고 볼 수 있다. 이는 불교를 문화로만 인식하는 것이다. 더욱이 사찰령의 존속을 통해 관(국가, 공권력)이 불교재산을 관리하는 것이 당연하다는 인식과 결합된다면 이는 불교로서는 난감한 입장이다. 실제 이런 인식은 이때부터 지금까지 지속된 관행이었음을 부인할 수 없다. 그런데 당시 이런 인식이 구현되던 제1공화국 초창기 당시에 불교계에서 그에 대한 반론은 없었다. 오히려 불교에서는 국가로부터 불교 문화재에 대한 지원, 관리를 받는 것을 당연하게 여기었을 개연성이 높다. 더욱이 그 지원을 요청하고, 지원을 통하여 명리를 얻으려는 승려들의 행태를 고려하면 더욱 그러하다.

---

34) 농촌경제연구원,『농지개혁사 관계사료집』제2집, 1984, 142~144쪽.

지금까지 제1공화국 초기의 국가권력과 불교와의 상관성의 기본 흐름을 짚어 보았다. 정부수립 직후에는 불교 교단 집행부의 유지, 대처승 체제의 존립, 혁신세력의 배척 등을 이유로 불교는 이승만 정권과 우호적인 친연성을 가졌다. 그리고 농지개혁의 시행 단계에 접어 들면서는 사찰의 존립을 위하여 국가권력에 의지하여 사찰농지 반환을 달성할 수 있었다. 이렇듯이 사찰 및 불교의 존립, 사찰 문화재의 수호 등을 국가권력에 의존하는 행태를 노정하였다. 더욱이 이런 정책이 구현되면서 국가에서는 사찰령의 존속과 국가에 의한 불교재산의 관리는 당연한 것으로 인식하였다. 그러나 이렇듯이 불교 및 교단의 존립을 국가권력에 일정 부분을 의존하면서 국가권력을 담당하였던 이승만 정권이 행한 친기독교 정책에 대해서는 발언을 할 수 없는 체질에 젖었다. 그리고 불교와 국가권력에 대한 접점, 관계에 대해서는 사고조차도 하지 않았다.[35] 즉 이승만과 개신교의 공고한 결합에서 구현된 기독교국가화, 친기독교 정책에 대해서는 거의 반응하지 않았다.

3. 정화공간의 불교와 국가권력

불교정화운동은 1954년 5월부터 1962년 4월까지 8년여 동안 식민지 불교의 극복, 한국불교 전통의 회복을 명분으로 전개된 불교계 내부의 일련의 움직임이다. 이 운동은 장기간 전개되었고, 불교 내부의 모순이 일거에 폭발되었으며, 비구승과 대처승으로 나뉘어 치열한 갈등을 유발하였으며, 현대불교사에서 가장 큰 후유증 및 문제를 야기한 사건이었

---

35) 강인철은 불교의 체질을 국가권력에 대한 접근 능력의 낮음, 대 국가 자율성의 약함으로 보았다. 강인철, 「한국전쟁과 종교변동」, 『전쟁과 종교』, 한신대출판부, 2003, 158쪽.

다.36) 그래서 이 운동은 다양한 관점에서 정리, 분석, 해석되어야 할 내용이 많다. 여기에서는 이 운동에 대한 그간의 연구 성과를 수용하면서 주로 불교와 국가권력 간의 상관성 조명이라는 측면만을 살피겠다. 요컨대 정화운동의 대립축이었던 비구승·대처승과 국가권력과의 접점을 소묘하고자 한다. 이런 분석을 통해 정화운동 공간에서의 불교와 국가권력과의 관련성에 대한 의미를 부여하겠다.

불교정화운동은 명분으로는 식민지 불교의 잔재 제거를 통한 한국 전통불교의 재건이었지만 그 내면에는 비구승의 불만 해소와 비구승단 재건이 관철되었다. 즉 비구승들의 불만이 정화운동의 불씨로 작용하였다. 비구승으로 칭하였던 수좌승들은 선방에서 참선수행을 통하여 불교의 정체성을 지켜온 부류이었다. 이들은 일제하에서는 선학원을 중심으로 자신들의 정체성을 유지하고 있었다. 비구승들은 수행에 전념하고, 결혼을 하지 않는 것 자체를 전통불교의 수호라고 여기고 그를 자신의 정체성으로 인식했다. 그러나 일제하 불교, 해방공간의 불교에서 수행여건이 위축되었고 교단 및 사찰의 운영을 독점한 대처승들로부터 배척을 받았다. 그런데 1950년부터 본격화된 농지개혁으로 인해 급격히 위축된 사찰경제로 인하여 더욱 더 수행공간 박탈, 생존의 위협이라는 현실에 처하였다. 그들은 그 문제를 당시 교단 교정인 송만암에게 호소하였다. 비구승 전용의 수행 사찰을 몇 군데 만이라도 지정을 해달라고 1952년 봄 무렵에 건의하였다. 이런 비구승의 건의를 받아들인 송만암 교정은 1953년 4월 통도사의 고승모임을 통해 해결할 수 있는 원칙을 정하였다.

---

36) 이 운동에 대한 내용, 성격, 모순에 대해서는 아래의 고찰을 참고하기 바란다.
   졸고, 「불교 '정화'의 성찰과 재인식」, 『근현대불교의 재조명』, 민족사, 2000.
   졸고, 「정화운동의 전개과정과 성격」, 『새불교운동의 전개』, 도피안사, 2002.
   졸고, 「한국 현대불교와 정화운동」, 『한국현대불교사 연구』, 불교시대사, 2006.
   김순석, 「이승만정권의 불교정책」, 『불교정화운동의 재조명』, 조계종출판사, 2008.

그래서 1954년 4월 불국사에서 개최된 종단의 법규위원회에서는 비구승들에게 사찰 18개를 제공한다는 방침을 정하였다.

그러나 이런 방침(비구승에게 사찰 제공)이 이행되지 않자 1953년 가을 선학원에 모인 비구승들은 자신들의 의지를 실천하겠다고 분노했다. 그러나 당시 18개 사찰의 주지(대처승)들은 사찰을 할애할 의도가 없었다. 그래서 비구승들의 불만은 폭발 일보 직전이었다. 바로 이럴 즈음에 이승만대통령의 불교정화를 지지하는 담화(유시)가 1954년 5월 20일에 나왔다. 비구승들의 불만과 국가권력을 상징하는 이승만의 발언은 즉시 결합되었고, 종단을 바로잡을 때는 왔다면서 이때를 이용하여 기필코 불교정화를 단행하여 그간의 모순과 서러움을 바로 잡겠다는 비구승들의 움직임은 치열하게 전개되었다. 國力을 빌려서도 종단을 바로 잡겠다는 비구승들의 불교정화운동은 본격화되었다.

이런 전제에서 정화운동을 촉발케 한 이승만의 발언을 살펴보자. 여기에서는 정화운동의 내인론, 외인론에 대해서는 설명하지 않는다. 다만 비구승, 대처승들이 국가권력을 어떻게 인식하였으며 운동의 전개과정에 국가권력을 어떻게 활용하였는가에 초점을 둔다. 이승만 대통령은 불교정화에 대해 8차례의 발언을 하였는데, 다음은 불교정화를 촉발한 이승만의 제1차 발언의 일부이다.

> 그 중에 긴요한 안건은 日人 중의 생활을 모범해서 우리나라 불도에 위반되게 행한 자는 이후부터는 親日者로 인정받을 수 밖에 없으니 가정 가지고 사는 중들은 다 사찰에서 나가서 살것이며 우리 불도를 숭상하는 중들만 정부에서 도로 내주는 전답을 개척하여 지지해가도록 할 것이니 이 의도를 다시 깨닫고 시행하기를 지시하는 바이다.[37]

---

37) 『태고종사』, 2006, 249~250쪽.

이 발언의 요체는 대처승은 일본식 불교의 잔재이며 친일자로 인정받을 수 밖에 없다는 것이다. 그래서 한국불교와는 무관하니 사찰 밖으로 나가라고 하였다. 한국의 사찰에는 지조를 갖고 있는 비구승들이 살면서 사찰과 불교문화재를 지켜야 한다는 것이다. 그런데 이의 담화를 보면 이승만의 그 같은 의도를 유발한 것은 사찰이 갖고 있는 문화적 가치와 농지개혁으로 인해 농민에게 넘어갔던 사찰농지 반환 문제라는 점이다.38) 이 문제는 지금껏 주목하지 않았다. 필자가 보건대 이는 이승만이 불교정화에 주목하였는가를39) 말해주는 단서이다. 여기에서는 이러한 이승만의 사찰문화재, 사찰농지에 대한 인식이 불교정화 지지, 유도까지 이르게 한 단초였음만 제시한다. 사찰농지 반환은 이승만의 판단과 국가권력의 불교정책이 깊게 개입한 결과임은 분명하다. 달리 보면 불교정화는 불교정화 직전의 교단 집행부(대처승)가 제공한 측면도 배제할 수 없다. 즉 불교정화는 우연적으로 발생한 것이 아니고 불교 내부의 비구승 불만, 불교 외부의 사찰문화재 보호정책이 연계되었던 것이다.

이런 전제에서 먼저 비구승들의 입장을 살펴보자. 비구승들은 이승만의 대처승 배척의 발언에 접하자 이를 계기로 불교정화의 단행을 결정했다. 그들은 자신들이 정통적인 승려이기에 교단을 주관해야 하고, 대처승은 승려가 아니라고 주장하였다. 그래서 비구승은 선학원에서 모여 정화대책위원회의 조직, 전국비구승대표자 대회의 개최, 자신들의 불교관에 근거한 종헌을 제정하였다. 이렇듯이 정화운동을 본격적으로 전개한 비구승들은 정화 최초의 공식 모임인 전국비구승대표자대회(1954.8.25)에서 이승만에게 감사장을 올리자는 안건을 채택하였다. 대회 종료 후, 비구승을 대표한 정금오와 이청담은 공보처를 방문하여 감사문과 건의

---

38) 이승만 불교정화에 대한 담화(유시)를 총 8차례나 하였는데, 담화 초기의 내용은 대부분 대처승의 배척과 사찰 문화재 보호가 주된 내용이었다.
39) 졸고, 「이승만은 왜 불교계를 정비하였나?」, 『내일을 여는 역사』 17, 2004.

서를 제출하였다. 이승만은 비구승의 감사문을 받아서 그런지는 단언할 수는 없어도 그 이후에도 추가로 7차례나 비구승의 불교정화를 지지하는 발언을 하였다. 그리고 비구승은 대처승을 배척하면서 종단 주도권 장악에 난관이 생기면 경무대로 가서 호소를 하는 전략을 구사하였다. 그리하여 비구승은 국가권력에 도움을 받아서 종권을 인수하는 데에 성공하였다. 비구승들은 이승만의 지원을 받아 전개하는 정화운동을 '대통령각하의 諭示를 奉體한 교단정화'라고 표현하였다. 이런 현실의식하에 전개된 정화운동은 국가권력의 절대적인 지원, 국가권력의 산하에 있는 행정기관(경찰, 공무원 등)의 비호, 언론 및 신도의 외호 등이 결합된 결과이었다. 이승만대통령을 상징으로 하였던 제1공화국의 불교정책은 정교분리를 무시하면서도, 식민지 잔재(친일사상) 청산을 명분으로 구현되었다. 이 같은 불교정책은 이승만에게는 정치적 이익이 되었음은 물론이었다. 그리하여 비구승과 이승만 정권은 상호 이익을 위해서 굳게 결합하였다.

한편 정화운동으로 교권의 중심부에서 배제되었을 뿐만 아니라, 사찰에서 배척된 대처승들은 국가권력에 대하여 어떤 입장을 갖고 있었는가를 살펴보겠다. 대처승측의 교단 집행부는 이승만대통령의 정화 발언을 접하자, 그 파장을 예의주시하고 즉시 자체 정비에 나섰다. 대처승측은 1954년 6월에 교무회의를 개최하고 대응책에 나섰다. 그들은 비구승들에게 수행사찰을 양도하고, 자신들은 교화승(보살승)의[40] 신분을 갖는 것으로 정리하였다. 즉 승려 이원화(수행승, 교화승)를 종헌에 병기하였다. 대처측은 승려결혼은 대승불교, 불교 근대화의 관점에서 설명하였지만[41] 일반 대중들에게 납득되었다고 볼 수는 없다. 그래서 대처측은 비

---

40) 『태고종사』, 504쪽.
41) 이런 관점은 최근 조성택이 주장하고 있지만, 1970년대의 인식으로 장성암이 『불교』 51호(1975.2)에 기고한 「帶妻有感」의 글이 참고된다.

구승들의 지속적인 불교정화에 대한 요청, 언론 및 신도들로부터 종단 운영 및 사찰환경에 대한 비판이 거세자 대처승들은 사찰에서 퇴진하겠다는 입장을 밝혔다. 즉 대처승들은 정화 초기에는 국가권력에 대응할 처지는 아니었다. 이는 1954년 11월 20일, 종헌 개정을 하였던 전문의 "이대통령 각하께서 軫念하시는 불교전통을 살리라시는 만분의 일이라도 仰副"[42]하겠다는 표현에서 찾을 수 있다. 즉 종헌을 개정하여 자신들의 입지를 정비하고, 비구승에게 종권 배려, 비구승의 수행 외호, 사찰 및 문화재의 수호 등을 노선으로 내세웠다. 요컨대 대처승들도 이승만 (국가권력)의 지적 사항을 수용할 수 밖에 없었다. 아직까지 여기에서는 정교분리를 명분으로 국가권력과 대응을 하지 않았다. 이런 노선의 채택은 대처승들 스스로 교단운영에 문제점이 있었음을 인정하는[43] 것이다. 나아가서 대처승들은 종단 집행부에서 일단 퇴진하고 태고문손 계열의[44] 비구승들에게 종권을 인수하였다는 대의명분을 강조했다.

그러면서 대처측은 이승만이 강조한 사찰 정화에는 찬동하면서도 자신들은 교화승으로서의 승려자격이 있음을 강조했다. 즉 대처측은 사찰 정화는 수긍하면서, 대처는 시대 진전의 결과이며 대승불교의 구현이라고 주장하였다. 여기에서 모순이 생겼다. 그리하여 대처승들은 사찰에서 철수하겠다는 의사를 피력하면서도 이승만의 조처가 정교분리에서 불합리함을 지적하기 시작했다. 대처측은 1955년 전반기 이승만의 불교정화 정책에서 나온 사찰정화대책위원회에 참석하여 자신들의 입지를 강조하면서 공권력 및 비구승과 줄다리기를 하였다.

그러나 대처승들은 1955년 8월 12일, 전국 승려대회 이후부터는 대응

---

42) 『태고종사』, 270쪽.
43) 대처측도 이런 문제에 대하여 "일부 가정 가진 승려들의 타락상"으로 표현하였다. 『태고종사』, 377쪽.
44) 이들은 선학원 계열의 비구승이 아니다.

태세로 전환했다. 비구승들은 그 승려대회에서 종헌제정, 종권인수, 신집행부 선출을 단행하였는데 공권력으로부터 그 결과를 승인받았다. 이때부터 대처측은 국가권력의 한 축이었던 사법부에 불교정화로 인한 교단 및 사찰에서 배척당한 것에 대한 타당성을 심판받고자 하였다. 즉 국가권력의 한 축이었던 행정부에서 정화운동을 지원하자, 사법부에서의 해결을 모색하였다. 이렇게 대처측도 정화운동의 전개과정에서 국가권력에 의존한 것은 비구승측과 동질적이었다. 다만 정화운동으로 인하여 패배의 편에 서게 된 것 뿐이었다. 즉 비구, 대처 양측도 불교 자주화, 불교내부에서의 자율 해결, 불교의 문제 해결방법인 율장의 고려를 모색하지 않았다. 물론 일부의 승려, 일부의 정황에서 그런 자율적인 흐름이 전혀 없었던 것은 아니지만[45] 주된 흐름에서는 탄력을 받지 못하였다.

이런 기본정서가 정화운동에 구현되었다. 그런데 대처측의 정서는 4 · 19혁명, 5 · 16쿠데타를 거치면서 급변, 조정되었다. 4 · 19로 인하여 이승만의 퇴진은 일시적으로 대처측의 재기를 가져왔다. 대처측은 변화된 정치 환경에 힘입어 비구승측을 관제 불교단체로 단정하면서 정교분리 원칙을 강력히 피력하였다.[46] 즉 사찰령 철폐,[47] 공권력 간섭의 배척을 주장하였다. 그러면서 불교현실을 성찰하면서 자체정비를 시도하였지만,[48] 그럴 여건이 없었다. 곧 이어 발발한 5 · 16으로 인하여 정화운동 및 불교 분규는 재조정되었기 때문이다. 당시 군사정권은 불교정화를 사회정화 차원에서 접근하였다. 그리하여 "분규중에 있었던 쌍방의 교권은 그 어느 일방도 한국불교 전체를 대표하는 기관이라고 인정하지 않는

---

45) 졸고, 「불교정화운동과 화동위원회」, 『불교정화운동의 재조명』, 조계종출판사, 2008.
46) 『태고종사』, 400쪽.
47) 대처측의 사찰령 폐지운동은 『현대불교』 5호(1960.7)에 수록된 「불교조계종 제19회 정기 중앙종회 참관기」가 참고된다.
48) 조지훈, 「제2공화국과 불교 – 주로 문화정책과 불교운동을 위하여」, 『현대불교』 6호(1960.10).

다"고 언명하면서 비구, 대처 양측의 기득권을 인정하지 않고 문제를 해결하고자 했다. 군부에서 그런 해결을 시도한 것은 기존 사찰령이라는 법에 근거하여 국가권력이 종교문제를 개입, 간섭, 조정할 수 있었던 것에서 나왔다. 이런 군부의 자세에 대하여 비구측은 정화운동의 완료라는 측면에서, 대처측은 정교분리에 어긋난다는 입장에서 비협조적이었다. 비구측은 정화운동으로 인해 교권을 장악한 현실을 유지하면서도 "불교 교리와 교법에 의거한 전통성과 적법성"을 인정받으려 했다. 이는 종권을 인정받고, 정부가 개입해도 대처승은 승려가 아니라는 것을 사전에 공인받으려한 것이었다. 대처측은 4·19직후에 밝힌 성명서에서[49] "민주주의적 국가사회의 제도에 입각하여 정교분리 신앙자유의 원칙을 고수하여 과거 일제의 식민지적 종교정책으로 제정 시행하던 사찰령 및 그 시행세칙의 완전 폐기를 주장하며 행정부의 일체간섭을 배격한다"는 원칙을 천명하였다. 그러나 대처측도 이렇게 강력하게 원칙을 개진하였지만 그들도 기존 종단내부에 문제점이 있음을 인정하였다. 이는 은연중 정화운동의 빌미를 인정하는 것이었다. 위의 성명서에서도 폐습일소, 비구승단 재건을 위한 수행 시설(총림, 율원, 강원 등)의 확장, 승려 재교육, 승려중심에서 신도중심으로 전환 등을 개진하였다. 이는 대처측이 정교분리를 주장하였지만, 과거 불교사의 모순을 인정했음을 알려준다. 즉 대처측이 인정한 모순은 불교와 국가권력 간의 문제가 법, 논리에 의해서만 전개되지 않았음을 말한다.

5·16을 단행한 군부(공권력)는 舊惡의 해소 차원에서 일단은 비구, 대처 양측을 부인하였다. 그리고 사회단체등록법을 활용하여 불교는 '불교재건위원회'라는 단체를 활용해 통합하기로 정하였다. 군부는 자신들이 추진하는 수습 방침에 추종하겠다는 각서(1961.8.29)에 비구, 대처

---

49) 『태고종사』, 396쪽.

양측이 동의하기를 요청하였다.50) 그러나 비구, 대처 양측은 군부가 제시한 불교 정비 프로그램에 동의한다는 각서에 서명하지 않았다. 그렇지만 군부가 1962년 1월에 접어들면서 강력한 입장을 밝히자 그에 수긍하지 않을 수 없었다. 이렇게 양측이 굴욕적으로 동의한 것은 사찰령의 존속에서 기인한다. 당시 박정희는 비구, 대처 양측이 비협조로 나온다면 사찰령을 갖고 의법조치 하겠다는 발언을 하였다.51) 곧 이어, 문교부장관은 정부 입장을 담은 공문을 불교계에 보내왔다. 그 공문에는 종교자유 원칙으로 불교계가 자율적으로 단일 宗으로 불교를 재건하기를 요망하면서 다음과 같은 내용이 적시되었다.

> 만일 상기한 바와 같이 불교계의 자율적인 재건이 불가능하다는 것이 판명된다면은 모든 국민이 혁명의 대열 속에 들어와서 새시대의 재건을 위하여 단합하고 있는 이때 정부는 이 이상 불교분규로 인한 민족 분열과 재산 탕진에 의한 막대한 국가적 손실을 묵과할 수 없으므로 부득이 불교 재산을 국가가 직접 관리하는 비상 입법조치를 위할 것임.52)

그래서 비구, 대처 양측은 군사정권이 조정하는 틀에 의거하여 합의하였다. 이런 기본 방향에서 나온 것이 불교재건위원회였다.53) 그리고 그 위원회에서 나온 것이 1962년 4월의 통합종단이었다. 통합종단의 출범으로 인하여 불교정화(분규)는 일단락되었다. 8년간 갈등의 상대이었던 비구승, 대처승이 대한불교 조계종이라는 단일 종단에 합류하였기 때문이다. 물론 종단 운영의 이견, 노선의 불씨로 인하여 대처측이 이탈하여 1971년에 태고종이란 새로운 종단을 창종하였지만 기본 흐름은 정화

---

50) 『태고종사』, 418쪽.
51) 「수습책 따르도록 박의장 경고 담화」, 『조선일보』 1962.1.13.
52) 『태고종사』, 421쪽.
53) 졸고, 「불교재건위원회의 개요와 성격」, 『근현대불교의 재조명』, 민족사, 2000.

운동의 마감이었다. 그 결과 비구승의 득세, 비구승단의 재건이 이루어졌다.

이런 기본 흐름에서 1962년 5월, 사찰령을 계승한 불교재산관리법(제1087호)이 국가재건최고회의를 통과하였다. 이 법의 시행령은 1962년 8월 23일 각령 제33호로 공포되었다.[54] 이 법은 단지 불교재산만 관리하는 법이 아니었다. 불교의 단체등록, 재산관리, 운영의 상당 부분을 국가에서 관리, 감독하는 것이었다.[55] 이 법의 제정은 정화운동 기간에 예고되었다. 불교는 8년간이나 내분을 전개하면서도 자율적으로 문제 해결을 하지 못했다. 그리고 사찰, 불교재산, 불교 문화재를 불교 스스로가 지킬 수 없다는 정부의 판단도 개입되었다. 요컨대 불교재산관리법의 등장은 불교정화에서 배태되었다. 그런데 이 법에 대하여 당시 조계종단 및 종단 구성원인 승려들은 절대적인 동의를 하였다. 조계종단(비구승)은 이탈된 대처측과의 정통성 경쟁에서 이 법이 종단의 정체성을 인정해 주었고, 종권 및 사찰 관리권도 이 법이 지켜주었으며, 사찰 및 문화재 수호에 있어서 국가의 힘을 절대로 필요하였기 때문이다.

지금까지 살펴본 바와 같이 정화공간에서의 불교와 국가권력은 사찰령, 불교재산관리법을 놓고 서로 간의 이익을 추구하였다. 그 결과 공권력은 정화운동을 주도한 비구승과는 유화적 자세를 취하였다. 그러나 내용면에서는 불교(비구승단)가 공권력에 예속, 구속된 것이나 다름없었다. 이런 구도하에서 비구승단과 이승만 정권(군사정권)은 공고한 지지와 후원의 관계를 구축하였다. 그에 반해 대처측은 종교자유, 정교분리라는 입장을 갖고 정부와 일시적으로 대립을 하기도 하였지만 국가권력이 관장하는 사찰령의 범위를 벗어나지 못했다. 대처측은 사찰령의 문제

---

54) 「불교단체 등록에 관한 공고」, 『동아일보』 1962.10.2.
55) 「재산처분엔 사전 허가 필요 불교재산관리법 최고위 통과」, 『동아일보』 1962.5.25.

점을 지적하였지만 불교수행의 미약, 사찰 및 문화재 등의 관리에 대한 문제에서는 설득력을 상실하였다. 그래서 대처측 논리는 정부 및 일반대중들에게 신뢰를 받지 못하였다. 국가권력을 담당한 이승만은 정치적 이득을 고려하여 비구승을 적극 지지하였다. 사사오입 개헌 등으로 야기된 정치적 위기를 타개하려는 의도와 무관할 수 없었다. 즉 국민들의 비판적인 관심을 불교분규(민족감정)로 전환시켰다는 관심전환설을 수긍할 수 있는 대목이다. 국회에서 행정부는 불교 문제에 간섭하지 말라고 결정하였고,[56] 사법부에서는 사찰령은 위헌이라는 판결을 하였지만[57] 그 흐름을 변화시키지는 못했다. 이승만 정권은 이런 조치에 주의하지 않고, 당초의 구도를 밀고 나갔다.

그래서 1963년 이후부터 국가(박정희 정권)와 불교(조계종단)는 긴밀한 관계를 갖고, 서로 협조하는 구도를 만들어 갔다. 불교는 정부에 의존, 협조하면서 정부정책에 우호적인 노선을 갔다. 국가는 불교의 종단(인사권, 재산권)을 지켜주면서, 사찰의 문화재는 국가문화재라는 인식을 가지면서 불교문화재의 관리, 수호에 나섰다. 요컨대 협조관계가 상호간의 이익 추구 차원에서 구축되었다. 그러나 이 기간에도 불교적 성찰이 부재하였고 기독교의 성장 및 영향에 대해서는 주목하지 못한 것도 사실이다.

4. 산업화 공간에서의 불교와 국가권력

산업화 공간이라 함은 1963년부터 1980년까지의 기간을 필자가 임의로 설정한 것이다.[58] 이 공간에서의 불교와 국가권력의 상관성은 기본적

---

56) 「종교 불간섭 결의 불교분쟁에 논의않기로 낙착」, 『조선일보』 1955.6.17.
57) 1956년 3월 30일, 4월 20일 대법원에서는 사찰령 시행규칙은 신앙의 자유 보장에 어긋난다고 판결하였다. 위의 강인철의 고찰, 106~107쪽의 각주 18 내용 참조.

으로 1962년에 제정, 공포된 불교재산관리법에 의해 준용되었다. 이 불교재산관리법은 산업화 공간에서 철저하게 관철되었다. 때문에 이 법에서 정한 구도, 즉 공권력이 불교의 등록, 재산관리 및 처분, 문화재 보존 등이 관철되었다.

그런 구도에서 변수로 등장한 것은 공원법이었다. 불교는 불교재산관리법과 공원법으로 인하여 더욱 더 국가권력의 개입을 받게 되었다. 공원법은 1967년 2월 6일 국회를 통과하였으며, 그해 3월 3일 법률 1909호로 공포되었다. 이 법의 시행령은 그해 6월 17일에, 시행규칙은 7월 10일에 제정되었다. 공원법으로 인하여 불교의 사찰토지, 산림 등의 일부가 공원의 대상에 포함되었다. 그러나 불교계는 공원법 제정, 공포 초기에는 이 법의 내용을 파악하지도, 그 성격을 이해하지도 못하였다.

불교계가 공원법에 대한 대응적인 입장을 보이기 시작한 것은 1969년 12월경 화엄사, 쌍계사 등의 일부 사찰이 공원법으로 설정된 지리산 국립공원에 포함되면서부터이다.[59] 당시 해당 사찰 주지들은 사찰과 상의도 없이 그런 결정을 한 것에 반발하였다. 그런데 정부는 오히려 문화재 보호법 시행령에 의거 「사찰재산 관리 개선 지침」을 입안하여 1970년 7월 31일자로 각 도에 시달하였다. 조계종단은 정부에서 통보한 「지침」에 대하여 7월 31일 즉각 이의 입장을 표명하였다. 그래서 그 지침의 해석과 집행을 놓고 조계종단과 정부는 일정한 대응을 노정하였다.[60] 이

---

58) 1963~1980년까지의 기간을 산업화 공간이라고 한 것이 불교사 서술의 관점에서는 애매한 점이 있다. 지금껏 이 시기의 서술에는 통합종단, 불교현대화, 분규 등의 개념이 활용되었다. 그러나 이는 조계종 중심적, 불교계 일부 활동을 중심으로 한 개념이었다. 그래서 필자는 본고찰에서 그 시기를 잠정적으로 산업화 공간으로 설정했다. 이 시기에 대한 적절한 개념은 추후 보완, 고민할 예정이다.

59) 지리산 이외의 지역에서 공원에 편입된 그 사찰은 법주사, 신흥사, 화엄사, 불국사, 해인사 등이었다.

60) 종단의 입장은 『대한불교』 1970년 9월 13일의 사설, 「정교분리의 재인식 — 사찰재산관리지침을 보고」와 이 신문에 기고한 고광덕의 「사찰재산의 관리, 문공부 시달

개선 지침에 대하여 조계종단 종회에서는 1970년 9월 23일의 회의에서 이 지침은 불교를 보호한다고 되어 있으나, 전체적으로 볼 때에 종권을 침해하고 있어 문공부에 철회를 요구하도록 결의하였다.[61] 필자는 당시 정부가 그 시점에서 왜 이런 지침을 만들어 조계종단에 발송하였던 내적인 사정은 파악하지 못하였다. 추측하건대 1962년 이래의 조계종단의 사찰재산, 문화재 보호에 대한 의구심이 심화된 것에서 나오지 않았는가 한다. 이 지침의 전문은[62] 목적, 방침, 사찰재산의 처분 기준, 사찰보수 5개년 계획(문공부)의 보완 추진, 사찰관람료 징수, 사찰후원회 구성 활용, 사찰환경 정화, 사찰관리 부실 주지에 대한 조치 등으로 구성되어 있다. 이 지침은 중요 문화재 사찰(600여 개) 재산의 효율적인 관리운영을 통해 사찰문화재를 보호하는데에 목적이 있었다. 여기에서 그 방침을[63] 살펴 본다.

- 사찰의 보수는 사찰 자체 자원에 의함을 원칙으로 한다.
- 사찰문화재 보호대상은 600여 전래 기본사찰로 한다.
- 사찰 기본재산의 처분 허가는 원칙적으로 이를 억제한다.
- 사찰재산 관리를 위하여 후원회를 구성 활용한다.
- 사찰관리에 부실한 주지는 엄격 조치한다.
- 본 방침은 문화공보부 지침으로 시달하는 동시에 개정된 문화재보호법의 시행령에 규정화 한다.

한편, 조계종단은 정부와 교섭을 하였으나 사찰에 유리한 조건으로 재검토하여 합의하는 선에서 조율하였다. 일단은 온건한 수용이었다. 조계

지침의 부당성」이 참고된다.
61)『제3대 중앙종회 회의록』, 25쪽, 38쪽.
62) 전문은 위의 자료 26~29쪽에 수록되어 있다.
63)「사찰관리 행정지침에 이견」,『대한불교』1970.9.13 참조.

종단의 입장은 1971년 5월의 종회에서 윤곽이 드러났다. 즉 1971년 5월 19일에 개최된 중앙종회는 표면적으로는 '국립공원 입장권 판매'의 문제를 논의하였지만 그 이면에서는 불교재산관리법의 철회, 사찰재산 관리 지침의 철회, 공원법 시정 등의 입장을 결정하였다.[64] 종회는 「국립공원법 시행에 대한 대책 결의안」을 검토한 후에 종단 재산을 보호할 수 있는 기구를 구성하여 대응한다고 결정하였다. 여기에서 그 결의안을 제시한다.

1. 정부당국은 종단사찰 소유지역을 국립공원을 지정하고자 할 때에는 당해 사찰 및 종단과 충분한 협의가 있어야 한다.
2. 국립공원법에 의하여 사찰 소유지상에 관광도로 기타 부대시설을 하고자 할 때에는 당해 사찰과 종단의 사전승인이 있어야 한다. 이러한 시설은 그 종류와 범위, 위치 등이 검토되어야 하며 동시에 사찰의 존엄성, 역사적 유서, 미관, 편의 및 자연지리에 대한 사찰의 견해가 충분이 존중되어야 한다.
3. 2에 의한 시설을 할 때에는 사찰에 적정한 토지사용료를 지불하여야 한다. 금시에 지정된 용도 이외의 사용을 엄금한다.
4. 당국이 사찰지역을 공원으로 지정하고 공원입장료를 징수하고자 할 때에는 당해 사찰과 협의하며 입장료의 관리를 공동으로 하도록 한다. 동시에 사찰은 입장료에 대하여 상당액의 배분을 받도록 한다.
5. 국립공원법 시행에 따른 정부사업의 원활을 기하고 종단 권익을 보전하기 위하여 종단에 국립공원협의회(가칭)를 둔다.

종회는 대책안을 검토하면서 대응기구(사적보존특별위원회)를 구성하고, 임원으로 총무원장, 4부장, 종회의장단, 국립공원 및 관광사찰 주지를 정했다.[65] 그리고 사적보존특별위원회에서 국립공원법, 행정지침

---

64) 「종권수호 재산관리 자주성 모색」, 『대한불교』 1971.5.23.
　「불교재산 분규에 새 불씨 『관재법』 폐지 조계종서 주장」, 『경향신문』 1971.5.21.

철회, 불교재산관리법 철회 등을 다루기로 하였다.

이렇게 조계종이 적극 대응적인 추세로 나오자, 정부는 6월 1일 사찰 재산 관리에 대한 「잠정지침」을 정하였다. 그리고 이 날짜로 문공부 장 관이 갖고 있던 관장 사무를 지방 장관(도지사)에게 위임하였다.[66] 그러 나 조계종의 분명한 대응은 즉시 나오지 않았다. 조계종의 입장은 19 71년 9월 20일 조계종단의 기획위원회와 사적보존특별위원회의 연석회 의에서 구체화되었다. 이 회의에서 조계종은 국립공원법이 사찰소유권 의 자주적인 관리에 대한 제한, 수익 자유 제한, 개발억제 제한 등을 이 유로 공원법 시행의 반대를 결정하였다. 이에 종단은 공원법의 보류 및 재조정을 요청하는 건의문을 작성하여 7월 27일 정부 당국에 제출하였 다. 그리고 사찰재산 관리 지침에 대해서는 정부와 협의를 하여 경내지 의 획정 및 정화, 불교단체 등록, 임원등록, 재산처분 허가 및 이에 관계 된 각종 업무 보고에 대해서는 인정해주되 여타의 내용은 시정 조치되도 록 정부와 합의를 모색하였다.

조계종단의 공원법에 대한 진일보된 구체적인 의견은 1971년 10월 20 일의 사적보존특별위원회의에서 결정되었다.[67] 조계종의 결의 내용은 공원법의 시행을 사찰의 존엄과 수도원의 분위기가 보장되면서, 사찰의 자주권이 보장된다는 전제하에 동의이었다. 그러나 그 시행에 있어서는 조계종단과 상의를 거쳐, 조계종단 인사의 참여를 통해, 공원관리에 해 당 사찰 주지의 참여를 통해, 조계종단의 이익이 되도록 하고, 사찰의 자 주권을 보장하는 방법으로 추진되어야 한다고 결정하였다. 종단은 이런

65) 『3대 중앙종회회의록』, 84쪽.
66) 이는 불교재산관리법 제7조 2항의 "문공부 장관은 각령이 정하는 바에 따라 그 권한 의 일부를 서울특별시장 또는 도지사에게 위임할 수 있다"는 근거에서 나온 것이다. 『대한불교』는 이 조치를 1971년 불교계 10대 뉴스로 다루었다.
67) 「현행 공원법 시정 건의, 사찰자주권 보장돼야」, 『대한불교』1971.10.24.

원칙을 1971년 10월 21일에 건설부에 통보하고, 동시에 문공부에도 협조 요청을 하였다.[68] 그리고 이런 종단 방침을 본사와 공원법의 해당 사찰에 전달하였다.

그러나 이런 협조 방침이 정부에 전달된 이후, 불교(조계종단)와 정부 사이에 있었던 협의, 합의가 어떠했는지는 알 수 없다. 필자가 확인한 것은 1973년 4월에 개최된 조계종단 33회 중앙종회의 토의사항에 대정부대책의 건과 장경각 이전의 건이 있었다는 정도이다. 그런데 종회에서는 대정부대책에 대한 발언이 전혀 없었고 다만 "장경각은 총무원과 해인사가 합의해서 전문가에 위촉하여 연구토록 결의한다"는[69] 내용만 전한다. 이런 내용을 미루어보면 조계종단은 정부와 협의는 하였지만 종단의 입장을 완벽하게 관철시키지는 못한 것이 아닌가 한다. 즉 정부와 협의를 하였지만 공원법 시행을 묵시적으로 동의해주지 않았는가 한다. 이런 사정의 이해에 도움이 되는 1974년 5월 20일자의 『동아일보』 기사를[70] 참조하면 공원법 시행과 관련된 조계종단의 입장을 찾을 수 있다. 당시 조계종단의 종정, 총무원장 등 간부진과 해인사 대중은 해인사를 공원에서 제외하여야 한다는 입장을 피력했다.[71] 그러면서 「해인성역 계획서」를 정부에 제출하겠다고 하였다.[72] 그러나 해인사 총무의 발언을 유의해서 살피면 공원택지 지정과정에서는 해인사와 정부가 협의를 하였지만, 택지 조성 단계에서는 해인사 입장을 무시해서 문제가 발단되었음을 알

---

68) 차차석은 「1960년대부터 1980년대까지 불교차별과 배경」, 『불교와 국가권력, 갈등과 상생』(조계종출판사, 2010)의 고찰 299쪽에서 "1971년 10월 조계종 정부 당국과 공원제도 시행에 5개항 합의"라고 설명하였으나 근거를 제시 안했다.
69) 『제3대 중앙종회 회의록』, 326쪽.
70) 「해인사 경내는 관광개발말도록」, 『동아일보』 1974.5.20.
71) 「관광개발 지양 성역화 지정을」, 『대한불교』 1974.5.26.
72) 『대한불교』 1974.6.9, 1쪽. 해인사를 국립공원에서 제외시켜줄 것을 요청하는 「호소문」이 게재되었다.

수 있다. 이는 조계종단과 해인사가 해인사를 공원에 포함시켜 개발하는 것에는 동의하였음을 말한다. 다만 공원 조성을 지켜보면서 공원개발보다는 성역화하여 해인사 정체성을 지키는 노선으로 선회하였다. 그리고 당시 종단과 해인사의 입장을 담은 호소문을 보면 해인사만을 공원에서 제외해 달라고[73] 요청하였다. 즉 해인사 이외의 사찰은 국립공원에 편입되어 갔던 현실을 인정하였다. 어찌 되었든 그 이후에 종단과 해인사에서 국립공원 개발 반대에 대한 추가의 의지 표명이 전하지 않는 것으로 볼 때에 해인사 경내지의 공원 편입은 수용되었다.

그러면 여기에서 종단은 왜 국립공원을 근본적으로 거부하지 못하고, 미온적으로 대처하여 국립공원, 도립공원에 사찰 경내지가 포함되도록 허용하였는가. 조계종단이 정부의 공원법 및 사찰재산 관리 지침에 대하여 적극적으로 대처하지 못한 최우선적인 요인은 불교재산관리법을 매개로 국가권력이 불교의 제반 사항을 개입할 수 있는 법적인 권한이다. 이 법이 존재하는 이상 불교의 입장이 구현되기에는 원천적인 난관에 처해 있었다. 그리고 국가에서 집행하는 문화재의 관리 및 지원을 수용하는 입장에서는 더욱 더 그러하였다. 나아가서는 당시 정부가 주도하였던 긴급조치법 및 유신헌법을 적극 수용하였던 현실하에서는 국가의 간섭, 지원을 거부할 없는 체질이었다. 당시 불교는 정부의 간섭, 지원을 수용하면서 그런 구도를 용인하는 이념인 호국불교를 재생산하고,[74] 유포하였다. 1975년에 출범한 호국승군단도[75] 그 실례이었다. 또한 1971년도

---

73) 『대한불교』 1974.6.16, 「사설, 해인사 경내는 성역화 되어야 한다」에서도 해인사만이라도 공원에서 제외하고, 성역화시켜야 한다는 논지가 나온다.

74) 동국대의 『불교학보』 14집(1977)이 호국불교 특집 논문을 다룬 것도 유의할 내용이다. 『대각사상』 17(2012) 호국불교 특집 논문 참조.

75) 호국승군단에 대해서는 조계종 기관지인 『대한불교』의 기사를 참고할 수 있다.
「호국승군단 조직키로」, 1975.7.13.
「호국승군단, 12월 17일 발단키로」, 1975.11.2.

에 집중적으로 정부의 불교정책에 이의를 제기하였던 청담, 광덕 등의 조계종단 집행부의 퇴진도 이런 사정을 더욱 고착화시켰다. 그리고 1974년부터 종단 내부에서 종정 중심제, 총무원장 중심제라는 운영노선을 위요한 갈등 구조도 공원법을 비롯한 대정부 대응에 집중할 수 없는 현실을 야기하였다. 이런 종단의 체질과 인식을 전하는 휴암의 증언이 참고된다. 휴암은 1986년 9월 7일, 해인사 승려대회에서 승려들이 불교재산법 철폐를 주장하고 불교탄압을 받았다고 강조한 내용을 제시하면서 "더욱 큰 자가당착은 지금도 그것을 감히 철폐할 어떤 자신감도 갖지 못하는 것이 우리의 승가적 내부의 사정이 아니었던가? 그뿐이랴. 주요 사찰지역의 공원법도 당시에 너도나도 서로 공원으로 어서 만들어 달라고 했던 것이 조계종이었고, 정부에서 공원법 제정에 대한 자문을 요청했으나 거기에 적극적으로 관심을 표명하지 않았던 것도 역시 조계종이었으며, 문화재관리법도 그에 의거한 사찰 보수비를 서로 먼저 못 받아 먹어 안달복달한 것이 우리의 승가였다"고 비판했다.[76]

이런 조계종단의 현실인식은 불교재산관리법과 공원법으로 대변되는 정부의 불교 관련 법에 효율적인 대응을 할 수 없었음을 말한다. 그리하여 불교재산관리법, 공원법을 둘러싸고 산업화 공간에서 불교와 국가권력은 상호간에 이익을 담보로 굳건하게 결속되었다. 한편 대처측은 통합종단에서 이탈된 이후에는 종교자유라는 명분에 의거 불교재산관리법의 폐지를 강력히 반대하였다.[77] 그러나 대처측은 이런 입장을 견지하면서도 조계종에서의 분종을 추진하였다. 분종이 여의치 않자 1970년 7월에는 불가피한 조치로 불교재산관리법에 의거 태고종을 창종하여 독자노선을 갔다.

---

76) 휴암, 『한국불교의 새얼굴』, 대원정사, 1987, 14쪽.
77) 『태고종사』, 456쪽.

이 같은 불교와 국가권력과의 친연성, 불교의 국가권력에 대한 예속성은 5·16 이후 군사정권, 공화당 정권하에서 구현된 종교정책이 그 이전의 친기독교 정책이 후퇴하고, 불교에 우호적으로 전개된 것과 무관하지 않다. 그 실례로 정치지도자에 불교 신자의 증가,[78] 군승제도 실시(1969), 부처님 오신 날의 공휴일 지정(1975) 등을 거론할 수 있다. 이런 배경에서 1960년대 후반부터 불교 인구가 증가하였다. 그렇지만 불교가 국가권력에 예속, 지원을 받음으로 인한 부정적 체질에 대한 문제는 자각하지 못했다.

1960~1970년대 불교와 국가권력과의 이런 친연성이 무너지게 된 것은 1980년 10월의 이른바 10·27법난을 겪은 이후이었다. 때문에 1962년부터 1980년까지는 대체로 불교와 국가권력 간의 상호 관련성(우호성, 결합성)은 해방공간, 정화공간에 있었던 성격을 유지하면서 지속되었다.

5. 결어

지금까지 1945~1980년간의 불교와 국가권력 간에 전개된 상호 관계성을 정리하여 보았다. 이제부터는 그 내용의 핵심을 정리하면서, 그 의미를 다시 한번 정리하고자 한다.

해방공간의 불교는 미군정과 이승만 정권과 대응, 협조관계를 노정하였다. 미군정기에는 대체로 대응적인 입장을 노정하였지만, 1948년 정부수립 이후의 이승만 정권과는 우호적인 입장을 견지하였다. 미군정기에는 불교 교단과 혁신세력이 함께 사찰령 철폐, 적산사찰의 인수에 대

---

78) 위의 강인철 책, 178~179쪽.

하여 적극적인 행보를 갔다. 그 결과 군정청의 입법의원에서 사찰령 철폐, 사찰재산 임시 보호법의 제정이라는 성과를 기하였다. 그러나 미군정은 불교계의 이런 주장, 성과를 끝내 인정하지 않았다. 이는 불교측의 행정력 및 추진력의 미약 그리고 불교 내부의 분열 등과 미군정의 변화된 정책에서 기인하는 것이었다. 이런 내용은 곧 미군정기에는 불교는 국가권력을 대신하였던 미군정청과 일정한 대응관계를 노정하였음을 말하는 것이다. 그렇지만 이승만 정권이 등장하면서부터는 불교와 이승만 정권은 온건한 형태로나마 유화적인 관계를 가졌다. 이는 불교 교단 집행부와 이승만 정권의 정치 이념이 보수적이었던 것, 교단 집행부에 도전적인 혁신세력의 배척, 대처승체제의 온존 등에서 이해관계가 맞았기 때문이다. 이런 유화적인 관계는 농지개혁으로 인한 사찰의 경제적 피해를 보완해주었던 농지개혁법의 개정을 통해 사찰농지 반환이 이루어지면서 더욱 고착화되었다.

그런데 이승만 정권이 불교를 지원하는 명분이 되었던 것은 사찰 자체가 문화재이며, 사찰에는 많은 문화재가 있다는 것이었다. 즉 불교의 지원은 종교적 측면에서보다는 불교가 갖고 있는 문화적 가치에 주목한 결과이었다. 이승만 정권 초반에는 이런 내용으로 인하여 불교는 국가권력과 우호적인 친연성을 노정하였다. 그렇지만 이런 우호성, 국가로부터 도움을 받았던 관계로 인하여 불교는 사찰령 철폐, 기독교 중심의 종교 정책에 대해서는 일체 언급할 수 없는 체질이 되었다. 이 같은 불교의 체질은 불교의 노선, 정체성을 혼미케 하였다. 더욱 문제시 되었던 것은 해방공간, 이승만 정권 초기가 한국 현대불교사의 출발이었기에 그 이후 불교사의 성격이 여기에서 잉태되었다는 점이었다.

정화운동 공간에서의 불교와 국가권력은 사찰령, 불교재산관리법을 놓고 각자의 존립, 이익을 추구한 기간이었다. 이 공간에서의 국가권력은 이승만 정권, 군사정권이었다. 이승만 정권은 정치적 이익, 불교 문화재에 대한 소신 등의 이유로 불교정화운동을 적극적으로 지지, 후원하였다. 그에 반해 군사정권(박정희)은 사회 분규 해소 차원에서 접근하였지만 결과적으로는 불교정화운동을 지지하였다. 그러나 이런 국가권력에 대응하는 불교는 이원적인 대응이 노정되었다. 즉 비구승과 대처승의 입장은 판이하였다. 비구승은 정화운동 이전의 불만 및 교단정화를 완수하겠다는 판단으로 이승만 정권과 긴밀한 협조관계를 갖고 정화운동을 전개하였다. 즉 공권력의 도움으로 정화운동을 성사시켰다. 그 결과 교단 및 사찰의 주도권을 차지할 수 있었다. 비구승은 국가권력에 의지하는 것에 대해 문제점으로 인식하지 않았다. 그들은 불교정화를 통하여 교단을 정상화 하고, 자신들이 정통적인 승려이면서, 민족의 문화가 깃들어 있는 불교를 재건시키는 것을 당연하게 여기었다.

그러나 대처승은 정화 초기에는 사찰 정화는 인정, 수행승들의 배려, 대처승은 대승불교의 산물이기에 교화승으로 존립 등을 주장하였다. 그러나 교권, 사찰, 승려에서 배척당하자 이승만 정권의 행태는 정교분리, 종교자유에서 어긋난다고 강력 반발하였다. 그래서 대처측은 행정부에서의 기대를 포기하고 사법부에 자신들의 소신, 타당성, 피해의 보상을 인정받고자 하였다. 그러나 4 · 19, 5 · 16을 거치면서 대처승의 입지는 큰 변동은 없었다. 급기야 군사정권의 강권, 위협에 비구승이 주도한 불교정화, 종단재건에 합류하지 않을 수 없었다.

그런데 이승만 정권, 군사정권이 정화운동이라는 격랑이 전개되는 속에서도 불교 문제에 개입, 간섭, 관리할 수 있었던 것은 사찰령의 존속 때문이었다. 군사정권은 사찰령의 틀과 내용을 계승한 불교재산관리법을 제정하고, 이 법에 의거하여 불교를 관리 감독하였다. 군사정권이 불교재산관리법을 만든 것은 8년간의 정화기간에 드러난 불교의 문제점을 익히 파악하였기 때문이다. 이는 과거를 청산하고 현실에 맞는 법을 만들어 불교를 국가적 차원에서 관리할 필요성을 절감하였던 것에서 나온 것이다. 그런데 당시 불교의 주류라 볼 수 있는 비구승측은 이 법에 대한 지지, 묵시적 동의를 하였다. 이는 이 법을 통하여 비구승단의 존립, 불교재산 보호, 대처측의 반발을 무마시킬 수 있었던 것에서 나왔기 때문이다.

이와 같은 정화공간에서의 불교와 국가권력의 상호성은 기본적으로는 유화적인 관련을 맺었다. 그렇지만 대처측의 반발, 불만은 상당하였다. 때문에 이런 정황하에서 불교의 구성원 다수는 사찰령 철폐, 종교자유, 정교분리 등에 대해서 투철한 인식을 갖지 않았다. 그는 불교의 존립이 우선이었기 때문이라 보인다. 그리하여 이 공간에서의 국가권력에 대한 협조 노선, 예속성은 더욱 고착화되었다.

산업화 공간으로 설정한 1963년부터 1980년까지의 시기의 불교와 국가권력의 대응은 기본적으로는 불교재산관리법의 구도에서 전개되었다. 때문에 불교재산관리법이 정한 불교단체의 등록, 불교재산 관리, 승려들의 제재 등이 가능하였다. 따라서 조계종단, 태고종단 등은 이 법을 통한 관리를 감수하였다. 이런 구도에서 돌발적으로 나온 것은 사찰재산 관리 지침, 공원법이었다. 국가권력은 불교, 사찰의 문제점을 익히 파악하는 가운데 정권 안정, 국가문화재 관리 차원에서 이 법을 관철하였다.

그러나 조계종단은 사찰재산 관리 지침과 공원법에 대해서 일시적으로 대립각을 세우기도 하였지만 국가에서 추진한 방침에 협조하고 유화적인 자세를 견지하였다. 그것은 불교 스스로 종권, 재산 관리, 문화재 보호 등의 문제점을 인정하면서도, 그에 대한 문제점을 개선하거나 극복할 수 없었기 때문이다. 나아가서는 국가가 주도한 불교정책을 통하여 지원과 이익을 얻었던 측면도 있었다. 이런 구도에서 조계종단은 호국불교 논리의 생산, 호국승군단의 출범, 유신체제의 인정 등의 노선을 갔다. 요컨대 산업화 공간에서도 불교와 국가권력은 유화적인 상호 관계성을 노정하였다.

지금까지 요약한 바와 같이 1945~1980년간의 불교와 국가권력은 대체적으로 유화적, 친밀성을 보여주었다. 그러나 불교는 국가권력이 행하였던 기독교에 대한 정책, 특례 등에 대해서는 그 개요나 문제점을 인식조차 못하였다. 불교로서는 이런 구도, 체질하에서 사찰령, 불교재산관리법, 공원법 등 국가권력이 불교를 간섭, 관리할 수 있는 방안에 대하여 강력한, 근본적인 이의를 제기할 수도 없었다. 어찌 보면 그런 이의를 제기할 정신적인 체질이 부재하였다. 불교가 국가권력에 대하여 재검토, 재인식하게 되었던 것은 1980년 10월의 이른바 10 · 27법난을 겪으면서부터이다.

민주화 운동기(1980~1994)의 불교와 국가권력

1. 서언

한국 현대불교사는 지금껏 학문적인 연구 대상으로 크게 주목하지 않았다. 특히 1980년대 이후의 불교사는 더욱 그러 하였다. 그렇지만 지금 현재 불교의 제반 문제점, 모순, 지향 등을 이해하고자 할 경우 현대불교의 역사적 맥락을 간과할 수는 없다. 이런 배경하에서 본 고찰은 1980~1994년간의 불교사를 불교와 국가권력과의 상관성이라는 관점에서 살펴보려는 논고이다.

한편, 1980년 이후의 불교사를 객관적, 심층적으로 이해하기 위해서는 수많은 사건, 운동, 흐름 등의 구체적인 자료 및 증언에 의해서 살펴야 한다. 더욱이 1980년대 이후 불교사는 그 이전의 불교사와는 질적으로 전혀 다른 내용이 개재되어 있다. 그 내용은 민주화의 영향이라고 요약할 수 있거니와 사회의 민주화가 불교계에 많은 자극을 주었다. 이런 전제하에서 필자는 1980~1990년대 불교사를 서술하기 위해서는 수많은 개별 연구가 수반되어야 한다고 본다. 개별적인 연구 및 이론적인 분석을 거치지 않은 일반화는 많은 한계에 직면하게 된다.

이런 측면에서 본 고찰도 적지 않은 문제가 있다.[1] 그럼에도 불구하고 필자는 '불교와 국가권력'이라는 관점에서 기왕에 수행한 연구의[2] 지속이라는 측면에서 1980~1994년간의 불교의 단면을 정리하려고 한다. 필자가 1980~1994년간의 불교를 불교와 국가권력의 관점에서 정리하려는 것은 다음과 같은 연유에서 나온 것이다. 우선 첫 번째로 일제시대, 해방공간, 산업화 공간에서 일관적으로 흘렀던 불교와 국가권력의 상관성이 이 시기부터 질적으로 변화하였다는 것이다. 이 시기 이전의 불교는 국가권력에 예속되었음을 부정할 수 없고, 일면으로는 유화적 관계를 당연시하였다. 그런데 1980년대 전반기부터 그런 불교의 체질이 부정되기 시작하였다. 즉 불교계의 국가권력에 대한 비판, 저항성이 시작된 그 역사적 맥락을 밝히려는 것이다. 다음 두 번째로는 불교가 그렇게 변화된 요인을 찾아야 한다는 것이다. 그 외부적 요인은 일반 사회의 민주화 흐름이다. 사회의 민주화가 불교계에 끼친 영향, 그로 인한 불교계 내적인 움직임 및 변화는 무엇인가를 찾아야 한다고 본다. 세 번째로는 한국 현대불교사의 큰 변화를 야기한 1994년 '종단개혁'이라는 움직임을 새롭게 설명하기 위함이다. 지금껏 1994년 종단개혁에 대한 객관적인 연구는 희박하다. 현재는 당위적인 입장에서 개혁운동의 개요, 과정 등을 불교계 내부의 관점을 갖고 설명하는 것이 주류이다. 그러나 1994년 사건의 파장을 고려할 경우 이 같은 접근은 많은 문제점을 유발한다. 지금껏 1994년 이후의 불교사는 조계종단 및 불교계 내적인 논리에서 설명되었다. 그러나 불교 외부의 시각, 관점도 활용해야 한다고 본다.[3] 일부

---

1) 본 고찰의 한계에는 종교사회학 분야에서 논의된 종교와 국가와의 관계에 대한 이론적인 작업 등 선행 연구에 대한 이해가 부진한 것이 포함되어 있다. 그리고 본 고찰 대상 시기의 내용에서는 주로 재야세력과 국가권력과의 관련을 주로 다루었다. 즉 교단 집행부 및 불교계 주류와 국가권력과의 관련성이 누락된 것도 한계이다.
2) 김광식, 「식민지(1910~1945) 시대의 불교와 국가권력」, 『대각사상』 13, 2010.
_____, 「1945~1980년간의 불교와 국가권력」, 『불교학보』 58, 2011.

연구에서 정치혁명, 사회운동이었다는 시각도 있었지만 불교계 내부의 이해는 종단 차원의 개념에 머물러 있다. 요컨대 1994년 이후 불교사의 이해, 정리를 위해서도 1994년 사건에 개재된 국가권력의 문제도 객관적으로 다루어야 한다는 것이다.

필자는 위와 같은 전제와 배경하에서 1980~1994년간의 불교사를 국가권력과의 상관성에서 접근하고자 한다. 필자는 이 같은 광범위한 문제에 접근하기 위한 구체적인 대상으로 10·27법난, 민중불교론, 9·7해인사 승려대회, 1994년 종단개혁을 설정하고자 한다. 이런 대상에 본 고찰에서 유의하는 내용이 집약적으로 나오기 때문이다. 본 고찰이 이 분야 연구를 추동하고, 연구의 지평을 심화시킬 수 있기를 기대한다.

2. 10·27법난에서의 국가권력

10·27법난은 1980년 신군부가 정권 장악을 위한 명분을 구축하기 위해 불교계를 비인권적으로 탄압한 사건이다. 10·27법난은 1980~1990년대 불교사의 출발점으로 볼 수 있는데 이는 10·27법난이 불교계에 끼친 영향이 심대하기 때문이다. 특히 불교계에서는 10·27로 인한 국가권력에 대한 저항성이 본격화 되면서 불교개혁운동의 싹이 나오기 시작하였다. 법난 이전에는 국가와 유화적인 관계를 노정하였던 불교, 특히 조계종단에서는 국가권력에 대한 재인식을 하게 되는 결정적인 계기로 작용하였다.[4] 법난을 당하였으면서도, 법난의 빌미를 제공한 당사자이었기에 국가권력으로부터 치욕적인 수모는 간단한 것이 아니었다.

---

3) 필자가 보건대 이런 측면은 그간 소홀, 누락되었다고 본다.
4) 조성열, 「현대 한국의 실천불교 : 운동과 이념」, 『실천불교의 이념과 역사』, 도서출판 행원, 2002, 438쪽.

10 · 27법난에 대한 연구는 법난 30년을 맞으면서 본격화 되었지만,[5] 법난이 국가권력에게 당한 탄압이라는 이해는 보편화되었다. 또한 불교계는 법난 직후 자각의식을 가지면서 국가권력과 불교와의 관계를 비판하기 시작하였다고 이해되어 왔다. 이런 정황은 법난의 원인을 이해함으로부터 본격화되었다. 지금껏 법난의 원인을 검토함에 있어 외인론과 내인론이 주된 초점이 되어 왔다. 외인론은 불교계 외부의 원인에서 촉발, 기인하였다는 것이고 내인론은 불교계 내부에서 원인이 제공되었다는 것이다. 외인론은 당시 국가권력을 장악하고 있던 신군부가 정치권력의 장악을 위한 불교 탄압을 지칭하는 것이고, 내인론은 불교내부의 분규, 부패로 인하여 국가권력이 개입되었음을 말하는[6] 것이다. 이렇듯 외

---

5) 10 · 27법난에 대한 관련 글은 다음과 같다.
　진　욱, 「불교정화의 흐름과 10 · 27법난」, 『승가』 3, 1986.
　김동현, 「10 · 27법난의 민족사적 의미」, 『해인』 68, 1987.
　진　상, 「10 · 27법난과 승가의 역사의식, 사회의식 발전과정」, 『해인』 68, 1987.
　_____, 「10 · 27법난과 80년대 민중불교운동의 평가와 전망」, 『월간 법회』(1987.10).
　유웅오, 『10 · 27법난의 진실』, 화남, 2005.
　서동석, 「1980년 가을, 한국불교에 무슨 일이 있었나」, 『10 · 27법난의 진실과 증언』, 10 · 27법난 진상규명 및 명예회복추진위원회, 2007.
　연기영, 「10 · 27법난의 진상 규명과 법적 과제」, 『10 · 27법난의 진실과 증언』, 10 · 27법난 진상규명 및 명예회복추진위원회, 2007.
　유승무, 「10 · 27법난의 정치 사회적 배경과 국가폭력의 정당성 문제」, 『10 · 27법난의 진실과 증언』, 10 · 27법난 진상규명 및 명예회복추진위원회, 2007.
　김광식, 「10 · 27법난의 발생 배경과 불교의 과제」, 『불교평론』 44, 2010.
　_____, 「10 · 27법난의 역사적 교훈과 사회적 과제」, 『정토학연구』 14, 2010.
　유승무, 「10 · 27법난의 복기(復棋)」, 『10 · 27법난 피해자의 명예회복 방안 세미나 자료집』, 10 · 27법난 피해자 명예회복심의위원회, 2011.
　박용규, 「10 · 27법난에 대한 피해조사 및 명예회복 방안」, 『10 · 27법난 피해자의 명예회복 방안 세미나자료집』, 10 · 27법난 피해자 명예회복심의위원회, 2011.
6) 내인론을 제기한 당사자는 신군부와 휴암이 대표적 승려이다. 신군부가 법난을 시도하면서 발표한 성명서에서 그를 찾을 수 있다. 휴암은 「승가의 양심과 불교탄압의 문제」라는 팜플리트에서 그 주장을 하였는데, 그는 자신의 저서인 『한국불교의 새얼굴』, 대원정사, 1987에서 그를 더욱 논리적으로 피력하였다.

인론과 내인론이 대응하였지만, 불교계 내부에서는 외인론을 주로 수용하였다. 그러면 이제부터 외인론에 의거하여 그 주요 내용을 제시한다.[7]

주지하는 바와 같이 외인론은 법난은 불교계(조계종단)의 외부에서 시작되어, 외부의 필요성에 의해, 외부의 공권력이 개입하여, 국가권력(신군부)이 자행한 탄압, 만행, 사건이라는 것이다. 이 같은 외인론은 법난의 진상 규명을 줄기차게 주장하였던 10 · 27법난 진상규명추진위원회의[8] 인식에서 살필 수 있다. 법난 관련의 대표적인 단체인 추진위원회가 1988년 11월 22일에 발표한 「성명서」에는 외인론의 초점이 나오는 바, 「성명서」의 일부 내용을 제시하면 다음과 같다.

> ― 10 · 27法難은 군사정권이 불교의 자율성을 억압하고 자주의식을 말살하여 불교교단을 군사정권에 예속시키려는 의도에서 자행한 반민주적 만행이다.
> ― 10 · 27法難은 "全斗煥 將軍 대통령 추대 지지성명" 거부에 대한 폭력 보복이었다.
> ― 10 · 27法難은 정통성 없는 군사정권이 정권 정통성 시비에 그들의 궁색한 입장을 호도하기 위하여 자행한 국민 사기극이었다.
> ― 10 · 27法難은 부도덕한 군사정권이 그들의 도덕성을 가장하기 위하여 마치 불교계에 부정 축재재산이 많은 것처럼 과다선전하고 명분없는 국고 환수를 표방한 것이다.[9]

이 성명서에 나오는 반민주적 만행, 폭력 보복, 국민사기극이란 표현은 불교계 외부의 군사정권이 자행한 것으로 그 자체가 불교계로서는 법

---

7) 김광식 「10 · 27법난의 발생 배경과 불교의 과제」, 『불교평론』 44, 2010, 244∼254쪽.
8) 1988년 11월 16일에 발족한 이 단체는 10 · 27법난의 대표적인 단체이다. 추진위원회의 위원은 윤월하, 김서운, 송월주, 유월탄, 이혜성이었다.
9) 『10 · 27법난의 진실과 증언 1』(자료집 1권으로 약칭), 대한불교조계종 10 · 27법난 진상규명 및 명예회복추진위원회, 2007, 444∼447쪽.

난이었음을 말하는 것이다. 이런 논리는 불교계 내부의 승려, 단체 등에 수용되었다. 그 실례로 2005년 7월 4일에 결성된 10·27법난 불교대책위원회의 「성명서 − 10·27 불교 법난 진상 규명을 촉구한다」의 내용은 그를 단적으로 대변한다.

> 1980년 10월 27일 새벽 전국 사찰 3천여 곳을 급습하여 이유도 없이 수많은 스님들을 강제로 연행했습니다. 국가와 민족을 지켜야 할 군인들이 본분을 망각한 채 권력투쟁을 일삼고 성스러운 사찰을 급습하고 스님들을 연행, 고문하여 삼청교육대로 보냈다는 것은 역사 이래로 초유의 일입니다. 이것을 불교계에서는 '10·27법난'이라고 합니다. '법난(法難)'이란 외부의 세력, 또는 무력에 의하여 불교가 박해를 받았다는 뜻입니다. 여러 종교 중에서도 유독 불교계만 박해를 당한 것입니다.[10]

이렇게 대책위원회가 밝힌 성명서에는 10·27법난은 외부의 세력, 외부의 무력에 의하여 박해, 탄압을 받은 것으로 규정되었다. 법난에 대한 인식은 대책위원회의 행사 문건인, 「정부 당국에게 보내는 글」에서도 분명하게 나온다.[11] 이 같은 법난의 원인, 개념에 대한 불교계 내부의 인식이 보편화되고, 정부의 인식이 변화된 시점은 최근이다.

1980년 법난이 발생할 때 신군부(정부)와 조계종 정화 중흥회의에서는 '불교정화'라고 하였다. 1989년 국방부 발표에서도 '불교 수사'라고 표현되었는데, 이는 법난은 불가피하게 일어났으며 정당한 국가권력의 행사라는 것을 의미한다. 이런 현실인식에서 2007년 국방부가 펴낸 결과 보고서를 보면 상당한 변화를 느낄 수 있다. 즉 2007년 10월 25일, 국방부 과거사 진상규명위원회에서는 법난에 대한 조사를 하고, 그를 정리

---

10) 『자료집』 1권, 493쪽.
11) 위의 자료, 499쪽. 법난은 불교계 외부에서 시작된 만행, 폭력사태라는 이해가 지난 25년여 간 불교계 내부의 지배적인 인식이었다.

한 책자인 「10 · 27법난 사건 국방부 조사 결과 보고서」를 펴냈다. 이 보고서는 10 · 27법난을 다음과 같이 규정하였다.

> 10 · 27법난은 1980년 10월 27일 계엄사 합수단이 주축이 되어 불교계를 정화한다는 명분으로 특정한 종단(조계종)에 사법적 잣대를 무리하게 적용함으로써 발생한 국가권력 남용의 대표적 사건이다.[12]

위의 보고서에 나오는 법난의 내용, 동기, 개념은 애매한 측면이 없지 않다. 그러나 과거의 정부, 국가권력의 인식이 변화한 것은 분명하다. 여기에서 주목할 대목은 합수단으로 대표되는 공권력의 행동이 부적절하였고, 국가권력 남용의 대표적 사건으로 규정한 점이다. 결과적으로 법난의 외인론이 수용된 것인데 이는 법난 이후 30여 년간 불교계가 국가권력에 저항, 대립각을 세운 것과 무관할 수 없다.

이와 같은 관점, 즉 법난의 원인 및 배경을 외인론에 입각하여 당시 자료를 보면 일련의 기획, 의도를 엿볼 수 있다.[13] 즉 당시 국가권력(신군부 정권)이 법난을 우연적으로 일으킨 것이 아님을 보여준다. 이를테면 일정한 기획에 의해서 나온 것으로 볼 수 있다. 지금껏 정부와 수사 참여자들은 법난이 졸속으로 처리되었음을 수긍하면서, 나아가서는 그렇게 졸속이었기에 법난에 대한 뚜렷한 의도, 기획에 의해서 나온 것이 아님을 강조하였다. 그러나 일반적으로 국가권력 및 공권력은 권력과 무력을 간단하게 집행하지 않는다. 일정한 목적, 목표, 집행방법, 효과 등을 철저하게 기획한 연후에 추진하는 것이 상식이다.

어찌 되었든, 10 · 27법난은 국가권력이 주도한 것은 분명하다. 그러나 법난 직후 불교계 내부에서는 국가권력의 부당성을 강력하게 지적하

---

12) 위의 자료, 516쪽.
13) 위의 김광식 논고, 「10 · 27법난의 발생 배경과 불교의 과제」, 248~250쪽.

지 못하였다. 법난의 문제점을 즉각적으로 최초의 비판 성명서를 낸 것은 대학생불교연합회이었다. 대불련은 1980년 11월 22일, 불법은 세간법에 종속될 수 없다고 전제하면서 정치권력의 불교내의 문제 개입을 강력 비판하였다.[14] 그러면서 10ㆍ27법난에 대한 진상 규명을 위한 자료 수집, 비판 등을 통해 문제의식을 키워갔다. 법난에 대한 규탄대회, 자료집 발간 등을 통해 문제를 본격적으로 제기한 시점은 1984~1985년이었다. 1984년 10월 27일, 조계사에서 150여 명의 승려, 재가자들이 모여 법난에 대한 규탄대회를 가졌다. 그리고 1985년 10월 25~27일, 동국대 불교도연합과 대학생불교연합회는 법난 자료집을 발간하면서 법난 규탄 및 범불교도대회를 개최하였다.[15] 여기에서 유의할 것은 법난의 문제점을 지적하고, 법난이 국가권력에 의해 자행된 것이라는 것을 환기한 주체는 청년승려와 대학생 불교 신자들이었던 것이다. 즉 1985년까지도 법난에 대한 자각, 문제의식을 한 주체는 종단 주류의 승려가 아니라는 것이다. 법난의 피해 당사자와 종단 주체가 문제를 제기한 것은 1980년대 후반이었다. 이로써 법난의 자각, 불교의 역사의식 환기를 통해 불교의 모순, 문제점을 인식한 주체는 소수의 학승과 대학생불교연합회임을 알 수 있다. 요컨대 1980년대 전반기에서 법난을 통한 불교 실천운동, 개혁운동에 나선 종단내의 주역은 청년 승려이었다.

한편 이런 움직임은 법난을 통해 자각한 청년승려들이 승단, 불교의 개혁을 위한 행보에 나선 구도에서 나왔다. 1981년 7월 11~16일, 중앙 승가대에서 전국 학인들이 연합하여 全國靑年僧伽六和大會를 열었다.

---

14) 그 성명에 나선 대학별 불교학생회는 이대, 홍익대, 서울대, 한양대, 홍익공전, 건국대, 서강대, 동국대, 숙명여대, 성균관대, 국립의료원 등이다.
15) 조환기, 「10ㆍ27법난 명예회복 운동사」, 『10ㆍ27법난은 우리에게 무엇을 말하고 있는가 ; 법난 명예회복을 위한 학술심포지움 자료집』, 조계종 총무원ㆍ법난 명예회복 심의위원회, 2009, 110쪽.

그리고 1982년 6월, 전국 강원의 학인 500여 명은 전국학인연맹을 발족시켰다. 학인들은 정법구현을 통해 중생구제에 나선다는 실천적인 행보를 결정하였다. 이 무렵 전국법사단이 결성되었는데, 이를 통해 청년승려와 대학생 불자가 결속되었다. 1983년 7월 17일, 범어사에서 출가와 재가의 결속하에서 청년불교도연합대회가 개최되고, 청년불교도연합이 결성되었다. 대회에서는 출가재가의 결속, 불교개혁, 민족종교 계승, 불국정토의 건설 등의 목표가 표방되었다. 대회의 주체들은 「청년불교도 백서」를 발표하고 새로운 승단, 교단의 건설에 나섰다.[16] 그러나 청년불교도연합은 1983년 8월 16일에 일어난 이른바 신흥사 승려 살인 사건으로 촉발된 종단 사태의 해결에 적극 나섰다. 그 결과, 청년승려들은 종단 집행부가 퇴진하고 새롭게 등장한 비상종단의 주역으로 나서,[17] 다양한 불교개혁을 추진하였으나 역량의 한계로[18] 8개월 만에 퇴진하였다.[19]

이와 같은 1980년대 전반기 학승, 청년승려, 대학생불교연합회 소속 학생들이 불교개혁, 승단개혁을 나선 그 저변에는 10·27법난을 통한 성찰, 자각이 있었다. 이러한 자각의식, 저항의식, 역사의식에는[20] 결과적으로 국가권력에 대한 재인식, 불교와 국가권력과의 관계 재설정이라는 기제가 깔려 있었다. 불교계의 이 같은 흐름은 1980년 5월, 광주 민주화 운동을 통해 나타난 일반 사회에서의 자각, 저항의 움직임과 무관할 수

---

16) 「통합종단에서 개혁종단까지 77, 깨어나는 불자들 – 청년불교도연합 중(中)」, 『불교신문』 2011.11.5.
17) 그 저변, 배후에는 여익구와 정승석이 실무를 보던 불교사회연구소가 있었다.
18) 비상종단의 퇴진에도 국가 정보기관과 언론의 영향이 있었다고 한다. 이는 청년승려들의 진보적인 노선에 대한 문제 제기이다. 이에 대한 증언은 있지만, 구체적인 문헌 증거는 애매하다. 「통합종단에서 개혁종단까지 78, 깨어나는 불자들, – 비상종단과 개혁조치들 하(下)」, 『불교신문』 2011.11.12.
19) 김광식, 「교단개혁운동의 명암」, 『근현대불교의 재조명』, 민족사, 2000, 354~356쪽. 박부영, 「비상종단 : 전면적 개혁, 그러나 이루지 못한 꿈」, 『불교평론』 50, 2012.
20) 진상, 「10·27법난과 승가의 역사의식, 사회의식 발전과정」, 『해인』 68, 1987.

없다.[21] 이 같은 움직임에는 당시 종단 집행부, 불교계 지도자층의 보수 노선, 현실의식 박약 등을 비판하였던 불교계 재야세력의 정황이 개재되어 있었다. 그러나 1980년대 전반기 불교계에서의 움직임에는 국가권력에 대한 저항, 울분이 깔려 있었지만 그 대응의식, 논리는 아직 확연하게 나타나지 않았다.

3. 민중불교론에서의 국가권력

1980년대 불교의 자각, 변혁, 개혁이라는 일련의 흐름을 추동한 이념에는 민중불교론이 자리잡고 있었다. 민중불교론에 대한 정리는 1980년대 후반 민중불교의 제반 문제를 개괄적으로 분석하면서 일단락되었다.[22] 그러나 민중불교에 대해서는 추후 다각적인 연구가 요청된다. 여기에서는 1980년대 불교계에서 국가권력에 대한 대응, 저항의식과 관련된 것만을 정리한다.

민중불교론이 언제, 어떤 과정을 거쳐 불교계에 널리 퍼져 나갔는지가 우선 검토되어야 하지만, 이 문제도 간단하지 않다. 민중불교의 개념이 불교계에 수용된 것은 일반 사회에서 1970년대 전반기 민중에 대한 관심이 고조된 것, 그리고 해방신학이 수용되었던 것과 무관하지 않다. 재가불자로서 민주화운동에 관여한 일단의 인사들이 1975년 개운사에서 스터디 모임을 가졌다.[23] 그들은 민중불교에 관심을 가진 고은, 황석영,

---

21) 이에 대한 제반 내용, 성격 등에 대한 연구가 요청된다.
22) 『민중불교의 탐구』, 민족사, 1989가 참고된다. 1988년 『불교신문』에 민중불교론이 연재되었다. 그리고 1989년 교수불자연합회에서 민중불교 어떻게 볼 것인가라는 주제로 세미나를 개최하였다. 이때에 발표된 것이 책으로 출간되었으며, 1990년 10월부터 1991년 3월까지 『대승불교』 지면에서 민중불교 논쟁이 전개되었다.
23) 그 스터디 모임은 '민중불교회'라고도 불린다. 「남기고 싶은 이야기 : 유신독재에 맞

여익구, 고준환, 최연, 전재성 등이었는데, 이들이 당시 개운사 대원암에 주석하였던 탄허에게 불교사상을 배운 것을 그 계기로 볼 수 있다.[24] 이들은 어용불교, 호국불교에 대한 대항 개념으로 민중불교를 고민하였다. 대원암 그룹의 일원이었던 전재성은 대학생불교연합회의 회장이었는데 자신이 생각하는 「민중불교론」을 1976년 대불련 대회(전주 송광사)에서 발표하였다.[25] 그는 곧 이어 대불련 대회에서 발표된 내용을 1977년 『대화』지에 게재하였다.

한편 민중불교론의 파급은 일반 사회 운동권에서의 현장준비론과 연관하여 살펴볼 수 있다. 이런 배경과 관련하여 1979년 12월 25일 법련사의 불교학생 모임이 주목된다. 이 모임에는 서울대, 동국대, 조계사 등의 불교학생회 학생들이 참가하였다. 여기에서 사찰을 근거지로 하는 새로운 불교운동이 논의되었는데, 이 운동을 민중불교론의 구체적 전개로 볼 수 있다.[26] 여기에서 촉발된 불교개혁의 논의는 법련사, 칠보사, 묘각사, 개운사 등에서 전개된 노동운동, 야학운동으로 나타났다. 이 같은 움직임은 사원화 운동으로 불리웠는데,[27] 운동의 주체는 대학별 불교학생회

섰던 '민중불교회'」, 『불교신문』 2009.4.14. 서동석은 이 연구회는 대불련 지도부가 중심이 된 불교 사회화를 위한 연구 모임이 범위를 넓혀간 산물이라고, 김광하(연세대, 불교학생회)의 증언을 근거로 서술했다.

24) 「'80년대 이후 민중불교운동」, 『민중불교』 13호; 김광식, 『우리가 살아온 한국불교 백년』, 민족사, 2000, 157쪽. 당시 여익구, 최연, 전재성은 경찰에 구속되었고 여타 인물은 참고인 조사를 받았다.

25) 대회 명칭은 '민중불교 실천을 위한 전진대회'였다. 대회에서 민중불교론이 발표되자 대회 주최측에서 내분이 일어났다.

26) 조성열, 「현대 한국의 실천불교 : 운동과 이념」, 『실천불교의 이념과 역사』, 행원, 2002, 430쪽.

_____, 『한국 민중불교의 전개과정』, 『승가』 5호, 중앙승가대, 1988, 196쪽.

27) 김종찬, 「민중불교운동의 전개과정」, 『민중불교의 탐구』, 민족사, 181~183쪽. 1981년 12월, 불교야학연합회 사건으로 3명(법우, 최연, 신상진)이 구속되고 전국적으로 회원 200여 명이 연행 조사를 받았다.

와 청년승려이었다. 사원화운동은 민중불교론에 의거하여 민중사원의 건설을 추진하되, 그를 위한 불교야학과 근로자 포교가 실천방안으로 표방되었다. 이 같은 사원화운동은 전국적으로 전개되다가, 공권력이 불교 사회주의라고 단정하여 운동 초기에 탄압을 하였다. 당시 그 학생들은 이론학습, 사회적 실천을 전개하면서도 사회 민주화운동에 강한 의식을 갖고 있었다.

1980년대 초반, 대불련에서도 점차 민중불교가 이념으로 수용되어 갔다.28) 1982년부터 민중불교론을 복구시키면서29) 민중불교의 학습, 대중화를 전개하였다. 요컨대 대불련은 1980년대 전반기에 가서는 청년승려들과 결합되고, 1985년 민중불교운동연합이 출범할 때에 참여하였다. 1980년 이전의 민중불교론에서는 10·27법난이 발발하기 이전이어서 사회의 민주화에 대한 고민과 실천적인 불교운동에 주력하였다. 그러나 1980년 광주항쟁 및 10·27법난을 지켜보면서 정부, 국가권력의 불교정책을 비판하였다. 10·27법난은 불교계 구성원들이 공감할 수 있는 문제이면서, 법난에서 야기된 불교탄압은 불교개혁을 고민하던 모든 불교인들의 초점이 되기에 충분하였다. 민중불교가 파급될 무렵 실천불교론이 제기되기도 하였는데,30) 『실천불교』라는 무크지가31) 나온 것은 그 예증

---

28) 대불련의 민중불교 수용, 전개는 별도로 고찰할 중요한 과제이다. 대불련의 그 중심에는 연구조사국이라는 조직체가 있었고 지도 인물로는 여익구와 최연이 있다. 이들은 대불련 사무총장을 하였고, 민불련을 창립한 주역이다. 대불련에서의 민중불교 이념의 결집은 1985년『민중불교운동 세미나』라는 자료집에서 이루어졌다.

29) 1970년대 후반의 대불련 전국대회인 화랑대회를 비판하고, 민족과 민중의 결합을 통해 대회 명칭도 한국불교 1600년 대회라고 개명하였다. 그러나 점차 민족에서 민중으로 이동해 나갔다.

30) 1982년 승가대에서 육화대회 직후 열린 제1회 불교기초 교육학교 교재에는 실천불교 강령이 나온다. 요컨대 이 당시에는 실천불교라는 이념을 모색한 것이다. 그는 부처님 가르침의 자기화, 화합정신의 생활화, 부처님 가르침의 대중화·사회화·민족화·인류화이다.

31) 1984년 후반에 나왔는데, 필자는 3집(1985.10)까지는 확인했다. 주간, 책임편집은

이다. 민중불교론이 종단내에 유입된 것은 1983~1984년의 비상종단 당시이었다. 민중불교에 영향을 받은 승려들에 의해서 불교개혁이 검토 되었으나 비상종단 내부에서 출가승과 재가자들의 분열, 보수승려들의 배척으로 착근되지는 못하였다.

이런 배경하에서 1984년 11월부터 불교사회문화연구소,[32] 대불련,[33] 한국청년승가회[34] 출신들이[35] 새로운 불교운동을 모색하였다.[36] 마침 내 1985년 5월 4일, 재가불자와 청년승려 200여 명이 참여한 가운데 민 중불교운동연합이 창립되었다. 민중불교운동연합은 출범에 즈음하여 밝힌 발기 취지문에서 박정희 정권의 불교정책과 10·27법난을 비판하 면서

> 군부 쿠데타로 집권한 박정권의 일제 식민지 정책을 방불케 하는 불교
> 재산관리법, 공원법 등 제 악법의 제정과 이에 따른 어용화, 이권을 둘러
> 싼 종권다툼 그리고 조선조 억불정책하에서도 유래가 없던 1600여 년 한

진관이었다. 『실천불교』에는 "불교를 새롭게, 중생을 새롭게" 혹은 "불교여! 민중의 뜻으로"라는 표제어가 나왔다.

32) 이 연구소는 조계종 불교정화기념관내에 있었고 초대 소장은 한상범이었는데, 여 익구는 이 연구소에 관여했다. 그 후 소장을 여익구가 맡아 불교사회문화연구원으 로 전환시키고 사무실도 종로구 인사동 오성빌딩 601호로 이전했다. 여기에서 『불 교와 사회』라는 회보지를 3호까지 발간했다.

33) 대불련 사무총장을 맡은 최연, 이희선을 비롯하여 상당수 인물이 있었다. 최연은 76 년 대불련 회장을 역임하고 여래사 야학 교감, 문화총림 여래사 운영위원, 『청년 여 래』 발행인 등을 역임했다.

34) 청년승가회가 언제 발족되었는지는 확인 요청된다. 이 승가회는 1986년 4월 30일, 불교 내 자기 반성의 일환 제1단계 작업으로 『한국불교 종단조직 실태 조사 보고서』 를 발간했다.

35) 청년승가를 대표하는 성문이 민족불교연구소를 만들었는데, 이 연구소에는 도수, 돈연, 여연, 원혜, 현담, 현기, 현응 등이 있었다고 한다. 이 연구소의 청년승려들이 민중불교운동연합에 가담하고, 9·7해인사 승려대회를 조직하였다고 서동석은 주 장한다. 「남기고 싶은 이야기 ; 청년승가·재가, 승가개혁 나서」, 『불교신문』 2009.4.21.

36) 서동석, 「불교사회운동의 갈무리와 터 닦기」, 『불교평론』 창간호, 1999.

국불교 사상 초유의 10 · 27법난 등 한국불교는 끊임없이 정략적인 이용
물로 유린되어 왔다. 이러한 과정속에서 한국불교는 자기 존립의 몸부림
에 지쳐 민중의 고통스런 현실에 동참할 기회를 갖지 못했다.[37)

진정한 사부대중이 함께 하는 민중불교운동의 정신을 구현하자고 강조하
였다. 이 발기 취지문에는 10 · 27법난에 대한 비판의식이 분명하게 나온
다. 민중불교운동연합은 강령을 다음과 같이 표방하였다.

> – 우리는 민중의 참된 자유와 진정한 평등이 보장되는 불국정토를
>   건설한다.
> – 우리는 민족의 의지를 결집하여 자주적 평화통일을 달성한다.
> – 우리는 불타의 정법을 수호하여 주체적인 민중불교를 확립한다.

라고 하면서, 즉, 민중불교 중심의 불교운동을 지향하였다. 그러면서도
민중불교운동연합은 그 출발의 인식을 민중에 기반을 둔 민주화, 민족통
일이라고 강조하고 기존 승단, 보수적 승려들의 행태와 노선을 강력하게
비판하였다.

> 따라서 민중불교운동연합은 초종단적인 사부대중의 힘의 결집체로서
> 관제불교, 산속불교, 귀족불교를 배격하고 불교의 민중화를 이룩할 것이
> 다. 본 연합은 부처님을 생생한 삶의 현장으로, 거리로, 낮은 곳으로 모시
> 는 운동이며 민중의 삶에 동참하는 운동이다.[38)

그러면서 불교의 민중화로 나설 것을 천명하였다. 이런 노선을 밝힌 민
중불교운동연합은 우선 민중을 고통 속에서 해방시킬 수 있는 구체적인

---

37) 민중불교운동기념사업회, 『민중불교』 불기 2539년, 467쪽. 이 책자는 민중불교운
   동연합 창립 10주년을 기해 펴낸 자료집이다.
38) 위의 책, 475쪽.

불교세력을 결집하여 자주적이고 민주적인 불교를 건설하겠다고 다짐하였다. 그런데 이렇듯 불교에 대한 탄압정책을 극복하면서 불교 내부의 문제 즉 불교계의 자주화와 민주화를 달성하기 위해서는 국가권력에 대한 투쟁을 당연시하게 보았다.

> 민중불교운동은 민불련을 중심으로 청년승려, 청년학생을 그 주위에 결집시켜 나아가며 불교 현안 문제를 둘러싼 반불교적인 탄압세력과 비타협적인 과감한 투쟁을 전개함으로써 불교종단이나 일반 신도단체, 청년단체 속에 대중적 기반을 확충하고 불교 문제의 정치적 성격을 폭로시킴으로써 이들 동조세력을 보다 견고한 민중불교의 물적 기반으로 굳혀 나간다.[39]

이와 같이 반불교적인 탄압세력과 비타협적인 투쟁의 전개는 중요한 노선이었다. 그 단적인 실례는 10 · 27법난에 대한 인식에서 극명하게 나온다. 법난을 불교 말살을 위한 고도의 대중 조작정치의 산물로 보면서 법난을 극복하는 것이 불교 재생의 마지막 길이라고 주장하였다.

> 10 · 27법난이 단순히 우리에게만 주어지는 아픔이 아니라 바로 전민족의 쓰린 아픔으로 자각되어야 할 것이고, 그것은 민주주의 열망, 민족해방의 열망에 대한 악랄한 탄압이었음을 명심하여야 한다. 그 길만이 오늘의 한국불교가 성성히 이 땅에 뿌리를 내리고 재생할 수 있는 마지막 길이다.[40]

그런데 민중불교운동연합의 이념에는 사회주의 노선이 일부 개재되어 있었다. 그를 보여주는 것으로 민중불교운동연합이 해결할 당면 과제를 적시하는 내부 문건에 다음과 같이 나온다.

---

39) 위의 책, 「민불련의 운동방향과 과제」, 『민중불교』 창간호, 22쪽.
40) 위의 책, 「10 · 27법란의 총체적 파악을 위하여 ; 당시의 불교상황과 전망」, 79쪽.

운동의 근거를 변증법적 유물론이라는 과학적 세계관에 입각한 철학 체계 내에서 도출하고자 노력했던 분야조차 정확한 인식 부족으로 올바르게 수립하지 못했다.[41]

민중불교운동연합의 현실인식, 노선 등에서 이 같은 변증법적 유물론이 개재되었다는 것은 사회주의 노선과 계급관이 자리잡고 있음을 의미한다.[42] 이런 세계관에 입각하여 당면의 목표를 '반제 반파쇼 민족민주혁명'으로 내걸고, '불교의 민중화를 위한 민주적 개혁'으로[43] 나가야 한다고 검토한 것은 민중불교운동연합이 단순히 불교 내적인 운동에 머물 수 없음을 말해주는 것이다. 이런 노선에서 투쟁과 폭력성을 크게 문제시 하지 않았다.

이와 같은 민중불교운동연합의 태동, 활동은 불교계에 큰 영향을 미쳤다. 민불련이 출범하기 시작한 1985년부터 불교계 내부에서 이념 갈등이 본격화되었던 것은 그를 말해준다. 그리하여 이후의 불교계 혁신, 개혁운동 노선은 직접, 간접으로 민중불교론과 관련을 맺었다. 예컨대 1986년 6월 5일에 창립한 정토구현전국승가회의 부의장으로 활동한 진관이 민중불교운동연합의 부의장이었음도 참고할 점이다. 그리고 민중불교운동연합은 정토구현전국승가회가 출범하자 적극적인 지지를 보낸[44] 것도 간과할 수 없는 내용이다.

그런데 민중불교운동연합은 1980년대 불교계 각종 단체에서 자각, 저항의식을 키워가던 학승, 대학생 불자들의 동참으로 그 기반을 삼았다. 그 중심에는 재가불자 지식인들이[45] 있었지만, 민불련 지도부에 있었던

---

41) 위의 책, 349쪽.
42) 홍사성, 「민중불교운동의 평가와 전망」, 『민중불교의 탐구』, 민족사, 1993, 120~125쪽.
43) 이 슬로건은 1988년 4월 『민중불교』 9호에서부터 상징적으로 게재하였다. 『민중불교』 1호(1987.2.25)부터는 불교의 자주화, 사회의 민주화, 민족의 자주화이었다.
44) 「불교정토구현 전국승가회 발족에 부쳐」, 『민중법당』 4호.

여익구(떡정), 진관, 현기 등 불교계 인사들의 역할이 주요 역할을 하였다. 여익구는 월정사 승려 출신으로 환속후에는 대불련 사무총장을 하면서 대불련 의식화를 주도하였다. 그리고 대불련 지도법사단을 매개로 대학생 불자와 승가대 학승들을 연결시켰다.[46] 진관은 동국대 출신이지만 승가대에서 소임을 보다가, 현기는 승가대 출신으로 승가대의 변혁운동을 주도하다가 가담하였다. 또한 승가대 학인들과 동국대 석림회 학인들은 공동으로 의식화 교육을 받았다. 이런 배경하에서 승가대, 동국대 학인들은 정토구현전국승가회에 가담하였다. 이와 같이 1980년대 전반기에는 승가대, 동국대, 대불련을 기본 축으로 하는 불교변혁운동의 저변이 구축되었다. 이를 기반으로 민중불교운동연합과 정토구현전국승가회가 출범, 활동할 수 있었다. 이들의 의식 저변에는 불교의 자주화, 사회의 민주화라는 이념이 굳건하게 자리잡게 되었다. 그러면서 불교운동에는 계급성, 투쟁성 그리고 사부대중이 함께 활동한다는 당위가 표방되었다.[47] 이와 같은 흐름속에서 민중불교론이 소장승려의 사회의식 각성, 종단 정치세력화의 계기를 추동한 것은[48] 분명하다.

이런 배경에서 10·27법난과 불교관련 법에 대한 불만이 보편화되고,[49] 그에서 비롯된 국가권력에 대한 저항성이 상식화되었던 것이다.

---

45) 그들은 용태영, 고은, 김지하, 김승균, 황석영, 장기표, 성성표, 백영기, 김만선, 서동석 등이다.

46) 위의 김종찬 논고, 185쪽. 김종찬은 이 법사단 출현에 큰 의미를 두었다. 법사단은 소장승려들의 임의기구이지만 법사단에는 비구, 비구니 50여 명에 달하였다고 했다.

47) 사부대중의 결속은 범어사 청년불교도연합대회의 회칙에 "출가와 재가의 결속속에 내일의 불교를 담당한다"고 표출된 것이 그를 상징한다. 그리고 민중불교운동연합도 사부대중 공동의 운동을 표방하였다. 그러나 1980~1994년까지 사부대중 결속, 공동운동의 표방이 보편화되었지만 비상종단, 94종단개혁 이후의 실제 전개과정에서 드러나듯이 승가와 재가의 결속은 현실적으로 불가능하였다. 「개혁회의 참여배제에 재가 '속앓이'」, 『주간불교』 1994.4.26; 「종헌종법 개정 청원 – 재가연합, 재가 불자 책임 권리 규정 요구」, 『주간불교』 1994.9.9.

48) 유승무, 「현대 한국불교 개혁운동의 흐름과 그 특징」, 『불교평론』 4, 2000.

이런 토양, 배경하에서 9 · 7해인사 승려대회가 개최되었다.

4. 9 · 7해인사 승려대회에 나타난 국가권력

1980년대 중반, 불교계에서 국가권력에 대한 비판, 대안 논리가 확연하게 표출된 공간은 1986년 9월 7일 해인사에서 열린 승려대회이었다.[50] 이 대회는 1980년대 불교계 운동, 즉 불교개혁, 불교내부의 주체세력의 변동, 대정부 투쟁 등에서 역사적 의미가 깊다. 여기에서는 국가권력에 대한 대응의식, 대응논리에 초점을 맞추어 그 내용을 추출하고자한다. 우선 당시 조계종단의 기관지인 『불교신문』이 대회를 보도한 내용을 제시한다.

> 불교관계법 철폐 및 전면 개정을 위한 대규모 전국승려대회가 지난 7일 오후 2시 해인사에서 열렸다. 총무원장 義玄스님과 종단의 원로 중진 등 전국에서 모인 2,000명의 스님들이 해인사 경내를 가득 메운 가운데 열린 이날 대회에서 스님들은 결의문을 통해 ▶ 불교관계 악법 즉각 철폐 ▶ 실질적 경승제 내규 제정 ▶ 사원의 관광유원지화 중지 ▶ 性然스님 즉각 석방 ▶ 부천경찰서 사건 진상규명 ▶ 교과서 왜곡과 편파성 중지 ▶ 언론의 편파 歪曲보도 중지 ▶ 민족 경제 침탈하는 수입 개방 중지 ▶ 10 · 27법난을 책임지고 해명할 것 등 10개항을 요구했다.
> 혜암스님(해인사 부방장)의 법어로 시작된 대회는 개회사 경과보고 불교탄압 실태 보고 순으로 2시간 동안 진행되었다. 월주스님(집행위원장)은 개회사에서 승려대회 성격을 '단순히 불교관계법 개폐를 위한 것이 아니라 넓게는 이 땅의 진정한 민주화와 민족의 정통성 회복을 위한 자

---

49) 차차석, 「1960년대부터 1980년대까지의 불교 차별과 배경」, 『불교와 국가권력, 갈등과 상생』, 조계종출판사, 2010.
50) 「특집 : 해인결사」, 『大圓』 47호(1986.10).

리'라고 전제하고 '우리는 종단의 창의력에 바탕을 둔 자주 자율적인 불교발전에 저해되는 비민주적 제 법령을 철폐 또는 전면 개정 해야할 뿐만 아니라 자기 수행에만 치우친 소승적 의식에서 탈피하여 대승적인 동체 대비로 중생구제에 노력해야할 것'이라고 밝혔다.[51]

이 보도기사에 의하면 조계종단의 2천여 명의 승려가 모여 대정부 투쟁적인 성격이 농후한 10개항을 요구하였다. 대회에서는 선언문 낭독, 국민에게 드리는 글 낭독, 발원문 낭독, 10개항의 결의문 채택, 해인사 경내 및 입구에서 행진을 하고 '불교탄압 공동 대책위원회'를 결성하였다. 그런데 대회에 모인 승려들은 1980년대 전반기의 승단 및 불교의 개혁을 추진한 소장파 승려, 학승, 청년승려들만이 아니었다. 그 대회에는 종단 총무원장, 원로 중진 등도 참여하였다.[52] 이렇듯이 해인사 승려 대회에서 중견승려, 청년승려, 학승 등이 불교계의 목소리를 구체적으로 제기하였다. 특히 대회에는 불참이 예상되었던 총무원장이 참석하여 10 · 27법난을 폭거로 규정하고, 호국불교의 개념을 "특정 정당이나 정권을 비호하는 것이 아닌 국민을 위한 개념으로 바꾸어야 한다"고 발언하였다.

여기에서 주목하고자 하는 것은 승려대회에서 나온 대정부 투쟁적인 주장이다. 이런 주장은 그 이전 불교계에서는 공개적으로 나오기 힘든 내용이었다. 즉 사회 문화적 불교탄압의 중지, 종단 분규 책동의 중지, 불교재산관리법 철폐, 불교관계 악법 전면 철폐, 실질적 경승제 즉각 실시, 사원의 관광 유원지화 중지, 성연스님 즉각 석방, 부천경찰서 사건 진상규명, 교과서 왜곡과 편파성 중지, 언론의 편파 왜곡보도 중지, 민족

---

51) 「불교관계법 開 · 廢 강력주장, 7일 해인사 전국승려대회 2천여 명 모여」, 『불교신문』 1986.9.17.
52) 그러나 2천여 명의 대다수는 20~30대 승려이었다. 중견 승려는 혜암, 법전, 일현, 월주, 초우, 월서, 종하, 지선, 각현 등이 보도에 나온다.

경제 침탈하는 수입 개방 중지, 10·27법난을 책임지고 해명할 것 등은 그간 불교계 불만이었지만 정부, 국가권력에 노골적으로 이의를 제기하기는 어려운 문제들이었다.[53] 이는 분명한 변혁, 쇄신적인 불교노선이었다. 1980년대 초반에는 불교 및 승단의 개혁을 위한 고뇌, 대안을 마련하는 정도이었는데 여기에서는 대정부투쟁이 노골적으로 구현되었던 것이다. 그러면 이런 전환은 어떤 의미를 갖는 것일까? 이를 살피기 위한 사례로 당시 승려대회의 주축이었던 정토구현승가회의 대회 지지 성명서의 일부 내용을 제시한다. 정토구현전국승가회는 이 성명서에서 당시 국가/정부의 종교자유를 억압하는 반민주적 불교관계 악법의 철폐, 민족종교를 고사시키려는 기독교 편향 정책에 항의하기 위해 대회에 동참한다고 개진하였다. 그리고 당시 국가권력을 독재권력이라고 전제하고, 정부는 민중들이 요구하는 민주화에 따를 것을 촉구하면서

　　뿐만 아니라 저들은(필자 주, 미국) 우리의 민주화 의지를 5·16에 이어 5·17 그리고 광주사태에 이르기까지 지속적으로 압살하고 독재권력을 계속 지원하여 왔으며 민족전통 종교의 자각으로 인한 불교의 민족적 세력화를 견제하고 있다. 따라서 우리는 이제 불교의 민주화·자주화를 위해서는 이 땅의 전체 민주화와 민족 자주화가 병행되지 않으면 안된다는 자각에 도달하였다.
　　우리 불교인은 민족적 현실과 불교적 현실이 결코 둘이 아님을 인식하고 이 땅의 민주화·자주화가 곧 불교의 민주화 자주화이며 반대로 불교의 민주화 자주화 노력이 곧 이 땅의 민주화·자주화에의 길임을 명심해야 한다.
　　오늘 우리 「불교정토구현전국승가회」는 불교 관계 악법 개폐와 기독

---

53) 당시 실천불교전국승가회에서는 「우리의 주장」에서 불교재산관리법의 철폐, 문화재보호법 철폐, 공원법 개정, 기타 불교관계 법령 개정, 기독교 편향정책 시정, 불교자주화로 민족자주화 달성, 불교민주화로 민족자주화 달성, 불재법 철폐로 민주헌법 쟁취 등을 주장하였다.

교 편향 정책의 철회를 통해 불교의 지주성을 획득하고 정법을 수호하려
는 뜻 깊은 전국승려대회를 거듭 적극 지지하는 바이다. 그리고 운동은
우리 사회 전체속에서 총체적 이해와 실천의 결합을 통해 지속적, 조직
적, 비타협적으로 실행되어야 함을 강조한다.[54]

라고 주장하였다. 이 성명서에는 불교의 민주화 · 자주화가 사회의 민주
화 · 자주화라는 인식을 확연하게 밝혔다. 이런 인식은 곧 불교와 사회가
둘이 아니라는 不二的 관념의 산물이다. 즉 해인사 대회는 불교의 자주
화, 사회의 민주화가 불교개혁의 이념으로 표출된 대회이었다. 다시 말
하자면 해인사 승려대회는 종래의 보수적이며 정권과 유착하였던 불교
현실의 비판을 통해 국가권력과의 관계를 재설정하려는 의식이 수반됨
을 의미하는 것이었다.[55]

이와 같은 해인사 승려대회의 의미는 전불교계로 퍼져 나갔다. 전국의
수많은 불교 단체들이 지지 성명을 냈다. 석림동문회, 전국신도회, 대한
불교청년회 등이 대회를 지지하였다. 그런데 대회 종료 후 서울 개운사
로 올라가던 중앙승가대 학인들은 버스에 부착된 정부투쟁의 의미를 담
은 '불교관계법 철폐'라는 현수막의 철거 문제로 인해 경찰과 충돌하여,
대치하였다.[56] 이런 양상은 그 이전에는 상상도 할 수 없는 대응이었다.
불교탄압공동대책위원회는 중앙승가대에서 8일간의 농성을 마치면서
'불교관계 악법 철폐운동 공동대책위원회'를 발족시키고 실천사항도[57]
결의했다. 이 대책위원회는 곧 이어 10 · 27법난 규탄 및 불교 자주화 쟁

54)『실천불교전국승가회 자료집 1 ; 한국현대불교운동사 上 - 정토 · 대승 편』, 실천불
    교전국승가회, 1996, 22~23쪽.
55)「社說, 불교의 自主性 회복, 9 · 7 해인사 전국 승려대회의 참뜻」,『불교신문』1986.9.17.
56)「통합종단에서 개혁종단까지80 - 9 · 7 해인사 승려대회 上 - 진행과정」,『불교신문』
    2011.12.17.
57) 그는 해인사 대회 결의사항의 관철을 위해 전국적으로 불교관계 악법 폐지 서명운동
    전개, 각 사찰마다 백일기도 전개, 악법 폐지 현수막을 전국 사암에 설치 등이다.

취 대회를 출재가 500여 명이 모인 가운데 봉은사에서[58] 개최하였다. 이와 같이 전개된 9 · 7해인사 승려대회의 의의는 당시 불교운동권에서 다음과 같이 정리되었다.

> 9 · 7해인사 전국승려대회는 2천여 스님의 참여라는 그 규모에 있어서나 불교 자주화 및 사회 민주화라는 그 선언적 의미에 있어서나 가히 획기적인 사건으로서 국내외적으로 엄청난 반향을 불러 일으켰을 뿐만 아니라 서울을 비롯한 여러 지방 도시, 심지어는 미국과 캐나다 등지에서까지 지지 시위가 잇따랐다. 승려대회 이튿날부터 일주일에 걸쳐 계속된 개운사 농성 및 시위를 마무리하면서 정식 발족한 「불교악법철폐공동투쟁위원회」는 그동안 방기되었던 불교 자주화 투쟁에 재개를 알리는 것이었다. 이어 10월 27일 봉은사에서의 「10 · 27법난 규탄 및 불교자주 쟁취대회」는 군사독재에 의한 불교탄압의 본질과 실상을 폭로하면서 불교운동의 당면투쟁을 대중투쟁으로 조직하려는 86년 불교운동의 성과물로서 표출된 것이었다.[59]

그러면 사회의 민주화, 불교 자주화의 이념이 개재되는 가운데 열린 해인사 승려대회는[60] 어떠한 승려들이 주동을 하였는가. 이는 본 고찰의 초점인 불교와 국가권력에 대한 상관성을 이해하기 위한 단서가 되기에 그 분석이 요청된다. 해인사 승려대회의 주도세력은 다섯 그룹으로 나누어 볼 수 있다.[61] 그는 해인사 소장파, 중앙승가대 학인, 동국대의

---

58) 본래 이 대회는 조계사에서 열린 예정이었으나 총무원에서 대회를 허락하지 않아서 봉은사로 변경되어 열렸다.

59) 「86년도 불교운동의 평가와 반성」, 『민중불교』 1호(1987.2).

60) 『신동아』는 1988년 1월호 별책부록 『현대한국을 뒤흔든 60대 사건』에서 이 승려대회를 현대 한국을 뒤흔든 60대 사건의 하나로 꼽았다. 홍사성, 「해인사대회와 불교계의 민주화운동」 참조.

61) 박부영은 『불교신문』에서 세 그룹(해인사, 중앙승가대, 동국대 석림회)으로 이해하였다. 「통합종단에서 개혁종단까지 80 − 9 · 7해인사 승려대회 下 − 주역들」, 『불교신문』 2011.12.24. 그러나 『월간 법회』 29호(1987.6), 「교계 시사논평 ; 力動하는 승가 − 불교

석림회, 정토구현전국승가회, 한국청년승가회의 민족불교연구소 등이
있었다. 먼저 해인사 소장파를 살펴보면 해인사 강원의 학승들은 10 · 27
법난 이후 등장한 지도법사가 되면서 해인사 인근의 학교의 불교학생회
에서 포교활동을 하면서 사회의식에 눈을 뜨게 되었다. 이들은 해인사
'법보'를 월간『해인』지로 전환시키면서, 그 지면에 자신들의 사회의식,
역사의식을 피력하였다. 그러면서 1983년의 청년불교도연합에 참여하
게 되었다. 또한 해인사 강원 학인들은 해인사가 국립공원이 된 것에 대
해 비판의식을 키워가면서 대회를 주최하였다.62) 그리고 중앙승가대 학
인들은 1981년 청년승가육화대회의 개최를 통해서 자각, 비판의식을 키
워 갔다. 승가대에서는 학인들의 중앙포교연구회가 사회의식 고양의 중
심 역할을 하였다.63) 그리고 서울지역의 재가 불교운동권과 접촉하면서
운동의 역량을 키워갔다. 동국대의 석림회는64) 1985년에 사회과학을
공부하는 팀을 구성하였다. 이 팀은 사회과학 계열의 재가 대학생들과
결합되어 학습하면서 사회의식, 비판의식을 키워가고 있었다. 한편, 정
토구현전국승가회는 사회의 민주화 운동에 추동을 받은 일단의 승려들
이 조직한 단체이다. 일반 사회에서 군사독재 퇴진, 민주헌법 쟁취를 주
장하였던 민주화의 열기는 1986년 5월 9일, 승려 152명의 시국성명으
로65) 나타났다. 그 성명에서 민족적 위기 극복을 위해 민주화의 조속한

정토구현전국승가회 창립 1주년을 맞아」93쪽에서는 민족불교연구소 역할이 컸으며
중앙승가대, 석림회도 독자적 활동에 치중하였다고 나온다. 한편 김종찬은 대회를
준비한 측, 대회 진행의 주도세력, 대회 이후 악법철폐 공동대책위원회의 세력들이
각기 달랐다고 개진하였다. 김종찬,「민중불교운동의 전개과정」,『민중불교의 탐구』,
민족사, 1993, 177쪽. 그리고 대회에는 총무원측도 종권 차원에서 가담하였다.

62) 이들은 후일 대승불교승가회를 결성하면서 민족불교론을 주장하고 대승불교운동
을 이끌었다.

63) 재학생인 원종, 진우, 그리고 민불련 창립 멤버인 성연, 도현 등이다. 이 조직은 승가
대의 포교연구부로 확대 재생산되었다.

64) 석림회는 동국대에 재학중인 승려들의 단체이다.

실현, 민중의 생존권과 인권의 존중, 민족문화의 전통은 새롭게 계승, 민족적 염원인 통일의 자유스런 논의가 주장되었다. 이런 추세에 힘입어 그해 6월 5일 지선, 청화, 진관 등의 주도로 정토구현전국승가회가 발족하였던 것이다. 이 승가회는 해인사 승려대회에서 민불련과 함께 대회 지지 성명서를 해인사에서 배포하였다. 그리고 한국청년승가회(회장, 송산)의 민족불교연구소(소장, 성문)의[66] 역할도 적지 않다고 당시 기록에[67] 나오나, 이에 대해서는 사료 발굴 및 객관적인 증언 채록이 요청된다.

마침내, 1986년 8월 이와 같은 다양한 세력의 주역이라고 볼 수 있는 현웅, 명진, 성문, 주영, 남현 등은 대구에서 모임을 갖고 대회 준비를 논의했다. 곧 이어서 남현이 발행하던 잡지인 『월간 법회』의 서울 사무실(혜화동)에서 실무 모임을[68] 열어, 대회의 최종적인 내용을 확정하였다. 이렇게 대회는 해인사, 동국대, 승가대, 통도사 등의 학인, 청년승려들의 조직적인 준비, 불교의 이념을 새롭게 정비하려는 의식, 국가에 대한 비판의식 등이 집약되어 전개되었다.

해인사 승려대회가 갖는 역사적 의미는 더욱 다양하게 분석되어야 하겠지만[69] 여기에서 분명하게 찾을 수 있는 것은 불교 노선의 이념을 정

65) 『민중불교』(민불련 창립 10주년 기념 자료집), 273쪽.
66) 한국청년승가회의 창립 선언문은 위의 『월간 법회』 6~7쪽에 나온다. 한국 불교의 모순을 실천적으로 극복하기 위해 창립되었음을 밝혔다. 그리고 민족불교의 전통을 계승 발전시키면서 현대 한국사회에 걸맞는 새로운 불교이념을 창출, 실천하겠다고 선언하였다.
67) 위의 『월간 법회』와 같음. 김종찬은 오녹원 총무원장의 자진 사퇴 후, 한국청년승가회가 불교 자주화운동으로 대회를 촉발케 하였다고 한다.
68) 그 당시 참가자는 성문, 원혜, 성연, 벽우, 목우, 장적, 현담, 현기, 법안, 원종, 진우 등이었다.
69) 진상은 9·7해인사 승려대회의 의의를 첫째, 불교관계 악법 철폐를 강력히 요구하여 그동안의 불교 자주화를 가로 막았던 제도적 굴레에 대한 자각을 한 것 둘째, 불교 자주화 운동과 사회 민주화 운동의 불가분의 관계를 인식했다는 것 셋째, 고립 분

비하였고, 그리고 국가권력에 대한 저항의식이[70] 확연하게 나타났다는 것이다. 그래서 이런 불교계 변화는 일반 사회에서의 민주화운동에 촉발받은 것이라고 볼 수 있다.[71] 필자는 1980년대 불교사에서 1986년 9 · 7 해인사 승려대회를 하나의 분수령이라고 보고자 한다. 이 대회 이후부터는 불교와 국가권력 사이에 대립이 노정되기 시작되었고 정부에 대한 비판적인 노선이 분명하게 나타났다. 그러나 그는 불교의 재야세력, 단체 등에 머물러 있었다. 아직도 불교계 및 종단 집행부 등의 주류 노선에는 예속적, 유화적인 흐름이 있었다.[72] 그러나 불교인들의 국가관에 대한 인식의 변화가 시작되었고, 그런 변화된 흐름을 이념으로 정비한 단체와 승려들이 존재하였다.

산적으로 자신의 안위만을 걱정하던 사부대중에게 불교적 현실과 민족적 현실을 전파함으로써 힘의 결집을 유도했다고 평가하였다. 진상, 「9 · 7해인사 승려대회의 역사적 의의와 80년대 민중불교운동의 평가와 전망」, 『실천불교전국승가회 자료집 1 ; 한국현대불교운동사 上 - 정토 · 대승 편』, 실천불교전국승가회, 1996, 141쪽.

70) 진상은 당시 정권이 불교계의 자주화 움직임과 반정부 의식의 폭발적 확산에 놀라, 불교계를 회유 · 협박의 양면정책을 취하였다고 보았다. 그리고 정권은 친정부 성향의 종단을 유지하면서도 민중불교운동에는 철저한 대항을 하지 못한 것으로 보았다. 위의 책, 143쪽.

71) 예컨대 정토구현전국승가회가 1986년 5월 9일에는 152명의 승려가 시국선언을 하였으나, 1987년 5월 16일에는 750명의 승려가 '민주화를 위한 우리의 견해'라는 시국 성명을 발표하였다. 불교계에서도 이른바 6 · 29항쟁에 적극 참여하였는데, 이는 사회의 민주화에 진보적 승가단체가 큰 영향을 받았음을 말하는 것이다.

72) 그런데, 이런 노선 및 변화가 확연하게, 종단 외부로 노정되지는 않았다. 다만 그 변화의 시점을 해인사 승려대회로부터 잡을 수 있다는 것이다. 즉 1980년대 후반 노태우 정부시절에도 불교 고위층, 종단 집행부는 아직도 보수노선을 가고 있었기에 불교와 국가권력의 갈등관계가 심화되지는 않았다.

5. 1994년 종단개혁에서의 국가권력

1980년대 불교계에서의 국가권력에 대한 저항성은 1960년대, 1970년대에서는 상상할 수 없을 정도이었다. 그러나 1980년대 후반까지는 이전의 유화적 현상이 외면적으로는 지속되었다. 이는 운동권 승려들은 종단 외곽에 머물러 있었고, 종단의 주체세력은 당시까지는 보수적, 온건적 승려들이었기 때문이다. 그를 예증하는 것은 불교재산관리법의 전통사찰보존법으로의 전환, 10·27법난 처리의 미온적 대처이었다. 그렇지만 학승, 소장파 승려들은 학생층 재가불자들의 결속을 통해 학습된 사회의 민주화, 불교의 자주화에 대한 의식은 투철하였다.

이런 배경에서 이른바 1994년 종단개혁에서의 국가권력의 문제를 다루고자 한다. 1994년 종단개혁은 영향, 종단 변화, 종단 주도층의 변질이라는 측면에서 1990년대 불교사에서 결코 간과할 수 없다. 그러나 지금까지는 본격적인 연구 차원에 진입하지 않은 것으로 이해된다. 물론 종단개혁의 개요, 성격, 흐름 등이 개괄적으로 정리되었지만[73] 그 본질, 변화, 정체성 등에 대한 문제까지는 접근하지 못하고 있다. 지금까지 1994년 종단개혁에 대해서는 당위성, 긍정성에서 접근하는 것이 주류이다. 그러나 그 성격이라는 측면에서는 정치혁명 및 사회운동이었다는 분석이[74] 있었으며, 최근에는 종단개혁 자체를 비판하는 시각도 나오고 있다.[75] 필자는 종단개혁을 이해하는 하나의 단서로 송서암 불교개혁의 노

---

73) 유승무, 「한국 불교 조계종단의 정치혁명」, 『종교와 우리사회』, 현상과 인식, 1995.
   박수호, 「사회운동으로서의 조계종 종단개혁운동」, 『동양사회사상』 11, 2005.
   김봉준, 「94년 종단개혁운동의 반성적 고찰」, 『불교평론』 8, 2001.
   이재형, 「개혁회의 : 불교교단의 치부를 도려낸 자정운동」, 『불교평론』 50, 2012.
74) 위의 유승무, 박수호의 견해이다.
75) 덕산, 「승쟁에 대한 석존의 교계와 4·10승려대회」, 『승가화합과 한국불교의 미래』,

력을 정리하였다.[76] 이는 종단개혁에 대한 다양한 관점이 요청됨을 환기시키고자 함이었다. 필자가 여기에서 강조하려는 것은 사태 이전 조계종단 집행부와 국가권력과의 긴밀성, 친화성에 비추어 볼 때에 1994년 종단개혁의 성사 여부는 국가권력이 혁명적으로 전개된 사태의 인정 여부가 중요한 변수라는 점이다. 결과적으로 국가권력은 기존 집행부 존속의 지지 및 후원을 철회하고, 혁명적인 종단개혁 및 그로 나타난 개혁회의 체제를 추인하였다.

그러면 이제부터는 1994년 종단사태와 국가권력과의 상관성을 피력하고자 한다. 종단개혁을 주도, 동참, 성원한 단체, 재가불자 등은 전술한 바와 같이 국가권력이 불교계에 행하였던 제반 정책에 대하여 비판적인 입장을 갖고 있었다는 점을 우선적으로 주목해야 한다. 이 점은 앞 장에서도 몇 가지 주제로 나누어 살펴보았지만 불교 · 재가의 단체, 소장파 승려, 학승들의 국가권력에 비판은 고양되었다. 그런데 종단개혁이라는 사태가 전개되면서 당시 종단 집행부와 위정자의 친밀성이 노골화된 것으로 알려졌다. 그리고 사태의 고비마다 국가권력이 기존 집행부의 모순을 비호하는 것으로 여론에 널리 홍보되었다.

그를 몇 가지로 제시하겠다. 우선, 종단개혁 1년 전에 발생한 군부대

불교교단사연구소, 2005.
＿＿＿, 「용성문도와 조계종단의 오늘 - 94년 종단사태와 종법개정을 중심으로」, 『범어사의 어제와 오늘』 한국불교문화연구협회, 2008.
휴암은 『법보신문』 1994.7.4, 「개혁종단에 보내는 휴암스님의 비판적 메시지」에서 제도개혁의 문제점을 신랄하게 비판하였다. 휴암은 『법보신문』 1994.8.15, 「겉돌고 있는 조계종의 개혁」에서도 조계종 개혁이 제도의 정치적 효율을 제고시키는 데에 있고, 개혁의 명분은 얻었으나 출범 3개월이 지난 현재에도 대중의 신임을 얻지 못하였고, 개혁의 주체들을 정치승려로, 다중의 위력을 과시하는 종교 마피아의 씨앗이 뿌려지고 있다고 진단하였다. 휴암은 권력과 재정의 재배치이었다는 비판적 관점으로 종단개혁을 평가하였다. 「휴암스님의 마지막 육성」, 『대중불교』 179호(1997.10).
76) 김광식, 「송서암의 불교개혁론」, 『한국 현대선의 지성사 탐구』, 도피안사, 2010.

불상 훼손 사건이 있었다. 이 사태에 즈음하여 50여 불교단체가 모임을 갖고 범불교도대책위원회가 구성되었는데 여기에서도 정부에 대한 비판의식이 고양되었다. 그리고 당시 총무원장과 전국신도회장의 유착 속에서 나온 상무대 비리 연루 사건이 있었다. 이 사건의 실체는 애매하고, 베일에 싸여 있었지만 그 실체는 정치자금을 불교계(총무원장)가 제공하였다는 것이다. 이는 정치권력, 국가권력과 긴밀한 연관을 갖고 있었다고 수긍할 수 있는 대목으로 작용하였다. 결과적으로 국가권력에 저항의식을 갖고 있었던 불교대중들은 종단개혁이 절대 필요하다는 공통적인 현실인식을 갖기에 이르렀다고 보인다. 지금껏 필자가 제시한 사례는 종단개혁이 본격화되기 이전부터 국가권력, 정치권력에 대한 비판과 함께 그에 유화적인 종단 집행부에 대한 저항의식이 폭발 일보 직전이었음을 말하는 것이다.[77] 그러나 다른 측면에서 보면 종교적인 문제와 정치적인 문제의 결합이었다. 權佛 유착이라는 이슈가 대중, 언론들의 주목을 끌기에 충분하였다. 그리고 당시 야당인 민주당도 조계종의 문제를 정치적인 소재로 활용하여, 여당인 김영삼 정권을 공격하였다.

이런 배경하에서 1994년 3월, 총무원장 선거가 다가왔다. 당시 총무원장의 출마가 3선 여부에 해당되는가를 놓고 논란이[78] 거듭되었다. 재가 불교단체에서는 총무원장의 즉각 사퇴를 강력히 주장하였다. 범승가종단개혁추진회(범종추)로[79] 지칭되는 불교단체가 3월 23일, 결속되었

---

77) 「汎宗推 在佛聯 正佛協 잇따라 창립, 종단개혁 · 상무대 진상규명 추진」, 『불교신문』 1994.3.30.

78) 덕산은 「승쟁에 대한 석존의 교계와 4 · 10승려대회」, 199쪽에서 총무원장 중임은 연임으로 해석이 가능하다는 견해가 압도적으로 우세했다고 하였다. 그러나 그 근거는 제시하지 않았다. 그러면서 덕산은 1994년 종단개혁에 대한 재판 과정에서도 신 종단집행부(월주스님)는 3선에 대한 문제점을 강력하게 지적하지 않았다고 했다. 이는 중임이 3선이라는 주장은 논란이 있기에 재판 과정에서 전략적으로 소홀하게 대한 것이 아닌가 한다.

79) 여기에는 실천승가회, 선우도량, 중앙승가대동문회, 중앙승가대학생회, 동국대 석

다. 범종추는 구종법회, 시가행진, 단식 등을 통해 종단개혁 촉구와 총무원장 출마를 반대하였다. 이어서 재가지식인들이 범종추를 지지하는 선언이 뒤따랐다. 그런데 사태의 분기점은 총무원장의 선거가 예정된 3월 29일에 일어났다. 당시 범종추는 총무원 청사에서 단식을 하고 있었기에 총무원장 선거는 정상적으로 추진될 수는 없었다.[80] 이에 총무원은 선거를 하기 위한 종회의 원만한 개최를 위해서 일단의 세력을 동원하여, 조계사에서 저항 활동을 하던 범종추 승려들을 밖으로 내몰려고 하였다. 또한 조계사에서 종단집행부와 범종추가 대립하고 있는 가운데 경찰이 투입되어 농성중인 승려들을 연행, 해산시켰다. 이런 사태를 겪으면서 3월 30일, 임시 종회가 열려 총무원장의 3선 연임을 가결하였다. 요컨대 국가권력으로부터 질서 유지라는 명분의 도움을 받아 총무원장의 연임을 결정하였다.

그러나 사태는 범종추, 그리고 불교계 재야 지식인 419명이 정부를 비판하는 성명서를 발표하면서 종단 집행부 및 정부에 불리하게 돌아갔다. 범종추는 경찰 규탄 대회를 열고, 내무부를 항의 방문하였다. 범종추는 4월 6일, 조계사에서 2,000여 명이 참가한 가운데 내무부장관 및 총무원장의 퇴진을 요구하는 범불교도대회를 개최하였다. 4월 10일에는 전국 승려대회가 열렸고, 범종추는 대중의 힘으로 총무원을 접수했다. 당시 승려대회에는 2,500여 명의 승려와 1,000여 명의 재가자가 참가하였다. 여기에서 대중들은 서암 종정의 불신임 결의,[81] 총무원장의 체탈, 집행부 불신, 개혁회의 출범 등을 결정하였다. 그 후 서의현 총무원장의 사퇴,

---

림회, 석림회 동문회, 동국대 동림 동문회, 전국승가대학인연합 등 8개 단체가 소속되어 있다.

80) 「汎宗推, 총무원청사 폭력난입」, 『불교신문』 1994.4.6.
81) 덕산은 종단개혁을 추진한 세력이 행한 서암 종정의 불신임이 종헌에 위배된다는 견해를 밝혔다. 덕산, 「94년 종단사태와 칠보사 원로회의」, 『94년 종단사태의 회고와 전망』, 불교교단사연구소, 2008.

서암 종정의 이탈 등이 이어졌다. 4월 13일, 조계사에서는 범불교도대회가 다시 열렸는데 여기에서 대통령의 사과, 내무부장관의 해임이 요구되었고 거리 시위가 이어졌다. 경찰은 대회가 열리기 전에 철수하였고, 개혁세력이 총무원 청사를 접수하였다. 그 이후 원로회의에서 승려대회의 결의 인준, 종회에서 종권을 개혁회의에 넘긴다는 결정이 나왔다. 이로써 1개월 간의[82] 종단개혁이라는 혁명적 사건이 일단락되었다. 그 이후에도 종단개혁 세력은 경찰의 개입을 '법난'으로 규정하고, 시민 고발운동을 전개하는 등 대정부투쟁을 지속하였다.[83] 그는 대통령사과와 내무부장관의 해임으로 요약되는 것이었다.

이와 같은 종단개혁이 성사를 한 것은 다양한 측면에서 검토가 가능하다. 우선 불교 내부, 조계종단의 차원에서 검토가 되어야 함은 물론이다. 그러나 불교계 외부, 조계종단 외부의 문제도 주요한 원인으로 검토되어야 할 것이다. 필자는 본 고찰에서 외부적인 요인을 다 거론할 수는 없지만, 그 관점은 강조한다.

이런 종단개혁 사태에서 국가권력의 문제는 다음과 같은 두 가지 측면에서 설명이 가능하다. 첫째는 종단개혁 이전에 국가권력에 비판, 저항의식을 가졌던 불교 대중이 종단개혁 직전에 터진 권불유착과 3선연임이라는 소재에서 국가권력과 종단 집행부에 대한 분노가 거세게 타올랐다. 이는 종교 내부의 차원을 떠난 것이었다. 거기에다가 총무원장 선거를 외호하기 위한 차원에서 투입된 경찰력은 국가권력의 만용, 만행으로 부각, 홍보되었다. 즉 종단사태 과정에서 국가권력의 부당성이 한층 부각되었다. 때문에 종단개혁에 임하였던 대중들은 결속되었다. 둘째는 국

---

82) 사태에 대한 진행 일지는 「종단개혁일지」, 『불교신문』 1994.4.27 참조.
83) 「社說 : 왜, 대통령은 사과해야 하는가」, 『불교신문』 1994.5.4; 「청와대 법난 사과 거부」, 「법난 자행한 책임자 고발운동 전개」, 「이 전총리, 법난 대리사과 거절」, 「법난 고발 줄이어 – 당국 곤혹」, 『불교신문』 1994.5.11.

가권력을 담당하는 김영삼 정권으로서는 경찰, 내무부를 통한 문제 해결을 시도하였지만 사태는 더욱 확대되었고 다수 언론, 진보적인 재가단체, 광범위한 불자 등으로부터의 격렬한 비판에 직면하였다. 때문에 더이상 불교내부, 조계종단에 개입할 정치적 여유가 전혀 없었다. 그 전의 관행에서 볼 때에 김영삼 정권의 조계종 종단 집행부에 대한 지지의 철회는 유례가 없는 것이었다. 기독교에 우호적인 김영삼 정권은 정권 유지 차원에서 불교계와의 거북한 정치적 대결은 원하지 않았을 것이다. 이런 측면에서 조계종 종단개혁은 문민정부로 지칭되는 국가권력의 조계종에 대한 방관에서 일정한 도움을 받았다 할 것이다.[84] 그래서 필자는 종단개혁의 성사는 불교 차원에서 논의되는 것이 당연하지만, 이 같은 국가권력의 문제도 있음을 지적하는 것이다.

이렇게 종단개혁에 참여한 대중들은 국가권력에 대한 강한 비판, 저항성을 갖고 종단 사태에 임하였다. 그래서 결국 그런 저항성이 이 사태 중간에 전개된 국가권력과 집행부와의 유착 의혹이라는 사실, 여론 선전에 활화선처럼 타올랐다. 마침내 종단개혁이라는 아래로부터의 변혁은 성사되었는데, 그 저변에는 이 같은 국가권력에 대한 저항, 분개심이 강력하게 작용하였다. 이런 제반 과정은 종교 영역과 정치영역이 혼재되었음을 말해준다. 그리하여 1994년 종단개혁 이후 불교계(조계종단)와 국가권력과의 제반 관계는 서서히 대응, 대등한 관계로 재편되어 갔다. 이런 연고로 94종단개혁의 이념으로 1980년대 중반부터 회자된 불교의 자주화가 표방된[85] 것은 당연한 것이었다. 그러나 종단개혁 이후 불교의 자

---

84) 이런 측면에서 종단개혁은 민주화세력으로부터 후원을 받았다고 볼 수 있다.
85) 조계종, 『개혁종단 이렇게 일하고 있습니다』(4 · 10 승려대회 4주년 기념 자료집), 1998, 21쪽. 그 자료에서는 "지난 94년 개혁회의에서는 불교 자주화를 종단의 내부 혁신과 정치적 예속으로부터의 독립이라는 과제를 동시에 의미하는 것으로 보았다"고 기술하였다.

주화, 불교의 사회화가 어떻게 인식, 실천, 변질되었는가는 별도의 차원에서 검토되어야할 중요한 문제이다.

6. 결어

지금까지 1980년부터 1994년까지 시기의 불교사에서 불교와 국가권력과의 관계성을 살펴보았다. 그는 주로 불교계 재야 · 단체의 입장에서, 국가권력에 대한 인식의 변화에 초점을 맞춘 것이다. 맺는말에서는 앞서 살펴본 내용의 요점을 제시하면서 그것이 갖는 의미를 제시하고자 한다.

첫째, 10 · 27법난은 불교계가 국가권력을 재인식하는 결정적인 계기로 작용하였다. 이로써 불교계 구성원은 그 이전의 호국불교, 어용불교에 대한 자각을 하고 불교 변혁, 개혁에 대한 현실의식을 갖기에 이르렀다. 이런 자각은 주로 학승, 청년승려, 대학생 불자 중심으로 시작되어 점차 전불교계에 퍼져 나갔다. 그러나 1980년대 초반에는 국가권력에 대한 저항, 분노가 표출되었지만 구체적인 비판, 대응논리는 노골화되지 않았다.

둘째, 불교와 국가권력 간의 대응의 저변에는 민중불교론이 자리잡고 있었다. 민중불교론은 1970년대 후반부터 불교계 내부에서 자생적으로 등장하였다. 그런데 이 논리는 초창기에는 사회의 민주화, 불교 변혁이라는 자생적, 성찰적인 움직임에서는 나타나지 않았지만 정부에 대한 저항운동이 본격화되면서 대안 논리, 이념으로 불교계에 파급되어 갔다. 이 논리에는 계급성, 사회주의 노선이 개재되었다. 민중불교론에 입각한 대정부투쟁에서는 투쟁성이 당연시되면서, 폭력 시위도 수반되었다.

셋째, 국가권력에 대한 강력한 저항의식, 대응논리, 정부의 불교정책

비판, 대안 제기 등은 1986년의 9·7해인사 승려대회에서 제기되었다. 이 대회에서는 호국불교의 재해석이 이루어졌고, 국가로부터 피해를 보았던 법령에 대한 비판, 불교계가 겪고 있는 다양한 측면에서의 대안이 강력하게 제기되었다. 이로써 국가권력에 대한 저항성, 비판의 강도가 확연하게 등장하였다. 대회 이후부터는 불교와 국가권력 간의 대응, 대립적인 구도가 서서히 노정되었다. 불교 주류, 집행부 등에서는 보수노선이 잔존하였지만, 국가권력을 대하는 기존 인식은 분명히 불교계 일각에서 변질되었고, 그런 단체가 활동하였다.

넷째, 불교와 국가권력의 대립의 성격을 완전하게 변화케 한 결정적인 사건은 1994년 종단개혁이었다. 종단개혁에 참여한 불교계 구성원들은 1980년대 이래의 저항성과 사태 직전에 발발된 종단 집행부와 정치권력과의 유착관계, 탄압으로 이해될 수 있는 불교정책 등에 대하여 강한 분노를 갖고 있었다. 그러다가 총무원장 3선 문제에서는 집약된 투쟁인식이 급증하였는데, 여기에서 부적절한 공권력 투입이라는 문제가 부가되면서 결정적인 도화선을 만들었다. 권불유착을 지켜보면서 종단개혁은 절대적인 과제로 인식하였다. 그래서 다수의 불교단체, 청년승려, 학승, 재가불자 등이 구집행부를 축출하고 새로운 종단체제를 수립하는 혁명적인 사건을 추동하였다.

다섯째, 이와 같은 1980년 이후의 국가권력에 대한 저항, 비판, 대안 제기 등의 저변에는 사회의 민주화 영향이 강력하였다. 그로 인하여 불교 변혁운동의 이념도 사회의 민주화, 불교의 민주화로 정립되었다. 이런 이념이 1994년 종단개혁에도 투영되었다.

여섯째, 이 같은 종단개혁으로 인해서 그때부터는 불교와 국가권력의 관계가 대등, 대립으로 전환되기 시작했다. 그리고 지방자치제도가 시행되면서 잦은 선거, 정권교체 등의 요인과 맞물리면서 불교계의 국가권력에 대한 의식, 입지, 위상은 더욱 더 상승되어 갔다. 이런 배경에서 2008년 8월 27일 서울 시청 앞 광장에서 이른바 '헌법파괴 종교차별 이명박 정부 규탄 범불교대회'가 개최되기에 이르렀다.

본 고찰은 불교사적인 측면에서 1980년부터 1994년까지의 불교와 국가권력과의 상호 관계를 다루었다. 그러나 불교사 중에서도 재야 운동권을 중심으로 다루어서 종단 집행부, 주류 불교계와의 상관성은 소홀하였다. 이점이 본고의 큰 한계이다. 그리고 이 분야, 주제에 대한 사회사, 운동사, 변혁사 등의 관점에서도 미진한 점이 적지 않다. 이런 미진성은 지속적인 연구를 통해 보완해 나가고자 한다.

4부
10 · 27법난의 사회사

10 · 27법난의 발생 배경과 불교의 과제

1. 서언

한국 현대불교사에서 주목할 역사적 사건은 1980년에 일어난 이른바 10 · 27'법난'이다. 10 · 27법난은 1960~1970년대 불교사의 종착점이었고, 1980~1990년대 불교사의 출발점이었다. 그럼에도 불구하고 10 · 27법난에 대해서는 지금까지 이렇다 할 학문적인 분석이 미약하였다. 그렇지만 10 · 27법난에 대한 배경, 원인, 진행 과정, 조계종단에 끼친 영향 및 파장, 피해 승려들에 대한 인권 문제, 당시 신군부 정권의 만행 등에 대한 성격과 내용은 불교계 내외에 적지 않게 알려졌다.

이 같이 학문적 분석은 미약하였지만, 법난에 대한 개요 및 성격은 많이 드러났다. 이는 법난 발발 이후, 법난의 진상 규명과 책임자 처벌, 명예회복을 꾸준히 전개하였던 관련 단체 · 승려 · 조계종단의 노력에 힘입은 결과이다. 즉 10 · 27법난 진상규명추진위원회(대표 ; 송월주), 10 · 27법난 불교 대책위원회(상임대표; 법타), 조계종의 10 · 27법난 특별법 제정 추진위원회(공동위원장 ; 법타, 원학)와 그밖에 대불련, 민불련, 정토구현전국승가회, 실천승가회 등 다양한 단체들은 지난 30년간 법난의 진상 규명, 명예회복을 위해 노력하였다. 그 결과 1988년 12월 30일 강영훈 총리의 특별담화가 있었는데 이는 정부가 법난에 대한 공식 사과를 하였음을 의미하는 것이었다. 그리고 2007년 10월 25일, 국방부 과거사 진상규명위원회는 「10·27법난 사건 국방부 조사 결과 보고서」를 발표하였다. 국방부의 진상 보고서에 힘입어 2008년 2월 26일에는 10·27 법난 피해자 명예회복 등에 관한 법률이 국회를 통과하였고, 2008년 12월 30일에는 10·27법난 피해자 명예회복 심의위원회가 출범하였다.

이렇게 불교 현장에서는 10·27법난에 대한 진상 규명, 피해자 명예회복이 줄기차게 요구되어, 그에 대한 가시적인 성과가 나왔다. 그렇지만 10·27법난에 대한 학문적인 정리, 접근, 분석, 해석 등은 납득할 수없을 정도로 부진하였다. 이에 대한 원인은 다양한 측면에서 설명되어야하겠지만 그는 무엇보다도 근현대 불교 연구자의 미약과 관련 자료의 부족의 문제를 거론하지 않을 수 없다. 10·27법난 연구는 불교 연구자의 손에서 우선 정리되고, 그 후에는 다양한 분야의 학자들이 참여해야 한다고 본다. 그러나 지금까지 나온 연구 성과물을[1] 법난이 갖고 있는 중요성에 비추어 보면 비정상적, 황무지와 같은 상황이었다. 다음으로 법

---

1) 10·27법난에 대한 글은 다음과 같다.

　진　욱, 「불교정화의 흐름과 10·27법난」, 『승가』 3, 1986.
　김동현, 「10·27법난의 민족사적 의미」, 『해인』 68, 1987.
　진　상, 「10·27법난과 승가의 역사의식, 사회의식 발전과정」, 『해인』 68, 1987.
　＿＿＿, 「10·27법난과 80년대 민중불교운동의 평가와 전망」, 『월간 법회』(1987.10).
　유응오, 『10·27법난의 진실』, 화남, 2005.
　서동석, 「1980년 가을, 한국불교에 무슨 일이 있었나」, 『10·27법난의 진실과 증언』, 10·27법난 진상규명 및 명예회복추진위원회, 2007.
　연기영, 「10·27법난의 진상 규명과 법적 과제」, 『10·27법난의 진실과 증언』, 10·27법난 진상규명 및 명예회복추진위원회, 2007.
　유승무, 「10·27법난의 정치 사회적 배경과 국가폭력의 정당성 문제」, 『10·27법난의 진실과 증언』, 10·27법난 진상규명 및 명예회복추진위원회, 2007.

난의 관련 자료집이 간헐적으로 출간되었으나[2] 내용과 보급이라는 측면에서는 미진하였다. 그러나 2007년 12월 12일, 조계종의 10·27법난 진상 규명 및 명예 회복 추진위원회는 『10·27법난의 진실과 증언』이라는 제목의 방대한 자료집을 2권으로 발간하였다. 그러나 이 자료집도 법난이 갖고 있는 역사성, 다양성, 심대성에 비추어 보면 완벽한 자료집으로서는 적지 않은 한계가 있다. 그렇지만 이 자료집에 근거하여 추후에는 다양한 연구 성과가 기대된다.

본 고찰은 이 같은 10·27법난과 관련된 정황과 연구 성과에서 출발하여 법난에 대한 원인과 배경, 그리고 법난에 나타난 과제를 불교사적인 관점에서 살펴보려고 한다. 10·27법난에 대한 연구는 추후 다양한 관점에서, 다양한 학자들에 의하여 생산될 것이다. 필자는 근현대불교 연구자로서 평소 10·27법난에 대한 적지 않은 관심을 가져 왔다. 그러나 자료부족, 국가 소장 자료의 접근 불가, 관련 증언자들에 대한 인터뷰 작업에 대한 어려움 등으로 연구의 기회를 잡지 못하였다. 그러다가 위에서 소개한 자료집인 『10·27법난의 진실과 증언』의 내용을 통하여 집필을 할 수 있었다.[3]

본 고찰의 초점인 10·27법난에 대한 배경과 원인은 법난의 성격을 가늠할 정도로 중요한 주제이기에 필자는 필자의 소견을 시론적으로 개진하는 선에서 머무르려고 한다. 법난의 배경과 원인은 정치, 사회, 군사, 종교 등 다양한 관점에서 해석할 수 있다. 다만 법난이 벌어진 현장, 종

---

2) 자료집 발간의 개요를 정리하면 다음과 같다. 우선 법난 5주년을 기해 1985년 10월, 대불련과 동대 불교도연합회가 공동으로 자료집을 펴냈고, 1988년에는 민불련과 민족자주 통일 불교운동협의회의 준비위원회가 협력하여 자료집을 발간하였다. 그리고 실천불교전국승가회가 1999년 10월 『한국현대불교운동사 3, 10·27법난편』을 펴냈다. 그러나 이러한 자료집은 보급 및 대중화에는 미흡하였다.

3) 이 자료집은 지금껏 나온 법난에 대한 자료를 취합하였다는 의미를 갖고 있다. 그러나 자료의 범위, 누락 자료의 다수 등 한계가 많다.

단, 관련 인물들의 터전이 불교 및 조계종단이기에 우선적으로는 불교사 관점에서 이해되어야 한다고 본다. 그래서 필자는 근현대 불교사의 맥락 하에서 10 · 27법난을 거시적으로 조망하려고 한다. 미진한 점은 지속적인 자료수집과 연구를 통하여 보완할 예정인바, 선학제현의 질정을 바란다.

2. 10 · 27법난의 발생 배경

10 · 27법난의 발생 배경은 다양한 관점에서 이해가 가능하다. 그러나 본고에서는 기본적으로 불교사 관점에서만 접근하려고 한다. 이는 필자의 연구분야가 불교사인 것이 작용한 것이지만 추후 다양한 측면에서 다양한 학자들이 공동연구해야 할 필요성이 요청되기 때문이다.

여기에서는 지금껏 법난의 발생 동기, 원인과 관련해서 제기된 이른바 외인론과 내인론을 분석하고, 그 분석에 나타난 내용에서 발생 배경을 찾고자 한다. 다시 말하자면 법난의 발발 원인에 나타난 요체와 당시 불교사 흐름과의 상관성을 추출하려고 한다. 이러한 접근, 작업은 불교사적인 연구 방법이다. 구체적인 내용에 들어가기 전에 언급할 것은 본고에서는 법난에 대한 호칭, 성격, 정체성 등에[4] 대해서는 다루지 않는다.

---

4) 10 · 27법난에 대한 호칭 및 성격은 법난, 사태, 수사사건, 정화 등 다양하게 불리웠다. 추후 이에 대한 별도의 고찰이 요망된다. 필자는 10 · 27법난이라는 명칭이 비교적 보편화되었기에 10 · 27법난으로 개념 규정을 해도 무방하다고 보아 일단은 수용한 다. 그런데 10 · 27법난 직후의 중앙종회 회의록을 보면 종회의원들의 발언에서 10 · 27사태라는 발언이 다수 나온다. 이것을 보면 법난 직후에는 사태(사건)라는 개념이 보편화되었다가 언제부터인지 점차 법난이라는 개념으로 옮겨간 것으로 보인다. 이런 법난 개념의 이동에 대해서는 별도의 연구가 요망된다.

그리고, 10 · 27법난은 1980년 10월 27일과 10월 30일의 강제 수사 및 사찰 수색 사건을 포함한 개념이다. 법난 명예회복 심의위원회는 「10 · 27법난의 정의」라는 제목에서 "10 · 27법난이라 함은 1980년 10월 계엄사령부의 합동수사단이 불교계 정화를 요컨대 지금껏 불교계에서 제기되었던 법난의 내용과 성격을 대체적으로 인정하고, 바로 법난의 발생 배경을 찾아 보려고 한다.

1) 외인론

법난의 원인은 지금껏 외인론에 의거하여 강조, 재생산되어 왔다. 외인론이라 함은 법난이 불교계(조계종단)의 외부에서 시작되어, 외부의 필요성에 의해, 외부의 공권력이 개입하여, 국가 및 신군부 정권이 자행한 탄압, 만행, 사건이라는 것이다. 이런 외인론은 법난의 진상 규명을 줄기차게 주장하였던 10·27법난 진상규명추진위원회의[5] 인식에서 살필 수 있다. 그 추진위원회가 1988년 11월 22일에 발표한「성명서」에는 외인론의 근간이 극명하게 나오는바,「성명서」의 일부 내용을 제시하면 다음과 같다.

- 10·27法難은 군사정권이 불교의 자율성을 억압하고 자주의식을 말살하여 불교교단을 군사정권에 예속시키려는 의도에서 자행한 반민주적 만행이다.
- 10·27法難은 "全斗煥 將軍 대통령 추대 지지성명" 거부에 대한 폭력 보복이었다.
- 10·27法難은 정통성 없는 군사정권이 정권 정통성 시비에 그들의 궁색한 입장을 호도하기 위하여 자행한 국민사기극이었다.

명분으로 대한불교조계종의 승려 및 불교 관련자를 강제로 연행, 수사하고, 포고령 위반 수배자 및 불순분자를 검거한다는 구실로 군경 합동으로 전국의 사찰 및 암자 등을 수색한 사건을 말한다"고 광고하였다.『불교신문』2009.9.16, 1쪽의 10·27법난 광고문안.
5) 1988년 11월 16일 발족한 이 단체는 10·27법난에 관련된 대표적인 단체였는데 추진위원회의 위원은 윤월하, 김서운, 송월주, 유월탄, 이혜성이었다. 그러나 송월주가 주도하여, 실질적인 대표이었다.

- 10 · 27法難은 부도덕한 군사정권이 그들의 도덕성을 가장하기 위하여
  마치 불교계에 부정 축재재산이 많은 것처럼 과다선전하고 명분없는 국
  고환수를 표방한 것이다.
- 10 · 27法難은 불교교단과 국민정신을 파괴한 만행이다.[6]

위의 성명서에 나오는 만행, 폭력 보복, 사기극은 불교계 외부의 군사
정권이 자행한 것으로 그 자체가 불교계로서는 법난이었다는 것이다.
이런 논리는 불교계 내부의 승려, 단체, 법난 유관 단체 등에 수용되었
다. 그 실례로 2005년 7월 4일에 결성된 10 · 27법난 불교대책위원회의
「성명서 - 10 · 27 불교 법난 진상 규명을 촉구한다」의 일부 내용을 제
시한다.

> 1980년 10월 27일 새벽 전국 사찰 3천여 곳을 급습하여 이유도 없이
> 수많은 스님들을 강제로 연행했습니다. 국가와 민족을 지켜야 할 군인들
> 이 본분을 망각한채 권력투쟁을 일삼고 성스러운 사찰을 급습하고 스님
> 들을 연행, 고문하여 삼청교육대로 보냈다는 것은 역사 이래로 초유의 일
> 입니다. 이것을 불교계에서는 '10 · 27법난'이라고 합니다. '법난(法難)'이
> 란 외부의 세력, 또는 무력에 의하여 불교가 박해를 받았다는 뜻입니다.
> 여러 종교 중에서도 유독 불교계만 박해를 당한 것입니다.[7]

이렇듯이 대책위원회가 밝힌 성명서에서 10 · 27법난은 외부의 세력,
외부의 무력에 의하여 박해, 탄압을 받은 것으로 규정되었다. 법난에 대
한 이 같은 인식은 대책위원회의 행사 문건인, 「정부 당국에게 보내는
글」에서도 분명하게 나온다.[8] 이렇게 법난은 불교계 외부에서 시작된

---

6) 『10 · 27법난의 진실과 증언 1』(이하 『자료집』 1권으로 약칭함), 대한불교조계종 10 ·
   27법난 진상규명 및 명예회복추진위원회, 2007, 444~447쪽 참조.
7) 『자료집』 1권, 493쪽.
8) 위의 자료, 499쪽.

만행, 폭력사태라는 이해가 지난 25년여 간 불교계 내부의 지배적인 인식이었다.

이 같은 법난의 원인, 개념에 대한 불교계 내부의 인식은 정부의 인식을 변화시키게 하였다. 당초 1980년 법난이 발생할 때의 신군부(정부)와 조계종 정화 중흥회의에서는 '불교정화'라고 하였다. 1989년 국방부 발표에서도 '불교 수사'라고 표현되었다. 이런 현실인식에서 최근 국방부가 펴낸 결과 보고서를 보면 상당한 변화를 느낄 수 있다. 즉 2007년 10월 25일, 국방부 과거사 진상규명위원회에서는 법난에 대한 조사를 하고, 그를 정리한 책자인 「10 · 27법난 사건 국방부 조사 결과 보고서」를 펴냈다. 이 보고서는 10 · 27법난을 다음과 같이 규정하였다.

> 10 · 27법난은 1980.10.27. 계엄사 합수단이 주축이 되어 불교계를 정화한다는 명분으로 특정한 종단(조계종)에 사법적 잣대를 무리하게 적용함으로써 발생한 국가권력 남용의 대표적 사건이다.[9]

위의 보고서에 나오는 법난의 내용, 동기, 개념 등은 일면으로는 애매한 측면이 없지 않다. 그러나 과거 30년간 정부, 공권력의 인식에서 진일보한 것은 분명하다. 여기에서 주목할 대목은 합수단으로 대표되는 공권력의 행동이 부적절하였고, 국가권력 남용의 대표적 사건으로 규정한 점이다. 결과적으로 법난의 외인론이 수용된 것으로 볼 수 있다.

그러면 이와 같은 관점, 즉 외인론이 법난의 원인 및 배경에 중요하다고 보고, 그를 구체적으로 살핀 연보 내용을 제시한다. 그는 당시 신군부 정권이 법난을 우연적으로 일으킨 것이 아님을 보여준다. 이를테면 일정한 기획에 의해서 나온 것으로 볼 수 있다. 지금껏 정부와 수사 참여자들은 법난이 졸속으로 처리되었음을 수긍하면서, 나아가서는 그렇게 졸속

---

9) 위의 자료, 516쪽.

이었기에 법난에 대한 뚜렷한 의도, 기획에 의해서 나온 것이 아님을 강조하였다. 그러나 일반적으로 국가권력 및 공권력은 권력과 무력을 간단하게 집행하지 않는다. 일정한 목적, 목표, 집행방법, 효과 등을 철저하게 기획한 연후에 추진하는 것이 상식이다. 이런 관점에서 당시 신군부로 불리웠던 공권력 추진 주체의 법난 관련 내용을 요약한다.

- 1980년 2월 ; 문공부,「대한불교조계종 분규 현황」작성
  조계종 분규의 원인, 문제점, 대책을 분석
- 1980년 2월 29일 ; 계엄위원회의 제17차 회의에서 불교계 문제 토의
  문공부 차관, 종무국장, 종무관리관 참석
  문공부 차관, <불교분쟁에 따른 전망과 대책>을 제출, 발표
  불교 분규에 대한 심각한 우려 표명됨[10]
  정부의 개입도 가능함을 시사[11]
- 1980년 5월 31일 ; 국가보위비상대책위원회(위원장 전두환, 이하 국보위로 약칭) 설치
- 1980년 6월 5일 ; 국보위 상임위원장, 종교빙자 정치활동 엄단 발언
  종교(특수분야) 분야도 정화대상이 될 수 있음을 언급
- 1980년 6월 14일 ; 국보위, 국가의 기강 확립 실천 작업 착수
- 1980년 6월 26일 ; 국보위 사회정화분과위원장

---

10) 그 내용에서 주의를 요하는 대목은 다음과 같다. 그 문건 자료의 문제점에서 "이와 같은 불자층 저항은 지금(只今)까지 '호국불교'가 '저항불교'로 변신됨으로써 국제 사회에서 순응(順應) 종교인 불교까지 현 정부를 불신 공격하는 등 대정부세력이 격 증되고 있는 것으로 정세 오판할 것이 염려됨"이라고 적시하였다. 이는 불교의 분규를 단순히 소요 차원을 벗어나 정권 유지의 위협 요소로 판단한 것으로 이해된다. 즉 불교의 움직임을 우려감과 경계심을 갖고 보았음을 단적으로 말한다. 그러면서도 정부는 분규에 엄정중립을 유지하고, 정부가 개입하지 않는 것이 타당하다고 판단하였다.『자료집』1권, 524~525쪽.
11) 당국이 개입하거나, 선도할 수 있다는 발언도 있었다. 그들은 종무국장, 계엄부사령관, 법무부 차관 등인데 참석자들은 사찰 및 승려에 불순분자(깡패, 부역자, 사상범등)가 있는 것이 사실이면 대책을 세워야 한다고 강조하였다.

각 부서의 자체 정화가 미흡하면 국보위가 직적 개입,
발언

- 1980년 6월 ; 국보위, 「업무 보고」라는 문건에
  사회정화 시책 방향의 추진방향에서 "자체 정화 불가
  능 또는 미흡분야를 역점시행한다"고 기재됨
  단계별 추진과제에서, 불교계는 3단계(10월 이후)에
  포함됨[12]
  국보위, 합수단에게 불교계에 대한 수사 지시[13]

- 1980년 8월 22일 ; 문공부(차관), 종교지도자 초청 오찬
  종교계 전반의 자율정화 방안 제시

- 1980년 9월 1일 ; 합수단장 교체(김충우 취임), 취임 직후 불교계 수
  사 준비 착수

- 1980년 9월 7일 ; 종로경찰서, 「대한불교조계종 실태」, 「조계종 분
  쟁을 위요한 사건발생 현황」 작성

- 1980년 9월 10일 ; 국보위 사회분과위원회, 조계종 총무원장(월주),
  비위 자료 수집
  '폭력배(승려)' 숙정하겠다는 목표와 연관

- 1980년 9월 19일 ; 김천경찰서, 「치안일지」에 불교계 정화대상 폭
  력배 실태조사 지시

- 1980년 9월 ; 국보위, 사회정화분과위원회에서 조계종 집행부 대상
  비리자료 수집 합수단이 수사에 착수

- 1980년 10월 ; 합수부, 수사 본격화
  불교계 투서와 진성서 분석, 연행 승려 검토
  합수부 단장, 조계종 방문, 원로 승려에게 정화계획 언
  질, 자문

---

12) 이 문건이 작성된 시점을 국방부 과거사 진상위원회에서는 1980년 6월 초, 중순 경
    으로 판단하였다. 당시 합수단장인 김충우도 최초 기안은 국보위 정화분과위원회
    에서 하였다고 발언하였다. 『자료집』 1권, 129쪽.
13) 이 근거는 국방부, 1989년 1월 30일, 불교 수사경위의 설명회에서 밝힌 내용이다.
    그러나 이에 대한 자료의 뒷받침은 아직 없다.

실무대책반(양근하, 전창열 등)[14] 구성, 수사 협조 및
자문

실무대책반에서 「자율정화계획서」 작성[15]

군법사 및 신도회장 등에게 불교계 동향 파악, 불교계
여론 수집

군법사단 소속 군인, 차출 및 지원

수사자문회의 입안(목적, 운영, 대상 등)

- 1980년 10월 24일[16] ; 보안사령부에서 회의개최, 「검거대상자 및
수사 착안 사항」을 주제로 45계획과 검거대상자 명단
배포

- 1980년 10월 25일 ; 합수단, 「불교계 정화방안 요지 - 그 실태와 정
화대책」 작성

- 1980년 10월 ?일 ; 문공부, 「불교계 정화추진 방안」 작성
합수단, 「불교계 정화수사 계획 (45계획)」 수립

- 1980년 10월 27일 ; 10 · 27법난 발생

- 1980년 10월 30일 ; 수배자, 불순분자 검거 구실로 사찰, 암자 수색

이와 같은 법난에 대한 당시 신군부측의 작업, 활동에 대한 전반적인
내용을 조망할 때에 10 · 27법난은 기획, 의도, 시나리오에 의해서 나온
사건이라고 볼 수 있다. 더욱이 본고찰에서는 상세히 분석할 여건이 없
지만 문공부와 합수단에서 작성한 「불교계 정화추진 방안」, 「불교계 정화
방안 요지」는[17] 법난에 대한 준비가 철저하게 준비되었음을 말해준다. 요

---

14) 육군본부가 발간한 자료에는 전창열과 양근하를 종교정화 조정관으로 기재하였다.

15) 전창열은 「불교정화의 실태와 전망」이라는 문건을 직접 작성하였는데, 이 문건이
실무대책반이 작성한 기획서의 근간이 되었다.

16) 전창열이 작성한 문건에는 10월 26일로 나온다.

17) 필자는 『자료집』 1권, 556쪽, 558쪽에 나오는 것을 보았다. 그런데 이 자료는 국방부
과거사위원회에서 입수한 원 자료의 일부이다. 그 문건 전체를 보지 못하였기에 단
언하기에는 어려움이 있다.

컨대 10 · 27법난은 신군부, 공권력이 기획, 입안에 의해서 추진되었다. 그래서 10 · 27법난은 외부적 요인에 의해서 발생하였다는 것을 우선적으로 인정할 수 밖에 없는 것이다. 이런 내용은 당시 국보위 내부의 합수단에서 작성한 「불교계 정화방안 요지 — 그 실태와 정화대책」과 법난 발발 후 계엄사 당국에서 발표한 문건 「사이비 승려 및 불교계 내부 폭력배 소탕에 관한 계엄사 발표문」에 극명하게 나온다.

국가 백년대계의 확립은 국민의 의식구조 혁신을 통한 정신개조에서 출발되어야 한다는 점에서 불교의 정화는 시급한 과제라 아니할 수 없고 이를 위하여 당국은 불교종단의 자율정화에 일임한바 있으나 상당한 시일이 경과하여도 아무런 효과나 진척이 없음을 볼 때 자력갱생의 여력이 없음으로 단정하고 또한 교계의 뜻있는 참신한 승려와 신도의 여망에 따라 부득이 당국에서 개입하기에 이르렀다.[18]

이에 戒嚴當局은 政界를 비롯한 社會 各界에 對해 嚴肅한 肅正과 淨化 措置를 斷行하면서도 宗敎가 지니는 特殊性과 獨自性을 尊重하는 立場에서 佛敎界 自體의 自律的 淨化와 肅正이 있기를 企待하여 왔던 것이나 相當한 其間이 經過하여도 아무런 自體 淨化의 움직임이나 效果를 나타내지 못할 뿐 아니라 自力으로는 到底히 更生의 힘이 없는 것으로 判斷, 부득이 社會淨化 措置의 次元에서 鐵槌를 加하게 된 것이다.[19]

이 문건에 나오듯 10 · 27법난은 신군부(계엄사, 합동수사본부)가 '사회정화'라는 명분으로 개입, 자행한 사건이었다. 이로써 10 · 27법난의 외인론에 대한 타당성과 지평을 넓힐 수 있는 것이다.

한편 이러한 법난의 외인을 이해함에서는 당시 신군부와 불편한 관계를 갖고 있었던 조계종 총무원 집행부(송월주 총무원장)의 노선, 성격을

18) 『자료집』 1권, 556쪽.
19) 『자료집』 1권, 646쪽.

살필 필요성이 요청된다. 왜냐하면 당시 조계종 집행부는 3년간의 종단 내분을 종식시키면서 새롭게 등장하였지만, 종무 집행의 노선으로 당시 신군부와 갈등을 견지하였기 때문이다. 그 갈등의 내용과 성격을 알아야만 법난이 외적인 요인에 의해서 발발한 것을 더욱 분명하게 파악할 수 있다. 이에 여기에서는 당시 집행부가 등장한 이후에 행한 노선중에서 정부, 군부, 공권력과 연관된 핵심 내용을 제시한다.

- 1980년 4월 26~27일 ; 조계종 중앙종회 개최, 총무원장 송월주 선출
    종정은 미선출
    조계사측의 종무 인수 비협조
- 1980년 4월 28일 ; 송월주, 취임 기자회견
    불교관련 법 개정, 종단개혁, 민족불교 구현 등을 발표
- 1980년 4월 29일 ; 총무원장 문공부에 취임등록 신청, 거절 당함
- 1980년 5월 9일 ; 문공부에 총무원장 취임 등록 재신청(서류 보완)
    장관 지시로 등록 지연(종정 미취임의 이유)[20]
- 1980년 5월 13일 ; 신집행부 승려, 총무원 청사진입
- 1980년 5월 15일 ; 고암스님측, 인수인계 협조로 신집행부 업무 개시
    종단 안정, 우선적으로 조치
- 1980년 5월 24일 ; 조계종단, 광주사태 구호봉사단 파견
- 1980년 5월 30일 ; 조계종단, 광주 민주화운동 발생 직후 광주시민
    지원책 강구 광주시민돕기 대책본부 설치
- 1980년 6월 3일 ; 조계종단, 광주지원을 위해 현지 파견
    광주 현지 방문
- 1980년 7월 ; 조계종 전승려, 분한신고

---

20) 조계종은 총무원장 중심 종헌을 따르기로 합의하였기에 문공부의 등록지연은 핑계로 보인다.
  그 핑계에는 조계사측(고암)의 투서, 이의제기 등이 포함된다. 「소송종결과 총선실시 합의로 종권다툼 타결」, 「화합종단 출범했으나 분쟁 소지 남아」, 「총무원 접수로 조계종 분규 수습」, 『신동아』, 1980년 5·6·7월호.

사찰재산 철저위해, 망실재산 실태조사
- 1980년 7월 20일 ; 불교재산 관련 법, 개정 위해 문공부에 건의
- 1980년 7월 21일 ; 신군부에 협조하는 대한불교총연합회와 전한국
　　　　　　　　 불교회에서 조계종 탈퇴
- 1980년 7월 24일 ; 송월주 총무원장 종단 운영방침, 기자회견(종단을
　　　　　　　　 자주, 자율로 운영) 문공부의 등록지연을 비판, 3대사업
　　　　　　　　 (도제양성, 포교, 역경)을 강력 추진
　　　　　　　　 불교 관련 법 연구하여 개정 검토, 불교의 사회적 기능
　　　　　　　　 강화 고려
- 1980년 8월 14일 ; 불교관계법 개정 5인(이두, 혜성, 종하, 명선, 향
　　　　　　　　 운) 추진위원회 구성, 개정 시안을 문공부와 국보위에
　　　　　　　　 제출키로
- 1980년 8월 ; 전두환 추대 지지에 대한 요청을 총무원장이 거절
　　　　　　　 정교분리, 종단의 자주화라는 명분으로
- 1980년 8월 22일 ; 문공부가 요청한 정화 방법(위원회 구성, 타율징
　　　　　　　　 계 등) 거부21)
　　　　　　　　 자정 방법을 강구(율장, 갈마)
　　　　　　　　 종단 자율로 하겠다는 취지의 공문을 문공부에 발송
- 1980년 8월 26일 ; 조계종 국보위의 지시와 무관하게 독자적으로 자
　　　　　　　　 체정화 추진
　　　　　　　　 정화 추진방안(종단내부의 분쟁 해소, 자질향상, 재
　　　　　　　　 산분규 방지 등) 수립
- 1980년 9월 17일 ; 총무원, 불교 관련법의 개정 시안을 문공부에 제출
- 1980년 10월 20일 ; 조계종단 자율정화 세부지침 확정(5개 항 13개 목)
　　　　　　　　 조계종단 정화추진위원회 구성, 지부 결성22)

---

21) 송월주는 타율적인 정화를 하면 종단 내부에서 소요가 일어나고, 그러면 3년간 내분
　　이 있어 겨우 안정된 종단이 다시 소란이 있을 것을 우려하였다. 22일은 문공부 차관
　　주재로 종교 대표자들을 신라호텔에 초청하여 회의를 가졌고, 25일에는 종교단체
　　실무자 회의를 개최해 정부측 구도대로 정화를 추진하였다.
22) 송월주는 그 추진을 위해 본사에 공문을 보냈는데, 본사별로 자숙하고 스스로 잘하
　　자는 분위기를 조성하는 취지였다고 회고하였다. 즉 송월주는 소극적으로 그 추진

이 같이 1980년 4월 26일에 등장한 조계종단 집행부는 자주종단, 자율종단을 만든다는 취지를 구현하여 당시 문공부와 불편한 관계를 노정하였다. 그 결과 총무원장의 등록은 유보되었다. 더욱이 이런 관계하에서 조계종단은 정부 주도의 정화 추진방안을 따르지 않았고, 신군부를 지지하지 않았으며, 광주 민주화운동이 일어났던 현장을 방문하는 등 여러 측면에서 신군부와 대응관계를 가졌다. 더욱이 혼란한 정치 일정 하에서도 불교 관련 법을 개정하겠다는 도전적인 종무행정을 추진하였다. 그래서 조계종단의 노선은 신군부측에서 동의를 받지 못했다. 결과적으로 조계종단은 신군부가 추구하는 정화를 통한 새로운 질서의 재편 구도에 합류되지 못하였다.

이렇게 당시 조계종단 집행부는 문공부, 국보위 등 공권력과 대응 노선을 가고 있었다. 이에 신군부는 정권장악, 정권 유지를 위해 추진하고 있었던 사회정화 명분으로 조계종단에 대하여 메스를 가하였다. 불교를 정화한다는 사전 기획, 입안이 있었던 터에 조계종단의 노선은 신군부로서는 수용하기 어려운 것이었다. 이제 자연스럽게 신군부가 주도하는 법난(불교정화)은 예정대로 실행되었다.

2) 내인론

10 · 27법난이 발생한 또 다른 원인으로 지적된 것은 이른바 내인론이었다. 내인론이라 함은 불교계(조계종단) 내부에서 법난(타율적인 정화)이 일어날 수 밖에 없었던 요인이 있었다는 것이다. 조계종단 내부의 비리, 모순 등이 산적해 있었고, 종단 스스로 자율적으로 자체 정화를 할 수 없었기에 불가피하게 법난(정화)이 일어났다는 논리이다. 이는 주로

에 임하였다.

법난을 야기한 신군부측에 의해서 제기하였다. 이 같은 논리와 전제에서
불교계 내부에서 자생적으로 신군부 및 정부에 불교계 비리를 정화해 달
라고 요청하는 투서, 건의서가 산적하였다는 사실이 강조되었다. 이와
관련된 해석은 1989년 1월 30일에 있었던 국방부의 「불교 수사경위」라
는 보고서에 나온다.

> ▷ 종단분규가 극도로 악화되는 79년에는 청와대, 문공부, 검찰, 치안
> 본부 등 각 기관에 폭력 및 사기 부정비리를 수사 처벌해 달라는 건
> 의 진정 및 고소 사례가 계속되어 왔음.
> ▷ 79.10.26 계엄이 선포된 이후에는 계엄사에도 진정 및 고소가 쇄도
> 하여 당시 계엄사령관 자문기구였던 계엄위원회에서는 80년 2월
> 자체회의에서 불교계의 문제점에 대한 토의가 있었음.
> ▷ 종단분규에는 원칙적으로 개입하지 않고 불교계 내에서 자체적으
> 로 해결토록 한다는 방침을 세우고 불교계 재산관리 등 제도상의
> 문제점을 보완을 위한 새로운 법규 제정이 필요하다는 등 불교계
> 문제가 계엄업무 현안으로 제기된바 있음.
> ▷ 5·17계엄 확대 조치 이후 국보위가 설치되어 사회개혁에 착수한
> 다는 보도가 나가자 불교계 문제도 국보위로 건의 진정하게 되어
> 불교계의 민원이 국보위에 접수되었음.
> ▷ 국보위에서는 처음에는 개별적으로 민원사건으로 관계기관에 하
> 달, 처리토록 하였으나 계속적인 진정 및 투서가 쇄도하고 사회정
> 화 차원에서 수사해 달라는 스님 및 신도 연명의 진정서를 접하고
> 국보위 사회정화분과위원회에서 우선 각 분야의 자율정화를 촉구
> 함과 동시에 자율정화가 미흡한 분야에 대해서는 정부가 개입하겠
> 다는 의지를 천명하였음에도 불구하고 별다른 진전이 없자 '80년 6
> 월 불교계를 정화 수사토록 합수단에 지시.
> ▷ 수사지시를 받은 합수단은 당시 과중한 계엄 업무 수행으로 수사에
> 착수치 못하고 미루어 오던 중 광주사태 등 주요 사건이 마무리 되
> 는' 80년 10월경 수사에 착수.[23]

이 보고서에 나오는 "진정 및 투서가 쇄도하였다" 혹은 "사회정화 차원에서 수사해 달라고 스님 및 신도 연명의 진정서가 접수되었다"는 내용이 바로 그것이다. 이런 취지는 「불교계 정화수사계획(45계획)」의 목적에서도

佛敎 宗團의 自體 整備 期待가 困難한 非理와 不合理 現象을 宗敎界 淨化 次元과 國民精神 改造 側面에서 拔本塞源하여 佛敎 本來의 護國思想을 浮揚시켜 國歌에 參與토록 誘導코저 함[24]

찾을 수 있다. 이렇게 투서, 진정서에 의해서 불가피하게 신군부가 개입할 수 밖에 없었다는 논리는 법난의 실무 책임자들의 증언, 회고에서도 확인된다. 우선 합수단의 단장이었던 김충우의 입장을 들어보자.[25]

우리가 또 뭐 그걸 사심을 가지고 한 거 아니고 완전히 진정, 투서에 의해서 한 것이기 때문에 들어온 걸 좀 다 보고 또 그 다음에 각계 여론도 좀 듣고. 불교계 또 가서 우리가 팀을 구성해 가지고 했는데 그것도 거기 옛날에 다 나와 있을거다.

그리고 본래 근본 취지는 잘못된 게 없다고 보고 있다. 우리가 불교가 정화시킬 능력이 아직 안되어 있잖아. 총무원이고 뭐고 전부 지금 자기들끼리 싸우고 아직도 안되어 있잖아. 그 당시는 계엄하이기 때문에 그건 완전히 모든 걸 해 놓은 상황에서 그때 개혁하는데 한번 정화 그때 하는 거지, 언제 해요.
그러니까 그때 뭘 하겠냐 하는데 불행히도 제일 진정, 투서가 많고 자기들끼리 싸움하고 문제가 돼서 과거 이승만 박사 시절부터 문제가 있으니까 그러니까 불교쪽에 하는게 좋겠다는 의견에서 그렇게 된 것이지.

23)『한국현대불교운동사 3, 10·27법난편』, 실천불교전국승가회, 1999, 40쪽.
24)『자료집』1권, 628쪽.
25)『자료집』2권, 377~385쪽에서 발췌 인용.

불교계도 제가 볼 때에는 그렇다. 지금 와서 솔직히 따져 보면은 참 70, 80% 대세는 완전히 한번 혼내야 된다는 쪽이고 정화차원에서. 근데 우리가 더 치밀하게 더 많은 연구를 해 가지고 시간이 더 있었으면 될텐데. 그렇게 안 되었기 때문에 에러가 좀 많아서 한 20, 30%는 문제가 있었다고 저도 본다.

이렇게 실무 최고 책임자이었던 합수단장 김충우는 법난이 투서에 의해서 시작되었으며, 일부 시행과정에 문제가 있었지만 정화(법난)는 대체적으로 잘 되었다고 보았다. 이런 해석은 법난의 준비 작업에 참여한 보안사의 양근하도 같은 의견을 진술하였다.[26]

그게 마련되어 있기보다도 투서, 진정서들이 들어와서 다 들어온 것으로 했거든요. 270 몇 건인가, 나는 기억에 없지만. 그걸로 전부 이뤄진 것으로 되어 있다. 결정이라는 건 국보위에서 내려온 진정, 투서 들어온 거 전부 다 받아 가지고 한거다.

그 당시 국보위에서 내려와 가지고 나한테 자문이라기보다도 와서 의견을 물었을 적에 내가 처음에는 굉장히 그거를 했다. 왜 불교만 하느냐, 그런걸 내가 한번 나름대로 그걸 해야 될거 아니냐. 그래서 그건 사실이고, 정화를 해 달라는 그 자체 그 당시 시대적 배경 말이죠.
그걸 전부 불교 신도회 하고 스님들, 고승들 찾아가서 쭉 보니까 정화의 필요성은 있다 하는 그런 어떤 분위기를 띄워서 내가 전달해준 그거고. 그런 시대적 배경은 그게 돼서 그거거든요. (중략) 그 당시 그런걸 다 접근을 해가지고 시대적 배경 이런 것을 느껴 가지고 그런 필요성을 얘기했지.

내가 기독교도 해야 되지 않느냐고 그랬거든. 그러니 이거는 기독교는 무슨 건이 있어야 하지 말로는 할 수 없고 객관적으로 뭐가 들어와야 진정이 들어오고 투서가 들어와야 되는거 아닌가. 그런게 없었다. 이거는

---

26) 위의 자료, 358~375쪽에서 발췌.

어떤 기획에 의해서 한게 아니고 객관적으로 국보위에 투서, 진정에 의해서 단순하게 한거다. 그거는 뭐 어떤 기획을 갖고 기획적으로 뭐 이걸 하라 하는게 있는진 모르겠는데 내가 그런 단계까지는 기독교 쪽까지는 모르겠다. 나는 불교 오더 떨어진 거 대해서만 단순하게 했던 거다.

양근하도 역시 투서, 진정서 해결의 차원과 불교계 내부의 필요성에서 법난이 시작되었다고 발언하였다. 김충우, 양근하의 논리는 실무대책반 반장의 역할을 한 전창열 발언에서도 나온다.[27]

다만, 수사 진정서들이 많이 올라왔는데 그 사람들에 대한 곧 수사가 착수가, 진정서 처리 차원에서 불교계의 비리를 척결하고 그 다음에 종단 분규를 발본색원하는 그런 수사, 그 정도의 추상적인 얘기만 들었어요.

처음에는 모른긴 했지만 수사 착수한다고 했을 때는 그 당시에 불교계에서 한 3, 4년간 조계사파하고 개운사파하고. 그래서 종단 분규가 오랫동안 지속이 되었었잖아요?
그래서 생각하는 불교신자들로 하여금 많은 실망을 주었던 것도 사실이고, 그런 것이 하루 빨리 어떻게 해결이 돼서 종단이 정상화되기를 바라는 염원이 있었던 것은 사실이고. 또 종단 주변의 폭력배라든가, 폭력성, 일부 그것도. 그런 분들이 있기 때문에 아마 그런 차원일 것이다 하는 걸로 설레는 마음으로 맨 처음에 들어 갔어요.

전창열도 분규(투서)를 법난(수사)의 계기로 언급하였다.[28] 그리고 당시 문공부의 종무관으로 불교 문제에 관여하였던 담당 공무원인 한영수도 이렇게 회고하였다.[29]

27) 위의 자료, 386~404쪽에서 발췌.
28) 전창열은 1981년 1월 19일의 임시 중앙종회에서도 이 같은 주장을 하였다. 『7대 중앙종회 회의록』, 조계종 중앙종회, 2002, 45쪽. 즉 그는 종단내 인사들이 서로 헐뜯고 중상모략하는 투서행위를 하는 일이 너무 많았다는 것을 느꼈다고 발언하였다.
29) 『자료집』 2권, 528쪽, 542쪽에서 발췌.

그리고 우리나라에 큰스님이고 중진스님이고 훌륭한 스님도 중상 모
략 안 받은 그런 사람이 없습니다. 그걸 보고 한다는 것이 그건 잘못이라
이거에요.

그 다음에 군에서는 그걸 봐가지고 그 투서에 의해서 중점적으로 한거
아니냐. 그러니깐 수습할 대상도 아무도 없는 거에요. 그러니깐 다 보안
사 데려가고 다 데려갔단 말이에요. 그러니깐 누가 수습할 겁니까? 그러
다 보니까 너무 일이 확대가 되고 감당 못하니까 우리 문공부에 나를 차
출한거 아닙니까?

진정서 그것 때문에만 된게 아니지만 외형적으로 불교의 분규가 심화돼
가지고 시민들에게 국민들에게 의해서 좋지 않은 반응을 보였다. 그것도
중요한 원인이 되는 거지. 게다가 이런 투서가 자꾸 올라오지. 소재가 있지
그러니까. 그런 것이 취합이 돼서 한게 아니냐. 다른 요인은 볼 수가 있나.

이렇듯 법난의 내인론, 즉 내적인 발생 배경에 투서, 진정서가 자리잡
고 있었다. 그래서 10 · 27법난의 발생, 원인에서 투서, 진정서30) 문제를
배제할 수 없다. 이런 배경으로 인하여 1989년 1월 30일에 국방부 주최
로 열린 법난 설명회에서도 법난의 근거가 불교계의 투서, 진정, 고발이
라는 주장이 논란되었다.31) 10 · 27법난에 대한 내인론은 이렇게 법난을
자행한 신군부, 법난 실무자 등에 의해서 강조되어 왔다.

그런데 이 문제가 보다 본격적으로 거론된 것은 1989년 말과 1990년
초반이었다. 그 당시 은해사 기기암의 승려, 휴암은 1989년 10월 20일에
『승가의 양심과 불교탄압의 문제』라는 소책자(비매품)를 제작하여 불교
계에 배포하였다. 휴암의 그 책자는 당시 동국대 총장 구속에 대한 불교

---

30) 당시 전남지역 군부에 있었던 허장환은 아침에 출근을 하면 책상위에 각종 투서가
　　1미터 정도 쌓여 있었는데, 그 중에서 불교계 탄원서도 눈에 띄었다고 증언했다. 『자
　　료집』 2권, 431쪽.
31) 「첫 법난 규명 시도 이모저모」, 『주간불교』 1998.2.10.

도들의 반발에 나타난 현실인식(탄압)에 대한 이의를 표출하는 목적에서 나왔다. 그 책자는 불교계에서 적지 않은 논란을 야기하였는데,[32] 휴암은 불교계에서 회자되고 있는 불교탄압이라는 구호에 대해 강한 불만, 이견을 갖고 있었다.[33] 이런 입장에서 그는 10 · 27법난도 10 · 27사태라고 부르는 것이 승가로서의 바른 태도, 양심이라고 주장하였다. 휴암은 10 · 27법난의 연유를 다음과 같이 피력하였다.

> 나는 10 · 27 사태는 당시의 전두환세력이 그들의 군사쿠데타를 정당화 하기 위해 제창한 새시대 구현과 정의사회 구현이라는 구호에 대한 정당한 명분을 확보하기 위해 혈안이 되어 있었던 그들의 정치적 동기에 그 연유를 두고저 한다.[34]

즉, 신군부 정권의 명분확보에서 나온 것으로 이해하였다. 그러면서 그는 신군부들이 그렇게 할 수 있었던 동기와 유혹의 소재를 제공한 주체는 불교계와 승가인 자신이라고 주장하였다.

> 그 유혹의 구체적인 소재의 첫째가 바로 당시의 승려에 대한 투서들이

---

32) 「누가 불교를 탄압했단 말인가, 휴암스님 『승가의 양심』 소책자 통해 통렬히 비판」, 『불교신문』 1990.1.17.

33) 그런데 휴암은 1987년 3월에 펴낸 자신의 저서 『한국불교의 새얼굴』(대원정사)의 「책머리에 붙이는 말」에서 10 · 27법난에 대해 "나는 10 · 27 사태조차도 이 정권이 불교를 탄압한 것은 아니라고 본다. 그보다는 불교를 무시하고 깔본 것이라고 보고싶다. (중략) 다만 그 당시에 불교계로부터 들어온 미증유의 천수백통의 투서에 용기를 얻어 불교계를 정화하면 정치적으로 국민과 여론의 지지를 얻을 수 있을 것이라는 순전히 정치적인 타산에서 군대식으로 반문화적인 방법의 모험을 감행한 것이요, 자기네가 새시대 새정치를 여는 진정한 혁신세력이라는 이미지를 국민들로부터 최대한 확보하고자 하는 타산에서 불교를 일회적 소모품으로 선전했던 것 뿐이지 그 이상도 그 이하도 아니었다고 생각한다"고 서술하였다. 즉 그의 10 · 27법난에 대한 입장은 우연히 나온 것이 아니었다.

34) 『승가의 양심과 불교탄압의 문제』, 12쪽.

었고 또 70년대가 저물도록 우리의 승가가 분쟁으로 눈을 뜨고 분쟁으로 하루를 마감하는 끝도 없는 문제의 집단이라는 인상을 국민적으로 심어 주어 이런 집단에는 어떤 메스를 가해도 국민들이 그것 참 시원하다는 반응을 보이지 않을까 할 정도로 자신의 사회적 위신을 스스로 한없이 추락시켜온 우리의 승가였다는 사실이 그 두 번째 이유로 들 수 있으리라는 것이다.35)

휴암은 법난(사태)이 일어난 요인을 승려에 대한 투서, 승가의 내분이라고 단정하였다. 그러면서 그는 당시 전두환세력이 일천수백 통의36) 투서를 접하였다고 보고, 그 투서들을 통하여 승가 내부의 사정을 속속들이 알게 되었다고 보았다. 이에 그 투서들을 통해 사태(법난)를 일으킬 수 있는 자신감, 국민들로부터 정치적 신선감을 얻을 수 있다는 호기심을 갖게 되었는데, 그 같은 유혹을 제공한 당사자는 '승가인 자신들'이라고 강조했다. 이 같은 휴암의 주장에 대하여 세계평화법회사인 법전은 『불교신문』에 「休庵스님, 『승가의 양심과 불교탄압의 문제』를 읽고」라는 기고문(1990.1.31)에서 내인론은 근시안적인 주장이라고 이의를 표하면서, 법난이 일어난 양 측면을 다 보아야 한다고 주장했다. 그리고 청룡암 주지인 지명은 『법보신문』의 「특별기고, 對外的 護法과 對內的 自省 구별

---

35) 위의 책, 5쪽.
36) 투서는 보통 200여 통, 400~500여 통으로 말한다. 그러나 휴암은 법난 직후 등장한 정화중흥회의의 위원 및 재무부장을 역임하였기에 그의 발언은 일정한 근거에 의해서 나왔을 가능성이 크다. 이에 대해서 김충우는 국보위 민원실에 투서가 산더미처럼 쌓여 있었다고 하였고, 양근하는 1천여 건의 투서가 들어 왔다고 발언하였다. 유응오, 『10·27법난의 진실』, 화남, 2005, 173쪽 참조.
그렇지만 지금껏 투서, 진정서가 대략 몇 통이라는 신뢰할 수 있는 근거는 없었다. 정부 당국에서도 이에 대한 자료를 제시하지 않았다. 다만 1989년 4월 6일에 열린 10·27 관련 국회문서 검증에 따르면 당시까지 남은 것은 14건이라고 하였다. 국방부 과거사진상 규명위원회에서는 53건을 확보하였는데, 그중 18건만이 법난 이전의 것이라고 발표했다.

해야」라는 글(1990.2.5)에서 휴암의 논리를 비판하였다. 이에 대해서 휴암은『법보신문』의 기고문「反省은 깊이 할수록 좋다」라는 글(1990.3.5)에서 자신의 입장을 재차 강조하였다.『법보신문』지면에서의 휴암과 지명의 논쟁은 결과적으로 법난의 발발 원인에 대한 문제를 심화시켰다. 이 논란으로 인해 법난의 내인론이 퍼져나갔다.

법난의 내인론은 곧 진정서, 투서로 상징되는 불교계 내부의 분쟁, 분규, 부패가 법난의 본질이라는 것이다. 이런 불교 내적인 원인이 있었기에 신군부는 불가피하게 불교 수사 차원에서, 사회정화와 불교정화 차원에서 불교의 문제를 적법하게 대응을 하였다는 것이다. 다만, 수사과정에서의 실수, 문제점은[37] 시인한다는 논리였다.

3) 법난의 배경

10 · 27법난의 배경은 전술한 바 있는 법난의 외인론과 내인론에서 찾을 수 있다. 다시 말자면 외인론과 내인론을 부정하고서는 법난의 배경을 논의할 수 없다. 그런데 지금까지는 외인론을 주장하는 경우는 불교계 외부의 요인만을 강조하고, 내인론을 주장하는 경우는 불교계 내적인 요인만을 강조하는 경향이 적지 않았다. 필자는 외인론과 내인론을 함께 살펴야 한다는 입장이다. 어떤 역사적 사건, 사태, 운동을 역사적으로 이해하기 위해서는 그에 연관된 원인, 배경을 공정하게 분석의 대상으로 취급해야 한다. 그 후에는 그 원인과 배경을 논리적으로, 객관적으로 설명하여 진실 및 본질에 다가서야 한다. 모든 사건, 사태의 근원에는 본질이 있고, 사건의 실체와 연관된 다양한 요인이 있다. 이런 역사적 이해 및 분석의 상식, 사건의 인과관계 및 논리에 의해 설명을 해야 한다. 그

---

37) 과잉수사, 과장보도를 말한다.

러면서도 각 원인에 대한 주안점, 강조점 등에 대해서도 적절한 평가가
뒤따라야 한다.

이런 전제하에서 필자는 10·27법난의 배경을 최우선적으로 외인론
을 강조한다. 즉 불교계 외부의 신군부의 기획, 의도, 조치, 실행이 있었
기에 법난이 일어났다는 것이다. 설사 불교계 내부에 부패, 분규의 요인
이 있었어도 신군부가 등장하지 않았으면, 신군부가 그런 정책과 의도를
갖고 있지 않았으면, 그런 방법으로 하지 않았으면 법난은 결코 일어나
지 않았을 것이다. 이와 관련해 법난을 다음과 같이 설명한 유승무의 글
은 시사하는 바가 있다.

> 오히려 제5공화국 정부가 자신의 정권을 유지하기 위한 통치이념을
> 생산하고 그것을 실현하기 위해 사회정화법이란 전무후무한 법을 제정
> 하여 국보위라는 폭력적 국가기구를 통해 불교계의 정화란 미명하에 폭
> 력을 행사한 국가폭력이다.[38]

요컨대 신군부, 국보위, 합수단이 행한 국가폭력이었다는 것이다. 그
래서 필자는 10·27법난의 미시적 배경을 우선적으로는 신군부의 등장,
활동, 부적절한 법 집행, 정교분리에 반하는 정책 등과 그것이 구현된 기
간, 즉 10·26사태(박정희 시해사건)이 일어난 1979년 후반부터 1980년
10·27법난이 일어나기까지의 1년간 정치 상황을 법난의 배경으로 본다.

다음으로 법난의 배경으로 고려할 측면은 법난의 내인론에서 제기된
불교계 내부의 분규이다. 진정서, 투서로 대변되었던 불교계 내부의 분
규, 분쟁, 갈등이 법난의 원인과 배경이 되었던 점을 간과할 수 없다. 지
금껏 신군부와 법난 실무자들이 자신들의 행동과 논리를 합리화 하려는
과정에서 그 요인을 강조하면서도, 그에 대한 설명이 부족하였다. 법난

---

38) 위의 유승무 논문, 『자료집』 1권, 57~58쪽.

의 배경을 성찰의 자세로 접근해야 한다는 휴암의 논리도 부정할 수 없다. 법난의 원인, 배경으로 불교계 내부의 분열, 분규로 지적하였던 경우도 법난 직후에 있었다. 여기에서는 그에 대한 자료를 제시한다. 법난 직후, 조계종의 기관지인 『대한불교』의 사설(1980.11.23), 「불교인의 자각과 반성」이라는 글에서는 법난의 원인을 다음과 같이 설명하였다.

> 2년 6개월동안 싸움으로 수많은 삼보정재는 재판비용으로 탕진되었고 신도들까지 어쩔 수 없이 등을 돌리는 일이 생기자 금년에 들어 화합하여 새로운 집행부를 탄생시켰으나 종정 추대를 하지 못한채 출범, 초기부터 파행적 운영을 자초하였던 것이다.
>
> (중략)
>
> 사실 근래 우리 불교는 불타정신에 입각하여 개인의 자각과 중생구제에 몰두하였다기보다 명분이 없는 유형적 재산 싸움에만 급급하였고 나아가서는 종권을 쟁취하기 위해 폭력까지 동원하는 일이 자행되어 왔던 것도 부인할 수 없고 크고 작은 사찰 주지를 놓고 문벌 간에 치열한 경쟁을 일삼기도 하였다.
>
> 이런 결과로 인해 한국 불교는 일찍이 없었던 상호불신 풍조가 만연하여 종교의 공신력까지 상실하게 되었던 것이다.

즉, 불교계 내부의 분열, 혼란이 극심하였음에서 찾았다. 그 결과 불신 풍조 만연, 사회로부터의 공신력 상실, 내부의 부패, 자정기회의 상실 등이 불교계에 있었다.

그런데 이러한 원인은 미시적으로는 1970년대 중반 이후부터 조계종단 내부의 갈등, 재판 속출, 종권 대립의 역사에서 나온 것이다. 그렇지만 그보다는 더욱 근원적인 배경에서 법난, 즉 강제적인 정화를 당한 것이라고 보는 입장도 있었다. 예컨대 법난 직후 등장한 정화중흥회의 상임위원장인 탄성이 법난의 원인을 묻는 기자의 질문에 한국불교는 그동안 조선불교의 탄압과 왜정시대의 불교 속화정책, 8 · 15 해방 후 비구, 대처의 시비가 법적인 정화에만 그치고 여기에서 파생된 문제점이 너무 많은데다 내적으로는 물질주의가 팽배해 바람직한 승가상 정립에 실패했기 때문이다.[39]

라고 답한 것에서 찾을 수 있다. 요컨대 근현대 불교사의 모순 특히 불교정화운동의 실패에서 기인하였다는 것이다. 박탄성의 이러한 입장은 정화중흥회의 의장이었던 박기종이 승려들이 맡은 소임을 소홀히 한 것과 수행자의 자세를 지키지 못한 결과라고 본 것과[40] 같은 맥락이다.

불교계 내부의 분열, 부패, 정체성 혼미 등이 결과적으로 법난의 원인이었으며, 그것이 신군부에게 빌미를 주었다는 인식이다. 이러한 인식은 법난이 일어난지 10년이 지난 후인 중앙승가대 신문사가 법난 12년을 맞아 학인, 동문 승려, 신행단체장, 동국대 불교대생 등을 대상으로 한 「10 · 27 법난과 불교 자주화에 대한 설문조사」에서도 나타났다. 즉 불교계의 부패가 전두환 정권의 사회정화라는 명분에 빌미를 주었기 때문이라고 법난의 원인을 이해하였던 인식이 지배적이었다.[41]

지금까지 살핀 내용을 정리하면, 10 · 27법난은 불교계 외부의 신군부 등장, 신군부의 정화에 대한 정책, 불교계에 대한 불법자행 등의 외적(정치, 사회)인 배경과 함께 1970년대 불교계 내부의 분열, 대립에 나타난 모순(정화운동의 후유증, 정화정신의 소멸)을 배경으로 볼 수 있다.[42] 여

---

39) 「박탄성 상임위원장 회견」, 『대한불교』 1980.11.16.
40) 위의 자료, 「인터뷰, 정화중흥회의 기종스님」. 당시 불교계에서 "드디어 올 것이 왔다"고 개탄한 다수의 승려들이 있었다.
41) 「현 교단 상황 '제2법난' 위기감」, 『법보신문』 1992.11.2.
　　「교단부패가 원인 59.1%」, 『불교신문』 1992.11.4.
42) 1962년 통합종단 설립 이후부터 1970년까지는 정화정신을 계승, 구현하려는 승가의 노력이 있었다. 그러나 정화운동의 상징인 청담스님의 입적(1971)후 종단은 갈등 구도로 변했다. 1960년대 정화정신 계승에 대한 고찰은 다음과 같다.

기에서는 이와 같이 법난의 배경을 간략히 언급하는 선에서 마무리를 짓거니와 법난의 배경은 더욱 다양한 자료, 관점에서 천착해야 됨을 지적한다.

3. 불교의 과제

여기에서는 10 · 27법난에 나타난 문제를 직시하면서 불교계가 향후에는 10 · 27법난과 같은 불행을 겪지 않기 위해서 고민할 문제를 추출하려고 한다. 이 점에 대해서도 정밀하게 분석되어야 하겠지만 여기에서는 그 개요만 살핀다.

첫째, 불교 자주화의 문제이다. 불교 자주화는 불교의 운영, 노선, 지향 등을 불교인 스스로 결정하고 행동함을 말한다. 그러나 지난 근현대 불교사를 조망하면 이에 반한 행동이 적지 않았다. 불교가 자주화에 투철하지 못한 것은 조선시대 산중불교의 영향, 일제의 식민지 불교의 영향이 우선 거론된다. 인사권과 행정권을 일제에게 피탈당하였던 사실(사찰령 체제),[43] 해방 이후 불교정화운동 당시에 공권력에 의존, 정화운동기와 1960년대에 불교계 내부의 문제를 사법부에서 해결해 달라고 요청하였던 수많은 재판송사, 1970년대 종단의 종권 다툼시의 송사 등등 이루 헤아릴 수 없었던 역사적 사실이 있었다. 이런 구도하에서 승려들은 행정부, 사법부, 공무원에게 다양한 진정서, 투서를 제출하였다.

김광식, 「이청담과 조계종 유신재건안 연구」, 『새불교운동의 전개』, 도피안사, 2002.
_____, 「선림회의 선풍진작과 정화이념의 계승」, 『승가교육』 6, 2006.
_____, 「김서운의 종단정화와 그 특성」, 『한국현대불교사연구』, 불교시대사, 2006.
_____, 「제2정화운동과 영축회」, 『정토학연구』 10, 2007.
43) 이때부터 승려들은 진정서, 투서를 인사권 및 행정권의 책임자인 조선총독과 도지사에게 제출하였다.

이런 과정을 겪으면서 승려들은 자연스럽게 국가, 공권력, 국가의 법에 의존하였다. 이렇게 불교와 종단의 문제를 불교 외부로 가져가서 해결하는 관행이 굳어졌다. 그런데 이럴 경우 불교계 내부 및 종단에 모순이 있거나, 문제가 생기거나, 취약할 경우에는 국가, 공권력으로부터 침해를 당할 소지가 다분하다. 요컨대 10·27법난과 같이 권력의 부당한 개입을 당할 수 있는 것이다. 이런 구도에서는 불교 및 종단의 위상이 미약할 때,[44] 외부의 힘에 의하여 불교계 전체가 흔들릴 수 있다. 따라서 불교 자주화의 지향이 불교의 최우선적인 과제가 되어야 한다.

둘째, 불교 내부의 문제는 불교권 안에서 해결되어야 한다. 불교계 내부의 각 종단에는 종헌, 종법이 존재한다. 문제가 생기면 종헌, 종법에 의거하여 해결하는 것을 원칙으로 삼아야 하고, 그렇게 운영을 해야 한다. 이런 원칙은 종단, 사찰, 불교단체에서도 동일하게 지켜져야 한다.

---

44) 10·27법난 직전의 조계종단 집행부의 위상(힘)도 취약하였다. 물론 송월주 총무원장을 비롯한 중앙에서 소임을 보던 승려들은 불교 자주화에 신념을 갖고 종무에 임하였지만 조계사파의 비협조, 제방에서의 후원 미약 등으로 인하여 어려움을 겪었다. 1980년 11월 23일의 『대한불교』 보도에서는 이를 "새 집행부는 종단 현실을 파악하지 못하고 무사안일에 빠져 자파세력 확대에만 급급하고 있었기 때문에 역사적 소명의식에 부응하지 못하고 종단이 타율적으로 정화를 당하는 불행을 자초하게 된 것이다"고 평을 하였다. 이 문제에 대하여 휴암은 법난직후 풀려난 총무원장인 송월주가 총무원에 와서 "이번 사태가 일어난 것은 종단적으로 불행한 일이지만 자기 개인적으로는 도리어 다행인 측면이 없지 않은 정도라고 하면서 당시에 송원장 체제가 출범한지 7개월째 만에 무너졌는데 그때 그런 사태가 일어나지 않았더라면 당시에 제방의 각 본말사에서 재정적 협조가 올라오지 않아서 스스로 운영의 한계에 부닥쳐 조금만 더 있었다면 송원장 자신의 체제가 스스로 자동붕괴 될 정도의 곤경에 몰리고 있었다고 했으며 그렇게 됐다면 송월주 개인이 무능하다는 소리를 들었을텐데 때마침 외부적인 요인에 의해 자신이 타율적으로 강요당해 무너진 격이 되어 최소한 개인적인 불명예의 낙인은 모면할 수 있었다는 의미에서 자기 개인적으로는 이번 사태가 오히려 다행인 측면도 없지 않았다 할 정도의 제방의 협조 부재로 당시의 총무원이 곤경에 몰려 있었음을 송원장 본인은 스스로 시인했던 일을 본인은 생생히 기억하고 있는 것이다"라고 서술했다. 위의 휴암 책, 16~17쪽.

작금에도 불교계에서는 종단의 테두리를 벗어나서 사회법에 제소, 해결하려는 행동이 나온다. 이런 문화와 사고가 근절되어야 한다.

셋째, 불교 고유의 전통을 회복하고, 그를 근간으로 생활해야 한다. 불교계 내부의 문제 해결시에는 종헌, 종법의 기준에 의거하여 판단해야 하지만 종헌과 종법으로 해결할 수 없는 문제가 다수 나온다. 이럴 경우에는 불교의 전통, 각 본사 전통, 문중 전통으로 문제점을 해결해야 한다. 예컨대 대중공사, 율장, 청규, 관행, 가풍 등의 불교의 유산을 활용하고, 그 전통을 복원해야 한다.

넷째, 승려, 승가, 종단의 수행풍토가 토착화 되어야 한다. 요컨대 승가, 승단의 청정성이 제고되어야 한다. 승가, 승단이 승가답고, 승단다워야 한다. 불교계 구성원들에게서 혹은 불교계 외부의 언론, 시민에게서 불교가 불교의 역할을 하지 못하고, 수행하지 않고, 청정성이 없다는 비판을 받게 되면 그것은 곧 불교와 종단의 치명상이다. 수행풍토를 진작하는 것이 법난을 극복하는 첩경이다.

다섯째, 승려, 승가, 종단은 사회의식 고취와 중생구제에 적극 나서야 한다. 승가, 승단은 세상 변화에 대해서 관심을 기울이고, 국가 및 사회의 공동체에서 불교가 할 일이 무엇인가에 대해서 진지한 물음을 해야 한다. 이런 행보를 갈 때에 불교의 존재 가치가 그 사회에서 굳건해진다. 민족과 국가의 아픔에, 공동체의 문제 해결에 불교가 나서야 한다. 그러지 않고서는 사회 변화를 따라 갈 수 없다. 사회변화를 모르고, 사회에 기여하지 않는 불교는 언제인가 배척당할 여지가 크다. 요컨대 불교는 불교 본연의 중생구제, 호국불교, 민족불교로 나서야 한다. 불교만의 이익 추구를 잊을 때에, 불교는 다시 살아날 수 있다.

여섯째, 종단 및 사찰의 운영에 재가신자들의 참여를 보장할 수 있는 제도적 장치를 만들어야 한다. 이 문제는 지난 수십여 년간 논란이 되어

온 문제이다. 그러나 최소한의 성과도 없었다고 보는 것이 솔직한 답변이다.[45] 법난을 유발한 진정서, 투서를 유발한 당사자에는 신도들이 적지 않았다. 이들은 종단, 사찰, 승려들에 대한 불만이 있었기에 그런 행동을 하였다. 재가신도들의 종단 및 사찰운영에의 참여는 어떤 형태로 제도화가 이루어져야 할 것으로 본다.[46]

지금까지 법난의 문제점을 해소하기 위해, 법난에 드러난 문제점을 대별하여 보았다. 이 문제들은 법난 발발 이후 1980~1990년대의 개혁, 개선, 진보의 과정에서 논란되었고, 반영된 것도 있다. 그러나 이를 적극적인 역사적 과제로 끌어 안을 때, 법난에서 역사적인 교훈을 얻을 수 있을 것이다.

4. 결어

지금까지 10 · 27법난의 발발 원인, 배경, 과제를 불교사적인 관점에서 살펴 보았다. 필자의 이 글은 필자의 10 · 27법난 연구의 첫출발이다. 그리고 10 · 27법난에 대한 불교사적인 탐구의 시론의 성격을 갖는다. 이에 적지 않은 문제, 한계가 내재함을 자인한다. 이 점은 지속적인 자료수집, 연구로 보완할 예정이다. 그러면 추후 이 분야 연구에 유의할 점을 제시하는 것으로 결론에 대한다.

첫째, 지속적인 자료수집을 하고, 자료집을 발간해야 한다. 현재까지

---

45) 1994년 종단개혁으로 재가신도들을 해당 사찰의 사찰운영위원회에 참가하도록 하였지만, 이는 유명무실하다.
46) 그 대표적인 주제가 지난 40여 년간 회자된 재가자의 종회의 참여이었다. 정화 중흥회의를 추진한 전창열도 중흥회의에 재가자 10명을 포함시키려 하였으나 큰스님들의 반대로 성사시키지 못했다.

수집한 자료들은 불충분하고, 제한적인 자료들이다. 당시 국보위에서 행하여졌던 다양한 문건들을 수집해야 한 다. 조계종의 진상 규명 및 명예회복추진위원회에서 발간한 2권의 자료집은 최초의 자료집이라는 위상을 갖지만 미흡한 측면이 있다. 수집 및 발굴된 자료들도 일부분만 편집을 하거나, 노출된 대상 자료들 중에서도 누락된 경우가 많다. 추후에는 보다 완벽한 자료집이 발간되어야 충실한 연구가 가능함을 지적한다.

둘째, 구술 증언에 유의하고, 그 성과물을 자료집으로 발간해야 한다. 현재 추진위원회에서 발간한 자료집에는 다수의 증언 자료가 수록되었다. 그런데 그 자료는 문화방송(MBC)의 특집 방송을 위한 취재과정에서 나온 것을 녹취하여 정리한 것이다. 여기에 상당한 한계가 있다. 그 인터뷰를 진행한 담당 PD가 법난에 상당한 지식을 갖고 진행하였지만 아무래도 비전문가로서의 한계가 노정되었다. 최근 증대되고 있는 구술사 분야의 연구서, 이론서, 성과물을 섭렵하고, 10 · 27법난에 대한 총체적인 지식을 겸비한 전문가에 의해서 진행되어야 한다.

셋째, 법난에 대한 연구 활동이 추진, 보장되어야 한다. 10 · 27법난에 대한 진실 규명, 명예회복, 학문적 연구, 기념관 및 교육관 설립 등은 이제 출발한 상황이다. 이런 사업이 효과적으로 진행되기 위해서는 전문적인 연구소의 설립을 검토해야 한다. 그 연구소는 전문 연구진의 포진, 연구 예산의 투입, 자료의 보관, 자료 및 구술 증언 자료 수집, 연구서 및 대중서 발간, 교육프로그램 제작을 담당해야 한다. 연구소가 어렵다면 연구를 추동하는 조직체에서 연구 사업이 수행될 때 진정한 의미의 역사찾기, 기념사업이 가능하다.

넷째, 정기적인 학술 행사가 이루어져야 한다. 기념 세미나, 다양한 측면에서의 연구와 학술행사가 이루어져야 한다. 이런 여건하에서 광주 민주화운동, 제주 4 · 3사건, 동학농민운동 등 유사 분야와의 비교연구, 외국의 유사 사례와의 비교 연구 등 다양한 연구, 학술행사가 가능할 수 있다.

지금까지 추후 10 · 27법난에 대한 연구가 활성화 될 수 있는 방안을 제시하여 보았다. 이 측면이 단시일 안에 모두 달성될 수는 없겠지만, 이런 방향 감각을 갖고 사업이 추진될 때 법난 기념사업은 가능할 것이다. 필자가 제시한 내용 이외에도 다양한 관점이 있을 것이다. 10 · 27법난의 유관 학자들의 적극적인 동참과 관련 위원회 및 기관의 후원을 기대한다.

10 · 27법난의 역사적 교훈과 사회적 과제

1. 서언

10 · 27법난이 일어난지 어언 30년이 되었다. 30년은 강산이 변한다
는 말처럼, 10 · 27법난(이하 법난으로 약칭함)에 대한 제반 개요, 성격,
진실 규명, 자료 발굴, 언론보도, 명예회복, 종단과 국가에서의 입장 및
대응, 기념 사업 등등이 정말로 쌍전벽해와 같이 변하였다. 일반적으로
역사에 대한 평가는 30년 후에나 가능하다는 역사학의 관행을 고려하면
이제부터 법난에 대한 본격적인 학술적인 접근, 해석 등이 요청되는 시
점이라 하겠다.

한편, 이런 30주년에 즈음하여 법난 그 세부적인 내용에 들어가 보면
아직도 해결하지 못한 많은 문제점이 자리하고 있다. 그 문제점은 단시
일 안에 해소될 것도 있지만, 지속적으로 제기될 수 밖에 없는 중요한,
결코 간과할 수 없는 문제점 및 과제가 있다. 그 대상중의 하나가 법난의
진실(사실)의 규명, 성격 검토, 역사적 의의에 대한 평가 등이다. 이러한
주제들은 추후 다양한 관점, 시각에 의해서 지속적으로 재검토 될 전망
이다.

그런데 위와 같은 재검토, 지속 연구 등은 관련 자료의 수집 및 분석에 의해서 가능하다. 자료의 신규 수집, 발굴, 재분석 등이라는 기본 작업과 새로운 관점, 연구 환경 등이 결합될 때에 법난 연구는 활성화될 것이다. 때문에 지금부터라도 자료수집, 자료집 발간, 그에 근거한 학술사업은 결코 간과할 수 없는 과제이다.

바로 이와 같은 전제와 배경하에서 본 고찰의 주제인 법난의 역사적 교훈과 사회적 과제의 도출, 실천이 가능하다고 하겠다. 물론 현 상황에서도 역사적 교훈 찾기, 사회적 과제의 모색은 가능하다. 그러나 미진한, 애매한, 부족한 자료수집이라는 현실에서의 역사해석, 의미 부여, 교훈과 과제의 찾기는 적지 않은 문제점을 유발할 수 밖에 없다. 더욱이 법난에 대한 사부대중의 기본적인 사실의 이해 부족, 나약한 역사의식, 투철하지 못한 성찰의식 하에서는 더욱 더 그러하다.

그렇지만 본 고찰이 법난 30주년에 즈음하여 개최되는 학술행사에 발표하는 논고라는 점을 고려하여 현재까지 노출된, 진행된 법난의 제반 내용, 기념사업의 성과를 수용하면서 논지를 전개하고자 한다. 그래서 우선 필자가 법난의 원인과 배경에 대한 연구를 수행하면서 느낀, 추후 이 방면의 연구에서 유의할 점을 자료수집, 역사해석의 관점에서 몇 가지의 문제를 제기하려고 한다. 그 연후에 법난에서의 교훈을 찾아보려고 한다. 그리고 사회적 과제의 도출에 있어서는 그간 미시적인 관점에서 바라본 법난의 결과 및 영향을 광의의 관점으로 전환하여 살펴보려고 한다. 필자는 법난을 1960~1970년대 불교사의 종착점이었고, 1980~1990년대 불교사의 출발점이라고 피력한 바가 있다.[1] 이런 관점에서 법난을 조망할 경우, 법난으로 야기된 제반 모순과 문제점을 극복하기 위한 다양한 대안이 도출될 수 있다.

---

1) 김광식, 「10·27법난의 발생 배경과 불교의 과제」, 『불교평론』 44, 2010, 240쪽.

이와 같은 입장에서 본 고찰의 논지를 전개하려고 하거니와 미진한 점은 지속적인 자료수집, 연구로 보완해 나갈 예정이다. 필자의 논지, 서술 등에 문제가 있다면 선학제현의 질정, 비판을 받아 수정, 보완하고자 한다.

2. 법난 연구를 새롭게 하기 위한 몇 가지 문제

법난에 대한 지금까지의 서술 및 해석, 역사 찾기, 의미 부여하기 등은 주로 법난에 직접, 간접으로 피해를 본 관련 당사자들에 의해서 진행되었다. 즉 1980년대 전반기 초창기에는 진보적인 승려와 불교운동권 학생들에 의하여 진행되었고, 1980년대 후반기부터는 법난의 직접 피해자들인 당사자들에 의해서 진행되었다. 전자는 사회의 민주화, 불교의 사회화라는 이념을 표방한 불교계 민주화 운동의 일환으로 시작되었는데 그 움직임은 민중불교운동권이 주도하였다. 이들은 성명서 발표(진실 추구, 해명), 시위(규탄), 자료집 발간을 전개하면서 진실 추구와 가해자의 사죄를 주장하였다. 그리고 후자는 법난을 통해 명예를 유린당하였다고 주장하는 당사자들의 성명서(진실 규명, 사과) 발표와 '10 · 27법난 진상규명추진위원회'(대표 ; 월주 등)의 발족 및 활동으로 구체화 되었다. 그래서 이 시기에 생산된 법난에 대한 글도 대략 그런 수준, 인식을 반영하는 것이었다.

그 후 법난에 대한 움직임은 종단(조계종, 태고종, 종단협의회 등), 국회(5공특위 청문회), 정부(강영훈 총리 발언, 진상규명 설명회)로 옮겨 갔던 것이다. 그렇지만 정치적인 논란을 거듭하며 진행된 이 시기에서는 법난에 대한 자료수집, 역사 찾기, 사회적 과제 도출 등의 방면에서는 실질적으로 진전된 것은 미약하였다.

그러다가 법난에 대한 해석, 자료집의 발간, 세미나 개최 등이 본격화 되었던 것은 이른바 참여정부가 들어서면서부터이다. 노무현대통령의 참여정부는 과거 역사를 바로 세우려는 다양한 사업을 추진하였다. 이런 정치, 사회적인 구도하에서 조계종단 내부에서는 그 이전부터 법난의 진실 규명과 명예회복을 주장하는 승려들의 주장이 한층 더 고양되었다. 때문에 조계종단에서도 이러한 주장을 수용하여 정부 당국에 강력한 주장을 하였으며, 정부에서는 법난에 대한 조사를 하여 그 결과를「10ㆍ27법난 사건 국방부 조사결과 보고서」라는 제목으로 발표함과(국방부, 2007.10. 25) 동시에 명예 회복을 '10ㆍ27법난 피해자 명예회복 등에 관한 법률'(2008.2.26)에 의거하여 추진할 수 있는 조치를 단행하였다. 그 결과로 '10ㆍ27법난 피해자 명예회복 심의위원회'가 출범(2008.12.30)하였다. 이런 성과로 진실 규명과 명예회복 방안의 틀이 이루어졌다.[2] 그래서 그 부산물로 자료집이 발간되었고(2007.12.12,『10ㆍ27법난의 진실과 증언』 2권) 동시에 공청회(2005)와[3] 학술심포지움(2009)이[4] 개최되었다.

---

2) 10ㆍ27법난 피해자 명예회복심의위원회에서는『10ㆍ27법난 피해자 등에 대한 명예 회복 방안 연구』라는 연구 용역을 집행하였다. 이 용역은 동방대학원대학교 불교문 예연구소가 연구 기관으로 연구 용역을 수주, 집행하였는데 연구 책임자는 차차석, 연구원은 이병두와 문무왕이었고, 보조연구원은 조환기와 백소현이었다. 그런데 이 연구를 하여 성과물을 발간한 일자가 용역 보고서에 나오지 않는다. 추정하건대 2009년 12월 혹은 2010년 봄으로 추정된다.

3) 공청회는 2005년 10월 27일, 국회의사당(귀빈식당)에서 열렸는데 연기영과 유승무 의 논문이 발표되었다. 그 논문은『10ㆍ27법난의 진실과 증언』에 수록되었다.

연기영, 「10ㆍ27법난의 진상 규명과 법적 과제」, 『10ㆍ27법난의 진실과 증언』, 10ㆍ 27법난 진상규명 및 명예회복추진위원회, 2007.

유승무, 「10ㆍ27법난의 정치 사회적 배경과 국가폭력의 정당성 문제」, 『10ㆍ27법난 의 진실과 증언』, 10ㆍ27법난 진상규명 및 명예회복추진위원회, 2007.

4) 조계종 총무원과 10ㆍ27법난 명예회복심의위원회가 공동으로 주최한 학술심포지움 (2009.10.9, 한국불교역사문화기념관 전통문화공연장)에서 발표된 글은 다음과 같 다. 이 글들은『10ㆍ27법난은 우리에게 무엇을 말하고 있는가?』라는 자료집에 수록, 배포되었다.

그런데 위와 같은 법난 역사찾기에서 나타난 것은 주로 당사자들에 의해서 주도되었다는 것이다.[5] 이는 어찌보면 당연한, 필연적인 것이었다. 법난의 진실을 찾고, 명예를 회복하려는 강력한 원력, 소망이 있었기 때문이었다. 그에 반해서 법난을 주도하였다고 이해되는 공권력(국가보위위원회), 국가기관(합동수사본부, 합수단), 그리고 이른바 공무집행자 및 협조자들은 역사찾기에 비협조적이었고, 역사찾기 작업에서 이탈하려고 하였다. 이런 면도 일면에서는 당연한 행보이었다.

그렇지만 과거의 사실, 진실 자체만으로는 역사로 성립될 수 없다. 과거에 일어났던 일, 사건, 운동 등은 그를 말해주는 문헌 사료(증언 및 구술 포함), 역사가(해석자), 현실(시공간의 환경 등)의 복합적인 요인에 의해서 역사로 재조명, 만들어지는 것이다. 요컨대 역사적인 사실은 이런 다중적, 중층적인 요인이 개입된 산물인 것이다. 그런데 역사학에서의

　　김광식, 「10 · 27법난의 발생 배경과 불교의 과제」.

　　김관태, 「10 · 27법난 피해현황 − 언론보도를 중심으로」.

　　최용춘, 「10 · 27법난 피해자의 명예회복 등에 관한 법률 및 시행령의 개선방안」.

　　조환기, 「10 · 27법난 명예회복운동사」.

　　문무왕, 「10 · 27법난 특별법에 나타난 바람직한 명예회복 방안」.

　　이병두, 「10 · 27법난의 교훈과 종단적 과제」.

　　민정희, 「해외 종교탄압 사례와 명예회복」.

　　백승흠, 「10 · 27법난 배상의 운영 · 관리에 관한 연구」.

　　박기태, 「10 · 27법난으로 본 바람직한 정치와 종교와의 관계」.

5) 2009년 이전에 발표된 10 · 27법난에 대한 글은 다음과 같다.

　　진　욱, 「불교정화의 흐름과 10 · 27법난」, 『승가』 3, 1986.

　　김동현, 「10 · 27법난의 민족사적 의미」, 『해인』 68, 1987.

　　진　상, 「10 · 27법난과 승가의 역사의식, 사회의식 발전과정」, 『해인』 68, 1987.

　　_____, 「10 · 27법난과 80년대 민중불교운동의 평가와 전망」, 『월간 법회』(1987.10).

　　유응오, 『10 · 27법난의 진실』, 화남, 2005.

　　서동석, 「1980년 가을, 한국불교에 무슨 일이 있었나」, 『10 · 27법난의 진실과 증언』, 10 · 27법난 진상규명 및 명예회복추진위원회, 2007.

역사 서술과 해석은 보편성 및 객관성, 근거(자료, 증언 등), 엄정하고 냉정한 관점이 절대 요청되는 사관과의 상호 작용의 결과이다. 물론 이런 기본, 원칙, 사관에는 역사가의 현실인식, 역사 서술시의 환경, 외부적 요인 등이 작용한다. 일반적으로 역사학의 기본을 충실히 지킬 때에 그 해당의 역사는 지속적으로 유지되고, 보편성을 갖고, 공신력이 있는 해석으로 가치를 지닌다.

이런 입장에서 지난 30년간의 법난에 대한 이해, 최근에 집중적으로 생산된 연구 성과물을 보면 적지 않은 문제점, 한계가 드러난다. 그는 우선 당사자들의 입장, 이해가 우선적으로 반영되었다는 것이다. 피해자, 조계종단 등에서 개입, 주관하는 연구물은 자연 피해자와 조계종단의 입장을 반영한다. 그리고 2007년 국방부에서 수행한 조사 보고서는 이전 보다는 진일보 하였지만 아직까지도 집행자(가해자)의 입장에서 완전하게 탈각하였다고 보기는 어려운 것이다. 요컨대 연구(자) 외부의 영향이 일정하게 개입되었던 것이다. 그래서 법난 연구에는 감정, 분노, 억울함, 회피성, 애매성 등등이 행간에 다수 나오고 있다. 이런 연구에는 논리와 일관성을 찾기 어렵고 보편적인 학문이라고 보기에는 주저되는 바가 있다.

다음으로는 연구의 집행이 지나치게 졸속으로 이루어졌음도 문제점으로 지적될 수 있다. 충분하고 절대 필요한 연구 시간을 배려하지 않음으로써 다양한 자료를 수집, 열람할 절대 시간이 부족하였다. 그러다보니 자연적으로 글쓰기 위한 글이 되었던 측면을 부정할 수 없었다. 여기에서는 법난에 대한 진지한 사유, 고민이 드러날 수가 없었다.

요컨대 추후에는 법난으로부터 이해관계가 자유스러운 혹은 법난을 객관적으로 보려는, 나아가서는 법난에 대한 문제를 장기간에 걸쳐 고민한 학자, 연구자들에 의해서 연구 수행이 이루어져야 할 것이다. 이런 경우는 국방부 조사에 참여한 주체들이 공무원이었다는 것에서도 그 문제점이 단적으로 드러난다.[6] 그러나 실제 현실에서는 이런 원칙이 지켜지기는 대단히 어려울 것이다. 그렇지만 최소한 연구자, 서술자들은 보다 유연한 자세와 안정된 글쓰기로 연구에 임하는 것이 문제점을 줄여 나가는 것이 될 것이라고 본다.

그런 문제점의 하나이면서 법난 연구에서 가장 중요한 것은 관련 자료의 수집 및 분석이다. 지금까지 나온 불교계의 연구 성과물들을 비판적인 시각에서 바라보면 법난의 실상, 진실, 당시의 실제 상황을 전하고 있는 1차 사료에 의거한 연구라고 보기는 대단히 어렵다 하겠다. 대부분 2차자료, 3차자료에 의거하면서 심증, 추측에 의한 연구가 있었음을 부인하기 어렵다. 이런 문제점을 해소하기 위해서는 법난에 대한 문헌자료의 수집이 절대적으로 요청된다. 물론 법난 명예회복위원회에서 발간한 『진실과 증언』은 1369쪽에 달하는 방대한 자료집임은 분명하다. 그러나 거기에는 누락된 자료가 상당하다. 조속히 중요한 자료를 입수, 영인하여 보급해야 할 것이다. 그 대상 자료에는 정부측 자료, 종단(조계종, 천태종 등)의 자료가 포함되어야 한다. 여기에서 국방부에서 입수한 자료(진상 규명, 5호-1, 합수부 사건처리 기록철 1)의 일부를 소개하면 다음과 같다.

- 불교 분쟁에 따른 전망과 대책
- 불교계 정화 수사 계획
- 불교계 정화 수사 결과보고(조계종)
- 불교계(대한불교조계종) 정화를 위한 수사 결과 발표문
- 불교계 정화 추진 방안
- 불교계 정화 방안 요지(실태 및 정화대책)
- 불교계 정화추진 상황

---

6) 물론 그 내부에 전문가, 학자들이 있을 수 있다. 그러나 불교사, 법난 연구자들이 배제된 것은 몰상식한 사업이었다.

- 불교 정화 중흥활동 보고
- 불교계 정화에 따른 육본조치 동정
- 도피자 은신 예상처 수색 지시
- 긴급 업무지시(수색 병력 및 사찰수 파악지시 등)
- 수색실시 결과 보고
- 개인별 조사 보고
- 회의 자료
- 45계획 처리 지침
- 조계종 정화 대상자 명단 및 그 범행 사실
- 정화대상자 기록 존안자
- 수사자문회의 구성
- 불교 중흥 정화위원 분석 보고
- 불교정화중흥회의 개최에 따른 후문
- 조계종 비상종회 개최에 따른 종단내 여론
- 공석중인 본말사 주지 인사 처리 기준
- 불교정화의 실태와 전망
- 45계획 수사결과 보고
- 45계획 수사결과 종합 보고

위의 문건들은 국방부가 법난 조사를 위한 과정에서 입수한 것들이다. 즉, 그 당시 이른바 신군부인 합동수사본부가 생산, 입수한 자료이다. 이런 문건들은 필히 법난위원회에서 입수하여야 할 것이다. 다음의 자료들도 국방부에서 입수, 제시한 자료(5호−2, 합수부 사건처리 기록철 2)이다.

- 대한불교조계종 분규 현황(문공부)
- 대한불교 조계종 현황(문공부)
- 조계종 종권 분규에 따른 문제점과 대책
- 불교정화 추진 현황(불교정화 기획 자문위원회, 추진위원회)
- 45계획 대상자 현황(합수부)
- 대한불교조계종 분규 현황(문공부)

- 각 사찰의 현실태, 문제점, 대책(합수부)
- 대한불교 부정 비리(합수부)
- 불교계 정화수사 계획(81.1.14)
- 불교정화 및 중흥활동 홍보대책
- 수습 준비 대책위 회의 동정
- 종회관련 연락반 문서(군법사 지원 요청 등)
- 비상 수습 대책회의(1~4차)
- 조계종 중앙종회 비상 수습대책 동정(1~5차)
- 조계종 중앙종회 개최 결과
- 신병 이첩 조정의뢰
- 대한불교 조계종 정화중흥회의 동정
- 불온 유입물 이첩
- 전국 불교 신도단체 정화회의 결과 등
- 신도 단체 정화대책 1차회의 결과 등
- 조계종 승려 대통령각하 면담 결과
- 불교계, 비리 승려를 위요 '대보안사 비난 유언 비어' 등
- 불교 재산처리 문제(청와대 보고)
- 군법사 회의 소집
- 진정인 조사결과 보고(조계종 분규 관련 허위사실 날조)

　이러한 문건은 법난의 실체, 성격, 추이 등을 알 수 있는 결정적인 자료들이다. 그밖에도 당시 합수국의 「진상규명 5호－3, 4, 5, 6」에는 45계획 수사결과와 진정서, 탄원서, 민원서 등 이른바 투서가 23점이 있다고 하였다. 이런 자료들의 분석이 필요함은 재론을 요하지 않는다. 특히 신군부, 법난 집행자들이 법난의 타당성, 명분으로 강조하고 있는 투서에 대한 자료 수집은 결코 간과할 수 없다. 그 문건을 확보하지는 못하면, 당시 관련 기관에서의 목록, 통계라도 입수를 해야 한다.

　그리고 조계종에서 생산된 자료들도 필히 입수, 영인해서 자료집에 포함되어야 한다. 그런 대상자료(국가기록원, 국회에 소장?)로는 다음의 문

건을 거론할 수 있다.

- 정화중홍회의 회의록
- 원로회의 회의록
- 정화중홍회의 법
- 대한불교진홍원 동향보고(문공부)
- 대한불교진홍원 14차 회의록
- 전언 통신문 등
- 자율정화 추진 방안(조계종)
- 문공부가 조계종에 지시한 정화 추진 지시 문건
- 기타, 법난과 유관한 문건 일체
- 법난 이후 종단에서 생산된 법난과 연관된 자료 일체

그밖에도 조계종 총무원에 보관되고 있는 자료들 중에서 법난과 관련이 있다고 판단되는 자료들을 찾아내야 할 것이다. 그래서 위와 같은 자료들을 입수하여 자료집을 추가로 발간하는 것이 법난의 진상 규명 및 명예회복 방안에 도움을 줄 것이다.

그리고 여기에서 증언의 자료에 대하여도 문제점을 제기하고자 한다. 법난의 직접적인 당사자에 대한 증언은 그간 간헐적으로 불교계 내부의 신문, 잡지 등에 소개되었다. 그러다가 MBC의 「이제는 말할 수 있다, 10·27법난 45계획의 진실」의 특집 프로그램(2003.2.26)을 제작하는 과정에서 녹취된 증언자(스님 24명, 집행자 및 관여자 등 32명)의 증언을 정리하여 『진실과 증언』에 수록하였다. 이런 증언을 채록하고, 그 증언 전체를 자료집에 수록한 것은 대단한 성과이다. 그러나 이는 불교계 및 법난위원회에서 주체적으로 한 것이 아니고, 유력 언론사의 작업의 성과를 협조 받아서 수록한 성과물이다. 이 증언은 비교적 법난을 직접적으로 겪은 당사자들의 증언이기에 비교적 사료 가치가 높다.

그러나 법난에 대한 증언을 청취, 채록하려면 보다 종합적인 기획하에서 추진되어야 온당하다. 예컨대 증언자도 직접 경험자, 간접 경험자, 관찰자,[7] 청취자, 침묵하였던 사부대중 등등으로 구분되어야 할 것이다. 그리고 그 대상자도 다양한 신분이 거론될 수 있다. 즉 승려, 재가자, 공무원, 종무원, 기자, 일반 언론인, 정치인, 관련자 등을 그 대상자로 거론할 수 있다. 이런 측면에서 볼 때에 MBC 증언은 미진함이 분명하다. 이제라도 법난위원회에서는 재기획을 하여서 유관 전문가들과 연대하여 광범위한 증언 채록에 나서야 할 것이다. 나아가서는 법난의 협조자, 추진자, 자문자, 정화중흥회의 관련자, 당시 총무원 소임자들에 대한 비판과 매도를 중단하고 그들에게 법난에 대한 증언, 고백을 할 수 있는 여건을 만들어 주어야 한다. 나아가서는 회고록을 남길 수 있는 용기를 심어주고 분위기 조성을 해야 할 것이다.

필자는 이와 같은 입장에서 법난에 대한 총체적인 연구를 이제부터 새롭게 시작해야 한다고 본다. 그렇지 않고 졸속으로 나온 연구 성과에 의해서 교훈찾기와 기념사업, 명예회복을 추진한다면 역사로부터 냉혹한 평가에 직면하게 될 것이다. 법난위원회의 관련 스님, 공무원, 실무자 등의 현명한 판단을 기다린다.

3. 법난에서 역사적 교훈 찾기

10 · 27법난은 한국 현대불교사, 조계종단사에서 결코 잊을 수도, 잊어서도 안될 역사임은 분명하다. 추후에도 10 · 27법난은 지속적으로 연구

---

7) 최근 『불교신문』지면을 통하여 서동석은 「10 · 27법난 30주년을 되돌아 본다」라는 기획 연재를 시도하고 있다. 이러한 기록도 법난 이해에 큰 도움을 주고 있다.

됨과 동시에 기억되고, 반추되고, 논란될 것이다. 요컨대 10 · 27법난은 살아 숨쉬는, 생명처럼 움직이는 대상이 될 것은 자명하다.

그렇기 때문에 조계종단 구성원들이 이러한 10 · 27법난을 몰이해하고, 거리를 두고, 애써 눈을 감으려고 해도 그렇게 될 수는 없다. 왜냐하면 언제인가는 10 · 27법난 역사교육관(가칭)이 건립될 것이기 때문이다. 이제 10 · 27법난은 한국 현대사의 역사적인 사건이 되었고, 기념사업으로 인하여 견고한 성곽이 될 가능성이 농후하다. 이런 전제하에서 10 · 27법난에서의 교훈 찾기에 임해야 된다고 본다. 법난에서의 교훈은 간단하다. 종단, 불교가 본연의 정체성을 유지하지 못하고, 내적인 갈등으로 분규에 휘말리고, 외부에서 볼 때에도 존재가치를 상실하였다고 판단되면 언제든지 외부의 세력이 개입, 침투한다는 것이다. 그래서 역사(과거)로부터 배워야 하고, 역사를 무시하는 집단(민족, 공동체 등)은 소멸하고, 퇴진한다는 교훈은 인류 역사에서 보편적으로 말해지는 것임을 재삼 인식해야 한다. 역사를 통하여 다시는 그런 일(존재성 상실, 자주성 박탈, 인신 구속, 명예 추락 등)이 일어나지 않도록 반성해야 한다. 그러기 위해서는 역사를 잊어서도 안 되고, 역사를 찾아야 한다.

이런 전제에서 10 · 27법난에서 교훈 찾기는 두 가지 측면에서 접근이 가능하다. 우선 첫째는 10 · 27법난의 자체에서, 즉 1980년 10월부터 1981년 3월 무렵까지 전개된 법난의 직접적인 시기에서 벌어진 역사에서 교훈을 찾는 것이다. 이러한 접근은 미시적인 교훈찾기라고 볼 수 있다. 두 번째는 법난 이후의 종단 움직임에서 교훈을 찾아야 한다. 현재는 법난 그 자체에서만 교훈을 찾으려는 경향이 농후하다. 법난 이전과 이후의 역사적 맥락에서 거시적인 교훈찾기를 해야 한다. 이런 광의적인 역사찾기를 하지 않는다면 사실상 법난에서의 교훈찾기는 그 출발부터 실현 불가능하다. 이에 대해서 필자는 이전의 연구에서 다음과 같이 그를 정리하였다.[8] 그를 다시 한번 제시하면 다음과 같다.

첫째, 불교 자주화의 문제이다. 불교 자주화는 불교의 운영, 노선, 지향 등을 불교인 스스로 결정하고 행동함을 말한다. 그러나 지난 근현대 불교사를 조망하면 이에 반한 행동이 적지 않았다. 불교가 자주화에 투철하지 못한 것은 조선시대 산중불교의 영향으로 사회의식의 미약, 일제의 식민지 불교의 영향이 우선 거론된다. 인사권과 행정권을 일제에게 피탈당하였던 사실(사찰령 체제), 해방 이후 불교정화운동 당시에 공권력에 의존한 정황, 정화운동기와 1960년대에 불교계 내부의 문제를 사법부에서 해결해 달라고 요청하였던 수많은 재판 송사, 1970년대 종단의 종권 다툼시의 송사 등등 이루 헤아릴 수 없었던 역사적 사실이 있었다. 이런 구도하에서 승려들은 행정부, 사법부, 공무원에게 다양한 진정서, 건의서, 투서를 제출하였다.

이런 과정을 겪으면서 종단과 승려는 자연스럽게 국가, 공권력, 국가의 법에 의존하였다. 이렇게 불교와 종단의 문제를 불교 외부로 가져가서 해결하는 관행이 굳어졌다. 그런데 이럴 경우 불교계 내부 및 종단에 모순이 있거나, 문제가 생기거나, 취약할 경우에는 국가, 공권력으로부터 침해를 당할 소지가 다분하다. 요컨대 10 · 27법난과 같이 권력의 부당한 개입을 당할 수 있는 것이다. 불교 및 종단의 위상이 미약할 때, 외부의 힘에 의하여 불교계 전체가 흔들릴 수 있음을 역사에서 많이 보아 왔다. 따라서 불교 자주화의 지향이 불교의 최우선적인 과제가 되어야 한다.

둘째, 불교 내부의 문제는 불교권 안에서 해결되어야 한다. 불교계 내부의 각 종단에는 종헌, 종법이 존재한다. 문제가 생기면 종헌, 종법에 의거하여 해결하는 것을 원칙으로 삼아야 한다. 그러나 그렇게 운영되지 않았던 것이 저간의 사정이었다. 이런 원칙은 종단, 사찰, 불교단체에서

---

8) 졸고, 「10 · 27법난의 발생배경과 불교의 과제」, 『불교평론』 44, 2010, 267~270쪽.

도 동일하게 지켜져야 한다. 작금에도 불교계에서는 종단의 테두리를 벗어나서 사회법에 제소, 해결하려는 행동이 나온다. 이런 문화와 사고가 근절되어야 한다.

셋째, 불교 고유의 전통을 회복하고, 그를 근간으로 생활하면서, 독자적인 운영의 틀을 만들어야 한다. 불교계 내부의 문제 해결시에는 종헌, 종법의 기준에 의거하여 판단해야 하지만 종헌과 종법으로 해결할 수 없는 문제가 다수 나온다. 이럴 경우에는 불교의 전통, 각 본사 전통, 문중 전통으로 문제점을 해결해야 한다. 예컨대 대중공사, 율장, 청규, 관행, 가풍 등 불교의 유산을 활용하고, 그 전통을 복원해야 한다.

넷째, 승려, 승가, 종단의 수행풍토가 토착화 되어야 한다. 요컨대 승가, 승단의 청정성이 제고되어야 한다. 승려들의 도덕성이 고양되어야 하고, 승단이 승단다워야 한다. 불교계 구성원들에게서 혹은 불교계 외부의 언론, 시민에게서 불교가 불교의 역할을 하지 못하고, 수행하지 않고, 청정성이 없다는 비판을 받게 되면 그것은 곧 불교와 종단의 치명상이다. 수행풍토를 진작하는 것이 법난을 극복하는 첩경이다. 법난의 원인에 대한 중앙승가대의 응답에서 불교의 부패가 외부의 요인을 끌어들였다는 이해는 바로 이를 설명해준다. 최근 발표된(2010.10.12), 청정승가를 위한 대중결사를 주도하는 금강은 「21세기 한국불교유신론을 제창한다」라는 글에서 불교는 영남권을 제외한 지역에서는 제3의 종교로 전락하였다고 지적하면서 불교의 존립이 무너지고 있음을 강조했다.

다섯째, 종단 및 사찰의 운영에 재가신자들의 참여를 보장할 수 있는 제도적 장치를 만들어야 한다. 이 문제는 지난 수십여 년간 논란이 되어 온 문제이다. 그러나 종회에 재가자의 진출 문제에서 보듯이 최소한의 성과도 없었다고 보는 것이 솔직한 답변이다.[9] 법난을 유발한 진정서,

---

9) 1994년 종단개혁 당시 개혁에 참여한 재가자들이 종회 진출을 강력하게 요청하였지

투서를 유발한 당사자에는 신도들이 적지 않았다. 이들은 종단, 사찰, 승려들에 대한 불만이 있었기에 그런 행동을 하였다. 재가신도들의 종단 및 사찰운영에의 참여는 어떤 형태로 제도화가 이루어져야 할 것으로 본다.10) 최근 일어난 봉은사 사태에서 보듯이 신도들의 수행권, 운영권 문제는 간과할 수 없는 문제가 되었다.

여섯째, 종단(총무원)이 견고하고, 중심을 잡아야 한다. 이는 종단 내부, 외부에서 볼 때에 전혀 문제가 없이 종단 정체성을 유지하고, 관리하는 중앙기관임이 표방되고, 신뢰받는 종단이 되어야 한다. 그러기 위해서는 환골탈퇴 하는 노력을 통하여 이미지, 위신을 회복해야 한다. 지금과 같은 권력집단, 명리추구의 무대 등이라는 오명을 벗어 던져야 한다. 이를 위해서는 종단 소임자들은 헌신자, 능력자, 건전 상식자들이 나와서 일을 해야 할 것이다. 법난이 일어났을 때에도 종단은 견고하지 못하였다는 증언을 참고해야 한다.11) 지금과 같이 종단이 작은 문제로 인해

만, 개혁 주체인 승려들은 시기 상조임을 거론하면서 재가신도들을 해당 사찰의 사찰운영위원회에 참가하도록 하였다. 그러나 이는 유명무실한 것으로 판명되었다.

10) 그 대표적인 주제가 지난 40여 년간 회자된 재가자의 종회의 참여이었다. 정화 중흥회의를 추진한 전창열도 중흥회의에 재가자 10명을 포함시키려 하였으나 큰스님들의 반대로 성사시키지 못했다.

11) 10·27법난 직전의 조계종단 집행부의 위상(힘)도 취약하였다. 물론 송월주 총무원장을 비롯한 중앙에서 소임을 보던 승려들은 불교 자주화에 신념을 갖고 종무에 임하였지만 조계사파의 비협조, 제방에서의 후원 미약 등으로 인하여 어려움을 겪었다. 1980년 11월 23일의 『대한불교』 보도에서는 이를 "새 집행부는 종단 현실을 파악하지 못하고 무사안일에 빠져 자파세력 확대에만 급급하고 있었기 때문에 역사적 소명의식에 부응하지 못하고 종단이 타율적으로 정화를 당하는 불행을 자초하게 된 것이다"고 평을 하였다.
이 문제에 대하여 휴암은 법난 직후 풀려난 총무원장인 송월주가 총무원에 와서 "이번 사태가 일어난 것은 종단적으로 불행한 일이지만 자기 개인적으로는 도리어 다행인 측면이 없지 않은 정도라고 하면서 당시에 송원장 체제가 출범한지 7개월째 만에 무너졌는데 그때 그런 사태가 일어나지 않았더라면 당시에 제방의 각 본말사에서 재정적 협조가 올라오지 않아서 스스로 운영의 한계에 부닥쳐 조금만 더 있었다

에너지를 소비하고, 비승가적이고 돌출적인 문제로 인하여 종단과 종단 대표가 그에 흔들리는 것은 참으로 안타까운 현실이 아닐 수 없다.

지금까지 법난의 문제점을 해소하면서 법난에 드러난 문제점을 극복할 수 있는 방안을 대별하여 보았다. 그러나 이를 적극적인 역사적 과제로 끌어 안을 때, 법난에서 역사적인 교훈을 얻을 수 있을 것이다. 이런 교훈, 과제를 찾는 주체는 사부대중 전체가 나서야 한다. 이에 대한 노력을 하지 않을 때에는 언제 또 다시 법난이 일어날 수 밖에 없는 구조, 현실임을 인식해야 한다.[12]

이런 입장에서 필자는 최우선적으로 10 · 27법난의 모든 내용과 그에 관련된[13] 주제들의 연구를 수행할 수 있는 연구소, 가칭 '10 · 27연구소'를 출범시켜 가동할 수 있도록 준비해야 한다고 본다. 5 · 18연구소(광주, 전남대), 4 · 3연구소(제주)와 같은 연구소를 만들어야 한다. 이 연구소의 운영, 재원, 주체, 성격, 활동, 연구 주제 및 범위[14] 등에 대해서는 다각적인 연구, 검토가 요망되지만 이에 대한 방침을 법난 발발 30주년인 현재에서는 그를 선언이라도 해야 할 것이다. 하늘은 스스로 돕는 자를 돕는다는 격언을 재삼 음미하고, 그를 우리의 문제로 인식해야 한다. 이런 연구소를 만들어내지 못하면 법난에 대한 소임을 맡고 있는 주체들

면 송원장 자신의 체제가 스스로 자동붕괴 될 정도의 곤경에 몰리고 있었다고 했으며 그렇게 됐다면 송월주 개인이 무능하다는 소리를 들었을텐데 때마침 외부적인 요인에 의해 자신이 타율적으로 강요당해 무너진 격이 되어 최소한 개인적인 불명예의 낙인은 모면할 수 있었다는 의미에서 자기 개인적으로는 이번 사태가 오히려 다행인 측면도 없지 않았다 할 정도의 제방의 협조 부재로 당시의 총무원이 곤경에 몰려 있었음을 송원장 본인은 스스로 시인했던 일을 본인은 생생히 기억하고 있는 것이다"라고 서술했다. 휴암, 『승가의 양심과 불교탄압의 문제』, 16~17쪽.

12) 불교 내부의 모순, 부정 및 비리가 노골화 되었을 경우 제2의 법난 위기감이라는 보도가 적지 않은 것은 그 예증이다.

13) 예컨대, 정교분리 문제, 호국불교, 민족불교, 국가의 불교 지원 및 탄압 등이다.

14) 연구소가 출범한다면 법난에 대한 다각적인 연구가 가능할 것이다.

은 언제인가는 처절한 역사의 심판에 직면할 것이라고 조심스럽게 개진하는 바이다. 여기에서 필자는 불교계 구성원들의 공청회를 제안한다. 현 사회 및 종단에서의 코드가 소통이라는 점을 고려한다면 법난사업 제반 추진에 대한 여론 수렴, 공론화는 필요하다고 본다.

1980년 10월, 그때에 법난이 일어났을 때에 "마침내 올 것이 왔구나"라고 탄식하였던 다수의 승려, 신자들의 목소리가 들리지 않는지 궁금하다.

4. 법난에서 사회적 과제의 도출

법난의 역사에 대한 냉철한 성찰을 통해서 행할 것은 1차적으로는 불교 내적인 정비이다. 그 후로는 내적인 정비, 기반하에서 불교 외부에 대한 문제로 나서야 한다. 이는 중생구제일 수도 있고 불교 본연의 정체성을 실천하는 것으로 볼 수도 있다. 요컨대 불교가 이 사회에서 왜 필요하고, 존재할 가치가 있는 종교(집단)임을 구체적으로 보여주어야 한다.

그래서 승려, 승가, 종단이 사회의식의 고취를 통하여 중생구제 및 사회활동에 적극 나서야 함은 당연한 이해이다. 그러기 위해서는 승가, 승단은 세상을 알아야 하고, 세상의 변화에 대해서 관심을 기울이고, 국가 및 사회의 공동체에서 불교가 할 일이 무엇인가에 대해서 진지한 물음을 해야 한다. 이런 행보를 갈 때에 불교의 존재 가치가 그 사회에서 굳건해진다. 민족과 국가의 아픔에, 공동체의 문제 해결에 불교가 나서야 한다. 그러지 않고서는 사회 변화를 따라 갈 수 없다. 사회변화를 모르고, 사회에 기여하지 않는 불교는 언제인가 배척당할 여지가 크다.

요컨대 불교사상을 갖고, 불교적 가치에 입각하여, 불교적인 방법으로 참여해야 한다. 그리되면 불교는 불교 본연의 중생구제, 호국불교, 민족 불교를 실천하게 되는 것이다. 불교만의 이익 추구를 잊고 버릴 때에, 불교는 다시 살아날 수 있다.

그런데 법난이 일어났음은 불교가 본연의 역할을 하지 못하고, 사회로부터 지탄을 받았음을 간접적으로 확인해주는 것이다. 그러므로 법난을 통한 사회적 과제 도출은 당연하고, 결코 늦출 수 없는 대상인 것이다. 물론 이런 대상, 주제의 실천에 대해서는 이미 불교계의 종단, 사찰, 승려, 관련 위원회 등을 통해서 다양하게 전개되고 있지만, 더욱 철저한 자각하에 전개되어야 할 것이다. 그렇지만 법난을 통한 사회의식의 진작, 사회적 과제의 도출에는 일정한 기획이 있어야 할 것으로 본다. 그에 대하여 필자는 다음과 같이 세 가지로 대별하여 제언하고자 한다.

첫 번째는 '조계종연구소'(가칭)의 설립, 운영이다. 법난이 일어났음은 종도, 사부대중들이 역사의식의 박약에서 일어났음을 부인하기 어렵다. 우물 안 개구리처럼, 세상과 사회의 변화에 둔감하고, 애써 눈감으면서 어찌 불교발전을 도모하고, 사회의 주역으로 활동할 수 있겠는가. 그러기 위해서는 우선 종단 전체에 대한 총체적인 연구에 몰입하고, 그 연후에 불교계 외부의 문제와 사회에 대한 연구를 해야 한다. 우리 자신, 불교의 역사, 조계종단의 현실과 문제점을 알고, 그 후에는 사회, 국가, 여타 종교 등에 대해서 알아야 한다. 지피지기이면 백전불퇴라는 격언이 여기에 해당되는 말이라 하겠다.

그러기 위해서는 종단의 역사, 종지와 종풍, 포교와 교육, 수행법, 행정, 문화재, 종헌과 종법, 종무행정, 종립학교 관리, 사찰 역사 등 조계종에 대한 모든 것을 전문적으로 연구하고, 자료를 수집하고, 종책을 수립하는 이른바 씽크탱크(두뇌집단)를 만들어야 한다. 여기에서 조계종의 모든 자료가 나오고, 답변이 되고, 응답이 되고, 과거 현재 미래에 대한 모든 것이 나올 수 있어야 한다. 나아가서는 국가와 사회의 문제, 기독교와 천주교의 내용 등도 요약, 정리해 낼 수 있는 콘텐츠 및 전략의 거점이 되어야 한다. 현재 조계종에서 운영하고 있는 불교사회연구소의 수준을 뛰어 넘어야 한다. 한국 사회에서 조계종이 갖고 있는 브랜드, 가치, 내용을 담을 수 있는 그릇으로 만들어야 할 것이다. 그곳에서 분야별의 박사급 전문 인력이 최소한 20여 명은 상주 근무를 할 수 있는 명실상부한 연구소를 출범시켜야 한다.

두 번째는 법난의 역사, 교훈 등을 국민과 후대들에게 보여줄 수 있는 가칭 역사교육관을 설립해야 한다. 여기에서는 법난에 대한 모든 것을 전시하고, 교육하고, 토론하고, 학술행사를 할 수 있는 종합적인 기능을 갖추어야 할 것이다. 현재 그에 대한 제반 내용을 검토하고 있는 줄로 알고 있다. 그런데 그 세부 내용은 알 수 없지만 그 교육관의 건립 장소와 재원 문제에 경도된 것이 아닌가 한다. 여기에서 강조하고 싶은 것은 주객이 전도되는 상황이 되지 않기를 바랄 뿐이다. 만약 법난의 기념 및 명예회복을 빌미로 건물 짓기, 건물 활용하기에만 유의한다면 그는 법난을 기념하는 것도 아니고, 불교의 명예를 처절하게 탄압하였던 법난 역사를 배척하는 것과 다름이 없다.

이런 문제와 관련해서 유의할 내용은 그 교육관에 대한 명칭을 신중하게 결정해야 한다는 것이다. 우리가 법난에서 느껴지는 이미지는 억울함, 부끄러움, 창피함 등의 분노이다. 이런 기존 이미지, 코드를 공감, 희망 등의 자부심 이미지로 전환시켜야 한다.

여기에서 생각해 볼 것은 현재 막연하게 역사교육관이라는 이름으로 준비하는 기념공간에 대한 상징성의 문제이다. 이는 관련 위원회에서 추진하는 것으로 알고 있다. 이 명칭의 문제는 교육관의 장소를 결정하는 것에 못지 않은 중요한 문제임을 촉구한다. 그리고 또 다른 문제는 그 역사교육관에 대한 전시 방향을 심각하게 고민하고, 전시 기획을 검토하는 선행 작업을 철저하게 해야 한다는 것이다. 논리와 타당성이 있는 기획을 하고, 건물 수준과 현 시대의 국민 수준에 걸맞은 자료 전시와 전시 디자인 작업이 수반되지 않는다면 사회의 각계 각층으로부터 따가운 시선과 질책을 받을 것이다. 그렇다면 이는 제2의 법난 못지 않은 불교의 부끄러움이 될 것은 자명하다. 과연 무엇을 전시할 것인가, 전시할 자료는 있는가, 피해를 본 대상자들 전체의 법명을 기재할 것인가, 피해 대상자의 범위는 어디까지 설정할 것인가 등등이 간단한 문제가 아니다. 이런 내용들을 어떻게 불교사, 한국사의 맥락에서 정리하고 보여줄 것인가, 그는 쉬운 문제가 아니다.

또한 역사교육관의 기획 차원에서 검토해 보아야 할 것은 호국불교의 문제이다. 그간 호국불교는 한국불교의 전통을 설명하는 개념으로 활용되었다.[15] 호국불교는 막연한 개념, 경전적 근거에서의 모호성, 왕권을 옹호하는 성격 등이 있었던 것은 사실이었다. 그런데 이 호국불교의 개념이 법난을 겪으면서 불교도들로부터 서서히 배척을 받아 왔다. 그래서 1986년 9월 7일, 해인사 승려대회에서는 호국불교를 정권, 권력(자)에 대한 지지(수호)에서 국민을 위해 봉사하는 개념으로 전환시키기도 하였다. 어찌 되었든 호국불교는 법난으로부터 각성된 불교도들로부터 저항을 받았던 것이다.[16] 이런 저항은 일면 긍정적인 면도 있었고, 불교사 인

---

15) 이기영, 「인왕반야경과 호국불교 ; 그 본질과 역사적 전개」, 『동양학』 5, 1975.
　　조종현, 「길은 오직 하나 ; 護國佛敎에 對하여」, 『法施』 127, 1975.
　　서경보, 「호국불교의 방향」, 『顯正』 10, 1977.
　　홍사성, 「護國佛敎의 批判的 省察」, 『東國』 13, 1977.
　　이선근, 『大學과 護國佛敎』, 정각원, 1977.
　　김철인, 「護國佛敎의 歷史와 使命 : 國難 克服과 佛敎徒의 覺醒」, 『釋林』 12, 1978.
　　김상현, 「호국불교를 보는 눈 - 불교와 국가」, 『法輪』 201, 1985.
　　이외윤 편, 『護國佛敎의 理念과 實踐』, 護國佛敎運動總聯合會, 1988.
　　정영식, 「호국불교와 불교의 국가관」, 『마음사상』 4, 2006.

식을 촉구한 기제이었음은 분명하다.

그런데 호국불교를 비판, 배척한 결과로 과거 한국불교사 1,600년 역사를 설명하기가 대단히 어렵게 되었던 것이다. 요컨대 진보적인 불교사관을 타당한 것으로 보고, 보수적인 불교사관은 문제가 있는 것으로 인식되었다.[17] 이렇게 되다 보니 한국불교, 조계종단은 대단히 함량 미달의 역사, 국가 및 권력집행자와 결합(아부, 예속)만 하는 내용의 역사만을 갖고 있는 집단으로 전락되었던 것이다. 이런 인식의 불균형은 납득할 수 없는 것이다. 전근대 사회와 근대사회는 질적으로 확연히 다른 사회이다. 그리고 지금과 같은 정보화 사회, 시민사회라는 관점으로 1,700년 역사를 동일한 잣대로 바라보고 평가한다는 자체가 어불성설이다. 추후에는 호국불교의 재검토를 통하여[18] 한국불교사 전체에 대한 재인식, 재서술이 요청된다.

바로 이런 전제와 배경하에서 법난 역사교육관의 기획과 전시에 호국불교 문제는 신중하게 반영되어야 한다. 호국불교에 대한 수용, 긍정성

---

16) 황필호, 「호국불교의 시대는 지났다」, 『大圓』 53, 1987.
   김종만, 「호국불교의 반성적 고찰」, 『불교평론』 3, 2000.
   김종명, 「'호국불교' 개념의 재검토」, 『佛教研究』 17, 2000.
   헨릭 소렌스, 「호국불교, 나라를 지키는가 정권을 지키는가」, 『불교평론』 21, 2004.
   김순석, 「한국 근현대사에서 호국불교의 재검토」, 『대각사상』 17, 2012.
17) 이에 대한 문제점도 추후에는 검토되고, 비판되어야 한다.
18) 휴암은 호국불교에 대한 강력한 비판을 한 당사자이었다. 그런 그도 호국불교에 대하여 "불교의 진정한 호국이란 불교적인 것이 세속 국가와 사회에 침투하여 세속적인 현상이 불교적인 것인 것으로 변화되어 그것이 인간과 사회에 보다 바람직한 결과를 가져왔을 때 비로소 불교가 호민, 호생, 호국했다는 말이 성립될 것이다"라고 언급하면서 "불교는 오늘날의 시대에 정치, 경제, 사회, 문화의 전반적인 흐름에 있어서 불교적 가치와 기준을 통하여 국가 사회의 인류의 앞날을 경고하고, 삶의 자세에 대한 새로운 원리를 깨우쳐 방황하는 인간들의 마음속에서 불교적 가치의 원리들이 새 힘을 발휘하게끔 하는 것으로써 자신의 호법의 길로 삼는 것이 정도(正道)일 것이다"라고도 하였다. 휴암, 『한국불교의 새얼굴』, 대원정사, 1987, 186쪽, 299쪽.

이 없다면 조계종단(불교)이 한국의 역사와 문화의 주역이었다는 설명은 설 땅이 없어지면서 동시에 법난 역사교육관의 내용, 기획은 그 근본에서부터 흔들릴 것이다. 불교가 국가 및 사회에 기여한 것을 찾아내고, 그를 전시하며, 공동체(국가, 사회, 중생)에 대한 기여, 수호를 불교는 추후에도 지속할 것이라는 전망을 내놓아야 한다.

세 번째로는 불교사상에 입각하여, 불교적인 방법으로 사회의 문제에 본격적으로 참여해야 한다. 그 대상으로는 사회복지, 인권, 환경 및 생명, NGO, 학교 및 병원 등 다방면에 걸쳐 있다. 지금까지는 사회복지 분야에서 불교의 활동이 소기의 성과를 거두고 있는 것으로 보인다. 그러나 인권 문제와 환경 및 생명 분야에서는 적지 않은 문제점을 갖고 있다고 이해된다. 인권 분야에서는 아직 그 방향 감각을 찾지 못하고 있는 것으로 보이며, 환경 및 생명 분야에서도 그 사정은 동일한 것으로 보인다. NGO 분야도 시민사회 및 지방화 시대를 맞이하여 더욱 확대될 것은 분명하다. 그러나 불교계는 아직 이에 대한 발걸음도 내딛지 못하고 있는 것으로 보인다.

그런데 이런 분야에서 그간 불교계가 행한 행보를 주의깊게 살피면 운동권적인 논리, 다른 사회 단체에 이끌려 가는 인상을 지울 수 없다. 불교 자체의 정체성, 사상성, 상징성을 갖고 활동에 임해야 할 것으로 본다. 다음으로 학교 및 병원 문제는 그 파급력이 대단히 큰 대상이다. 이에 대한 문제는 그간 많은 지적이 있어 왔기에 본 고찰에서 그를 상론할 여건은 없지만 파급력, 상징성 차원에서는 중요한 문제라는 것만 다시 지적하는 선에서 그치고자 한다.

5. 결어

지금까지 10·27법난과 관련한 법난 연구의 재인식, 자료수집, 역사에서의 성찰, 미래지향의 과제 등을 살펴 보았다. 본 고찰은 법난 발발 30주년을 기념하여 발제한 논고이었기에 법난을 직접적으로 연구한 성과물은 아니다. 다만 법난 연구와 법난사업을 활성화시키기 위한 측면에서 참고할 점을 제시하기 위해 집필하였다. 그래서 이제 맺는말에서도 지금까지의 내용을 요약하고 추후 필자가 고려하고 있는 이 분야 연구활성화의 생각을 개진하는 것으로 마치려고 한다.

필자가 본고찰에서 제시한 것은 대략 다음과 같은 것이다. 우선은 법난연구가 새롭게 되어야 한다는 전제에서 광범위한 자료수집을 촉구하였다. 그 문건은 이미 국방부 조사 과정에서 이미 다 노출된 것이다. 이제라도 법난 위원회, 총무원 등은 그 문건 자료를 확보해야 한다. 그리고 불교 내부에 있는 자료(조계종 총무원, 중앙기록관)를 추출하고, 정리해야 한다. 이런 성과물을 총집대성하여 추가적인 자료집을 발간해야 할 것이다. 구술 증언 채록도 별도로, 불교인의 손과 힘으로 추진해야 할 것이다.

다음으로는 역사의 성찰 차원에서 법난연구소를 출범시켜야 함을 강조하였다. 불교의 이름으로, 조계종단의 이름으로 10·27연구소를 출범시지지 못함은 역사의 죄인이 된다는 것을 지적하였다. 추후 법난 연구는 연구소 출범에 성패가 달려 있다 하겠다. 그렇지 않고 명예회복과 건물만 짓는 불사에만 매진한다면 그에 대한 비판은 길이 길이 남을 것이다.

그래서 필자는 이런 전제하에서 사회적 과제의 실천으로 조계종 연구소 설립, 역사교육관 설립, 사회문제(인권, 환경, 생명, NGO, 병원, 학교)에 불교의 사상을 갖고 적극적으로 임해야 함을 강조했다. 이런 총체적인 실천사상과 실천행동이 수반되지 않을 때에는 진정한 법난의 극복, 법난의 역사성을 찾을 수 없다고 보았다.

다음으로는 필자가 고려하는 연구 방향을 간략하게 소개하면서 글을 맺고자 한다. 필자는 우선 법난에 대한 미시적 연구를 수행할 예정이다. 예컨대 법난의 단계별 검토, 법난 직전의 불교계 내부에서의 반응, 불교정화(법난)에 대한 자문을 한 승려, 불교정화 중흥종회의 개요, 법난에 충격을 받고 등장한 자생적인 승가단체, 민중불교의 성격, 법난과 종단개혁의 함수 관계 등등을 거론할 수 있다.

지금까지의 필자의 의견 개진이 10 · 27법난 연구에 참고가 되고, 법난의 기념사업과 명예회복 사업에 조금이라도 활용되기를 기대한다.

「참고문헌」

▶ 자료집 및 저서

김광식 · 이철교, 『한국 근현대 불교자료 전집(전 69권)』, 민족사, 1996.

강석주 · 박경훈, 『불교근세백년』, 민족사, 2002.

강인철, 『전쟁과 종교』, 한신대출판부, 2003.

_____, 『민주화와 종교』, 한신대출판부, 2012.

_____, 『종교정치의 새로운 쟁점들』, 한신대출판부, 2013.

강돈구 외, 『현대 한국의 종교와 정치』, 한국학중앙연구원, 2009.

강돈구, 『근대성의 형성과 종교지형의 변동』, 한국학중앙연구원, 2005.

_____, 『종교이론과 한국종교』, 박문사, 2011.

고 은, 『한용운 평전』, 민음사, 1975.

고익진, 『현대 한국불교의 방향』, 이바지, 1984.

고재석, 『한용운과 그의 시대』, 역락, 2010.

김광식, 『고려 무인정권과 불교계』, 민족사, 1995.

_____, 『한국 근대불교사연구』, 민족사, 1996.

_____, 『한국 근대불교의 현실인식』, 민족사, 1998.

_____, 『용성』, 민족사, 1999.

_____, 『근현대불교의 재조명』, 민족사, 2000.

_____, 『우리가 살아온 한국불교 백년』, 민족사, 2000.

_____, 『한국불교 백년』, 민족사, 2000.

_____, 『새불교운동의 전개』, 도피안사, 2002

＿＿＿＿,『아! 청담』, 화남, 2004.

＿＿＿＿,『한국 현대불교사 연구』, 불교시대사, 2006.

＿＿＿＿,『그리운 스승 한암스님』, 민족사, 2006.

＿＿＿＿,『민족불교의 이상과 현실』, 도피안사, 2007.

＿＿＿＿,『동산대종사와 불교정화운동』, 영광도서, 2007.

＿＿＿＿,『범어사와 불교정화운동』, 영광도서, 2008.

＿＿＿＿,『한용운 평전』, 참글세상, 2009.

＿＿＿＿,『한국 현대선의 지성사 탐구』, 도피안사, 2010.

＿＿＿＿,『우리가 만난 한용운』, 참글세상, 2010.

＿＿＿＿,『한용운 연구』, 동국대출판부, 2011.

＿＿＿＿,『보문선사』, 민족사, 2012.

김경집,『한국 근대불교사』, 경서원, 2000.

＿＿＿＿,『한국 불교개혁론 연구』, 진각종, 2001.

김상웅,『만해 한용운 평전』, 시대의 창, 2006.

김순석,『일제시대 조선총독부의 불교정책과 불교계의 대응』, 경인문화사, 2003.

＿＿＿＿,『백년동안 한국불교에 어떤 일이 있었을까』, 운주사, 2009.

김승학 · 김국보,『한국독립사』, 한국독립사편찬위원회, 1983.

김소진,『한국독립선언서 연구』, 국학자료원, 1999.

김용환 엮음,『香聲』, 봉녕사 승가대, 2008.

동국대 석림동문회,『한국불교현대사』, 시공사, 1997.

명 정,『삼소굴 소식』, 통도사 극락선원, 1998.

박걸순,『한용운의 생애와 독립투쟁』, 독립기념관, 1992.

박부영,『불교신문으로 본 조계종단 50년사』, 조계종 불교신문사, 2012.

박재현,『한국 근대불교의 타자들』, 푸른역사, 2009.

박종열,『차천자의 꿈』, 장문산, 2002.

박희승,『조계종의 산파, 지암 이종욱』, 조계종출판사, 2011.

불교교단사연구소,『승가화합과 한국불교의 미래』, 혜민기획, 2005.

불학연구소,『불교와 국가권력, 갈등과 상생』, 조계종출판사, 2010.

불 필,『영원에서 영원으로』, 김영사, 2012.

문빈정사,『무등 ; 역사와 민족과 함께 한 불교민주화 운동 기록』, 수미등, 2011.

민중불교운동연합 10주년 기념사업회, 『민중불교』, 민중불교운동연합, 1995.

류시현, 『최남선 연구』, 역사비평사, 2009.

_____, 『최남선 평전』, 한겨레출판, 2011.

정광호, 『한국불교최근백년사 편년』, 인하대출판부, 1999.

_____, 『일본침략시기의 한일불교 관계사』, 아름다운 세상, 2001.

정병조, 『실천불교』, 불교시대사, 2002.

정천구, 『붓다와 현대정치』, 작가서재, 2008.

조성택, 『불교와 불교학 – 불교의 역사적 이해』, 돌베개, 2012.

中村元 지음, 차차석 옮김, 『불교 정치사회학』, 불교시대사, 1993.

제주불교사연구회, 『근대제주불교사 자료집』, 2002.

조계종, 『조계종사, 근현대편』, 조계종출판사, 2001.

사단법인 애국동지회, 『한국독립사』, 1956.

선우도량, 『신문으로 본 한국불교 근현대사, 上·下』, 선우도량 출판부, 1995.

_____, 『22인의 증언을 통해 본 근현대불교사』, 선우도량 출판부, 2002.

신규탁, 『한국 근현대 불교사상 탐구』, 새문사, 2012.

신복룡, 『대동단실기』, 양영각, 1982.

신용철, 『운허스님의 크신 발자취』, 동국역경원, 2002.

실천불교승가회, 『실천불교의 이념과 역사』, 도서출판 행원, 2002.

실천불교전국승가회, 『한국현대불교사, 정토·대승편』, 행원, 1996.

_____, 『한국현대불교사, 10·27법난편』, 행원, 1999.

유응오, 『10·27법난의 진실』, 화남, 2005.

월 운, 『운허선사 어문집』, 동국역경원, 1989.

월정사, 『방산굴법어』, 민족사, 2003.

월정사·김광식, 『오대산의 버팀목』, 오대산 월정사, 2011.

유승무, 『불교사회학』, 박종철출판사, 2010.

윤승용, 『현대 한국종교문화의 이해』, 한울, 1997.

윤창화, 『근현대 한국불교 명저 58선』, 민족사, 2010.

여익구, 『민중불교 입문』, 풀빛, 1985.

_____, 『민중불교 철학』, 민족사, 1988.

역사학회 편, 『역사상의 국가권력과 종교』, 일조각, 2000.

이기영,『한국불교의 근본적 성격』, 한국불교연구원, 1982.

_____,『다시 쓰는 한국불교유신론』, 한국불교연구원, 1998.

_____,『불교와 사회』, 한국불교연구원, 1999.

이병주 외,『석전 박한영의 생애와 시문학』, 백파사상연구소, 2012.

이정립,『증산교사』, 증산교본부, 1977.

이영호,『보천교연혁사』 상권, 정읍, 보천교 중앙협정원, 1948.

이원섭 옮김,『조선불교유신론』, 운주사, 2007.

이찬수 외,『한국종교를 컨설팅 하다』, 모시는 사람들, 2010.

임혜봉,『친일불교론』, 민족사, 1993.

_____,『일제하 불교계의 항일운동』, 민족사, 2001.

일   지,『경허』, 민족사, 2012.

하춘생,『보살승단의 정체성과 실천이념』, 엔타임, 2006.

한국기독교교수협의회,『현대사회에서 종교권력 무엇이 문제인가』, 동연, 2008.

한국종교인평화회의 20년사편찬위원회,『한국종교인평화회의 20년사』, 2006.

학   담,『앎의 해방 삶의 해방』, 한마당, 1989.

_____,『물러섬과 나아감』, 한길사, 1991.

_____,『각운동과 결사운동』, 큰수레, 2005.

하춘생,『현대불교사의 이해와 실천사상』, 해조음, 2009.

한국종교문화연구소,『신자유주의 사회의 종교를 묻는다』, 청년사, 2011.

한보광,『용성선사 연구』, 감로당, 1981.

한상길,『조선후기 불교와 사찰계』, 경인문화사, 2006.

한용운기념사업회,『증보 한용운 전집』, 신구문화사, 1979.

휴   암,『한국불교의 새얼굴』, 대원정사, 1987.

홍사성 외,『민중불교의 탐구』, 민족사, 1993.

조계종,『개혁종단, 이렇게 일하고 있습니다』, 조계종출판사, 1998.

조계종 깨달음의 사회화운동 연구기획단,『이념과 목적사업(1 · 2집)』, 조계종 총무원, 1998.

조계종 불학연구소,『한국 근현대 불교사 연표』, 조계종 교육원, 2000.

_____,『불교근대화의 전개와 성격』, 조계종출판사, 2006.

_____,『불교와 국가권력, 갈등과 상생』, 조계종출판사, 2010.

_____,『봉암사결사와 현대 한국불교』, 조계종출판사, 2008.

_____,『불교정화운동의 재조명』, 조계종출판사, 2008.

_____,『경허 · 만공의 선풍과 법맥』, 조계종출판사, 2009.

_____,『조계종 총림의 역사와 문화』, 조계종출판사, 2009.

조계종 10 · 27법난 진상규명 및 명예회복추진위원회,『10 · 27법난의 진실과 증언』 2권, 2007.

10 · 27법난 피해자 명예회복심의위원회,『10 · 27법난은 우리에게 무엇을 말하고 있는가?』, 2009.

10 · 27법난 피해자 명예회복심의위원회,『명예회복 방안 연구』, 2010.

차남희 외,『한국 민족주의의 종교적 기반』, 나남, 2010.

최종고,『국가와 종교』, 대한기독교출판사, 1983.

최학주,『나의 할아버지 육당 최남선』, 나남, 2011.

한암문도회,『한암일발록』, 민족사, 1996.

_____,『정본 한암일발록』, 민족사, 2010.

탄허불교문화재단,『부처님이 계신다면』, 교림, 1993.

_____,『피안으로 이끄는 사자후』, 교림, 1997.

탄허장학회,『탄허강설집, 懸吐譯解 新華嚴經合論 卷一』, 불광출판사, 2003.

탄   허,『탄허록』, 휴, 2012.

▶ 논문

강경선,「국가권력과 종교」,『공법연구』22-3, 1994.

강돈구,「미군정의 종교정책」,『종교학연구』12, 1993.

_____,「현대 한국의 정치 그리고 국가」,『종교연구』51, 2008.

_____,「해방 이후 종교와 정치」,『한국 근대100년의 사회변동과 종교적 대응』, 한국학술정보, 2012.

강미자,「한용운의 민족주의와 근대주의에 대한 일고찰」,『역사와 경계』58, 2006.

_____,「김법린의 민족운동과 대중불교운동」,『대각사상』14, 2010.

강인철,「해방후 불교와 국가 ; 1945~1962」,『사회와 역사』, 57, 2000.

_____,「민주화 과정과 종교」,『종교연구』57, 2002.

고명수,「조선독립이유서에 나타난 만해의 독립사상」,『만해축전자료집』, 2001.

광　덕, 「용성선사의 호국관」, 『동대신문』 1979.5.15.

＿＿＿, 「용성선사와 새불교운동」, 『실천불교』 3, 1985.

권상로, 「대동아전쟁과 불교」, 『불교』 신43집, 1942.

김광식, 「8·15 해방과 불교계의 동향」, 『한국 근대불교의 현실인식』, 민족사, 1998.

＿＿＿, 「백용성의 독립운동」, 『대각사상』 1, 1998.

＿＿＿, 「해방직후 제주불교계의 동향」, 『한국독립운동사연구』 12, 1998.

＿＿＿, 「불교혁신총연맹의 결성과 이념」, 『한국 근대불교의 현실인식』, 민족사, 1998.

＿＿＿, 「근대불교 개혁론의 배경과 성격」, 『종교교육학연구』 7, 1998.

＿＿＿, 「교단개혁운동의 명암」, 『불교평론』 1, 1999.

＿＿＿, 「불교 '정화'의 성찰과 재인식」, 『근현대불교의 재조명』, 민족사, 2000.

＿＿＿, 「오대산수도원과 김탄허 - 정혜결사의 현대적 변용」, 『정토학연구』 4, 2001.

＿＿＿, 「정화운동의 전개과정과 성격」, 『새불교운동의 전개』, 도피안사, 2002.

＿＿＿, 「근대불교와 중흥사 ; 태고의 근대적 계승의식」, 『새불교운동의 전개』, 도피안사, 2002.

＿＿＿, 「최남선의 '조선불교'와 범태평양불교청년회의」, 『새불교운동의 전개』, 도피안사, 2002.

＿＿＿, 「일제하 불교계 독립운동의 전개와 성격」, 『새불교운동의 전개』, 도피안사, 2002.

＿＿＿, 「한용운의 민족의식과 조선불교유신론」, 『한국민족운동사연구』 35, 2003.

＿＿＿, 「백초월의 삶과 독립운동」, 『불교학보』 39, 2003.

＿＿＿, 「중앙학림과 식민지불교의 근대성」, 『사학연구』 71, 2003.

＿＿＿, 「탄허 택성 - 민족불교의 재건자」, 『가산학보』 12, 2004.

＿＿＿, 「한국 현대불교와 정화운동」, 『대각사상』 7, 2004.

＿＿＿, 「한용운 민족운동 연구의 회고와 전망」, 『만해축전 자료집』, 2004.

＿＿＿, 「'조선독립의 서' 연구」, 『만해학 연구』 창간호, 2005.

＿＿＿, 「법정사 항일운동의 재인식」, 『한국독립운동사연구』 25, 2005.

＿＿＿, 「춘원 이광수의 친일논리」, 『불교평론』 22, 2005.

＿＿＿, 「농지개혁과 불교계의 대응」, 『불교평론』 20, 2005.

＿＿＿, 「8·15해방과 전국승려대회」, 『한국 현대불교사 연구』, 불교시대사, 2006.

_____, 「김탄허의 교육과 그 성격」, 『한국 현대불교사 연구』, 불교시대사, 2006.

_____, 「조선불교 선종과 수좌대회」, 『불교근대화의 전개와 성격』, 조계종출판사, 2006.

_____, 「방한암과 조계종단」, 『한암사상연구』 1, 2006.

_____, 「근대 불교사 연구의 성찰 ; 회고와 전망」, 『민족문화연구』 45, 2006.

_____, 「사찰령의 불교계 수용과 대응」, 『한국선학』 15, 2006.

_____, 「대한승려연합회 선언서와 민족불교론」, 『불교학보』 47, 2007.

_____, 「제2정화운동과 영축회」, 『정토학연구』 10, 2007.

_____, 「백용성의 사상과 민족운동 방략」, 『민족불교의 이상과 현실』, 도피안사, 2007.

_____, 「범어사의 사격과 선찰대본산」, 『선문화연구』 2, 2007.

_____, 「불교 근대화 노선과 용성의 대각교」, 『대각사상』 10, 2007.

_____, 「불교의 민족운동」, 『종교계의 민족운동』, 한국독립운동사연구소, 2007.

_____, 「한용운의 불교 근대화 기획과 승려결혼 자유론」, 『대각사상』 11, 2008.

_____, 「불교의 근대성과 한용운의 대중불교」, 『한국불교학』 50, 2008.

_____, 「한용운의 대중불교 · 생활선과 구세주의 · 입니입수」, 『한국민족운동사연구』 54, 2008.

_____, 「법정사 항일운동의 연구, 회고와 전망」, 『정토학연구』 11, 2008.

_____, 「유교법회의 전개과정과 그 성격」, 『불교평론』 35, 2008.

_____, 「용성의 건백서와 대처식육의 재인식」, 『선문화연구』 4, 2008.

_____, 「조선불교선종 선회에 나타난 수좌의 동향」, 『마음사상』 7, 2009.

_____, 「식민지(1910~1945) 시대의 불교와 국가권력」, 『대각사상』 13, 2010.

_____, 「오성월의 삶에 투영된 禪과 民族意識」, 『대각사상』 14, 2010.

_____, 「10 · 27법난의 발생 배경과 불교의 과제」, 『불교평론』 44, 2010.

_____, 「10 · 27법난의 역사적 교훈과 사회적 과제」, 『정토학연구』 14, 2010.

_____, 「송서암의 불교개혁론」, 『한국 현대선의 지성사 탐구』, 도피안사, 2010.

_____, 「한국전쟁과 불교계」, 『불교평론』 43, 2010.

_____, 「한용운의 아들, 한보국의 삶」, 『만해학보』 10, 2010.

_____, 「김용담 삶의 복원 – 한용운 사상의 계보 모색」, 『만해학보』 11, 2011.

_____, 「1945~1980년간의 불교와 국가권력」, 『불교학보』 58, 2011.

_____, 「백초월의 항일운동과 진관사」, 『한국독립운동사연구』 36, 2010.

_____, 「백초월의 항일운동과 일심교」, 『정토학연구』 16, 2011.

_____, 「청담의 불교정화운동과 정화이념」, 『마음사상』 9, 2011.

_____, 「김성숙의 정치이념과 민족불교」, 『대각사상』 16, 2011.

_____, 「근현대 불교개혁론의 지평」, 『일본불교사연구』 4, 2011.

_____, 「건봉사의 재일불교유학생과 봉명학교」, 『금강산 건봉사의 역사와 문화』, 인북스, 2010.

_____, 「최남선의 '조선불교'와 범태평양불교청년회의」, 『백련불교』 11, 2011.

_____, 「백용성 연구의 회고와 전망」, 『대각사상』 16, 2011.

_____, 「한용운 민족의식의 연원」, 『한국선학』 31, 2012.

_____, 「민주화 운동기(1980~1994)의 불교와 국가권력」, 『대각사상』 17, 2012.

_____, 「근현대 화엄사의 사격과 진진응 · 이동헌」, 『대각사상』 18, 2012.

김기종, 「근대 대중불교운동의 이념과 전개 ; 권상로 · 백용성 · 김태흡의 작품을 중심으로」, 『한민족문화연구』 28, 2009.

김종명, 「'호국불교' 개념의 재검토」, 『불교연구』 17, 2000.

김종욱, 「근대 내셔널리즘의 대두와 화엄적 민족주의 형성」, 『불교연구』 35, 2011.

_____, 「동아시아 근대와 내셔널리즘, 그리고 불교」, 『아시아불교 서구의 수용과 대응』, 동국대출판부, 2011.

김연재, 「중국 근대불교의 성격 그 특징 ; 대승불교, 민족불교 및 근대의식」, 『선문화연구』 2, 2007.

김영진, 「식민지 조선의 황도불교와 공(空)의 정치학」, 『한국학연구』 22, 2010.

_____, 「한국 근대 불교학 방법론의 등장과 불교사 서술의 의미」, 『한국학연구』 23, 2010.

김용태, 「동아시아 근대 불교연구의 특성과 오리엔탈리즘의 투영」, 『역사학보』 210, 2011.

_____, 「근대 한 · 일불교의 정교분리 문제와 종교성 인식」, 『불교학연구』 29, 2011.

_____, 「한국 근대불교의 대중화 모색과 정치적 세속화」, 『불교연구』 35, 2011.

_____, 「한국불교사의 호국사례와 호국불교 인식」, 『대각사상』 17, 2012.

김경주, 「現下世界의 大勢와 佛陀一生의 年代考察」, 『불교』 77호, 1930.

김동현, 「10 · 27법난의 민족사적 의미」, 『해인』 1987년 10월호.

김동전, 「법정사 항일운동의 역사성과 항쟁지의 활용방안」, 『서귀포문화』 6, 2002.

김봉옥, 「법정사 항일운동의 재조명」, 『제주도사연구』 4, 1995.

김범준, 「해방공간 미군정의 불교정책 연구」, 『선문화연구』 3, 2007.

김봉준, 「94년 종단개혁운동의 반성적 고찰」, 『불교평론』 8, 2001.

김법린, 「3·1운동과 불교」, 『신생』 창간호, 1946.

김상호, 「3·1운동에서 8·15광복까지 숨어 있던 이야기 ; 한국불교 항일투쟁 회
　　　고록」, 『대한불교』 1964.8.23.

김순석, 「3·1운동기 불교계의 동향」, 『한국민족운동사연구』 29, 2001.

_____, 「한용운과 백용성의 근대 불교개혁론 비교 연구」, 『한국근현대사연구』 35,
　　　2005.

_____, 「불교계 친일문제 어떻게 볼 것인가」, 『불교평론』 22, 2005.

_____, 「중일전쟁 이후 선학원의 성격 변화」, 『선문화연구』 창간호, 2006.

_____, 「한용운의 정교분리론 연구」, 『한국독립운동사연구』 28, 2007.

_____, 「한국 근대 불교계의 민족의식」, 『불교학연구』 21, 2008.

_____, 「이승만정권의 불교정책」, 『불교정화운동의 재조명』, 조계종출판사, 2008.

_____, 「한국 근현대사에서 호국불교의 재검토」, 『대각사상』 17, 2012.

김순미, 「농지개혁과 사찰농지의 변동」, 『불교정화운동의 재조명』, 조계종출판사,
　　　2008.

김재영, 「1920년대 보천교의 민족운동에 대한 경향성」, 『전북사학』 31, 2007.

김정희, 「백용성의 이상사회와 불교개혁론」, 『철학사상』 17, 2004.

_____, 「백용성의 대각교의 근대성에 대한 소고」, 『불교학연구』 17, 2007.

_____, 「백용성의 생애와 불교개혁론」, 『불교평론』 45, 2010.

김정인, 「법정사 항일투쟁의 민족운동사적 위상」, 『제주도연구』 22, 2002.

김주현, 「신채호의 『신대한』 발행과 독립운동」, 『한국독립운동사연구』 36, 2010.

김종만, 「호국불교의 반성적 고찰」, 『불교평론』 3, 2000.

김종인, 「전통의 재정립과 고전 ; 한국불교의 재정립과 『선문촬요』」, 『정토학연구』
　　　12, 2009.

_____, 「한국문화로서의 불교」, 『종교연구』 60, 2010.

김재홍, 「만해사상의 구조와 특성」, 『만해학연구』 2, 2006.

김태년, 「남당 한원진 사상의 배경과 형성과정」, 『한민족문화연구』 20집, 2007.

김태흡, 「朝鮮佛敎叢書 刊行에 對하여」, 『불교』 17호, 1925.

김창민, 「법정사 항일운동 가담자와 운동의 성격」, 『제주도연구』 22, 2002.

_____, 「법정사 항일운동과 지역주민의 참여」, 『제주도연구』 25, 2004.

김창수, 「일제하 불교계의 항일 독립운동」, 『가산이지관스님 화갑기념 한국불교문화

　　　사상사』, 1992.

김호성, 「탄허의 결사운동에 대한 새로운 조명」, 『한암사상』 3, 2009.

노길명, 「광복이후 한국종교와 정치간의 관계」, 『종교연구』 27, 2002.

덕　산, 「승쟁에 대한 석존의 교계와 4 · 10승려대회」, 『승가화합과 한국불교의 미래』,

　　　불교교단사연구소, 2005.

_____, 「용성문도와 조계종단의 오늘 ― 94년 종단사태와 종법개정을 중심으로」, 『범

　　　어사의 어제와 오늘』, 한국불교문화연구협회, 2008.

원　두, 「용성문도와 불교정화의 이념」, 『범어사와 불교정화운동』, 영광도서, 2008.

_____, 「94년 종단사태와 칠보사 원로회의」, 『94년 종단사태의 회고와 전망』, 불

　　　교교단사연구소, 2008.

동불련, 「10 · 27법난의 재조명」, 『열린불교』 4, 1989.

박경준, 「대승불교사상과 사회참여 一考」, 『불교학연구』 24, 2009.

박노자, 「1920~1930년대 만해 한용운의 불교사회주의」, 『천태학연구』 8, 2006.

_____, 「한국 근대 민족주의와 불교」, 『불교평론』 28 · 29, 2006.

박부영, 「비상종단 : 전면적 개혁, 그러나 이루지 못한 꿈」, 『불교평론』 50, 2012.

박수호, 「사회운동으로서의 조계종 종단개혁운동」, 『동양사회사상』 11, 2005.

_____, 「종교정책을 통해 본 국가 ― 종교간 관계 : 한국 불교를 중심으로」, 『계명대

　　　한국학논집』 39, 2009.

박승길, 「미군정의 종교정책과 기독교의 헤게머니 형성」, 『사회과학연구』 5, 1999.

_____, 「한국 현대사와 정화운동」, 『교단정화운동과 조계종의 오늘』, 선우도량, 2001.

박재현, 「한용운의 선적(禪的) 역할 의식에 관한 연구」, 『불교학연구』 16, 2007.

_____, 「근대불교 대처식육 문제에 관한 윤리적 고찰」, 『철학』 93, 2007.

박찬식, 「1918년 중문지역의 항일운동」, 『제주도』 99, 제주도, 1996.

_____, 「법정사 항일운동의 역사적 성격」, 『제주도연구』 22, 2002.

박한용, 「호국불교의 비판적 검토」, 『불교평론』 49, 2011.

박희승, 「일제 강점기 상해 임시정부와 이종욱의 항일운동 연구」, 『대각사상』 5, 2002.

_____, 「정화운동」, 『불교평론』 50, 2012.

백성욱, 「동국60년 회상기 ; 3 · 1운동과 중앙학림」, 『동대신문』 1966.6.20.

법 운, 「조선의 불교국가 종횡관」, 『불교』 신59집, 1944.

안후상, 「무오년 제주 법정사 항일항쟁 연구」, 『종교학연구』 15, 1996.

_____, 「식민지 시기 보천교의 공개와 공개 배경」, 『신종교연구』 26, 2012.

양은용, 「이능화의 한국불교 연구」, 『이능화연구』 집문당, 1994.

양정연, 「근대시기 '종교'인식과 한국불교 정체성 논의」, 『한국사상과 문화』 52, 2010.

오 성, 「근대 제주불교의 태동과 관음사 창건」, 『대각사상』 9, 2006.

_____, 「근대 제주불교 동향과 제주 법정사 항일운동의 위치」, 『제주 법정사 항일 운동 세미나 자료집』, 중문청년회의소, 2007.

유승무, 「한국 불교 조계종단의 정치혁명」, 『종교와 우리사회』, 현상과 인식, 1995.

_____, 「현대 한국불교 개혁운동의 흐름과 그 특징」, 『불교평론』 4, 2000.

_____, 「사회진화론과 만해의 사회사상」, 『동양사회사상』 8, 2003.

_____, 「10 · 27법난의 정치 사회적 배경과 국가폭력의 정당성 문제」, 『10 · 27법 난의 진실과 증언』, 2007.

_____, 「2008년 범불교도대회를 통해 본 한국사회의 종교갈등」, 『동양사회사상』 19, 2009.

_____, 「참여불교의 관점에서 바라본 갈등시대 한국불교의 사회참여」, 『불교학연구』 24, 2009.

_____, 「해방이후 국가와 불교의 갈등」, 『중앙승가대 대학원 연구논총』 4, 2011.

윤득용, 「황도문화와 불교이상」, 『불교』 신26집, 1940.

윤봉택, 「무오 법정사 항일운동의 역사적 의의」, 『서귀포문화』 6, 2002.

윤세원, 「초전불교 속의 정치적 요소와 그 성격」, 『중앙승가대 대학원논총』 4, 2011.

윤창화, 「탄허스님의 불전역경과 그 의의」, 『탄허선사의 선교관』, 2004.

_____, 「경허의 酒色과 삼수갑산」, 『불교평론』 52, 2012.

여익구, 「중생 해방을 위한 민중불교운동」, 『승가』 3, 1986.

_____, 「민중불교 구현을 위한 몇가지 철학적 문제」, 『실천불교』 4, 1987.

_____, 「민중불교의 새로운 지평을 열며」, 『승가』 7, 1990.

원영상, 「한중일 삼국 근대불교의 민족의식에 대한 비교연구」, 『한국선학』 21, 2008.

_____, 「근대국가와 불교 민족주의」, 『동아시아불교의 근대적 변용』, 동국대출판 부, 2010.

연기영, 「10 · 27법난의 진상 규명과 법적 과제」, 『10 · 27법난의 진실과 증언』, 2007.

용명스님, 「봉은사 판전선원 시절」, 『오대법보』 2541(불기).3 · 4.

이경순, 「일제시대 불교유학생의 동향」, 『승가교육』 2, 1998.

이기영, 「불교와 국가」, 『불교연구』 14, 1997.

이동언, 「1920~1930년대 진보적 불교계 인사들의 민족운동」, 『한국 호국불교의 재조명』, 조계종 불교사회연구소, 2013.

이봉춘, 「회통불교론은 허구의 맹종인가」, 『불교평론』 3, 2000.

이병욱, 「최남선의 불교관」, 『한국종교사연구』 13, 2005.

이상철, 「한용운의 사회사상」, 『한국학보』 30 · 31, 1983.

이재형, 「개혁회의 : 불교교단의 치부를 도려낸 자정운동」, 『불교평론』 50, 2012.

이재헌, 「근대 한국 불교개혁 패러다임의 성격과 한계」, 『종교연구』 18, 1999.

_____, 「미군정의 종교정책과 불교계의 분열」, 『불교정화운동의 재조명』, 조계종출판사, 2010.

_____, 「불교와 대통령 이승만」, 『불교평론』 48, 2011.

이종욱, 「동국 60년 – 명진학교서 중앙학림까지」, 『동대신문』 1966.6.6

이진구, 「정교분리 담론과 정교유착의 현실」, 『불교평론』 7, 2001.

이진호, 「최남선의 2차 유학기에 관한 새고찰」, 『새국어교육』 42, 1986.

이 청, 「정치적 예속화의 길을 걸어온 불교 법난 40년」, 『월간 법회』 1987년 10월호.

이치근, 「1918년 제주 법정사 항일항쟁」, 『서귀포시』 7, 1997.

이철교, 「항일불교인 열전」, 『대중불교』 8월호, 1992.

이현희, 「대한민국 임시정부와 지암 이종욱」, 『대각사상』 10, 2007.

임형진, 「한용운의 민족주의 이념과 실천」, 『애산학보』 33, 2007.

임혜봉, 「제주도 법정사 스님들의 항일투쟁」, 『서귀포시』 5, 1996.

_____, 「제주도 법정사 승려들의 항일무장투쟁」, 『일제하 불교계의 항일운동』, 민족사, 2001.

일 문, 「80년대 민중불교운동에 대한 고찰」, 『석림』 24, 1990.

류시현, 「일제하 최남선의 불교인식과 '조선불교'의 탐구」, 『근대를 다시 읽는다 2』, 역사비평사, 2006.

_____, 「1910년대 최남선의 문명 · 문화론과 조선불교 인식」, 『한국사연구』 155, 2011.

송현주, 「근대 한국불교 개혁운동에서의 의례 문제 : 한용운·이능화·백용성·권상로를 중심으로」, 『종교와 문화』 6, 2000.

_____, 「한용운의 불교 종교담론에 나타난 근대사상의 수용과 재구성」, 『종교문화비평』 11, 2007.

서동석, 「불교사회운동의 갈무리와 터닦기」, 『불교평론』 창간호, 1999.

_____, 「1980년 가을, 한국불교에 무슨 일이 있었나」, 『10.27법난의 진실과 증언』, 2007.

신규탁, 「국법에 의한 불교 교단 규제 연구」, 『중앙승가대 대학원 연구논총』 4, 2011.

_____, 「불교 교단과 승려에 관한 규제 법령 소고」, 『불교와 수행』(법산스님 정년기념 논총), 2011.

신동하, 「'불교와 국가' 연구론」, 『동덕여대 인문과학연구』 5, 1999.

심재관, 「근대 한국불교의 한 진경」, 『불교평론』 22, 2005.

심재룡, 「한국불교 연구의 한 반성 — 한국불교는 회통적인가?」, 『동양의 지혜와 선』, 세계사, 1990.

_____, 「한국불교는 회통불교인가」, 『불교평론』 3, 2000.

_____, 「근대 한국불교의 네가지 유형에 대하여」, 『철학사상』 16, 2002.

장석흥, 「조선민족대동단 연구」, 『한국독립운동사연구』 3, 1989.

조명기, 「元曉宗師의 十門和爭論 研究」, 『금강저』 22호, 1937.

조명제, 「근대불교의 지향과 굴절 — 범어사의 경우를 중심으로」, 『불교학연구』 13, 2006

_____, 「1920~1930년대 허영호의 현실인식과 근대불교학」, 『대각사상』 14, 2010.

_____, 「허영호의 전쟁 협력의 담론과 근대불교」, 『항도부산』 27, 2011.

조성택, 「근대불교학과 한국 근대불교」 『민족문화연구』 45, 2007.

_____, 「근대한국 불교사 기술의 문제」, 『불교평론』 49, 2011.

조성윤, 「무오년 제주도의 종교상황과 법정사 항일운동」, 『제주도연구』 22, 2002.

_____, 「법정사 항일운동에 대한 지역 주민의 인식」, 『제주도연구』 25, 2004.

조영암, 「원로 에세이 ; 나의 인생, 나의 불교」, 『불교사상』 15, 1985.

조은수, 「통불교 담론을 통해 본 한국불교사 인식」, 『불교평론』 21, 2004.

조준호, 「초기불전에 나타난 불교와 국가의 관계」, 『중앙승가대 대학원연구논총』 4, 2011.

_____, 「초기불교에 있어 국가권력(왕권)과 교권: 세간과 출세간에서의 정교분리를 중심으로」,『인도연구』14-2, 2009.

_____, 「경전상에 나타난 호국불교의 검토」,『대각사상』17, 2012.

존 요르겐손, 「한국불교의 역사쓰기」,『불교연구』14, 2007.

조지훈, 「한용운선생」,『신천지』9권 10호, 1954.

정긍식, 「법정사 항일운동에 대한 법적 고찰」,『법사학연구』32, 2005.

정천구, 「불교에서 본 국가와 종교」,『한국교수불자연합학회지』15-2, 2009.

진　욱, 「불교정화의 흐름과 10·27법난」,『승가』3, 1986.

진　상, 「10·27법난과 승가의 역사의식, 사회의식 발전과정」,『해인』1987년 10월호.

_____, 「10·27법난과 80년대 민중불교운동의 평가와 전망」,『월간 법회』1987년 10월호.

차차석, 「1960년대부터 1980년대까지 불교차별과 배경」『불교와 국가권력, 갈등과 상생』, 조계종출판사, 2010.

_____, 「김성숙의 불교사상과 그 변용」,『대각사상』16, 2011.

_____, 「한국불교, 어떻게 개혁을 지향해 왔나」,『불교평론』50, 2012.

채상식, 「한말, 일제시기 범어사의 사회운동」,『한국문화연구』4, 1991.

최남선, 「朝鮮佛敎의 大觀으로부터「朝鮮佛敎通史」에 及함」,『조선불교총보』11호, 1918.

_____, 「朝鮮佛敎의 大觀으로부터「朝鮮佛敎通史」에 及함」,『조선불교총보』12호, 1918.

_____, 「조선역사통속강화」,『동명』3호, 1922.

_____, 「조선역사에 대한 불교」,『불교』7호, 1925.

_____, 「大覺心으로 돌아 갑시다 - 丙寅年 歲頭에 새로히 感省할 일」,『불교』19호, 1926.

_____, 「내가 경험한 第一 痛快」,『별건곤』6-8, 1927.

_____, 「妙觀世音」,『불교』50·51합호, 1928.

_____, 「朝鮮佛敎 - 東方文化史上에 있는 그 地位」,『불교』74호, 1930.

_____, 「나는 왜 카톨릭으로 개종하였는가」,『한국일보』1955.12.17.

_____, 「조선역사통속강화 개제」,『최남선전집』2집, 1974.

한금순, 「1918년 제주 법정사 항일운동의 성격」,『대각사상』9, 2006.

_____, 「1918년 제주 법정사 항일운동에 대한 새로운 인식」, 『정토학연구』 10, 2007.

한계전, 「湖學의 형성과 江門八學士」, 『진단학보』 83, 1997.

_____, 「만해 한용운 사상 형성과 그 배경」, 『선청어문』 29, 2001.

한동민, 「근대 불교계의 변화와 봉선사 주지 홍월초」, 『중앙사론』 18, 2003.

_____, 「일제강점기 불교계 항일운동 연구 동향과 과제」, 『선문화연구』 1, 2006.

_____, 「일제강점기 사지 편찬과 한용운의 『건봉사 사적』」, 『정토학연구』 14, 2010.

_____, 「일제 강점기 신상완의 독립운동」, 『대각사상』 13, 2010.

_____, 「일제 강점기 통도사 주지 김구하와 독립운동 자금 지원」, 『대각사상』 15, 2011.

한보광, 「백용성스님의 민족운동」, 『대각사상』 14, 2010.

한상길, 「한국 근대불교 연구와 '민족불교'의 모색」, 『불교학보』 54, 2010.

_____, 「이동인과 만해」, 『만해학보』 12, 2011.

한상도, 「3·1운동직후 『자유신종보』 간행을 통해 본 국내 독립운동계의 동향」, 『한국근현대사연구』 52, 2010.

한용운, 「朝鮮佛敎의 改革案」, 『불교』 88호, 1931.

_____, 「譯經의 급무」, 『불교』 신3집, 1937.

한철호, 「진관사 태극기 형태와 그 역사적 의의」, 『한국독립운동사연구』 36, 2010.

황필호, 「호국불교의 시대는 지났다」, 『대원』 53, 1987.

허영호, 「朝鮮佛敎와 敎旨確立」, 『불교』 신3집, 1937.

_____, 「朝鮮佛敎의 立敎論」, 『불교』 신9집, 1937.

홍현지, 「경허의 삼수갑산과 償債」, 『대각사상』 18, 2012.

탄　허, 「華嚴經의 信仰世界」, 『불광』 71~73호, 1980.

「색 인」

지은이 | 김광식(金光植)

건국대 대학원 수료(문학박사)
독립기념관 책임연구원, 부천대 초빙교수 역임
현재 동국대 불교학술원 연구교수
『고려무인정권과 불교계』, 『한국근대불교사 연구』, 『한국 현대불교사 연구』,
『근현대불교의 재조명』, 『민족불교의 이상과 현실』, 『한용운 연구』 등 25권의
저서가 있고 한국불교사 논문 180여 편이 있다.

韓國史硏究叢書 106

불교와 국가

초판 1쇄 인쇄일	2013년 4월 19일
초판 1쇄 발행일	2013년 4월 22일

지은이	김광식
펴낸이	정구형
출판이사	김성달
편집이사	박지연
책임편집	신수빈
편집/디자인	정유진 윤지영
마케팅	정찬용 권준기
영업관리	한미애 심소영 김소연
인쇄처	월드문화사
펴낸곳	**국학자료원**

등록일 2006 11 02 제2007−12호
서울시 강동구 성내동 447−11 현영빌딩 2층
Tel 442−4623 Fax 442−4625
www.kookhak.co.kr
kookhak2001@hanmail.net

ISBN	978-89-279-0234-8 *94900
가격	42,000원